Systematisches Requirements Engineering

 **Dr. Christof Ebert** ist Geschäftsführer der Vector Consulting Services GmbH. Er unterstützt Unternehmen weltweit bei der Verbesserung ihrer Produktentwicklung und Produktstrategie sowie im Veränderungsmanagement. Zuvor war er fünfzehn Jahre in internationalen Führungsfunktionen für Alcatel-Lucent tätig. Dr. Ebert sitzt in verschiedenen Aufsichts- und Experten-gremien. Er ist ein international renommierter Redner, lehrt an der Universität Stuttgart und ist Autor mehrerer Bücher, ein IREB »Certified Professional for Requirements Engineering« und vom SEI als CMMI-Trainer zertifiziert. Viele Unternehmen haben bereits seine Erfahrungen in Requirements Engineering und Produktmanagement genutzt, um ihre Marktposition zu verbessern. Auf der internationalen Requirements-Engineering-Konferenz 2005 wurde er für den besten Praxisbeitrag ausge-zeichnet.

Christof Ebert

Systematisches Requirements Engineering

Anforderungen ermitteln, spezifizieren, analysieren und verwalten

4., überarbeitete Auflage

Christof Ebert
christof.ebert@vector.com

Lektorat: Christa Preisendanz
Copy-Editing: Ursula Zimpfer, Herrenberg
Herstellung: Birgit Bäuerlein
Umschlaggestaltung: Helmut Kraus, www.exclam.de
Druck und Bindung: Media-Print Informationstechnologie, Paderborn

Fachliche Beratung und Herausgabe von dpunkt.büchern im Bereich Wirtschaftsinformatik:
Prof. Dr. Heidi Heilmann · heidi.heilmann@augustinum.net

Bibliografische Information der Deutschen Nationalbibliothek
Die Deutsche Nationalbibliothek verzeichnet diese Publikation in der Deutschen Nationalbibliografie;
detaillierte bibliografische Daten sind im Internet über http://dnb.d-nb.de abrufbar.

ISBN 978-3-89864-812-7

4., überarbeitete Auflage 2012
Copyright © 2012 dpunkt.verlag GmbH
Wieblinger Weg 17
69123 Heidelberg

Meinen Eltern Elfriede und Otto
und meinem Lehrer Prof. Rudolf Lauber.
Sie haben mir gezeigt,
dass ein *Werk* nur dann zu einem Wert wird,
wenn die *Anforderungen richtig* verstanden und umgesetzt sind.

Vorwort zur 4. Auflage

It isn't that they can't see the solution.
It is that they can't see the problem.

Gilbert Keith Chesterton

Die Saturn-V-Rakete ist die größte jemals gebaute Rakete. Mit ihr wurden die ersten Menschen zum Mond gebracht. Der deutsche Wernher von Braun wusste als ihr Konstrukteur, dass der Schlüssel zum Erfolg in abgestimmten Anforderungen lag. Eine wichtige Anforderung war, wie viel Gewicht die Saturn V transportieren muss. Das war eine fundamentale Anforderung im gesamten Raumfahrtprogramm, denn nur mit ausreichend Schub konnte die Raumkapsel die Erde verlassen. Doch verschiedene kritische Anforderungen hingen voneinander ab. Startgewicht, Manövrierfähigkeit und auch die große Menge Treibstoff waren bei starkem Schub kaum beherrschbar. Was tun? Von Braun analysierte die Anforderungen und Randbedingungen und erhielt vom NASA-Management nach einiger Zeit die Antwort, dass die Raumkapsel maximal 34 Tonnen wiegen würde. Das wäre verlässlich, enthielte genug Sicherheit, und er solle nun die Rakete dazu konstruieren. Von Braun glaubte dies aufgrund seiner eigenen Anforderungsanalyse nicht und kommunizierte seinen Entwicklungsleitern, dass sie eine Zuladung von 40 Tonnen transportieren müssen. Das erforderte substanzielle Änderungen des ursprünglichen Designs, beispielsweise fünf statt vier Triebwerke. Einige Jahre später kam dann die Apollo-11-Kapsel zum Start – und wog 50 Tonnen! Der Start der Saturn mit dieser Zuladung gelang zwar gerade noch, wäre aber mit den ursprünglichen Anforderungen gescheitert. Der Rest ist Geschichte – und zeigt die Bedeutung der Anforderungsermittlung und Analyse.

Software- und IT-Projekte sind allzu oft in einer ähnlichen Situation. Die Anforderungen sind unsicher und demzufolge die Schätzungen von Dauern, Produktivität und Kosten falsch. Zusätzliches Budget und einen Zeitpuffer hinzuzufügen ergibt aber auch keinen Sinn, denn man weiß ja gar nicht, auf welcher Basis geschätzt werden soll. Und jeder Personentag mehr macht das Projekt teurer. Der Software-Guru Tom DeMarco, der inzwischen auf fünfzig Jahre Erfahrungen mit verkorksten IT-Projekten zurückblickt, fasst seine Erfahrungen lapidar wie folgt zusammen: »Früher dachte ich, Termin- und Budgetüberschreitungen kommen von schlechter Schätzung und Planung. Dann dachte ich, sie kommen von der hohen Komplexität. Heute weiß ich, dass sie davon kommen, dass praktisch jedes Projekt zu spät begonnen wird. Dann fehlt die Zeit für Anforderungsanalyse und Planung. Und damit ist das Scheitern vorprogrammiert.«

Requirements Engineering ist schwierig in der Umsetzung, da es zwar viele Interessengruppen gibt, die sich gerne überall einmischen, sich aber nicht festlegen wollen. Projekte scheitern vor allem wegen eines unzureichenden Requirements Engineering!

Grund genug, sich intensiver mit Anforderungen zu befassen. Anforderungen kommunizieren Bedürfnisse und Randbedingungen, und Requirements Engineering ist die Disziplin, die die Behandlung von Anforderungen über den gesamten Lebenszyklus der Software hinweg umfasst.

Dieses Buch beschreibt praxisorientiert und systematisch das gesamte Requirements Engineering – von der Konzeption bis zur Evolution eines Projekts oder Produkts. Es adressiert Requirements Engineering in einem breiten Kontext, sodass sich ganz unterschiedliche Anwendungsbereiche wiederfinden, sei es Software und IT, aber auch Hardware, Systemtechnik oder Serviceentwicklung.

Entstanden ist das Buch aus meinen weltweiten Seminaren, Vorträgen und Beratungsprojekten. Ziel und Inhalt des Buchs ist es zu zeigen, wie man Requirements Engineering systematisch – und damit erfolgreich – in die Praxis umsetzt. Hier geht es um das »Machen«: Wie muss ich mein eigenes Requirements Engineering aufstellen, um erfolgreich zu sein?

Diese vierte Auflage wurde komplett überarbeitet. Sie vertieft Themen, die aktuell an Bedeutung gewinnen. Dazu gehören agiles Requirements Engineering, Lean Development und verteilte Projektteams sowie Werkzeuge zur durchgängigen Unterstützung im Lebenszyklus. Neue Fallstudien zeigen die Umsetzung in die Praxis. Die meisten Projekte bestehen aus Änderungen von Bestandssoftware. Das Buch adressiert diese Situation und nicht nur Projekte auf der »grünen Wiese«. Die Zertifizierung zum Certified Professional Requirements Engineer hat inzwischen Fuß gefasst, und wir decken den aktuellen Kanon mit diesem Buch ab. Die Checklisten wurden erneuert, denn man lernt in Projekten ständig dazu. Ein Selbsttest hilft bei der Bewertung Ihrer Fähigkeiten im Requirements Engineering. Der Nutzen und ROI von Requirements Engineering wird an verschiedenen Stellen herausgestellt. Damit haben Sie konkrete Ansatzpunkte, wie Sie mit Ihren eigenen Herausforderungen umgehen können. Die vorgestellten Vorlagen sind nun im Download frei verfügbar[1].

Ich bedanke mich bei den vielen Personen und Unternehmen, ohne deren Unterstützung ein solches Werk nicht möglich gewesen wäre. Dies gilt insbesondere für die Kunden und Mitarbeiter von Vector Consulting Services, mit denen

---

1. *http://consulting.vector.com/RE-templates*

wir die genannten Praktiken umsetzen und verbessern. Besonders danken möchte ich Felix Gutbrodt, Daniel Kanth und Stephan Pech für viele gute Tipps.

Requirements Engineering als Disziplin wird vor allem durch die »IEEE International Requirements Engineering Conference« angetrieben. Seit vielen Jahren arbeite ich im Programmkomitee der Konferenz. Mein Dank geht an Al Davis, der zu den ganz Großen des Requirements Engineering gehört. Al hatte mich als Chefredakteur von IEEE Software stimuliert, Requirements Engineering als Disziplin in der Industrie zu verankern. Die enge Zusammenarbeit mit Personen wie Ian Alexander, Dan Berry, Anthony Finkelstein, Don Gause, Michael Goedicke, Martin Glinz, Matthias Jarke, Neil Maiden, Barbara Paech, Klaus Pohl, Mary Popendieck, Suzanne Robertson, Ian Sommerville und Karl Wiegers führte zu einer Verzahnung von Theorie und Praxis, wie sie in vielen anderen Disziplinen der Softwaretechnik leider fehlt. Erfolgreicher Transfer ist das Ergebnis enger Zusammenarbeit von engagierten Praktikern und Forschern.

Ein Buch für die Praxis braucht ein praktisches Beispiel. Danken möchte ich dafür dem Institut für Automatisierungs- und Softwaretechnik der Universität Stuttgart. Ein spezieller Dank geht an IBM, MKS und Vector, deren Werkzeuge ich seit vielen Jahren nutze, einführe und verbessere. Viele Leser der früheren Auflagen haben mir wertvolle Tipps für diese Überarbeitung gegeben. Weiter so! Mein Dank geht schließlich an den dpunkt.verlag und insbesondere an Christa Preisendanz, die mich auf vielfältige Weise immer wieder stimuliert, dieses Buch zu verbessern.

Verbessern heißt inkrementell aufzubauen, Bestehendes zu optimieren und Komplexität zu kontrollieren. Der Hauptunterschied zwischen dem amerikanischen und dem sowjetischen Raumfahrtprogramm ist, dass in den USA ständig neue und noch komplexere Lösungen entwickelt werden, während das russische Sojus-Programm auf eine Rakete aus den fünfziger Jahren zurückgeht. Mit Erfolg. Aktuell ist es die einzige Rakete, die nach wie vor erfolgreich zur ISS fliegen kann. Beachten wir gerade in unseren Systemen, dass wir nicht nur Anforderungen entwickeln, sondern damit immer auch Komplexität beherrschen.

Ich stehe Ihnen, verehrte Leser, während und nach der Lektüre des Buchs für Fragen und Unterstützung gerne zur Verfügung. Das hilft Ihnen als Leser, und es hilft dem Requirements Engineering, sich weiterzuentwickeln.

Nun wünsche ich Ihnen und Ihren Projekten Erfolg mit diesem Buch und mit einem lösungsorientierten Requirements Engineering, das auf die richtigen Probleme eingeht!

Christof Ebert
Stuttgart, März 2012

Inhaltsverzeichnis

1 Motivation

Wer sein Ziel nicht kennt,
kann jeden Weg nehmen.

Alice im Wunderland

1.1 Warum ein Buch über Requirements Engineering?

»Könntest du mir bitte sagen, welchen Weg ich von hier aus nehmen soll?«, fragt Alice im wunderbaren Roman »Alice im Wunderland«. »Das hängt vor allem davon ab, wohin du gehen willst«, sprach die Katze. »Ich weiß es nicht ...«, sagte Alice. »Dann ist es egal, wohin du gehst«, antwortete die Katze.

Dieser kurze Dialog beschreibt, warum Anforderungen und Ziele eine Rolle spielen. Viel zu oft zerbrechen wir uns vorschnell den Kopf über eine Lösung – ohne verstanden zu haben, welches Problem wir konkret lösen müssen. Wir laden zu einer Besprechung ein, ohne zu hinterfragen, was sie eigentlich bringen soll. Wir entwickeln Funktionen für ein Softwaresystem und wissen nicht, welchen Wert sie für die Käufer und Benutzer darstellen. Wir optimieren und bemühen uns ständig, bessere Produkte zu entwickeln – ohne uns klarzumachen, was diese Produkte erreichen sollen, wenn sie auf den Markt kommen. Während des Projekts wundern wir uns, dass sich die Anforderungen ständig ändern. Dabei war niemals klar, was wir eigentlich konkret erreichen wollen – und was nicht.

Prüfen Sie sich einfach einmal selbst, und beantworten Sie die beiden folgenden Fragen spontan und ehrlich. Sind die Anforderungen einzeln verständlich und testbar dokumentiert? Hat Ihr derzeitiges Projekt einen expliziten Business Case, der immer wieder geprüft wird? Gibt es für jede einzelne Anforderung eine Begründung, die aus Benutzersicht beschreibt, was durch diese Anforderung besser wird? Falls nicht, ist das Buch das richtige für Sie. Falls ja, lesen Sie die Fragen nochmals und gehen aufrichtig in sich.

Beispielhaft sind Migrationsprojekte, die als wichtigste Vorgabe immer angeben, dass »alle Funktionen des existierenden Altsystems übertragen werden müssen«. Ein Fehler. Erstens kann sowieso keiner mehr alle existierenden Altfunktionen im Zusammenhang beschreiben (und Archäologie gehört zu den wenigen

Disziplinen, die nicht explizit im Software Engineering verankert sind). Und zweitens ist gerade ein neues System die einzige Chance, gleichzeitig auch alte Prozesse und Workflows über Bord zu werfen.

Die Anforderungen an Software werden zunehmend komplexer. Abbildung 1–1 zeigt das Komplexitätswachstum von verschiedenen Softwaresystemen, die wir untersucht haben[1]. Auf der waagrechten Achse sind die Jahreszahlen angegeben, während senkrecht das Softwarevolumen in tausend Objektcodebefehlen dargestellt ist. Diese Darstellung erschien uns als die einzig praktikable, wenn wir so unterschiedliche Systeme wie Betriebssysteme, Vermittlungssysteme und eingebettete Software vergleichen wollen. Der Umfang der Software verdoppelt sich alle zwei bis vier Jahre. Mit diesem Wachstum steigt auch der Umfang der Spezifikationen an. Gab es Anfang der neunziger Jahre beispielsweise einige wenige Steuergeräte in einem Neuwagen mit ungefähr hundert Seiten an Spezifikationen, so sind es heute bereits fünfzig und mehr Steuergeräte mit über 100.000 Seiten an Spezifikationen. Mit dieser zunehmenden Komplexität sind Funktionen korreliert und in unterschiedlichen Hardwaresystemen vernetzt, was zusätzliche Komplexität durch Qualitätsanforderungen mit sich bringt. Diese schnell wachsende Komplexität fordert systematisches Requirements Engineering (RE), um die Qualität und Kosten nachhaltig kontrollieren zu können.

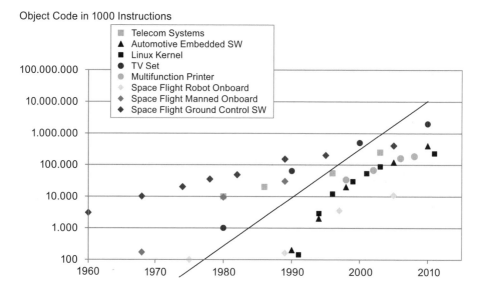

Abb. 1–1   *Komplexität von Softwaresystemen*

---

1. Quellen der Daten: Eigene Studien des Autors zu Telekommunikationssystemen von Alcatel-Lucent und Siemens, NASA, Studien der HIS sowie Codeanalysen bei Windows und Linux. Konversionen soweit nötig gemäß den Korrekturfaktoren von Les Hatton (*http://www.leshatton.org/Documents/LOC2005.pdf*).

Projektmanager und Entwickler wissen, dass es erprobte Methoden sowie werkzeugunterstützte Hilfsmittel für das Requirements Engineering gibt. Häufig fehlt ihnen aber der Überblick über die Theorie und Praxis des Requirements Engineering, um die für ihre Situation passenden Methoden, Verfahren und Hilfsmittel auszuwählen, sowie die notwendige Kenntnis im Detail, um sie produktiv nutzen zu können.

Das Buch füllt diese Lücke und liefert Theorie und Praxis des Requirements Engineering, sodass die Konzepte direkt umgesetzt werden können. Die gängigen Verfahren der Anforderungsanalyse sind beschrieben. Die Leser erhalten Einblick in die Art und Weise, wie Anforderungen ermittelt, entwickelt, dokumentiert und im Projekt verfolgt werden. Die grundsätzlichen Methoden, Verfahren, Werkzeuge und Notationen des Requirements Engineering werden übersichtlich behandelt. Sie werden durch konkrete Beispiele aus der Projektarbeit illustriert. Notationen und Modelle sind in der Regel mit UML 2.0 beschrieben. Fallstudien demonstrieren die konkrete Umsetzung und Erfahrungen aus der Praxis.

1.2 Projekte scheitern wegen Anforderungen

Wir alles wissen: Zu viele Projekte scheitern und Produkte erreichen die Marktziele nicht. Was wir nicht wissen (oder nicht wahrhaben wollen): **Unzureichendes Requirements Engineering ist ein Hauptgrund.** Die neueste Studie der Standish Group von 2010 zeigt, dass ein gutes Drittel aller Projekte erfolgreich abgeschlossen wird. Ein Fünftel wird abgebrochen, und der Rest kommt zwar zu einem Abschluss, aber nur unter Aufgabe von ursprünglichen Zielen (Abb. 1–2) [Standish2011].

Die meisten Projekte, die abgebrochen wurden, hatten nur ungenügend geklärte Anforderungen und konnten Änderungen der Anforderungen nicht beherrschen [Standish2011, Ebert2007a, Charette2005, Tan2011]. Hier einige Beispiele aus Kundenprojekten, bei denen wir zur Unterstützung und Moderation gerufen wurden:

- Implizite Anforderungen (z.B. Kunde erwähnt Funktionen nicht, da sie für ihn selbstverständlich sind, nur Lieferant weiß es nicht)
- Fehlende Anforderungen (z.B. schwammige Anforderungen, die zwar nötig sind, aber nicht geklärt werden, da sie teuer werden könnten; unklare Ausrichtung des Projekts: Was wird nicht geliefert?)
- Anforderungen, die erst spät klar werden (z.B. Festpreisangebot; Anforderung im Grobkonzept klar, später im Feinkonzept werden weitere Details deutlich, die zu zusätzlichem Aufwand führen)
- Anforderungs-Baseline von vornherein fehlerhaft oder unzureichend (d.h., Kunde hat sich nicht die Zeit genommen, die nötigen Anforderungen zu präzisieren)

- Qualität der Ausschreibungen (z.B. oberflächlich und missverständlich beschriebene Anforderungen)
- Unsicherheiten und Unklarheiten (z.B. Schätzungen und Pläne basieren auf nicht verstandenen Risiken und oberflächlich dokumentierten Anforderungen)
- Unzureichendes Change Management (z.B. Kunde meldet sich beim Projektmanager oder Entwickler: »Wir brauchen das und das noch.«)
- Fehlende Dokumentation der Basis und Änderungen (z.B. Testfälle setzen auf einer anderen Basis auf als die Entwicklung)
- Varianz und Komplexität (z.B. Mehrfachentwicklungen, die in der Codebasis später inkonsistent werden und einzeln nachverfolgt werden müssen)
- Rotation von Mitarbeitern in ein neue Feld (z.B. Projektmanager übernimmt neues Kundenprojekt und hat nicht das implizite Wissen zum Kunden und dessen Hintergrund)

Ein wichtiger Grund dafür, dass Projekte ihre Ziele nicht erreichen, liegt in nicht sauber formulierten Zielen. Abbildung 1–2 zeigt im unteren Teil diesen Zusammenhang und unterstreicht schon aufgrund der Datenlage die immense – und wachsende – Bedeutung eines guten Requirements Engineering. Bei 87 % aller abgebrochenen Projekte war unzureichendes RE ein wesentlicher Grund für das Scheitern. Häufiger wurden nur noch »Prozessfähigkeit« und »Organisationsmanagement« genannt, aber das sind auch offensichtliche Allgemeinplätze, die man sich in jedem verkorksten Projekt gut vorstellen kann.

Interessant ist übrigens die Beobachtung, dass in Krisenzeiten, wie 2001 und 2008, die Erfolgsquote zurückgeht. Dann werden vermeintlich unnötige Ausgaben, wie für Requirements Engineering und Reviews, reduziert – mit durchschlagenden Ergebnissen. **Technologische Herausforderungen sind keine gravierenden Projektrisiken. Schlechtes Management dagegen schon.**

Doch es gibt auch genügend Projekte, die ihre Ziele erreichen. Durch den systematischen Einsatz von besten Praktiken im Projektmanagement, in der Entwicklung und natürlich auch im RE hat sich die Zahl der erfolgreichen Projekte seit Mitte der neunziger Jahre verdoppelt. Abbildung 1–3 zeigt diesen Zusammenhang, in dem die Ergebnisse der ursprünglichen Studie der Standish Group aus 1994 mit jenen aus der Studie von 2010 verglichen werden.

Erfolg ist machbar. Viele Unternehmen haben ihre Produktentwicklung bereits erfolgreich verbessert. Die Erfolgsfaktoren sind in der Regel die gleichen:

- Ergebnisorientierte Vorgaben
- Zielorientierte Prozesse
- Kompetentes Produkt- und Projektmanagement
- Standardisierte und optimierte Infrastruktur
- Fokus auf Anforderungen, Änderungen und Risiken im Projekt

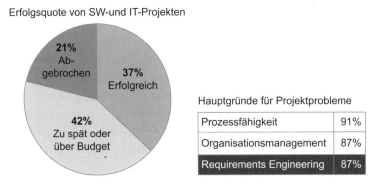

Abb. 1–2 *Unzureichendes Requirements Engineering reduziert Projekterfolge.*

Methodisch können diese Erfolgsfaktoren unterschiedlich erreicht werden, solange diszipliniert gearbeitet wird. Wir wollen in diesem Buch darauf eingehen, welche Techniken des RE Sie einsetzen sollten, um mit Ihren Projekten und Produkten zu den Gewinnern zu gehören.

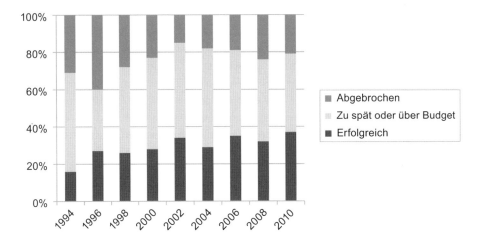

Abb. 1–3 *Projekte verbessern sich durch konsequente Nutzung der richtigen Techniken.*

Auf was muss man beim RE achten? Aus unterschiedlichen Praxiserfahrungen lassen sich die wichtigsten Risiken im RE ableiten. Die Risiken zu kennen, heißt, dass man sich darauf vorbereiten kann, um sie beim nächsten Mal zu vermeiden. Oder wie es Mao Zedong formulierte: »Die Niederlage zu verstehen ist der erste Schritt zum Sieg.« Die folgende Liste wurde ursprünglich von drei sehr erfahrenen RE-Praktikern erstellt [Lawrence2001]. Sie wurde hier nochmals aktualisiert.

Risiko 1: Fehlende Anforderungen

Häufig werden bestimmte Anforderungen übersehen, und es werden nur greifbare und nachvollziehbare Funktionen spezifiziert. Aber Anforderungen haben verschiedene Ausprägungen, wie wir gesehen haben. Neben den funktionalen Anforderungen gibt es Qualitätsanforderungen und Randbedingungen. Neben den Produktanforderungen gibt es auch Marktanforderungen und Komponentenanforderungen. Nur die Hinterfragung aller dieser Typen macht die Anforderungsdokumentation vollständig. Wichtig wird diese Vollständigkeit vor allem auch bei der Testspezifikation. Testfälle müssen alle diese Kategorien von Anforderungen abdecken.

Eine der Schlüsselregeln im Requirements Engineering besagt, dass man dem Kunden das liefern muss, was er will, und nicht das, was er braucht. Interpretieren Sie also nicht, was denn »passen könnte«, denn Sie kennen die Welt des Kunden und seine konkreten Bedürfnisse niemals so gut wie er selbst. Im Zweifelsfall zählt, was vertraglich abgestimmt wurde. Das ist vor allem dort wichtig, wo verschiedene Interessengruppen auf Kundenseite mitwirken und wo wir Anforderungen priorisieren. Ein Lieferant sollte im Interesse einer nachhaltigen Kundenbeziehung im Vorfeld klären, was der Kunde wirklich braucht, um dann vor Projektbeginn eine Abstimmung zu erreichen zwischen dem, was gebraucht wird, und dem, was gewünscht und damit vertraglich festgehalten wird. Eine wirksame Basis für erfolgreiches Kundenmanagement ist es, zuallererst den Business Case des Kunden zu verstehen. Dabei geht es darum, zu erkennen, was der Kunde – anders – machen will, wenn er erst einmal das gewünschte Produkt in Händen hält. Den Business Case zu verstehen, bedeutet, dass man als Produkt- oder Projektmanager erkennt, welche Funktionen oder Anforderungen an das Projekt den größten Nutzen bringen. Man versucht, aus der späteren Anwendung innerhalb der Geschäftsprozesse des Kunden heraus einzuschätzen, welche Anforderungen kritisch sind und ob vielleicht bestimmte Randbedingungen übersehen wurden.

Risiko 2: Falsche Anforderungen

Wie alle Arbeitsergebnisse sind auch Anforderungen fehlerhaft. Wir Menschen machen pro zehn Zeilen Text ungefähr einen inhaltlichen Fehler, den wir nicht sofort entdecken. Die Hälfte dieser Fehler entdecken wir bei einer Schlussdurchsicht – sofern wir uns die Zeit dafür nehmen. Die andere Hälfte bleibt im Dokument und muss durch zusätzliche Techniken entdeckt und behoben werden. Das ist gerade bei Anforderungen kritisch, denn viele Fehler werden erst spät bei Test und Abnahme des Produkts entdeckt, und dann sind Korrekturen aufwendig. Abbildung 1–4 zeigt diesen Effekt, wie wir ihn bei einem Kunden beobachtet haben. Unzureichende Anforderungsqualität brachte dort nicht nur das Projekt in Schieflage, sondern reduzierte auch die Mitarbeitermotivation dramatisch, denn viele wussten nicht mehr, wie sie die sich ständig ändernden Vorgaben meistern sollten.

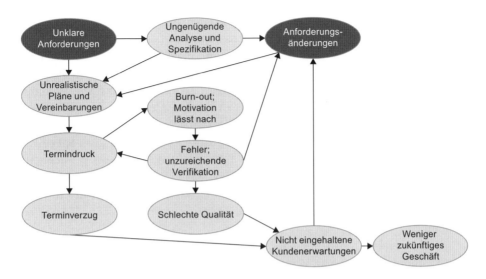

Abb. 1–4   *Fehlerhafte Anforderungen und die Konsequenzen*

Typische Fehler sind vage und ungenaue Beschreibungen, Widersprüche, Inkonsistenzen, Lücken und natürlich Denkfehler. Zu stark vereinfachte oder oberfläch-
liche Spezifikationen führen später zu fehlender oder falscher Funktionalität. Aus
Zeitgründen und zur Vereinfachung werden Anforderungen oft wortwörtlich von
Kunden- oder Benutzerinterviews übernommen. Dies sind allerdings nur Rohfas-
sungen, die erweitert und präzisiert werden müssen. Entdeckt werden diese Fehler nur mit frühzeitiger Verifikation und Validierung. Nutzen Sie dazu Checklisten und Szenarien wichtiger Abläufe. Spielen Sie vor allem die Szenarien durch,
mit denen Ihr Kunde Geld verdient oder die dem Benutzer später Schwierigkeiten
machen, wenn sie nicht optimal funktionieren. Prüfen Sie, ob Abhängigkeiten
oder Fehlerszenarien übersehen wurden. Wer macht diese Reviews? Klare Antwort: ein Tester. Tester haben einen Blick für Fehlermöglichkeiten und entdecken
in Reviews sehr viel mehr Fehler als Designer oder Projektmanager. Achten Sie
auch darauf, dass die Anforderungen kundenseitig geprüft und formal freigegeben wurden. Oft wurden schon kundenseitig falsche Versionen ins Projekt
geschickt.

Fehlerhafte Anforderungen entstehen auch, wenn der Bedarf (Warum kauft
der Kunde? Was will der Kunde?) und die Lösung (Wie werden die Bedürfnisse
adressiert?) gemischt und verwechselt werden. Spezifikationen von Anforderungen und Lösungen sind zwei grundlegend unterschiedliche Dinge. Kundenanforderungen beschreiben, was geliefert werden muss. Die Lösungsspezifikation im
Pflichtenheft beschreibt, wie die Lösung entwickelt wird. Trotz dieser klaren
Unterscheidung werden die Was- und Wie-Perspektiven immer wieder vermischt.
Häufig geschieht dies aus einer vermeintlichen Zeitersparnis heraus. Man
beginnt, die Anforderungen zu notieren. Im Beschreiben der Anforderung kom-

men erste Ideen zu gegenseitigen Abhängigkeiten und zur möglichen Realisierung, die einfach mit der Anforderung zusammen notiert werden. Selbst wenn
man dies in getrennten Teilen der Anforderung macht, sollte es klar sein, dass
prinzipiell nie eine 1:1-Abbildung möglich ist. Die nächste Anforderung hat vielleicht überlappende Einflüsse und schon passt das Muster nicht mehr. Schlimm
wird es vor allem, wenn sich Anforderungen später ändern oder gestrichen werden. Wohin mit der teilweisen Analyse, die vielleicht auch noch von anderen
Anforderungen gebraucht wird? Hier gilt die klare Regel, immer zwei Spezifikationsdokumente zu führen, nämlich die Liste der Anforderungen (Lastenheft)
und die Liste der Lösungsspezifikation (Pflichtenheft). Nachverfolgbarkeit durch
eindeutige Bezeichner und eventuell eine angepasste Werkzeugunterstützung
erlauben später, auch umfangreiche Änderungen schnell in trockene Tücher zu
bekommen.

»Gold Plating«, also Verschnörkelungen durch Entwickler und Benutzer,
bringt unnötige Funktionen, Verzögerungen und zu hohe Kosten ins Projekt. Entwickler versuchen oft, Anforderungen, die sie verstanden haben, mit Leben zu
füllen, und entwickeln so Funktionen, die nie vereinbart wurden. Im besten Fall
passiert gar nichts, denn der Kunde wird sich hüten, solche verzichtbaren Funktionen zu würdigen. Im Normalfall allerdings wird diese Komplexität unbeherrschbar, weil ja keine Ressourcen dafür vorgesehen wurden. Jede weitere
Funktion bringt Abhängigkeiten zu anderen Funktionen, Sonderfälle, Ausnahmesituationen – und damit zusätzlichen Entwicklungs-, Korrektur- und Testaufwand. Anforderungen sollen widerspiegeln, was der Kunde als relevant betrachtet. Das Gleiche gilt für Spezifikationsdokumente. Dies sind Dokumente, die
straff beschreiben, wie gearbeitet wird. Es sind keine detaillierten Entwurfsbeschreibungen. Hilfreich ist es, von vornherein mit verschiedenen Dokumenten zu
arbeiten, sodass Entwurfsentscheidungen von Beginn an im richtigen Dokument
– also in der Architektur- oder der Entwurfsbeschreibung – dokumentiert werden, ohne den Umweg über ein Spezifikationsdokument, wo solche Informationen nicht hingehören. Im Unterschied zu diesen Verschnörkelungen sollten allerdings Ausnahmebehandlungen der regulären Anforderungen durchaus mit dem
Kunden geklärt und als Erweiterung der Anforderung spezifiziert werden. Use
Cases beispielsweise haben bereits in ihrem Template eine solche Ausnahmebehandlung vorgesehen. Wird die Behandlung von Ausnahmen nicht vorab abgestimmt, kann dies zu sehr verwickelten und inkonsistenten Realisierungen führen.

Risiko 3: Sich ändernde Anforderungen

Anforderungen, deren Änderungen nicht beherrscht werden, führen zu Kosten- und Terminüberschreitungen und reduzieren die Qualität. Anforderungen ändern sich in beinahe jedem Projekt. Die Änderungsrate hängt von verschiedenen Faktoren ab, beispielsweise dem Neuigkeitsgrad von Projekt und Technologie bei Lieferant und Benutzer und der Anwendung beim Benutzer. Häufig existiert eine gewisse Basis von Anforderungen, mit denen ein Projekt gestartet wird. Einige Punkte sind noch offen und klären sich im Laufe der Zeit. Auftraggeber und vor allem der eigene Vertrieb haben allerdings oftmals gar kein großes Interesse, diese Punkte zu klären. Erstens ist es Zusatzaufwand und zweitens könnte der Auftraggeber bei der Abnahme davon profitieren, wenn nicht alles so läuft, wie abgesprochen, denn das ist die Chance, komplett neue Anforderungen als Kompensation für diesen Projektfehler kostenlos zu erhalten.

Unzureichende Einbeziehung der Benutzer führt zu nicht akzeptierten Produkten und zu unzufriedenen Kunden. Oft werden Anforderungen interpretiert, ohne den Kunden direkt einzubeziehen. Dann entwickelt sich das Projekt in zwei getrennte Richtungen, denn sowohl die Projektmitarbeiter als auch der Kunde lernen ständig dazu. Da der Kunde allerdings nicht weiß, wie er damit umgehen soll, wartet er ab. Das Gleiche gilt für den Projektmanager, der eine Liste führt, was er beim nächsten »offiziellen« Kundengespräch auf den Tisch bringen will. So wachsen die Divergenzen an, statt aufgelöst zu werden.

Eine andere Facette ist, dass es beim Kunden verschiedene Rollen gibt, aber nur dessen Einkauf repräsentiert ist. Auch das führt später zu einem bösen Erwachen, wenn man feststellen muss, dass der Einkauf primär auf formale Kriterien achtete, aber nicht auf Benutzbarkeit oder Effizienz des Produkts.

Zur Minderung dieses Risikos ist es zunächst wichtig, die Änderungsrate zu verfolgen. Zu bestimmten Meilensteinen muss die Änderungsmenge reduziert werden, um die nächste Phase erfolgreich durchlaufen zu können. Üblich ist es, mit einem Puffer zu arbeiten, der sowohl Schätzungenauigkeiten als auch Anforderungsänderungen abfangen kann. Eine weitere Maßnahme ist die sogenannte Rückwärtsplanung von der Übergabe aus zurück ins Projekt, um zu erkennen, ab wann der kritische Pfad keine Parallelarbeit als Puffer mehr zulässt. Mancher Projektmanager und auch Kunde wird überrascht sein, wie früh im Projekt dies der Fall ist. Als Regel gilt, dass in der zweiten Projekthälfte nur noch sehr wichtige Änderungen ohne große Auswirkungen zugelassen werden. Eine dritte Maßnahme ist schließlich, Änderungen grundsätzlich nur zu diskutieren, wenn eine Analyse der Auswirkungen stattgefunden hat. Andernfalls verschwenden beide Seiten ihre Zeit. In diesem »Spiel« wird gern gepokert, nur um zu sehen, wie sich der Lieferant verhält. Oftmals genügt der Verweis auf die Einflüsse im Projektplan, um zu zeigen, dass die vorgeschlagene Änderung Kosten und Projektdauer unzulässig erhöhen wird.

Grundsätzlich sollten informierte und repräsentative Kundenvertreter regelmäßig konsultiert werden. Dann können offene Punkte zeitnah abgestimmt werden. Das ist nicht in allen Projekten möglich. Schließlich wollen viele Kunden ihre Zeit nicht unbedingt mit Projektarbeit verbringen. Daher müssen Anforderungsqualität, Mitarbeit des Kunden, Änderungsmanagement sowie Abstimmungsgespräche und Eskalationsmöglichkeiten vertraglich geregelt werden. Aber auch zu viel Kundenbeteiligung schafft Probleme. Viele Projekte scheitern, da sie wachsweich aufgesetzt werden. Man weiß, dass man nachher im Projekt sowieso eng zusammenarbeitet, und verschiebt Detailfragen auf später. Dann aber kann man kaum von Projekt sprechen, sondern eher von einem Versuchsballon. Und dass jene die Tendenz haben, zu platzen, das dürfte hinreichend bekannt sein. Machen Sie also im Vorfeld die Rollen der Kunden bei der Projektarbeit sehr deutlich und klären Sie die Erwartungen im Rahmen des Vertrags.

Diese drei Risiken sind nicht softwarespezifisch und unterstreichen die Anwendbarkeit des Requirements Engineering für jegliche Produktentwicklung – egal ob Software, IT, Medizin oder Maschinenbau. Jede Disziplin, in der Produkte oder Lösungen entwickelt werden, kämpft mit den immer wieder gleichen Herausforderungen. Anforderungen fehlen, sind falsch und ändern sich während des Projekts. Kein Wunder, dass die Entwicklung und Behandlung von Anforderungen branchenübergreifend adressiert wird. Abbildung 1–5 zeigt klassische Beispiele aus verschiedenen Projekten, die bei der Bearbeitung der Anforderungen kritische Fehler machten. Eines der ersten kommerziellen Düsenflugzeuge, die Comet 1, beispielsweise berücksichtigte bei den Fenstern die entstehenden Spannungen nicht – und stürzte sehr häufig ab. Die Tacoma-Narrows-Brücke hatte unzureichende Anforderungen und Lösungsmodelle bei der Berücksichti-

Abb. 1–5   *Erfolg hängt von der Qualität der Anforderungen ab.*

gung der Windlast – und stürzte ein. Das Therac-25-Bestrahlungsgerät spezifizierte die Benutzerschnittstelle fehlerhaft – und verursachte mehrere Todesfälle. Die Ariane 5 hatte Anforderungen außerhalb des Kontexts wiederverwendet – und stürzte auf dem Jungfernflug ab. Zahlen aus ganz unterschiedlichen Anwendungsbereichen unterstreichen es (Abb. 1–5, Mitte) [Griffith2001]: **Die Qualität der Anforderungen ist ein wesentlicher Erfolgsfaktor beim Projekterfolg.**

1.3 Wirtschaftlicher Nutzen und ROI

Die Einführung und systematische Umsetzung von RE erfordert Aufwand sowohl in der Entwicklung als auch an ihren Schnittstellen, also im Produktmanagement, Produktmarketing und Vertrieb. Häufig wird dieser Aufwand als zu hoch und zu zeitraubend gesehen, sodass die Anforderungen weiterhin ad hoc in das Projekt hineinpurzeln und dort bruchstückhaft und mit vielen Nacharbeiten umgesetzt werden, bis einmal mehr das Projekt seine Ziele verfehlt oder abgebrochen werden muss. Aus unserer Beratungspraxis kennen wir das Dilemma: Verbesserungen in Methodik, Prozessen, Ausbildung und Werkzeugen werden nicht angegangen, da der Anfangsaufwand, um diese Verbesserungen anzustoßen, als zu hoch betrachtet wird.

Daher wollen wir in diesem Abschnitt die **Nutzen eines systematischen RE quantitativ unterstreichen** und vor allem konkrete Hinweise geben, wie Sie in Ihrer eigenen Umgebung den Nachweis führen können, dass sich der Aufwand für das RE lohnt. Eine weitaus umfangreichere Darstellung der ROI-Konzepte und zugrunde liegenden Projektaufwandsdaten findet sich in [Ebert2007a].

Systematisches RE bringt klare Vorteile für die Softwareentwicklung (Abb. 1–6) [Ebert2007a, Standish2003, IAG2008, Standish2009]:

▮ **Wertorientierung**
50 % aller Funktionen werden nie verwendet. Diese Zahl gilt branchenübergreifend als Richtwert. Wenn einige dieser sowieso eher unnötigen Funktionen frühzeitig erkannt und nicht entwickelt werden, reduziert das die Komplexität und Kosten.

▮ **Qualität**
80 % der Fehler im Test und 43 % der Feldfehler resultieren aus unzureichendem RE. Diese Fehlerkosten werden durch ein besseres RE direkt reduziert – der Umfang hängt natürlich davon ab, wie Sie die Schwerpunkte setzen.

▮ **Kostenreduzierung**
Typischerweise werden 3–6 % des Aufwands in das RE investiert. Eine Verdoppelung reduziert die Lebenszykluskosten um typischerweise 20–40 %. Die Gründe dafür sind frühe Fehlerentdeckung, frühe Korrektur unzureichender Anforderungen, Fokus auf Erweiterbarkeit etc.

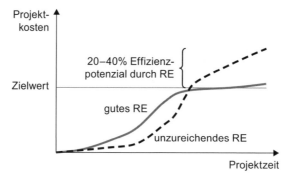

Abb. 1–6   *Effizienzpotenziale durch besseres Requirements Engineering*

Die zwei am häufigsten zitierten empirischen Studien untersuchten in Hunderten von Projekten den Zusammenhang von RE und Projekterfolg. Die Termintreue von Projekten wurde in beiden Studien als primärer Erfolgsfaktor betrachtet, denn in den meisten Branchen geht es heute aufgrund von Wettbewerb und Time-to-Profit darum, Softwarelösungen präzise zum gewünschten Termin zu liefern [Hamel2007].

Die umfassendste Untersuchung zum Nutzen von RE kommt von Alcatel-Lucent. Über mehrere Jahre hinweg wurden in einer longitudinalen Feldstudie unterschiedliche Projektdaten systematisch erfasst und analysiert (Abb. 1–7) [Ebert2006]. Gute Termintreue wird nur dann erreicht, wenn die vier folgenden Techniken gleichzeitig umgesetzt werden (Abb. 1–7, 4 Techniken eingesetzt). Wurde einer oder mehrere dieser Faktoren vernachlässigt, führte das sofort zu Terminverzug (Abb. 1–7, 0–3 Techniken eingesetzt).

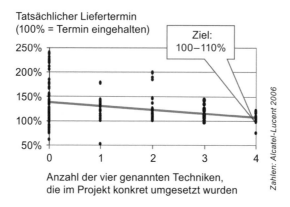

Abb. 1–7   *Der gleichzeitige Einsatz von vier wesentlichen Techniken des RE (Kernteam, Lebenszyklus, Transparenz, gemeinsame Analyse) verbessert den Projekterfolg.*

▦ Ein verantwortliches Kernteam, bestehend aus Produktmanagement, Marketing, Entwicklung und Produktion, das das gesamte Projekt (oder das Produktrelease) steuert

▦ Konsequente Nutzung eines definierten Lebenszyklus mit Meilensteinen, Checklisten und Vereinbarungen

▦ Transparenz aller Projektvereinbarungen (z.B. Anforderungen) im Intranet

▦ Gemeinsame Anforderungsanalyse durch das Kernteam mit Produktmanagement, Marketing, Entwicklung und Produktion

Eine weitere umfassende Studie zum Nutzen von RE in Entwicklungsprojekten kommt von der NASA (Abb. 1–8) [Forsberg1997]. Der Zusammenhang ist auch in dieser Studie offensichtlich. Wenn die NASA in ihre Projekte weniger als 5 % Vorbereitungsaufwand (insbesondere auch Anforderungen) investiert, kommt es zu starken Verzögerungen. Bei einem Anteil von 10–20 % am gesamten Projektaufwand reduzieren sich die Terminverzüge auf unter 30 %.

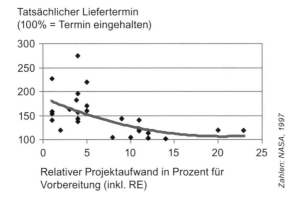

Abb. 1–8   *Termineinhaltung in Abhängigkeit vom Aufwand für die Projektvorbereitung*

Eine dritte longitudinale Feldstudie zum Nutzen von RE in IT-Projekten kommt ebenfalls von der NASA (Abb. 1–9) [Hooks2001]. Im Unterschied zu den beiden vorigen Studien wurde hier die Kosteneinhaltung in Abhängigkeit vom Aufwand für RE untersucht. Projekte mit 5 % Aufwand für RE führen zu einer Kostenüberschreitung von 80 % bis knapp 200 %. Wird dieser Aufwand in Richtung 8–14 % verdoppelt, liegt die Kostenüberschreitung bei unter 60 %. Offensichtlich sind IT-Projekte sehr anfällig für eine unzureichende Anforderungsanalyse und -spezifikation, denn die Anforderungen werden sich im Projektverlauf zunehmend ändern und zu beträchtlichen Zusatzaufwänden führen. Auch hier gilt, dass die absoluten Zahlen für Überschreitungen von Kosten natürlich durch viele Faktoren bestimmt werden. Aber ein unzureichendes RE hat einen starken Anteil an überbordenden Kosten.

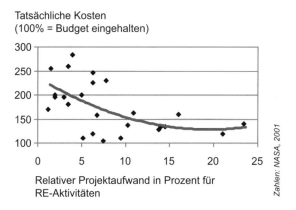

Abb. 1–9   *Kosteneinhaltung in Abhängigkeit vom Aufwand für RE*

Das deckt sich auch mit einer Studie von Borland mit 348 IT-Verantwortlichen in
den USA [Borland2006]. Über 90 % der Antwortenden unterstrich, dass eine Verbesserung der RE-Prozesse einen klaren Wettbewerbsvorteil bringen würde.
Mehr als die Hälfte der Antwortenden erklärte, dass mit einem besseren RE eine
Senkung der Entwicklungskosten um 30 % möglich wäre.

Der Nutzen eines guten RE kann an verschiedenen Faktoren festgemacht
werden. Im Folgenden geben wir Anhaltspunkte für die eigene Nutzenrechnung,
die wir aus verschiedenen Kundenprojekten in unterschiedlichen Branchen
gewonnen haben [Ebert2007a, Standish2003, Stevens1998, Leffingwell1997].

■ Produktivitätsverbesserung. Typischerweise werden 30–50 % des Entwicklungsaufwands für Fehlerbehebung und nicht entwicklungsbezogene Aktivitäten eingesetzt. Die Hälfte der Fehler kommt direkt aus unzureichenden
Anforderungen und unkontrollierten Änderungen. Im Systemtest sind es
80 % der Fehler, die aus unvollständigen (31 %) oder falschen (49 %) Anforderungen resultieren.

■ Verbesserte Projektplanung und Ressourceneinteilung, weniger Verzögerungen vor Projektstart, eine schnellere Anlaufphase sowie Termintreue aufgrund
von bekannten Anforderungen und klaren Verantwortungen im Projektteam
und im Vertrieb. Mehr Aufwand für Entwicklung und konsequente Umsetzung und Test der Anforderungen schafft eine Verbesserung der Termintreue
und reduziert Verzögerungen auf unter 20 %.

■ Kürzere Durchlaufzeiten durch Fokus auf jene Aktivitäten und Inhalte, die
Wert schaffen. Knapp die Hälfte aller Funktionen eines Softwaresystems werden nicht genutzt. Das gilt sowohl in der IT wie auch in technischen Produkten. Weniger Anforderungen reduzieren die Komplexität und machen damit
die Projekte verlässlicher sowie die Qualität besser.

■ Weniger Nacharbeiten von inkonsistenten Anforderungen durch Einflussanalyse bei sich ändernden Anforderungen und Nachverfolgbarkeit zu den

betroffenen Arbeitsergebnissen. Werden die Anforderungen so umgesetzt, wie sie vom Kunden oder Benutzer beschrieben werden, führt das zu Nacharbeiten, die im Schnitt 45 % des Projektaufwands ausmachen.

▍ Wiederverwendung von Anforderungen und davon abgeleiteten Arbeitsergebnissen (z.B. Mechanismen zur Systemsicherheit).

▍ Bessere Kundenzufriedenheit durch konsistentes Verständnis über die wirklichen Anforderungen.

Einige dieser Faktoren, wie Termintreue oder weniger Nacharbeiten, schaffen einen unmittelbar greifbaren Nutzen. Andere, wie beispielsweise die Kundenzufriedenheit, sind eher opportunistisch und werden in Form nachhaltig guter Kundenbeziehungen und weiterer Projekte greifbar. Insgesamt zeigen unsere Erfahrungen, dass eine Verdoppelung des Aufwands für RE hin zu 10 % des Projektaufwands in den Bereichen Methodik, Prozesse, Training und Werkzeugunterstützung konkret realisierbare Projektnutzen von über 20 % schafft. Das ist ein ROI von mehr als 4, und damit sind nur die direkt messbaren Vorteile berücksichtigt.

1.4   Wie Sie von diesem Buch profitieren

Dies ist ein Buch für Einsteiger und Profis. Nach der Lektüre

▍ haben Sie einen Überblick über Theorie und Praxis des Requirements Engineering;

▍ haben Sie einen ersten Einblick, wie moderne Werkzeuge und Notationen Sie beim Requirements Engineering praktisch unterstützen können;

▍ können Sie die wichtigen Elemente des Requirements Engineering in Ihren Projektalltag übertragen und dort produktiv einsetzen.

Abbildung 1–10 zeigt die Struktur des Buchs. Das Thema RE wird zunächst anhand verschiedener Übersichtskapitel eingeführt. Kapitel 2 führt kurz und knapp in das Requirements Engineering ein und zeigt den Nutzen in der Praxis, aber auch die Risiken, wenn es nicht ausreichend gelebt wird.

Die Kapitel 3 bis 8 beleuchten die einzelnen Aktivitäten innerhalb des RE systematisch. Kapitel 3 beschreibt, wie Anforderungen ermittelt werden. Der Nutzen und Wert aus der Sicht desjenigen, der bezahlt, steht im Vordergrund, denn das ist die wesentliche Basis für jedes erfolgreiche Projekt. Kapitel 4 betrachtet die Dokumentation, also das Beschreiben von Anforderungen. Dabei geht es um die Verbesserung der Anforderungsqualität und verschiedene formale Arten der Beschreibung, die hinsichtlich ihrer Praktikabilität und Schwierigkeit in der Umsetzung diskutiert werden. Kapitel 5 beschreibt die relevanten Analyse- und Modellierungstechniken, wobei wir ein einheitliches Beispiel einsetzen, um die Unterschiede und Gemeinsamkeiten besser zeigen zu können. Kapitel 6 vertieft die Prüfung der Anforderungen. Häufig werden die falschen Anforderungen realisiert oder Fehler in der Umsetzung gemacht. Wir zeigen hier Techniken zu Reviews, Prüfungen und konkrete Checklisten, um die Anforderungsqualität zu verbessern. Kapitel 7 greift eine oft vernachlässigte Aktivität im Projekt auf, nämlich die Abstimmung und Vereinbarung von Anforderungen. Das Kapitel betrachtet auch rechtliche Zusammenhänge, beispielsweise Gewährleistungs- und Haftungsfragen. Schließlich beschreibt Kapitel 8 die Methoden der Anforderungskontrolle und -verwaltung.

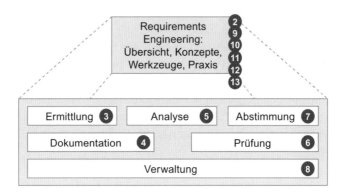

Abb. 1–10   *Zuordnung der Buchkapitel zu den Themen des RE (schwarze Kreise sind Kapitelnummern)*

Die Aufgaben und Verantwortungen und ihr Zusammenspiel werden in Kapitel 9 vertieft. Dort gehen wir auch auf die Zertifizierung nach IREB ein. Kapitel 10 gibt eine Übersicht zu Prozessen, Lebenszyklusmodellen, Standards und Normen, die zur Anwendung kommen. Requirements-Werkzeuge werden in Kapitel 11 charakterisiert und bewertet. Wir zeigen namhafte RE-Werkzeuge ganz praxisnah in unterschiedlichen Szenarien. Kapitel 12 zeigt beispielhaft, wie die Themen der Kapitel 3 bis 10 ineinandergreifen. Damit sehen Sie den praktischen Nutzen und die Abhängigkeiten der einzelnen Schritte im RE. Das abschließende Kapitel 13 fasst den Stand der Technik nochmals zusammen und beleuchtet die wichtigsten Trends des RE in den nächsten Jahren. Hier werden auch die empirischen »Gesetzmäßigkeiten« des RE nochmals an einer Stelle zusammengefasst.

Abgerundet wird das Buch durch eine Zusammenstellung von Internetressourcen, also den wichtigsten URLs zum Thema RE. Diese URLs können sich natürlich ändern, aber die beschriebene Auswahl hat sich in den vergangenen Jahren als recht stabil erwiesen. Alle Begriffe, die im Buch definiert werden oder auf deren Definitionen zurückgegriffen wird, sind im Glossar am Ende des Buchs nochmals zusammengefasst. Eine Zusammenstellung der Literaturquellen sowie ein Index beschließen das Buch.

Jedes der Kapitel besitzt am Ende einige Checklisten sowie konkrete Fragen an die Praxis. Damit können Sie das gerade Gelesene in Ihrem eigenen Kontext reflektieren und leichter umsetzen. Es handelt sich also nicht um die Art von Verständnisfragen, wie Sie es aus Lehrbüchern kennen, sondern eher um Fragen, die

Ihren eigenen Horizont öffnen, um das gerade konsumierte Wissen zu verdauen und genau das abzuleiten, was Ihre eigenen Projekte benötigen.

Wenn Sie als **Softwareentwickler** in einem Unternehmen arbeiten, gibt Ihnen dieses Buch einen guten Überblick zu den relevanten Fragestellungen und Lösungen des Requirements Engineering. Praktische Tipps am Ende jedes Kapitels helfen Ihnen dabei, essenzielle Vorgehensweisen schnell und »leicht verdaulich« zu extrahieren. Die Techniken sind praxiserprobt und leicht umsetzbar. Requirements Engineering klingt zwar nach Formalismus und wird häufig in einen Topf geworfen mit Aufwandschätzung, Modellierung und Projektmanagement. Das Buch versucht, die Themen sauber zu trennen und trotzdem einen Querbezug zu schaffen.

Selbstständige Entwickler und **Freelancer** lernen praxisnah die wichtigsten Grundlagen, die gerade in kleinen Projekten eine große – oft überlebensnotwendige – Rolle spielen. Da das Buch sehr klar zwischen Prozessen und Werkzeugen trennt, werden Sie lernen, wie Sie mit einfachsten Mitteln eine solide Basis Ihrer Anforderungen halten und verwalten. Die angesprochenen Prinzipien sind skalierbar und nicht nur für große Projekte relevant. Beispielsweise braucht auch ein Kleinstprojekt ein funktionierendes Änderungsmanagement, um zu verfolgen, welche Anforderungen im Moment akzeptiert sind und welche sich noch in der Pipeline befinden. Wenn Sie einem Kunden einen Termin auf der Basis von gegenseitig vereinbarten Anforderungen versprochen haben, werden Sie es häufig erleben, dass kurze Zeit später die ersten Änderungen kommen. Dies ist normal, muss aber konsequent abgefangen werden. Wenn Sie einmal damit beginnen, solche Änderungen auf Zuruf zu akzeptieren, weil sie ja »sehr klein« sind, haben Sie eine Türe aufgemacht, die Sie nie mehr bei diesem Kunden schließen können. Auf welcher Basis würden Sie argumentieren, dass manche Änderungen »sehr klein« und andere »nicht mehr so klein« sind?

Besser ist es, von vornherein einen Prozess zu vereinbaren, der besagt, dass alle Anforderungen in einer Liste gepflegt werden. Falls es zu Änderungen kommt, werden diese analysiert und dann vereinbart. Änderungen können Auswirkungen auf Termine und Kosten haben. Falls Sie zu einem Festpreis arbeiten, wird es Ihnen manchmal sogar helfen, eine späte Änderung noch aufzunehmen, da Sie damit Termine und den Preis nochmals beeinflussen können. Es gibt keine Änderung ohne vorherige Abschätzung und formalisierte Vereinbarung. Danach finden sich die Anforderungen auf Ihrer Liste wieder. Das geht mit wenig Aufwand, und die Kunden werden Ihre Professionalität schätzen.

Das Buch empfiehlt wirksame Prinzipien und Vorgehensweisen, die sich an der Praxis orientieren.

Als **Projektmanager** finden Sie eine Menge wertvoller Tipps und lernen, wie Requirements Engineering konkret implementiert wird und wie Risiken und typische Schwierigkeiten im Requirements Engineering gehandhabt werden können. Dieses Buch bietet eine Menge an konkreten Tipps aus dem Projektalltag, die der

Autor in seiner beruflichen Praxis gesammelt hat. Fallstudien und Praxiserfahrungen am Ende des Buchs (Kap. 12) greifen die wichtigsten Themen nochmals
aus der Sichtweise konkreter betrieblicher Fragestellungen auf. Sie helfen bei der
»Übersetzung« des Themas Requirements Engineering und der zugehörigen
Lösungen in Ihren eigenen betrieblichen Alltag.

Sind Sie in der **Systementwicklung** tätig, ohne überhaupt Software zu
betrachten? Wir empfehlen das Buch auch für andere Branchen, wo RE
gebraucht wird, aber keine spezifische Methodik zur Verfügung steht. Die hier
vorgestellten Methoden und Prozesse sind größtenteils nicht software- oder IT-
spezifisch, sondern universell in der Systemtechnik einsetzbar.

Als **Requirements-Ingenieur, Systemanalyst, Projektmanager** oder **Produktmanager** zeigt Ihnen das Buch, wie Sie erfolgreich eine Brücke bauen zwischen
den sehr verschiedenen Sichtweisen heterogener Interessengruppen innerhalb und
außerhalb des Projekts. Zielkonflikte tragen zu besseren Lösungen bei und sollten nicht sofort zu Konfrontationen führen. Wir unterstützen Sie mit Methoden
und Tipps, um solche verschiedenen Ziele und Perspektiven herauszuarbeiten, zu
verstehen, daraus die richtige Balance der Anforderungen zu ermitteln und damit
Win-win-Ergebnisse zu erreichen.

Soweit Sie als **Qualitätsverantwortlicher** oder im Bereich der Prozessverbesserung arbeiten, hilft Ihnen das Buch, die verschiedenen Modelle (z. B. ISO 9001,
CMMI, SPICE) praktisch einzusetzen. Der Autor hat selbst viele Jahre damit ver-
bracht, unterschiedliche Unternehmen und Produktlinien im Anforderungs- und
Produktmanagement zu verbessern. Wir wollen uns hier vor allem auch mit der
Messbarkeit und Nachverfolgung von Anforderungen im Lebenszyklus befassen
– ein Thema, das in den meisten Büchern zum Requirements Engineering zu kurz
kommt.

Neulinge im Thema Requirements Engineering und Studierende der Informatik oder der Softwaretechnik (Software Engineering) werden von den ersten
Kapiteln stark profitieren, denn dort betten wir das Thema in einen größeren
Bezug zu anderen Prozessen der Softwaretechnik ein. Fragen an die Praxis am
Ende eines jeden Kapitels helfen dabei, sich selbst zu prüfen und zu erkennen, ob
die relevanten Themen auch im Kontext verstanden wurden. Diese Fragen beziehen sich daher nicht ausschließlich auf das Kapitel, in dem sie auftreten. Oftmals
bauen sie auch auf vorangegangenen Themen auf.

Beiden Gruppen, den Einsteigern und den Praktikern, gerecht zu werden,
gelingt durch eine klare Struktur, die in jedem Kapitel wichtige Themen zusammenfasst. So wissen Einsteiger, was gemeint ist, und können sich orientieren,
während die Profis sofort in die Tiefe gehen und finden können, was ihre derzeitige Situation gerade verlangt.

1.5   Einführung in das durchgängige Beispiel

Ein Buch für die Praxis braucht ein praktisches Beispiel. Dieses Beispiel soll möglichst alle Facetten eines realen Produkts abbilden, also beispielsweise IT, eingebettete Systeme, Qualitätsanforderungen verschiedener Art und Wartungsaufgaben. Gewählt haben wir dazu eine funktionsfähige Personenaufzugsanlage, die am Institut für Automatisierungs- und Softwaretechnik der Universität Stuttgart steht. Aufgrund der vielfältigen Anwendungsmöglichkeiten verbindet das Beispiel sowohl Aspekte der IT-Welt als auch eingebetteter Systeme. Die Anlage besteht aus zwei Aufzugsschächten mit jeweils vier Stockwerken und erlaubt eine unabhängige Personenbeförderung in beiden Schächten.

Zur Übersicht werden die zentralen Funktionen kurz beschrieben. Fahrgäste drücken in einem der vier Stockwerke eine Ruftaste mit Richtungsvorwahl. Eine der beiden Kabinen fährt das Stockwerk an und öffnet die Türe. Innerhalb der Kabine wird das Zielstockwerk vorgewählt, das dann angefahren wird. Die aktuelle Stockwerknummer wird in der Kabine dargestellt. Bei gleichzeitiger Benutzung des Aufzugs durch verschiedene Fahrgäste werden die beiden Kabinen in ihrer Fahrt so optimiert, dass nur kurze Wartezeiten entstehen. Aus Sicherheits-

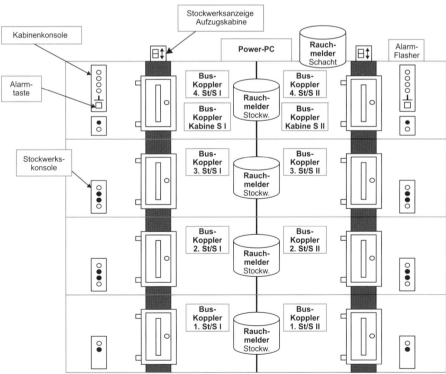

Quelle: Universität Stuttgart, 2007

Abb. 1–11   *Systemarchitektur des Personenaufzugs*

gründen sind verschiedene Schutzfunktionen eingebaut, wie beispielsweise Rauchmelder in den Kabinen, eine Notstromunterstützung für einen etwaigen Stromausfall sowie Türverriegelungen.

Abbildung 1–11 zeigt die Systemarchitektur des Personenaufzugs. Der dargestellte Embedded-PowerPC übernimmt sämtliche Steuerungsaufgaben des Modellprozesses. Als Betriebssystem kommt auf dem Steuerungsrechner Linux zum Einsatz. Bis auf sicherheitskritische Ausnahmen werden alle Sensor- und Aktordaten über den zentralen CAN-Bus kommuniziert. Die Kabinen selbst sind als aktive CAN-Knoten realisiert. Die Positionserkennung der Kabinen im Schacht erfolgt mittels Mikroschaltern. Um eine reale Anlage nachbilden zu können, wurden viele Bedienelemente eines realen Aufzugs (Wahltasten für das Zielstockwerk, Stoppschalter usw.) in das Aufzugsmodell integriert. Eine Machine-to-Anywhere-(M2A-)Schnittstelle erlaubt die Fernwartung und Ferndiagnose über Ethernet.

Das Beispiel wird an verschiedenen Stellen aufgegriffen, um Aspekte des RE zu konkretisieren, beispielsweise für die Beschreibung oder Modellierung einer funktionalen Anforderung oder einer Sicherheitsanforderung.

1.6   Ein Blick über den Tellerrand

Dieses Buch fokussiert auf die systematische und zielorientierte Umsetzung von RE in der Praxis. Daher können wir nicht alle Themen wie in einem Grundlagenwerk detaillieren. Wir empfehlen daher – als Blick über den Tellerrand des Tagesgeschäfts hinaus – einige weitere Bücher, die solche Grundlagen liefern. Eines können wir versprechen: Jedes der im Folgenden genannten Bücher gibt Ihnen weitere Impulse und Ideen.

Der Rahmen, in den RE eingebettet ist, nämlich die Softwaretechnik, deren Vorgehensweisen und Managementprinzipien, sind im Buch von Balzert beschrieben [Balzert2008]. Das Buch stellt die relevanten Managementtechniken und Vorgehensmodelle vor und beschreibt, wie verschiedene Modelle in der Praxis eingesetzt werden. Verschiedene Schwerpunktthemen, wie strategisches Management in der IT und globale Softwareentwicklung, verdeutlichen die heutige Ausrichtung der Softwaretechnik.

Die Grundlagen des RE sind umfassend im umfangreichen Werk von Klaus Pohl beschrieben [Pohl2008]. Viele Themen, beispielsweise Notationen und Methoden, die wir hier aus Platzgründen und aufgrund der umsetzungsorientierten Ausrichtung dieses Buchs nicht vertiefen können, werden dort auf eine saubere Basis gestellt. Wir empfehlen sein Buch als Ergänzung zum Nachschlagen von Prinzipien, die Sie grundlegend einordnen und verstehen wollen.

Eine gute Ergänzung zur Erreichung von Win-win-Ergebnissen im RE ist das hervorragende Buch von Al Davis [Davis2005]. Analog unserer Philosophie beschreibt er, wie man RE so umsetzt, dass eine Balance zwischen »hinreichend guten« Ergebnissen erreicht wird, ohne zu viel Overhead zu erzeugen.

Wie gute Anforderungen beschrieben werden, zeigt uns Ian Alexander in [Alexander2002]. Eine Vertiefung der Notationen UML und SysML ist in [Weilkiens2008] zu finden. Falls Sie sich für die geschichtliche Entwicklung von Analyse- und Spezifikationssprachen interessieren, empfehlen wir zusätzlich [Sommerville1998]. Dieses Buch geht sehr viel stärker auf Notationen und Modellierungstechniken ein, als wir dies hier aus Platzgründen tun können.

An verschiedenen Stellen des Buchs unterstreichen wir, dass RE als Disziplin so spannend und in der praktischen Software- und Systementwicklung so ungemein wichtig ist, weil man mit Menschen arbeitet und gemeinsam zielorientiert die Grundlagen für immer wieder neue Produkte und Geschäftserfolge schafft. Dazu braucht es sehr viel mehr als die Beherrschung von Notationen und Werkzeugen. Es geht um die Fähigkeit, mit anderen Menschen gemeinsam erfolgreich zu sein. Dazu gehören »Soft Skills für Softwareentwickler«, die im Buch von Vigenschow, Schneider und Meyrose [Vigenschow2011] dargestellt sind. Umfassender ist das Buch von Elisabeth Schick zum »Ich-Faktor«, das gut geschrieben zeigt, wie man auf andere wirkt und wie man diese Wirkung verbessern kann [Schick2010]. Ich empfehle beide Bücher, um sich selbst ganz gezielt weiterzuentwickeln.

2 Requirements Engineering – kurz und knapp

Man muss die Dinge so tief sehen,
dass sie einfach werden.

Konrad Adenauer

2.1 Was ist eine Anforderung?

Eine Anforderung beschreibt, was der Kunde oder Benutzer vom Produkt erwartet (Bedingungen, Attribute, Ziele, Nutzen etc.). Anforderungen sind definiert als [IEEE 1990]:

- Eine Eigenschaft oder Bedingung, die von einem Benutzer (Person oder System) zur Lösung eines Problems oder zur Erreichung eines Ziels benötigt wird.
- Eine Eigenschaft oder Bedingung, die ein System oder eine Systemkomponente erfüllen muss, um einen Vertrag, eine Norm, eine Spezifikation oder andere, formell vorgegebene Dokumente zu erfüllen.
- Eine dokumentierte Repräsentation einer Eigenschaft oder Bedingung wie in den ersten beiden Punkten beschrieben.

Das Problem in vielen Unternehmen ist, dass zu oft Features und zu selten Träume verkauft werden. Apple war da die große Ausnahme, denn Steve Jobs gelang es, Träume zu verkaufen und diese Träume in Features zu übersetzen.

Als Ingenieure sind wir darauf geeicht, Lösungen zu finden. Wir definieren Funktionen und implementieren sie. Allerdings führen diese – angenommenen – Lösungen nicht immer zum Markterfolg und zu zufriedenen Kunden. Das überrascht uns, wo doch die Lösung so viele interessante Features hat. Aber haben wir wirklich ein Problem und einen Bedarf adressiert? Werden durch unser Produkt eine Vision und ein Traum wahr, oder ersticken die Benutzer in Komplexität?

Wir stürzen uns viel zu schnell auf eine Lösung, weil es das ist, was wir dank Ausbildung und unter Projektdruck als Ergebnis sehen wollen. Ein Projekt, das von einer – angenommenen – Lösung aus startet, führt dazu, dass man einer Fata Morgana nachläuft, die sich ständig ändert. Wenn es uns gelingt, die Ziele und

Anforderungen zu verstehen und systematisch umzusetzen, dann können wir jedes Projekt beherrschen.

Ein Produkt ist dann erfolgreich, wenn es den Bedürfnissen seiner Benutzer und seiner Umgebung gerecht wird. Anforderungen kommunizieren diese Bedürfnisse, und Requirements Engineering ist die Disziplin, die die Behandlung von Anforderungen über den gesamten Lebenszyklus der Software hinweg umfasst.

Wir trennen daher klar zwischen **Anforderung** und **Lösung**. Eine Anforderung beschreibt ein Bedürfnis oder einen Nutzen, der erreicht werden soll. Sie beschreibt nicht, wie dieser Nutzen zu realisieren ist. Diese Implementierungssicht wird durch die Lösung beschrieben. Abbildung 2–1 veranschaulicht diesen Unterschied durch die Trennung zwischen Problemraum (Marktanforderungen, Lastenheft etc.) und Lösungsraum (Lösungsspezifikation, Pflichtenheft, Design, Fachkonzept etc.). Der Problemraum ist zunächst immer nur unscharf umrissen und wird im Verlauf der Lösungskonzeption eingeschränkt.

Abb. 2–1   *Anforderungen und Lösungen*

Anforderungen können mehrdeutig sein, sie können überspezifiziert sein, sie können unvollständig sein, sie können kontextspezifisch sein, sie können sich widersprechen, sie können unmöglich oder falsch sein. In aller Regel jedoch sind es zu viele, um unter gegebenen Randbedingungen realisiert werden zu können. Das kommt deutlich am Beispiel eines Wunschzettels zum Ausdruck (Abb. 2–2).

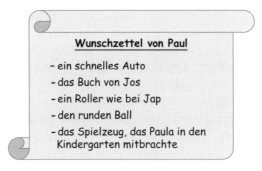

Abb. 2–2   *Anforderungen sind der »Wunschzettel« des Kunden.*

Wir mögen über die kindhafte Darstellung in Abbildung 2–2 schmunzeln. Doch wenn wir auf die Realität schauen, wie Spezifikationen in der Industrie kommuniziert werden, dann erhalten wir oftmals Anforderungen in einem Format und Text wie in Abbildung 2–3. Offensichtlich geht es um die Benutzerschnittstelle eines Aufzugs, wie sie an den Lieferanten weitergegeben wird. Bei genauerem Hinsehen stellen sich viele Fragen:

- Ist die Anforderung wichtig?
- Sind alle Inhalte gleichermaßen wichtig?
- Wie korrelieren die Inhalte, z.B. VIP-Funktion und normaler Fahrtwunsch?
- Wie ist der Status der Anforderung?
- Wer ist für die Anforderung verantwortlich?
- Ist die Anforderung machbar? Welche Einflüsse hat sie?
- Wurde diese Anforderung geändert? Wer hat die Änderung veranlasst?
- Wo sind die Analyseergebnisse dokumentiert?
- Wie wird die Anforderung validiert?
- Wie konkretisiert sich die Anforderung?

```
REQ_0815
Die Stockwerkskonsole erlaubt den Ruf des Aufzugs in den
Stockwerken. Die Konsole besteht aus zwei Ruftasten, mit denen
die Auf- beziehungsweise Abwärtsrichtung signalisiert wird. Der
Benutzer ruft den Aufzug durch das Drücken der Ruftaste. Die
VIP-Funktion wird durch einen Schlüsselschalter aktiviert. Damit
können Stockwerke bevorzugt angefahren werden.
```

Abb. 2–3   *Typische Spezifikation*

Requirements Engineering ist vor diesem Hintergrund eine Sisyphusarbeit. Egal, wo man anpackt, überall tun sich Lücken, Unklarheiten und Unschärfen auf. Wir können in der Projektvorbereitung nicht alle Inhalte endgültig klären. Auch später müssen wir bewusst Schwerpunkte setzen. Das führt zu Verlusten. Ob die Verluste letztendlich in Ihrem Unternehmen auftreten oder auf der Kundenseite, ist nahezu egal. Es trifft Sie. Ein Kunde, der zu lange warten muss und der nicht erhält, was er will, ist unzufrieden – selbst, wenn das Projekt im Budget abgeschlossen hat. Das Gleiche gilt, wenn Sie eine Funktion, die dem Kunden wichtig ist, als unwesentlich deklariert oder unzureichend implementiert haben. Er wird diese Unzufriedenheit auf vielfältige Art zum Ausdruck bringen. **Requirements Engineering hat die Aufgabe, verschiedene Interessen und Sichtweisen unter einen Hut zu bringen. Es begrenzt und steuert die Verluste, die im Projekt sowieso auftreten.** RE hat viel mehr »politische« und psychologische Aspekte und weniger technische Aspekte, als man gemeinhin wahrhaben will.

Es gibt nicht die »Anforderung« schlechthin. Zu einer Anforderung gehört immer die Perspektive, aus der sie beschrieben wird. Eine Anforderung ist eine Bedingung oder eine Fähigkeit, die ein Benutzer benötigt, um ein Problem zu lösen oder um ein Ziel zu erreichen. Das heißt, sie hängt von der Perspektive ab. Ein Benutzer kann der Kunde sein, der für die Lösung bezahlt, aber es kann auch ein Entwickler sein, der daraus eine Architektur ableitet. Entsprechend unterschiedlich sind die Schwerpunkte und Inhalte, die durch diese Anforderung beschrieben werden. Was dem einen die Anforderung ist, ist dem anderen die Lösung. Man trennt daher in der Praxis unterschiedliche Arten von »Anforderungen«, beispielsweise Marktanforderungen oder Komponentenanforderungen, und vermeidet, von einer »Anforderung« ohne Präzisierung zu sprechen.

2.2 Sichten auf Anforderungen

Drei verschiedene Sichten auf Anforderungen werden im Laufe der Lösungskonzeption unterschieden (Abb. 2–1):

- Marktanforderungen
- Produktanforderungen
- Komponentenanforderungen

Diese drei Sichten entstehen durch Verfeinerung beziehungsweise Abstraktion. Offensichtlich ist diese Dreiteilung rekursiv: Eine Komponentenanforderung an einen Lieferanten ist dort wiederum eine Marktanforderung.

Marktanforderungen

Marktanforderungen beschreiben Anforderungen an ein Produkt aus der Sicht des Kunden. Sie werden daher oft auch als Kunden-, Benutzer-, Geschäftsanforderungen oder Bedürfnisse bezeichnet. Sie beschreiben den Nutzen und die Erfahrungen mit dem Produkt in der Sprache des Kunden oder Benutzers, also **warum** ein Projekt überhaupt durchgeführt wird. Einziger Maßstab an Wert und Erfüllungsgrad ist daher die Wahrnehmung oder Spezifikation des Kunden. Marktanforderungen werden im Lastenheft dokumentiert.

Beispiel: *Der Datentransfer muss geschützt erfolgen, um Missbrauch zu verhindern.*

Viele Projekte umfassen Änderungen an Bestehendem. **Marktanforderungen adressieren gerade auch solche Änderungen, und nicht nur Projekte und Produkte auf der »grünen Wiese«.** Änderungen verlangen eine genaue Abstimmung der Bedürfnisse und Nutzen mit den jeweiligen Zielgruppen oder Marktsegmenten. Häufig realisieren wir Funktionen oder Änderungen, die interessant scheinen, deren Markt aber zu klein ist. Hier ist eine Priorisierung aus betriebswirtschaftlicher Sicht wichtig.

Marktanforderungen sind Bestandteil von Verträgen, Entwicklungsaufträgen, Projektplänen, Teststrategien etc. Sie dienen als Basis für Abschätzung, Planung, Durchführung und Nachverfolgung der Projekttätigkeiten. Sie sind in der Sprache und im Kontext des Kunden formuliert. Wenn wir bei der Ermittlung der Marktanforderungen nicht aufpassen, haben wir die gleichen Schwierigkeiten, mit denen auch Eltern sich auseinandersetzen müssen, die einen Wunschzettel ihres Sprösslings in der Hand halten (Abb. 2–2). Es gibt Widersprüche, Inkonsistenzen und verborgene Prioritäten. Die Anforderungen sind zu umfangreich und das Budget ist limitiert.

Marktanforderungen machen Wünsche erfüllbar und erlebbar. Das Ziel der Anforderungsermittlung ist es, aus verschiedenen Perspektiven möglicher Interessengruppen und deren Vorgaben eine tragfähige Basis realisierbarer Anforderungen zu entwickeln (Abb. 2–4). Das erfordert Verhandlungsgeschick und Durchsetzungskraft, denn wir können es nicht jedem Beteiligten Recht machen. Wesentlich ist, dass wir dabei klar trennen, was Wünsche sind, die oftmals nur als Testballons platziert werden, was tatsächliche Bedürfnisse sind und was die Geschäftsvorgaben sind. Letztere sind Pflicht, Bedürfnisse werden priorisiert und gegenübergestellt, und Wünsche fallen in der Regel heraus, denn für sie findet sich kein Business Case.

Wir sprechen im Requirements Engineering von einer Kundenbeziehung. Dabei kann der Kunde ein externer Benutzer sein oder eine interne Abteilung. Beispielsweise werden Marktanforderungen an ein Konsumgut, wie eine digitale Kamera, sehr konkret auf Benutzungsaspekte eingehen, also die Lebensdauer der Akkus oder die Pixelzahl und damit die Bildschärfe und -auflösung. Die gleichen Anforderungen an diese digitale Kamera werden im Unternehmen, das sie herstellt, in Produktanforderungen übersetzt, die dann die Sprache des internen Produktmarketings oder Produktmanagements sprechen. Schließlich werden sie in Anforderungen an Komponenten übersetzt und sprechen die Sprache von Entwicklungsingenieuren oder Einkäufern, die diese Komponenten entwickeln oder beschaffen. Änderungen der Anforderungen werden hinsichtlich ihres potenziellen Einflusses auf bestehende Pläne und Produkte abgeschätzt, geprüft und in die bestehenden Anforderungen aufgenommen. Anforderungen werden durch das ganze Projekt hindurch kontrolliert, um ihren Status zu kennen und um beurteilen zu können, wie weit das Projekt – aus Kundensicht – fortgeschritten ist.

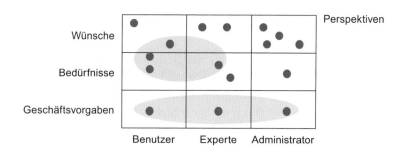

Abb. 2–4   *Aus verschiedenen Perspektiven belastbare Geschäftsanforderungen entwickeln*

Produktanforderungen

Produktanforderungen beschreiben Anforderungen an ein Produkt aus der Sicht der Realisierung einer späteren Lösung. Produktanforderungen beschreiben, **was** verschiedene Benutzer mit dem Produkt machen können und wie Marktanforderungen und Kundenbedürfnisse in ein Produkt umgesetzt werden. Sie beschreiben eine Eigenschaft in der Sprache des Produkts und werden daher auch als Funktionen, Eigenschaften oder Systemanforderungen bezeichnet. Sie definieren den Lösungsraum und die Prioritäten. Produktanforderungen werden im Pflichtenheft dokumentiert.

Beispiel: *Jede einzelne Transaktion zwischen baulich getrennten Komponenten wird individuell verschlüsselt.*

Produktanforderungen betrachten das Softwareprodukt oder den Dienst innerhalb eines größeren Kontextes, also der Umgebung, in der das System einmal arbeiten muss. Das kann ein PC sein, vor dem ein einzelner Benutzer sitzt (z.B. ein Computerspiel), eine Rechnerumgebung mit verschiedenen Benutzern (z.B. ein Ressourcenplanungssystem in einem Unternehmen), eine interaktive Online-Umgebung mit sehr vielen unbekannten Benutzern (z.B. ein Online-Buchungssystem), ein gemischtes Hardware-Softwaresystem (z.B. eine Gebäudeautomatisierung) oder auch ein eingebettetes System, bei dem man kaum noch an Software denkt (z.B. ein Getränkeautomat, der in die Logistikkette eines Getränkelieferanten eingebaut ist).

Komponentenanforderungen

Komponentenanforderungen beschreiben Anforderungen an eine Komponente eines Produkts. Sie erläutern aus der Sicht der Realisierung und der späteren Lösung, **wie** Produktanforderungen durch eine Komponente des Produkts (z.B. Benutzerschnittstelle, Betriebssystem) adressiert werden.

Beispiel: *Der Datenaustausch an der externen Schnittstelle xyz wird mit 128 Bit PGP verschlüsselt.*

Komponentenanforderungen dienen zur rekursiven Verfeinerung einer Produktanforderung oder eines Systems in handhabbare Teile. Aus der Sicht eines Lieferanten, der diese Komponente liefert, ist dies wiederum eine Marktanforderung.
Komponentenanforderungen werden wie die Produktanforderungen auch im
Pflichtenheft (in IT-Projekten oftmals auch Fachkonzept genannt) spezifiziert.

Im beschriebenen Aufzug sind Komponentenanforderungen beispielsweise
die Anforderungen an das Steuergerät, an das Betriebssystem oder an die Rauchmelder. Solche Komponenten werden in der Regel nicht vom gleichen Hersteller
wie das Produkt entwickelt, sondern zugekauft. Daher müssen diese Anforderungen frühzeitig präzise spezifiziert werden, um danach die Entwicklungsarbeit verteilen und später die Ergebnisse integrieren zu können.

**Diese drei Sichten sind nicht im Voraus oder von außen definiert, sondern hängen
von der Lösungsstruktur ab.** Beispielsweise könnte ein Benutzer oder Kunde die
Anforderung wie folgt stellen:

> *M-Req-1:   Das System verwaltet die Kundendaten im Format Name,
> Vorname, Adresse.*

Der Requirements-Ingenieur spezifiziert dazu eine Lösung mit der folgenden
Komponentenanforderung:

> *K-Req-1:   Die Datenbank zur Verwaltung der Kundendaten wird
> mit Oracle 10 realisiert.*

Offensichtlich sind dies zwei Anforderungen an die Datenhaltung, die aus verschiedenen Perspektiven beschrieben sind, nämlich Nutzung und Realisierung.
Nun könnte aber auch der Kunde bereits eine technische Anforderung zur Realisierung haben, da er eine mySQL-Umgebung einsetzt und Kompatibilität sowie
günstigere Lizenzkosten will. Er spezifiziert:

> *M-Req-2:   Die Datenbank zur Verwaltung der Kundendaten wird
> mit mySQL realisiert.*

Nun wird aus der bisherigen Komponentenanforderung (K-Req-1) eine Marktanforderung (M-Req-2). Ebenso gibt es Situationen, wo das Lastenheft und die
Geschäftsanforderungen so vage sind, dass das Pflichtenheft auch als Problembeschreibung fungiert. Anstatt über solche Feinheiten zu debattieren, ist es wichtig,
dass die Anforderungen immer mit ihrer jeweiligen Quelle spezifiziert werden.
Dann ist zu jedem Zeitpunkt klar, wie es zur Anforderung kam und welche Freiheitsgrade für eine Änderung bestehen, was die Realisierung erleichtert. M-Req-2
lässt sich sehr viel schwerer beeinflussen als die konzeptionell gleiche K-Req-1, da
die M-Req-2 direkt vom Kunden stammt, und daher die Lösung bereits definiert.

Abbildung 2–5 zeigt, wie sich die zwei Sichten im Lösungsraum (Produkt-
und Komponentenanforderungen) gegenseitig bedingen. Die beiden Sichten (in
der Abb. horizontal als funktionale Sicht und vertikal als Realisierungssicht

beschrieben) sind nicht exklusiv, sondern hängen voneinander ab. Daher müssen auch die Komponenten und Entwurfsentscheidungen modelliert und analysiert sein, bevor Produktanforderungen vereinbart werden können (siehe auch Kap. 5).

Der Versuch, beide Sichten zu vermischen, führt zu einem Strukturbruch, der nur schwierig zu handhaben ist. In der Regel ist die Konsequenz, dass Kunden das Design definieren wollen oder spätere Benutzer Vorgaben hinsichtlich der Architektur oder Komponentenauswahl machen. Das ist zwar als Randbedingung durchaus vernünftig, beispielsweise, wenn das Softwaresystem mit anderen Systemen zusammenarbeiten muss (z.B. Webservices), doch sollte man immer versuchen, Anforderungen auf der Basis von Standards und Schnittstellen zu beschreiben, anstatt eine bestimmte Implementierung anzudeuten und damit mögliche Lösungsräume einzuengen.

Modelle helfen dabei, den Strukturbruch zu beherrschen und Konsistenz zwischen den Sichten (Problem vs. Lösung) zu erreichen (siehe Kap. 5). Beispielsweise muss die Systemumgebung sehr frühzeitig definiert werden. Ein Architekturmodell wiederum hilft bei der Identifizierung von Komponentenanforderungen.

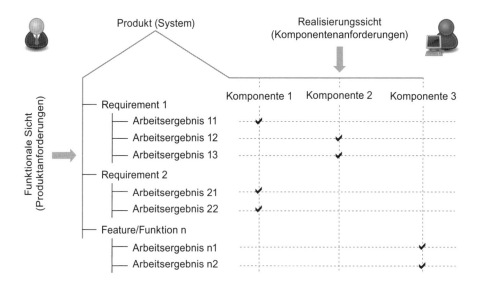

Abb. 2–5　　*Komponentenanforderungen werden aus Produktanforderungen abgeleitet.*

2.3 Arten von Anforderungen

Man unterscheidet drei Arten von Anforderungen (Abb. 2–6):

- Funktionale Anforderungen
- Qualitätsanforderungen
- Randbedingungen

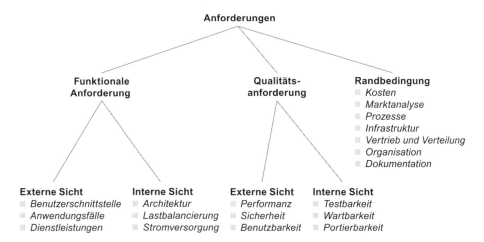

Abb. 2–6 *Klassifikation der unterschiedlichen Typen von Produktanforderungen in Softwareprojekten*

Funktionale Anforderung

Eine funktionale Anforderung beschreibt eine vom System oder einer System-komponente bereitzustellende Funktion des betrachteten Systems. Sie erläutert in der Sprache des Systems, was das System tun soll, beispielsweise die Abbildung von Eingangsparametern auf Ausgangsparameter durch einen bestimmten Algo-rithmus.

> Beispiel: *Der Datenaustausch an der externen Schnittstelle xyz wird mit 128 Bit PGP verschlüsselt.*

Funktionale Anforderungen beschreiben funktionsorientiert und in der Sprache des Produkts, was das Produkt tut. Sie definieren funktional, wie Eingangspara-meter vom Produkt auf dessen Ausgangsparameter abgebildet werden oder wie sich bestimmte Funktionsabläufe beispielsweise als Szenarien oder Use Cases ver-halten. Sie lassen sich in der Entwicklung sehr leicht verfolgen und auch verifizie-ren sowie validieren. Man kann für eine bestimmte Funktion einen Testfall schreiben, der später in verschiedenen Testphasen geprüft wird.

Beispiele für solche funktionalen Anforderungen sind konkrete **Funktionen**, Ablaufbeschreibungen und Szenarien, die angeben, wie ein System auf bestimmte Eingangsgrößen oder Eingaben zu reagieren hat (Abb. 2–7). Dazu gehören auch

Daten- oder Schnittstellenanforderungen, die beispielsweise nötig sind, um das zu entwickelnde System in einer bestimmten Umgebung einsetzen zu können. Geschäftsprozesse und Workflows sind ebenfalls funktionale Anforderungen.

Ein **Geschäftsprozess** beschreibt eine Folge zusammengehöriger Aktivitäten, die schrittweise ausgeführt werden, um ein geschäftliches oder betriebliches Ziel zu erreichen. Er beschreibt als Anforderung, wie das System intern operiert, um die Anforderungen der Umwelt zu erfüllen. Zur Vereinfachung werden Geschäftsvorfälle genutzt, die den Geschäftsprozess als Instanz konkretisieren. Geschäftsvorfälle sind Vorgänge, die die Vermögenszusammensetzung in einem Unternehmen beeinflussen oder verändern.

Workflows als Anforderungen beschreiben eine inhaltlich abgeschlossene, zeitlich zusammenhängende Folge von Aktivitäten, die zur Bearbeitung eines betriebswirtschaftlich relevanten Objekts notwendig sind und deren Funktions-übergänge von einem Informationssystem gesteuert werden. Der Workflow beschreibt eine Prozesssicht, während der Geschäftsprozess die Sicht auf betriebs-wirtschaftliche Faktoren betrachtet.

Ein **Anwendungsfall** oder **Use Case** schließlich als Beispiel für eine funktio-nale Anforderung beschreibt die Beziehung einer Systemleistung durch die Außenwelt. Anwendungsfälle vermitteln also, was die Umwelt vom System erwartet. Sie sind daher vor allem zur Beschreibung von Abläufen an Schnittstel-len geeignet.

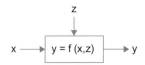

- ▸ x: Eingangsgröße
- ▸ y: Ausgangsgröße
- ▸ z: Randbedingungen, z.B. Datenformate, Ereignisse

- ▸ f: Abbildung von Eingangsgröße
     unter gegebenen Randbedingungen auf Ausgangsgröße
     z.B. berechnen, übertragen, wandeln

- ▸ Quantifizierung
     z.B. 10 V, 200 Nm/s etc.

Abb. 2–7   *Funktionale Anforderungen*

Qualitätsanforderung

Eine Qualitätsanforderung beschreibt eine qualitative Eigenschaft, die das betrach-tete System oder einzelne Funktionen des Systems aufweisen müssen. Quali-tätsanforderungen (manchmal auch **nicht funktionale Anforderungen** genannt) ergänzen die funktionalen Anforderungen[1]. Beispiele sind Zuverlässigkeit, Ver-fügbarkeit, Wartbarkeit, funktionale Sicherheit, Informationssicherheit[2].

Beispiel: *Die Verschlüsselung und Entschlüsselung einer Transaktion*
muss innerhalb von 1 Millisekunde abgeschlossen sein.

Qualitätsanforderungen machen nur in Verbindung mit einer Menge von funktionalen Anforderungen Sinn, denn damit sind Verhaltensweisen und Qualitätseigenschaften der funktionalen Anforderungen spezifiziert. Bestimmte funktionale Anforderungen können spezifische Qualitätsanforderungen bedingen, beispielsweise die Robustheit gegenüber unzulässigen Eingaben oder Signalrauschen. Eine systematische Struktur der Qualitätsanforderungen liefert der ISO-Standard 9126 [ISO2001] und der darauf aufbauende ISO-Standard 25030 [ISO2007]. Qualitätsanforderungen werden als Anforderungen spezifiziert ebenso wie auch die funktionalen Anforderungen. Sie haben einige Charakteristika, die sich schwer beschreiben und umsetzen lassen:

- Schwer zu spezifizieren und zu testen
- Nur auf Komponentenebene validierbar, während Fehler aus dem Zusammenwirken von Komponenten resultieren
- Aufwendige Realisierung im System (end-to-end)
- Starke Wechselwirkungen mit der Architektur und den umgebenden Systemen und Menschen
- Abhängigkeiten untereinander und zu funktionalen Anforderungen
- Schwierige und häufig unzureichende Diagnose und Fehlermanagement

Qualitätsanforderungen sind in der Nachverfolgung um einiges schwieriger, da sie nur aus der Produkt- oder Systemsicht greifbar werden. Sicherlich lässt sich Wartbarkeit durch Inspektionen und Codeanalysewerkzeuge prüfen, und Anforderungen an Sicherheit lassen sich durch Inspektionen und Reviews prüfen. Aber eine konkrete Bestätigung zu geben, dass diese Anforderungen auch wirklich implementiert sind, ist nicht einfach. Das hat in der Vergangenheit häufig dazu geführt, dass nur die funktionalen Anforderungen hinreichend präzise spezifiziert wurden, während die Qualitätsanforderungen vage blieben. Mit wachsender Produkthaftung und expliziten Vertragsstrafen, die sich auf Nichterfüllung von Anforderungen beziehen, wächst allerdings das Interesse auf der Kunden- und Lieferantenseite, alle Anforderungen so präzise zu definieren, dass sie eindeutig implementiert und geprüft (oder abgenommen) werden können.

Bei den funktionalen Anforderungen und Qualitätsanforderungen unterscheiden wir in eine interne (Entwicklung) und eine externe (Kunde, Benutzer) Sichtweise (Abb. 2–6, unten). Die interne Sichtweise beschreibt Anforderungen, die vor allem aus Entwicklungssicht eine Rolle spielen. Dazu gehören beispielsweise konkrete Anforderungen zum Stromverbrauch oder zur Architektur, aber auch Qua-

---

1. Wir verwenden in diesem Buch konsequent die Bezeichnung »Qualitätsanforderungen«.
2. Im Englischen auch als RAMSS (Reliability, Availability, Modifiability, Safety, Security) bezeichnet.

litätsanforderungen, wie die Validierbarkeit. Die externe Sichtweise spiegelt die Kunden- oder Benutzersicht wider. Dabei geht es um direkten Zusatznutzen aus der Sicht dessen, der dafür bezahlen soll. Die meisten explizit beschriebenen Anforderungen in einem Software- oder Systemprojekt fallen in diese Kategorie der funktionalen Anforderungen aus Benutzersicht.

Randbedingung

Eine Randbedingung ist eine organisatorische oder technische Anforderung, die die Art und Weise einschränkt, wie das betrachtete System realisiert werden kann. Randbedingungen ergänzen die funktionalen Anforderungen und die Qualitätsanforderungen. Beispiele sind Kosten, Geschäftsprozesse, Gesetze.

> Beispiel: *Die Verschlüsselung einer Transaktion muss den gesetzlichen Anforderungen nach BSI genügen.*

Randbedingungen beschreiben Bedürfnisse und Einschränkungen in den Geschäftsprozessen auf der Lieferanten- und der Kundenseite. Häufig umfasst dies heutzutage eine ganze Anzahl von Lieferanten, Unterauftragsnehmern oder Offshore-Outsourcing-Partnern. Bereits hier werden die Randbedingungen des späteren Projekts definiert, denn schließlich müssen der Preisrahmen und die geplanten Umsatzzahlen im Marketing lange vor der exakten Spezifikation bekannt sein.

Auch organisatorische Randbedingungen spielen eine Rolle, wiewohl sie nur ungern als Anforderung zugegeben werden. Jedoch gibt es seit Jahren Untersuchungen über den Einfluss der Organisationsform auf die Architektur. Melvin Conway hat daraus bereits vor knapp 40 Jahren ein Gesetz abgeleitet, das bis heute nach ihm benannt ist [Conway1968]. Conways Gesetz besagt, dass die Struktur und Architektur eines Produkts die organisatorische Struktur der beteiligten Personen widerspiegeln. Konkret bedeutet dies, dass durch die Festlegung einer Matrixorganisation automatisch auch eine modulare Struktur definiert wird. Wenn die Matrix nur grob strukturiert ist oder gar eine Linienorganisation vorherrscht, wird man vergeblich nach klaren Schnittstellen innerhalb des Produkts suchen.

Zu starker Projektfokus in Verbindung mit einer stark iterativen Vorgehensweise führt dazu, dass nach und nach die Architektur verloren geht. Dies ist als Problem agiler Vorgehensweisen bekannt (siehe auch Abschnitt 12.4) und weist auf die Grenzen solcher Vorgehensweisen hin. Eine verteilte Entwicklung (also beispielsweise Offshore-Outsourcing oder die Entwicklung an verschiedenen Standorten) hilft zwar dabei, Schnittstellen zu stabilisieren, aber sie führt zu Verzögerungen und Zusatzaufwand – also auch wieder zu Anforderungen und Randbedingungen an das Projekt [Ebert2012a].

Gesetzliche Vorgaben oder Standards können zu funktionalen Anforderungen oder Qualitätsanforderungen führen. Es gibt viele Standards, die Produkte in bestimmten Märkten hinsichtlich funktionaler Anforderungen und Qualitätsanforderungen stark beeinflussen. Beispielsweise gilt dies für sicherheitskritische Systeme bei Zugsteuerungen, Luftraumüberwachung, Medizintechnik oder der Industrieautomatisierung. Viele Ausschreibungen im System- und Softwarebereich fordern heute eine hinreichende Prozessfähigkeit des Lieferanten. Hintergrund dafür ist, dass die Kunden immer weniger in der Lage sind, genau zu beurteilen, ob die Lieferanten tatsächlich auf der Höhe der Zeit sind und ob sie ihre Zusagen auch einhalten können. Eine solche Anforderung könnte lauten, dass der Lieferant den CMMI-Reifegrad 3 hat. Vor dem Hintergrund der immer noch alltäglichen Projektverzögerungen und Kostenüberschreitungen (siehe auch Abschnitt 1.2), die uns immer wieder begegnen, ist diese Forderung nachvollziehbar.

2.4 Was ist Requirements Engineering?

Requirements Engineering (RE) ist das disziplinierte und systematische Vorgehen zur Ermittlung, Dokumentation, Analyse, Prüfung, Abstimmung und Verwaltung von Anforderungen unter kundenorientierten, technischen und wirtschaftlichen Vorgaben. Das Ziel von RE ist es, qualitativ gute – nicht perfekte – Anforderungen zu entwickeln und sie in der Umsetzung risiko- und qualitätsorientiert zu verwalten. Systematisches RE macht den Unterschied aus zwischen einem erfolgreichen Produkt und einer Sammlung irrelevanter Features.

Diese Systematik mit sechs konkreten Aktivitäten ist in Abbildung 2–8 dargestellt. Wir haben bewusst keine zeitlichen oder kausalen Abhängigkeiten dargestellt, denn das ist, wie wir später sehen werden, gar nicht so einfach.

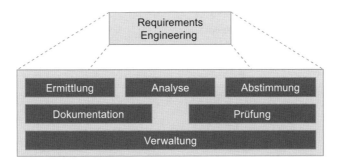

Abb. 2–8   *Aktivitäten des Requirements Engineering*

Requirements Engineering ist eine Kerndisziplin aller Ingenieurwissenschaften und damit auch der Softwaretechnik und der Systemtechnik. Wir sprechen hier über Systementwicklung, denn häufig wird Software als Bestandteil eines größeren Systems geliefert. Von einem System ist die Rede, wenn es sich um eine Verbindung von Hardware, Software, Prozessen und Personen handelt, die gemeinsam die Fähigkeit haben, ein bestimmtes Ziel zu erreichen oder bestimmte Eigenschaften auszuprägen.

Requirements Engineering ist eine fachübergreifende Disziplin. Sie reicht weit über die Softwaretechnik hinaus, wiewohl wir uns in diesem Buch auf die Anwendung in IT- und Softwareprojekten konzentrieren. Requirements Engineering bedient sich der Erfahrungen aus der Systemtechnik, der Psychologie, der Betriebswirtschaftslehre, dem Marketing, dem Produktmanagement, dem Projektmanagement und natürlich der Informatik.

Requirements Engineering versucht, eine gemeinsame Basis über die (zugrunde liegenden) Anforderungen zwischen den Benutzern und den Entwicklern eines Produkts zu erreichen. Oft sind die Kunden nicht die Benutzer, was im RE zu massiven Konflikten führen kann (siehe Abschnitt 9.1). Kunden und Benutzer sind auch nicht notwendigerweise immer außerhalb der eigenen Firma. Damit spielt RE eine Schlüsselrolle während der gesamten Produktentwicklung (Abb. 2–9).

Jedes Projekt, jedes Produkt und jede Lösung braucht eine klare Vision. »*To begin with the end in mind*« charakterisiert das **Requirements Engineering**. Die Vision beantwortet, was anders sein wird, wenn das Softwaresystem erst einmal fertig ist. Damit lässt sich schneller und transparenter entscheiden, ob das System die dazu nötige Investition wert ist.

RE ist nicht auf den Beginn der Entwicklungsaktivitäten beschränkt, sondern begleitet den Entwicklungsprozess bis zur Auslieferung des Produkts. RE wird sowohl bei neuen Produkten als auch bei Änderungen bestehender Produkte angewandt. RE wird vor dem Projektstart und während der gesamten Laufzeit eines Projekts eingesetzt. **Die hier beschriebenen Aktivitäten von der Ermittlung bis zur Verwaltung sind immer Pflicht.**

Abb. 2–9   *Requirements Engineering im Kontext*

Wenn wir hier von **Produkt** sprechen, umfasst dies individuelle Softwarelösungen bis hin zur Software, die in größeren Systemen eingebettet ist. Auch Dienstleistungen sind Produkte. Die **Benutzer** oder Anwender des Produkts sind diejenigen, die nach der Auslieferung damit in irgendeiner Form in Berührung kommen. Wir wollen dieses »in Berührung kommen« später nochmals aufgreifen (siehe Kap. 3), denn es ist bei der Ermittlung von Anforderungen wichtig, hier die Basis nicht zu sehr einzuschränken. Beispielsweise ist es relevant, zu unterscheiden, wer exakt **Kunde** ist (also vertraglich in die Entstehung eingebunden ist und dafür bezahlt) und wer das Produkt später nutzt.

Projektmanagement braucht gutes RE. Das Ziel von Requirements Engineering ist es, qualitativ gute – nicht perfekte – Anforderungen zu generieren, die es erlauben, das Projekt mit einem akzeptablen Risiko zu beginnen. Der Zweck des Requirements Engineering besteht darin, ein Einverständnis zwischen dem Kunden und dem Softwareprojekt (also dem Lieferanten) über jene Anforderungen zu erreichen, die durch das Softwareprojekt abgedeckt werden.

Hier drückt sich der starke Projektbezug des RE aus, der uns auch durch das ganze Buch hindurch als Richtschnur dienen wird. Anforderungen existieren nur im Kontext eines Projekts, in dem sie entwickelt werden. Alles andere sind Wünsche oder Visionen, aber keine Anforderungen. Sobald ein Projekt mit ins Spiel kommt, geht es auch um Zeitpunkte, Budgets, Ressourcen, Qualität etc. RE als Disziplin ist Teil der – gut etablierten – Disziplin des Projektmanagements [PMI2008] und gehorcht primär den Gesetzmäßigkeiten dieser Disziplin. Das hat sicherlich eine gewisse Logik, denn unser Ziel ist es ja nicht, perfekte Anforderungen zu spezifizieren, sondern sie als Funktionen in einem Produkt oder einer Lösung konkret nutzen zu können.

Genauso wenig wie es einen einheitlichen Entwicklungsprozess gibt, kann es einen standardisierten RE-Prozess geben. Produkte und Projekte sind zu unterschiedlich, um ein solches Ziel realistisch zu verfolgen. Allerdings kann und sollte es für bestimmte – eingeschränkte – Projekttypen durchaus definierte RE-Prozesse geben. Wenn Sie beispielsweise eine Produktlinie haben, die sowohl eine Plattform als auch Varianten davon für Kunden produziert, dann ist es sicherlich sinnvoll, die Variantenproduktion durch einen definierten RE-Prozess zu steuern. Ein solcher Prozess könnte beispielsweise Zugriff auf alle existierenden Funktionen der ganzen Produktlinie bieten, sodass Entscheidungen zu Durchführbarkeit und Aufwand vereinfacht und reproduzierbar werden.

Da Software ohne Hardware nicht arbeitsfähig ist, betrachtet das RE immer auch die Umgebung, in der die Software einmal laufen muss. RE kann niemals nur den Blick auf die Software allein richten, sondern muss zumindest miteinbeziehen, was ein Benutzer oder jemand, der dafür bezahlt, von dieser Software innerhalb einer bestimmten Umgebung erwartet. **Daher schaut RE prinzipiell immer auf die Ziele, die von der zu liefernden Software innerhalb einer bestimmten Umgebung zu erreichen sind.**

RE betrachtet als Querschnittsprozess die Fragestellung der Ziele und Zielerreichung eines Softwaresystems von den frühen Phasen des Marketings und Produktmanagements über die Angebotserstellung, die Projektplanung bis hin zu Projektausführung, Implementierung, Test und Wartung. Die Wartungsphase bringt nochmals völlig neue Fragestellungen für das RE, denn nun geht es auch um Wartbarkeit oder Erweiterbarkeit, also Qualitätsanforderungen, die im Vorfeld oft übergangen worden sind.

RE ist als Disziplin sowohl problem- als auch lösungsorientiert. Als problemorientierte Disziplin beschäftigt sich RE mit den Fragestellungen oder Problemen, die dadurch entstehen, dass Software als Lösung für übergeordnete Ziele eingesetzt wird. Ein problemorientiertes RE arbeitet sehr eng mit dem Produktmanagement, Marketing und auch der Psychologie zusammen (siehe Abschnitt 9.5) [Ebert2007b]. Es betrachtet die zu erreichenden Ziele im Gesamtkontext des späteren Systems, der Personen, die diese Ziele zu ihrem eigenen Nutzen einsetzen wollen (siehe Abschnitt 9.1), und der Probleme, die innerhalb gegebener Randbedingungen und Grenzen zu lösen sind. Als lösungsorientierte Disziplin hängt RE stark mit dem Software Engineering zusammen. Als Softwareanforderungen werden Funktionen beschrieben, Qualitätsziele und andere Eigenschaften, die das Softwaresystem besitzen soll. Beide Perspektiven (also Problem- und Lösungsorientierung) finden im RE zusammen.

Man kann also RE als jene Disziplin charakterisieren, die **Bedürfnisse auf Lösungen abbildet**. Das hat sich im deutschsprachigen Raum bereits frühzeitig in der klaren Trennung zwischen Lastenheft und Pflichtenheft niedergeschlagen. Der angelsächsische Sprachraum tat sich mit nur einer »Spezifikation« beträchtlich schwerer, denn es ist in der Praxis fast unmöglich, die Anforderungen (aus Kunden- oder Benutzersicht) direkt auf eine Lösung abzubilden. Sobald jedoch die Abbildung nicht mehr eins zu eins aufgeht (also für jede Anforderung ein Lösungselement), benötigt man zwei separate Dokumente (oder Kapitel), die es erlauben, beliebige n:m-Abbildungen zu handhaben.

Ein Schlüsselproblem des RE ist die ex ante gegebene Unsicherheit von Anforderungen. Dies wird in einem alten Slogan von Systemanalytikern deutlich, die in solch unwägbaren Situationen typischerweise auf IKIWISI verweisen (*I know it when I see it*; siehe Kap. 8). Das ist natürlich etwas übertrieben, zeigt aber, dass es Produktvisionen gibt, die nur durch exploratives Arbeiten (auch eine RE-Methode; siehe Kap. 10) zu konkretisieren sind.

RE als Disziplin wird durch diese inhärente Unsicherheit stark beeinflusst. Dies erklärt, warum RE nicht so präzise definiert ist und formalisiert werden kann, wie wir das aus der Informatik eigentlich gewöhnt sind. **Für das RE gibt es keine geschlossene Theorie. Die Gesetzmäßigkeiten sind empirischer Natur.**

2.5   Requirements Engineering leben

Erfolgreiches Requirements Engineering bringt Ihre eigenen Unternehmens- oder Geschäftsziele mit den Zielen der verschiedenen Interessenvertreter, den Projektschnittstellen, den Anforderungen, dem verfügbaren Budget und der zur Verfügung stehenden Zeit unter einen Hut. Nur wenn diese Interessen gebündelt werden können, kann damit ein motiviertes Projektteam mit einer gemeinsamen Mission geformt werden. Für den Projektmanager oder Produktmanager, der die ganz unterschiedlichen Interessen zusammenbringen muss, erfordert dies umfangreiche Erfahrungen, eine zielorientierte und politisch sensible Vorgehensweise sowie eine auf den Kunden angepasste Methodik.

Wir wollen in diesem Abschnitt die Methodik des Requirements Engineering näher betrachten. Dabei gehen wir von einem Schema der Aktivitäten im RE (siehe Abschnitt 2.4, Abb. 2–8) aus und wollen diese mit Arbeitsergebnissen verbinden. Die Methodik zur Entwicklung und Pflege von Anforderungen lässt sich in einzelne generische Aktivitäten unterteilen. Anforderungen werden ermittelt, beschrieben, analysiert und einem Projekt, Inkrement, Produkt oder Release zugewiesen. Wir haben das bereits in Abbildung 2–8 gesehen. Das alles klingt ganz einfach. Die Schwierigkeit beginnt aber schon mit dem »Sammeln« der Anforderungen. Schließlich liegen sie nicht einfach im Projekt herum. Und das, was umfangreich spezifiziert ist, ist nicht immer das, was für Markt und Kunden wirklich wichtig ist.

Die Methodik des RE basiert auf einem kundenorientierten Ansatz, der die Wünsche verschiedener Interessengruppen erfasst, bewertet und verbindet. Danach werden die Anforderungen übersetzt, denn nur selten sprechen sie die Sprache des Projektteams, das danach damit arbeiten muss. Das Projektteam setzt die Anforderungen in Funktionen oder Eigenschaften um, die implementiert werden. Die Implementierung wird ständig mit den Anforderungen verglichen. Eventuelle Änderungen werden dokumentiert, mit den bestehenden Anforderungen und Ergebnissen verglichen, mit den Interessenvertretern unter Berücksichtigung der Einflüsse auf das laufende Projekt abgestimmt und fließen dann kontrolliert in den Entwicklungsprozess ein.

Wir sprechen hier von Kundenorientierung im weitesten Sinne, denn um das Projekt erfolgreich zu machen, sind die Kunden nicht nur diejenigen, die dafür bezahlen, sondern die Benutzer oder auch Interessenvertreter im eigenen Unternehmen, die Ressourcen oder finanzielle Mittel zur Verfügung stellen müssen. Es gibt einige wesentliche Herausforderungen im RE, mit denen sich alle Interessenvertreter eines Softwareprojekts auseinandersetzen müssen:

- Zeitraum bis zur Nutzbarkeit der Software (Time-to-Market)
- Zeitraum bis zum wirtschaftlichen Nutzen der Software (Time-to-Profit)
- Produktqualität der erstellten Software
- Kosten der Umsetzung der Anforderungen in der Entwicklung

░ Kosten der Anforderungen über den gesamten Produktlebenszyklus
░ Anpassbarkeit der Software an neue Anforderungen

In Abwandlung unserer früheren Darstellung der Kundenperspektive und der
Lösungsperspektive (siehe Abschnitt 2.1) wollen wir nun zunächst einmal die
verschiedenen Arten von Anforderungen diskutieren (Abb. 2–10). Diese Unterscheidung hilft uns, die Methodik des RE zu verstehen.

Abb. 2–10   *Anforderungen existieren in verschiedenen Sichtweisen.*

Wir sehen zunächst – häufig anfangs unscharfe – **Marktanforderungen**, die in der
Perspektive eines späteren Benutzers oder Kunden existieren. Sie resultieren aus
Verträgen oder Verhandlungen. Oftmals sind sie vage, inkonsistent, unvollständig oder auch einfach falsch. Denn häufig weiß ja der spätere Benutzer noch gar
nicht, wie er am besten sein Problem formulieren soll. Daher ist RE eine iterative
Tätigkeit, bei der parallel zu den Gesprächen mit dem Kunden eine Lösung konzipiert und modelliert wird, die den Problembereich bestmöglich adressiert.

  Das bringt uns zur nächsttieferen Ebene, den **Produktanforderungen**. Diese
Produktanforderungen sind bereits konkreter und sprechen die Sprache des Lieferanten. Das heißt natürlich nicht, dass es dabei um eine technische Dokumentation der Kundenbedürfnisse geht. Vielmehr handelt es sich um eine Konkretisie-
rung zu einer machbaren Lösung. In vielen Fällen sind die Marktanforderungen
ungenau oder widersprechen sich. Beispielsweise kann eine Fokusgruppe sehr
unterschiedliche Bedürfnisse signalisieren, oder unterschiedliche Märkte in verschiedenen Regionen Europas oder gar der ganzen Welt haben unterschiedliche
Bedürfnisse, die aus wirtschaftlichen Gründen mit einer Lösung adressiert werden sollen. Damit haben wir einen Konflikt, der nur zu lösen ist, wenn parallel zu
den verschiedenen Marktanforderungen bereits ein Lösungsmodell entsteht. Es
deckt Konflikte auf und versucht eine zusammenhängende und konsistente

Lösung zu synthetisieren. Man muss bei dieser Lösungsbeschreibung allerdings aufpassen, dass man nicht einfach die vorliegenden Kundenanforderungen oder dokumente kopiert. Oftmals wird die Lösung später einem anderen Kunden gezeigt und sollte dann nicht gerade die Ideen seines Wettbewerbers detaillieren. Sorgen Sie also dafür, dass die Lösungsbeschreibung neu geschrieben wird und dennoch die Sprache des Kunden spricht. In IT-Projekten redet man anstelle von Produktanforderungen auch von Systemanforderungen. Bei nur einem Kunden mit einer fertigen Spezifikation, beispielsweise im Falle eines Unterauftrags für eine spezielle Komponente, können die Markt- und Produktanforderungen in einem Dokument (z. B. tabellarisch) zusammengefasst werden, um unnötige Dokumente und damit Arbeit zu vermeiden. **Grundsätzlich müssen die Kundensicht und die Lösungssicht immer strukturell getrennt werden**, selbst wenn sie sich in der gleichen Spezifikation befinden.

Auf der dritten und tiefsten Ebene der Anforderungen finden sich die **Komponentenanforderungen**. Sie resultieren aus der Abbildung der Produktanforderungen in Funktionen und Architektur der gewählten Lösung. Das sind dann zwar noch immer Anforderungen (also keine Designbeschreibungen), aber sie sprechen die Sprache ihrer implementierten oder zu implementierenden Funktionen oder Eigenschaften. Beispielsweise wird man auf dieser Ebene bei einem eingebetteten Regelungssystem bereits Algorithmen sehen, wo auf den höheren Ebenen noch Anforderungen an das Systemverhalten angegeben waren. Oftmals werden Produktkomponenten nicht komplett im eigenen Haus entwickelt, sondern zugekauft. Hier helfen detaillierte Komponentenanforderungen, das System entsprechend zu gliedern und in technischen Beschreibungen von Anbietern zu prüfen, was diese konkret liefern können. Komponentenanforderungen unterstützen die Wiederverwendung von Komponenten, denn sie beschreiben, welche Funktionen dort bereits vorhanden sind und was die eventuellen Lücken sind. Eine gut strukturierte Produktanforderungsliste ist ein idealer Übergang von Kunden- und Produktanforderungen zu einem Analyse- und Designmodell. Sie hilft auch dabei, Anforderungen in der Produktentwicklung zu verfolgen.

Mit dieser dreigeteilten Struktur der Anforderungen wollen wir nun die Methodik des RE betrachten. Dabei wollen wir ausgehend von einer Sicht auf grundlegende Aktivitäten nun auch auf die wichtigen Arbeitsergebnisse eingehen (Abb. 2–11). Obwohl sich im RE aufgrund der beschriebenen iterativen Vorgehensweise schwerlich eine lineare Zeitachse vorstellen lässt, gibt es doch einige grundsätzliche Abhängigkeiten, die wir in der Abbildung von links nach rechts ablaufen lassen.

Am Anfang jeden Produkts stehen potenzielle Benutzer oder »Betroffene« und deren Bedürfnisse. Daraus werden eine Vision der zu erstellenden Lösung sowie Randbedingungen entwickelt. Wie bereits erwähnt, sprechen alle drei Eingaben die Sprache der verschiedenen Interessenvertreter, also nicht nur die der Benutzer, sondern auch jene der Produktmanager, des Marketings etc. Wichtig ist

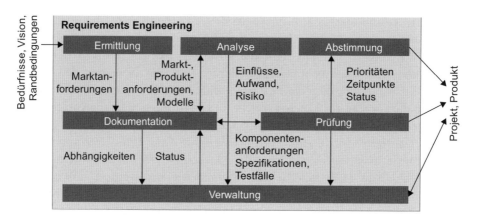

Abb. 2–11   *Aktivitäten und Ergebnisse des RE*

insbesondere, die Vision zu kennen. Was wird durch das Projekt verändert? Wer
wird das Produkt nutzen? Wie soll sich das Produkt auf die Geschäftsprozesse
des Kunden auswirken? Wie wird das avisierte Produkt genutzt? Was machen
Benutzer, Administratoren, Betreiber damit? Ändern Sie die Perspektive vielfältig:
Was könnten Verbrecher oder Hacker damit anstellen wollen? Was bedeutet das
für die Bedürfnisse und Randbedingungen?

Diese Eingaben werden ermittelt (oder definiert oder entwickelt; siehe dazu
auch Kap. 3) und spezifiziert. In den Anforderungen sollte immer alles spezifiziert, also beschrieben werden, was besprochen wurde. Gerade auf so unsicherem
Terrain wie bei Anforderungen und Bedürfnissen ist es wichtig, keine Kundendar-
stellung zu übersehen. Aus den Marktanforderungen entstehen dann in der Analyse zuerst Produktanforderungen und danach Komponentenanforderungen.
Parallel dazu modelliert man den Problem- und den Lösungsraum. Diese Modelle, selbst wenn sie nur temporär bestehen, sind wichtig, um Abhängigkeiten
und Einflüsse zu erkennen. Anforderungen isoliert zu analysieren, bringt große
Unsicherheiten und sollte unterlassen werden. Die Analyse liefert bereits einen
abgeschätzten Aufwand, der in der Regel aus dem Lösungsmodell mithilfe von
Analogieschlüssen, Erfahrungswerten oder anhand des angenommenen funktionalen Umfangs berechnet wird. Schließlich sollte in der Analyse auch das Projektrisiko abgeschätzt werden, denn im Moment geht es ja auch noch darum, ob Ihr
Unternehmen das Projekt überhaupt durchführen kann und will. Oftmals bedingt
ein zu hohes technisches Risiko, dass alternative Lösungsmodelle entwickelt werden. Die Analyse sollte daher prinzipiell verschiedene Alternativen entwickeln
und eventuell sogar zwei Sätze von Produktanforderungen pflegen, bis die Entscheidung für eine bestimmte Lösung gefallen ist.

Nach der Analyse werden die Anforderungen anhand ihrer gegenseitigen
Abhängigkeiten, Aufwände und Prioritäten zu Paketen zusammengefasst, die in
einem oder mehreren Projekten bearbeitet werden. Die Paketgröße wird von den

Randbedingungen an das Projekt bestimmt, also dem verfügbaren Budget, den Ressourcen mit ihren Fähigkeiten und dem erlaubten Zeitraum. Bei den meisten Projekten ist heute der Liefertermin die wichtigste Größe, und die anderen Parameter sind dieser Zielvorgabe untergeordnet. Man wird also den Liefertermin festlegen und danach anhand des vorhandenen Budgets entscheiden, welche Anforderungen pro Release geliefert werden können.

Die Zuweisung von Anforderungen folgt primär den Geschäftskriterien. Sie sollte strategischen und operativen Zielen untergeordnet sein und niemals lokal optimieren. Viele Projekte scheitern daran, dass die Beziehungen zu anderen Projekten, Kunden, Wettbewerbern oder Märkten zu spät erkannt wurden. Wir wollen in Kapitel 9 detaillierter auf das Thema der Verantwortungen und Schnittstellen eingehen.

Eine letzte und vielleicht die wichtigste Aktivität im RE ist die Verwaltung der Anforderungen und ihrer Änderungen. **Anforderungen sind in aller Regel unsicher. Sie ändern sich mit einer monatlichen Rate, die 1–5 % des gesamten Projektaufwands betragen kann** [Ebert2007a]. Das heißt, dass sich von Anforderungen, die mit insgesamt 100 Personenwochen Projektaufwand ursprünglich abgeschätzt wurden, pro Monat Anforderungen im Umfang von bis zu 5 Wochen ändern. Diese 5 Wochen relative Änderung sind nicht immer mit 5 Personenwochen Aufwand zu erledigen. Stellen Sie sich vor, dass die Änderung erst kommt, nachdem die Anforderung bereits integriert ist. Dann kann eine Änderung ein Vielfaches des ursprünglich dafür nötigen Aufwands betragen. Diese Hebelwirkung unterstreicht nochmals den Geschäftsnutzen eines systematischen RE (siehe auch Abschnitt 1.3). Was über dieser 5 %-Änderungsrate pro Monat liegt, gefährdet den Projektverlauf massiv und kann nur mit evolutionären Vorgehensweisen abgefangen werden (siehe Abschnitt 10.4 und 10.5).

Die Nachverfolgbarkeit von Anforderungen bedeutet, dass Beziehungen zwischen den verschiedenen Anforderungen aufrechterhalten und Beziehungen zu Entwicklungsergebnissen aufgebaut und gepflegt werden. Anforderungen zu verfolgen bedeutet, dass der Projektmanager zu jedem Zeitpunkt aus Kundensicht weiß, welche Anforderungen bereits implementiert, getestet oder freigegeben sind.

Eine gute Nachverfolgbarkeit erleichtert das Änderungsmanagement von Anforderungen (siehe Abschnitt 8.1). Da sich Anforderungen ändern, müssen die Änderungen sauber gepflegt werden und bestimmten Kriterien genügen. Professionelles Änderungsmanagement überzeugt Kunden von der notwendigen Projektdisziplin. Wenn ein Projektmanager allzu leicht Änderungen akzeptiert, entwickelt jeder Kunde das Gefühl, dass ein Telefonanruf ausreicht, um nochmals »abzustimmen«. Diese Mehrkosten sind dann meistens versteckt, tragen aber zur mangelnden Profitabilität oder zu Zeitverschwendung und Verzögerungen bei. Vor jeder Änderung müssen deren Einflüsse auf Projektpläne und praktisch alle davon betroffenen Entwicklungsergebnisse betrachtet werden. Beispielsweise müssen Teststrategie oder Benutzerdokumente angepasst werden. Nur wenn diese Einflüsse akzeptabel sind, werden die Änderungen angenommen.

2.6 Wichtige Begriffe

Wir verwenden viele Begriffe und Wörter, ohne uns – und anderen – klarzumachen, was sie bedeuten. Doch gerade im RE sollten wir präzise sein. Das gilt nicht nur für das Glossar im Kundenprojekt (siehe Abschnitt 5.3), sondern gerade auch in unserer eigenen Fachsprache. Was ist zum Beispiel ein Modell? Was ist der Unterschied zwischen einem Modell, einer Notation und einer Methode? Ist UML eine Methode? Wir wollen in diesem Abschnitt kurz auf solche Fachbegriffe eingehen, um sie später im Buch konsistent zu verwenden.

Wichtige Begriffe, die uns im RE immer wieder begegnen, sind in Abbildung 2–12 in einen Zusammenhang gebracht (siehe auch [Balzert2008]). Die grafische Darstellung bewegt sich von abstrakt (unten) nach konkret (oben). Die Umsetzung bewegt sich von links nach rechts, also links die Vorgehensweisen und rechts deren konkrete Ergebnisse.

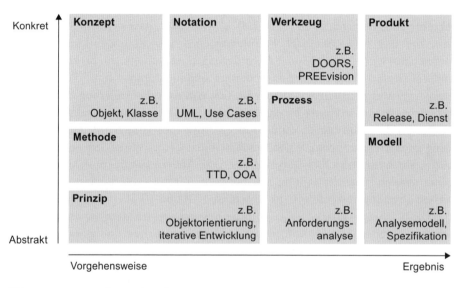

Abb. 2–12   *Terminologie in der Softwaretechnik*

Wir beginnen in der unteren linken Ecke der Abbildung 2–12 und finden dort die Prinzipien. **Prinzipien** umfassen grundlegende Regeln, die im Zusammenhang angewandt werden. Die grundlegenden Regeln werden nicht einzeln hinterfragt und sind im Allgemeinen auch kaum empirisch belegbar. Damit werden die Argumentationsketten einzelner Regeln vereinfacht, da die Prinzipien wie mathematische Axiome nur im Zusammenhang angewandt werden. Prinzipien versuchen generell zu sein, hinreichend von konkreten Anwendungsfällen zu abstrahieren und nicht zu beantworten, wie die Ziele erreicht werden können. Nur durch diese Verallgemeinerung können sich Prinzipien überhaupt halten. Ein bereits klassisches Prinzip ist die Objektorientierung. Ein modernes Prinzip zur Definition und Realisierung von Informationssystemen ist die serviceorientierte Architektur (SOA). Was das Prinzip bewirkt, wird separat untersucht und hängt von den Methoden ab, die zur Umsetzung des Prinzips eingesetzt werden. Die Objektorientierung wurde beispielsweise lange Zeit per se als der Wartbarkeit förderlich propagiert, bis konkrete Studien herausfanden, dass objektorientierte Systeme ohne dezidierte Methodik für bessere Wartbarkeit über die Lebensdauer ihre Wartbarkeit schneller einbüßen als strukturierte prozedurale Systeme [Deligiannis2004].

Eine **Methode** wird aus Prinzipien abgeleitet oder durch sie bestimmt. Methoden sind systematisch eingesetzte, wohldefinierte Prozeduren oder Techniken, um vorgegebene Ziele durch die Ausführung von einzelnen Schritten in definierter Reihenfolge zu erreichen. Innerhalb der Objektorientierung (als Prinzip) gibt es verschiedene spezifische Methoden, um ein System beispielsweise objektorientiert zu analysieren. In einem Fall gibt die Methode beispielsweise vor, wie Objekte aus den Gegenständen des Anwendungsbereichs extrahiert werden können. Eine Methode verfeinert ein Prinzip und macht es praktisch anwendbar. Methoden müssen ein Ziel erreichen, das nachprüfbar ist. So kann eine Methode vorgeben, die Wartbarkeit zu verbessern. Dann müssen die daraus resultierenden Artefakte daraufhin prüfbar sein, ob dieses Ziel auch wirklich erreicht wurde. Methoden tragen ihre Anwendbarkeit nicht notwendigerweise implizit mit sich (also ihren typischen Einsatzbereich oder Ausschlussgründe, wo die Methode nicht anwendbar ist). Sie müssen allerdings insoweit geschlossen beschrieben sein, um zu erkennen, wann sie mit welchem Erfolg einsetzbar sind. Ein Prinzip ohne jegliche Methodik zur konkreten Anwendung bleibt ein theoretisches Gerüst. Methoden sind nicht immer nur einem Prinzip zuzuordnen. Die Top-down- oder Bottom-up-Methoden sind im Software Engineering sehr populär geworden. Beide können für sehr unterschiedliche Prinzipien eingesetzt werden. Insofern bilden Methoden einen Baukasten, der bei der Umsetzung von Prinzipien hinzugezogen wird.

Ein **Konzept** ist eine Abstraktion, die es erlaubt, eine Sache aus einer bestimmten oder aus verschiedenen Perspektiven zu modellieren. Konzepte sind universell und lassen sich auf ganz unterschiedliche Aspekte innerhalb ihres definierten Anwendungsbereichs einsetzen. Sie bilden die Bestandteile von Methoden. Innerhalb der Methode der strukturierten Programmierung gibt es die Konzepte einer Sequenz, einer Schleife oder einer Entscheidung.

Eine **Notation** ist eine Menge von Symbolen, die es erlaubt, ein oder mehrere Konzepte zu repräsentieren. Innerhalb der strukturierten Programmierung ist ein Strukturdiagramm eine brauchbare Notation. UML ist heute eine sehr häufig eingesetzte Notation, um ganz unterschiedliche Konzepte zu beschreiben. Notationen werden im Unternehmen oder im Projekt standardisiert, um Verständlichkeit zu gewährleisten. Schließlich sollte nicht jeder Entwickler oder Analyst sich zuerst mit einer neuen Nuance der Modellierungssprache auseinandersetzen müssen.

Ein **Prozess** ist die definierte Abfolge von Tätigkeiten, die der Erreichung eines Ziels dient. Er beschreibt Eingaben oder Voraussetzungen und Ausgaben, die vor beziehungsweise nach Abschluss des Prozesses generiert werden. Prozesse können dazu dienen, Methoden und Konzepte umzusetzen. Beispielsweise kann ein Prozess die Arbeit der Anforderungsanalyse beschreiben und dabei auf den Einsatz der strukturierten Analyse oder aber der objektorientierten Analyse (OOA) eingehen. Prozesse werden in der Regel im Projekt vorgeschrieben, um zu gewährleisten, dass sich alle Projektmitarbeiter in die gleiche Richtung bewegen.

Werkzeuge bieten eine automatisierte Unterstützung bei der praktischen Arbeit mit Prozessen, Methoden, Konzepten und Notationen. Werkzeuge sind aufwendig in der Herstellung und später im Einsatz, sodass die Hersteller versuchen, sie hinreichend allgemeingültig zu belassen, um unterschiedliche Notationen damit umsetzen zu können. Beispielsweise sind moderne Modellierungswerkzeuge nicht nur offen für UML, sondern darüber hinaus auch für Spracherweiterungen. Werkzeuge forcieren den Einsatz einer Methode und sie erzwingen den korrekten Umgang mit einer Notation, wenn diese syntaktisch und semantisch vollständig definiert ist. Ein Compiler wird niemals eine Syntax erlauben, die durch die gewählte Programmiersprache nicht unterstützt wird. Im Requirements Engineering ist dies etwas schwieriger, da die zugrunde liegenden Sprachen – so auch UML – semantisch nicht vollständig definiert sind. Werkzeuge verbessern die Produktivität der Entwickler, denn sie bieten Bibliotheken, um häufig gewünschte Konstrukte wieder zu verwenden oder um Fehler frühzeitig zu finden. Im Unterschied zu der berüchtigten »back of the envelope«-Darstellung eines Diagramms helfen Werkzeuge dabei, die Modelle und Spezifikationen wartbar und damit konsistent zu späteren Änderungen zu halten.

Ein **Modell** ist eine abstrakte Repräsentation einer realen Sache in einer beliebigen Form (z.B. mathematische Symbolik, physikalische Formel, grafische Darstellung, verbale Beschreibung), um einen bestimmten Aspekt dieser Realität vereinfachend darzustellen. Modelle werden eingesetzt, um komplizierte oder komplexe Sachverhalte in ihrer Schwierigkeit einzuschränken und damit beschreibbar zu machen. Ein Modell ist das Ergebnis des Einsatzes einer Methode und häufig stark mit ihr gekoppelt. Wir wollen in Kapitel 5 auf verschiedene Analysemodelle und die zugehörigen Methoden eingehen. Modelle vereinfachen immer und sind daher prinzipiell falsch, da sie bestimmte Aspekte der Realität zur besseren Veranschaulichung eines anderen Aspekts ignoriert haben. Modelle werden anhand ihrer Brauchbarkeit, bestimmte Sachverhalte darzustellen, ausgewählt. Innerhalb der Anforderungsanalyse sind Modelle eines der wichtigsten Ergebnisse, denn sie helfen, die Aufgabe zu erfassen und daraus eine mögliche Lösung zu generieren.

Ein **Produkt** (lat. produco = erzeugen, liefern) ist ein Wirtschaftsgut, das in einem Wertschöpfungsprozess geschaffen wird, in dem Produktionsfaktoren umgewandelt werden. Es ist charakterisiert durch Merkmale, die einen Wert für die Benutzer liefern. Ein Produkt kann eine Kombination von Systemen, Lösungen, Materialien und Dienstleistungen sein, die intern (z.B. interne IT-Lösung) oder extern (z.B. SW-Anwendung) direkt genutzt werden oder als Komponente für ein anderes Produkt (z.B. IP-Stack) dienen.

Ein **Dienst** (engl. Service) ist ein nicht greifbares, temporäres Produkt, das das Ergebnis zumindest einer Aktivität an der Schnittstelle zwischen Kunde und Lieferant darstellt und keinen Eigentumsübergang beinhaltet.

2.7 Tipps für die Praxis

■ Trennen Sie bei der Anforderungsentwicklung zwischen der externen Sicht (Marktanforderungen, Bedürfnisse, Problembeschreibung) und der internen Sicht (Produktanforderungen, Lösungskonzeption, Komponentenanforderungen).

■ RE ist sowohl bei neuen Produkten als auch bei Änderungen bestehender Produkte anwendbar. RE wird vor Projektstart und während der gesamten Laufzeit eines Projekts eingesetzt. Die Techniken unterscheiden sich dabei, aber alle Aktivitäten von der Ermittlung bis zur Verwaltung sind immer Pflicht.

■ Bilden Sie in der Spezifikation der Anforderungen drei Typen von Anforderungen, nämlich Marktanforderungen, Produktanforderungen und Komponentenanforderungen. Vermischen Sie nicht diese drei verschiedenen Sichtweisen, denn sie helfen bei der Strukturierung und Entwicklung der späteren Lösung und bei der sauberen Behandlung von Änderungen auf einer dieser drei Abstraktionsebenen.

■ Vermischen Sie niemals das Was und das Wie. Beginnen Sie nicht zu früh mit der Lösung, solange noch nicht klar ist, was die wesentlichen Bedürfnisse sind.

■ Modellieren Sie beim Übergang von der Problembeschreibung (z.B. Lastenheft) zur Lösungskonzeption (z.B. Pflichtenheft) sowohl die Systemumgebung als auch die zu entwickelnde Systemarchitektur. Beim Übergang zu den Komponentenanforderungen muss die Systemarchitektur bereits hinreichend detailliert sein, um Auswirkungen von Entwurfsentscheidungen (z.B. Partitionierungen) bewerten zu können.

■ Antworten Sie immer auf der Basis der Konsequenzen für den Projektplan, falls es zu Änderungsvorschlägen kommt. Begeben Sie sich nie in eine Situation, in der Änderungswünsche isoliert von den Auswirkungen im Projekt und der Rückwirkung auf andere Funktionen behandelt werden.

■ Berücksichtigen Sie alle Anforderungen. Fragen Sie relevante Interessenvertreter, ob etwas übersehen worden ist. Machen Sie dabei klar, dass die Ermittlung von Anforderungen noch keine Garantie für deren Lieferung ist. Geliefert wird nur, was vereinbart und bezahlt wird.

2.8   Fragen an die Praxis

▓ Was funktioniert im RE in Ihrem Unternehmen? Was sind Ihre eigenen Herausforderungen?

▓ Wie sehen die Anforderungen in Ihrem Unternehmen aus? Woher kommen sie?

▓ Decken die typischen Projektanforderungen die gesamte Bandbreite möglicher Kundenwünsche ab? Denken Sie an Kunden innerhalb und außerhalb
Ihres Unternehmens.

▓ Qualitätsanforderungen spielen gerade in der Software- und Systementwicklung eine große Rolle. Welche Erfahrungen haben Sie bei Ermittlung, Spezifikation, Umsetzung und Validierung von Qualitätsanforderungen gemacht?

▓ Können Sie sich Projekte vorstellen, in denen organisatorische Randbedingungen zu Anforderungen werden?

▓ Spielen gesetzliche Randbedingungen (als Anforderungen) in Ihrem Umfeld
eine Rolle? Welche Anwendungsbereiche werden in Ihrem Umfeld durch
gesetzliche Anforderungen beeinflusst?

▓ Weshalb wird zwischen Marktanforderungen und Produktanforderungen
konzeptionell und in der Spezifikation unterschieden? Was würde geschehen,
wenn es keine solche Trennung gäbe?

3 Anforderungen ermitteln

I cannot give you the formula for success,
but I can give you the formula for failure – which is:
Try to please everybody.

Herbert B. Swope

3.1 Ziel und Nutzen

Anforderungen konkretisieren Ziele und definieren die Basis, auf der eine Lösung zum Kundennutzen entwickelt wird. Ziele und Anforderungen sind nicht absolut wahr! Verschiedene Interessengruppen haben eine unterschiedliche Wahrnehmung und natürlich divergierende Ziele. Die Anforderungsermittlung schafft eine Basis gegenseitigen Verstehens. In einem Projekt ohne definierte und vereinbarte Ziele sind Eigenschaften und Qualität des resultierenden Produkts und damit unser wirtschaftlicher Erfolg von zufälliger Natur. Sie ergeben sich bestenfalls noch teilweise aus offensichtlichen Bedürfnissen der Problemstellung. Zur Hauptsache hängen sie jedoch ab von der Interpretation und den Vorlieben der beteiligten Gruppen (z. B. Produktmanager, Vertrieb, Entwickler, Systemanalysten), von Gruppenstrukturen und von den Beziehungen zwischen diesen Gruppen. Das Projekt ist nicht marktorientiert und sein Erfolg ist fragwürdig.

Abbildung 3–1 zeigt, wie Anforderungen zielorientiert die Bereiche des Unternehmens auf den Markt und den Kunden einstellen. Im Marketing werden Kaufkriterien bewertet. Der Vertrieb schafft mit dem Marketing und der Produktentwicklung eine Wertvorstellung, die dann durch die Entwicklung umgesetzt wird. Nachhaltiger wirtschaftlicher Erfolg bei Software entsteht durch ein funktionierendes Servicemodell. Damit wird der Wert gesichert und neue Kaufabsichten werden stimuliert. Die verbindenden Pfeile sind die Anforderungen in verschiedenen Stadien. Ein Kreislauf, wie ihn erfolgreiche Unternehmen, wie Apple, Robert Bosch, Daimler oder SAP, ständig vorleben.

Abb. 3–1   *Wertschöpfung im Unternehmen wird durch die richtigen Anforderungen bestimmt.*

Die Anforderungsermittlung hat die folgenden Ergebnisse:

- Kontext und Vision des Projekts oder des Produkts
- Bedürfnisse und Erwartungen an das Projekt
- Dokumentierte Anforderungen
- Gemeinsame Basis für Marketing, Entwicklung und Kunden

Zu Beginn der Ermittlung steht eine Vision. Diese Vision muss über die Anforderungen selbst hinausgehen, um Anleitung und Anhalt zu geben, welche Anforderungen zusammenpassen oder welche Anforderungen priorisiert werden sollen. Ohne eine solche Vision werden Anforderungen zwar erfasst und verwaltet, aber es wird sich kaum ein Produkt oder eine Lösung ergeben, die sich gut und überzeugend verkaufen lässt.

Ein Drittel aller Unternehmen hat keinerlei RE-Methodik zur Ermittlung der Anforderungen. **Der Großteil der Beteiligten empfindet die eigene Ermittlung als zu informell.** Das wurde in einer breiten Studie für die industrielle Anforderungsermittlung untersucht [Colin2003]. Von knapp 1600 angeschriebenen Personen in den unterschiedlichsten Branchen antworteten knapp 200 sowohl aus Großunternehmen (wie Lockheed Martin Management and Data Systems, Merck, SAP, Unisys, M&M Mars, Vanguard, Boeing, AstraZeneca, Dupont, Siemens, Verizon oder GlaxoSmithKline) als auch aus kleinen und mittelständischen Unternehmen. Die Branchen und Projekttypen decken die ganze Bandbreite der Softwareentwicklung ab.

Strukturierte Techniken sind nach wie vor am gebräuchlichsten und liegen knapp vor der objektorientierten Analyse (Abb. 3–2). Bei der Ermittlung von Anforderungen dominieren neben den Szenarien und Use Cases vor allem Fokusgruppen (Gruppen mit potenziellen Benutzern des Systems, die untereinander diskutieren oder befragt werden), die es erlauben, gezielt Anwendungsfälle zu extrahieren, sowie informelle und halbformale Modelle. Darunter fallen praktisch alle textbasierten Anforderungsbeschreibungen, die keinerlei definierte Semantik und Syntax besitzen. Formale Techniken werden kaum eingesetzt. Hier ist der Aufwand zu hoch im Verhältnis zu dem, was die Methoden an Nutzen versprechen.

RE wird in den Unternehmen zu wenig gelebt. Nur 29 % der Unternehmen haben ausreichende Techniken und Methoden im Einsatz. Formalisierte Prüfverfahren werden nur von einem Drittel der Unternehmen eingesetzt.

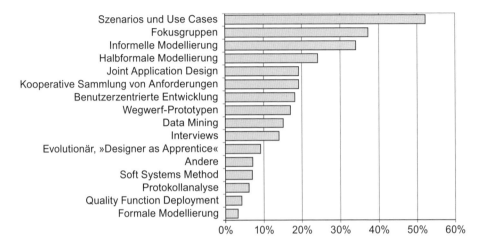

Abb. 3–2   *Spezifische Techniken, die in der Praxis zur Ermittlung von Anforderungen eingesetzt werden*

Viel zu häufig werden Anforderungen unzusammenhängend »gesammelt«, anstatt aus einer Wertvorstellung und Vision aus Kundensicht heraus entwickelt zu werden. Abbildung 3–3 veranschaulicht diese übliche Vorgehensweise bei der Ermittlung von Anforderungen. Zuerst werden die Anforderungen »gesammelt«, danach wird das Projekt definiert, daraus ein Produkt entwickelt, das schließlich gegen die ursprünglichen Anforderungen validiert wird. Die Nummern beschreiben die Abfolge der vier Schritte. Das Problem dabei ist, dass Funktionen schrittweise in ein zunehmend komplexes Produkt hineinentwickelt werden, ohne dass eine Sicht auf das endgültige Produkt vorliegt. Zumeist werden die Anforderungen nur oberflächlich beschrieben und nicht im Kontext analysiert, weil dieser nicht klar beschrieben und abgestimmt ist. Die Konsequenz sind viele Anforderungsänderungen und entsprechend Termin- und Kostenüberschreitungen sowie eine immer weniger beherrschte Komplexität des Produkts, was spätestens mit Varianten oder Versionen dann zu unnötigen Fehlern und weiteren Zusatzaufwänden führt.

Abb. 3–3   *Typische Anforderungsermittlung ohne konkrete Zielsetzung*

Abbildung 3–4 zeigt das Vorgehen, das mit einer konkreten Produktvision beginnt. Aus der Kenntnis dieser Vision werden Anforderungen im Kontext entwickelt, modelliert, spezifiziert und analysiert. Das Risiko unvorhersehbarer Änderungen wird stark reduziert. Relevante Funktionen werden zu Beginn priorisiert und dann systematisch umgesetzt, ohne dass es später zu gravierenden Architektureinflüssen kommt, denn die wurden bereits anfangs im Kontext des Gesamtsystems betrachtet.

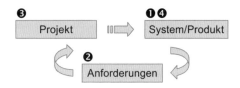

Abb. 3–4   *Zielorientierte Anforderungsermittlung*

Das Ziel der Ermittlung der Anforderungen besteht darin, wichtige Kunden, Märkte und Wettbewerber zu identifizieren und zu verstehen. Das Ergebnis ist eine vereinbarte Produktvision. Die **Produktvision** ist eine Leitlinie für das Projekt. Sie orientiert sich an folgenden Fragen:

- Was wird das Produkt verändern?
- Warum ist das Produkt für die Kunden nötig?
- Welche Erfahrung soll der Kunde damit machen?
- Wie wird durch das Produkt Geld verdient?
- Welche Kosten und Risiken sind wir bereit zu tragen?
- Welchen Kontext deckt das Produkt ab?

Die Produktvision ist Voraussetzung und Teil des Marketingplans und wird vor der Anforderungsermittlung vereinbart. Sie leitet die Analyse und die Abstimmung der Anforderungen. Die einzelnen Bausteine der Projekt- oder Produktvision, d.h. die Projektziele, können verschiedene Quellen haben. Sie festzulegen liegt in der Verantwortung des Produktmanagers unterstützt von Marketing, Vertrieb und dem Projektmanager. Bei Auftragsarbeiten oder einer genau festgezurrten Spezifikation kann der Projektmanager die Projektziele definieren. Ziele und Visionen sind High-Level-Anforderungen, die sowohl aus Markt- als auch aus Produktsicht formuliert werden können. Produktanforderungen müssen mit der Vision und den Zielen konsistent sein; sie sind ihnen untergeordnet und konkretisieren sie.

Zielgerichtetes Arbeiten ist eine notwendige Voraussetzung für jegliche Art von systematischer Entwicklung. Wenn Sie das Ziel kennen, ist es sehr wahrscheinlich, dass Sie es auch erreichen können. Die Wahl der Ziele hat einen erheblichen Einfluss sowohl auf das entstehende Produkt als auch auf den Entwicklungsprozess. Das macht die Bedeutung einer Produktvision aus und erklärt, weshalb praktisch alle Vorgehensmodelle, egal ob agil oder eher schwergewichtig, eine solche Produktvision verlangen. Um ihre Bedeutung auf die Erreichung von Projektzielen zu verstehen, wollen wir einen kleinen geschichtlichen Exkurs unternehmen. Ein von Weinberg und Schulman bereits 1974 durchgeführtes Experiment zeigt dies in eindrücklicher Weise (Tab. 3–1) [Weinberg1974]. Fünf Gruppen mussten Software mit den gleichen funktionalen Anforderungen entwickeln. Jede Gruppe hatte jedoch ein spezifisches Projektziel. Und praktisch jedes Team rangierte am Ende in seinem individuellen Ziel vorne!

Wichtigste Zielsetzung	Ranking der Gruppe
Speicherplatzminimierung	1
Übersichtlichste Ausgabe	1
Übersichtlichste Programmstruktur	2
Möglichst wenige Befehle	1
Geringste Anzahl Stunden	1

Tab. 3–1 *Reihenfolge (rechts) von Entwicklungsteams in der Erreichung der jeweils priorisierten Zielvorgabe (links) innerhalb von fünf Entwicklungsteams mit jeweils unterschiedlicher Priorisierungsvorgabe*

Gute Ziele und eine starke Vision stimulieren Projektteams dazu, diese Ziele zu erreichen. Die optimale Erreichung eines Ziels geht immer zulasten von anderen Zielen. Dies gilt insbesondere bei Qualitätsanforderungen, die sich gegenseitig stark beeinflussen und daher gut gegeneinander abgewogen werden müssen. Es macht keinen Sinn, beispielsweise für einen Markt mit hoher Preissensibilität hervorragende Qualität zu liefern, wenn diese die Gesamtkosten und damit den Preis über jenen von Wettbewerbern treiben würde. Entwickler sind typischerweise in der Lage, kundenspezifische Anforderungen punktgenau zu erfüllen. Aber, wenn sie ihr Ziel nicht genau kennen, so ist es sehr unwahrscheinlich, dass sie es erreichen werden. Bei der Planung muss man berücksichtigen, dass Ziele voneinander abhängig sein können (z. B. Termine und Funktionen) und daher keine beliebigen Freiheitsgrade bei der Zielfestlegung bestehen. Da Ziele konkurrieren, ist es sinnvoll, sie mit Prioritäten zu versehen.

Ziele sollten als Zielbereich beschrieben werden und nicht zu spezifisch sein. Je spezifischer ein Ziel beschrieben ist, desto eher wird man es verfehlen und damit einen Grund schaffen, dass das Produkt nicht abgenommen wird. Ein Zielbereich beschreibt das Ziel aus Benutzersicht oder aus der Sicht bestimmter Interessenvertreter als Bereich von akzeptablen Benutzererfahrungen mit den drei Eckwerten: hervorragend, Ziel, Minimum. Tabelle 3–2 zeigt Beispiele zur Beschreibung eines Zielbereichs.

Szenario	Hervorragend	Ziel	Minimum
Personenaufzug: Wartezeit bis eine Kabine den Benutzer erreicht	10 sec	100 sec	300 sec
Internettelefonie: Softwareapplikation auf eigenem PC	Benutzer ersetzt das bisherige Telefonsystem und nutzt im Büro ausschließlich die PC-Anwendung. Ein portables, internetfähiges Telefon sichert Mobilität.	Benutzer ersetzt die meisten Telefone und nutzt nur noch ein Bürotelefon als Rückfalllösung.	Benutzer nutzt die PC-Anwendung dort, wo sich konkrete Vorteile ergeben (z.B. Callback im Internet).

Tab. 3–2   *Zielvorgaben sollten als Zielbereich beschrieben werden.*

Ein häufiges Problem im Setzen von Projektzielen ergibt sich daraus, dass nur linear approximiert wird. Bekanntes wird fortgeschrieben und Anforderungen, die schon lange auf der Warteliste stehen, werden in das nächste Release übernommen. Das ist gefährlich, denn damit entsteht Vorhersehbarkeit, die zwar manchen Kunden gefällt, aber auch die Eintrittsschwelle für Wettbewerber senkt. Zudem besteht die Gefahr, dass technologische oder benutzerspezifische Trends übersehen werden. Insofern muss das Marketing ständig neue Vorschläge in die Anforderungs- und Ideen-Pipeline einbringen, um zu stimulieren, dass über den Tellerrand hinaus gedacht wird. Der Vertrieb ist wichtig, denn er hat sein Ohr bei den Kunden und Benutzern. Häufig werden Marketing und Vertrieb Restriktionen auferlegt mit der Begründung, dass die Mittel für einen wirklich großen Wurf fehlen. Das ist keine gute Begründung, denn im Normalfall führt es dazu, dass die Dienste und Produkte zunehmend altern und sich leicht durch ganz andere Produkte ersetzen lassen. Gerade das Spannungsfeld aus vielen Ideen und möglichen Visionen auf der einen Seite und begrenzten Ressourcen auf der anderen Seite machen ein gutes und innovatives Umfeld aus.

Produktideen und Produktvisionen orientieren sich an folgenden Einflüssen:

▪ **Kunden**
Kundenziele, Umgebung des Kunden, Wettbewerbssituation des Kunden, Kundeninformationen, demografische Entwicklung, Kundenzufriedenheit, verfügbare Ressourcen, um das Produkt zu kaufen

▪ **Strategie**
Unternehmensstrategie, Marktpositionierung, Umsatzentwicklung

▪ **Wettbewerb**
Wettbewerbsdaten, Marktanteil, Marktentwicklung

▨ **Produkte**
Produktalter, Innovationsgrad, Wartungsanteil, Fehlerkosten, Änderungsumfang, Verfügbarkeit, Nutzungsgrad, Kostenstruktur des bisherigen Produkts, Kostenreduzierung, Bedarf an internen Systemverbesserungen oder neuen Plattformkomponenten

▨ **Technologien**
ablösende/innovative Technologien, neue Forschungsergebnisse, neue Komponenten, neue Werkzeuge, neue Lieferanten, neue Standards

▨ **Verfügbare Ressourcen als Restriktion**
Zeit, Fähigkeiten, Mitarbeiter, Beherrschung von Technologien, Verfügbarkeit von Technologien oder Komponenten

Die Produktvision beantwortet die Frage: Was wird bei den Kunden oder Benutzern oder in meinem eigenen Unternehmen anders sein, wenn das Projekt ausgeliefert ist? Wenn diese Frage nicht zufriedenstellend beantwortet werden kann, ist die Vision noch nicht fertig. Wenn die Frage klar beantwortet werden kann, dann handelt es sich um ein Produkt mit guten Erfolgsaussichten. Wenn die Antwort zudem einen schlüssigen Geschäftsplan aus Kundensicht beschreibt, dann wird es ein erfolgreiches Produkt.

Erarbeiten Sie die Vision schrittweise und bauen Sie die Inhalte des späteren Produkts wertorientiert in einzelnen Schritten auf. Je mehr in einen einzigen Schritt gepackt wird, umso mehr Informationen müssen wir auf einmal verarbeiten und umso mehr Beteiligte müssen gleichzeitig zufriedengestellt werden.

3.2 Die Stimme des Kunden verstehen

Viele Produkte schaffen es nicht, Wünsche und Bedürfnisse zusammenzubringen. Man meint es »gut« und versucht, die Bedürfnisse des Kunden zu erahnen – und das geht häufig gründlich schief. Die Nuancierung besteht im Unterschied zwischen brauchen und wollen. Sicherlich soll der Kunde oder Benutzer ein brauchbares Produkt erhalten. Wichtig ist, sich auf verschiedene Standpunkte und Perspektiven einzulassen. Das Erfolgsrezept eines jeden Requirements-Ingenieurs ist eine Palette von Soft Skills, die gezielt eingesetzt werden (siehe Abschnitt 9.7). Harte Kompetenzen werden vorausgesetzt. Weiche Kompetenzen entscheiden über Ihren beruflichen Erfolg [Schick2010]. Kein Produkt- oder Projektmanager würde auf die Idee kommen, ein Projekt zu definieren, das sich nicht zum Ziel gesetzt hat, den Kunden zufriedenzustellen. Die Tücke liegt im Unterschied zwischen unserer Wahrnehmung, was der Benutzer braucht, und der Wahrnehmung auf Kundenseite über die Bedürfnisse, die dann im Vertrag paraphiert werden. Bei erfolgreichen Unternehmen, wie beispielsweise Apple, Google oder Intuit, ist es daher verpönt, Marktentscheidungen ohne Kundenfeedback zu treffen.

Wir können allein aus unserer Perspektive als Lieferant keine Verbindung zu den tatsächlichen Bedürfnissen und Anforderungen herstellen. Abbildung 3–5 zeigt am Beispiel eines Kfz-Kaufs diesen entscheidenden Unterschied. Es sind drei verschiedene Autos und sehr viel mehr unterschiedliche Visionen, die den Käufern vermittelt werden müssen. Kauft sich jemand einen Pick-up mit hohem Benzinverbrauch? Nein, er sucht Abenteuer oder Unabhängigkeit. Unsere Aufgabe im RE ist es, zu einer Konvergenz zwischen Bedürfnissen und Anforderungen zu kommen. Die Einkaufsentscheidung wird primär durch ein erwartetes Gefühl, also eine Werterfahrung, getroffen.

Ein Mini-Van?	Ein Sportwagen?	Ein Pick-up-Truck?
Nein, sondern:	Nein, sondern:	Nein, sondern:
▧ Familie	▧ Spaß	▧ Abenteuer
▧ Ausflüge	▧ Cool	▧ Unabhängigkeit
▧ Sicherheit	▧ Lebensgefühl	

Abb. 3–5   *Visionen sind wertorientiert.*

Das Lastenheft (und damit der Vertrag) beschreibt formal, was der Kunde will. Oft stehen Anforderungen im Vertrag, die der Kunde gar nicht will [Simon1998, Gorchels2011]. Beispielsweise hatten wir einmal den Fall, dass eine Einparkhilfe für 50 km/h spezifiziert war, was der Lieferant aus Performanzgründen kaum hätte realisieren können. Im Workshop mit dem Auftraggeber und dem Kunden konnten wir dann herausarbeiten, dass damit nur »Stadtverkehr« gemeint war. Wir einigten uns auf 30 km/h, und erreichten damit für beide Seiten eine Winwin-Position.

Manche Vertragselemente können dem Kunden schaden. Nehmen Sie unrealistische Terminvorgaben oder Preisvorstellungen, die in Projektpläne und Angebote münden, die einfach nicht zu machen sind. Ein Großteil von abgebrochenen oder stark verspäteten Projekten lief genau in diese Falle. Und damit haben sich die Kunden selbst geschadet. Was nützt es, wenn ein Termin gefordert wird, der es nicht erlaubt, alle nötigen Entwicklungsschritte sauber zu durchlaufen, um dann kurz vor Projektende zu registrieren, dass sich das Produkt und seine Komponenten nicht integrieren lassen oder eine unzureichende Qualität haben? Nachlieferungen und Vertragsstrafen sind dann programmiert, aber diese stellen keine vernünftige Ausgangsbasis für langfristig erfolgreiche Produkte dar. Ähnliches gilt für zu niedrige Kostenvoranschläge in der Verhandlungsphase, die unweigerlich zu faulen Kompromissen auf Lieferanten- oder Kundenseite führen. Wenn die Preise zu niedrig angesetzt sind, kommt unter Umständen ein Lieferant ins Projekt, der der gegebenen Komplexität nicht gewachsen ist und dies viel zu spät feststellt. Häufig treten solche Szenarien dann ein, wenn neue Anbieter in einen etablierten Markt drängen oder wenn die Anbieter in dieser Größenordnung noch keinerlei Erfahrungen mitbringen. Kein Kunde tut sich einen Gefallen, wenn er auf ein solches Angebot eingeht, weil es vordergründig Kosten spart, er aber nachher so große Verspätungen oder Qualitätseinbußen in Kauf nehmen muss, dass der erhoffte Geschäftsvorteil ausbleibt.

Ein guter Projektmanager oder Produktmanager wird daher in der Vorbereitung eines Vertrags bereits auf die Kostentreiber hinweisen und darauf, weshalb seine Erfahrungen höhere Aufwendungen rechtfertigen und damit zu einer Winwin-Situation führen (siehe auch Abschnitt 9.7).

Dabei werden die Anforderungen in drei Kategorien (Basisfaktoren, Leistungsfaktoren und Begeisterungsfaktoren) gruppiert und dann anhand der erwarteten Kundenzufriedenheit bewertet. Basisfaktoren werden vorausgesetzt und tragen wenig zur Kundenzufriedenheit bei, da sie nicht wahrgenommen werden, aber sie kosten viel Aufwand, wenn sie gepflegt werden müssen. Leistungsfaktoren werden erwartet und auch wahrgenommen. Wenige gut ausgewählte Begeisterungsfaktoren führen zu spontanen Kaufentscheidungen. Abbildung 3–6 zeigt diesen Zusammenhang zwischen Erfüllungsgrad und Kundenzufriedenheit in den drei Kurven.

Ziel ist der optimale Zuschnitt der Anforderungen. Zuerst werden die Basisfaktoren gezielt bewertet und reduziert. »Me too«-Anforderungen, die keinen greifbaren Wert bringen, werden ebenfalls reduziert. Danach werden Leistungsfaktoren bewertet. Dafür wird bezahlt. Sie sollten sich klar vermarkten lassen. Zum Schluss werden einige wenige Begeisterungsfaktoren marktorientiert ausgewählt. Damit werden die Kunden überzeugt.

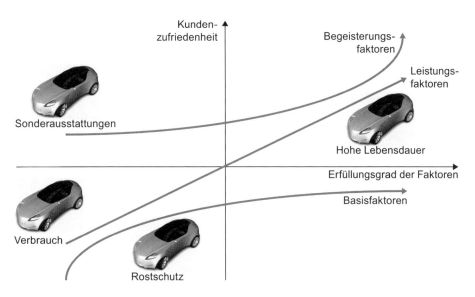

Abb. 3–6   *Kano-Modell*

3.3   Methodische Ermittlung in zehn Schritten

Das Ziel der Anforderungsermittlung ist es, alle gewünschten Funktionen, Eigenschaften, Randbedingungen und Erwartungen zu ermitteln und in einem Zusammenhang mit der Produktvision zu verstehen. Unabhängig davon, ob es sich um ein Auftragsprojekt mit bekanntem Kunden, um eine Änderung an einem bereits gelieferten Produkt oder um die Marketingphase mit unbekannten Kunden handelt, steht der Kunde und spätere Käufer im Mittelpunkt. Wir wollen im Folgenden nicht zwischen Anforderungen an ein neues Produkt oder Änderungen an einem bestehenden Produkt unterscheiden. Die Techniken sind die gleichen.

Die Vorgehensweise zur Ermittlung von Anforderungen sieht wie folgt aus, wobei die einzelnen Schritte sich überlappen und wiederholen:

Schritt 1: Klären Sie die relevanten Stakeholder und Interessengruppen.
Klären Sie zuerst die relevanten Stakeholder und die rechtliche Verbindlichkeit der Anforderungen. Es geht um einen Vertrag, den Sie erfüllen wollen. Also muss von Beginn an klar sein, wer die relevanten Vertragspartner sind. Dieser Schritt beantwortet die Fragen: Wer stellt überhaupt die Anforderungen – und bezahlt für das Produkt oder Projekt? Wer hat Interesse am Erfolg dieses Projekts? Wie kommuniziert das Projekt mit dem Kunden? Welche Schnittstellen mit dem Kunden oder dessen Interessengruppen existieren? Wie sehen das Reporting und die Eskalationswege aus?

Interessengruppen werden nach Kunden, Lieferanten, Vertriebspartnern und firmeninternen Gruppen unterschieden. Nehmen Sie diese verschiedenen Perspektiven explizit ein, z. B. Auftraggeber, Benutzer, Entwickler, Geschäftsleitung. Prüfen Sie, in welchem Verhältnis diese Gruppen zueinander stehen. Fragen Sie grundsätzlich jeden Gesprächspartner danach, ob er sich weitere Personen vorstellen kann, die eine wichtige Rolle spielen könnten.

Requirements Engineering bedeutet Zusammenarbeit. Abbildung 3–7 verdeutlicht einige der Schlüsselrollen, die bei der Definition und Bearbeitung von Anforderungen eine Rolle spielen. Sie sind um typische Dokumente des RE herum gruppiert. Damit wird unterstrichen, dass RE formale Artefakte liefert, anhand derer Vereinbarungen getroffen und ausgetauscht werden. Wie bei jedem Prozess kann man geteilter Meinung darüber sein, ob man ihn personen- bzw. rollenorientiert beschreibt oder eher dokumentenzentrisch. Wir versuchen, diese Positionierung offenzulassen, denn zu einem Prozess gehören sowohl die Ausführenden als auch die Ergebnisse. Es hängt eher von der Prozessreife ab, ob die Personen den Prozess stark beeinflussen oder ob ein Unternehmen versucht, den Prozess unabhängig von der Situation und den beteiligten Interessengruppen zu stabilisieren und damit auch verbesserungsfähig zu machen.

Neben den offensichtlichen Rollen, wie beispielsweise den Kunden, dem Projektmanager oder der Entwicklung, gibt es auch weniger auffällige Rollen, die aber trotzdem zusammenspielen müssen. Die Geschäftsführung und das obere

Management sind wichtig für RE, da sie die Geschäftsziele und Projektziele definieren, anhand derer die Anforderungen bewertet werden. Ein Produktmanager
wiederum muss zwischen Vertrieb, Entwicklung und Projektmanagement vermitteln, um Umsatz- und Gewinnziele zu erreichen. Während eine Projektmanagerin
daran gemessen wird, ob sie ihr Projekt pünktlich und mit der richtigen Qualität
abschließt, wird der Vertrieb anhand von Verkaufszahlen bewertet. Ein typischer
Zielkonflikt zwischen diesen beiden Rollen ist die Stabilität von Anforderungen.
Ein Verkäufer ist immer bereit, die Anforderungen opportunistisch anzupassen,
um die Verkaufszahlen in die Höhe zu treiben. Die Projektmanagerin auf der
anderen Seite will ihr Projekt in trockene Tücher bringen und ist daher an Stabilität interessiert.

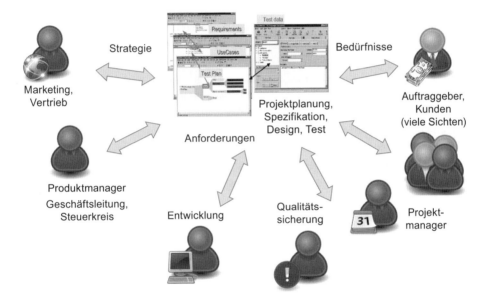

Abb. 3–7 *Herausforderung: Viele Interessengruppen mit eigenen Zielen*

Hier kommt nun der Produktmanager ins Spiel, der am Langzeiterfolg und
gesamten Ergebnis der Produktlinie gemessen wird. Er muss beide Ziele optimieren, die Kosten und den Umsatz. Denn nur dann stimmt der Gewinn. Ähnlich
verhält es sich mit der Geschäftsleitung oder ihrem jeweiligen Management. Wer
kennt es nicht, das Phänomen, dass Kunden und Geschäftsleitung ihre naturgemäß engen Kontakte auch nutzen, neue Ideen zu konkretisieren und dabei häufig
Zusagen machen, die niemals mit der unternehmerischen Realität abgestimmt
waren. Es ist einfach zu verlockend, einen neuen oder erweiterten Auftrag an
Land zu ziehen.

Kunden haben ihr eigenes Geschäft und stehen nicht beliebig für Diskussionen zur Verfügung. Dies ist übrigens ein wesentlicher Grund dafür, weshalb agile
Vorgehensweisen nicht immer so einfach umzusetzen sind, wie es deren Protago-

nisten glauben machen (siehe Abschnitt 10.5). Soweit der Kunde nicht direkt für Gespräche oder Workshops zur Verfügung steht, übernimmt intern der Produktmanager die Rolle des Kunden. Der Vertrieb oder das Marketing können diese Rolle auch spielen, allerdings sollte man Zielkonflikte vermeiden, die darin bestehen, dass der Vertrieb beispielsweise nur eine Region oder einen aktuellen Kunden konkret abdeckt und Erfolg an diesen Umsatzzahlen misst, während das Produkt eine weitaus größere Ausdehnung hat.

Schritt 2: Identifizieren Sie kritische Erfolgsfaktoren.
In diesem Schritt geht es darum, zu verstehen, was den Kunden, Benutzer oder Markt wirklich bewegt und wie das eigene zukünftige Produkt darauf einen positiven Einfluss nehmen kann. Was ist dem Kunden wirklich wichtig? Was ist in seinen Augen der größte Nutzen? Hinterfragen Sie die Aussagen des Kunden. Was will er erreichen? Was sind seine Beweggründe? Welche Einflüsse und Bedingungen spielen eine Rolle? Wichtig ist bereits in diesem Schritt, sauber zwischen Anforderungen und Lösungen zu trennen (siehe Abschnitt 2.1).

Ziel ist, die ursächlichen Fragen und die Umgebung oder die Kunden des Auftraggebers zu verstehen und Lösungen für bestehende Bedürfnisse zu entwickeln. Hierbei kommt dem Marketing die Schlüsselrolle zu, vor allem bei Lösungen, die verschiedene Kunden als Markt adressieren sollen. Daher verlangt dieser Schritt eine kommerzielle Analyse des Markts, der Wettbewerber, der Preise und deren Elastizität sowie der Segmentierung des Markts. Häufig resultieren aus diesem ersten Schritt sehr viele Ideen, die nicht notwendigerweise realisiert werden (Abb. 3–8).

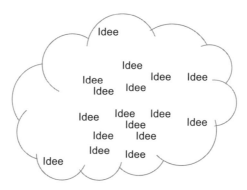

Abb. 3–8   *Ermittlung: Mögliche Anforderungen erfassen*

Im Requirements Engineering kommt naturgemäß eine Menge von Konflikten auf den Tisch. Das liegt an den verschiedenen Perspektiven, aber auch daran, dass man gerne aneinander vorbei redet und solche Workshops dazu nutzt, die eigene Position zu festigen (Abb. 3–9). Konflikte sind normal und müssen dokumentiert, priorisiert und entschieden werden. Beispiele sind verschiedene Funktionen und Funktionskorrelationen, verschiedene Schlüsselgruppen auf Kundenseite (z. B.

Einkauf vs. Benutzer vs. Administratoren), Funktionalität vs. Kosten und Budget, Qualität vs. Entwicklungszeit, Kosten für geplante Qualität vs. aktuelle Entwicklungszeit, technische Implikationen: Sicherheit vs. Zugriffsmöglichkeiten. Diese Konflikte müssen aufgelöst werden, denn sonst rächen sie sich später durch Nacharbeiten. Getroffene Entscheidungen (Annahmen, Randbedingungen, Prioritäten) müssen als Vereinbarungen unterzeichnet werden.

Denken Sie immer daran, Win-win-Positionen herauszuarbeiten [Fischer2003, Schick2010]. Nehmen wir an, ein Hersteller von Aufzügen will diese direkt mit einem eigenen Rechner koppeln, um die Administration und den Service zu vereinfachen. Kunden sind dem zunächst abgeneigt, da es die Komplexität erhöht und keinen offensichtlichen Mehrwert schafft. Nun entwickelt der Hersteller eine Zusatzfunktion, mit der automatisch Notrufe sicher übertragen werden, was für den Kunden die eigenen Aufwände zur Überwachung reduziert. Damit ist das für den Hersteller technisch notwendige Feature auch für den Kunden ein greifbarer Mehrwert. Hier wird deutlich, dass ein Hersteller in der wirtschaftlichen Gewinnkette immer den Punkt im Auge behalten muss, der einen Wert erzeugt, für den bezahlt wird. Häufig wird erst durch die Sicht auf die Kunden der eigenen Kunden offensichtlich, dass eine Lösung für deren eigene Probleme zu neuen Diensten und damit zu Wertschöpfung führt.

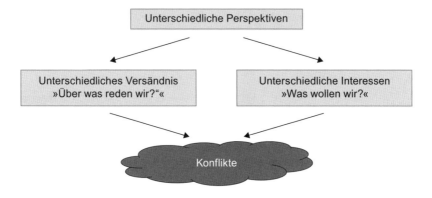

Abb. 3–9   *Requirements Engineering schafft Konflikte.*

Schritt 3: Stimmen Sie Vision, Umfang und Kontext ab.
Anforderungen müssen einen Zusatznutzen bieten, für den ein Kunde bereit ist, zu zahlen. Hier wird entschieden: Was wird sich durch das Produkt konkret ändern? Wie sieht die Änderung aus? Was wird durch das Produkt besser oder anders?

Lassen Sie Funktionen bereits jetzt weg, die der Kunde nicht wünscht oder bei denen Quelle und Wert unklar sind. Notieren Sie für alle extrahierten Anforderungen immer die Quelle und den wahrgenommenen Wert aus Kundensicht. Achten Sie auf Ausgewogenheit und Vollständigkeit. Häufig springen dem Analysten oder Produktmanager sofort die neuen Funktionen ins Auge, während Qualitätsanforderungen und Randbedingungen oft vernachlässigt werden.

Klären Sie mit den relevanten Schlüsselpersonen, was der Kunde möchte und
was er braucht. Stimmen Sie mit ihm ab, was Sie brauchen (z.B. Kostenanforderungen, Randbedingungen, Qualitätsanforderungen, Plattformvorgaben, technische Randbedingungen). Divergenzen müssen jetzt geklärt werden oder es wird
nachher unzufriedene Kunden geben. Sie können aus Ihrem technischen Wissen
allein kaum eine Verbindung zu den tatsächlichen Anforderungen herstellen. Sie
müssen sich in die Kundensicht einarbeiten.

Danach werden **Systemumgebung** und **Systemkontext** abgestimmt. Die
Schlüsselfragen lauten: In welcher Umgebung wird das System eingesetzt? Was ist
Bestandteil des Systems und was nicht? Was sind die Schnittstellen des Systems?
Was ist das zu entwickelnde System und was ist es nicht? Der Lösungsraum wir
damit festgelegt, also welche Komponenten oder Lösungsbestandteile geliefert
werden müssen und daher Teil des Projekts sind und welche Anteile bereits vorhanden sind oder aber zu einem späteren Zeitpunkt zur Verfügung stehen.

Der **Systemkontext** beschreibt die Grenzen des zu entwickelnden Systems und
somit seiner Schnittstellen zur Außenwelt (Abb. 3–10). **Der Systemkontext legt
damit auch fest, was gemacht wird und was nicht.** Er beinhaltet Personen, andere
Systeme, Prozesse, Ereignisse und Dokumente. Im Rahmen der Kontextabgrenzung wird geklärt, welche Aspekte durch das zu entwickelnde System abgedeckt
werden und welche Aspekte Teil der Umgebung dieses Systems sind.

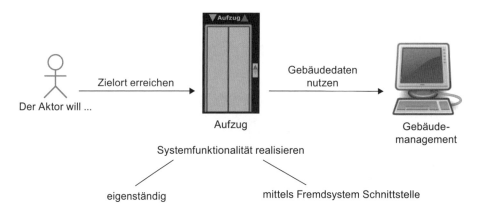

Abb. 3–10   *Der Systemkontext*

Jetzt werden die vielfältigen Schnittstellen des Systems identifiziert und spezifiziert, also die Eingangs- und Ausgangsparameter eines interaktiven Systems oder
die physikalischen Schnittstellen eines eingebetteten Systems. An dieser Stelle entscheidet sich häufig auch bereits, wie portabel die Lösung später einmal sein
wird. Wenn beispielsweise ein bestimmtes Kommunikationsprotokoll vorausgesetzt wird, kann es später schwierig sein, dies zu ändern. Halten Sie also die

Schnittstellen so abstrakt wie möglich oder isolieren Sie die Schnittstellen vom restlichen Lösungsraum.

Dazu werden Use-Case-Diagramme eingesetzt, die Akteure in der Systemumgebung und deren Beziehungen veranschaulichen (z. B. wer nutzt welche Informationen). Auch Datenflussdiagramme kommen zum Einsatz, um Quellen und Senken in der Systemumgebung mit Datenflüssen zum und vom System darzustellen.

Als Ergebnis dieses Schritts sind einige Ideen gestrichen, und die Vision, der Umfang und der Kontext des Produkts stehen fest (Abb. 3–11).

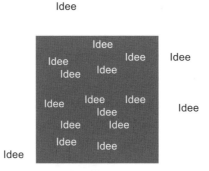

Abb. 3–11   *Ermittlung: Vision und Umfang festlegen*

Schritt 4: Entwickeln Sie die Anforderungen methodisch.

Nun werden die Anforderungen an die spätere Lösung entwickelt und identifiziert, also funktionale Anforderungen, aber auch Qualitätsanforderungen und Randbedingungen, wie gesetzliche Regelungen etc. Die entscheidende Frage hier ist: Was sind jene Eigenschaften, durch die sich die Lösung später besser verkaufen lässt? Weshalb investiert jemand in dieses Produkt?

Ermitteln Sie die Anforderungen zielorientiert. In diesem Schritt ist die Struktur noch untergeordnet, denn sie könnte die Kreativität einschränken oder Lösungsmöglichkeiten und Zusammenhänge verstecken. Checklisten und Fragelisten helfen beim Extrahieren von Anforderungen, die vielleicht sonst verborgen blieben.

Die Quellen für Anforderungen und die Bewertung, welche Anforderungen wesentlich sind, sind vielfältig und sollten situativ genutzt werden:

▧ Marktforschung/Marktstudien, speziell für neue Produkte, in den Bereichen B2B und B2C
▧ Internet (Blogs, Foren, Bewertungen) für Folgeprodukte und neue Funktionen
▧ Eigene Forschung für neue Produkte
▧ Eigene Entwicklung
▧ Eigenes Marketing und Vertrieb
▧ Eigene Dienstleistungen für Folgeprodukte, Korrekturen und neue Funktionen
▧ Benutzergruppen für Folgeprodukte speziell im Bereich B2B und B2C
▧ Kundeninterviews, Seminare, Workshops

▓ Bestehende Lasten- und Pflichtenhefte
▓ Händler, Vertriebspartner für Folgeprodukte, Korrekturen und neue Funktionen
▓ Berater (intern, extern) für Strategiedefinition, Vision und neue Produkte

**Unbekannte Anforderungen und Randbedingungen sind schwierig zu ermitteln,
denn wir können nicht direkt danach fragen** (Abb. 3–12). Wir sollten uns aber
darüber klar sein, dass es immer Perspektiven gibt, wo wir als Auftragnehmer
nicht alles wissen und wo der Auftraggeber nicht alles weiß. Die Bereiche, wo wir
etwas wissen und der Benutzer oder Kunde ebenfalls, wurden ja bereits adressiert. Nun geht es darum, zu hinterfragen, was wir nicht wissen (können) und
was der Benutzer oder Kunde nicht weiß.

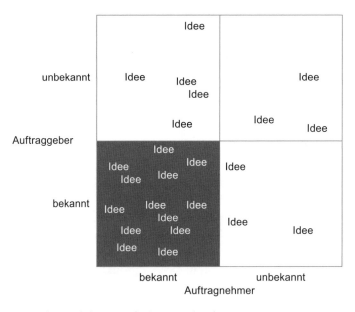

Abb. 3–12   *Ermittlung: Unbekannte Anforderungen identifizieren*

Hilfsmittel, um Annahmen und Entscheidungen zu verdeutlichen, sind ein Baum-
diagramm, das die Anforderungen herunterbricht, eine Durchführbarkeitsstudie
oder Prototyping, ein Modell, das Annahmen beschreibt und untersucht, oder
Normen, die mit externen Randbedingungen vergleichen.

   Betrachten Sie die Anforderungen im Zusammenhang, um zu verstehen, wel-
che Anforderungen sich widersprechen oder konkurrieren. Modellieren Sie
Abhängigkeiten, um die Machbarkeit der Lösung im Kontext zu prüfen. Spielen
Sie Szenarien durch, auch solche, die nur ausnahmsweise auftreten. Konflikte
sind natürlich und müssen dokumentiert, priorisiert und entschieden werden.
Nehmen Sie technische oder projektinterne Konflikte nie persönlich.

   Im Folgenden beschreiben wir Techniken, um Anforderungen methodisch zu
ermitteln und in einem bestimmten Kontext zu bewerten – selbst wenn wir als Auftragnehmer oder der Auftraggeber nicht genau wissen, um was es geht (Abb. 3–13):

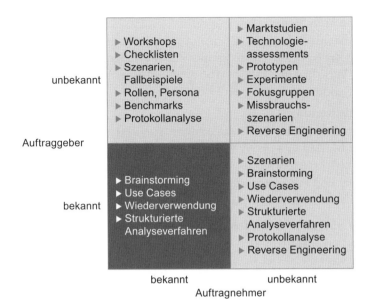

Abb. 3–13   *Ermittlung: Methodische Vervollständigung*

▦ **Kunden und Marktstudien**
Fragebögen, Interviews, Analyse existierender Dokumente. Das sind die häufigsten Instrumente, um Anforderungen zu ermitteln und zu entwickeln.

▦ **Kreativitätstechniken, Gruppenarbeit: Brainstorming, Fokusgruppen, Rollenspiele, Workshops. Achtung**
Gruppenorientierte Techniken müssen sorgfältig moderiert werden, denn sie können auch zu Blockadesituationen führen. Beispielsweise kann ein Brainstorming bei starken Teilnehmern dazu führen, dass gute Ideen der schwächeren Teilnehmer unausgesprochen bleiben und der Lösungsraum viel zu früh eingeengt wird. Rollenspiele wiederum erfordern ein gutes gegenseitiges Verständnis und können nicht über Hierarchieebenen oder Abteilungen hinweg durchgeführt werden.

▦ **Schrittweise Ermittlung**
Prototyping, Simulation, Ablaufmodell, Benutzerschnittstelle, Experimente, Konzepttests mit Kunden, Anforderungen aus Benutzeraktivitäten synthetisieren.

▦ **Modelle und Analysen**
Konzepte, Szenarios, Bilder, Diagramme, strukturierte und formalisierte Analyseverfahren (z.B. strukturierte Analyse, objektorientierte Analyse, Joint Application Development, Problem Frames, QFD, FMEA), Anforderungen aus existierendem System herausarbeiten, Glossar und Taxonomie als Verständnishilfe aufbauen.

▦ **Kognitive Verfahren**
Protokollanalyse, Verhalten, Persona (d. h. Beschreibung eines archetypischen hypothetischen Benutzers und seiner Ziele, demografische Daten, Verhaltensweisen, Vorlieben und Herausarbeitung und Typisierung der damit verbundenen Anwendungsfälle [Cooper1999])

▦ **Kontextbewertung**
demografische Analysen (d. h. Analyse von Daten und Statistiken für bestimmte Märkte und deren Verhalten, Kaufverhalten, Vorlieben und Größe), ethnografische Analysen (d. h. gezielte Untersuchung von kulturellen Besonderheiten und Verhaltensweisen innerhalb einer Gruppe [Spradley1979]), kulturelle Besonderheiten, Farben, Symbolik

Nutzen Sie »**negative Anforderungen**«, um Szenarios, Fälle und Verhalten zu beschreiben, die nicht eintreten dürfen. Welche Basisfaktoren können im nächsten Release wegfallen? Welche Verhalten müssen gezielt ausgeschlossen werden?

Negative Anforderungen werden in der Spezifikation gleich gehandhabt wie die bekannten »positiven« Anforderungen, mit dem Unterschied, dass sie in der späteren Entwicklung wirksam ausgeschlossen oder in ihrer Wirkung abgeschwächt werden müssen. Ein Beispiel wäre wie folgt:

M-Req-1: Bei geöffneten Türen darf der Aufzug nicht fahren.

M-Req-2: Bei Betrieb und Wartung des Aufzugs darf zu keinem Zeitpunkt, auch nicht in Ausnahmesituationen, eine Gefahr für Menschen ausgehen.

K-Req-1: Das Betriebssystem darf nicht ausfallen.

Negative Anforderungen werden typischerweise durch Misuse Cases, Abuse Cases oder ganz banal als Anforderung, die als »negativ« deklariert wird, dargestellt. Im Ergebnis sind einige neue Anforderungen ermittelt.

Schritt 5: Dokumentieren und strukturieren Sie die Anforderungen.
Die Anforderungen müssen systematisch erfasst und beschrieben werden, um nachher bearbeitet werden zu können. Dieser Schritt beantwortet die Fragen: Wie kann ich die Anforderungen so beschreiben und strukturieren, dass ich sie später wiederfinden kann? Wie hängen die Anforderungen zusammen und können zur besseren Verständlichkeit gebündelt werden?

Die Systematik dient dazu, Anforderungen zu separieren und lesbar zu machen. Numerische Codes werden eingeführt, damit jede einzelne Anforderung identifizierbar und damit verfolgbar ist. Die Nachverfolgung von Anforderungen ist nicht nur während des Projekts wichtig, sondern auch bereits für das spätere Änderungsmanagement. Wie wollen Sie eine Änderung kommunizieren, wenn Sie dazu keine Referenz haben? Dazu eignen sich vorgegebene Templates oder Datenbanken, aber auch einfache Tabellen- oder Textprogramme.

Niemals sollten Anforderungen nur mit Papier und Bleistift übernommen werden! Dies führt zu psychologischen Blockaden, denn der Änderungsaufwand selbst für kleinste Änderungen wird als zu groß betrachtet. Beschreiben Sie daher die Anforderungen bereits frühzeitig in einem offenen und änderungsfreundlichen Werkzeug.

Wir gehen in Kapitel 4 intensiver auf die Dokumentation ein.

Schritt 6: Modellieren Sie die Anforderungen.

Der Problemraum wird modelliert, um Zusammenhänge zu erkennen. Die Schlüsselfragen sind: Wie hängen die Anforderungen zusammen? Welche Einflüsse aus der Umgebung und untereinander treten auf? Die Modellierung ist zwangsläufig eine Randbedingung der Realität, um bestimmte Blickwinkel einzunehmen oder bestimmte Fragestellungen zu beantworten. Beispielsweise kann ein Anforderungsmodell die zeitlichen Abhängigkeiten von externen Szenarien beschreiben. Oder es kann auf Anwendungsfälle (engl. Use Cases) eingehen. Wir beschreiben Modellierungstechniken und deren Einsatz in Kapitel 5.

Ähnlich wie die Modellierung des Problemraums dient die Modellierung des Lösungsraums dazu, die Lösung und deren interne und externe Abhängigkeiten besser zu verstehen. Sie beantwortet die Frage: Ist die vorgeschlagene Lösung hinreichend, um die Anforderungen abzudecken? Ein Lösungsmodell dient der Kommunikation von bestimmten vorläufigen Lösungsentscheidungen, bevor mit dem Design oder der Architektur begonnen wird. Beispielsweise beschreibt die Lösung, welche Objekte oder Komponenten im System eingesetzt werden und wie sie untereinander und mit der Außenwelt kommunizieren. Andere Modelle erläutern, wie Datenstrukturen aussehen und wie darauf zugegriffen wird. Bei eingebetteten Systemen beschreibt ein Lösungsmodell zeitliche Abhängigkeiten oder wie auf äußere Ereignisse reagiert wird.

Wir gehen auf verschiedene Modellierungstechniken in Kapitel 5 ein.

Schritt 7: Analysieren Sie die Anforderungen.

Entscheidend sind hier Antworten auf die Fragen: Wie beeinflussen sich die Anforderungen gegenseitig? Welche Anforderungen ermöglichen Wiederverwendung? Welche Anforderungen können so modifiziert werden, dass sich Teile von früheren Lösungen wiederverwenden lassen? Welche Anforderungen verursachen den meisten Aufwand? Welche tragen am meisten zu den vorgegebenen Zielen bei? Gibt es Anforderungen, die sehr viel Aufwand verursachen und wenig Bezug zu den identifizierten Zielen haben? Die Antworten aus diesem Schritt beeinflussen typischerweise die parallel laufenden Vertragsverhandlungen hinsichtlich der Angebotsgestaltung. Je nach der zur Verfügung stehenden Zeit kann in diesem Schritt auch bereits eine erste grobe Modellierung von Problem- und Lösungsraum erfolgen.

Nur mit einer begleitenden Analyse verstehen Sie Zusammenhänge und Randbedingungen. Aus diesem Grund werden in vielen Unternehmen die Personen, die Anforderungen ermitteln, auch als Systemanalysten bezeichnet (siehe Abschnitt 9.2). In dieser Analyse geht es sowohl um das Produktmanagement als auch um eine technische Analyse. Häufig sind bestimmte Funktionen nicht machbar oder Randbedingungen konkurrieren. Manche Anforderungen bedingen andere Anforderungen. Stellen Sie fest, welche Abhängigkeiten (auch ungewollte) bestehen. Prüfen Sie, ob die Anforderungen hinreichend zur Wertschöpfung beitragen, sodass der Kunde bereit ist, dafür Geld in die Hand zu nehmen. Ermitteln Sie, was zum System und was zu seiner Umwelt gehört. Mit der Festlegung der Systemgrenze entscheidet sich der Zweck des Systems, d.h., welche Leistung das System seiner Umwelt bringt und wie es von außen genutzt wird.

Ein gutes Hilfsmittel zur initialen Bewertung ist das **Kano-Modell** (siehe Abschnitt 3.2). Abbildung 3–14 zeigt die drei Faktoren (Basis-, Leistungs- und Begeisterungsfaktoren) aus dem Kano-Modell. Die Punkte sind erfasste Anforderungen. Diese werden nun für verschiedene Perspektiven (oder Zielgruppen, Rollen) jeweils in die drei Kategorien gruppiert. Dann wird ausgewählt, was realisiert wird. Die Abbildung zeigt, dass wenige Begeisterungsfaktoren so ausgewählt werden, dass für jede Zielgruppe ein Kaufanreiz geschaffen wird, ohne zu viel zu investieren. Umgekehrt werden nicht alle möglichen Basisfaktoren implementiert – wohlwissend, dass dafür sowieso nicht gezahlt wird.

Die Analyse vertiefen wir in Kapitel 5.

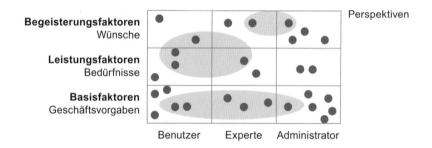

Abb. 3–14 *Anforderungen und Bedürfnisse bewerten*

Schritt 8: Prüfen Sie die Anforderungen.
Dieser Schritt beantwortet die Frage: Haben die Anforderungen die richtige Qualität? Sind sie hinreichend beschrieben, um daraus eine gute und brauchbare Lösung abzuleiten? Die Prüfung enthält Checks hinsichtlich der Vollständigkeit, Widerspruchsfreiheit, Validierbarkeit, Erweiterbarkeit, Konsistenz oder Verständlichkeit.

Wir gehen auf die Prüfung in Kapitel 6 noch näher ein.

Schritt 9: Priorisieren Sie die Anforderungen.
Die Priorisierung ist eine wirtschaftliche Entscheidung, die vom Produktmanager oder demjenigen getragen werden muss, der für den kommerziellen Erfolg des Produkts oder des Projekts verantwortlich ist. Sie erlaubt, bei Zeitdruck oder drohenden Budgetüberschreitungen eher unwichtige Funktionen herauszunehmen. Aus dem Verhältnis von Aufwand und Nutzenbeitrag lässt sich eine erste interne Priorisierung ableiten.

Die Kernfrage lautet: Welche Anforderungen sind erfolgsentscheidend und welche könnten vernachlässigt werden? Idealerweise können Sie die Priorisierung direkt mit dem Kunden verhandeln. Er hat meistens ein Interesse an termingenauer Lieferung und weiß um die Schwierigkeiten, alle Anforderungen und Einflüsse exakt abzuschätzen. Bedenken Sie, dass der Kunde seine eigenen Geschäftsmodelle hat, und was für Sie wichtig oder unwichtig erscheint, muss es nicht für den Kunden sein. Versuchen Sie daher, das Geschäftsmodell des Kunden immer wieder zu hinterfragen, um zu prüfen, wie seine Anforderungen dazu passen. Falls der Kunde kein Interesse an der Priorisierung hat oder falls die Priorisierung nicht ausreichend ist (z.B. wenn nur 10 % des Aufwands niedrig priorisiert sind), muss diese Aufgabe firmenintern übernommen werden, beispielsweise durch den Key Account Manager für diesen Kunden oder durch den Vertrieb oder das Marketing. Die Priorisierung darf nie allein im technischen Bereich erfolgen! Die Priorisierung vertiefen wir in Kapitel 5.

Die Klassifikation der Anforderungen baut auf der Priorisierung auf und bildet die Anforderungen auf verschiedene Inkremente, Iterationen oder Produktversionen (Releases) ab. Sie unterscheidet die Anforderungen auch nach der Art der Realisierung. Beispielsweise sind manche Anforderungen nicht technischer Natur und verlangen nach organisatorischen Änderungen beim Benutzer.

Schritt 10: Entscheiden Sie Ihre Annahmen und Anforderungen.
Nun haben wir eine Menge von Randbedingungen, Annahmen, Anforderungen, Prioritäten und Abhängigkeiten herausgearbeitet, modelliert und bewertet. Führen Sie getroffene Annahmen, Randbedingungen und Prioritäten immer wieder einer Entscheidungen zu. Die Entscheidung sollte iterativ nach jedem und teilweise in jedem der vorher beschriebenen neun Schritte geschehen, denn sonst wird es unübersichtlich und aufwendig, sollte es zu Änderungen kommen. Bei Kunden hatten wir schon Fälle, wo die Anforderungen nahezu fertig herausgearbeitet und analysiert waren, um dann festzustellen, dass wesentliche Zielgruppen und Interessenvertreter nicht berücksichtigt waren. Als diese sich dann einbrachten, hatte sich die Lage dadurch nochmals stark geändert.

Solche Entscheidungen können sowohl intern als auch extern fallen. Prioritäten aus Kundensicht werden mit den Kunden getroffen, aber die endgültige Priorisierung, was an Funktionen implementiert wird, geschieht intern, um eine bestmögliche Konvergenz von Zielen und Randbedingungen zu erreichen. Jede dieser

Festlegungen muss in Form einer Vereinbarung dokumentiert werden und wird damit zu einem Bestandteil der Anforderungen.

Die Entscheidung und Zuweisung vertiefen wir in Kapitel 7.

Achten Sie auf einen schnellen – aber nicht vorzeitigen – Abschluss der Ermittlung. Die Anforderungen sollten hinreichend gut beschrieben sein, um die Projektrisiken abzuschwächen. Klar ist aber auch, dass sich Anforderungen auch nach dem Ende der Ermittlung noch ändern.

Das Ende dieser gebündelten Ermittlung ist erreicht, wenn alle notwendigen Abstimmungen für das Projekt unterzeichnet sind. Alle wichtigen Interessengruppen müssen darin übereinstimmen, das Ende erreicht zu haben, sonst werden sie nie aufhören, Änderungen vorzuschlagen. Änderungen an Projektinhalten sollten vertraglich geregelt werden, insbesondere der Änderungsprozess und die Entscheidung, welche Änderungen aufgenommen werden. Häufig führt die Furcht vor eigenen Unzulänglichkeiten in der Ermittlungsphase in einen viel zu langen und unproduktiven Kreislauf von Spezifikationen, Nachbesserungen und Abstimmungsgesprächen. Den Interessengruppen müssen drei Regeln ganz klar sein:

- **Anforderungen sind nicht stabil.** Anforderungen vor Projektstart einfrieren zu wollen, ist der falsche Ansatz. Wichtig ist es, ein sauberes Änderungsmanagement zu vereinbaren, um später mit Änderungen umgehen zu können.

- **Nur ein zügiger Projektabschluss kann die Anforderungsfluktuationen begrenzen.** Vereinbaren Sie eine kurze Projektdauer, und die Änderungen und Unsicherheiten gehen automatisch zurück. Teilen Sie das Projekt in Inkremente auf, um die Komplexität und damit die Anforderungsänderungen zu kontrollieren.

- **Analyse schafft Paralyse.** Das Projekt muss gestartet werden, um den Markteintritt nicht zu verpassen. Jeder Kunde oder Markt will eine Lösung für die artikulierten Bedürfnisse zum optimalen Zeitpunkt und nicht ein übergewichtiges Produkt viel zu spät. Nehmen Sie Funktionen heraus, über die man sich nicht einigen kann; sie sind offensichtlich nicht so wichtig. Priorisieren Sie nach Marktwert und Machbarkeit. Ein komplexes Produkt, das zu viele Bedürfnisse in einem Schritt erfüllen will, findet nachher keinen großen Markt.

3.4 Workshops

Workshops mit verschiedenen Interessengruppen sind ein ideales Mittel, um Anforderungen zu ermitteln. Das Ziel eines solchen Workshops ist es, die möglichen Inhalte, Anforderungen und die Produktvision gemeinsam mit allen Interessengruppen gleichzeitig – also im Zusammenhang – abzustimmen. Der große Vorteil eines Workshops besteht darin, dass die unterschiedlichen Bedürfnisse und daraus resultierende Konflikte offen ausgetragen werden und nicht später im Projekt geklärt werden müssen.

Ein Grundprinzip in den meisten Unternehmen ist es, dass sich der Stärkere durchsetzt. Das ist häufig derjenige, der Budgetverantwortung trägt oder der das größte Risiko zu tragen hat, oder aber ein Kundenvertreter. Ein Workshop dient dazu, dass sich die Unterlegenen aussprechen können, dass sie wissen, weshalb sie sich nicht durchsetzen konnten, und dass sie die Konflikte später nicht in das Projekt hineintragen und das Projekt dafür verantwortlich machen.

Ein Workshop setzt sich aus folgenden Teilnehmern zusammen:

- Auftraggeber, der Budgetverantwortung hat und das Geschäft aus Benutzersicht kennt. Der Auftraggeber kann intern oder extern positioniert sein, abhängig davon, ob Sie einen direkten Kundenkontakt haben und wünschen. Falls der spätere Kunde nicht dabei sein kann oder will, muss der Vertrieb oder das Marketing dessen Rolle übernehmen.
- Benutzer, die später mit dem System arbeiten.
- Benutzer, die das System installieren, pflegen oder administrieren (z.B. Systemadministratoren).
- Marketing oder Marktforscher, die sich mit dem Markt intensiv auseinandergesetzt haben und beurteilen können, welche Anforderungen wichtig sind und wie die Marktpositionierung aussieht.
- Entwickler, die technische Einflüsse und die technische Machbarkeit abschätzen können.
- Lieferanten, falls Komponenten oder Plattformen erfolgskritisch sind.

Der erfolgreiche Workshop besteht aus verschiedenen Phasen, die zusammenhängend mit den gleichen Teilnehmern ablaufen:

- **Vorbereitung**
  Diese Phase geht dem eigentlichen Workshop voraus und dient dazu, dass der Moderator versteckte und explizite Ziele versteht und Abhängigkeiten oder Spannungen berücksichtigen kann. In der Vorbereitung spricht der Moderator mit jedem Teilnehmer oder wenigstens mit den kritischen Teilnehmern und versucht, deren Positionierung gegeneinander und deren Ziele zu verstehen.
- **Aufwärmen**
  Ziele; Zeitrahmen; Zeitplanung für den gesamten Workshop (kann mehrere Tage/Wochen dauern); gegenseitiges Kennenlernen; kurzes Training, um Kontext zu verstehen.
- **Rollen klären**
  Eine einfache Fragestellung wird in der Gruppe bearbeitet. Damit wird klar, wer welche Rolle spielt und wie die Kräfteverhältnisse sind.

░ **Prozess klären**
Mit den nun verstandenen Rollen wird ein Prozess vereinbart, der hilft, das Ziel zu erreichen.

░ **Aufgabe ausführen**
Schrittweise und als Team werden die Aufgaben angepackt, Zwischenergebnisse vereinbart und Probleme gelöst.

░ **Ergebnisse zusammenfassen**
Ergebnisse kommunizieren, die von der Gruppe getragen werden. Erfahrungen aus dem Workshop für das nächste solche Ereignis zusammenfassen.

3.5   Qualitätsanforderungen

Qualitätsanforderungen und Randbedingungen eines Produkts sind ebenfalls Anforderungen und ergänzen die funktionalen Anforderungen (siehe auch Abschnitt 2.3). Sie sind Bestandteil von Anforderungsanalyse, Architekturentwicklung, Systemmodellierung, Performanztests, Systemtest etc.

Eine nützliche Richtlinie zum Identifizieren und Behandeln von Qualitätsanforderungen ist der Standard ISO/IEC 9126 »Software Engineering – Product Quality« [ISO2001]. Er unterscheidet die folgenden sechs (plus eins) Qualitätsanforderungen:

░ **Funktionalität**, also das Vorhandensein von Funktionen mit festgelegten Eigenschaften und Randbedingungen. Dazu gehört auch die Interoperabilität, also die Fähigkeit, mit vorgegebenen Systemen zusammenzuwirken. Auch die Informationssicherheit, also die Fähigkeit, unberechtigten Zugriff, sowohl versehentlich als auch vorsätzlich, auf Programme und Daten zu verhindern, gehört zur Funktionalität. Beispiele sind Trennung von Datenbeständen, replizierte Datenbestände, Backup-Mechanismen, Zugriffskontrollen, Authentifizierung, Verschlüsselung.

> Beispiel: *Das Aufzugssystem verwendet ein geschlossenes Bussystem auf der Basis von CANopen, dessen Knoten außer über eine definierte Benutzungsschnittstelle nicht von außen zugänglich sind.*

░ **Zuverlässigkeit**, also die Fähigkeit der Software, ihr Leistungsniveau unter festgelegten Bedingungen über einen festgelegten Zeitraum zu bewahren. Beispiele sind Fehlerdichte, Fehlerhäufigkeit, Zuverlässigkeit (d.h. Fehlverhalten pro Zeit), Fehleranzahl nach Prioritäten, Fehleranzahl nach Lastverhalten, Ausfallzeiten, Verfügbarkeit, Schutz von Menschen, die mit dem System arbeiten oder mit ihm in Kontakt kommen, Vermeiden von unsicheren Zuständen.

> Beispiel: *Das Aufzugssystem steht sieben Tage die Woche mit 24 Stunden Betriebszeit zur Verfügung und erreicht eine Zuverlässigkeit auf Systemebene von 99,99 %.*

▓ **Benutzbarkeit**, also der Grad, zu dem ein Produkt durch bestimmte Benutzer in einem bestimmten Nutzungskontext genutzt werden kann, um definierte Ziele effektiv und effizient zu erreichen, wozu auch die Wartung und Pflege gehört. Beispiele sind Verständlichkeit, Erlernbarkeit, Bedienbarkeit, Methodik, Verständlichkeit, Programmiersprache, Stilrichtlinien, Dokumentationsrichtlinien.

Beispiel: *Das Aufzugssystem unterstützt einen mit dem Auftraggeber abgestimmten Open-Source-Browser.*

▓ **Effizienz**, also das Verhältnis zwischen dem Leistungsniveau der Software und dem Umfang der eingesetzten Betriebsmittel unter festgelegten Bedingungen, das Zeitverhalten und das Verbrauchsverhalten der benötigten Betriebsmittel. Beispiele sind Anzahl der Benutzer, Lastverhalten, Datenzugriffe, Datenkommunikation, Zugriffshäufigkeiten, Netzwerkauslastung, Prozessorauslastung, erlaubte Reaktionszeiten. Wichtig: Bei Echtzeitsystemen hängt Korrektheit von Rechtzeitigkeit ab. Eine durchgeführte Funktion, die zu spät abgeschlossen wird, ist ein Fehlverhalten (z. B. wenn die horizontale Lage im Flugzeug zu spät ankommt und der Autopilot nicht rechtzeitig gegenlenken kann).

Beispiel: *Das Aufzugssystem reagiert auf einen Fahrgastruf innerhalb von 300 ms mit einer Rückmeldung.*

▓ **Änderbarkeit**, also die Möglichkeiten, um Änderungen (Korrekturen, neue Funktionen etc.) durchzuführen.

Beispiel: *Das Aufzugssystem ist zu 100 % in der Programmiersprache C++ geschrieben, die mit einem Standardcompiler übersetzt und für den eingebetteten Controller gelinkt werden kann.*

▓ **Portierbarkeit**, also die Möglichkeiten, die Software in eine andere Umgebung zu verlagern, dort zu installieren, anzupassen oder Teile auszutauschen.

Beispiel: *Das Aufzugssystem ist so gestaltet, dass Hardwarekomponenten hinzugefügt oder entfernt werden können, während die Software in Betrieb ist.*

▓ Jede dieser sechs Kategorien hat noch eine Unterkategorie, die sog. **Konformität**, also die Erfüllung von anwendungsspezifischen Normen, Vereinbarungen, gesetzlichen Bestimmungen und ähnlichen Randbedingungen.

Das Problem bei Qualitätsanforderungen ist, dass sie in der Regel unterspezifiziert sind. Sie werden durch Adjektive beschrieben, z. B. wartbar, portierbar oder zuverlässig. Insbesondere werden Qualitätsanforderungen nur selten so formuliert, dass aus Marktanforderungen klare Produktanforderungen abgeleitet werden können (Abb. 3–15). Kunden suchen beispielsweise Produkte, die sie leicht an ihre eigenen veränderlichen Randbedingungen anpassen können. Aus Produktsicht kann das sowohl eine flexible Architektur (Stichwort Portierbarkeit,

Interoperabilität) bedeuten wie auch anpassbare Dienstleistungen und zugehörige SLAs (Service Level Agreements).

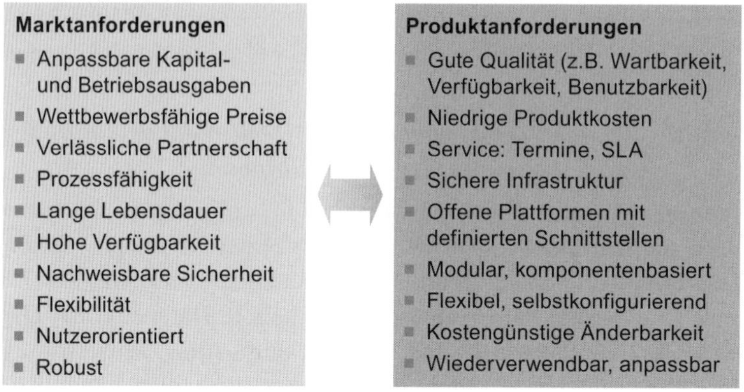

Marktanforderungen	Produktanforderungen
■ Anpassbare Kapital- und Betriebsausgaben	■ Gute Qualität (z.B. Wartbarkeit, Verfügbarkeit, Benutzbarkeit)
■ Wettbewerbsfähige Preise	■ Niedrige Produktkosten
■ Verlässliche Partnerschaft	■ Service: Termine, SLA
■ Prozessfähigkeit	■ Sichere Infrastruktur
■ Lange Lebensdauer	■ Offene Plattformen mit definierten Schnittstellen
■ Hohe Verfügbarkeit	
■ Nachweisbare Sicherheit	■ Modular, komponentenbasiert
■ Flexibilität	■ Flexibel, selbstkonfigurierend
■ Nutzerorientiert	■ Kostengünstige Änderbarkeit
■ Robust	■ Wiederverwendbar, anpassbar

Abb. 3–15   *Qualitätsanforderungen aus Sicht des Markts und des Produkts*

Diese vage Beschreibung macht Qualitätsanforderungen bei der Realisierung und vor allem bei der Abnahme zu einer Falle. Da sie nicht präzise beschrieben sind, werden sie im Design nicht beachtet und bleiben auch nicht verfolgbar. Wenn sie sich ändern, lässt es sich kaum nachvollziehen, was sich im Entwurf oder bei der Architektur konkret ändern muss. Wenn es zur Integration und zum Systemtest kommt, lassen sie sich nicht testen, da sie nie testbar beschrieben wurden. Doch bei der Freigabe können sie zu langen Diskussionen und damit zu Verzögerungen oder gar der Ablehnung des Produkts führen, denn der Kunde hatte letztlich doch seine eigenen Vorstellungen davon, was sie darstellen sollen.

Daher müssen Qualitätsanforderungen ebenso präzise definiert werden wie die funktionalen Anforderungen, damit sie umsetzbar sind und später validiert werden können. Insbesondere sollten sie immer eine **Messvorschrift** haben, damit konkret und reproduzierbar bewertet werden kann, ob sie erfüllt sind. Abbildung 3–16 zeigt exemplarisch einige solcher Messvorschriften. Beispielsweise erfordert eine Beschreibung der Zuverlässigkeit nicht nur einen Grenzwert für das Versagen in einer bestimmten Laufzeit, sondern auch, von welcher Art das Versagen ist (also Prioritäten von Fehlern) und in welcher Umgebung (Szenarien, Randbedingungen, Lastanforderungen) es eintreten darf.

Qualitäts-anforderungen	Definition	Messvorschrift
Korrektheit	Grad, zu dem das System seine Spezifikation und das Produkt seine Anforderungen erfüllt	Zahl fehlerhafter Funktionen
Zuverlässigkeit	Wahrscheinlichkeit, mit der das System die spezifizierten Funktionen mit der nötigen Genauigkeit erfüllt	Anzahl von kritischem Versagen pro Monat
Performanz	Umfang der Ressourcen, die das System für volle Funktionalität unter allen möglichen Umwelteinflüssen benötigt	Zeit für Verbindungs-aufbau
Verfügbarkeit	Anteil des voll funktionalen Betriebs an der Gesamtzeit oder an der Gesamtkapazität	vom Lieferanten verur-sachte Gesamtausfallzeit
Wartbarkeit	Aufwand, um einen Fehler zu korrigieren oder um eine Änderung durchzuführen	Einwirkungen von Änderungen
Fehlertoleranz	Grad, zu dem das System unter nicht-spezifizierten Bedingungen weiterarbeitet	Rekonvaleszenz nach Neustart

Abb. 3-16 *Messbarkeit von Qualitätsanforderungen*

Qualitätsanforderungen sollten immer dahingehend geprüft werden, ob sie keine versteckten oder impliziten funktionalen Anforderungen beinhalten, die separiert werden müssen. Beispielsweise enthält eine Formulierung wie *»das System muss sicher sein und den Standard IEC-61508 zur SIL 2 erfüllen«* klare Randbedingungen zur Umsetzung, die funktionaler Natur sind, beispielsweise, wie die Architektur ausgelegt sein muss.

Warum werden Qualitätsanforderungen fast immer übersehen? Weil sie schwer zu beschreiben sind und weil sich Produktmanager und Entwickler davor fürchten, denn sie sind sehr viel schwieriger zu implementieren und zu gewährleisten als funktionale Anforderungen. Im Regelfall können funktionale Anforderungen durch lokal begrenzten Code implementiert werden. Die Realisierung von Qualitätsanforderungen kann sich dagegen durch das gesamte Design ziehen und manches Mal sogar eine Architektur infrage stellen (z.B. bei echtzeitfähigen oder bei sicherheitskritischen Systemen). Oftmals können Qualitätsanforderungen an ein System nur durch eine gleichzeitige Änderung von organisatorischen Randbedingungen verlässlich implementiert werden (z.B. durch Zugriffsrechte und deren Überwachung).

Qualitätsanforderungen und Randbedingungen müssen parallel zur Definition von Systemfunktionen ermittelt werden. Der folgende Prozess beschreibt die Schritte zu deren Ermittlung und Bewertung. Mehr Details dazu finden Sie auch in den späteren Abschnitten zur Analyse (siehe Kap. 5).

Schritt 1:
Erstellen einer Liste von möglichen Qualitätsanforderungen durch Brainstorming und Analyse von existierenden Produkten und Kundenbedürfnissen.

Schritt 2:
Gewichten der Qualitätsanforderungen in die Gruppen »müssen«, »wünschen« und »ignorieren«.

Schritt 3:
Identifizieren von bekannten Randbedingungen, beispielsweise aus gesetzlichen Vorschriften oder Verordnungen, die für das Produkt gelten. Häufig enthält dies auch Vorgaben zu Dienstleistungen oder Internetauftritten.

Schritt 4:
Zuordnen von Qualitätsanforderungen und Randbedingungen zu bereits identifizierten Systemfunktionen. Diese Zuordnung unterstützt die Machbarkeitsanalyse ebenso wie die spätere Nachverfolgbarkeit.

Schritt 5:
Erstellen einer Machbarkeits- und Einflussanalyse. Ziel des Schritts ist es, herauszufinden, welche dieser Anforderungen zu welchen zusätzlichen Aufwänden führen. Es geht hier auch um potenzielle Konflikte zwischen diesen Anforderungen. Beispiele für typische Zielkonflikte und damit Randbedingungen im Projekt sind Qualität vs. Entwicklungszeit, Kosten vs. geplante Entwicklungszeit, Kosten für geplante Qualität vs. Entwicklungsdauer, Sicherheit vs. Zugriffsmöglichkeiten, volle Funktionalität vs. Zuverlässigkeit, volle Funktionalität vs. Kosten und Budget.

Schritt 6:
Klassifizieren und priorisieren. Jeder Qualitätsanforderung wird ein Wert zugewiesen, der den Kunden- oder Marktnutzen widerspiegelt. Anders als bei funktionalen Anforderungen dient die Priorisierung nicht der späteren Entscheidung im Projekt, ob die Anforderungen noch im gegebenen Zeitrahmen untergebracht werden können oder nicht, sondern einer klaren, geschäftsorientierten Ja-Nein-Entscheidung, *bevor* das Projekt beginnt.

Schritt 7:
Bewerten und entscheiden, welche dieser Qualitätsanforderungen und Randbedingungen übernommen werden. Wichtig ist, dass Qualitätsanforderungen typischerweise im ersten Release noch relativ einfach realisiert werden können. Später führen diese Anforderungen zu einem beträchtlichen Zusatzaufwand. Ein Produkt auf gute Reaktionszeiten oder gute Wartbarkeit hin zu entwickeln ist im ersten Release vergleichsweise einfach. In späteren Versionen kann es fast unmöglich sein.

Schritt 8:

Dokumentieren und spezifizieren. Mit den anderen (funktionalen) Anforderungen dokumentieren und regulär verfolgen. Auf Validierbarkeit achten. Nachverfolgbarkeit kann beispielsweise durch aspektorientiertes Design und Programmieren unterstützt werden.

Im Folgenden wollen wir den Umgang mit Qualitätsanforderungen anhand von drei sehr wichtigen Beispielen (Benutzbarkeit, funktionale Sicherheit, Informationssicherheit) kurz ansprechen.

Benutzbarkeit

Benutzbarkeit (engl. Usability) ist der Grad, zu dem ein Produkt durch bestimmte Benutzer in einem bestimmten Nutzungskontext genutzt werden kann, um definierte Ziele effektiv und effizient zu erreichen. Dazu gehören sowohl der Betrieb als auch der Service, die Wartung und die Pflege des Softwaresystems. Benutzbarkeit in einem Softwaresystem spiegelt beispielsweise wider, wie viel Training man zum Verstehen und Benutzen braucht oder wie leicht das System an die eigenen Abläufe angepasst werden kann. Wichtig ist dabei die subjektiv wahrgenommene Zufriedenheit, die bei der Benutzung des Systems auftritt. Wird das Softwaresystem als Hilfe oder eher als Problem empfunden? Wie viele als unnötig wahrgenommene Schritte muss der Anwender machen, bis das gewünschte Ergebnis oder Verhalten eintritt? Wird das Systemverhalten als reaktiv und determiniert empfunden? Kann der Benutzer im Falle von Unterbrechungen von Arbeitsschritten genau dort wieder einsteigen, wo er unterbrechen musste? Lässt sich das Softwaresystem auf bestimmte Eigenarten und Vorlieben des Benutzers personalisieren? Ist das System so weit fehlertolerant, dass zu erwartende Fehlbedienungen nicht zu Unterbrechungen oder Abstürzen führen? Solche Fragen werden während der Spezifikation und Analyse gestellt, um die spezielle Interpretation der Benutzbarkeit mit den Benutzern herauszuarbeiten und zu präzisieren. Entwickelt wird die Benutzbarkeit vor allem durch die Benutzerschnittstelle und repräsentative Szenarien, die als Anwendungsfälle durchgespielt werden. Getestet wird die Benutzbarkeit mit benutzerdefinierten Szenarien, die unter Aufsicht bearbeitet werden. Dabei arbeiten die Benutzer an möglichst realistischen Aufgaben, die auch im späteren Betrieb wichtig und relevant sind.

Abbildung 3–17 zeigt anhand von Vorgaben aus der Norm ISO 9241, wie Benutzbarkeit aus verschiedenen Perspektiven ganz unterschiedlich interpretiert wird [ISO2006b]. Während die ISO 9241 stark den Neuling unterstützt, sind die Vorgaben für einen Spezialisten teilweise eher hinderlich. Der Requirements-Ingenieur muss hier gut prüfen, welche Vorgaben in welcher Form – und wie stark adaptierbar – umgesetzt werden.

Kriterium	Erstbenutzer	Spezialist
Fehlertoleranz	+	+
Lernförderlichkeit	+	–
Aufgabenangemessenheit	+	–
Erwartungskonformität	+	–
Selbstbeschreibungsfähigkeit	+	–
Steuerbarkeit, Benutzerführung	+	+
Individualisierbarkeit	–	+

Abb. 3–17   *Grundsätze der Dialoggestaltung in ISO 9241*

Funktionale Sicherheit

Sicherheit (engl. Functional Safety) ist die Summe der Eigenschaften eines Produkts, die dazu beitragen, dass es frei von nicht vertretbaren Risiken oder Gefahren ist. Sie ist eine Systemeigenschaft und kann nicht auf der Basis einzelner Komponenten beschrieben werden. Funktionale Sicherheit ist gegeben, wenn jede spezifizierte Sicherheitsfunktion ausgeführt wird und der für jede Sicherheitsfunktion geforderte Erfüllungsgrad erreicht wird. Beispielhaft wollen wir als sicherheitskritisches System unser Aufzugsbeispiel betrachten. Bereits in der ersten Charakterisierung des Systems und seiner Kundenanforderungen werden Schlüsselfragen an die Sicherheit analysiert: Wann ist der Aufzug und seine Komponenten als sicher zu betrachten? Wie muss der Aufzug ausgelegt werden, damit er sicher ist? Wie kann die Sicherheit des Systems nachgewiesen werden? Auf Produkt- und Komponentenebene werden die Sicherheitsanforderungen dann immer aus der Systemsicht spezifiziert, also unter Berücksichtigung aller beteiligten Sensoren, Aktoren, Steuergeräte, Hydrauliksysteme etc. Sicherheitsanforderungen können zwar für eine Komponente als Zuverlässigkeitsanforderungen heruntergebrochen werden, aber sie können nur im Systemkontext spezifiziert und geprüft werden (siehe Abb. 3–18). Beispielsweise muss die Motorsteuerung eine bestimmte Zuverlässigkeit haben, die durch die Architektur erreicht werden kann. Eine Komponentenanforderung könnte dies zum Ausdruck bringen, indem zwei Prozessoren mit unterschiedlichen Algorithmen gefordert werden, die durch diverse Watchdog-Funktionen überwacht werden. Aber nur, wenn auch die Anforderungen an die Redundanz der Stromversorgung oder der Verkabelung entsprechend detailliert sind, ist das System komplett spezifiziert. Daher werden Sicherheitsanforderungen auch aus Fehlermodi abgeleitet, die nicht eintreten dürfen. Techniken dazu sind Fehlerbäume (Fault Tree Analysis, FTA) und die Failure Mode and Effect Analysis (FMEA).

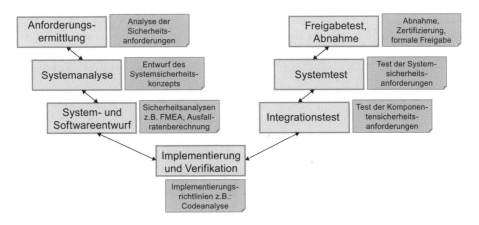

Abb. 3–18 *Sicherheitsanforderungen und ihre Umsetzung im Lebenszyklus*

Darüber hinaus muss die Diagnostizierbarkeit, also das Erkennen und Behandeln von Fehlersituationen, spezifiziert werden (z.B. mittels Failure Mode, Effect and Diagnostics Analysis, FMEDA). Gerade die funktionale Sicherheit zeigt, dass Produkt- und Komponentenanforderungen sich erst durch die Lösungsmodellierung graduell entwickeln. Daher werden Architektur-Reviews durchgeführt, die zu weiteren Anforderungen auf einer tieferen Ebene führen. Die Nachverfolgbarkeit der Sicherheitsanforderungen auf Produktebene zu den Komponentenanforderungen und ihrer Umsetzung im Design sind kritisch und müssen – als Vorgabe der einschlägigen Standards wie IEC 61508 – ständig gepflegt werden. Gemeinsam mit den Anforderungen werden daher auch sogenannte »Safety Cases« spezifiziert, die später zur Validierung hinzugezogen werden. Sicherheitsanforderungen werden häufig durch externe Fachleute spezifiziert, denn sie sind in ihrem Bezug zu funktionalen Anforderungen sehr komplex.

Informationssicherheit

Informationssicherheit ist die Summe der Eigenschaften eines informationsverarbeitenden oder -tragenden Produkts, die dazu führen, dass Verarbeitung, Speicherung und Kommunikation von Informationen in ausreichendem Maß Vertraulichkeit, Verfügbarkeit und Integrität gewährleisten. Informationssicherheit bedeutet, dass das Produkt mit den von ihm verarbeiteten oder gespeicherten Informationen nichts tut, das von ihm nicht erwartet wird. Wie auch bei der funktionalen Sicherheit steht bei der Informationssicherheit das risikoorientierte Spezifizieren und Entwickeln im Vordergrund, also Identifikation von Risiken und die damit verbundenen Anforderungen, die verfolgbare Umsetzung der Anforderungen in allen Phasen und die Anwendung von informationssicherheitsspezifischen Design-, Verifikations- und Assessmentmethoden. Im Unterschied zur funktionalen Sicherheit muss allerdings nicht nur von zufälligen – also eher seltenen – Ausfällen ausgegangen werden, die zu einem Risiko werden, sondern davon, dass ein bekanntes Schlupfloch praktisch immer zu einem Fehler führt. Als brauchbarer Startpunkt für die Gewährleistung von Informationssicherheit im Produkt hat sich die Technik der Bedrohungsszenarien, Misuse Cases und Negativmodelle herausgestellt [Sindre2005, VanLamsweerde2004]. Abbildung 3–19 zeigt derartige Szenarien an unserem Aufzug. Man beginnt mit einem funktionalen Modell des Produkts, also mit Zuständen und gewünschten Funktionen. Dann wird parallel zu diesem funktionalen Modell ein Negativmodell erstellt, das gezielt Missbrauchsszenarien beschreibt (z. B. Laden von neuer Software), die dann mit weiteren funktionalen Szenarien korreliert werden (z. B. CAN-Bus-Kommunikation). Aus diesen Bedrohungsszenarien werden konkrete Systemanforderungen abgeleitet und umgesetzt (z. B. Ausschluss aller nicht explizit erlaubten Szenarien, die zu einer Überlastsituation auf dem CAN-Bus führen können). Schließlich werden Prüfungen auf Komponenten-, System- und Netzwerkebene durchgeführt, vor allem mittels Codeanalyse, Szenario-Reviews und Angriffstests [Ebert2007c].

Zustand	Funktion	Gebrauchsszenario	Missbrauchsszenario
Aufzug deaktiviert	Software-Update	Lade neue Software und Konfig-Daten durch den geräteinternen CAN-Bus in das Steuergerät.	Lade neue Konfig-Daten über einen Gateway indirekt auf den CAN-Bus und in das Steuergerät.
Aufzug aktiviert	Regulärer Betrieb	...	CAN-Bus wird durch unzulässige externe Signale in Überlastsituation gebracht.

Abb. 3–19   *Missbrauchsszenarien zur Anforderungsermittlung der Informationssicherheit*

3.6   Randbedingungen

Randbedingungen reduzieren den möglichen Lösungsraum, beschreiben aber keine konkreten Funktionen. Sie ähneln also den Qualitätsanforderungen in ihrer Auswirkung.

Betrachten wir beispielhaft die gesetzliche Bestimmungen zum Datenschutz in Kontenführungssystemen. Zunächst gibt es die (funktionale) Anforderung, dass eine Bank Zugriff auf Konteninformationen haben soll. Was aber, wenn Systemadministratoren diese Daten kopieren und damit die Bank verlassen können? Oder wenn Finanzbeamte dies mit den ihnen vorliegenden Informationen machen können? Für Einzelfälle, die auf Papier bearbeitet werden, ist dies kein großes Problem. Der Aufwand, sie zu bearbeiten und manuell zusammenzufassen oder auszuwerten, ist zu groß. In aller Regel lässt sich zurückverfolgen, wer Zugriff zu diesen Papierinformationen hatte. Wenn die Daten aber elektronisch vorliegen und leicht auf Datenträger kopiert werden können, dann ist Missbrauch Tür und Tor geöffnet. Der kann bewusst oder unbewusst auftreten. Beispielsweise kann eine solche Datenbank von außen gehackt werden. Oder aber ein Mitarbeiter des Finanzamts lässt sich namentlich zusammenstellen, wer in seinem Stadtteil welche Einkünfte hatte. Beides ist ein klarer Verstoß gegen den Datenschutz, der zu zusätzlichen Anforderungen führt, die von Kundenseite nicht explizit genannt werden. Sie müssen aus der Randbedingung des Datenschutzes und den bekannten Systemeigenschaften abgeleitet werden.

Eine wesentliche Randbedingung für alle Softwareprojekte sind die sie umgebenden Verträge. Verträge enthalten Randbedingungen, die genau analysiert werden müssen, denn sie bestimmen zu einem hohen Maß, wie die spätere Lösung aussieht und genutzt werden kann (siehe auch Abschnitt 7.4 und 7–7). Beispiele dafür sind:

- Spezielle Kundenanforderungen sowie allgemein verbindliche gesetzliche Anforderungen an Spezifikation, Konstruktion und Betrieb der Software, beispielsweise für Informationssicherheit oder funktionale Sicherheit
- Gebrauchstauglichkeit
- Abnahmekriterien
- Anforderungen an die Lebensdauer und eventuelle Erweiterungen
- Verfügbarkeit von Entwicklungsdokumenten und Werkzeugen während der gesamten Lebensdauer
- Lizenzvereinbarungen der zu entwickelnden Software aus dem Werk-, Dienst-, Kauf- oder Überlassungsvertrag
- Wartung und Pflege des Produkts nach der Lieferung
- Service Level Agreements
- Lizenzvereinbarungen der eingesetzten Komponenten oder Entwicklungswerkzeuge, beispielsweise Open-Source-Software
- Freiwillige und auferlegte Garantieleistungen
- Haftungsfragen während der Nutzung der Software, beispielsweise aus der Produkthaftung oder der Produzentenhaftung

Anforderungen sollen so eingeschränkt wie möglich sein, aber nicht zu eingeschränkt. Wenn Anforderungen zu offen sind, klingt das zunächst einfacher in der Realisierung. Häufig ist es aber nur ein Indikator dafür, dass die Analyse noch nicht abgeschlossen ist und die Anforderungen unterspezifiziert sind. Nicht eingeschränkte Anforderungen können zu überteuerten Lösungen führen, denn die Entwickler denken sich die Randbedingungen selbst aus. Zu große Lösungsräume führen zu mannigfaltigen Funktions- und Fehlerkorrelationen, die in Umsetzung und Behandlung viel unnötigen Aufwand verursachen. Menschen benötigen Randbedingungen, um zielorientiert liefern zu können. Dies ist die eine Hälfte des Merksatzes. Die andere Hälfte betrachtet das Risiko, dass Lösungsräume durch zu strenge Randbedingungen verbaut werden. Dann wird ein Produkt unnötig teuer, nur weil bestimmte Randbedingungen einer einfacheren Lösung im Weg standen. Wir wollen für beide Fälle ein Beispiel betrachten.

Fehlende Randbedingungen. Anforderungen gehen zunächst immer von einem als gegeben angenommenen Szenario aus. Eine Heizungsregelung beschreibt in den Anforderungen zunächst einmal, dass eine bestimmte Temperatur in einem Raum eingehalten werden muss. Der zu erreichende und einzuhaltende Temperaturbereich wird als Intervall beschrieben. Dies ist eine funktionale Anforderung. Die Spezifikation beschreibt häufig auch den entsprechenden Regelalgorithmus, um diese Temperatur möglichst effizient zu erreichen. Oder die Zuverlässigkeit der Steuerung und damit die Einhaltung der vorgegebenen Temperatur im Raum werden als Verfügbarkeit beschrieben. Das sind Qualitätsanforderungen. Offen bleibt die Realisierung. Ein Techniker könnte nun dazu eine komplizierte zentrale Steuerung einsetzen oder er kann ein vergleichsweise einfaches selbstregelndes Ventil verwenden. Was er dafür wählt, wird entweder durch weitere funktionale Anforderungen bestimmt oder bleibt offen. Dann könnte eine Randbedingung der Form greifen, dass die Kosten pro Raum unter einem bestimmten Kostenrahmen liegen sollen. Gleichzeitig können weitere Randbedingungen zutreffen, beispielsweise Heizungsanlagenverordnungen oder gesetzliche Vorgaben zur Energieeffizienz.

Zu starke Randbedingungen. Der Zeitplan wird häufig als unumstößlich betrachtet, worunter Qualitätsmaßnahmen leiden. Hintergrund ist, dass Projektmanager und Entwickler unter starkem Zeitdruck mehr Fehler machen und weniger Aufwand und Zeit für die frühzeitige Fehlerentdeckung einsetzen. Sie übergehen Reviews und argumentieren, dass die Fehler im Test ja noch gefunden werden. In der Folge ist das Produkt zwar vordergründig fertig, da die Funktionen realisiert sind, aber es lässt sich nicht abschließen, da zu viele Flüchtigkeitsfehler den Testfortschritt verzögern. Wichtige Frage bei solchen Randbedingungen, die als zu stark empfunden werden, sind: Welche Autoritäten sind im Spiel? Welche Priorität hat der Zeitplan gegenüber Funktionen? Welche Faktoren bestimmen den Termin? Diese Fragen muss der Projektmanager stellen, bevor er das Projekt beginnt. Andernfalls hat er die Randbedingungen angenommen und muss auch liefern. Sie sind Teil der Durchführbarkeitsstudie, die in jedem Projekt vor dem Projektstart stehen sollte (siehe auch Abschnitt 5.4).

Randbedingungen und Qualitätsanforderungen müssen präzise beschrieben sein. Sie müssen messbar und binär entscheidbar sein, damit ihre Einhaltung überprüft werden kann. Beispielsweise ist die Anforderung, dass ein eingebettetes System portabel sein soll, nicht binär entscheidbar (wie soll man dies allgemeingültig begründen?). Lautet die Anforderung, dass es sowohl in einer Unix- wie auch in einer Linux-Umgebung mit bestimmter Ausstattung (z.B. Kernelversion, Speichergröße) lauffähig sein soll, dann kann dies geprüft werden.

Verhandeln Sie, um einen möglichst großen, also wenig einschränkenden Lösungsraum zu erhalten. Zu viele Randbedingungen limitieren uns psychologisch, indem sie Denkfallen und Barrieren aufbauen.

3.7 Checkliste für die Anforderungsermittlung

Die folgende Checkliste unterstützt Sie bei der Ermittlung von Anforderungen. Sie basiert auf Vorschlägen, die wir in früheren Kapiteln gemacht haben.

Stellen Sie Fragen immer kontextfrei und offen. Kontextfreie Fragen werden gestellt, um globale Merkmale zu identifizieren und potenzielle Lösungen ausfindig zu machen. Offene Fragen werden gestellt, um den Kunden zum Nachdenken zu bringen. Fragen, die zu eng gefasst sind oder die mit Ja-Nein-Antworten erledigt werden können, vereinfachen und verkürzen zwar die Interviews, aber bringen kaum Zusatznutzen, da der Interviewpartner nicht gezwungen wird, seine eigene Denkweise und Argumentation zu kommunizieren. In der Folge sind Anforderungen unscharf formuliert oder werden falsch verstanden.

Hier also die Prüfpunkte, die Sie für Ihre eigene Checkliste filtern sollten:

- Wer ist der Kunde für das zu entwickelnde System? Wie definieren Sie den Markt für die zu entwickelnde Lösung? Wer ist nicht Kunde?
- Welche Herausforderungen muss der Kunde in Zukunft bestehen?
- Welches Geschäftsmodell setzt der Kunde künftig ein, und wie kann ich als Hersteller zu dessen Erfolg beitragen?
- Welches Problem soll das System lösen?
- Welchen Nutzen wird der Kunde aus der Lösung ziehen? Wie lautet dessen eigener Business Case?
- Welche Anforderungen haben verschiedene Kunden an dieses Produkt? Brauchen sie spezielle Dienstleistungen?
- Welche Randbedingungen werden in diesem Markt auftreten?
- Ist eine technische Lösung für diese Anforderungen im Rahmen der Randbedingungen wirtschaftlich vorstellbar?
- Sollen Lösungen patentiert oder lizenziert werden?
- Welche Risiken werden mit der geplanten Lösung auftreten?
- Haben Sie die Ressourcen, um das Produkt pünktlich und mit der richtigen Qualität zu liefern?
- Was exakt muss das Projekt liefern?
- Welche Szenarien (Gebrauch, Missbrauch) sind für den Kunden relevant?
- Welche Kriterien bestimmen die Auswahl des Kunden? Was ist deren Relevanz?
- Wie schneiden die Wettbewerber und deren Produkte anhand dieser Kriterien ab?
- Welche Funktionen und Eigenschaften sind dem Kunden an diesen Produkten am wichtigsten?
- Kommen die Anforderungen von der richtigen Seite? Wurde eine Partei übersehen?
- Welche Interessengruppen spielen für den Erfolg des Projekts eine Rolle? Welche Konflikte herrschen zwischen den beteiligten Parteien? Intern und extern?

- Wie sieht das Umfeld eines solchen Systems aus? Welche Einflüsse bestimmen die zu entwickelnde Lösung im Tagesgeschäft?
- Sind die Anforderungen bekannt? Sind sie verständlich? Sind sie messbar und testbar?
- Sind Qualitätsanforderungen spezifiziert? Wie hängen sie zusammen? Welche davon sind die wichtigsten?
- Was wäre, wenn diese eine Anforderung nicht realisiert werden könnte?
- Sind die späteren Benutzer bekannt?
- Wie werden die Benutzer mit dem System kommunizieren?
- Sind die Anforderungen technisch machbar?
- Wie viel Zeit steht für das Projekt zur Verfügung? Was passiert, wenn sich das Projekt verzögert? Wie ist der Zusammenhang zwischen gewünschten Funktionen und dem Zeit- und Budgetrahmen?
- Was wäre, wenn nur ein reduziertes Budget zur Verfügung stünde? Welche Inhalte würden sich verschieben? Warum?
- Welche Anforderungen können sich wie stark ändern (während der Projektlaufzeit wegen der Termintreue und anschließend, wenn es um Wartbarkeit geht)?
- Wie wird sich die Umgebung des Systems während des Projekts ändern?
- Welche Probleme könnte dieses System verursachen (z.B. Installation, Betrieb, Wartung, Schnittstellen)?
- Welche Genauigkeit muss bei der Herstellung eingehalten werden?
- Welche zusätzlichen Anforderungen und Randbedingungen können später einmal auftreten?

Und zum Abschluss eines jeden Interviews die folgenden Fragen:

- Sind Sie der richtige Ansprechpartner?
- Welche anderen Personen sollte ich noch befragen?
- Haben Sie den Eindruck, ich habe vergessen, Sie etwas zu fragen?

3.8   Tipps für die Praxis

- Sorgen Sie als Projektmanager dafür, dass alle beteiligten Parteien primär am Projekterfolg gemessen werden. Nur dann werden die verschiedenen Mitspieler nicht ihre eigenen Ziele verfolgen.
- Klären Sie zu Beginn der Anforderungsermittlung die Gesamtausrichtung, die Vision und das Budget des Projekts. Jedes Projekt braucht eine Vision, um erfolgreich zu sein. Die Vision setzt sich aus messbaren (und erreichbaren) Zielen zusammen.

■ Legen Sie klare Ziele für jedes Produkt und Projekt individuell fest. Definierte, angemessene Ziele werden eher erreicht als vage Vorgaben. Es gibt keine natürlichen Ziele für Projekte. Ziele konkurrieren miteinander um die gleichen Ressourcen. Ziele können voneinander abhängig sein. Die Wahl der Ziele hat einen erheblichen Einfluss auf das Produkt und den Entwicklungsprozess.

■ Entwickeln Sie Anforderungen nicht isoliert als technische Features. Die Hälfte dieser Features sind de facto unnötig. Betrachten Sie die Bedürfnisse Ihrer Kunden. Häufig wird erst durch die Sicht auf die Kunden der eigenen Kunden offensichtlich, dass eine Lösung für deren eigene Probleme zu neuen Diensten und zu Wertschöpfung führt. Nutzen Sie das Kano-Modell, um Anforderungen für verschiedene Zielgruppen zu bewerten und zu filtern. Reduzieren Sie Basisfaktoren und liefern Sie immer ein paar wenige, ausgewählte Leistungsfaktoren.

■ Schränken Sie den Problemraum gezielt ein, um den Umfang des Projekts zu verstehen. Anforderungen sollen so eingeschränkt wie möglich sein, aber nicht zu stark eingeschränkt.

■ Orientieren Sie sich beim Ermitteln von Anforderungen daran, was der Markt will und wofür ein Kunde zu zahlen bereit ist. Sammeln Sie nicht einfach eine große Zahl von Funktionen, ohne deren Business Case aus Kundensicht zu kennen. Gruppieren Sie die Funktionen zu einer Produktvision, damit wesentliche Nutzen durch Marketing, Vertrieb etc. klar kommuniziert werden können.

■ Nutzen Sie Workshops, um die Interaktionen und Ziele verschiedener Interessengruppen im Kontext zu verstehen. Workshops mit verschiedenen Interessengruppen sind ein ideales Mittel, um Anforderungen zu ermitteln. In einem Workshop kommen alle Interessengruppen zusammen und Sie können Konflikte auf den Tisch bringen. Nützen Sie diese Chance, denn im Projekt ist es zu spät.

■ Erfassen Sie in der Ermittlung auch Qualitätsanforderungen und Randbedingungen. Vorsicht: Zu viele Randbedingungen limitieren uns durch Denkfallen und Barrieren.

■ Spezifizieren Sie die Qualitätsanforderungen und Randbedingungen hinreichend präzise, also messbar und binär entscheidbar.

■ Verhandeln Sie, um einen möglichst großen (also wenig einschränkenden) Lösungsraum zu erhalten. Dokumentieren Sie Ergebnisse dieser Entscheidungen

■ Modellieren Sie die Anforderungen während der Ermittlung in unterschiedlichen Notationen und mit verschiedenen Methoden. Verbale und grafische Darstellungen ergänzen einander und stimulieren verschiedene Regionen unseres Gehirns, sodass Fehler, Unstimmigkeiten und Lücken schneller identifiziert werden.

■ Gehen Sie das Risikomanagement im B2B-Projekt gemeinsam mit dem Kunden an, anstatt nur Puffer und Sicherheiten einzubauen. Oftmals ist die Abschwächung eines Risikos auf Kundenseite sehr viel einfacher und billiger, als dies dem Lieferanten jemals möglich wäre.

■ Halten Sie den Ermittlungsprozess kurz. Gerade die Unsicherheiten bei ermittelten Anforderungen führen oft dazu, dass man die Ermittlungs- und Analysephase ausdehnt. Der Kunde wird sich darüber vielleicht sogar freuen, aber er wird seinen Wunschtermin nicht ändern. Also besser einen »Time-out« setzen und zu diesem Termin das Projekt starten.

3.9   Fragen an die Praxis

▦ Nehmen Sie ein aktuelles Projekt. Geben Sie Beispiele für Markt-, Produkt-
und Komponentenanforderungen. Geben Sie Beispiele für Randbedingungen
und Qualitätsanforderungen. Wie werden sie jeweils ermittelt? Was sind die
Quellen?

▦ Wie formulieren Sie in Ihrer eigenen Umgebung die Projektziele? Wer entscheidet und mit welchen Vorgaben? Gibt es ein Portfoliomanagement, das
den Rahmen absteckt? Gibt es regelmäßige Roadmap-Reviews, die Projekte
in ihrem Kontext beurteilen? Welche Voraussetzungen muss ein Projekt in
Ihrem Haus erfüllen, um als erfolgreich zu gelten? Geht es dabei nur um
Zielerreichung oder um mehr?

▦ Kennen Sie die Prioritäten Ihrer Kunden? Kennen Sie die Prioritäten der verschiedenen Interessengruppen in Ihrem Projekt? Sind sie deckungsgleich? Wie
gehen Sie mit Konflikten um?

▦ Wie integrieren Sie den Kunden in die Ermittlung? Kennen Sie den Kunden?
Wer repräsentiert die »Stimme des Kunden«? Sind es die Benutzer, die Einkäufer oder die Manager auf der Kundenseite? Wie erreichen Sie die Vollständigkeit der Marktanforderungen?

▦ Stehen Sie einem einzelnen bekannten Kunden gegenüber oder einem eher
anonymen Markt? Wie erreichen Sie Ihre Kunden? Sind Ihr Vertrieb und das
Marketing auf der gleichen Linie? Wie werden Konflikte zwischen verschiedenen Kunden ausgetragen? Zerfasert Ihre Produktlinie in zu viele Varianten
und Versionen, weil Kundenbedürfnisse nicht abgestimmt und angeglichen
werden?

▦ Wie priorisieren Sie die Anforderungen? Gibt es überhaupt Prioritäten oder
ist alles gleich gewichtet? Wie behandeln Sie im Projektplan eventuelle Änderungen von Anforderungen oder ungenaue Schätzungen? Warten Sie ab oder
bauen Sie eine Notfalllösung ein, die dabei hilft, den Terminplan selbst bei
Änderungen einzuhalten?

4 Anforderungen dokumentieren

*The failure of Ariane 501 was caused by the complete loss of guidance
and altitude information 37 seconds after start of the main engine
ignition sequence.
This loss of information was due to specification and design errors
in the software of the inertial reference system.*[1]

4.1 Ziel und Nutzen

Nur was klar beschrieben ist, wird auch entsprechend entwickelt. Die Kommunikation von Anforderungen in Form von Post-It-Stickers oder als verteilte E-Mails ist unzureichend und führt ins Chaos. Anforderungen werden zwar zunächst informell ermittelt, aber dann werden sie strukturiert, dokumentiert und in einen Zusammenhang gebracht. Eine strukturierte Dokumentation klärt Details, macht Zusammenhänge transparent und erleichtert den Zugriff für alle Beteiligten. Alle weiteren Projektergebnisse bauen auf dieser Dokumentation auf (Abb. 4–1).

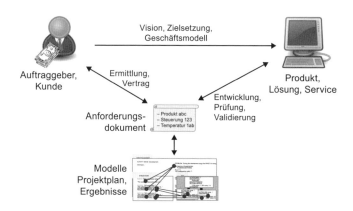

Abb. 4–1   *Gute Anforderungsdokumente sind die Basis für das Projekt.*

---

1. ESA Board of Enquirity into the loss of Ariane flight 501,
   http://www.esa.int/export/esaCP/Pr_33_1996_p_EN.html.

Die Anforderungsspezifikation erwächst aus allen Anforderungen, die zum Projekt gehören (Abb. 4–2). Sie bündelt Kundenwünsche, aber auch interne Vorgaben oder solche Anforderungen, die aus gesetzlichen Randbedingungen erwachsen. Die Anforderungen stammen von allen Interessengruppen und werden auf dem Weg zur Spezifikation (oder Lastenheft) gefiltert, analysiert, bewertet und priorisiert. Häufig müssen sie zunächst einmal klar beschrieben werden, um überhaupt bewertet werden zu können.

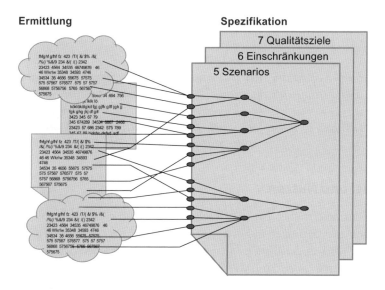

Abb. 4–2   *Die Spezifikation strukturiert Anforderungen.*

Jeder Schritt im RE bearbeitet bestimmte Dokumente, verändert sie und führt damit schrittweise zum endgültigen Produkt. Definierte Meilensteine und Freigabekriterien in der Prüfung sichern eine ausreichende Qualität dieser Dokumente. Die Meilensteine im Produktlebenszyklus prüfen, ob diese Dokumente freigegeben sind. Im RE werden verschiedene Dokumente erzeugt beziehungsweise bearbeitet, auf die nachher weitere Entwicklungsschritte aufbauen. Abbildung 4–3 bildet die wesentlichen Arbeitsergebnisse auf die Aktivitäten des Requirements Engineering ab.

Arbeitsergebnis	Ermittlung	Analyse	Prüfung	Abstimmung	Verwaltung
Vision	x				
Use Case/ Szenario	x				
Bewertung	x	x	x		x
Lastenheft, SLA	x	x	x	x	x
Projektplan		x	x	x	x
Teststrategie		x	x		x
Lösungsmodell		x	x		x
Pflichtenheft		x	x	x	x
Releaseplanung		x		x	x
Produktkatalog				x	x
Vertrag			x	x	x
Abnahme				x	x

Abb. 4–3   *Arbeitsergebnisse und ihr Bezug zu Requirements Engineering*

Eine klare und konsistente Spezifikation hat viele Vorteile:

▨ **Einheitliche Basis für alle Anforderungen.** Wer kennt nicht die Situation, wo der Projektmanager über seinen Satz von Anforderungen verfügt, während der Produktmanager oder Vertriebsbeauftragte bereits eine ganz andere Version mit dem Kunden verhandelt hat? Und was der Tester im Labor vorfindet, ist eine interne Interpretation der Anforderungen, die ihm der Entwickler geschickt hat. Ein solches Tohuwabohu führt nicht nur zu Inkonsistenzen, sondern auch zu viel Nacharbeit und Frustrationen. **Die Anforderungsspezifikation ist ein Dokument, das für alle Beteiligten – intern oder extern – zentral und versioniert vereinbart, was zu tun ist.**

▨ **Spezifikation als Vertragsbasis.** Je nach Projektcharakter existieren Verträge mit expliziten Vorgaben aller Anforderungen, oder aber sie beschreiben ein Geschäftsmodell und überlassen dem Lieferanten, wie er es realisiert. In beiden Fällen ist es aus Gründen der Planbarkeit und Kostenkontrolle wichtig, dass die Anforderungen herausgearbeitet und dann als »Anhang« des Vertrags spezifiziert werden. Oftmals ist es für den Kunden ein hilfreicher Meilenstein, die Anforderungen formalisiert beschrieben zu sehen und nochmals prüfen zu können, ob sein Geschäftsmodell oder seine Vorschläge zusammenhängend und vollständig übernommen wurden. Für den Lieferanten ist es fast eine Lebensversicherung, denn nun hat er eine Basis, von der aus er sein Projekt planen und Aufwände abschätzen kann. Inwieweit die Anforderungsliste Vertragsbestandteil ist oder zur Preisabstimmung genutzt wird, hängt von der beiderseitigen Verhandlungsführung ab. Kunden, Vertrieb oder Marketing spezifizieren ihre Anforderungen, Wünsche und Geschäftsziele zunehmend informell und erwarten umgehend Lösungen. Zykluszeiten sind zu kurz geworden, um vom Kunden oder vom Marketing eine präzise Anforderungsliste vor Projektstart zu erwarten. Der Ausweg ist ein verständlicher Formalismus (z. B. Use Cases, strukturiertes Template), der inkrementell von impliziten Anforderungen zu einer Spezifikation entwickelt wird. Wir wollen solche Beschreibungstechniken in Abschnitt 4.3 vorstellen und charakterisieren.

Sprachlich exakte Beschreibung, was zu tun ist. Die natürliche Sprache ist vieldeutig und kann zu zahlreichen Missverständnissen führen. Fehler pflanzen sich als »stille Post« vom Benutzer zum Lastenheft, zum Pflichtenheft, zum Testfall etc. fort. Beispiele dazu sind Nominalisierung, Substantive ohne Bezug, Universalquantoren und unvollständige Bedingungen. Eine formalisierte Spezifikation schafft klare Vorgaben an die Sprache und erlaubt die Prüfung, ob die Anforderungen auch das wiedergeben, was die verschiedenen Interessengruppen während der Ermittlung ausgesprochen hatten. Das reduziert oder eliminiert Widersprüche und Redundanzen. Das ist Handarbeit und muss immer wieder durch Reviews geprüft werden. Erst langsam sind brauchbare Werkzeuge am Markt, die Anforderungen automatisch hinsichtlich verschiedener Qualitätsparameter prüfen, beispielsweise, ob sie verständlich sind, wie ihre Lesbarkeit ist und ob wesentliche Attribute beschrieben sind. Das Unternehmen Daimler prüft so die eigenen Spezifikationen und erreichte einen gewaltigen Qualitätsschub und weniger Missverständnisse und Nachfragen während der Umsetzung. Die Anforderungsspezifikation ist eine Referenz für alle Interessengruppen und Projektbeteiligten, was zu tun ist. Sie definiert eine einheitliche Terminologie und beschreibt alle projektrelevanten Inhalte und Randbedingungen in einem Dokument. Sie ist kein Produktkatalog, der bei einem neuen Release frühere Entscheidungen beschreibt. Die Anforderungsspezifikation ist immer projektorientiert (und damit auf ein Release bezogen) und bildet dadurch auch ein Differenzdokument zu einer früheren Version des Produkts.

Testbare und entscheidbare Beschreibung der Anforderungen. Anforderungen, die beschrieben sind, können als Basis für weitere Entwicklungsschritte dienen. Wenn die Anforderungen bereits in der Spezifikation darauf geprüft werden, wie sie nachher zu testen sind, ist dies ein gutes Hilfsmittel, um die Verständlichkeit und Widerspruchsfreiheit zu verbessern. Ein Testexperte wird schwammige Beschreibungen nicht akzeptieren, denn es ist nachher kaum möglich, daraus verlässliche Testfälle abzuleiten. Entscheidbarkeit bei Anforderungen heißt, dass binär am späteren Produkt entschieden werden kann, ob die Anforderungen erfüllt wurden oder nicht. Das ist insbesondere für die Abnahme wichtig. Abnahmekriterien in die Anforderungen einzubetten und die Anforderungen daraufhin abzuklopfen, ob sie entscheidbar sind, trägt maßgeblich zur Kundenzufriedenheit bei. Nehmen Sie die Anforderung

»die Raumtemperatur muss im Tagesbetrieb den Sollwert auf ± 0,5 Grad Celsius einhalten«. Das klingt bereits hinreichend präzise, ist es aber noch nicht. Versetzen Sie sich in die Rolle eines Testers. Wie würde er vor der Übergabe entscheiden, dass diese Anforderung erfüllt ist? Offensichtlich nur, indem er noch weitere Attribute hinzufügt, beispielsweise nach welcher Zeit diese Temperatur erreicht wird. Testbare und entscheidbare Anforderungen sind umfangreicher als eine vage Charakterisierung, wie sie aus der Ermittlungsphase resultiert. Diese Präzisierung der Anforderung trägt maßgeblich zum Projekterfolg bei.

▨ **Kontrollierte Konfigurationsbasis.** Anforderungsspezifikationen sind die erste Konfigurationsbasis in jedem Projekt. Auf dieser Basis bauen viele weitere Dokumente und Arbeitsergebnisse auf. Daher müssen Anforderungen nicht nur archiviert werden, sondern auch versioniert. Nur damit ist klar zu erkennen, welche Basis konkret implementiert wurde. Mit dieser Konfigurationsbasis können Verknüpfungen zu anderen Dokumenten erstellt werden, um Konsistenz und Durchgängigkeit zu sichern (z.B. von Anforderungen zu Testfällen). **Die Anforderungsspezifikation ist der Startpunkt für alle Änderungen am Projektinhalt.**

▨ **Klare Trennung zwischen Aufgabe und Lösungsbeschreibung.** Wir hatten bereits in Abschnitt 2.1 den Unterschied zwischen einer Aufgabenbeschreibung und einer Lösungsbeschreibung charakterisiert (Abb. 2–1). Häufig verwischt dieser Unterschied, vor allem in Modellierungstechniken, die nicht klar unterscheiden zwischen Anforderungen, ihrer Modellierung und dem Lösungsraum in einer anderen Modellierung. Sicherlich ist dies bei objektorientierten Analysetechniken auch so gewünscht, um Strukturbrüche zwischen Problem und Lösung zu vermeiden. Diese Verwischung führt aber dazu, dass später nicht mehr klar nachzuvollziehen ist, welche Basis – aus Projektsicht – invariant ist, da vom Kunden gewünscht, und was Teil des Lösungsraums ist, und daher geändert werden kann. Wir schlagen daher in diesem Buch eine klare Trennung dieser Sichtweisen vor. Anforderungen werden strukturiert spezifiziert und separat modelliert. Die Spezifikation dient der Kontrolle und Verwaltung von Anforderungen. Das Modell dient der Analyse und weiteren Entwicklung. Damit kann der Strukturbruch überwunden werden, und es besteht dennoch eine solide Basis für die Anforderungen.

Wir unterscheiden zwei grundlegende Perspektiven in den Spezifikationen:

▨ **Anforderungsspezifikation.** Sie beschreibt, was und wofür etwas gemacht werden soll. Diese Perspektive wird häufig als **Lastenheft** bezeichnet [VDI2001]. Sie deckt die Marktanforderungen ab (siehe auch Abschnitt 2.1). Das Lastenheft gehört dem Auftraggeber und ist vertragsrelevant.

▓ **Lösungsspezifikation.** Sie beschreibt, wie etwas gemacht werden soll. Diese Perspektive wird häufig als **Pflichtenheft,** Systembeschreibung oder Fachkonzept bezeichnet [VDI2001]. Sie deckt die Produktanforderungen und Teile der Komponentenanforderungen ab (siehe auch Abschnitt 2.1). Das Pflichtenheft gehört dem Auftragnehmer und ist Basis für alle weiteren Entwicklungsschritte.

Inhaltlich können Lasten und Pflichten überlappen – je nachdem, wer sie vorgibt. Es ist nicht ex ante definiert, ob eine Funktion eine Anforderung aus Kundensicht oder aus der Lösungssicht ist. So könnte im Beispiel des Aufzugs eine Schalterfunktion für die Stockwerksauswahl als Hardwareschalter oder als Softwarebutton auf einem Touchscreen realisiert werden. Die Umsetzung als Hardware- oder Softwarelösung kann der Kunde vorgeben, und damit ist es eine Last. Oder aber der Kunde will nur die Funktion der Stockwerksauswahl, und wir legen als Lieferant fest, ob dies durch Hardware oder Software realisiert wird. Dann ist die inhaltlich gleiche Anforderung eine Lösungsspezifikation.

4.2   Vorlagen und Templates

Individuelle Anforderungen müssen klar und deutlich beschrieben werden. Dies ist eine notwendige Bedingung dafür, dass das richtige Produkt entwickelt wird. Der Anforderungstext selbst sollte auch nochmals klar strukturiert werden, damit die individuellen Vorgaben gut verständlich bleiben. Abbildung 4–4 beschreibt eine einfache Vorlage für den Satzaufbau einer einzelnen Anforderung.

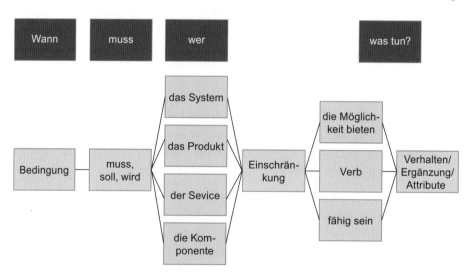

Abb. 4–4   *Vorlage für die Beschreibung einer einzelnen Anforderung*

Die einzelnen Anforderungen müssen kurz und knapp sein. Nur einige wenige verschiedene Hilfsverben (muss, soll, kann) kommen zum Einsatz. Ein Beispiel veranschaulicht diese Vorlage:

> *Wenn die Ruftaste der Stockwerkskonsole gedrückt wird, muss die Rufanzeige aufleuchten.*

Solche Templates oder Schablonen helfen dabei, Anforderungen klar auszudrücken, sie sauber zu strukturieren und sie testbar zu halten. Die Sätze innerhalb eines Templates sind einfach und sollten jeweils nur eine Anforderung enthalten. Tabelle 4–1 zeigt Mustertexte für verschiedene Arten von Anforderungen.

Anforderungstyp	Template für den Text der Anforderung	Beispiel für den Text der Anforderung
Produktanforderung, Basis	Das <System> soll oder muss oder wird <Verhalten> <Verb>	Nach Betätigen der Ruftaste soll der Aufzug das Stockwerk anfahren.
Produktanforderung, funktional, mit Schnittstelle	Das <System> soll oder muss oder wird <Person> <Verhalten> <Verb>	Bei Ankunft im Zielstockwerk soll der Aufzug für die Fahrgäste die Stockwerksnummer ansagen.
Produktanforderung, funktional, mit Schnittstelle, Randbedingung	Das <System> soll oder muss oder wird <Person> <Verhalten> <Einschränkung> <Verb>	Der Aufzug fährt in die auf der Stockwerkskonsole beim Ruf gewählte Richtung, selbst wenn ein Fahrgast eine Stockwerksnummer in der Gegenrichtung wählt.
Produktanforderung, Qualitätsanforderung, mit Schnittstelle, Randbedingung	Das <System> soll oder muss oder wird <Person> <Verhalten> <Einschränkung> <Verb>	Nach Betätigen der Ruftaste soll der Aufzug innerhalb von 30 Sekunden das Stockwerk anfahren.
Produktanforderung, Qualitätsanforderung, mit Schnittstelle, Randbedingung	Die <Interessengruppe> soll oder muss oder wird in der Lage sein, <Eigenschaft> oder <Ziel> zu erreichen.	Der Administrator soll die neuen Ansagen in 10 Minuten aufnehmen können.
Produktanforderung, Qualitätsanforderung, mit Schnittstelle, Randbedingung	Das <Prozessergebnis>/der <Prozess> soll oder muss oder wird <Fähigkeit> oder <Eigenschaft> haben.	Die Benutzerdokumentation soll in den Sprachen Deutsch, Englisch, Spanisch und Chinesisch vorliegen.
Produktanforderung, Qualitätsanforderung, mit Schnittstelle, Randbedingung	Das <Prozessergebnis>/der <Prozess> soll oder muss oder wird <Fähigkeit> oder <Eigenschaft> haben.	Die Projektorganisation soll aus einem Projektmanager, einem Produktmanager und einem Vertriebsbeauftragten bestehen.

Tab. 4–1   *Satzstrukturen für Anforderungen (keine komplette Spezifikation)*

Ein schlechtes Beispiel ist der folgende Satz:

Der Aufzug soll nach Betätigung der Ruftaste umgehend das Stockwerk anfahren.

Dies kann maximal eine Produktvision sein. Als Anforderung ist der Text zu vage, zu unpräzise und zu abstrakt. Man erkennt die fehlerhafte Struktur sofort, wenn man versucht, einen Testfall dafür zu bilden. Was soll der Aufzug exakt machen? Welches Stockwerk soll er in Konfliktsituationen anfahren? Wie schnell ist »umgehend«? Welche Ruftaste? Vermeiden Sie die Vermischung verschiedener Anforderungen und bleiben Sie sehr konkret.

Mehrere Anforderungen werden in der Spezifikation strukturiert, um sie im Zusammenhang modellieren, analysieren, verfolgen und ändern zu können. Spezifikationen können schnell sehr umfangreich werden und brauchen daher eine klare Struktur. Beispielsweise hat die Anforderungsbeschreibung eines modernen Kombiinstruments im Kfz mehrere Hundert Seiten an Texten, Tabellen und Diagrammen. Ergänzt wird sie durch weitere Dokumente, wie unternehmenseigene Normen, Prüfprozeduren und Variantenbeschreibungen, die ein Mehrfaches dieses Umfangs haben.

Setzen Sie daher Vorlagen (Templates) systematisch ein, um Ihren Projekten die Sicherheit zu geben, dass die Anforderungen klar und verständlich strukturiert werden. Vorlagen fördern die Disziplin während der Ermittlung und Spezifikation, denn sie geben eine Struktur vor, die eingehalten werden muss. Man sollte dieses Spezifikationsgerüst nicht für jedes Projekt neu erfinden. Vorlagen wurden in den vergangenen Jahrzehnten für ganz unterschiedliche Produkte und Bedürfnisse entwickelt. Einige sind heute standardisiert und können damit leicht die Basis für Ihre eigenen Arbeiten bilden.

Das bekannteste Template für Anforderungsspezifikationen ist im IEEE-Standard 830 beschrieben [IEEE1998b]. Es setzt sich aus einigen wenigen Kapiteln zusammen. Darauf aufbauende Vorlagen finden sich bei Vector [Ebert2012b] und Volere [Robertson2012].

Tabelle 4–2 zeigt die Kapitelstruktur aus dem IEEE-Standard.

Kapitel	Inhalt
na	Titel, Autor, Empfänger, Identifizierung, Änderungshistorie, Inhaltsverzeichnis
1	Einführung
1.1	Zweck (d.h. Darstellung der Vision)
1.2	Marktanforderungen (z.B. Markt, Bedarf, Design, Alleinstellungsmerkmale)
1.3	Glossar (d.h. Definitionen, Akronyme, Abkürzungen)
1.4	Referenzen
1.5	Systemübersicht (d.h. System und Kontextabgrenzung)
2	Beschreibung
2.1	Produktsicht (z.B. Systemschnittstellen, Benutzung, HW-/SW-Schnittstellen)
2.2	Funktionen (z.B. als Use Cases oder Feature-Baum)
2.3	Benutzer (z.B. verschiedene Benutzergruppen, Profile, Szenarien)
2.4	Einschränkungen (externe Vorgaben, z.B. Protokolle, Hardware, Algorithmen)
2.5	Qualitätsanforderungen (externe Vorgaben, z.B. Zuverlässigkeit, Sicherheit)
2.6	Annahmen (d.h. nicht durch den Kunden definierte spezifische Annahmen)
3	Spezifische Anforderungen
3.1	Funktionale Anforderungen (z.B. Gültigkeitsprüfungen, Use Cases, Abnahme)
3.2	Architektur (z.B. Datenmodelle, Systemmodelle, Evolution des Systems)
3.3	Einschränkungen (intern und extern, messbar, ggf. Abnahmekriterien)
3.4	Qualitätsanforderungen (intern und extern, messbar, ggf. Abnahmekriterien)
3.5	Standards
na	Anhänge, Index

Tab. 4–2   *Template für die Anforderungsspezifikation gemäß IEEE-Standard 830*

Wir erkennen bereits in dieser einfachen Struktur die Zweiteilung der Spezifikation in Anforderungen des Benutzers, Markts oder Kunden (sog. Lastenheft) und Produktanforderungen (sog. Pflichtenheft oder Fachkonzept). Sie können dieses Template als Kapitelstruktur für Ihre eigenen Bedürfnisse ergänzen und danach verbindlich für alle Projekte einführen. Ein Template sollte nicht nur das Gerüst anbieten, sondern auch eine Anleitung zum Ausfüllen. Stellen Sie eine gute Spezifikation in Ihr Intranet, damit die verschiedenen Produktmanager und Projektmanager auch ein Beispiel zur Hand haben, wie sie arbeiten sollen.

Abbildung 4–5 zeigt beispielhaft ein Lastenheft auf Basis der Vector-Vorlage. Es ist als Download erhältlich, um daraus ein eigenes Template zu erstellen.[2]

---

2.   *http://consulting.vector.com/templates*

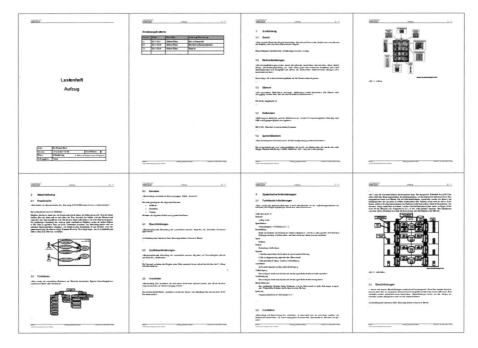

Abb. 4–5   *Lastenheft mit der Vector-Vorlage*

Innerhalb der gegebenen Kapitelstruktur werden die Anforderungen einzeln spezifiziert, wie in Abbildung 4–4 beschrieben. Tabelle 4–3 zeigt den Aufbau einer einzelnen Anforderung nach den bereits genannten IEEE-Standards [IEEE1998a, IEEE1998b].

Rubrik	Beschreibung
Anforderungs-nummer	Eindeutiger Schlüssel, der in allen Projekten eingehalten wird. Anforderungen werden später extrahiert wiederverwendet, verfolgt oder getestet. Der Schlüssel sollte diese Identifikation unternehmensweit erlauben.
Anforderungstitel	Kurz und aussagekräftig. Wird im Projekt in allen Dokumentationen eingesetzt und sollte daher die Anforderung klar und eindeutig beschreiben.
Status	Realisierungsstatus der Anforderung. Daten früherer Meilensteine sollten bewahrt werden.
Beschreibung	Ein Satz auf Basis einer Schablone mit Vor- und Nachbedingungen, Aktivitäten etc.
Quelle	Eigentümer oder ursprüngliche Quelle der Anforderung. Damit lässt sich die Anforderung später nachvollziehen, analysieren und priorisieren.
Referenzen	Standards, Normen, Kundendokumente, interne Dokumentation, Abnahmebedingungen →

Rubrik	Beschreibung
Erläuterung	Präzise, verständlich, mit Projektbezug. Falls nötig, Abbildung mit Modellierung, Geschäftsprozess oder Ablaufdiagramm. Erläuterungen können auf weitere externe Dokumente referenzieren. Setzen Sie für Referenzen Textdokumentationssysteme ein, um online und mit Intranet darauf zugreifen zu können. Archivieren Sie solche kritischen Dokumente in einem zukunftssicheren Format (z. B. PDF).
Randbedingungen	Randbedingungen (z. B. zu Qualitätsanforderungen oder zu Sonderfällen sowie Normen, Gesetze, Rahmenverträge etc.). Nehmen Sie separate Felder für häufige Randbedingungen, um sie später elektronisch filtern zu können, wenn sich die Basis geändert hat (z. B. was trägt zur Effizienz bei? Was erfüllt ein bestimmtes Gesetz?).
Nutzen	Ausreichend, nicht pauschal. Die Begründung muss den Nutzen aus Kunden- oder Marktsicht wiedergeben. Sie können hier auf Quellen (bestimmte Märkte, Kunden- oder Interessengruppen) verweisen oder auf eine projektspezifische Wirtschaftlichkeitsrechnung.
Priorität	Kunden- oder Marktpriorität
Querbezüge	Andere Anforderungen, die durch diese Anforderung betroffen, eingeschränkt, erweitert oder geändert werden.
Einflüsse	Systemkomponenten, Funktionen, Hardware, die Einfluss auf die Realisierung dieser Anforderung haben können.
Aufwand	Vorläufige Einflussanalyse und Kostenstruktur. Entscheidung, ob eine darin beschriebene Lösungskomponente extern zugekauft wird, wiederverwendet wird oder neu gefertigt werden muss.
Akzeptanzkriterien	Testfälle, quantitative Vorgaben in messbarer Form
...	
Kommentare	Ergänzende Kommentare, Änderungen oder Erweiterungen während des Lebenslaufs der Anforderung bis zu ihrer Freigabe

Tab. 4–3   *Aufbau von Anforderungen nach IEEE-Standard 830*

Legen Sie für die Beschreibung einer individuellen Anforderung ein Template fest, um unabhängig von Projekt und Autor Klarheit in der Sprache und Nachvollziehbarkeit der Inhalte zu erreichen. Damit ist eine spätere Nachbearbeitung mit Werkzeugen (z. B. RE-Werkzeuge, Konfigurationsmanagement, Testwerkzeuge, Projektmanagement) möglich und wird nicht durch eine geschlossene Struktur (beispielsweise als reines Textdokument) behindert.

Verwenden Sie ausreichend Zeit und Energie, Ihr eigenes Template brauchbar zu machen und an Ihre Bedürfnisse anzupassen. Templates lassen sich sehr leicht mit einem Spreadsheet-Programm pilotieren – und gegebenenfalls sogar längerfristig nutzen (Abb. 4–6). Weitere Projektinformationen, wie Aufgaben, offene Punkte, Beschlüsse und Infos, finden ebenfalls im Spreadsheet Platz (Abb. 4–7). In größeren Projekten sind die Vorlagen umfangreicher, orientieren sich aber immer an der oben eingeführten Struktur. Das V-Modell XT beispielsweise hat verschiedene Vorlagen für Angebote, Lastenheft, Pflichtenheft oder auch Testspezifikationen [Balzert2008, VModell2010]. Abbildung 4–8 zeigt die ersten Seiten des Templates im V-Modell XT für ein Lastenheft.

Lassen Sie die Vorlagen von allen Interessengruppen prüfen, und zwar nicht als leeres Template, sondern als konkretes Fallbeispiel. Fordern Sie die Gruppen auf, damit in einem Projekt zu arbeiten, um Erfahrungen zu sammeln. Gerade Templates sollten sehr intensiv pilotiert werden, um sie *vor* dem breiten Einsatz zu optimieren.

Anforderungen					Komponenten							Baselines					
												Baseline A					
ID	Status	Kundenanforderung (LH)	Technische Spezifikation (PH)	Priorität	Eingabe	Anzeige	Speicherung	Menüführung	Betriebssystem	Fehlerüberwachung	Aufwand	Geplant für diese Baseline?	geplante Abweichung (zur Serienlösung)	Tatsächlich enthalten in dieser Baseline	Tatsächliche Abweichung (zur Serienlösung)	Testfälle	Testergebnis
R0001	tbd	Einfache Bedienung	Das Menü enthält max. 4 Ebenen.	1				x				partly	Menu hat noch 5 Ebenen	NO	Menu hat noch 6 Ebenen	Einschalten, Anzahl der Ebenen max 5	failed
R0001	acc	Einfache Bedienung	Der jeweils aktivierte Menüpunkt wird hervorgehoben dargestellt.	2		x		x				YES	keine	YES	keine	Aktivierung aller Menüpunkte, der jeweils aktive muss gegenüber den passiven hervorgehoben dargestellt sein.	ok

Abb. 4–6 *Einfaches Spreadsheet-Template für Anforderungen*

Aufgaben

Version vom					26.08.2009			
Nr.	Datum	Quelle	Thema	Aufgabe	Zuständig Name	Termin	Termin Erledigt	Ergebnis / Bemerkung
1	26.08.2009	Telefonat	HW	Schaltplan vor Review an Mr. Y zuschicken	Mr. X	01.09.2009	26.08.2009	via email

Beschlüsse

Beschluss			
Nr.	Datum	Quelle	Inhalt
1	26.08.2009	Telefonat	Schaltplanreview soll bei Kunde mit Lieferanten durchgeführt werden

Infos

Information			
Nr.	Datum	Quelle	Inhalt
1	26.08.2009	Telefonat mit Mr. X	Schaltpläne werden beim Lieferanten von externem Dienstleister in XY erstellt.

Abb. 4–7 *Spreadsheet-Templates für offene Punkte, Beschlüsse, Infos*

Use Cases sind kein Ersatz für ein Lastenheft oder Pflichtenheft, sondern ein Teil davon. Markt-, Produkt- und Komponentenanforderungen können ausschnittsweise mit Use Cases modelliert werden, wo es um Abläufe, Szenarien und Verhalten geht (siehe auch Abschnitt 4.3). Use Cases dienen der Modellierung und Ermittlung bestimmter Teilmengen von Anforderungen. Beispielsweise kann die Informationssicherheit durch Misuse Cases ergänzend beschrieben werden. Daten- und Schnittstellenanforderungen, Abhängigkeiten oder Qualitätsanforderungen werden in anderen, passenden halbformalen Notationen beschrieben.

Anforderungen sollten immer so kurz und prägnant wie möglich beschrieben werden. Erklärungen werden hinzugefügt, um die Anforderung und ihren Kontext zu verstehen. Anforderungen sollen sich auf Arbeitspakete oder Inkremente im Projekt abbilden lassen. Jede Anforderung soll einen expliziten Nutzen beschreiben. Schließlich sollen Anforderungen auch psychologische Begrenzungen der Leser berücksichtigen, also beispielsweise die Lesbarkeit und Verständlichkeit maximieren und die Kompliziertheit reduzieren. Die Lesbarkeit kann durch eine Umfangsbegrenzung verbessert werden. Viele Personen können Zusammenhänge, die auf einer einzigen Seite beschrieben sind, besser verstehen und gedanklich verarbeiten, als wenn es sich um mehrere Seiten handelt. Schließlich sollten Anforderungen verfolgbar und im Zusammenhang verständlich bleiben. **Diese Vorgaben führen zur Faustregel, dass Anforderungen auf einer Seite beschrieben werden sollen und dass in einem Projekt zwischen 50 und 100 Produktanforderungen auftreten sollen.**

Wie granular sollen Anforderungen beschrieben werden? Schauen wir auf ein Beispiel, das die Vorgehensweise erläutert. Aus vielfältigen Projekterfahrungen wissen wir, dass die Dauer eines Projekts nicht viel länger als ein Kalenderjahr sein soll, und damit auch der Umfang entsprechend überschaubar. Klar gibt es größere Projekte, aber die haben ein größeres Risiko, zu scheitern. Zudem lassen sich große Projekte in kleinere Teilprojekte oder Iterationen zerteilen. Wenn ein Projekt ungefähr 6–12 Monate dauern soll, dann wird es ungefähr 3–10 Personenjahre konsumieren [Ebert2007a]. Dies entspricht einem maximalen Aufwand von 400 Personenwochen. Im Projekt sollte ein Arbeitspaket typischerweise 1–4 Personenwochen konsumieren, um zwischen Mikromanagement (also zu viel Kontrolle im Detail und dadurch fehlende Freiheiten im Team) und Sichtbarkeit (also greifbarer Fortschritt, indem bekannt ist, welche Anforderungen bereits realisiert wurden) zu balancieren. Damit erhalten wir in diesem Projekt einige Hundert Arbeitspakete. Demzufolge wird eine Anforderung im Durchschnitt durch 10–20 Arbeitspakete umgesetzt.

Diese Ableitung gibt eine obere Grenze der Größe einer Anforderung an, denn ein Projekt kann natürlich auch kleiner sein oder die Anforderungen detaillierter. Beispielsweise lässt sich ein Use Case sehr viel präziser verfeinern, sodass unsere Regel hier nur den ersten Use Case abdeckt. Bei sehr kleinen, agilen Projekten kann die Zahl der Arbeitspakete pro Anforderung auf 1–5 reduziert werden. Damit können in kleinen Applikationsprojekten Anforderungen direkt auf Arbeitspakete abgebildet werden. Größere Projekte werden das schon aufgrund der umfassenderen Abhängigkeiten nicht schaffen und kommen dann wieder auf die Zahl von 10–20 Arbeitspakete pro Anforderung. Auf der anderen Seite gibt es auch Projekte mit einigen Tausend Anforderungen. In solchen Situationen sollte der Projektmanager aber prüfen, ob er das Projekt nicht eher in Teilprojekten iterativ entwickelt. Schließlich wächst das Abbruchrisiko in Projekten mit der Größe überproportional.

Innerhalb meiner Beratungsprojekte werde ich immer wieder auf das Problem angesprochen, wie man in B2B-Projekten mit den **diffusen Kundenanforderungen** umgehen soll, wenn man selbst einen Prozess anwenden will, der klar strukturiert zwischen Lasten (funktionale Anforderungen, Qualitätsanforderungen) und Pflichten (Komponentenanforderungen, Entwurfslösungen) unterscheidet. Die Kundenanforderungen sind in der Regel eine Mixtur aus Anforderungen (d.h., was zu tun ist) und Entwurfsvorgaben (d.h., wie etwas realisiert werden soll, z.B. genaue Beschaltungsvorgaben, die 1:1 ins Schaltbild übernommen werden). In solchen Situationen sollte man zunächst prüfen, was die wirklichen Anforderungen sind. Oftmals sind hier Wünsche oder Ideen mit konkreten Bedürfnissen vermischt. Was als Realisierungsvorgaben zusätzlich zu den Produktanforderungen dann übrig bleibt, sind Randbedingungen. Sie sollten dann als Anforderungen spezifiziert werden, und auch in der Analyse und im Angebot explizit berücksichtigt werden. Als Produktmanager oder Requirements-Ingenieur sollte man dem Kunden klarmachen, dass solche Randbedingungen zu überdeterminierten Randbedingungen führen und zusätzliche Kosten verursachen. Es ist nichts anderes, als wenn Kunden sagen, hier sind 50 Funktionen, zudem soll es billig sein, wartbar, fehlerfrei etc. In solchen Fällen muss man priorisieren und herausfinden, wie eine optimale Lösung auszusehen hat. Als Regel gilt, mit dem Kunden während der Ermittlung, Analyse und Spezifikation intensiv zu kommunizieren, um unnötige Randbedingungen und nicht realisierbare Ideen rechtzeitig zu verwerfen.

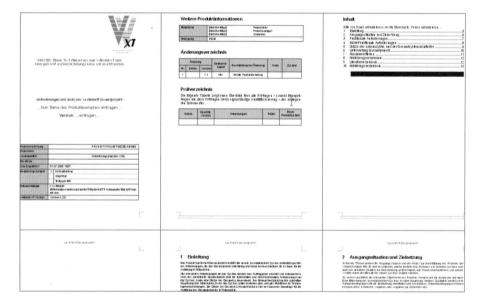

Abb. 4–8   Template: Anforderungen im Lastenheft beim V-Modell XT

4.3 Anforderungen und Spezifikationen strukturieren

Einzelne Anforderungen können auf unterschiedliche Weise spezifiziert werden. Das Template einer Spezifikation, das wir im vorigen Abschnitt kennengelernt haben, macht dazu keine Vorschriften. Wir wollen hier verschiedene Beschreibungsformen anhand ihrer jeweiligen Formalität und Präzision unterscheiden. In Kapitel 5 werden wir dann konkrete Modellierungstechniken kennenlernen. Hier geht es also »nur« um die Beschreibung einer Anforderung.

Häufig gehen Zusammenhänge in einer unübersichtlichen Struktur der Anforderungen verloren. Vor allem bei Tabellen und Werkzeugen führt dies zu einer Betrachtung von Ausschnitten, und man riskiert, den Wald vor lauter Bäumen nicht mehr zu sehen. Abhilfe schafft dabei eine **gute Organisation der Anforderungen**:

- Klare Nummerierung der Anforderungen
- Änderungen und Beziehungen ständig pflegen und nicht abwarten
- Strukturierung anhand von Klassen und Gruppen
- Segmentierung gemäß Quellen, Funktionen
- Abhängigkeitsbeziehungen zu funktionalen Beschreibungen (z. B. Implementierungssicht, SW-Klassen, Komponenten)
- Attributierung zum Filtern, Sortieren etc.
- Metainformationen anhand definierter Begriffe aus dem Glossar

Die einfachste Form einer Spezifikation ist **natürlichsprachlicher Text**. Er ist leicht zu schreiben, denn es ist die Form, in der die Kunden oder Benutzer in aller Regel kommunizieren. Abbildung 4–9 zeigt eine solche informelle Beschreibung einer Anforderung. Es ist offensichtlich, dass Prosatext zur Beschreibung unzureichend ist, da Zusammenhänge nur sehr schwer herauszufinden sind. Selbst die Kapitelstruktur hilft nicht dabei, Querverweise praktikabel zu gestalten. Solch unstrukturierter Prosatext ist schwer lesbar und vermischt verschiedene Anforderungen miteinander. Die Nachverfolgbarkeit von Anforderungen zu Testfällen

---

Beispiel

...

3.2. Benutzerfunktionen des Aufzugs
Die Stockwerkskonsole erlaubt den Ruf des Aufzugs in den Stockwerken. Die Konsole besteht aus zwei Ruftasten, mit denen die Auf- beziehungsweise Abwärtsrichtung signalisiert werden kann. Der Benutzer ruft den Aufzug durch das Drücken der Ruftaste. Die betätigte Richtungswahltaste wird beleuchtet, um ihren aktivierten Zustand zu kennzeichnen. Zwei Paare von Pfeilsymbolen in der Stockwerkskonsole zeigen dem Benutzer die Kabine und deren Fahrtrichtung, die aktuell auf sein Stockwerk zufährt.

...

Abb. 4–9 *Spezifikation in informellem unstrukturiertem Text*

oder Entwurfsentscheidungen ist kaum möglich. Nachträgliche Änderungen sind mit großer Wahrscheinlichkeit inkonsistent mit Entwurfsdokumenten, denn die unscharfen Begriffe (»zwei Ruftasten«) führen leicht dazu, dass sich die Entwickler ein eigenes Modell zurechtlegen, das nie mehr mit dem ursprünglichen und schwer lesbaren Text abgeglichen wird.

Strukturierte Spezifikationen mit expliziter Kapiteleinteilung verbessern die Identifikation und Nachverfolgbarkeit von einzelnen Anforderungen. Einzelne Textbausteine werden eingefügt, um beispielsweise Begründungen für Anforderungen auffindbar zu machen oder um Querverweise zu ermöglichen. Abbildung 4–10 zeigt eine strukturierte Spezifikation einer Anforderung.

```
Beispiel

...

3.2. Benutzerfunktionen des Aufzugs

3.2.1. Durch das Drücken der Ruftaste der Stockwerkskonsole wird der Aufzug
gerufen. Die Auf- beziehungsweise Abwärtsrichtung wird durch zwei Ruftasten
in der Konsole signalisiert. Die betätigte Richtungswahltaste wird beleuchtet,
um ihren aktivierten Zustand zu kennzeichnen.

Begründung: Der Benutzer muss unmittelbar erkennen können, dass der Aufzug
seinen Ruf angenommen hat.

Lösungsspezifikation: Kap. 5.3.

Systemarchitektur: Kap. 4.2.

Entwurf: ~/xyz/elevator/elevator-1000/design

...
```

Abb. 4–10   *Strukturierte Spezifikation*

Strukturierte Spezifikationen mit starker Kapiteleinteilung und entsprechender Detaillierung verbessern die Identifikation und Nachverfolgbarkeit von einzelnen Anforderungen. Ziel ist es, die Anforderungen so weit zu »zerpflücken« und in einzelnen Kapiteln zu beschreiben, dass sie jederzeit referenzierbar sind. Änderungsmanagement wird damit möglich. Abbildung 4–11 zeigt eine solche detaillierte strukturierte Spezifikation. Sie enthält bereits die strenge und klare Trennung der einzeln identifizierbaren Anforderungen. Abfolgen von Ereignissen werden aus Benutzersicht beschrieben.

Wir erkennen beim Übergang von der strukturierten zur detaillierten Spezifikation, dass die Verständlichkeit für das Überfliegen des Texts zwar zunimmt, aber der Charakter des Texts keinen flüssigen Umgangston mehr zeigt, wie er beispielsweise für Benutzeranleitungen und technische Dokumentationen eingesetzt wird. Sie sollten beim Erstellen der Spezifikation also bereits prüfen, ob der zugrunde liegende Text noch andere Verwendungen hat. In einem solchen Fall muss das Inhaltsmanagement aus Sicht der Wiederverwendung von Inhalten genau abgestimmt werden, um spätere Redundanzen oder Inkonsistenzen zu vermeiden.

Beispiel

...

3.2.1. Aufzug rufen

3.2.1.1. Durch das Drücken der Ruftaste der Stockwerkskonsole wird der Aufzug gerufen. Die Auf- beziehungsweise Abwärtsrichtung wird durch zwei Ruftasten in der Konsole signalisiert. Die betätigte Richtungswahltaste wird beleuchtet, um ihren aktivierten Zustand zu kennzeichnen.

3.2.1.2. Die Abfolge der Schritte ist wie folgt:

3.2.1.2.1. Der Benutzer drückt die Ruftaste der gewünschten Richtung.

3.2.1.2.2. Die Aufzugssteuerung registriert den Fahrtwunsch.

3.2.1.2.3. Die gedrückte Ruftaste leuchtet als Bestätigung.

3.2.1.3. Das gleichzeitige Drücken beider Ruftasten wird als Fahrtwunsch in beide Richtungen interpretiert.

3.2.1.4. Wiederholtes Drücken der Ruftaste ist ohne Einfluss.

Begründung: Der Benutzer muss unmittelbar erkennen können, dass der Aufzug seinen Ruf angenommen hat.

Lösungsspezifikation: Kap. 5.3.

...

Abb. 4–11   *Strukturierte detaillierte Spezifikation*

In einer halbformalen Spezifikation (Abb. 4–12) wird ein exaktes Template eingesetzt, das die Anforderung intern stark strukturiert (z. B. Funktionalität, Informationsflüsse, Seiteneffekte, Bedingungen). Use Cases (Anwendungsfälle, Benutzungsfälle) haben eine solche Struktur. Sie bietet eine sehr gute Unterstützung für Validierung, Konsistenzprüfungen und automatisiertes Konfigurations- und Inhaltsmanagement.

Detaillierte Spezifikationen und halbformale Spezifikationen sind heute am gebräuchlichsten. Oftmals werden spezielle Templates für eine halbformale Spezifikation eingesetzt, um die Inhalte automatisch weiterverarbeiten zu können. Die meisten kommerziellen RE-Werkzeuge legen eine solche Struktur nahe.

In den vergangenen zwanzig Jahren wurden verschiedene **formale Notationen** entwickelt und zur Spezifikation eingesetzt. Diese formalen Notationen erinnern stark an reguläre Programmiersprachen, aus denen sie auch entstanden sind (Abb. 4–13). Ihr Vorteil ist eine präzise beschriebene Semantik, die den bisher vorgestellten halbformalen Notationen, aber auch der UML mit ihren grafischen Modellen fehlt. Formale Notationen dienen dazu, eine Spezifikation als Basis für spätere formale Verifikationen der weiteren Projektergebnisse zu definieren. Das ist bestechend, denn mit einer formalen Spezifikation ließe sich dann der gelieferte Code automatisch auf völlige Übereinstimmung prüfen. In der Praxis führt dies allerdings dazu, dass formale Spezifikationen die Implementierung vorwegnehmen und damit das Problem der Korrektheit nur einen Schritt im Lebenslauf nach vorne verschieben. Die Frage, ob der Code die Spezifikation erfüllt, ändert sich mit formalen Spezifikationen dahingehend, ob die formale Spezifikation

Beispiel

...

Spezifikation: ~/answering/anw-1000/design/3.2.1.2

Funktion: Aufzug rufen

Beschreibung: Durch das Drücken der Ruftaste der Stockwerkskonsole wird
                der Aufzug gerufen. Die betätigte Richtungswahltaste wird
                beleuchtet, um ihren aktivierten Zustand zu kennzeichnen.

Inputs: Ruftaste.

Outputs: Beleuchtung der Ruftaste.

Sequenz: 1. Der Benutzer drückt die Ruftaste der gewünschten Richtung.
                       2. Die Aufzugsteuerung registriert den Fahrtwunsch.
                       3. Die gedrückte Ruftaste leuchtet als Bestätigung.

Ausnahmen: Im Feueralarmzustand erfolgt keine Bestätigung.

Vorbedingung: Der Aufzug ist im aktiven Modus und hat das spezifische
                Stockwerk nicht registriert.

Nachbedingung: Der Aufzug ist im aktiven Modus und hat das spezifische
                Stockwerk registriert.

Einschränkungen: Das gleichzeitige Drücken beider Ruftasten wird als
                Fahrtwunsch in beide Richtungen interpretiert.
                Wiederholtes Drücken der Ruftaste ist ohne Einfluss.

Definition: ~/xyz/elevator/elevator-1000/design/24.11.

...

Abb. 4–12   *Halbformale Spezifikation*

wirklich die Anforderungen wiedergibt. Formale Beschreibungen sind sehr präzise, aber auch schwer lesbar. Dadurch sind sie mit dem Risiko behaftet, dass bereits in der Spezifikation Fehler durch die Sprachkomplexität entstehen.

Beispiel

...

```
class ElevatorCall {
  // Stockwerktaste drücken und Aufzug rufen
  public void main (String args[]) {
    FloorButtonPoll {
      check.CallMode.valid () ;  // prüfe Vorbedingungen
      button = FloorButton.readFloorButton () ;
      while ( button = False && Alarm = False )
        // wait state
      ElevatorCall.initialize (Stockwerk) ;
    }
    ElevatorCall.Stockwerk = true ;
```

...

Abb. 4–13   *Formale Spezifikation*

Formale Notationen und Spezifikationen werden dort eingesetzt, wo es auf Fehlerfreiheit ankommt oder wo ablauffähige Modelle eingesetzt werden müssen. Dies gilt vor allem für sicherheitskritische Anwendungen, wie beispielsweise in der Medizintechnik, in der Luftfahrt oder im Transportwesen. Ein weiterer wichtiger Anwendungsfall sind ablauffähige Modelle, wie sie beim Prototyping von grafischen Schnittstellen oder bei der Modellierung eines eingebetteten Systems (z.B. mit Matlab/Simulink) nötig sind. Schließlich werden sie von großen homogenen Kundengruppen mit ähnlichen Zielen eingesetzt, um Spezifikationen austauschen zu können und automatische Konformitätstests zu fahren (z.B. Telekommunikationsprotokolle wie ASN.1 für Mobilfunksysteme und Kommunikationsstacks, LOTOS und SDL für Telekommunikationssysteme, Entscheidungstabellen für regelbasierte Funktionen).

Glossar, Data Dictionary. Das Glossar dient zur Dokumentation von Begriffen, Datenfeldern sowie zur Beschreibung der Datenverwendung (Abb. 4–14). Es listet alle Datenbezeichner auf, die in dem System oder in seiner Umgebung verwendet werden. Zu diesen Datenelementen sind die Beziehungen zwischen den Datenelementen sowie die Attribute der Datenelemente als »Single Source« zentral beschrieben. Damit werden Inkonsistenzen oder Ungenauigkeiten vermieden. Es sollte von den ersten Interviews über die Analyse bis hin zum Lösungsmodell, der Testspezifikation und dem Benutzerhandbuch wachsen und damit Konsistenz zwischen den verschiedenen Modellen gewährleisten.

Für ein Glossar sind die folgenden Regeln zu beachten:
- Es muss zentral verwaltet werden.
- Die Einträge des Glossars müssen eine einheitliche Struktur aufweisen.
- Es muss projektbegleitend gepflegt werden.
- Klare Verantwortlichkeiten zur Glossarpflege müssen definiert werden.
- Es muss allgemein zugänglich sein.
- Es muss verbindlich verwendet werden.
- Die Herkunft und Quellen der Begriffe sollte im Glossar enthalten sein.
- Es muss regelmäßig mit den verschiedenen Interessengruppen abgestimmt sein.

Es existieren verschiedene Beschreibungsformen, wobei die verbale Form am häufigsten eingesetzt wird. Für formale Datenmodelle wird die BNF (Backus-Naur-Form) verwendet. Die meisten Werkzeuge des RE und der Anwendungsentwicklung oder Datenbankprogrammierung bieten ein Glossar und Data Dictionary als grundlegendes Beschreibungsinstrument an.

Bezeichner	Informelle Beschreibung	Typ
Kabinenkonsole	Bedienelement innerhalb der Aufzugskabine	Entity
Stockwerkskonsole	Bedienelement auf jedem Stockwerk	Entity
Lichtschranke	Sicherheitseinrichtung an der Aufzugskabine	Entity
…	…	…

Abb. 4–14   *Glossar, Data Dictionary*

Zur Spezifikation empfehlen wir halbformale Notationen, die mit einem Werkzeug gepflegt und verwaltet werden. Einzelne Anforderungen müssen klar strukturiert sein. Großer Wert sollte auf eine klare Sprache gelegt werden. Die Grammatik kann eingeschränkt werden, um die Les- und Prüfbarkeit zu verbessern. Beispielsweise werden Substantive als Daten, Verben als Aktionen, Adjektive und Attribute als Basis für Testfälle genutzt. Schlüsselwörter werden im Glossar spezifiziert und gezielt zur Filterung von bestimmten Inhalten eingesetzt.

In Zukunft wird es vermehrt anwendungsspezifische, teilweise formalisierte Spezifikationsumgebungen mit definierter Syntax und unterstützenden Werkzeugen geben, die in einem bestimmten Anwendungsbereich eingesetzt werden (z. B. Automobil- oder Flugzeugbau) und dafür ganz spezielle Frameworks für die Modellierung und Bibliotheken zur Wiederverwendung anbieten. Zunehmend werden wir auch visuelle Prototyping-Ansätze sehen, um Spezifikationen schneller und effizienter zu erstellen. Diesen formalen Notationen ist gemeinsam, dass die Notation selbst »unsichtbar« wird und stattdessen Zusammenhänge und Modelle grafisch spezifiziert werden. Daraus wird dann die formale Beschreibung generiert und später werden sie auch zur Erzeugung von ablauffähigem Code für das Zielsystem eingesetzt.

Die Verwaltung und Pflege solcher halbformaler Anforderungen kann bereits mit einem Spreadsheet umgesetzt werden. Abbildung 4–15 zeigt ein Beispiel aus unserer Vorlagensammlung [Ebert2012b].[3]

ID	Prio	Status reached in week									Source	Increment	WP	Customer Requirement(LH)
		Func Spec	SW Spec	Test Spec	designed	implemented	tested	validated	approved	released				
R0001	1	38	39	41	43	46	47	48	49	50	Customerspec	1	124	Der Benutzer ruft den Aufzug durch das Drücken der Ruftaste.

Functional specification (PH)	Inputs	Outputs	Constraints	Criteria of acceptance (Test case)	Comment
Durch das Drücken der Ruftaste der Stockwerkskonsole wird der Aufzug gerufen.	Ruftaste	Ruftaste, Rufwunsch, Richtungswunsch	Wiederholtes Drücken ohne Einfluss	Ruftaste drücken, Ruftaste leuchtet auf.	Wird in Aufzugssteuerung realisiert

Abb. 4–15   *Halbformale Dokumentation im Werkzeug*

---

3.   *http://consulting.vector.com/templates*

4.4 UML und SysML

Halbformale Notationen mit einer definierten Syntax werden für Softwaresysteme heute zumeist durch die Unified Modeling Language (UML) beschrieben. Im Übergang zur Systemtechnik, beispielsweise bei gemischten Software-Hardware-Systemen, kommt die Systems Modeling Language (SysML) zum Einsatz [Weilkiens2006].

Komplexe Abläufe werden in der Anforderung durch Diagramme, wie Szenarien und Use Cases, veranschaulicht. UML 2.0 bietet 13 verschiedene Diagramme zur statischen und dynamischen Modellierung von Softwaresystemen. SysML erweitert die UML um den Diagrammtyp der »Anforderung« (engl. »Requirement«). Abbildung 4–16 zeigt die verschiedenen Diagrammtypen in der Bezeichnung aus UML. In SysML haben sie teilweise andere Namen, und es wurden auch einige Elemente der UML weggelassen.

UML und SysML stellen eine vereinheitlichte Modellierungssprache dar. Sie definieren Einheiten und mögliche Beziehungen zwischen diesen Einheiten sowie grafische Notationen für ein Modell, das als Menge von Einheiten und Beziehungen visualisiert wird. Die Beziehungen können wie folgt unterschieden werden:

▨ **Assoziation**
Beteiligte Einheiten stehen (in gegebener Multiplizität) in Beziehung zueinander

▨ **Aggregierung**
Beziehung zwischen einem Ganzen und seinen Teilen

▨ **Komposition**
Beziehung zwischen einem Ganzen und seinen Teilen, Existenz des Teilobjekts ist durch die des übergeordneten Objekts bedingt

▨ **Generalisierung**
Vererbung

▨ **Spezialisierung**
Umkehrung der Generalisierung

UML und SysML sind keine Methode und suggerieren auch keine bestimmte Methodik, abgesehen davon, dass sie historisch der objektorientierten Vorgehensweise nahestehen. Anwendungsfälle beispielsweise sind übergreifend heute im Einsatz, nicht nur in der objektorientierten Welt. UML wurde durch die Object Management Group (OMG) standardisiert und liegt in Form der ISO-Norm 19501 als Basis zur Modellierung von Software und anderen Systemen vor [ISO2005a].

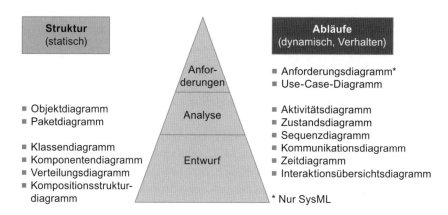

Abb. 4–16   *Verschiedene Modelle beschreiben unterschiedliche Sichten auf die gleichen Inhalte*

Szenarien beschreiben, wie das System in der Praxis genutzt wird. Sie sind Teil der Anforderungen (z. B. Sonderfälle, Misuse Case) oder fassen verschiedene Anforderungen zusammen (z. B. Administration von Softwareänderungen). Für Benutzer und Produktmanager ist ein Szenario eine große Hilfe bei der Ermittlung von Anforderungen, da es einen konkreten Fall plastisch beschreibt. Anhand des Falls lässt sich die Standardabfolge von einzelnen Schritten ableiten. Sonderfälle, Ausnahmen und auch Fehlersituationen können relativ einfach in ein solches Szenario eingepasst werden. Man spricht daher auch vom »Sonnenschein-Szenario« (engl. *»sunny day scenario«*), aus dem dann die »Regentage« abgeleitet werden. Für spätere Benutzer ist das Szenario konkret und passt in ihre eigenen Prozesse. Sie können sich Anforderungen leichter vorstellen, als dies in einem abstrakten Dokument, das Anforderungen wie ein Katalog auflistet, möglich ist. In manchen Situationen sollte das Szenario fast wie ein Drehbuch im Film herausgearbeitet werden. Es lässt sich später dann einfach in Anforderungen umstrukturieren. Ein Szenario hat die folgenden Inhalte:

- Zustand zu Beginn des Szenarios (Vorbedingungen, Randbedingungen, Benutzerinteraktionen, Datenwerte, Initialisierung bestimmter Prozesse etc.)
- Regulärer Ablauf (»Sonnenschein«) der Ereignisse und Kommunikationen
- Parallel laufende andere Szenarien. Vor allem bei eingebetteten Systemen sind diese weiteren Szenarien sehr wichtig, denn aus ihnen können Störungen resultieren.
- Irreguläre Abläufe mit dem jeweiligen Verzweigungspunkt und dem Auslöser. Der Auslöser ist wichtig, denn man wird in vielen Fällen versuchen, nicht jeden Sonderfall zu beschreiben, sondern eher gemeinsame Auslöser zu identifizieren und diese dann zu isolieren oder unwirksam zu machen.
- Zustand am Ende des Szenarios (Nachbedingungen, geänderte Daten, Ausgaben, Protokolle, Anstoß weiterer Szenarien etc.)

Use Cases (deutsch Anwendungsfall, Benutzungsfall) sind eine durch UML popu-lär gewordene Notation, um Szenarien zu beschreiben. Sie stellen das Beziehen einer Systemleistung durch die Außenwelt auf der Basis von Interaktionen dar. Sie beschreiben die Akteure in einem Szenario als äußere Schnittstellen und die Inter-aktionen dieser Akteure mit dem System. Bei den Akteuren kann es sich um Benutzer handeln, um interne Prozesse oder externe Geräte.

Use Cases sind kein Ersatz für Anforderungen oder ein Lastenheft, sondern ein Teil davon. Typischerweise sollten Use Cases einen erkennbaren Nutzen oder einen definierten Ablauf darstellen. Die Menge aller Use Cases sollte alle mögli-chen Interaktionen mit dem System beschreiben. Bei vielfältigen internen Abläu-fen werden Use Cases mit Ablaufdiagrammen verbunden, um sie nicht zu über-frachten.

Use Cases ähneln in ihrer Struktur sehr der halbformalen Spezifikation, die wir bereits kennengelernt haben. Sie können in Form von Use-Case-Diagrammen oder Textvorlagen dargestellt werden. Sie bieten auf höheren Abstraktionsebenen eine grafische (bildhafte) Darstellung an (Abb. 4–17), die aber zweckmäßigerweise auf tieferen Ebenen verbal beschrieben wird, um die reichhaltigen Vorbedingungen, Nachbedingungen, Sonderfälle oder Ereignisse adäquat erfassen zu können.

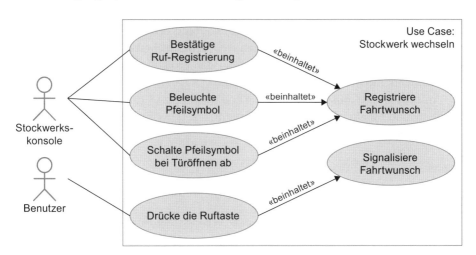

Abb. 4–17 *Use Case als Diagramm*

Ein Use-Case-Modell stellt aus der Sicht des Benutzers in wesentlichen Szenarien dar, was das System tun soll. Akteure und ihr Verhalten gegenüber dem zu entwi-ckelnden System werden für die häufigsten Fälle als Szenarien beschrieben. Use Cases strukturieren das Verhalten und veranschaulichen den Einsatzbereich und seine Schnittstellen. Sie sind keine funktionale Beschreibung, und sie beschreiben auch keine Dekomposition der Architektur. Wie nicht anders zu erwarten bei einer Anforderungsspezifikation, geben sie nicht an, wie die Anforderungen implementiert werden. Obwohl sie Bestandteil von UML sind, beschränkt sich ihr Einsatz nicht auf objektorientierte Methoden und Vorgehensweisen. Sie lassen sich sowohl für Systeme mit vielen Benutzerinteraktionen verwenden als auch für eingebettete Systeme, um die Schnittstellen und Ereignisse zur Außenwelt zu erfassen. Anders als viele frühere Beschreibungssprachen für Anforderungen liefern Use Cases eine einfache Beschreibung, die auch Nicht-Softwareentwickler verstehen (z.B. Kunden). Sie nehmen eine ganz explizite Benutzerperspektive ein, was vielen Kunden gefällt, da sie sich schnell in die Darstellung hineinversetzen können. Dies erleichtert die Prüfung und verbessert damit die Qualität der Anforderungsspezifikation.

4.5   Attribute

Attribute werden eingesetzt, um die Anforderungen sortieren und filtern zu können. Attribute bilden die »Metainformationen« zu den Anforderungen, ähnlich wie dieses Buch Metainformationen zu Titel, Inhalt, Verlag etc. enthält, um in Suchmaschinen, beim Zitieren oder beim Buchhändler gefunden zu werden.

Ohne geeignete Attribute ist es nicht möglich, Anforderungen eine Struktur zu geben und sie in einen gemeinsamen Kontext zu bringen. Ohne gemeinsame Attribute ist weder Projektfortschritt zu erkennen noch sind die Validierungsvorgaben nachzuvollziehen. Attribute werden während der Spezifikation eingeführt und zur Verwaltung der Anforderungen (z.B. Dokumentation, Nachverfolgung) genutzt (siehe auch Kap. 8). Spätestens bei der Projektkontrolle sind Attribute verpflichtend, um die Kontrolle zu behalten.

Anforderungen müssen strukturiert und verknüpft werden. Verfolgen Sie jene Attribute und Inhalte, die für Sie wichtig sind. Die typischen Attribute von Anforderungen sind in Tabelle 4–4 dargestellt:

Attribute	Beschreibung
Anforderungsnummer	Eindeutige Identifikation der Anforderung, die in allen Projekten eingehalten wird.
Version	Referenz auf den aktuellen Versionsstand, um zu erkennen, wie sich die Anforderung entwickelt hat.
Variante	Referenz auf die spezielle Variante dieser Anforderung, wenn sich beispielsweise Anforderungen in Produktlinien bei grundsätzlich gleicher Funktion unterscheiden.
Historie	Beschreibung der Versionshistorie mit den Vorgängern und wesentlichen Gründen für Änderungen. Relevant auch bei Variantenbildung in Produktlinien.
Autor	Erfasser dieser Anforderung, der als Ansprechpartner später zur Verfügung steht, wenn mehr Informationen nötig sind.
Quelle	Ursprung der Anforderung. Sollte in der Lage sein, die Anforderung konkret zu beschreiben und dafür ein Budget zur Realisierung haben.
Workflow	Nächste Rolle, die mit dieser Anforderung arbeitet. →

Attribute	Beschreibung
Schlüsselwörter	Einige wenige aussagekräftige Begriffe, die es erlauben, die Anforderungen zu filtern (z.B. Hardwareschnittstelle, GUI, Business-Logik). Wird im Projekt in allen Dokumentationen eingesetzt und sollte daher in der Anforderung konsistent eingehalten werden.
Status	Realisierungsstatus der Anforderung. Daten früherer Meilensteine sollten bewahrt werden.
Einschränkungen	Verweise auf bestimmte Qualitätsanforderungen oder Randbedingungen (z.B. Standards, Gesetze, Rahmenverträge). Auch hier müssen konsistente Begriffe verwandt werden, um später effektiv filtern zu können, welchen Effekt beispielsweise eine Gesetzesänderung hat.
Priorität	Priorität aus der Sicht des Auftragnehmers. Sinnvollerweise werden im Lastenheft die Prioritäten des Kunden und im Pflichtenheft zusätzlich die Prioritäten des Auftragnehmers erfasst.
Querbezüge	Andere Anforderungen, die durch diese Anforderung betroffen, eingeschränkt, erweitert oder geändert werden.
Einflüsse	Systemkomponenten, Funktionen, Hardware, die Einfluss auf die Realisierung dieser Anforderung haben können.
Aufwand	Vorläufige Einflussanalyse und Kostenstruktur. Entscheidung, ob eine darin beschriebene Lösungskomponente extern zugekauft wird, wieder verwendet wird oder neu gefertigt werden muss.
Akzeptanzkriterien	Testfälle, quantitative Vorgaben in messbarer Form.

Tab. 4–4   *Attribute von Anforderungen*

4.6   Delta-Anforderungen spezifizieren

Software wird in der Regel als Änderungen zu bestehender Software entwickelt, also als Wartungsprojekte oder als Wiederverwendung bestehender Software. Nur selten haben wir die Möglichkeit, ein komplett neues System zu spezifizieren und zu entwickeln. Und selbst dann ist es durchaus möglich, dass viele Komponenten bereits vorhanden sind und integriert werden müssen oder dass frühere Funktionen in das neue System übernommen werden sollen. Das gilt für ein Folgerelease, für eine Variante eines Produkts, für ein Migrationsprojekt, für den Austausch einer bestehenden Funktion oder Komponente oder auch bei der Einführung von Produktlinien. Requirements Engineering muss also Lösungen für die Beschreibung von Delta-Anforderungen bieten.

Eine Delta-Anforderung ist eine Anforderung, die einen Unterschied zu einer bereits existierenden Anforderung beschreibt. Besonders relevant sind Delta-Anforderungen in Wartungsprojekten und bei der Wiederverwendung. Delta-Anforderungen bergen immer das Risiko, dass ihr Umfang unterschätzt wird, dass sie isoliert als »Patch« umgesetzt werden und dass Seiteneffekte, die dann nur noch mit hohem Mehraufwand beherrschbar sind, zu spät erkannt werden.

Der Umgang mit Delta-Anforderungen hängt von zwei Faktoren ab, nämlich von der Dokumentationsqualität des bestehenden Systems und vom Umfang der Änderungen.

Dokumentationsqualität des bestehenden Systems. Soweit eine bestehende Dokumentation vorliegt, die konsistent und vollständig ist, werden Änderungen direkt eingearbeitet. Man beginnt mit einer Übersicht der Gesamtfunktionalität, typischerweise auf der Basis der Architekturbeschreibung und der Use-Case-Beschreibungen oder der funktionalen Anforderungen auf einer höchstmöglichen Hierarchieebene, die die Änderung noch erkennbar macht. Dort wird die bestehende Beschreibung erweitert. Abbildung 4–18 zeigt eine solche Änderungsbeschreibung in einem bestehenden Funktionsbaum. Die neue Funktion »Feueralarm« erfordert drei wesentliche Änderungen, die jeweils mit beschreibenden Informationen und Referenzen versehen sind. Diese Metainformationen sind in der Abbildung hervorgehoben. In der Praxis werden sie direkt in die bestehende Dokumentation eingearbeitet (Abb. 4–19).

Wesentlich ist die Nachvollziehbarkeit, wann und unter welchen Umständen es zu dieser Änderung kam und wie sie sich durch das Gesamtsystem und seine Dokumentation hindurchzieht. Achten Sie dabei bereits bei den ersten Schritten auf Konsistenz. Ändern Sie Dokumente immer gemeinsam mit allen damit verknüpften oder davon abhängenden Dokumenten und schieben Sie die Dokumentation nicht auf die lange Bank, um die Änderung schnell umzusetzen. Sie sind der Einzige, der die Änderung in ihrem gesamten Umfang kennt!

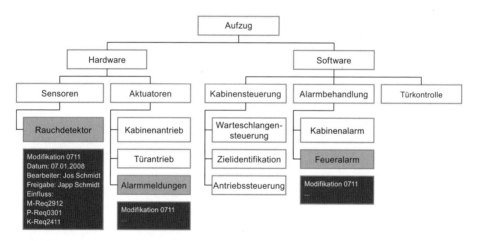

Abb. 4–18   *Delta-Anforderungen in der Funktionsbeschreibung*

Falls das bestehende System nicht ausreichend dokumentiert ist, muss es nachdokumentiert werden. Häufig genügt das Einfügen einer neuen Marktanforderung, von der weitere Produkt- und Komponentenanforderungen abgeleitet sind. Beispielsweise könnte ein Use Case eingefügt werden, der die Funktion in ihrer

Gesamtheit beschreibt. Damit stellen Sie sicher, dass die Änderung an einer Stelle dokumentiert ist und auf abhängige Dokumente und Entwurfsentscheidungen dann verweisen kann. Je lückenhafter die bestehende Dokumentation ist, desto mehr wird Ihre Erweiterung zu einem isolierten Fragment.

Ein solches Fragment, das in sich geschlossen mit allen wesentlichen Dokumenten (also Marktanforderung, Produktanforderung, abgeleitete Komponentenanforderungen, Architekturbeschreibungen, Testfälle, Benutzerdokumentation) verknüpft ist – die unter Umständen dann ebenfalls komplett neu geschrieben werden –, trägt dazu bei, diese spezifische Änderung in ihrem vollen Umfang zu verstehen. Scheuen Sie sich nicht vor solchen Fragmenten. Klar wäre es besser, das Gesamtsystem nachzudokumentieren, doch dafür fehlt in der Regel die Zeit. Zudem verschlechtert sich die Gesamtqualität nicht, denn der Dokumentationsstand bleibt genau auf dem Stand, bevor es zu der Änderung kam. Eine solche fragmentarische, aber geschlossene Beschreibung ist auf jeden Fall besser als Loseblattsammlungen und Ad-hoc-Kommentare im Quellcode, die später nie mehr nachvollziehbar sind und garantiert zu Folgefehlern führen.

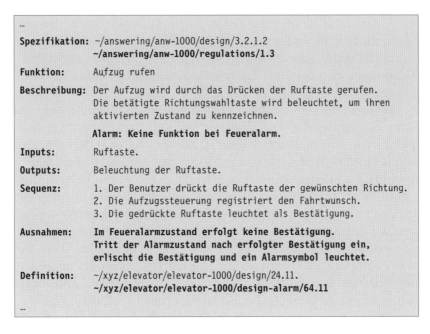

Abb. 4–19   *Detailbeschreibung einer Delta-Anforderung*

Umfang der Änderungen. Wir definieren den Umfang der Änderungen auf der Basis eines Umfangmaßes, wie Funktionspunkte oder Lines of Code. Dazu benötigen Sie den Umfang des bisherigen Systems sowie die Abschätzung des Einflusses der Änderung. Letzteres ist natürlich vage, aber in der Regel kennt man die Aufgabe und das bestehende Systeme so weit, um ein grobes Raster annehmen zu können. Unser Raster sieht wie folgt aus: Änderungen unterhalb von 10 % mit einem Einfluss, der sich lokalisieren lässt, brauchen keine umfangreiche und in sich geschlossene Nachdokumentation. Wichtig ist, dass die Änderungen exakt dokumentiert werden und davon abhängige Artefakte, beispielsweise Testfälle, Entwurfsdokumente und Benutzerdokumentationen, konsistent zur Änderung aktualisiert werden. Dieser Ansatz geht selbst dann, wenn das bisherige System nicht vollständig und konsistent beschrieben ist. Sie müssen den Bereich, der geändert wird, verstehen und dokumentieren diese neuen Funktionen dann in einem Ausmaß, dass weitere Änderungen dieses Teils vollständig auf Ihrer angepassten Dokumentation aufsetzen können. Vermeiden Sie unter allen Umständen ein Delta zu einem Delta – sei es bei Anforderungen oder bei technischen Dokumenten.

Änderungen oberhalb von 10 % bis ungefähr 30 % müssen hinsichtlich von Seiteneffekten gut analysiert werden. Nur wenn diese Seiteneffekte nach wie vor gering sind, können Sie vorgehen wie bei den kleineren Änderungen. Prüfen Sie dabei, ob es nicht hilfreich ist, bestimmte Dokumente, die bereits jetzt unzureichend dokumentiert sind, neu zu schreiben. Häufig sind es die angenommenen kleinen Änderungen, die über die Zeit zu einem Aufwand führen, den man bei einer besseren Planung zu Beginn gleich in neue Dokumente hätte fließen lassen sollen, um eine verlässliche und lesbare Basis der Funktionalität zu erhalten.

Änderungen, die über 30 % des bestehenden Umfangs umfassen, oder auch Qualitätsanforderungen, die im Nachhinein umgesetzt werden sollen (z. B. höhere Anforderungen an die funktionale Sicherheit oder an die Performanz), erfordern in aller Regel eine vollständige Nachdokumentation. Hier wird der komplette Entwicklungsprozess eingesetzt, den wir auch sonst kennen, denn die vielen punktuellen Änderungen werden in der Summe sonst nicht mehr beherrschbar. Statt Delta-Anforderungen wird eine komplett neue Anforderungsbasis beschrieben (die durchaus bestehende Anforderungen und Artefakte, die unverändert bleiben, übernehmen darf). Das Gleiche gilt für andere wesentliche Dokumentationen. Das klingt nach Overhead und viele Projektmanager oder IT-Verantwortliche werden sich zu Recht fragen, wer dafür bezahlt. Das Ganze ist Projektaufwand und muss in die Schätzung einfließen. Allerdings sollten wir uns darüber klar sein, dass im Regelfall bei derart umfangreichen Änderungen zu einem bestimmten Zeitpunkt im Projekt immer erkannt wird, dass isolierte Änderungen in ihrem Zusammenspiel nicht mehr kontrollierbar sind. Dann wurde viel Zeit verloren und zusätzlicher Aufwand muss investiert werden.

In einem Kundenprojekt erlebten wir diese Situation, als wir zur Unterstützung hinzugezogen wurden. Das Projekt mit einem Umfang von hundert Personenjahren arbeitete zuerst mit Delta-Anforderungen. Zur Halbzeit wurden wir gerufen, und der Projektmanager klagte, dass sein Projekt »auf Treibsand gebaut sei«. Gemeinsam revidierten wir die Projektplanung, reduzierten die möglichen Inhalte, gaben die volle Priorität und zusätzliche Ressourcen für die vollständige Anforderungsspezifikation und deren Abbildung auf Inkremente, Architekturdokumente und Testfälle. Erst mit diesen Entscheidungen wurde das Projekt dann fortgesetzt – allerdings zu Gesamtkosten, die mehr als 50 % oberhalb der ursprünglich geschätzten Kosten lagen, da die Arbeit im ersten Projektabschnitt kaum mehr brauchbar war.

4.7 Checkliste für die Dokumentation

Die Anforderungsspezifikation sollte bereits während ihrer Entstehung daraufhin untersucht werden, dass sie gewisse Mindestanforderungen erfüllt. Hier ist eine kurze Checkliste, die solche Anforderungen an eine Spezifikation beschreibt. Sie ersetzt nicht die umfassendere Prüfliste für die Qualitätskontrolle (Validierung) der Anforderungen und der Spezifikation, die in Abschnitt 6.6 vorgestellt wird.

- Beschreibt die Spezifikation ein explizites Ziel, das durch das Produkt erfüllt wird? Ist dieses Ziel konsistent mit der ursprünglichen Vision?
- Ist der Anwendungsbereich des Produkts ausreichend präzise beschrieben? Wird auch beschrieben, was das System *nicht* erfüllen muss?
- Wurden die Bedürfnisse verschiedener Interessengruppen berücksichtigt?
- Trennt die Spezifikation klar zwischen Marktanforderungen (d.h. Kundenwünsche) und Produkt- bzw. Komponentenanforderungen (Realisierung, Abbildung auf das spätere Produkt)?
- Trennt die Spezifikation klar zwischen Lastenheft (was muss getan werden) und Pflichtenheft (wie wird es getan)?
- Existiert ein ausreichend genaues Glossar?
- Sind verpflichtende Marktanforderungen ausreichend berücksichtigt (z.B. Gesetze, Standards, Vorschriften, wirtschaftliche Erfordernisse, physikalische Randbedingungen)?
- Sind die beschriebenen Funktionen wirklich nötig (vor dem Hintergrund, dass die Hälfte aller Funktionen nie genutzt wird)?
- Wurde unnötige Komplexität vermieden? Gibt es einfachere Lösungen für die gleiche Frage? Lassen sich Verzierungen streichen?
- Sind die relevanten Prozessanforderungen sowie die Qualitätsanforderungen beschrieben?
- Wird der umgebende Geschäftsprozess bei IT-Systemen bzw. die Umgebung im Systemkontext (bei eingebetteten Systemen) hinreichend beschrieben?
- Sind die verschiedenen Aktoren, die mit dem System kommunizieren, und deren Aufgaben hinreichend beschrieben?
- Sind die Schnittstellen zu anderen Systemen ausreichend erfasst?
- Ist die Ablösung eines etwaigen Vorgängersystems (oder einer früheren Version oder Variante des gleichen Produkts) ausreichend beschrieben?
- Sind Interoperabilitätsszenarien mit anderen Systemen und Komponenten beschrieben?
- Wurden die richtigen Techniken zur Spezifikation eingesetzt?

4.8   Tipps für die Praxis

▪ Spezifizieren Sie Anforderungen mit strukturierten, halbformalen Notationen, die mit einem Werkzeug gepflegt und verwaltet werden.

▪ Klären Sie den Projektauftrag zu Beginn. Die Anforderungsspezifikation ist ein Dokument, das für alle Beteiligten – intern und extern – zentral und versioniert vereinbart, was im Projekt zu tun ist.

▪ Strukturieren Sie die Anforderungen. Anforderungen werden individuell spezifiziert, referenziert und modelliert. Eine einzelne Anforderung wird in einem wohlstrukturierten Satz beschrieben. Vermeiden Sie, dass mehrere Anforderungen in einem Satz beschrieben werden. Nur damit lassen sich einzelne Anforderungen später verfolgen oder ändern.

▪ Nutzen Sie Vorlagen, um Ihren Projekten die Sicherheit zu geben, dass die Anforderungen klar und verständlich spezifiziert werden.

▪ Beachten Sie den Unterschied zwischen Spezifikationen und Modellen. Die Spezifikation dient der Kontrolle und Verwaltung von Anforderungen. Sie ist komplett und gibt *alle* Anforderungen wieder. Ein Modell dient der Analyse und weiteren Entwicklung. Es gibt immer nur *einen Teil* der Wirklichkeit wieder und ist nicht vollständig.

▪ Machen Sie die Dokumentationsbasis zur verbindlichen Referenz für alle Interessengruppen und Projektbeteiligten. Sie definiert eine einheitliche Terminologie und beschreibt alle projektrelevanten Inhalte und Randbedingungen.

▪ Setzen Sie verständliche Sprache konsistent ein. Verwenden Sie in der Dokumentation kurze Sätze, verständliche Sprache und klare Adjektive. Bemühen Sie sich, dass jede Anforderung testbar und messbar formuliert ist. Achten Sie auf die Verben. Anforderungen setzen die Verben »sollen«, »müssen« und »werden« ein. Optionale Anforderungen müssen klar unterschieden werden (z.B. durch Prioritäten). Vermeiden Sie kryptischen Computerjargon und Mehrdeutigkeiten.

▪ Führen Sie ab Beginn der Anforderungsermittlung ein Wörterbuch (Glossar, Taxonomie) für alle Fachwörter und Abkürzungen. Ein gutes Wörterbuch ist bereits ein Spezifikationsinstrument. Spezifizieren Sie die einzusetzenden Daten. Das erfordert Präzision und sichert die Qualität von Schnittstellen.

▪ Strukturieren Sie den Text mit Layout- und optischen Hilfsmitteln, beispielsweise Kapitelnummern in Standardformat, Markierungen, Unterstreichungen, Referenzen. Vermeiden Sie Farben und Farbcodes, die beim Kopieren verschwinden oder von manchen Menschen nicht sauber getrennt werden können.

▪ Vermeiden Sie komplizierte Diagramme. Nicht alle Details müssen im Diagramm dargestellt werden, sondern nur die wesentlichen Elemente in einem bestimmten Zusammenhang.

▪ Verwenden Sie die richtigen Methoden und Notationen für Spezifikation und Modellierung. Beispielsweise sollte ein GUI mit einem Prototyp und nicht durch einen Use Case, oder eine Datenbeschreibung mit einem Datenmodell und nicht in einer Funktion beschrieben werden.

▪ Use Cases sind Teil des Lastenhefts und Pflichtenhefts, kein Ersatz dafür. Markt-, Produkt- und Komponentenanforderungen können ausschnittsweise mit Use Cases modelliert werden, wo es um Abläufe, Szenarien und Verhalten geht. Daten- und Schnittstellenanforderungen, Abhängigkeiten oder Qualitätsanforderungen werden in anderen, passenden halbformalen Notationen beschrieben.

- Achten Sie bei der Spezifikation auf Attribute wie rechtlich verbindliche Normen, Randbedingungen etc. Referenzieren Sie auf die exakten Quellen, da sich Normen, Standards und Gesetze ändern.

- Fragen Sie im Review der Dokumente bei Unschärfen und Unklarheiten nach, was der Autor wirklich gemeint hat.

- Achten Sie beim Austausch von Dokumenten darauf, dass sie keine vertraulichen Informationen enthalten, die Sie nicht weitergeben wollen. Beispielsweise steckt in Word-Dokumenten (und auch in anderen Microsoft-Office-Dokumenten) oftmals eine Menge von Metadaten (z.B. Autorenname, Unternehmensdaten) und Änderungshistorien, die nicht in fremde Hände gehören. Nutzen Sie das Dateiformat ReqIF für den Austausch.

- Geben Sie Dokumente in einem robusten Standard wie PDF oder ReqIF weiter. Damit können Sie Leserechte, Kopierbarkeit und Weiterverteilung sehr gut kontrollieren, während gleichzeitig eine definierte Qualität beim Druck erreicht wird.

- Vermeiden Sie eine komplette Änderungshistorie in der Dokumentation, denn sie wird dadurch unleserlich. Pflegen Sie Änderungsstände nicht in der Dokumentation, sondern mit einem speziellen Konfigurationswerkzeug, wo komplette Versionsstände archiviert werden und die Änderungen per Change Request oder Änderungsbeschreibung beschrieben sind.

- Schließen Sie die Ermittlungs- und Dokumentationsphase rasch ab. Eine zu lang andauernde Analyse führt zu Verzögerungen, unnötigen Verschnörkelungen und einem komplexen Produkt, das höchstwahrscheinlich überspezifiziert ist. Setzen Sie konkrete Freigabekriterien, die zeigen, dass die wesentlichen und kritischen Anforderungen hinreichend gut bearbeitet sind, um mit der Entwicklung zu beginnen. Setzen Sie einen Meilenstein, um diese Phase so zu beenden, dass wichtige Projekttermine nicht gefährdet werden.

4.9   Fragen an die Praxis

- Wie sehen Ihre Anforderungen aus? Sind sie sauber spezifiziert? Folgen Sie einem Template und einem Standard, wie die Spezifikation auszusehen hat?
- Wer spezifiziert Ihre Anforderungen? Wer prüft sie? Werden alle Anforderungen formal geprüft? Falls nicht, weshalb nicht?
- Haben Ihre Anforderungen die richtige Qualität? Wie könnten Sie deren Qualität verbessern?
- Ändern sich Ihre Anforderungen häufig? Können Sie diese Änderungen auf bestimmte Auslöser zurückführen? Sind es immer wieder die gleichen Auslöser? Kommen Sie manches Mal in die Situation, dass Anforderungen unsauber spezifiziert werden, da sie sich sowieso noch einmal ändern? Wie lässt sich dieser Teufelskreis durchbrechen?
- Trennen Sie in der Spezifikation klar zwischen Lastenheft und Pflichtenheft?

5 Anforderungen modellieren und analysieren

All models are wrong.
Some models are useful.

George Box

5.1 Ziel und Nutzen

Das Ziel der Analyse und Modellierung ist, die Aufgaben zu verstehen und den Weg zur Lösung zu beschreiben. Die Bandbreite der Analyse ist groß, geht es doch um das begleitende Explorieren während der Anforderungsermittlung bis hin zur Abschätzung von Einflüssen und Aufwänden.

Das Ergebnis der Analysephase ist ein bewertetes Lösungsmodell mit seinen Abhängigkeiten und Randbedingungen, die von der Ermittlung bis zur Vereinbarung ständig präzisiert werden. Die folgenden Dokumente resultieren aus der Anforderungsanalyse:

- Lösungsmodell
- Klares Verständnis von Wert, Nutzen und Aufwand der Anforderungen
- Bewertung von Einflüssen, Abhängigkeiten, Unsicherheiten
- Priorisierte Anforderungen

Die Analyse oder auch Systemanalyse beschreibt ein System sowie seine Grenzen zur Umgebung, in der dieses System arbeiten soll. Ziel ist, ein fundiertes Verständnis von der Umgebung und den Anforderungen an das System selbst zu erhalten, um es beschreiben zu können. Nur mit einer solchen Beschreibung von Funktionen, Schnittstellen, Informationsaustausch, Zuständen und der Interaktion des Systems mit seiner Umgebung ist es möglich, anschließend eine gute Lösung zu entwickeln.

Ziele und Anforderungen sind keine absoluten Wahrheiten. Es ist unsere Aufgabe in der Ermittlung und Analyse, die verschiedenen Interessengruppen zu verstehen und zu einer realistischen Einschätzung der Ziele zu kommen. Daher beginnt die Analyse von Anforderungen bereits im Problemraum, wenn aus Marktanforderungen Produktanforderungen entwickelt werden. Danach bewegt sich die Anforderungsanalyse zunehmend im Lösungsraum. Sie hilft, den Bruch zwischen Problem (oder Bedarf) und Lösung zu überbrücken. In der Regel werden verschiedene Lösungsansätze vergleichend bewertet, bevor eine Lösung dann detailliert erarbeitet und beschrieben wird. Die Lösungsbeschreibung (oder das Lösungsmodell) mündet in die entsprechenden Kapitel des Pflichtenhefts und erweitert damit die Spezifikation (siehe Kap. 4).

Anforderungen und Lösungen beeinflussen sich gegenseitig. Leistungsziele, Qualitätsanforderungen, kommerzielle und technische Vorgaben konkurrieren oder schließen sich sogar aus. Wir betrachten das beispielhaft anhand der Anforderung »Verfügbarkeit«. Die Erhöhung der Verfügbarkeit kann unterschiedlich erreicht werden und hat dann auch unterschiedliche Auswirkungen:

Einfluss auf Architektur
ausfallsichere Hardware, redundante Softwarelösungen

Einfluss auf Entwicklung
robusteres Systemdesign, Fehlerentdeckung

Einfluss auf Service
schnelle Reaktion auf Störungen, höhere Verfügbarkeit eingesetzter Ressourcen

Die Umsetzung von Anforderungen erfordert daher **bereichsübergreifende Analysen** und Optimierungen. Das Lösungsmodell kann nur entwickelt werden, wenn es **verschiedene Blickwinkel** betrachtet und integriert. Auch dies ist eine – oftmals zeitliche – Parallele zur Anforderungsermittlung. Aufgrund der Komplexität von Aufgabenstellungen und internen Zusammenhängen werden in der Analyse verschiedene Methoden und Modelle kombiniert (siehe Abschnitt 5.2 und 5.3).

Die Wahl einer Methode und eines Modells ist immer eine Einschränkung. Modelle reduzieren die Wirklichkeit. Unzureichende Methoden führen zu unvollständigen und falschen Anforderungen. Um zu einer tragfähigen Lösung zu gelangen, werden daher Ziele und Anforderungen – je nach Zielvorgaben – mit verschiedenen Methoden analysiert. Der Analyst oder Entwickler betrachtet den Einfluss verschiedener Lösungsmöglichkeiten auf die existierende oder zu entwickelnde Systemumgebung. Er schätzt den Entwicklungsaufwand je nach Lösung ab und vergleicht ihn mit den Nutzenpotenzialen. Schließlich verifiziert er die Lösungselemente hinsichtlich Korrektheit, interner Konsistenz, Validierbarkeit und Vollständigkeit gegen die Anforderungen.

Den Start für die Analyse und Lösungsspezifikation ist die Aufgabenbeschreibung, also die Anforderungen und der erlaubte Lösungsraum. Der Lösungsraum wird durch den Systemkontext und Schnittstellen sowie durch Randbedingungen und Umgebungseinflüsse beschrieben. Der Analyst muss sich im Rahmen der Analyse ein sehr intensives Bild der Aufgabe und des Lösungsraums machen. Daraus entwickelt er schrittweise und meistens top-down die Beschreibung der Lösung.

Voraussetzungen für eine gute Analyse sind, dass die Anforderungen zu Beginn der Analysephase organisiert und kategorisiert sind (Kap. 4). Organisierte

Anforderungen liegen dann vor, wenn Werkzeuge eingesetzt werden, die das Verstehen und Verfolgen von Anforderungen von Projektbeginn bis zur Lieferung unterstützen (Kap. 11). Am wichtigsten in der Organisation von Anforderungen ist eine klare und strukturierte Beschreibung und Identifikation jeder einzelnen Anforderung. Dazu gehört ein formalisiertes Änderungsmanagement, denn die Analyse bringt viele Änderungen auf den Tisch, die allesamt verfolgbar und entscheidbar gehalten werden müssen. Kategorisierung bedeutet, dass die Anforderungen (hierarchisch) gruppiert sind, um damit Abhängigkeiten und Beziehungen zu abstrahieren und zu verstehen. Es erfordert den konsequenten Einsatz eines Templates für Spezifikationen (z. B. Anwendungsfälle, IEEE 830, IEEE 1233).

Betrachten wir die Analyse anhand eines **einfachen Beispiels**. Es geht um die Automatisierung einer chemischen Produktion, in der zwei Flüssigkeiten bei definierter Temperatur und gegebenem Mischungsprofil gemischt werden sollen. Ein Benutzerterminal erlaubt es, die Flüssigkeiten und deren Menge zu wählen und damit Chargen zu spezifizieren. Die Automatisierung des Verfahrens soll Produktbezeichnungen und die zugrunde liegenden Mischprozesse speichern, sodass sie später im Batchbetrieb automatisch wieder verwendet werden können. Eine homogene Emulsion resultiert nur aus einem exakt eingehaltenen Mischungsverhältnis. Wie bei fast allen chemischen Prozessen sind die Umgebungsverhältnisse exakt einzuhalten, also Temperatur und Druck beim Mischen. Aus Gründen der Kostenreduzierung soll die Anlage so flexibel sein, dass sie mit verschiedenen Flüssigkeiten, Umgebungsfaktoren und Mischungsverhältnissen umgehen kann.

Nachdem sich der Analyst mit der Materie vertraut gemacht hat, wird er feststellen, dass viele Fragen offen sind. Fragen resultieren aus unzureichend detaillierten Anforderungen: Wie sieht die Anlage eigentlich aus? Wird sie neu gebaut oder steht sie bereits zur Verfügung? Arbeitet sie derzeit korrekt? Wie sehen die Schnittstellen zur Anlage aus (z. B. Sensorik, Aktorik)? Welche Temperatur- und Druckbereiche sind zulässig? Sind Alarmvorrichtungen und Sicherheitsmaßnahmen vorzusehen? Wie soll die Anlage reagieren, wenn die Menge oder die Qualität der zufließenden Substanzen nicht genügt? Einige offene Punkte werden erst durch die Qualitätsanforderungen richtig deutlich, wie beispielsweise: Tragen die Flüssigkeiten bei der Reaktion oder beim Mischen zu einer Druck- oder Temperaturänderung bei, die kompensiert werden muss? Kann es zu sicherheits- oder gesundheitskritischen Prozessschritten kommen? Wie kritisch ist die Sauberkeit der Anlage, bevor neue Flüssigkeiten zugeführt werden? Wie erfahren sind die Betreiber der Anlage? Es gibt also sehr viele Fragen, die wahrscheinlich noch weitere Fragen durch die gegebenen Antworten generieren.

Wir erkennen aus diesem Beispiel, **was einen guten Requirements-Ingenieur ausmacht**. Er muss sich eine solide Basis des Wissens aus dem Anwendungsbereich erarbeiten, um überhaupt die richtigen Fragen stellen zu können. Reine Informatikkenntnisse reichen nie aus. Das erklärt auch, weshalb gerade bei sehr spezifischen Anwendungsbereichen die Lösungsspezifikation fast immer vor Ort mit den verschiedenen Interessengruppen erarbeitet werden muss. Diese Arbeit wird kaum in ein Niedriglohnland ausgelagert

Der Requirements-Ingenieur muss hervorragend kommunizieren und vermitteln können. Häufig verstehen die Anwender nicht viel von IT und Software oder aber sie bringen ein gefährliches Halbwissen mit. Umgekehrt gilt dies natürlich auch für das Halbwissen der Entwickler oder des Projektteams zum Anwendungsbereich. Gefährlich ist dieses Halbwissen, weil beide Seiten denken, dass sie bestimmte Dinge als bekannt voraussetzen können, und damit oberflächlich und ungenau werden. Oder sie zwingen sich nicht zu Präzision und Korrektheit, da sie davon ausgehen, dass der Requirements-Ingenieur dies ja herausfindet – es ist ja vermeintlich sein Job.

Er muss geduldig sein, denn die Interessenvertreter widersprechen sich, haben gegensätzliche Ziele und können sich häufig im Aufgabenbereich nicht gut artikulieren, da die Prozesse schon so in Fleisch und Blut übergegangen sind, dass sie gar nicht mehr als explizites Wissen abrufbar zur Verfügung stehen. Beim Spezifizieren merken sie dann, dass einiges ungenau ist oder schlichtweg nicht stimmt, was zu anhaltenden Anforderungsänderungen führt. Auch dies ist ein wichtiger Punkt: **Die Beschreibung der Lösung führt nicht nur zu neuen Fragen, sondern auch zu weiteren Anforderungen.**

Requirements-Ingenieure (oder Analysten) müssen in der Analyse kreative Detektivarbeit leisten, um die Elemente der Lösungen zu extrahieren, die alle Anforderungen abdecken. Sie müssen erkennen, wo sich Widersprüche auftun oder wo der Lösungsraum noch nicht ausreichend genau beschrieben ist. Sie müssen wie ein Detektiv ständig die einzelnen Elemente des Puzzles (also die Anforderungen) geistig parat haben, um zu erkennen, ob die Lösung nicht an irgendeiner Stelle einen Widerspruch generiert. Sie müssen wachsam sein, denn gerne bringen spätere Benutzer neue Anforderungen und Bedürfnisse hinein, die nicht von der ursprünglichen Vision und Zielsetzung des Projekts abgedeckt werden. Daher rührt auch der Satz, dass die Lösungsspezifikation die Anforderungen des Kunden implementieren muss und nicht seine Bedürfnisse.

Wenn neue Anforderungen hinzukommen, die über eine reine Klärung von offenen Punkten der bereits akzeptierten Anforderungen hinausgehen, dann muss der Requirements-Ingenieur dies als Änderungsanforderung markieren und an die dafür zuständige Stelle zur Entscheidung geben. In kleinen Projekten kann dies die Analystin selbst sein, aber dann muss sie sehr scharf zwischen diesen beiden grundverschiedenen Rollen trennen. Die Analystin arbeitet im Interesse und Auftrag des Projekts mit dem Ziel, das Projekt – im Kundeninteresse – zu einem Erfolg zu machen.

Ein guter Requirements-Ingenieur nimmt eine ausgleichende und kommunikative Rolle zwischen Kunden und Entwicklern ein. Er versucht, die verschiedenen Positionen zu verstehen und daraus Win-win-Lösungen zu erarbeiten. Er spricht die Sprache aller Interessengruppen und ist in der Lage, Ergebnisse oder offene Punkte in das obere Management auf Kunden- und Lieferantenseite zu tragen und auf Beantwortung zu drängen.

Er beherrscht verschiedene Analyseverfahren, vor allem auch solche, die nicht rein technischen Charakter haben. Er kann damit spielen und so weit abstrahieren, um auch zu einer neuen Methode zu wechseln, wenn eine Situation dies erforderlich macht. Er ist hinreichend akkurat und diszipliniert, um alle Ergebnisse zu dokumentieren, damit es zu jedem Zeitpunkt eine Basis der Lösungsspezifikation gibt.

Die Lösungsbeschreibung entsteht iterativ durch wiederholtes Verfeinern der vorhergehenden Ergebnisse (also Lastenheft mit den Anforderungen) und der Folgeschritte (also Softwareentwurf). Dies ist in Abbildung 5–1 dargestellt. Jeder Schritt enthält sowohl eine Analyse als auch ein Lösungsmodell. Das Lösungsmodell muss immer wieder im Zusammenhang mit den Anforderungen und den es umgebenden anderen Modellen geprüft und erweitert werden, bis alle Ergebnisse konsistent und hinreichend detailliert sind. Während dieses Bild uneingeschränkt bei der Systementwicklung gilt, werden bei reiner Anwendungssoftware und bei IT-Wartungsprojekten häufig die System- und Architekturanalyse (und der zugehörige Entwurf) mit der Softwareanalyse kombiniert.

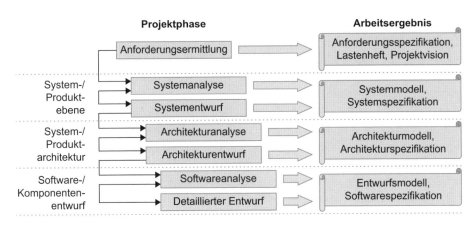

Abb. 5–1 *Die Lösung wird schrittweise modelliert und analysiert.*

Ein rein sequenzieller Übergang von Marktanforderungen zu Produktanforderungen und schließlich zu Komponentenanforderungen ohne parallele Konzeption der jeweiligen Lösungsmodelle ist kein guter Weg, da er den Lösungsraum zu schnell einschränkt und daher Flexibilität nimmt. Da Anforderungen häufig falsch oder unzureichend verstanden werden, führt dieser Ansatz zu hohen Kosten für später notwendig werdende Nacharbeiten. Zudem leidet die Nachverfolgbarkeit zwischen den Anforderungen und den zugehörigen Lösungselementen und Testschritten.

Wir empfehlen daher, nicht nur die Anforderungen zu spezifizieren, sondern gleichzeitig die zugehörigen Lösungen und deren Validierung zu konzipieren. Aus den Marktanforderungen werden frühzeitig entsprechende Testfälle abgeleitet (z.B. Akzeptanz, Freigabe), anhand derer schnell erkannt wird, ob das Problem richtig verstanden und ausreichend spezifiziert ist. Danach werden die Produktanforderungen abgeleitet, die gleichzeitig mit einem ersten Lösungsmodell und den zugehörigen Systemtestfällen detailliert werden. Daraus werden die Komponentenanforderungen abgeleitet und mit einem Modell der Komponenten (und der Softwarearchitektur) sowie den zugehörigen Integrationstestfällen beschrieben. Schließlich werden die Softwareanforderungen an einzelne Komponenten gemeinsam mit dem Softwaredesign und den Unit-Testfällen entwickelt.

Die **Entscheidung zwischen verschiedenen Alternativen** ist ein wichtiger Bestandteil der Lösungsentwicklung. Häufig geht es nicht nur darum, ob Komponenten neu entwickelt, wiederverwendet oder von außen zugekauft werden, sondern auch darum, wie eine kostengünstige Lösung auszusehen hat. Weitere Arbeitsergebnisse wie das Architekturmodell oder das Entwurfsmodell können optional zur Lösungsspezifikation hinzugefügt werden oder aber als separates Entwurfsdokument konfiguriert bleiben.

»**Design to Cost**«, also ein kostenoptimiertes Lösungsmodell, ist heute eine sehr wichtige Entwurfsvorgabe, egal ob es sich um Software oder um eingebettete Systeme handelt. Bei den Kosten geht es nicht nur um Entwicklungskosten, die noch verhältnismäßig leicht abgeschätzt werden können, sondern um die gesamten Lebenszykluskosten [McGrath2004]. In der Regel müssen diese Gesamtkosten sogar noch unterteilt werden in die Kosten der Lösung (Kapitalkosten) und die Kosten des Betriebs (Betriebskosten). Viele Kunden versuchen heute, die fixen Anfangskosten zu minimieren, denn sie wissen noch nicht, wie weit das angenommene Geschäftsmodell funktioniert und die erwarteten Erlöse einbringt. Je mehr die Kosten der Lösung aus Kundensicht flexibel erscheinen, also mit dem Erfolg des Geschäftsmodells wachsen können, desto freier ist der Kunde in seinen Entscheidungen. Die Kostenanalyse (siehe auch Abschnitt 5.4) ist ein essenzieller Bestandteil der Lösungsanalyse und damit der Vertragsgestaltung.

Kreativität in der Bestimmung von möglichen Lösungen und die Disziplin, die verschiedenen Möglichkeiten formalisiert und wiederholbar zu bewerten und zu entscheiden, zeichnen eine erfolgreiche Analysephase aus. Innovation ist immer das Produkt aus Inspiration und Disziplin. Beides muss im richtigen Maßstab gemischt werden und bedingt eine gute Mischung von Persönlichkeiten im Analyseteam.

Noch ein Wort zu den Aufwänden für diese Analyse. Der Aufwand für viele der vorgelagerten Aktivitäten im RE, also Anforderungen zu ermitteln, zu spezifizieren oder zu analysieren, wird in der Regel vom Auftragnehmer oder Lieferanten getragen. Um diese Aufwände zu begrenzen, sollte er mit dem Kunden (in einem B2B-Projekt) vereinbaren, dass die Analysephase zweigeteilt ist. Nach einer ersten groben Analyse zum Zweck der Angebotserstellung und Planung wird nach Auftragserteilung eine zweite detaillierte Analyse zu Projektstart als Teil des Projekts durchgeführt.

5.2 Analysemethoden

Eine **Analysemethode** beschreibt eine Vorgehensweise, um ein Analysemodell schrittweise zu entwickeln. Sie gibt Regeln vor, um das Modell anhand einer gegebenen Notation darzustellen. Sie sollte Richtlinien enthalten und beschreiben, um in bestimmten Situationen die wahrgenommene Realität zu interpretieren und in das Modell umzusetzen. Oftmals liefern Analysemethoden einen Satz von Fragen, die dazu dienen, das Modell so brauchbar und korrekt wie möglich zu beschreiben. Analysemethoden werden für zwei Modelle angewandt, zum einen für das **Anforderungsmodell**, das dazu dient, den Problemraum angemessen zu beschreiben und darin zu erkennen, wie Anforderungen zusammenhängen. Zum anderen macht natürlich eine Analyse nur dann Sinn, wenn sie zu einem **Lösungsmodell** führt. Das ist das zweite wichtige Modell, das aus der Systemanalyse resultiert.

Anforderungsmodell und Lösungsmodell dienen zur besseren Planbarkeit des Projekts und werden im Laufe des Projekts mit weiteren Ergebnissen gekoppelt, um zu verfolgen, ob alle Anforderungen richtig implementiert wurden.

Das **Anforderungsmodell** entwickelt sich in den frühen Projektphasen weiter, wenn Anforderungen deutlicher hervortreten und zunehmend präziser werden. Mit besser verstandenen Anforderungen wird dieses Modell zunehmend stabiler. Es dient der Anforderungsanalyse und einer ersten Aufwandabschätzung. Vor allem aber dient das Anforderungsmodell dazu, ein gutes **Lösungsmodell** zu erstellen. Das Lösungsmodell entwickelt sich parallel zum Anforderungsmodell und beschreibt, wie die Anforderungen in eine gute Lösung überführt werden können. Es dient dazu, Entwurfsentscheidungen abzuwägen oder bereits existierende Komponenten auf Wiederverwendbarkeit zu untersuchen. Es modelliert die Realisierung von funktionalen Anforderungen und Qualitätsanforderungen und hat daher oftmals experimentellen oder explorativen Charakter, denn es wird nicht nur durch sich ändernde Anforderungen beeinflusst, sondern auch durch weiterentwickelte Entwurfsentscheidungen.

Anforderungen und die parallel entwickelte Lösungsbeschreibung zeigen typischerweise drei Sichten, die aus der Analysephase resultieren [Booch1994, Fowler2003]:

▓ Strukturperspektive
    Aus dieser Perspektive wird betrachtet, welche Strukturen das System aufweisen muss, um diese Anforderung zu erfüllen. Sie beschreibt, wie das System und seine Teilsysteme untereinander kommunizieren und interagieren. Es ist auch eine logische Sicht, die aber stärker die Zusammenhänge innerhalb des

Systems betrachtet. Diese Sicht erlaubt es, Qualitätsanforderungen im Zusammenhang des kompletten Systems zu entwickeln. Für die modellbasierte Dokumentation der Daten-/Strukturperspektive eignen sich z.B. Klassendiagramme oder außerhalb der UML Entity-Relationship-Diagramme.

▓ **Funktionsperspektive**
Hier wird beschrieben, welche Funktionen ein System für die Erledigung der Anforderung bereitstellen muss. Sie beschreibt die Funktionalität aus der Sicht des Benutzers und fokussiert auf funktionale Anforderungen und Verhaltensweisen. Oftmals hängt diese Sicht direkt mit den Anwendungsfällen zusammen und beschreibt eine konzeptionelle Sicht auf das zu entwickelnde System, ohne sich in der Realisierung zu verlieren. Es bieten sich besonders Anwendungsfälle, Datenfluss- oder Aktivitätsdiagramme an.

▓ **Verhaltensperspektive**
Hier wird dargestellt, welches Verhalten ein System aufweisen muss. Das System und dessen Einbettung in den Systemkontext werden zustandsorientiert dokumentiert, indem beispielsweise Reaktionen auf Ereignisse oder Bedingungen eines Zustandswechsels beschrieben werden. Zustandsdiagramme sind für die Dokumentation dieser Perspektive am besten geeignet.

Diese drei Perspektiven sind natürlich stark voneinander abhängig, weswegen auch nicht erst eine Perspektive dokumentiert werden kann und dann die anderen, sondern die Dokumentation parallel erfolgen muss. Wenn die natürliche Sprache als Dokumentationsform gewählt wird, werden diese drei Perspektiven meistens vermischt.

Bei der Entwicklung von Softwaresystemen kann es zu einem Strukturbruch innerhalb der verwendeten Beschreibungssprachen und ihrer Inhalte kommen [Ebert1995]. **Ein Strukturbruch tritt meistens beim Übergang von Anforderungen zur Lösungskonzeption und danach zu einer Systemstruktur mit Software- und Hardwarekomponenten auf, mit der diese Lösungskonzeption verwirklicht wird.** Dies bedeutet, dass die als Ergebnis der Anforderungsanalyse vorliegende Struktur des Lösungsmodells (z.B. Algorithmen, Prozeduren, Workflows) einen ganz anderen Charakter haben kann als die vom Entwickler beim Systementwurf festgelegte Struktur (z.B. Modul- oder Taskstruktur, verteiltes Rechnersystem) und damit Konsistenzprüfungen und die Verständlichkeit von Analyse- und Lösungsmodellen schwierig macht. Die Ursache dafür ist die Verschiedenheit der Sichtweisen: Während bei der Lösungskonzeption nur das funktionelle Verhalten im Blickpunkt steht, werden beim Softwareentwurf die durch die einzusetzende Software- und Hardwaretechnik sinnvollen oder aus Effizienzgründen nötigen Strukturen betrachtet.

Durch Strukturbrüche zwischen Spezifikationsergebnissen wird die direkte Nachverfolgung von Anforderungen erschwert. Der Strukturbruch verhindert aber auch, bedingt durch verschiedene Darstellungsformen, einen einheitlichen

Systementwurf. Die häufig geringe formale Basis der Beschreibung einer Lösungskonzeption macht Analysen und frühe Simulationen nahezu unmöglich. Der Zwang zum Arbeiten mit zwei strukturungleichen Modellen wirkt sich umso störender aus, je stärker in einem Projekt diese beiden Teile miteinander verzahnt sind. Schließlich ist eine interdisziplinäre Kommunikation zwischen den Experten aus dem jeweiligen Fachgebiet, in dem das System eingesetzt werden soll (z.B. Kraftwerksbetreiber oder Krankenhausverwaltung), und den Systemanalytikern, die für die Lösungskonzeption zuständig sind, durch zu heterogene Sprachen äußerst schwierig.

Eine gute Analysemethode überbrückt diesen Strukturbruch, indem sie die mögliche Problemklasse einschränkt, um die Modelle durchgängig verwenden zu können. Die objektorientierte Analyse und Entwicklung ist ein solches Beispiel, wo durch den Einsatz von übergreifenden Modellierungselementen (z.B. Dokumente innerhalb eines Informationssystems) die Konsistenz zwischen Aufgabe und Lösung hergestellt wird. Ein anderes Beispiel für eine eingeschränkte Problemklasse stellen Benutzeroberflächen dar, die meist frühzeitig exakt spezifiziert werden müssen und dann automatisch in den jeweiligen Programmcode umgesetzt werden.

Analytiker sollten daher darauf achten, auch bei Modellen unterschiedlicher Struktur Nachverfolgbarkeit zu erreichen (siehe auch Kap. 8). Falsch ist es beispielsweise, das Problem dadurch lösen zu wollen, dass Arbeitsdokumente aus einem bisherigen Ablauf (z.B. Kontounterlagen in einer Bank oder Beschaffungslisten in einem Ingenieurbüro) einfach in die lösungsorientierte Analyse übernommen werden. Damit hat man zwar den Strukturbruch umschifft, bildet aber eine in der Regel antiquierte Arbeitsumgebung in die neue Lösung ab. Die bereits existierenden Arbeitsdokumente resultieren zumeist aus einem Vorgehen, das in der bisherigen Umgebung funktionierte, aber nichts mit der neuen Lösung zu tun hat. Wenn beispielsweise Beschaffungslisten im Einkauf eine bestimmte Struktur und ein bestimmtes Format hatten, heißt das nicht, dass man sie in dieser Form in einer Supply-Chain-Lösung abbilden sollte. Möglicherweise wird der Prozess feiner aufgeteilt und verschiedene Personen sollen Informationen in unterschiedliche »Dokumente« einfügen. Neue Vorgehensweisen, wie ein Reverse Auctioning, würden niemals ihren Platz in einer solchen Lösung finden, wenn mit den Dokumenten der bisherigen angebotsorientierten Vorgehensweise gearbeitet würde.

Gerade bei Dienstanforderungen wird deutlich, wie wichtig trotz unvermeidbarer Strukturbrüche (z.B. zwischen technischer Sicht des Lieferanten und Dienstorientierung des Auftraggebers) die Konsistenzsicherung ist. Wir müssen aus den Geschäftsanforderungen frühzeitig Produktanforderungen an das System und an die Dienste ableiten – und danach konsistent halten. Abbildung 5–2 zeigt das Vorgehen, bei dem sich in der Modellierung zwar zwei Äste aufspalten, aber durch Modellbeziehungen und Verknüpfungen konsistent gehalten werden. Schließlich könnte ja die Dienstqualität (z.B. Verfügbarkeit oder Antwortzeit des

Aufzugssystems) außerhalb des Systems, das den Dienst liefert, zu ändern sein, und dem Kunden ist dabei gar nicht bewusst, dass dies aufwendige Systemmodifikationen mit sich bringt. In Abschnitt 10.7 vertiefen wir das Requirements Engineering für Dienste.

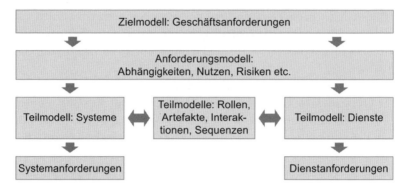

Abb. 5–2   *Modellierung von Systemen und Diensten*

Analysemethoden werden für die zusammenhängende Beschreibung eines Satzes von Anforderungen oder einer Beschreibung einer Situation oder eines Zustands eingesetzt. Sie sind in der Regel an funktionalen (operativen) Zusammenhängen orientiert und werden schwerfällig, wenn es um Qualitätsanforderungen geht.

Wir wollen im Folgenden einige Analysemethoden und die zugehörigen Modelle betrachten. Tabelle 5–1 gibt eine kurze Zusammenstellung der unterschiedlichen Modelle mit den zugehörigen Prinzipien und den Inhalten oder Schwerpunkten wieder, die den Einsatz der Modelle charakterisieren.

Analysemethode	Modelle	Nutzen und Ergebnisse
Zielanalyse	Zielmodell	Zielvorgaben, Systemumgebung, Funktionen innerhalb und außerhalb des Systems, Kontextgrenzen
Kontextanalyse	Kontextmodell	Systemumgebung, Schnittstellen, Komponenten, hierarchische Verfeinerung, Funktionen innerhalb und außerhalb des Systems, Kontextgrenzen, Dienste und Ereignisse an den Systemgrenzen
Analyse von funktionalen Szenarien	Anwendungsfälle (Use Cases)	Systemumgebung, ablauffähige Szenarien aus Benutzersicht, Schnittstellen zwischen Benutzern oder Systemkomponenten
Architektur- analyse und Synthese	Funktionale Dekomposition	Existierende Komponenten werden analysiert, neue Komponenten werden hinzugefügt, hierarchische Verfeinerung der Komponenten
Variabilitäts- analyse	Feature-Modell	Beschreibung von Anforderungen, Abhängigkeiten und Variationspunkten zur effizienten und geplanten Wiederverwendung beispielsweise in Produktlinien $\rightarrow$

Analysemethode	Modelle	Nutzen und Ergebnisse
Datenfluss-analyse	Datenflussmodell	Dynamische Verhaltensweisen im Datenfluss
Zustandsanalyse	Zustandsübergangs-modell, Petri-Netz	Dynamische Verhaltensweisen mit Zuständen, Zustandsübergängen und Ereignissen, die die Zustandsübergänge auslösen
Entscheidungs-analyse	Entscheidungs-tabelle, Petri-Netz, Zustandsgraph	Übergang von Zuständen, Ereignisse und deren Kombination, binäre Entscheidungen, Abhängig-keiten von Entscheidungen
Datenanalyse	Semantisches Daten-modell, Entity-Rela-tionship-Attribute-(ERA-)Modell, Data Dictionary	Datenmodelle, Identifikation und Beschreibung von Datenelementen sowie deren Beziehungen, Daten-strukturen, Beziehungen zwischen Datenelementen, Bedingungen innerhalb von Datenmodellen, Norma-lisierung von Datenmodellen
Objektorientierte Analyse	Objekt- und Klassen-modell, Sequenz-diagramm	Beziehungen zwischen Objekten (Generalisierung, Vererbung, Interaktionen), Identifikation von Klassen

Tab. 5-1   Analysemethoden und die zugehörigen Modelle

Es gibt nicht die beste oder eine einheitliche Methode. Allerdings gilt, dass praktisch jede Methode besser ist als eine Ad-hoc-Arbeitsweise. Das liegt daran, dass eine Analysemethode den Ingenieur dazu zwingt, strukturiert und diszipliniert zu arbeiten, und damit Flüchtigkeitsfehler verringert und die Transparenz der Lösung in dieser frühen Phase verbessert. Die Ergebnisse einer Analyse müssen beschrieben werden, um später verifiziert werden zu können und um die zugrunde liegenden Annahmen zu kennen. Die gewählte Methode verbessert nicht per se die Qualität der resultierenden Spezifikation. Es steckt so viel Erfahrung und Kreativität in einer Lösung, dass selbst eine sehr gute Methode noch nicht für das Ergebnis garantieren kann. Allerdings sollte die ausgewählte Methode die Denk- und Arbeitsweise der Benutzer und der Entwickler bestmöglich unterstützen.

Bei so vielen Methoden stellt sich die Frage, wie man schnell beginnen kann und welche Methoden in welcher Reihenfolge Sinn machen. **Aus meinen Projekterfahrungen in unterschiedlichen Unternehmen schlage ich die folgende Vorgehensweise vor:**

1. Ich starte eigentlich immer mit einem Kontextdiagramm. Damit hat man ein erstes »Bild« vom Problemraum und Zuschnitt einer Lösung. Parallel dazu entwickle ich ein Zielmodell, um zu verstehen, was die Lösung vorzugsweise erreichen muss. Daraus kann ich mit verschiedenen Interessengruppen intern und extern ermitteln, was zu tun ist und was nicht. Das wird in der Regel zuerst grafisch auf einem Blatt Papier gemacht und dann schrittweise verfeinert. Nach der zweiten oder dritten Iteration ist es sinnvoll, es im Rechner zu dokumentieren und zu strukturieren, damit es übersichtlich bleibt.

2. Nun ist es an der Zeit, mit dem Glossar zu beginnen. Die Gespräche mit ver-
    schiedenen Interessengruppen zeigen, welche Begriffe mit welcher »Überset-
    zung« wesentlich sind, wie Geschäftsprozesse funktionieren, oder ganz ein-
    fach, wie der Benutzer oder Kunde Geld durch das zu entwickelnde System
    verdient. Das Glossar wird von Beginn als Tabelle geführt (Begriff und Defi-
    nition) und wird der Dokumentation als Anlage mitgegeben, damit die Inter-
    essenvertreter es auch prüfen und erweitern können. Häufig habe ich es er-
    lebt, dass sie dann eigene Glossars zeigten, die zwar auch nicht perfekt
    waren, aber dem Verständnis dienten.

3. Use Cases und Szenarien sind nun angebracht, um wesentliche Funktionen
    grafisch zu beschreiben. In aller Regel sind die ersten Anforderungen immer
    an einem Geschäftsprozess oder Ereignis orientiert, sodass diese Techniken
    gut geeignet sind. Initial gibt es noch wenige Sonderfälle. Wenn diese dann
    aufkommen, sollten die Use Cases eher als Text formuliert werden, um die
    Sonderfälle übersichtlich darzustellen. Dazu eignet sich eine Vorlage, die man
    im Voraus bereits als Tabelle druckt und dann nur auszufüllen braucht.

4. Zustandsdiagramme und Zustandsanalysen kommen hier ebenfalls zum Ein-
    satz, und zwar dann, wenn die Beschreibungen weniger auf einzelne Abläufe
    und Funktionen aufbauen, sondern sich in Zuständen darstellen lassen, die in-
    einander übergehen. Das ist beispielsweise dann der Fall, wenn Benutzer Ar-
    beitsabläufe gruppieren oder wenn externe Randbedingungen sich gut grup-
    pieren lassen, beispielsweise Initialisierung, Stand-by, Störung, Notbetrieb,
    Backup etc. Zustandsanalysen sind praktisch, um bestimmte Situationen ein-
    zugrenzen, die für den Benutzer oder Kunden kritisch sind. Auch Fehlerfälle
    lassen sich so identifizieren und eingrenzen, beispielsweise: Welcher Zustand
    darf nicht eintreten? An was ist der Übergang in Überlast erkennbar?

5. Entscheidungstabellen und Entscheidungsbäume werden dann eingesetzt,
    wenn komplexe Abhängigkeiten zu einem Ergebnis führen. Das gilt sowohl
    bei verschachtelten Bedingungen als auch bei Ereigniskombinationen. Ereig-
    nistabellen sind gut prüfbar, selbst für Computer-Laien. Entscheidungs-
    bäume helfen beim Aufspüren von kritischen Situationen und deren Vorbe-
    dingungen. Fehlerbäume beispielsweise starten mit einer Situation, die nicht
    eintreten darf, und verfolgen dann rückwärts, wie es dazu kommen kann –
    um damit Anforderungen zu haben, wie der Fehler vermieden werden kann.
    Solche Entscheidungstabellen erweitern Use Cases an den Stellen, wo Störun-
    gen oder Störmeldungen beschrieben werden sollen, denn Use Cases werden
    mit Extension Points und Sonderfällen schnell unübersichtlich und schwer
    wartbar.

6. Nun sollten Störfälle und Missbrauchsszenarien systematisch identifiziert und modelliert werden. Dazu nutze ich spezielle Use Cases für Missbrauchsfälle, Unfälle, Notsituationen etc. Fehlerbäume, FMEA, Gefahrenanalyse und natürlich Safety Cases sowie Security Cases kommen zum Einsatz, um systematisch und durchgängig sowohl die Zielzustände als auch die Ausnahmen zu beschreiben. Das ist später eine gute Basis, um Testfälle abzuleiten.

7. Spezifische Qualitätsanforderungen sollten zuerst einmal als Anforderung mit Quelle und Bedeutung notiert werden. Oftmals werden sie in einem spezifischen Kontext genannt, sind aber darüber hinaus nicht so relevant. Dann ist es wichtig, sie entsprechend einzugrenzen, denn sonst kann die Lösung zu teuer und zu komplex werden. Zuverlässigkeit und Verfügbarkeit werden wieder durch Fehlerbäume und Zustandsanalysen analysiert. Benutzbarkeit sollte durch Nutzungsszenarien und Prototypen beschrieben werden. Performanz und Effizienz werden durch Lastmodelle eingegrenzt. Hier passe ich immer darauf auf, nicht zu viele solcher Anforderungen zu bekommen, denn kaum ein Kunde durchdenkt die Kosten und gegenseitigen Einflüsse. Mein Rat: Anforderungen notieren, aber niemals ohne profunde Analyse und Abstimmung auch nur andeutungsweise zusagen. Im Gegenteil, es ist sinnvoll, sie als schwer realisierbar darzustellen, um vergleichende Szenarien zu testen, beispielsweise ist Performanz oder Sicherheit wichtiger, wenn nur eines davon geht?

8. Randbedingungen werden ebenfalls parallel mit Quelle und Einfluss beschrieben, denn daraus müssen nachher ganz konkrete Prioritäten und Iterationen abgeleitet werden. Das können Termine und Kosten sein, aber auch Gesetze, Standards, Normen etc.

9. Nun kommen detaillierte Modelle zum Einsatz, beispielsweise Klassen- und Objektmodelle, Informationsmodelle (ERA) und detaillierte Zustands- und Zeitmodelle.

10. Die verschiedenen Modelle und Teilergebnisse sollten jeweils abends oder am Ende eines Workshops oder Interviews konsolidiert werden und in eine Spezifikation übertragen werden. Das erlaubt einen unmittelbaren Review sowie Konsistenzprüfungen. Klar ist einmal mehr, dass »Lösungsvorschläge«, die uns oder den Gesprächspartnern im Interview einfallen, auch als solche deklariert werden, um nicht Lösungen mit Anforderungen zu vermischen. Später lässt sich so etwas nicht mehr trennen. Ansonsten gilt, dass Anforderungen und Dokumente immer professionell strukturiert und konfiguriert werden sollen. Dazu gehören Anforderungsbezeichner und nummern, Kapitelstrukturen, Versionsnummern etc.

Abbildung 5–5 stellt beispielhaft die Anwendung dieser Vorgehensweise in der Anwendungsentwicklung vor. Es ist das Ergebnis einer Prozesseinführung und veranschaulicht, wie die verschiedenen Schritte aufeinander folgen und welche Iterationen als wesentlich für dieses Umfeld betrachtet werden.

Voraussetzung: Ermittlung, CRs (Funktionen, Vorgaben, Abläufe, Änderungen)
Analyse
1. **Zusammenhänge** (externe Sicht): Abhängigkeiten, Gruppierung von Anforderungen, kundenspezifische Varianz vs. Plattform *Ergebnis:* Anforderungen mit Attributen im Werkzeug
2. **Einflussanalyse** (interne Sicht): Kontext, Wiederverwendung, Bezug zur Architektur/zu Komponenten, Ausschlusskriterien, Widersprüche *Ergebnis:* Anforderungen mit Attributen in Excel, Komponentendiagramme
3. **Schätzung** (grob): Delphi-Schätzung mit Projektleiter, Fachexperte, Entwickler. *Ergebnis:* Aufwände, Kundennutzen, Budgetierung. Ggf. Anpassungen
4. **Daten**: Welche Informationen benötige ich? Wo nutze ich Daten (z.B. Datenfluss, Reports)? Quellen und Zusammenhänge der Daten *Ergebnis:* Datenzusammenhänge, ERA, Klassen
5. **Abläufe**: Dynamik, Auslöser, kritische Fälle, Ausnahmen, Missbrauch *Ergebnis:* Use Cases, Zustandsübergänge
6. **GUI**: Erweiterungen, Prüfung/Plausibilität von Eingaben; für Kundengespräche *Ergebnis:* Prototyping mit NetBeans, Masken
7. **Algorithmen**: »Übersetzung« von Vorschriften in Regeln und Auswertungen *Ergebnis:* Vorlage für Regeln/Daten, Entscheidungstabellen
8. **Prüfung der Zwischenergebnisse der Analyse**: Kundengespräche, Reviews auf Konsistenz, Widersprüche, Vollständigkeit. Ggf. Korrekturschleifen *Ergebnis:* Zwischenergebnisse (s.o.) sind versioniert und werden angepasst
9. **Schätzung** (fein): Aufwand und Zeit für Entwicklung, Test, Pilot, Migration *Ergebnis:* Aufwand für Projekt-/Ressourcenplanung

Abb. 5–3   *Beispiel für Analysemethode*

5.3 Modellierung

Die Analyse liefert Modelle als hauptsächliches Ergebnis. Modelle sind Abstraktionen der Realität der Systemumgebung und des zu entwickelnden Systems. Sie sind unvollständig und lassen jene Details weg, die nicht direkt zur optimalen Lösung beitragen können. Daher werden unterschiedliche Modelle generiert, um verschiedene Sichtweisen zu erlauben, beispielsweise ein statisches Modell für die Schnittstellen und ein dynamisches Modell zur Beschreibung der Ereignisse an diesen Schnittstellen. Diese unterschiedlichen Perspektiven auf das gleiche zugrunde liegende System helfen dabei, dass alle relevanten Anforderungen und

Eigenschaften im Zusammenhang erkannt und berücksichtigt werden. Es ist anfangs nicht perfekt und sollte niemals auf völlige Perfektion getrimmt werden. Der Charme eines Modells liegt darin, das Richtige wegzulassen und sich nicht zu verzetteln. Es dient der Kommunikation und beschreibt keine exakte Implementierung. Die verschiedenen Modelle unterstützen die Kommunikation der Aufgaben- und Lösungsbeschreibung und helfen damit, dass verschiedene Experten mit unterschiedlichem Hintergrund die konsistente und korrekte Wiedergabe der Aufgabe prüfen können. Wir betrachten nun verschiedene Modelle anhand ihrer Anwendung und des erreichbaren Nutzens sowie ganz konkret in der Ausgestaltung mit unserem Beispiel.

Das resultierende Modell muss verschiedene Kriterien erfüllen:

- Konkret und verständlich (d.h., verschiedene Blickwinkel und Perspektiven aller betroffenen Interessengruppen werden beschrieben, z.B. Kontext, Schnittstellen und Umgebung, Abläufe und dynamische Eigenschaften, Benutzereingaben, Datenfluss und Reports, Struktur, Komponenten und Architektur)
- Vollständig und eindeutig
- Konsistent und widerspruchsfrei
- Minimal, also nicht überladen mit Details
- Änderbar und wartbar
- Nutzenorientiert, also den Wert der Lösung aus den vorgegebenen Nutzenpotenzialen der einzelnen Anforderungen, den betriebswirtschaftlichen Randbedingungen und der Produktvision beschreiben.

Zielmodell

Das Zielmodell steht am Anfang, denn es hilft uns, methodisch zu verstehen, was das System eigentlich erreichen soll. Ziele beschreiben ergebnisorientiert ein oder mehrere gewünschte charakteristische Merkmale. Beispiele sind Ziele eines zu entwickelnden Systems, Ziele des zugehörigen Entwicklungsprojekts, Geschäftsziele, Verbesserungsziele.

Ziele können sowohl natürlichsprachig als auch in Modellen dokumentiert werden. Ziele werden in untergeordnete Ziele verfeinert. Diese Dekomposition ist in Abbildung 5–4 beispielhaft dargestellt und lässt sich in zwei Typen unterscheiden:

- Und-Dekomposition
  Alle untergeordneten Teilziele müssen erfüllt sein, um das übergeordnete Ziel zu erreichen.

- Oder-Dekomposition
  Mindestens ein Teilziel muss erfüllt sein, um das übergeordnete Ziel zu erreichen.

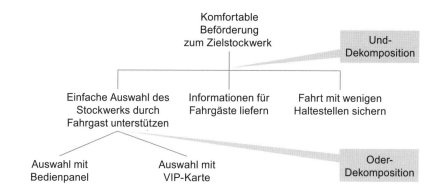

Abb. 5–4   *Zielmodell*

Systemabgrenzung und Kontextmodell

Wir nutzen die statische Systembeschreibung, um die zu entwickelnde Lösung in ihrer Umgebung zu verstehen. Über die Systemabgrenzung wird durch die Bestimmung des Untersuchungsbereichs festgelegt, welche Anforderungen zum betrachteten System gehören und welche Funktionen oder Randbedingungen außerhalb des betrachteten Systems liegen. Die Systemabgrenzung ist die Voraussetzung für die weitere Systemplanung. Am häufigsten wird dazu das Kontextmodell eingesetzt (Abb. 5–5). Es hilft dabei, den Kontext des zu entwickelnden Systems und darauf aufbauend eine grundlegende Architektur verschiedener Systemkomponenten darzustellen.

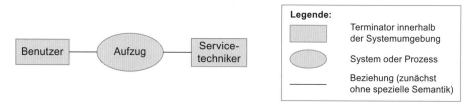

Abb. 5–5   *Kontextmodell*

Das Kontextmodell wird eingesetzt, um die Systemumgebung zu markieren und damit die Grenzen zwischen der zu entwickelnden Lösung und deren Umgebung exakt zu beschreiben. Daraus werden dann weitere Systemkomponenten abgeleitet, beispielsweise Schnittstellen oder verschiedene äußere Einflüsse. Die Systemabgrenzung erfolgt in mehreren Schritten:

    Analyse der externen Partner
    Fragen dazu sind: Für wen wird das System entwickelt? Wer kann die Durchführung seiner Aufgaben durch die Nutzung des Systems erleichtern? Wer muss in die Projektplanung einbezogen werden? Wer ist Empfänger oder Lieferant

von Leistungen? Wer hat einen Informationsbedarf, den das IT-System abdecken kann? Wer wird mit der Administration und Pflege des Systems betraut?

▦ **Wirkungsanalyse**
Nun geht es darum, festzustellen, was das System liefert. Fragen dazu sind: Was soll das System produzieren? Welche externen Ereignisse beeinflussen das System? Welche Leistungen können in separate Systeme ausgelagert werden?

▦ **Informationsfluss**
Nun wird der Fluss an Informationen und Ergebnissen an den Systemgrenzen betrachtet. Wie sieht der Materialfluss zwischen externen Partnern (zum Beispiel Kunde, Lieferant) und System aus? Durch welche Funktionen können Aufgaben besser zwischen externen Partnern koordiniert werden? Welche Informationen müssen externe Partner liefern, damit das System seine Aufgaben erfüllen kann? Wie müssen die Systemschnittstellen zu anderen Anwendungen beschaffen sein?

Im ersten Schritt haben die Schnittstellen noch keine Semantik, um nicht vorschnell Randbedingungen vorzugeben, die nachher zu einer Überspezifikation führen. So kann eine äußere Schnittstelle genauso gut durch ein Ereignis beschrieben werden, wie durch ein zyklisches Abfragen. Wie sie genau aussieht, wird in weiteren Schritten anhand der Anforderungen festgelegt. Bei unternehmensinternen Informationssystemen werden die Systemgrenzen häufig auch durch organisatorische Rahmenbedingungen festgelegt. Sie sind nicht nur durch die vorgefundene Hardware oder Systemlandschaft bestimmt.

Ein Use Case oder **Anwendungsfall** dient zur Modellierung von wichtigen funktionalen Szenarien innerhalb des Systems und seiner Umgebung (Abb. 4–17, 5–5 und 5–6). Sie beschreiben sowohl externe Schnittstellen (z.B. Benutzer gibt Eingaben in einen Bildschirmdialog ein), Hardwareinteraktionen (z.B. Ausgabe an einen Drucker oder Signal von einem Sensor) als auch interne funktionale Abläufe (z.B. Fehlerbehandlung). Anwendungsfälle sind die einfachste Umsetzung von funktionalen Anforderungen in ein Analysemodell, da sie die Anforderungen nicht erst in eine neue Abstraktion übersetzen. Sie beginnen immer mit dem Systemkontext (siehe Abb. 5–5) und beschreiben, wie ein späterer Benutzer mit dem System arbeitet. Damit helfen sie, die Systemgrenzen auszuloten und festzulegen. Zuerst werden daher alle Aktoren des Systems skizziert. Dafür haben sich die kleinen Männchen eingebürgert (Abb. 5–6, obere Hälfte), obwohl diese Darstellung sicherlich stark vereinfachend ist und niemals alle Zusammenhänge beschreiben kann. Anwendungsfälle haben daher auch eine textorientierte Beschreibungsform, die mehr Details und Formalismus erlaubt (Abb. 5–6, untere Hälfte). Die Männchen können sowohl menschliche Benutzer als auch Systeme, die mit dem betrachteten System interagieren, beschreiben. Nachdem die Aktoren so weit geklärt sind, wird beschrieben, was diese Aktoren mit dem System machen.

Anwendungsfall	Fahranforderung an eine Aufzugskabine
Beschreibung	▪ Der Benutzer drückt die Richtungswahltaste der Stockwerkskonsole ▪ Es kann nur eine der beiden Richtungswahltasten aktiviert werden ▪ Nach Betätigung der Richtungswahltaste wird diese beleuchtet, um ihren aktivierten Zustand zu kennzeichnen ▪ Ein Paar von Pfeilsymbolen in der Stockwerkskonsole zeigen dem Benutzer die Kabine und deren Fahrtrichtung, die aktuell auf sein Stockwerk zufährt ▪ Die angeforderte Aufzugskabine hat das Stockwerk erreicht
Vorbedingungen	▪ Nothalt und Feueralarm ist nicht aktiv ▪ Aufzugskabine ist bereit
Nachbedingungen	▪ Neue Fahranforderungen werden angenommen

Abb. 5–6   *Use Case als Text*

Jeder dieser Handlungsabläufe entwickelt sich zu einem Anwendungsfall, der separat modelliert wird. Ziel ist es, zunächst die regulären Abläufe zu modellieren und sich dabei auf häufig vorkommende Szenarien zu beschränken. Jeder Anwendungsfall sollte ein konkretes Ziel beschreiben, also eine Änderung im Systemzustand, oder aber eine Aufgabe, die im späteren System genutzt wird. Später können die einzelnen Anwendungsfälle noch um Ausnahmebehandlung und Details erweitert werden. Die tabellarische Darstellung verdeutlicht, wie Anwendungsfälle weiter detailliert werden können, um beispielsweise die Abfolge von einzelnen Schritten innerhalb eines Szenarios zu modellieren. Sie können hierarchisch aufgebaut werden, um die Komplexität eines Anwendungsfalls zu reduzieren und um bestimmte Funktionen wiederverwenden zu können. Anwendungsfälle sollen nicht das gesamte System und sein Verhalten beschreiben, sondern die wichtigen Szenarien, die auftreten können. Daraus können später Testfälle generiert werden, die bei der Vollständigkeits- und Korrektheitsprüfung helfen.

Anwendungsfälle haben nichts mit einer objektorientierten Vorgehensweise zu tun, wie häufig suggeriert wird. Sie sind Bestandteil von UML, da sie sich in der Praxis zur Beschreibung und Modellierung von Anforderungen und Systemverhalten mehr als jede andere Darstellung bewährt haben. Anwendungsfälle eignen sich insbesondere zur Modellierung von dynamischen Beziehungen zwischen verschiedenen Aktoren (extern oder intern). Sie sind nicht geeignet zur Beschreibung von Datenflüssen oder Datenmanipulationen.

Funktionale Dekomposition

Zur Modellierung der Architektur wird gerne die Methodik der hierarchischen Verfeinerung oder der funktionalen Dekomposition eingesetzt (Abb. 5–7). Dabei geht es darum, ein System sukzessive in seine einzelnen Komponenten zu verfeinern. Die Beziehung zwischen den Komponenten ist typischerweise eine »besteht-aus«-Relation. Komponenten auf einer höheren Ebene bestehen aus allen Komponenten auf den tieferen Ebenen des funktionalen Baums. Diese Modellierung wird für Systeme jeder Art eingesetzt. Sie kennen diese Darstellung sicherlich auch aus Organisationsdiagrammen. Das Problem dieser funktionalen Verfeinerung ist die präzise Semantik der Kanten. Man kann nur die Verfeinerung beschreiben, aber nicht die Verwendung oder den Datenfluss. Dazu braucht man andere Diagramme. Daher werden Kontextdiagramme und funktionale Dekompositionen grundsätzlich immer von anderen Modellen begleitet.

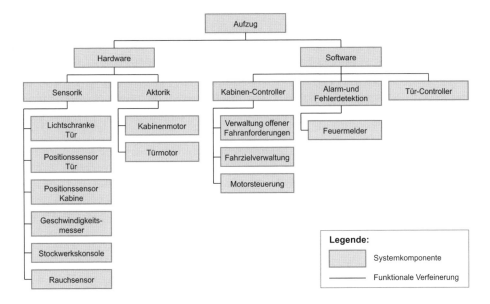

Abb. 5–7   *Komponentenbaum oder funktionale Dekomposition*

Variabilitätsmodelle und **Feature-Modellierung** kommen dort zum Einsatz, wo Komplexität gezielt gesteuert werden muss, beispielsweise in **Produktlinien**. Diese Modellierungstechnik hat in kurzer Zeit große Bedeutung erreicht, denn nur mit einer gezielten Modellierung von Funktionen und Varianz ist es in der professionellen Entwicklung noch möglich, Kosten und Komplexität zu kontrollieren [Clements2001, Czarnecki2004, Ebert2003a].

Ein Variabilitätsmodell beschreibt alle möglichen variablen Elemente innerhalb einer gemeinsamen Domäne, also beispielsweise alle Antriebe einer Aufzugstüre oder alle Benutzerschnittstellen, die ein Unternehmen weltweit in seinen

Produkten einsetzt. Sie beschreiben gleichzeitig die Abhängigkeiten zwischen den einzelnen Elementen extern, d.h. wie Funktionen oder Features sich beeinflussen oder ausschließen, und intern, also wie die Realisierungen zusammenhängen. Daraus wird dann eine funktionsfähige Produktkonfiguration abgeleitet und über die Entwicklung und den gesamten Lebenszyklus hinweg verwaltet.

Die Abhängigkeitsbeziehungen sind heute so komplex, dass sie nur mit Werkzeugen vernünftig verwaltet werden können. Sie müssen also sowohl für Menschen verständlich sein als auch maschinell behandelbar bleiben, da Konfiguratoren, Produktionsumgebungen, Testsysteme und Konfigurationswerkzeuge direkt darauf aufsetzen. Sie sind also eine Verständigungshilfe für Projektmitarbeiter bis hin zu Mitarbeitern in Marketing und Vertrieb und sogar für Kunden, aber eben auch eine zentrale Datenbank für die konsistente Erfassung der Funktionen, Testfälle, Konfigurationsdaten etc.

Zur Modellierung variabler Produktaspekte werden regelbasierte Modelle eingesetzt, die auf Entscheidungsbäume aufbauen. Die Variabilitätsmodelle werden daher als »Feature-Baum« oder »**Funktionsmodell**« bezeichnet. Funktionen (engl. Features) werden darin als Feature-Baum mit definierten externen (z.B. Konfigurationen, Parameterkombinationen im GUI, Modellreihen) und internen Abhängigkeitsbeziehungen (z.B. Architektur, Daten, Performanz) dargestellt. In der Praxis bestehen sie aus Tausenden von Elementen, die durch eine integrierte Variabilitätssyntax sowie hierarchische Navigation handhabbar und verständlich bleiben.

Abbildung 5–8 zeigt einen **Feature-Baum** für den Türmotor des Aufzugs. Variationspunkte beschreiben im Feature-Baum, wo Änderungen gezielt ausgewählt werden können. Damit ist der Feature-Baum ein wesentliches Instrument, um sich durch die Funktionen zu navigieren und um Varianz beispielsweise in Produktlinien zu beschreiben (siehe Abschnitt 12.3).

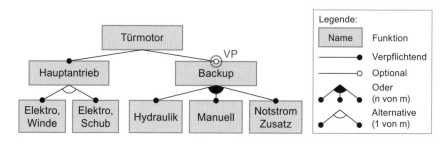

Abb. 5–8   *Feature-Modellierung und Feature-Abhängigkeiten*

Dynamische Zusammenhänge werden in Form von Verhaltensweisen beschrieben. Wir unterscheiden zwei prinzipielle Methoden, um die dynamischen Zusammenhänge zu beschreiben, die Datenflussanalyse und die Zustandsanalyse. Ursprünglich betrachteten betriebliche Informationssysteme die Verarbeitung von Daten, was Datenflussanalysen nahelegte. Eingebettete Systeme, wie eine

Prozessautomatisierung in einer chemischen Produktion, waren stark von äußeren Einflüssen getrieben und ließen daher die Analyse der Zustände und Zustandsübergänge durch solche äußeren Ereignisse ratsam erscheinen. Eingebettete Systeme mussten schnell sein (Echtzeitsysteme) und hatten daher keine komplexen Datenstrukturen und Algorithmen. Man konnte auf Datenflussanalysen verzichten. Heute kommen immer häufiger beide Analysen gleichzeitig zum Einsatz, denn Informationssysteme bilden komplexe Workflows ab, die naturgemäß ereignisgetrieben sind (z. B. Zustandsänderung in einem Dokument), während eingebettete Systeme immer komplexere Algorithmen berechnen und größere Datenmengen verarbeiten müssen.

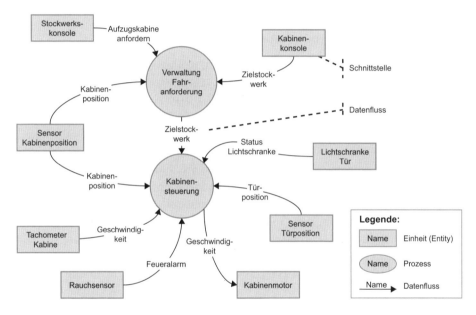

Abb. 5–9   *Datenflussmodell*

Datenflussmodelle beschreiben ein System aus funktionaler Sichtweise. Sie modellieren Funktionen (z. B. Aufnehmen einer Nachricht) und die dazu notwendigen Daten. Funktionen werden durch Kanten verbunden, die den Fluss von Daten beschreiben. Daten, die von verschiedenen Funktionen konsumiert oder geändert werden können, werden in sogenannten »Datenspeichern« abgelegt. Dies ist ein historischer Name und kann alle Formen von Datenstrukturen beschreiben. Der Vorteil dieser sehr alten, aber noch immer weitverbreiteten Modellierungstechnik aus den siebziger Jahren ist die Nähe zu funktionalen Systembeschreibungen. Wenn Funktionen bekannt sind, kann man ein Datenflussmodell sehr leicht entwickeln. Im zweiten Schritt werden dann die erforderlichen Datenflüsse beschrieben, die dafür sorgen, dass die Funktionen alle nötigen Daten haben (Abb. 5–9).

Datenflussmodelle erlauben, wie alle anderen genannten Modellierungstechniken, eine hierarchische Dekomposition, um die Komplexität in einem Diagramm zu kontrollieren. Ein Nachteil dieser Modellierung ist, dass zu wenig Dateninhalte und -strukturen beschrieben werden. Dazu sollte man Entity-Relationship-Diagramme (für Datenbanken) und Data Dictionaries (für Datenbeschreibungen) einsetzen. Die Datenflussanalyse wird im Bereich von Workflow-Management und Informationsverarbeitung zunehmend durch die objektorientierte Analyse ersetzt. Allerdings ist die Datenflussbeschreibung im Unterschied zur objektorientierten Analyse leichter zu kommunizieren. Für Kundengespräche ist ein einfaches Datenflussmodell immer noch eines der aussagekräftigsten Modelle überhaupt.

Semantisches Datenmodell oder ERA-Modell

Zur Modellierung von Daten und deren Zusammenhänge hat sich sehr frühzeitig das semantische Datenmodell in Form des sogenannten »Entity-Relationship-Attribute«-(ERA-)Modells durchgesetzt (Abb. 5–10). Noch heute wird es für die Datenmodellierung innerhalb von Datenbanken (z.B. für Relationen und deren Zusammenhänge) eingesetzt, obwohl es auch durch Klassenmodelle substituiert werden kann. Der Name »Entity Relationship Attribute« enthält die drei wesentlichen Strukturelemente dieses statischen Modells. Entities oder Einheiten sind die Datenelemente. Relationships oder Beziehungen beschreiben, wie die Datenelemente zusammenhängen. Beispielsweise kann ein Element vom Typ »Aufzugsschacht« 6 Elemente vom Typ »Stockwerktür« enthalten (Abb. 5–10). Ein Attribut beschreibt eine Eigenschaft einer Entität, beispielsweise Ausgangssignale eines Sensors. Einheiten und Attribute können je nach Blickwinkel ausgetauscht werden. Beispielsweise wäre in einer abstrakten Darstellung die Stockwerkszahl ein Attribut des Aufzugsschachts. Wir haben daraus eine Einheit gemacht, um sie in Bezug zu anderen Einheiten zu bringen. Jedes Element kann weitere Attribute aufnehmen, die beispielsweise Initialisierungen, Instanziierungen oder Verfeinerungen beschreiben. Attribute müssen nicht unbedingt im ERA-Modell aufgeführt werden, um die Lesbarkeit zu verbessern. Sie können auch nur im Data Dictionary (oder Glossar) verwaltet werden, wo sie problemlos aufgefunden werden können, da die beiden Beschreibungen zusammengehören. Daher spricht man auch von ER-(Entity-Relationship-)Modell,. Kardinalitäten an den Kanten zwischen den Datenelementen beschreiben, wie viele dieser Datenelemente vorkommen können. Damit hat man die Möglichkeit, die Anzahl zu begrenzen oder auch zu signalisieren, dass es eine offene Zahl von Instanzen gibt.

Mit diesem Modell lassen sich komplexe Datenstrukturen oder Tabellen (Relationen) beschreiben. Die logische Struktur jedes Datenelements und seiner Beziehungen zu anderen Datenelementen wird modelliert. Man kann sich diese Modellierung wie ein Klassendiagramm vorstellen, bei dem man die Operationen weglässt. Diese Modellierung war für die Entwicklung von relationalen Datenbanken und deren Normalisierung die wichtigste Grundvoraussetzung und brachte ihrem Erfinder Peter Chen einen Platz im Olymp der Informatik ein. Interessant in diesem Zusammenhang ist, dass Chen bereits in den siebziger Jahren des vergangenen Jahrhunderts die Generalisierung von Klassendiagrammen aus Objektmodellen vorweggenommen hat, als er vorschlug, die ERA-Modelle zunächst aus instanziierten Datenelementen zu modellieren und anhand der Häufigkeiten von bestimmten Relationen dann zu generalisieren.

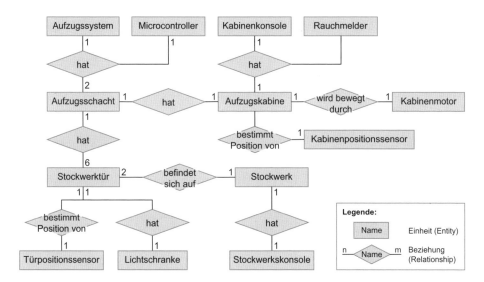

Abb. 5–10   *Semantisches Datenmodell oder ERA-Modell (Entity Relationship Attribute)*

Objektmodelle fassen die verschiedenen Sichten auf Daten und deren Operationen zusammen. Während das ERA-Modell nur Verfeinerungsbeziehungen beschreibt, erlauben Objektmodelle drei verschiedene Beziehungen, nämlich die **Verfeinerung/Zusammenfassung** (engl. Aggregation), die **Vererbung von Eigenschaften** (engl. Inheritance) und die **aktive Beeinflussung** von Objekten untereinander (engl. Interaction). Diese drei verschiedenen Beziehungen machen die Grundprinzipien der Objektorientierung aus [Booch1994, Rumbaugh1991]. Alan Kay prägte den Begriff »objektorientierte Programmierung« übrigens bereits 1967, um die von ihm mitentwickelte Art der Programmierung mit Objekten zu beschreiben [Kay1996].

Eine Klasse generalisiert die Objekteigenschaften von gleichartigen Objekten (z.B. die Klasse Kontoauszug beschreibt die Eigenschaften von Kontoauszügen im Allgemeinen, d.h., welche Attribute sie enthalten oder wie sie gedruckt werden). Ein Objekt ist eine Instanz einer Klasse (z.B. ein spezifischer Kontoauszug, der gerade von einem Kunden gelesen wird). Das definierte **Verhalten** und die Struktur der Attribute gelten für alle Objekte einer Klasse. Nur die Werte der Attribute sind individuell für jedes Objekt. Nach Kay [Kay1996] hat der Begriff

»Objektorientierung« die folgende Bedeutung: Bei der objektorientierten Programmierung beschreiben Programme, wie Botschaften zwischen Objekten ausgetauscht werden. Ein Objekt ist ein Element, das **Zustände, Methoden und Prozesse** enthält, die es intern versteckt und auf die von außen nur durch den Austausch von **Botschaften** zugegriffen werden kann. Dabei entscheidet das Objekt selbst, wie es auf eine bestimmte Botschaft reagiert. Es sollte möglich sein, dass erst während des Programmablaufs festgelegt wird, welches Objekt eine bestimmte Botschaft erhält.

Diese aktive Beeinflussung von Objekten wird durch **Methoden** beschrieben, die Bestandteil der Objekte sind und als Service innerhalb des Objekts oder auch nach außen zur Verfügung gestellt werden. Objektklassen sind Abstraktionen über gleichartige Objekte und dienen dem Schritt vom instanziierten (oder in der Realität vorgefundenen) Modell hin zu einem generalisierenden Modell, das auch andere Instanziierungen zulässt.

Wir wollen im Folgenden die UML als Notation für Objektmodelle einsetzen [Fowler2003]. In dieser Notation werden Klassen und Objekte als Rechtecke dargestellt, deren Name im obersten Feld steht (Abb. 5–11). Die Attribute der Klasse oder des Objekts stehen in der Mitte des Rechtecks, während die Methoden im unteren Bereich des Rechtecks aufgeführt sind. Beziehungen zwischen den Klassen oder den Objekten werden als Kanten zwischen den Rechtecken dargestellt. Ungerichtete Kanten (obere Bildhälfte) beschreiben eine Verfeinerungshierarchie (also »Aufzugskabine« verfeinert sich in »Aufzugskonsole« und »Rauchmelder«). Gerichtete Kanten beschreiben eine Vererbungshierarchie, wobei der Pfeil in Richtung der vererbenden Klasse (oder Objekt) zeigt (also »Aufzugskonsole« und »Rauchmelder« erben Eigenschaften von der mehr generischen Klasse »Aufzugskabine«).

Beim Verfeinerungsdiagramm werden Kardinalitäten durch Zahlen an den Kanten beschrieben, wie wir das bereits von ERA-Modellen kennen. Die obere Hälfte der Abbildung 5–11 beschreibt also die Klasse »Aufzugskabine«, die in zwei weitere Klassen verfeinert wird, nämlich »Aufzugskonsole« und »Rauchmelder«. Eine konkrete Aufzugskonsole (also die Instanz der Klasse »Aufzugskonsole«) wird als Objekt bezeichnet. Damit lassen sich die Objektdiagramme leicht vom Speziellen (Objekte werden während der Analysephase ermittelt) ins Allgemeine (Klassendiagramme) überführen. Das Klassendiagramm zeigt durch die Kardinalitäten an den Kanten, dass es zur Laufzeit pro Aufzugskabine einen Rauchmelder sowie eine Aufzugskonsole gibt.

Vererbung wird als generalisierende Beziehung dargestellt und daher geht die entsprechende Kante vom speziellen Objekt aufwärts zum generalisierenden Objekt. Vererbungsmodelle organisieren Klassen in eine Hierarchie. Klassen auf einer höheren Ebene dieser Hierarchie geben ihre Eigenschaften an die direkten Nachkömmlinge ab. Je nach Programmiersprache können diese Eigenschaften geändert (überschrieben) werden, was bei tiefen Vererbungsbäumen zu einiger

Unübersichtlichkeit und damit zu höherem Wartungsaufwand führt. Eine gute Vererbungshierarchie aufzustellen, ist sehr schwierig, denn wenn möglich sollten Duplizierungen in parallelen Zweigen oder das Überschreiben von geerbten Eigenschaften vermieden werden.

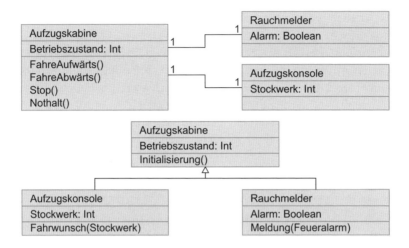

Abb. 5–11   *Objektmodelle mit Klassendiagrammen*
              (oben: Verfeinerung/Generalisierung, unten: Vererbung)

Klassendiagramme beschreiben die statische Struktur eines Systems. Sie werden sowohl zum Beschreiben des Analysemodells als auch zur Beschreibung des Lösungsmodells eingesetzt und können durch eine durchgängige Struktur und konsistente Verwendung von Klassen in manchen Anwendungsbereichen den Strukturbruch vermeiden. Ein Objektmodell wird in den folgenden Schritten entwickelt:

▧ Identifiziere die »tatsächlich existierenden« Objekte des umgebenden Systems (z.B. Hardwareeinrichtungen, Dokumente, Bildschirmausgaben, Personen/Rollen).

▧ Lege für jedes dieser Objekte eine kurze Beschreibung an. Dazu werden gerne die sogenannten CRC-Karten (engl. Class Responsibility Collaboration Cards) eingesetzt (Abb. 5–12). Es handelt sich dabei um Karteikarten, die zur objektorientierten Modellierung verwendet werden. Jede Karte entspricht einer Klasse. Oben steht der Name. Der untere Teil ist in zwei Hälften geteilt. Links stehen die »Aufgaben« der Klasse und rechts die Kollaborationen mit anderen Klassen.

▧ Die so ermittelten Karten können auf einem Tisch (oder Bildschirm, aber der ist meistens zu klein) anhand des Botschaftenflusses angeordnet werden, um brauchbare Klassenzusammenhänge oder Generalisierungen zu finden. Diese Zusammenhänge sind anfangs nicht stabil und sollten keinesfalls zu früh eingefroren werden. Meistens lernt man erst in Laufe der Systementwicklung, welche Klassen als generalisierende Klassen Bestand haben und welche vielleicht nur als Objektinstanzen einer anderen Klasse infrage kommen.

▨ Die »Aufgaben« einer Klasse aus der linken Hälfte der CRC-Karte werden in Methoden übersetzt. Zu diesem offensichtlichen Satz von Methoden einer Klasse werden weitere Methoden hinzugefügt, die beispielsweise der Initialisierung dienen.

▨ Datenattribute werden den Klassen hinzugefügt, beispielsweise, um Zustände und deren Änderung beschreiben zu können. Allerdings sollte man die Klassen nicht mit Informationen und Eigenschaften überladen. Dynamische Zusammenhänge werden in einem Sequenz- oder Zustandsmodell dargestellt. Auch Objektinstanzen gehören nicht in das Klassenmodell. Informationen zur Sichtbarkeit von Inhalten der Klasse werden erst später beschrieben.

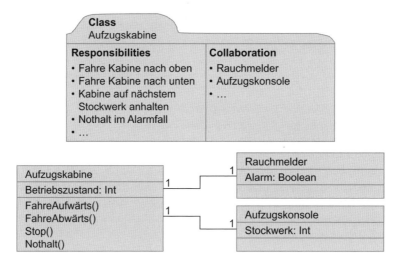

Abb. 5–12   *CRC-Karte und das resultierende Klassendiagramm*

Zustandsübergangsmodelle (Abb. 5–13) beschreiben ein System als eine Menge von Zuständen und deren Übergänge. Zustandsübergänge sind ereignisgetrieben. Daher wird diese Modellierungstechnik primär für Umgebungen eingesetzt, die mit vielen externen oder nicht planbaren Ereignissen arbeiten müssen. Dies ist beispielsweise in Echtzeitsystemen oder eingebetteten Systemen der Fall, die beide durch externe Signale oder interne Zeitereignisse gesteuert werden. Wenn ein solches Ereignis auftritt, geht das System von einem Zustand in einen anderen Zustand über. In der Regel werden vor allem Standardzustände und kritische Ausnahmesituationen modelliert.

Zustandsübergangsmodelle können so formalisiert werden, dass sie Berechnungen erlauben, ob bestimmte Zustände überhaupt erreicht werden oder ob sie zu blockierenden Situationen führen können. Beides muss man wissen. Blockie-

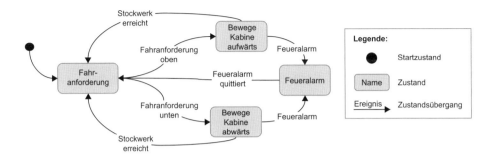

Abb. 5–13   *Zustandsübergangsmodell*

rende Zustände sollten ausgeschlossen werden (wir kennen das zur Genüge von manchen Betriebssystemen, bei denen das nicht der Fall ist; für Echtzeitbetriebssysteme in sicherheitskritischen Systemen ist es Pflicht). Die Ermittlung nicht erreichbarer Zustände hat zwei Funktionen. Einerseits können Zustände identifiziert werden, die zwar erreicht werden sollen, aber durch einen Entwurfsfehler noch nicht erreichbar sind. Andererseits können bestimmte Situationen beschrieben werden, die unter keinen Umständen erreicht werden dürfen, da sie sicherheitskritisch oder anderweitig unerwünscht sind. Man modelliert also die möglichen Zustände und schließt formal aus, dass ein kritischer Zustand erreicht werden kann. Beispielsweise können zusätzliche Hardwarelösungen dazu beitragen, dass eine bestimmte Temperaturüberschreitung oder die Überfüllung eines Tanks physikalisch ausgeschlossen sind. Ein sogenannter »Software Watchdog« in einem Betriebssystem schließt aus, dass ein blockierender Zustand eintritt. Zustandsübergangsmodelle können in einer speziellen UML-Notation beschrieben werden.

Petri-Netze

Eine spezielle Form der Zustandsübergangsmodelle sind Petri-Netze. Petri-Netze erlauben es, Nebenläufigkeiten sowie gemischte Kontroll- und Datenflüsse in einem kombinierten Modell zu präsentieren. Sie können als ablauffähige Modelle beschrieben werden, in denen dann bestimmte Situationen simuliert werden können, beispielsweise Ausnahmefälle oder komplexe Bedingungen. Bevor kombinierte Modelle innerhalb von UML gebräuchlich wurden, hat man versucht, Datenflüsse innerhalb von Petri-Netzen als sogenannte »farbige Petri-Netze« (die Farben waren Marken mit unterschiedlicher Semantik) oder als Prädikat-Transitionsnetze (mit Marken, die sogar komplexe Datenstrukturen abbilden konnten) zu beschreiben [Ebert1998]. Allerdings wuchs die Komplexität damit so stark, dass man innerhalb von Zustandsmodellen wieder davon absah und heute vorwiegend UML mit separaten – jedoch intern konsistenten – Zustandsübergangsmodellen und Objektdiagrammen nutzt. Daher verzichten wir hier auch auf eine Abbildung

Ein **Sequenzdiagramm** (engl. Sequence Chart) beschreibt das dynamische Verhalten von Objekten (Abb. 5–14). Horizontal sind die verschiedenen interagierenden Objekte dargestellt, während vertikal eine Ablauflinie verläuft, die die Interaktionen der verschiedenen Objekte in eine ursächliche Reihenfolge bringt. Diese Ablauflinie beschreibt keine Zeitabhängigkeiten, sondern primär Ursachen und Wirkungen im gegenseitigen Einfluss der Objekte untereinander (Objektkommunikation).

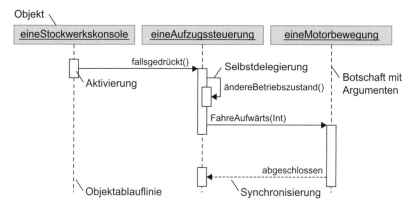

Abb. 5–14   *Sequenzdiagramm*

Sequenzdiagramme beschreiben die Kommunikation (oder den Austausch von Botschaften) zwischen Objekten, um eine Aufgabe zu erfüllen. Sie nehmen damit eine völlig andere Funktion als die statischen Klassendiagramme ein, die jeweils eine Klasse und ihre gesamten Interaktionen mit anderen Klassen beschreiben. Bei den Sequenzdiagrammen geht es um eine Aufgabe, an deren Bearbeitung mehrere Klassen beteiligt sind, die auch noch andere Aufgaben erledigen können. Typischerweise beschreibt ein Sequenzdiagramm einen Anwendungsfall (engl. Use Case), um dessen Komplexität zu reduzieren. Zuerst werden Anwendungsfälle und Klassen modelliert. Dann wird ein Anwendungsfall gewählt, der im Sequenzdiagramm beschrieben werden soll. Danach werden aus dem Klassendiagramm jene Klassen extrahiert, die zur Bearbeitung dieses Anwendungsfalls nötig sind. Daraus wird abgeleitet, wie die Klassen kommunizieren müssen, um den Anwendungsfall zu bearbeiten. Beispielsweise stellt sich heraus, dass Klassen Daten austauschen müssen. Oder sie synchronisieren sich zur Ablaufzeit. Diese Kommunikationen werden durch Botschaften modelliert, die zwischen den Klassen ausgetauscht werden. Sequenzdiagramme helfen dabei, Botschaften zwischen Klassen in einem Kontext zu definieren.

Entscheidungstabellen

Eine Alternative zu Zustandsübergangsmodellen sind Entscheidungstabellen (Abb. 5–15). Sie erlauben, eine regelbasierte Vorgehensweise zu modellieren. Häufig sind sie für komplexe Bedingungen leichter zu beschreiben und zu prüfen, als dies der Fall für ereignisgetriebene Zustandsübergänge ist. Lücken, Überlappungen oder Widersprüche in den Entscheidungen oder ihren Ergebnissen fallen hier sofort auf. In diesen Tabellen werden verwendete Regeln im oberen Teil der Tabelle beschrieben (hier: R1–R3 sind Regelausschnitte; C1–C4 sind Bedingungen, die die Regeln charakterisieren, also bestimmen, wann sie »feuern«; A1–A2 sind Aktionen, die durch eine »gefeuerte« Regel angestoßen werden; ein leeres Feld in einer Bedingung bringt zum Ausdruck, dass sie für eine Regel ohne Belang ist). Da die Regeln binär verknüpft werden, muss festgelegt werden, welchen Zustand oder welches Ereignis die »0« und die »1« jeweils beschreiben. Beispielsweise »feuert« R1, wenn C3 wahr ist, und stößt damit A1 an. Diese Aktionen können anhand von Prüfregeln sehr leicht formal verifiziert werden. In Erfahrungsdatenbanken, Workflow-Management-Systemen und für die prädikative Logik können sie ebenfalls eingesetzt werden.

		R1	R2	R3	Etc.
Regeln					
C1	Zustand der Kabinentür (offen/geschl.)	0	0	1	
C2	Kabine im gewünschten Stockwerk	0	1	1	
C3	Fahrwunsch aus anderem Stockwerk	1	0	0	
C4	Lichtschranke unterbrochen	0		0	
A1	Wechselt in Fahrbetrieb, um Kabine zu bewegen	X			
A2	Öffne Kabinentür		X		

Bedingungen (»if ...«) – C1–C4. Aktionen/Resultate (»then ...«) – A1, A2. Kein Einfluss. Etc.

Abb. 5–15   Entscheidungstabelle

Mit diesen verschiedenen Modellen, von denen wir hier nur einen Ausschnitt betrachten, können die Ergebnisse von objektorientierten Analysemethoden beschrieben werden. Wir haben dabei auch festgestellt, dass es nicht eine bestimmte Notation oder Modellierung und damit Sichtweise auf die Realität gibt, die besser ist als alle anderen. Eine **Analysemethode** beschreibt Regeln zur Nutzung der Notation und zur bestmöglichen Beschreibung einer zu analysierenden Aufgabe. Weiterführende Texte zur strukturierten Analyse finden sich bei [DeMarco1979], zur objektorientierten Analyse und Modellierung bei [Booch1994, Rumbaugh 1991]. Für die Analyse und Modellierung von Echtzeitsystemen bietet sich [Cooling2002] als weiterführende Literatur an.

5.4   Aufwandschätzung

Die Aufwandschätzung ist einer der kritischsten Punkte in jedem Projekt. Oftmals fehlen Erfahrungswerte, und es wird über den Daumen gepeilt. Oder aber, man verwechselt Schätzung und Zielsetzung und lässt sich im Druck des Verhandlungspokers zu einem unerreichbaren Planwert verführen, der nachher nicht gehalten werden kann. Projekte scheitern in der Regel wegen unzureichendem Requirements Engineering und wegen schlechter Planung (siehe Abschnitt 1.2). Die Aufwandschätzung verbindet diese Problemzonen zu einem Bermudadreieck, das immer wieder Projekte verschlingt.

Bei Schätzungen sind die Interessengruppen in den Verhandlungen an den Antworten zu folgenden Fragen interessiert:

- Wie teuer wird das System?
- Wie lange dauert die Entwicklung?
- Sind die gestellten Anforderungen machbar?
- Welche Qualität hat das entwickelte Produkt?

Obwohl die Aufwandschätzung nur eine interne Planungsgröße ist, kommt ihr die tragende Rolle bei Zeit- und Kostenschätzungen und damit bei der Beantwortung dieser vier Fragen zu. Die anderen Größen können aus der Aufwandschätzung abgeleitet werden [Boehm1981, Ebert2007a, Putnam2003]. Wir wollen daher hier primär die Aufwandschätzung betrachten.

Ziele, Schätzung und Plan sollten klar unterschieden werden. Abbildung 5–16 zeigt die Zusammenhänge und Unterschiede. Das Ziel kommt von außen und ist nicht notwendigerweise machbar. Die Schätzung sollte immer die Innensicht und eigene Expertise widerspiegeln und so genau sein, wie es nötig ist, um das Projekt

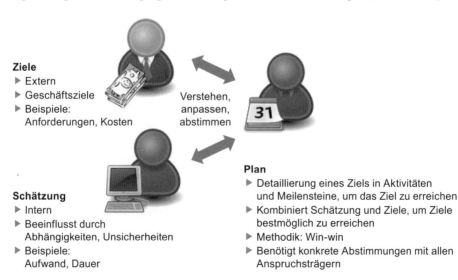

Ziele
- Extern
- Geschäftsziele
- Beispiele:
  Anforderungen, Kosten

Verstehen,
anpassen,
abstimmen

Schätzung
- Intern
- Beeinflusst durch
  Abhängigkeiten, Unsicherheiten
- Beispiele:
  Aufwand, Dauer

Plan
- Detaillierung eines Ziels in Aktivitäten
  und Meilensteine, um das Ziel zu erreichen
- Kombiniert Schätzung und Ziele, um Ziele
  bestmöglich zu erreichen
- Methodik: Win-win
- Benötigt konkrete Abstimmungen mit allen
  Anspruchsträgern

Abb. 5–16   *Ziele, Schätzung, Plan*

mit einem akzeptablen Risiko zu beginnen oder um ein Angebot zu liefern. Der Plan verknüpft Ziel und Schätzung. Er sollte realistisch und machbar sein. Winwin-Situationen entstehen, wenn Ziele, Schätzung und Plan abgestimmt sind. Realistische Ziele werden erreicht, selbst wenn sie Anstrengungen verlangen. **Höchste Produktivität entsteht dort, wo Ziele etwa 20% höher sind, als wir uns zutrauen.** Sind die Differenzen zu groß, glaubt niemand an die Umsetzung, und man braucht oftmals noch viel länger als ursprünglich geschätzt.

Man unterscheidet in der Praxis drei Arten von Verfahren zur Aufwandschätzung: die Schätzung basierend auf dem Umfang der Anforderungen, die Schätzung anhand des Umfangs der Ergebnisse sowie die Schätzung, die auf dem Umfang der Arbeitspakete beruht. Alle Verfahren nutzen Analogieschlüsse und basieren auf gewonnenen Erfahrungen aus früheren ähnlichen Projekten.

Umfang der Anforderungen

Anhand einer ersten kurzen Analyse der Anforderungen wird der funktionale Umfang der Anforderungen bestimmt. Grundlage sind heute in der Regel die **Funktionspunkte** (engl. Function Points), um Anforderungen schnell und verlässlich zu bewerten. Der Aufwand errechnet sich dann durch Gewichtung mit Parametern, die das Produkt und Projekt charakterisieren. In der Regel wird der folgende Zusammenhang als Basis gewählt:

Aufwand = A + B × Systemgröße^C, wobei A, B und C Parameter sind, die die Projektrandbedingungen widerspiegeln.

Drei Verfahren sind verbreitet: das Modell von Lawrence Putnam in SlimControl [Putnam2003], das geschlossene Modell in KnowledgePlan von Capers Jones und das COCOMO-Verfahren (Constructive Cost Model) von Barry Boehm [Boehm1981, Boehm2000].

Umfang der Ergebnisse

Die Vorgehensweise ist ähnlich wie bei der Schätzung auf Basis der Anforderungen. Im Unterschied dazu wird der zu entwickelnde Codeumfang in Zeilen oder Statements durch Experten anhand der Aufgabenstellung aus dem Lastenheft abgeschätzt und daraus dann mit Analogieverfahren wiederum der Gesamtaufwand berechnet. Auch hier sind die oben genannten Werkzeuge und Methoden im Einsatz, nur eben mit Codeumfang statt Funktionspunkten als Grundlage für die Schätzung.

Umfang der Arbeitspakete

Hier ist die Basis der Schätzung eine erste Strukturierung des Projekts durch Arbeitspakete. Aus den Anforderungen werden Arbeitspakete durch Analogieschlüsse abgeleitet. Daraus wird dann der Gesamtaufwand durch Multiplikationsfaktoren bestimmt. Als Methoden sind Analogieschlüsse, iterative Delphi-Abstimmungen, Standards sowie eigene Templates verbreitet. Eine sehr einfache und auch konsistente Methode sind Analogieschlüsse, die durch eine Person ausgeführt werden (»frag mal den Paul«). Diese Person baut sich einen Erfahrungsschatz zum Schätzen auf, den sie für alle neuen Projekte nutzen kann. Allerdings entsteht damit eine sehr große Personenabhängigkeit, die sich kaum ein Unternehmen längerfristig erlauben will. Andererseits ist dieses Verfahren überall dort sinnvoll, wo die Anforderungen oder der Code nur schwer algorithmisch geschätzt werden können.

Die **Full Function Points** sind heute durch ISO standardisiert und werden breit angewandt, gerade auch in der Systemtechnik, in eingebetteten Systemen und in gemischten Hardware- und Softwaresystemen [Ebert2007a]. Die Genauigkeit der Schätzung hängt vor allem von der Qualität der im Algorithmus eingesetzten Parameterwerte ab. Diese Verfahren und ihre zahlreichen Derivate basieren auf einem nichtlinearen Zusammenhang zwischen verschiedenen Einflussgrößen, der auf der Grundlage Tausender abgeschlossener Projekte ständig evaluiert und perfektioniert wird. Algorithmische Verfahren entwickeln sich durch zunehmende Verfeinerung und Formalisierung aus den Analogieverfahren durch die wachsende Kenntnis und Berücksichtigung von Projektparametern.

Die Grundidee des **Function-Point-Verfahrens** ist der folgende Algorithmus:

1. Der fachliche Inhalt eines Projekts wird aus den Anforderungen in wenige Grundfunktionen abgebildet, die einzeln gezählt werden (Eingaben, Ausgaben, Abfragen, logische Datenbestände, Referenzdaten). Dazu gibt es genaue Regeln, die von der Anforderungsanalyse beispielsweise mit einem Entity-Relationship-Modell oder einer strukturierten Analyse zu einer reproduzierbaren Zählung führen.

2. Diesen Grundfunktionen werden entsprechend einer einheitlichen Skala drei Schwierigkeitsstufen zugeordnet, die die Komplexität jeder einzelnen gezählten Instanz wiedergeben.

3. Die Schwierigkeitsstufen werden mit Funktionspunkten bewertet (Abb. 5–17).

4. Die Summe der Funktionspunkte wird entsprechend den projekt- und organisationsspezifischen Einflussfaktoren gewichtet.

5. Aus der Summe der gewichteten Funktionspunkte wird aufgrund statistisch ermittelter Kurven von bereits abgeschlossenen Projekten der geplante Aufwand für die Softwareentwicklung abgeleitet.

6. Weitere Aufwände, beispielsweise für Dokumentation, werden aus diesem Basisaufwand abgeleitet.

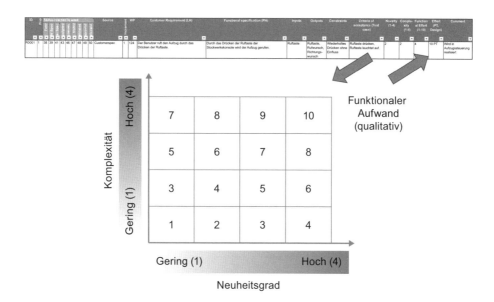

Abb. 5–17   *Bewertung des Aufwands aus Anforderungen*

Mithilfe der Function-Point-Schätzung wird der gesamte Projektaufwand ermittelt. Dieser Projektaufwand muss dann auf die einzelnen Phasen des Projekts verteilt werden. Da das Function-Point-Verfahren ebenfalls mit historischen Informationen arbeitet, ist die Nachkalkulation der Projekte bzw. das Messen der tatsächlich entwickelten Funktionspunkte und des hierfür benötigten Aufwands sehr wichtig, um die benutzten Formeln und Zusammenhänge ständig zu verbessern. Es ergibt sich ein Zyklus zwischen Messen und Schätzen. Function Points sind in den reinen IT-Projekten sehr beliebt. Das liegt daran, dass sie standardisiert sind, dass Benutzergruppen für den Erfahrungsaustausch existieren, dass es umfangreiche (Benchmarking-)Daten aus der Praxis gibt und dass sie für Aufwand-, Fehler- und Zeitabschätzung anzuwenden sind. Es gibt Umrechnungsregeln für verwandte Maße und sie unterstützen die unterschiedlichsten Programmiersprachen. Allerdings muss man auch mit einigen Nachteilen rechnen, z.B. der begrenzten Anwendbarkeit für typische IT-Projekte, aber nicht für die Produktentwicklung. Zum Perfektionieren der eigenen Schätzmodelle braucht man eigene Daten, was die Einführung schwierig macht. Die Reproduzierbarkeit leidet unter der subjektiven Schätzung der Schwierigkeitsfaktoren. Hier kann die Mischung verschiedener Analysten helfen, die jeweils die Schätzungen ihrer Kollegen prüfen. Schließlich erfordert eine reproduzierbare Zählung der Funktionspunkte detaillierte und sehr präzise Anforderungen, die in vielen Projekten in den frühen Phasen, in denen erste Schätzungen verlangt werden, nicht vorliegen.

Um einige der Nachteile zu reduzieren, wurde das Verfahren durch die International Function Point Users Group (IFPUG) [IFPUG2002] verfeinert. Diese Verbesserungen haben wesentlich dazu beigetragen, dass die häufig kritisierte

Subjektivität der Function-Point-Schätzungen vermieden werden kann. Um die Function Points auch für Systeme außerhalb des klassischen IT-Bereichs anwendbar zu machen, wurden sie zu einem internationalen Standard, genannt Full Function Points (FFP), erweitert [COSMIC2012, Ebert2007a].

Wir wollen die Vorgehensweise der Schätzung anhand des Codeumfangs am Aufzugsbeispiel darstellen (Tab. 5–2). Es handelt sich dabei um die Entwicklung eines eingebetteten Systems, das naturgemäß eine relativ niedrige Produktivität auf der Basis von gelieferten Codezeilen hat. Aus der Gesamtabschätzung der Größe und der Produktivität (hier 10 Personenmonate pro tausend ausführbaren Codezeilen) können die Aufwände sowohl für einzelne Aktivitäten als auch für das Gesamtprojekt abgeleitet werden. Zudem müssen Faktoren wie Prozessreife, Wiederverwendung oder Mitarbeiterfähigkeiten eingerechnet werden (siehe Folgetext), sodass wir hier nur den Rahmen abstecken können.

Aktivität	Anteil in %	Personenmonate pro 1000 LOC
Projektmanagement	7%	0.7
Requirements Engineering	17%	1.7
Entwurf	22%	2.2
Implementierung	22%	2.2
Integration, Konfigurationsmanagement	16%	1.6
Abschluss, Systemtest, Lieferung	16%	1.6
Summe	100%	10

Tab. 5–2   *Beispiel für die Aufwandsverteilung in einem Projekt*

Die genannten Schätzverfahren lassen sich auch bei Systemabschätzungen anwenden, wo Software beispielsweise in Hardwarekomponenten eingebettet wird. Bei Hardwareprojekten (z.B. mit ASICs oder FPGAs) lassen sich ebenfalls parametrische Schätzverfahren einsetzen, die einen algorithmischen Zusammenhang aufweisen wie die Putnam-Formel oder COCOMO (z.B. ausführbare Statements in der Firmware). Sie werden nach der Anzahl der sogenannten IP-Module (also eigenständige »Intellectual Property«-Einheiten) und deren Stabilität, den Input- und Output-Parametern sowie der Komplexität (z.B. Entscheidungen, Geschwindigkeit, Anwendung von Entwurfsregeln) parametrisiert.

Ändern sich im Projektverlauf die Anforderungen, so muss die Projektbewertung aktualisiert werden. Damit können der Auftraggeber und Auftragnehmer frühzeitig erkennen, welche Auswirkungen Änderungswünsche auf das Projekt hinsichtlich Termin und Kosten haben.

Die Güte der Kosten- und Terminschätzung hängt vom Projektfortschritt und der Prozessfähigkeit ab (siehe Abb. 5–18) [Boehm1981, Boehm2000, Ebert2007a], jedoch wird dies selten ernsthaft akzeptiert. Im Gegenteil, Unternehmen mit sehr unreifen Prozessen neigen dazu, sich bei jeder Verhandlung über den Tisch ziehen

zu lassen, da sie nicht wissen, wie sie schnell und präzise skizzieren können, was
das Projekt an Aufwand und Zeit benötigt, und wie diese Parameter vom Inhalt
abhängen (siehe auch Abb. 10–2).

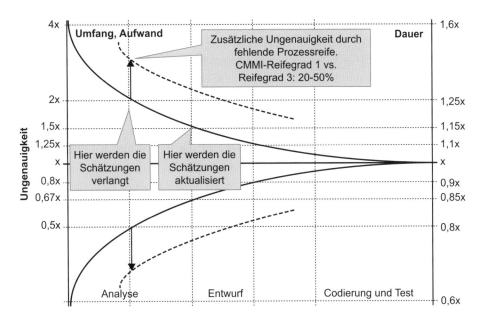

Abb. 5-18 *Schätzgenauigkeit in Abhängigkeit von der Projektphase und der Prozessreife*

**Es gibt nicht das beste Modell, sondern nur ein relativ gut passendes für
bestimmte Situationen.** Ohne eigene Erfahrungen und gesammelte historische
Daten, die bereits abgeschlossene Projekte in Bezug auf ihre Produktivität, Qualität etc. kennzeichnen, können die gleichen Modelle für die gleichen Anforderungen sehr verschiedene Aufwandsvorhersagen liefern, je nachdem, wer sie einsetzt.
Kunden erwarten heutzutage den Einsatz bestimmter Schätzverfahren, um auf
der Basis realistischer Szenarien über Inhalte und deren Änderungen sprechen zu
können. Viele historische Daten sind nötig, um die Modelle zu kalibrieren und zu
validieren. Erfahrungsdaten sind aufgrund verschiedener Randbedingungen und
Maßdefinitionen zwischen verschiedenen Unternehmen oder Produkten kaum
übertragbar. Leider ist noch immer die Reproduzierbarkeit und Einheitlichkeit
von historischen Daten fragwürdig. Sie hängt stark davon ab, wie gut die Messkultur im Unternehmen ist. Diese Messkultur und damit die Schätzgenauigkeit
hängen eng mit der Prozessfähigkeit eines Unternehmens zusammen.

Viele Eingangsparameter der Modelle sind subjektiv und schwer zu reprodu-
zieren. Um dem entgegenzuwirken, **muss in einem Unternehmen oder in einer
Produktlinie eine präzise Richtlinie für Schätzungen eingeführt und trainiert werden.** Jedes Projekt sollte mehrere Schätzungen liefern, die sich über die Projektlaufzeit zunehmend dem Endwert der tatsächlichen Aufwände nähern (Abb. 5–18).

In kritischen Projekten sollte daher die Aufwandschätzung unabhängig durch verschiedene Gruppen und mit verschiedenen Verfahren durchgeführt werden.

Zu beachten ist, dass Experten der Systemanalyse in der Regel den Aufwand zu niedrig annehmen, da sie durch ihre eigenen – überdurchschnittlich guten – Fähigkeiten davon ausgehen, dass das ganze Projektteam diese Produktivität mitbringt. Hierfür müssen Korrekturfaktoren eingebaut werden, die leider in die entgegengesetzte Richtung dessen gehen, was viele Projektmanager oder Produktmanager machen, nämlich nach einer Schätzung zu verlangen und danach durch zwei zu teilen. Hier spielen natürlich auch psychologische Einflüsse eine Rolle, denn die Systemanalysten »schieben« die Arbeit nachher weiter in ein separates Projekt, während die Projektmanager ihre eigene Schätzung auch selbst »ausbaden« müssen. Daher sollten Schätzungen und die davon abgeleiteten Projektpläne mit den Beteiligten abgestimmt werden.

Wesentliche Einflussgrößen für den Aufwand sind die Systemgröße und -komplexität, der Projekttyp (z.B. Neuentwicklung, Wartung), die Mitarbeiterproduktivität (und deren Motivation, die allerdings nicht greifbar ist), die Prozessfähigkeit des Unternehmens (z.B. CMMI-Reifegrad), die geforderte Qualität und der Termindruck, die Qualifikation der Projektmitarbeiter, die Teamgröße, Synergien im Projekt, die geografische Verteilung der Mitarbeiter, die Organisation der Mitarbeiter und Teams, die eingesetzten Entwicklungsmethoden und -werkzeuge sowie der Grad der Wiederverwendung von Software. Kommerzielle Schätzwerkzeuge fragen diese Parameter eingangs ab und liefern das Ergebnis dann auf Basis von Analogien mit einer umfangreichen internen Projektdatenbank.

Werkzeuge werden daher zur Plausibilisierung und zum Benchmarking eingesetzt. Im Folgenden blicken wir beispielhaft auf eines dieser Schätzwerkzeuge, SlimControl, und wie es die Abhängigkeiten der Einflussfaktoren berücksichtigt [Putnam2003]. Abbildung 5–19 zeigt die Zusammenhänge zwischen den Einflussfaktoren im Projekt und deren Auswirkungen auf Zeit, Kosten und Qualität. Ein Pfeil nach oben heißt, dass es eine positive Korrelation gibt: Die Fehlerzahl wächst mit dem Umfang. Ein doppelter Pfeil bezeichnet eine weit überproportionale Abhängigkeit, also wächst beispielsweise der Aufwand mit zunehmendem Umfang viel stärker an, als der Umfang selbst zunimmt.

Einflussfaktoren	Kennzahlen Zeitdauer	Aufwand	Fehler
Umfang ↑	↑	↑ ↑	↑
Produktivität ↑	↓	↓ ↓	↓
Mitarbeiterzahl ↑	↓	↑↑	↓
Zeitdruck ↑	↓	↑↑	↑↑

Abb. 5–19   *Wenige Schlüsselfaktoren im Projekt beeinflussen Zeit, Kosten und Qualität.*

Diese Zusammenhänge kennt jeder Projektmanager, aber nicht jeder Entwicklungsleiter oder Produktmanager handelt danach. Für den wichtigsten Einflussfaktor, den Umfang, haben wir versucht, den Zusammenhang nicht nur binär darzustellen, sondern qualitativ als Funktion. Die Berechnung dieses Zusammenhangs aus Umfang, Produktivität und Zeit zeigt, dass der Aufwand nichtlinear von Umfang oder Größe und Zeitdruck abhängt. Dabei kommt der Zusammenhang zum Ausdruck, den Putnam zum ersten Mal in geschlossener Form beschrieben und seither verschiedentlich überarbeitet hat (Abb. 5–20) [Putnam 2003]. Selbst eine kleine Verkürzung der Zeitvorgabe lässt den Aufwand explosionsartig wachsen. Aus diesem empirisch gewonnenen Zusammenhang lassen sich grundsätzliche Planungsdaten miteinander kombinieren, und der Projektmanager oder Systemanalyst erkennt, dass seine Freiheitsgrade drastisch eingeschränkt sind. Aus einer vorgegebenen Anforderungssituation (Funktionalität und Zeit) lässt sich zusammen mit Erfahrungswerten der Produktivität aus früheren ähnlichen Projekten der Aufwand ableiten.

Wir haben ein solches Planspiel in Abbildung 5–20 kurz beschrieben. Die Abbildung ist nicht ganz einfach zu verstehen, und Sie sollten sich die Zeit nehmen, selbst die beschriebenen vier Szenarien nachzuvollziehen. Es gibt einige Vorgaben, die den Umfang, Liefertermin und die Sollkosten eines Projekts beschreiben. Solche Vorgaben sind entweder frühzeitige Zusicherungen (z.B. das Projekt darf nur x kosten) oder Annahmen aus der Anforderungsanalyse (z.B. der Umfang beträgt ungefähr y FPs oder z KLOC). Der Umfang beträgt hier 150 KLOC (Kilo Lines of Code); die Kosten und der Termin sind nur als qualitative Linie angegeben, da sie fix bleiben. Selbst die Produktivität wird mit berücksichtigt, da sie einen großen Einfluss auf jedes Projekt hat. In der Regel wird sie durch

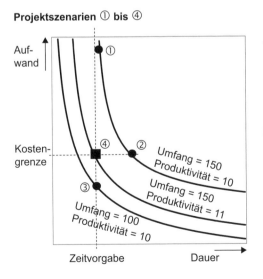

Projektszenarien ① bis ④

Zusammenhang (»Putnam-Formel«):

$$\text{Aufwand} \approx \frac{\text{Umfang}^3}{\text{Produktivität}^3 \times \text{Zeit}^4}$$

Legende:
① Aufwand auf Zielzeit optimiert
  (hier: Zielwert wird nicht erreicht)
② Zeit auf Kostengrenze optimiert
③ Im Zeit-und Kostenrahmen
  (reduzierte Größe)
④ Im Zeit-und Kostenrahmen
  (erhöhte Produktivität)

Abb. 5-20   Machbarkeitsstudie und Risikobewertung

Rückwärtsberechnungen aus abgeschlossenen Projekten extrahiert [Ebert2007a]. Wir haben sie mit dem (dimensionslosen) Wert 10 angenommen. Dadurch, dass die Produktivität ebenfalls feststeht, ist die Situation überbestimmt. Darüber hinaus ist es evident, dass Zeit- und Kostengrenzen nicht gleichzeitig eingehalten werden können. Eine Situation, die Sie bestimmt kennen.

Was lässt sich nun ändern? Sicherlich könnte man auf Zeit (Szenario 1) oder auf Kosten (Szenario 2) optimieren. Aber durch den nichtlinearen Zusammenhang wird damit der jeweils zweite Faktor beträchtlich überschritten. Man könnte auch die Produktivität erhöhen (im Bild in Szenario 4 durch den Übergang der Produktivität vom dimensionslosen Wert 10 auf 11 dargestellt). Das ist eine nette Lösung, der jeder Kunde und Manager sofort zustimmen würde – wenn es denn möglich wäre. Wie sollte sich die Produktivität auf Knopfdruck erhöhen lassen? Falls dies ginge, wäre es ja bereits gemacht worden. Wir sollten daher die Produktivität immer als Einflussgröße annehmen, die sich nur sehr langsam ändert. Maßnahmen, wie eine Verbesserung der Prozessfähigkeit mit dem CMMI, verbessern die Produktivität nachhaltig, aber eben nicht von »jetzt auf gleich«, sondern über einen längeren Zeitraum. Die einzige realistische Maßnahme besteht in dieser Situation darin, den funktionalen Umfang beträchtlich zu reduzieren (Szenario 3). Das sagt sich einfach, ist aber bei sonst unumstößlichen Randwerten für Kosten und Zeitdauer die einzige Lösung. Alle anderen Szenarien (z.B. ein angenommenes Szenario 4 mit zu optimistischen Annahmen) würden zu einem Projekt führen, das in der Summe schlechtere Ergebnisse zu einem späteren Zeitpunkt liefert, als wenn man von Beginn an realistisch geplant hätte.

Immer wieder kommt ein Projektmanager in die für ihn missliche Situation, Aussagen zu seinem neuen Projekt hinsichtlich der Kosten und insbesondere der Termintreue machen zu müssen, obwohl er nur unzureichende Informationen dazu hat. Häufig steht der Termin sogar bereits fest. Der Auftraggeber will eine

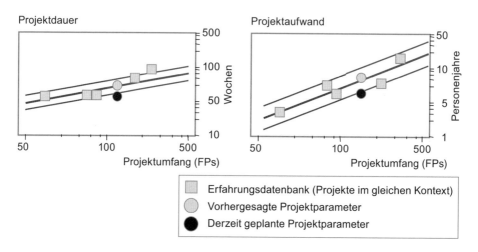

Abb. 5–21   *Einfache Machbarkeitsstudie mit früheren Projekten*

Lösung für unzureichend bekannte Probleme in einer fixen Zeit bei guter Qualität und zu den niedrigsten Kosten. Hier entfalten die genannten Werkzeuge ihre Stärke, denn sie schätzen Aufwände und Dauern aufgrund früherer Erfahrungen bei ähnlich gelagerten Projekten (Abb. 5–21). Damit eignen sich die Werkzeuge auch beim Benchmarking und der Bewertung externer Schätzungen, beispielsweise im Lieferantenmanagement.

5.5 Priorisierung von Anforderungen

Projekte sind dann erfolgreich, wenn ihre Ergebnisse pünktlich sind, die richtige Qualität haben und alle vereinbarten Inhalte liefern. Aus firmeninterner Sicht muss das Produkt oder die Lösung zudem im vereinbarten Kostenrahmen oder darunter liegen, um erfolgreich zu sein. Legt man die reale Welt unzureichender Prozessfähigkeit und unsicherer Anforderungen zugrunde, ergibt sich hier ein offensichtlicher Widerspruch schon allein aus der softwaretechnischen Perspektive, weil der Rahmen überbestimmt ist. Da weder die Einflüsse jeder Anforderung im Detail analysiert noch alle Risiken oder menschlichen Faktoren komplett abgefedert werden können, ist ein Puffer notwendig, damit der Liefertermin gehalten werden kann.

Die Priorisierung von Anforderungen und die damit verbundene inkrementelle Entwicklung ist in diesem Spannungsfeld die einzige allgemeingültige Lösung. Andere Verfahren, wie Ressourcenpuffer, werden nur in Ausnahmesituationen, in denen es nicht so sehr auf die Kosten ankommt, eingesetzt. Sicherlich führen stabile und robuste Prozesse zu einer Verbesserung der Schätzgenauigkeit und damit zu verbesserter Planbarkeit, was geringere Lieferrisiken mit sich bringt – aber die Unsicherheit bei den Anforderungen wird dadurch nicht behoben. Wir favorisieren hier also ganz klar den Ansatz, Anforderungen zu priorisieren und danach das System gemäß den Prioritäten in Inkrementen aufzubauen.

Die Priorisierung von Anforderungen und die inkrementelle Entwicklung gehören zusammen. Anforderungen zu priorisieren und danach als Konglomerat zu entwickeln, macht keinen Sinn, denn es können dann ja nicht gezielt niedrig priorisierte Anforderungen weggelassen werden. Inkremente zu planen, ohne auf die Bedeutung der Inhalte zu achten, hilft zwar dabei, die Funktionalität früher zu stabilisieren, aber das resultierende Produkt ist nicht unbedingt das, was der Markt will. Nur wenn die ersten Inkremente die wichtigsten Anforderungen liefern, besteht die Chance, dass auch ein nicht ganz komplettes Produkt abgenommen wird – unter der Voraussetzung, dass nicht gelieferte Funktionen nachgeliefert werden. Dies kann spezifische Geschäftsmodelle stimulieren, in denen auf jährlicher Basis Updates anhand eines Wartungsvertrags nachgeliefert werden. Auch Produktlinien nutzen diesen Ansatz, um in der generischen Plattform die wichtigsten Funktionen pünktlich zur Verfügung zu stellen (Abschnitt 12.1).

Prioritäten sind nicht einfach einzuführen. Für jeden Produktmanager oder Kunden wird sofort klar, dass er nur das verlässlich bekommt, was hoch priorisiert ist. Damit sind wir bei der Wunschzettelanalogie aus der Einführung (Abb. 2–2). Kein Kind ist in der Lage, seinen Wunschzettel zu priorisieren. Wenn es sich erst einmal in den Kopf gesetzt hat, dass es den Roller und das Modellauto braucht, dann kann es sich eine Welt mit nur dem Roller oder nur dem Modellauto nicht mehr vorstellen. Und wenn es dann nur den Roller erhält, ist es so verärgert, dass es sich nicht einmal an diesem Geschenk erfreuen kann. Dass es aber auch eine Welt gibt, die weder Roller noch Modellauto liefert, das merken Produktmanager oftmals viel zu spät. Denn schließlich geht es nicht darum, willkürlich weniger zu liefern, sondern zu einem vertraglich festgesetzten Termin in der Lage zu sein, überhaupt etwas zu liefern!

Wenn das Vertrauen in die Entwicklung und deren Prozessfähigkeit und Liefertreue bereits beeinträchtigt ist, werden viele Kunden einer Priorisierung gar nicht mehr zustimmen. In einem solchen Fall sollte die Priorisierung intern vorgenommen werden und parallel dazu möglichst rasch der Entwicklungsprozess verbessert werden, um das verloren gegangene Vertrauen wieder zu gewinnen. Selbst in diesem Fall ist allerdings eine sorgfältig vorgenommene Priorisierung besser, als den Kunden wiederholt zu enttäuschen.

Zur Einführung empfehlen wir die Nutzung von nur zwei Prioritäten (hoch, niedrig), auf die alle Anforderungen abgebildet werden. Zwei Prioritäten sind verlässlich und reproduzierbar. Man kann dann sprichwörtlich mit dem Daumen entscheiden, was wichtig ist und was nicht. Aus diesen Priorisierungsrichtlinien wird dann ein inkrementeller Entwicklungsplan abgeleitet, der das Ziel hat, pro Inkrement exakt die Zeiten und die Anforderungen mit hoher Priorität einzuhalten. Zeit, Qualität, Aufwand und Inhalt sind innerhalb dieser Regel determiniert.

Die Priorisierung von Anforderungen und die abschließende Umsetzung dieser priorisierten Anforderungen in einen Projektplan und in inkrementelle Entwicklungsergebnisse folgt den folgenden Schritten:

Schritt 1:
Analysieren Sie die Anforderungen von Beginn an immer mit der Perspektive, wie sie zusammengehören und welcher Nutzen durch eine eventuelle Gruppierung erreicht werden kann. Anforderungen beeinflussen sich gegenseitig, sodass die Grenzkosten einer weiteren – ähnlichen – Anforderung verschwindend gering werden können, wenn sie gemeinsam implementiert werden. Umgekehrt ergeben sich aus der Analyse verschiedener Lösungsmöglichkeiten oftmals neue Lösungswege in der speziellen Situation.

Am Beispiel des Aufzugs wollen wir die Anforderung nach einer hohen Verfügbarkeit betrachten. Verfügbarkeit wird erhöht durch dafür zugeschnittene Entwicklungsprozesse, beispielsweise robusteres Systemdesign und intensivere Fehlerentdeckung. Die Systemarchitektur könnte angepasst werden, beispielsweise durch ausfallsichere Hardware und redundante Softwarelösungen. Schließlich könnten Wartung und Service angepasst werden, beispielsweise durch eine schnelle Reaktion auf Störungen und eine höhere Verfügbarkeit eingesetzter Ressourcen. Einer unserer Kunden stand konkret vor diesem Problem, und wir konnten mit ihm kostengünstige Lösungen zur Erhöhung der Systemverfügbarkeit erarbeiten – ohne dass sich die Entwicklungskosten erhöht hätten. Wir sehen an diesem Beispiel, dass der Lösungsraum durch eine erste Analyse gleich sehr viel größer wird, wenn nicht nur eine Facette betrachtet wird.

Schritt 2:
Analysieren Sie die Anforderungen vor Projektbeginn mit multifunktionalen Expertenteams. Solche Expertengruppen setzen sich aus Mitarbeitern mit verschiedenem Hintergrund zusammen, also beispielsweise Produktmanagement, Marketing oder Vertrieb, Systemanalyse und Test. Jeder bringt seine Erfahrungen und Randbedingungen ein, was die Analyse sehr viel schneller macht, als wenn Ergebnisse wie beim Tischtennis hin- und hergespielt werden.

Schritt 3:
Analysieren Sie den Kontexteinfluss von Funktionen und Inkrementen vor dem Entwicklungsstart. Der häufigste Ansatz sind Tabellen, sowohl als Liste von Anforderungen als auch für einzelne Anforderungen (Abb. 5–22). In einer Tabelle werden waagrecht die einzelnen Marktanforderungen (Lastenheft, Marktanforderungen) eingetragen und vertikal bewertet, wie die Anforderungen zum Wert einzelner Funktionen (Pflichtenheft, Softwarefunktionen oder Produktanforderungen) beitragen. Die Informationen dieser Tabelle sollten als Anforderungsattribute in der Anforderungsspezifikation beschrieben werden. Dabei sollte immer die Marketingsicht dominieren und diese Analyse keineswegs von einem Systemingenieur oder Projektmanager alleine durchgeführt werden. Selbst bei kundenspezifischen Lösungen sollte untersucht werden, ob eine Funktion aus der Sicht des Geschäftsmodells des Kunden wirklich wichtig ist. Eine Basis dafür sind individuelle Kosten-Nutzen-Betrachtungen, wie sie in einem Business Case gemacht werden.

Anf. Nr	Beschreibung der Anforderung	Quelle/ Perspektive	Einfluss der Anforderungen auf die Produkteigenschaften				
			F1	F2	F3	F4	F5
A1			N		H		
A2				N	H		
A3				N		H	
A4				N		H	
...							

Legende:		
A1 – 4: Anforderungen	N:	Niedriger Einfluss
F1 – 5: Funktionen:	H:	Hoher Einfluss
Produkteigenschaften oder Softwarefunktionen	Leer:	kein Einfluss

Abb. 5–22   Tabellarische Einflussanalyse

Es kommen auch komplexere Methoden, wie das Quality Function Deployment (QFD), zum Einsatz, die nicht nur die Priorisierung unterstützen, sondern gleichzeitig auch die Einflüsse auf Entwurf und Realisierung deutlich machen (Abb. 5–23). Im QFD werden in den Reihen einer Matrix ebenfalls die Marktanforderungen dargestellt. Die Spalten bewerten den Einfluss auf bestimmte Produkt- oder Entwurfseigenschaften, zum Beispiel den Aufwand oder wo etwas konkret geändert werden muss, um diese Anforderung zu implementieren. Daraus lassen sich Korrelationen von ähnlichen Anforderungen erstellen. Zudem können durch Gewichtungen von Marktanforderungen oder Produkteigenschaften jene Anforderungen ausgewählt werden, die den größten Wert für das Produkt darstellen und daher hoch priorisiert werden. Weitere Einflüsse, wie Wettbewerberinformationen oder eigene Fähigkeiten, können zusätzlich in die Bewertung übernommen werden.

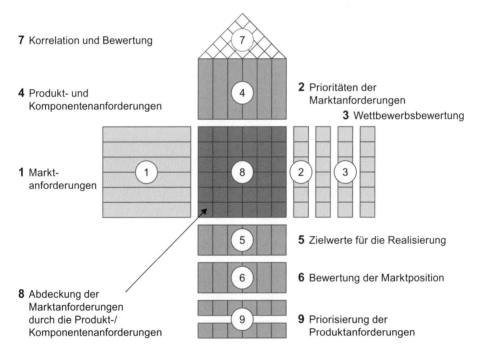

Abb. 5–23   *Quality Function Deployment (QFD) als Basis für Einflussanalyse und Priorisierung*

Aus diesem Schritt resultieren zwei Priorisierungen, nämlich eine technische (Machbarkeit, Grenzkosten, Randbedingungen, Architektureinflüsse etc.) und eine kommerzielle aus Kundensicht (Vermarktbarkeit, Kundennutzen, Geschäftsmodelle, Wettbewerberprioritäten etc.).

Schritt 4:
Bringen Sie diese beiden Priorisierungen – mit größtmöglicher Konsistenz – zusammen. Beispielsweise gibt es häufig die Situation, dass eine Anforderung für

den Kunden ganz wichtig ist und andere – in der Implementierung ähnliche Anforderungen mit geringem Zusatzaufwand – eine eher untergeordnete Rolle spielen. In solch einem Fall wird man aus technischen Gründen häufig die Anforderungen als Paket in einem Inkrement liefern, um das wiederholte Ändern im gleichen Quellcode zu reduzieren. Abbildung 5–24 zeigt den Prozess des iterativen Abgleichs von technischen und kommerziellen Prioritäten. Damit steht ein wichtiges Zwischenergebnis als Basis für die Projektplanung zur Verfügung, nämlich eine priorisierte Liste der Anforderungen und deren Einfluss auf Produktarchitektur und Funktionalität.

Schritt 5:
Stellen Sie einen Projektplan auf, der ausschließlich auf diesen gruppierten Funktionen beruht. Evaluieren Sie den vorgeschlagenen Projektplan mit Bezug auf die Entwickler, die zur Verfügung stehen. Am Anfang der gelieferten Inkremente stehen grundlegende Plattformentscheidungen sowie Architekturänderungen, die im Produkt in jedem Fall nötig sind, um die hoch priorisierten Anforderungen überhaupt entwickeln zu können. Dann folgen einzelne hoch priorisierte Anforderungen, die in die Inkremente aufgrund der gegenseitigen Einflüsse gepackt werden. Ziel ist es, Quellcode nicht in jedem Inkrement erneut anzupacken, sondern soweit dies möglich ist, nur einmal in einem Release. Die nieder priorisierten Anforderungen mit relativ großem Aufwand kommen am Ende. Parallel zu diesen inkrementellen Schritten muss der Stabilisierungstest eingeplant werden. Der Testaufwand und damit die benötigten Ressourcen wachsen im inkrementellen Vorgehen sehr viel schneller auf die Maximallast an, als dies beim rein sequenziellen Vorgehen der Fall ist.

Schritt 6:
Weisen Sie die Verantwortungen von Entwicklern oder Gruppen konkreten und einzeln identifizierten Anforderungen sowie Inkrementen und Meilensteinen zu. **Nur klare Verantwortung in der Entwicklung und im Projekt schafft verlässliche Liefertermine.** Zielerreichung sind getestete und abgenommene Anforderungen. Code, der nicht in das Release übernommen werden kann, muss sofort nachbearbeitet werden, denn sonst türmen sich Qualitätsdefizite auf.

Schritt 7:
Verfolgen Sie den Projektstatus auf Basis des erreichten Nutzens – also den Status der priorisierten Marktanforderungen – und nicht auf Pseudofortschritt, wie beispielsweise erstellte Dokumente oder geschriebene Testfälle. Wert ist, was der Kunde sieht und bezahlt. Die Prioritäten helfen dabei, sich immer wieder auf den erreichten Wert aus Kundensicht zu beziehen.

Schritt 8:
Testen Sie die Inkremente durch unabhängige Validierungsteams, die nicht das Design gemacht haben. Dieser unabhängige Test gegen die Anforderungen stellt

sicher, dass Denkfehler oder unzulässige Vereinfachungen gefunden werden können, bevor die Software gepackt und ausgeliefert wird.

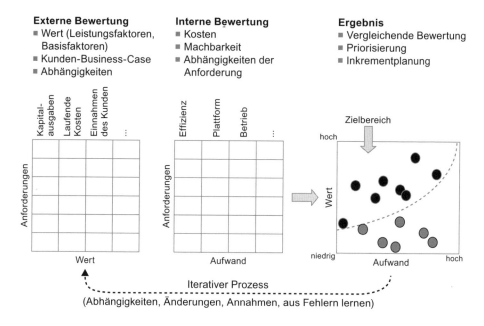

Externe Bewertung
- Wert (Leistungsfaktoren, Basisfaktoren)
- Kunden-Business-Case
- Abhängigkeiten

Interne Bewertung
- Kosten
- Machbarkeit
- Abhängigkeiten der Anforderung

Ergebnis
- Vergleichende Bewertung
- Priorisierung
- Inkrementplanung

Abb. 5–24   *Anforderungen werden technisch und kommerziell bewertet.*

5.6   Risiken identifizieren und abschwächen

Requirements Engineering ist Risikomanagement. Bereits in Abschnitt 1.2 haben
wir gesehen, dass fehlende, falsche und sich ändernde Anforderungen ein ganz
wesentliches Projektrisiko darstellen. Wir adressieren Risikomanagement hier
explizit, denn in der Analyse der Anforderungen müssen die zugehörigen Risiken
bewertet werden, um beispielsweise die Anforderungen zu priorisieren, Inkremente festzulegen, Abhängigkeiten zu entschärfen oder auch eine kritische
Anforderung gemeinsam mit dem Kunden oder dem Vertrieb umzuformulieren.
Der Nutzen von Requirements Engineering für das Risikomanagement ist offensichtlich:

- Anforderungen sind aufgrund ihres Werts priorisiert
- Relevante Interessengruppen sind identifiziert
- Entscheidungsräume sind eingeschränkt
- Änderungsrisiken sind frühzeitig bewertet und begrenzt
- Projekt und Entwicklungsprozess sind auf die Randbedingungen zugeschnitten

Wir wollen hier kurz die wesentlichen Risiken im Projekt aus Sicht des RE
betrachten. Alle diese Risiken müssen durch den Projektmanager adressiert wer

den. Wer sich hierbei nicht fit fühlt, sollte sich schulen lassen. Wenn die eigenen Prozesse gutes Projektmanagement mit verlässlichen Ergebnissen nicht erlauben, müssen sie verbessert werden.

Unklare Anforderungen

Anforderungen, die unbekannt oder nicht klar formuliert sind, werden im Projekt interpretiert. Das führt zu Schätzungenauigkeiten und zu fehlerhafter Implementierung, weil die Interpretationen beliebig falsch liegen können. Anforderungen müssen schriftlich spezifiziert sein und bestimmten formalen Anforderungen genügen, um auch verständlich zu sein. Anforderungen werden geprüft, ob sie für verschiedene Rollen im Projekt gleichermaßen verständlich sind. Reviews durch Tester sind hierbei besonders wichtig und unterstreichen die besondere Bedeutung von Testern in den frühen Phasen eines Projekts.

Sich ändernde Anforderungen

Anforderungen ändern sich in fast jedem Projekt. Änderungen, die ad hoc und unkontrolliert in das Projekt einfließen, verhindern nicht nur die Projektkontrolle, sondern verbauen auch jegliches Konfigurationsmanagement. Wer kann da noch wissen, welche Versionen oder Komponenten nun welche Anforderungen in welcher Form implementiert haben? Ziel muss es sein, eine einzige Schnittstelle zu haben, die als »Wächter« über alle Anforderungen und deren Änderungen bestimmt: den Projektmanager (oder ein dafür beauftragtes Änderungskomitee). Genauso wichtig ist es, eine einzige verbindliche Liste mit allen, dem Projekt zugeordneten Anforderungen zu haben, die unter Konfigurationsmanagement steht. Bei Änderungen der Anforderungsbasis sollte der Projektmanager immer die Anforderungsliste aktualisieren und dabei dokumentieren, wer die Anforderung konkret veranlasst hat. Ein guter Projektmanager wird bei Änderungen verständlich machen, dass bestimmte Änderungen an den Anforderungen automatisch zu Änderungen in den Planungen führen, die Verzögerungen mit sich bringen können. Eine gute Maßnahme ist es daher, bei Änderungen den Projektplan herauszuholen und zu zeigen, wie sich die Änderungen konkret auswirken. Dann bietet sich die Frage an, mit welchen anderen – möglichen – Änderungen der Auftraggeber (intern oder extern) einverstanden ist, um die Einflüsse seiner eigenen Änderungen abzufangen.

Instabile Produkt- oder Designbasis

Die meisten Projekte sind keine Neuentwicklungen, sondern Änderungen an bestehender Software. Damit stellt sich die Frage, wie gut und stabil eigentlich die Komponenten sind, mit denen gearbeitet wird. Oftmals werden Komponenten extern entwickelt oder stammen von einem anderen Projekt, sodass unklar ist, ob sie halten, was die Autoren versprechen. Auch diese Unsicherheiten führen zu massiven Schätzungenauigkeiten, beispielsweise, wenn Funktionen noch nachimplementiert werden müssen oder wenn das Design so schlecht ist, dass die Komponente gar nicht eingesetzt werden kann. Der Projektmanager muss bei wiederverwendeten Komponenten, bei Wartungsprojekten und bei Unteraufträgen darauf achten, dass die Codebasis gemeinsam mit Anforderungen, Testfällen und Prüfergebnissen geliefert wird, damit er ein Minimum an Kontrolle hat. Bei manchen Unteraufträgen oder Plattformen, die parallel zum Projekt extern entstehen, hilft nur eine stringente Nachverfolgung der jeweiligen Zusicherungen. Vertrauen Sie Ihren Lieferanten nicht blind.

Aggressive Projektdefinition mit nicht erreichbaren Meilensteinen

Das Hauptärgernis bei vielen Projektmitarbeitern sind Meilensteine, von denen jeder weiß, dass sie nicht eingehalten werden können. Dilbert baut seinen Erfolg als Comic auf diesen Fehler. Oftmals tituliert das Management solche Planungen als »aggressiv«, obwohl sie im Endeffekt eher »dumm« sind. Dumm sind solche Zeitpläne, weil sie das Vertrauen der Mitarbeiter in das Management nachhaltig untergraben. Dumm sind sie auch, weil sie dazu führen, dass hastig etwas implementiert wird, um zeigen zu können, dass es vorwärts geht. Danach macht sich zumeist Ernüchterung breit, wenn klar wird, dass der Druck gar nicht nötig war und dass falsche Entwurfsentscheidungen getroffen wurden. Diese führen nämlich bei ihrer Korrektur dazu, dass sich das Projekt viel stärker verzögert, als wenn von Anfang an richtig geplant worden wäre. Dumm kann es für den Projektmanager laufen, wenn er sich auf ein solches Spiel einlässt, denn seine eigene Reputation leidet darunter. Selbst wenn das häufig genannte Argument kommt, dass der Kunde so viel Druck macht, ist es gerade die Aufgabe des Projektmanagers, diesen Druck aus seinem Projekt herauszunehmen. Schließlich lassen sich Kundenabsprachen und Projektpläne entkoppeln. Genauso, wie manche Angebote unter Kosten liegen, um einen Markt erobern zu können, können auch Liefertermine kurzfristiger festgesetzt werden, als dies der ursprüngliche Projektplan hergibt. Es ist beispielsweise möglich, dass nach Vertragsabschluss das Projekt in zwei Releases aufgeteilt wird, wobei nur das erste Release den Zeitplan einhält. Wichtig ist eine saubere Kommunikation, um zu verhindern, dass diese zwei Pläne durcheinandergeraten.

Oberflächliche oder ungenaue Aufwand- und Einflussschätzung

Dies ist nun eher ein handwerkliches Problem, das ein guter Projektmanager durch Schätztechniken in den Griff bekommen kann. Sicherlich sind Schätzungen keine Sache, die er selbst durchführen wird, da sie Fachkenntnisse erfordern. Es gibt genügend Handreichungen, wie man Schätzungen verlässlich machen kann, beispielsweise durch Kaskadierungen (d.h. wiederholte, sich verfeinernde Schätzungen, die gleichzeitig eine Lösung entwickeln und dabei den Einfluss der

Lösung abschätzen) und Delphi-Ansätze (d.h., verschiedene Experten schätzen den Aufwand und tauschen dann ihre Annahmen und Ergebnisse aus, um in einer zweiten Stufe die Schätzung nochmals zu verbessern) [Ebert2007a]. Schätzungen müssen nachvollziehbar sein. Das kann durch eine hierarchische Gliederung von Aufgabenstellungen erfolgen oder auch über konkrete und reproduzierbare Mechanismen, wie Function Points. Schätzungen sollten immer den einzelnen Anforderungen (oder Gruppen von zusammengehörenden Anforderungen) zugeordnet werden, um bei Änderungen die Planungen leichter aktualisieren zu können. Schätzungen werden zu bestimmten Meilensteinen (z. B. zum Architekturabschluss) wiederholt, wenn die Unsicherheiten geringer geworden sind. In jedem Fall gilt, dass nach Projektabschluss eine Prüfung der Annahmen erfolgt, um die Schätzungen im nächsten Projekt zu verbessern.

Nicht verfolgte Pläne im Projekt

Hier geht es einmal mehr um das ureigene Handwerkszeug des Projektmanagers. Projektkontrolle heißt, die abgestimmten Pläne umzusetzen. Abweichungen werden kontrolliert und führen zu Nachplanungen, die wenn möglich innerhalb der abgestimmten Projektparameter liegen sollten. Meilensteine sind feste Bezugspunkte, die zu einem gesamten Review des Projekts führen und beispielsweise auch überprüfen, ob die ursprünglichen Annahmen noch gelten. Dezidierte Maße und Kennzahlen dienen dazu, Fortschritt in unterschiedlichen Dimensionen zu prüfen, so beispielsweise anhand der bereits implementierten oder getesteten Anforderungen.

Unkontrollierte Unteraufträge

Auch das letzte Problem unserer Liste ist oftmals hausgemacht. Wer Arbeiten an externe Lieferanten weitergibt, muss deren Fortschritt genauso kontrollieren wie bei Arbeiten im eigenen Unternehmen. Lieferanten haben zwar die Hoheit über das, was innerhalb ihres Auftrags geschieht, aber der Projektmanager hat dennoch die Aufgabe, Lieferrisiken abzuschwächen oder auszuschalten. Wenn Sie Ihrem Lieferanten nicht trauen, ist es besser, ihn von Anfang an nicht mit ins Projekt zu nehmen. Was für Ihre Projektmitarbeiter gilt, nämlich Professionalität und Disziplin, muss erst recht für Ihre externen Lieferanten gelten.

Risikomanagement ist der Teil des Projektmanagements, der sich systematisch mit dem Identifizieren, Analysieren, Dokumentieren und Behandeln von Projektrisiken befasst. Es geht dabei um die Einwirkung auf ursächliche Einflüsse, die zu einem Problem führen können. Entscheidend für gutes Risikomanagement ist es, frühzeitig proaktiv in ein Projekt einzugreifen. Um sich nicht in Details zu verlieren – und dies ist sicherlich ein Unterschied zum RE –, geht es im Risikomanagement darum, nur die wichtigsten Gefahrenquellen auszuloten und zu reduzieren. **Risikomanagement orientiert sich an der Wahrscheinlichkeit und an den Folgen.**

Gutes Risikomanagement betrachtet nur die aktuell wesentlichen Risiken. Typischerweise versucht ein Projektmanager nicht mehr als zehn Projektrisiken (sogenannte »top ten risk list«) im Auge zu behalten. Das hat mit Komplexitätsreduktion zu tun, denn Risikomanagement ist auch Projektaufwand, und es ist wenig sinnvoll, zu viele hypothetische Szenarien kontinuierlich im Auge zu behalten, wenn es bereits schwer genug ist, das Projekt selbst sauber zu kontrollieren.

Hier sind die wesentlichen Techniken der Risikoabschwächung im und durch das RE:

- Bewertungs- und Auswahltechniken des Portfoliomanagements, um Wichtiges und Unwichtiges zu trennen. Priorisierung von Anforderungen.
- Änderungsrisiken bereits in der Analyse abschätzen und bewerten. Szenarien: Welche Anforderungen werden sich ändern? Wie werden sich Anforderungen ändern?
- Projektmanagement anpassen, um mit Unsicherheiten und Änderungen umgehen zu können. Beispiele: durchgängige Planung, regelmäßiges und systematisches Risikomanagement. Regeln und Zielvorgaben, um Entscheidungsspielräume einzugrenzen. Wer hat den Einfluss, Änderungen zu bewirken? Wer nicht?
- Entwicklungsprozess anpassen, um mit Unsicherheiten und Änderungen umgehen zu können. Beispiele: inkrementell, evolutionär, agile Techniken, Joint Application Design (JAD), Prototyping.
- Architektur und Design anpassen, um mit Unsicherheiten und Änderungen umgehen zu können. Beispiele: Design for Change, Erweiterbarkeit, Modularität.
- Striktes und systematisches Änderungsmanagement. Änderungen und neue Anforderungen folgen dem exakt gleichen Prozess (Ermittlung, Analyse, Dokumentation, Nachverfolgung etc.). Analyse der Änderungen: Neues Projekt oder verzögern? Wert und Nutzen von Änderungen prüfen, bevor sie akzeptiert werden. Einflussanalyse, um Abhängigkeiten und Konsequenzen einer Änderung vor der Bewertung plastisch kommunizieren zu können. Nachverfolgbarkeit von Anforderungen absichern und pflegen

Technologierisiken lassen sich durch Hinterfragen von Anforderungen und Randbedingungen finden. Hier eine kleine Checkliste:

- Gibt es neue Technologien im Projekt, die bisher nicht eingesetzt wurden?
- Haben die Mitarbeiter die richtigen Fähigkeiten?
- Sind die Schnittstellen zu anderen Systemen oder Komponenten vollständig definiert?
- Hängt das Design von unrealistischen oder zu optimistischen Annahmen ab?
- Ist das Systemverhalten (Performanz etc.) berücksichtigt?
- Haben die externen Komponenten die geforderte Qualität?
- Werden Patente, Copyrights oder proprietäre Technologien eingesetzt, deren Rechtslage oder Folgekosten unsicher sind?

▓ Welche Open-Source-Software mit welchem Vertragsschema wird eingesetzt?

▓ Ist die Zielhardware rechtzeitig (zum Test oder zur Integration) verfügbar?

▓ Sind externe Komponenten hinreichend stabil? Sind sie bekannt? Sind sie rechtzeitig verfügbar?

▓ Gibt es Unteraufträge (oder Outsourcing, Offshoring)? Sind die Lieferanten im Gesamtkontext bekannt?

▓ Welches Vertragsschema haben die Lieferanten? Haben Sie ein Interesse, pünktlich und mit guter Qualität zu liefern? Welche Risiken tragen die Lieferanten nicht?

▓ Gibt es Ersatzlieferanten für kritische Komponenten?

Ein einfaches **Beispiel** zeigt das praktische Risikomanagement anhand sich ändernder Anforderungen. Wenn wir von einer Anforderung wissen, dass sie noch nicht stabil ist und ihr Änderungsaufwand durch Einflüsse auf die Architektur nicht unbeträchtlich wäre, dann haben wir ein klassisches Projektrisiko. Praktisches Risikomanagement ist nun nahezu deckungsgleich mit Requirements Engineering. Zuerst wird versucht, zu ergründen, wie hoch die Änderungswahrscheinlichkeit ist. Der Produktmanager oder Projektmanager kann während des Definierens der Anforderungen die Frage an unterschiedliche Spezialisten auf Kundenseite stellen, wie stabil diese Anforderung ist. Er wird versuchen, verschiedene Gruppen von Anforderungen zu unterscheiden, je nach der angenommenen Stabilität. Für die als nicht so stabil angenommenen Anforderungen wird im nächsten Schritt der Anforderungsanalyse betrachtet, wie groß der jeweilige Einfluss auf Architektur und Design ist. Damit haben wie die zwei wesentlichen Einflussparameter von Risiken bereits im Blick: Die Wahrscheinlichkeit einer Änderung der Anforderung sowie deren Einfluss auf das Projekt bestimmen zusammen, wie groß das Risiko dieser Anforderung für das Projektgelingen ist.

Danach werden Maßnahmen untersucht, die dabei helfen, das mit den instabilen Anforderungen verbundene Risiko abzuschwächen. Je nach Anforderungen und Ähnlichkeit der Konsequenzen von Änderungen wird man einzelne instabile Anforderungen betrachten oder aber alle instabilen Anforderungen gemeinsam. Im Fall einer einzigen instabilen Anforderung mit hohem Projektrisiko (z.B. wenn sich die derzeitige Architektur ändern könnte oder wenn wesentlicher zusätzlicher Aufwand nötig wäre, um die Änderungen einzuarbeiten) wird der Projektmanager versuchen, das Design so aufzusetzen, dass die Änderung bestmöglich abgefangen werden kann.

Während der Ermittlung der Anforderungen fragt der Projektmanager, auf welche Weise sich die Anforderung ändern kann. Anschließend kann er versuchen, die möglichen Optionen in einem Design abzufangen. Diese Vorgehensweise wird auch als »**Design for Change**« bezeichnet und wird vorzugsweise bei eingebetteten Systemen oder bei gemischten Hardware- und Softwaresystemen eingesetzt, wo die Hardwarekomponenten sich mit hoher Wahrscheinlichkeit während der Produktlebensdauer ändern werden. Ähnlich sieht es aus, wenn eine

Softwarekomponente eingesetzt wird, die man nicht kontrollieren kann. Dies gilt für Middleware wie Betriebssysteme oder Datenbanken. Auch hier sollte der Designer versuchen, mögliche Änderungen bereits frühzeitig abzufangen. Ein Grund übrigens dafür, keine Low-Level-Zugriffe in ein Betriebssystem oder eine Datenbank vorzunehmen, sondern sich immer an den stabilen und definierten Zugriffsroutinen zu orientieren.

Bei einer ganzen Gruppe von Anforderungen, die sich ändern können, sind Einzelmaßnahmen nicht praktisch. Ein probates Mittel ist dann, sie in spätere Inkremente zu verlagern, nachdem der Entwurf so ausgelegt wurde, dass die Änderungen abgefangen werden könnten. Wenn sich mehrere solche Anforderungen beeinflussen können, wird man sie in ein bestimmtes Inkrement legen, um Mehrarbeit zu vermeiden. Manche Anforderungen kann man auch durch Prototyping klären und damit ihr Änderungsrisiko mindern. Dies gilt beispielsweise für Benutzerschnittstellen oder bei neuen, noch nicht bekannten technischen Umgebungen, in die Software eingebettet wird.

5.7   Checkliste für die Anforderungsanalyse

Die folgende Checkliste unterstützt Sie bei der Analyse von Anforderungen und deren Vereinbarung in einem Projekt. Sie basiert auf Vorschlägen, die wir bereits in früheren Kapiteln gemacht haben.

Vollständigkeit (siehe auch Abschnitt 4.7)

- Sind die Anforderungen nachvollziehbar komplett?
- Wurden die Anforderungen im gleichen Zusammenhang (oder unter den gleichen Annahmen) auf Konsistenz geprüft?
- Sind die regulären und irregulären Benutzungsszenarien adäquat berücksichtigt? Bedenken Sie in diesem Zusammenhang die Notwendigkeit, aus Produkthaftungsgründen sowohl den normalen Gebrauch als auch den zu erwartenden Fehlgebrauch zu beschreiben und zu analysieren.
- Wurden die Qualitäts- und Freigabekriterien angemessen mit den Anforderungen verknüpft? Sind die Anforderungen messbar und testbar formuliert? Kann die Software auf der Basis der definierten Anforderungen abgenommen werden?
- Sind die Anforderungen im Rahmen der festgelegten vertraglichen Rahmenbedingungen machbar? Prüfen Sie diese Randbedingungen exakt, denn wenn Sie Ihren Kunden mit Dumpingpreisen oder zeiten zunächst überraschen (und nur deswegen einen Auftrag erhalten), kann er die Termine und Inhalte (Qualität) bis hin zur Lieferung durch einen Ersatzlieferanten einklagen (siehe Abschnitt 7.4).

Schätzungen und Projektannahmen

- Sind die Schätzungen systematisch und nachvollziehbar?
- Auf welcher Basis (Erfahrungswerte) wurden sie getroffen?
- Sind die Schätzungen an der konkreten Qualifikation der Mitarbeiter orientiert?
- Welche Annahmen haben zur Schätzung geführt? Welche Unsicherheiten liegen vor?
- Welche Ereignisse und Aufgaben im Projekt wurden nicht abgeschätzt? Was könnte noch passieren und zusätzlichen Aufwand verlangen?
- Welche Probleme traten in den vergangenen Projekten auf? Verwenden Sie einige Erfahrungsberichte von 5–10 früheren Projekten und stellen Sie die 10–20 häufigsten Probleme zusammen. Verbinden Sie jedes Problem mit einer Ursache. Das sind häufig auch Ihre Risiken für das neue Projekt.

Projektdefinition und -management

- Gab es bereits Projekte mit ähnlicher Größe und vergleichbarem Inhalt?
- Lassen sich frühere Erfahrungen skalieren?
- Welche (neuen) Fähigkeiten werden gebraucht?
- Sind die richtigen Mitarbeiter und Fähigkeiten dann in der benötigten Zahl verfügbar, wenn sie gebraucht werden?
- Sind die Mitarbeiter und Manager am Projekterfolg interessiert?

Technologiebewertung

- Gibt es neue Technologien im Projekt, die bisher nicht eingesetzt wurden?
- Haben die Mitarbeiter die richtigen Fähigkeiten?
- Sind die Schnittstellen zu anderen Systemen oder Komponenten vollständig definiert?
- Hängt das Design von unrealistischen oder zu optimistischen Annahmen ab?
- Ist das Systemverhalten (Performanz etc.) berücksichtigt?
- Hat das System die geforderte Qualität?
- Ist die Zielhardware rechtzeitig (zum Test oder zur Integration) verfügbar?
- Sind externe Komponenten hinreichend stabil? Sind sie bekannt? Sind sie rechtzeitig verfügbar?

Lieferantenmanagement

- Sind alle Lieferanten im Gesamtkontext bekannt?
- Gibt es Unteraufträge (oder Outsourcing, Offshoring)?
- Gibt es Ersatzlieferanten für kritische Komponenten?
- Werden alle Lieferanten entsprechend Ihrer (nicht ihrer!) Planung liefern?

▓ Wie werden Lieferanten und Unteraufträge kontrolliert? Werden definierte
Techniken für Projektmanagement und Projektreviews eingesetzt?

▓ Welche Risiken tragen die Lieferanten nicht?

5.8   Tipps für die Praxis

▓ Beachten Sie, dass es gerade bei Zielen und Anforderungen keine absoluten
Wahrheiten gibt. Verschiedene Interessengruppen haben eine unterschiedliche
Wahrnehmung und divergierende Ziele. Die Wahl der Methode und des Modells
erzeugt ein Abbild der Ziele und der Realität, das beliebig eingeschränkt und
sogar falsch sein kann. Arbeiten Sie mit verschiedenen Methoden, Notationen
und Modellen. Hinterfragen Sie sich und die betroffenen Interessengruppen, was
sie als »Wirklichkeit« wahrnehmen.

▓ Analysieren und modellieren Sie auf der Basis von dokumentierten Anforderungen. Voraussetzung für eine gute Analyse ist, dass die Anforderungen zu Beginn
der Analysephase klar beschrieben und kategorisiert sind.

▓ Nutzen Sie eine methodische Analyse und Modellierung, um die Anforderungen
und die Lösung zu entwickeln und zu bewerten.

▓ Nutzen Sie Modelle als zielorientierte Vereinfachungen. Der Charme eines
Modells liegt darin, das Richtige wegzulassen und sich nicht zu verzetteln. Es
dient der Kommunikation und beschreibt keine exakte Implementierung. Modelle
sind unvollständig und lassen jene Details weg, die nicht direkt zur Lösung beitragen. Daher werden unterschiedliche Modelle generiert, um verschiedene Sichtweisen zu erlauben.

▓ Bauen Sie sich einen Satz von Analysemethoden auf, in denen Sie sich fit halten.
Eine einzige Methode ist selten ausreichend, vor allem nicht bei komplexen
Systemen.

▓ Trennen Sie klar zwischen dem Analysemodell und dem Lösungsmodell. Versuchen Sie nicht zwanghaft, alle Strukturen des Analysemodells in das Lösungsmodell zu überführen. Häufig existiert ein Strukturbruch, den Sie mittels verschiedener Modelle und unter Einsatz eines Glossars zur inhaltlichen und sprachlichen
Verlässlichkeit überwinden müssen.

▓ Beachten Sie die Unsicherheiten im RE. Je weniger über ein Projekt bekannt ist,
desto unsicherer ist die Aufwandschätzung. Bedenken Sie diese Unsicherheit
und lernen Sie, sie als Prozentzahl abzuschätzen. Die Kunst des Systemanalysten besteht darin, Zeitverzögerungen beim Projektstart (bedingt durch den Aufwand, Unsicherheiten zu reduzieren) mit den Zeitverzögerungen bei der Projektausführung (bedingt durch verbleibende Unsicherheiten und Änderungen)
auszubalancieren. Treten Sie nicht in die Falle der »Paralyse durch Analyse«.

▓ Verbessern Sie Ihre Schätzungen systematisch. Ohne eigene Erfahrungen und
gesammelte historische Daten (Erfahrungsdatenbank), die bereits abgeschlossene Projekte hinsichtlich ihrer Produktivität, Qualität etc. kennzeichnen, können
die gleichen Schätzmodelle oder -regeln für die gleichen Anforderungen sehr verschiedene Aufwandsvorhersagen liefern.

- Verwechseln Sie niemals eine Aufwand- oder Zeitschätzung mit einer Zielsetzung. Trennen Sie sauber zwischen vertraglich vorgegebenen Zielkorridoren und dem, was Sie selbst realistisch geschätzt haben. Wenn das Unmögliche verlangt wird, planen Sie gezielt das Mögliche. Sie werden damit in aller Regel früher, zu geringeren Kosten und mit besserer Qualität liefern, als wenn Sie mit Zeitdruck und oberflächlicher Bearbeitung versuchen, einen unmöglichen Termin zu halten. Unrealistische Termine reduzieren die Motivation. Zeitdruck erzeugt zusätzliche Fehler, die später korrigiert werden müssen. Beides verzögert das Projekt, anstatt es wie gewünscht zu beschleunigen.

- Priorisieren Sie die Anforderungen als Teil der Analyse. Um Zeit- und Kostenrahmen in Projekten einzuhalten, müssen Anforderungen priorisiert und anschließend in Inkrementen anhand der Prioritäten entwickelt werden. Nur dieser Ansatz stellt sicher, dass Kunde oder Markt eine Lösung erhalten, die die wichtigsten Anforderungen abdeckt.

- Arbeiten Sie inkrementell. Unterteilen Sie ein zu umfangreiches Projekt in Teilprojekte von beherrschbarer Größe.

5.9 Fragen an die Praxis

- Warum wird in der Analysephase zwischen Analysemodell und Lösungsmodell unterschieden? Wie sieht diese Trennung in Ihrer eigenen Umgebung aus? Gibt es einen Strukturbruch zwischen Aufgabe und Lösung oder bewegen Sie sich in einem Terrain, das die Analyse geradlinig zu einer Lösung und einem Entwurf hin überführt? Wie gehen Sie andernfalls mit einem Strukturbruch um?

- Haben Sie in Ihrer Umgebung eine bestimmte Analysemethode im Einsatz oder ist es eher eine Notation, die Sie nach Gutdünken anwenden? Was spricht für den Einsatz einer Methode? Welche Methoden kommen infrage? Genügt eine Methode oder sollten es mehrere sein, die sich ergänzen?

- Bewerten Sie Ihre eigenen Vorgehensweisen in der Analyse und Modellierung. Wie analysieren Sie Machbarkeit, Abhängigkeiten, Unsicherheiten? Wie modellieren Sie funktionale Anforderungen und Qualitätsanforderungen, Software vs. Services? Welche Modelle setzen Sie ein? Welche Modelle setzen Sie nicht ein? Warum?

- Wie schätzen Sie den Aufwand? Was sind Ihre Stärken? Wo sind Sie nicht sicher?

- Wie weisen Sie die Anforderungen in Ihren Projekten zu? Welche Basis existiert, anhand der die Anforderungen kontrolliert werden? Ist diese Basis allgemein akzeptiert und auch Basis für Verträge mit Kunden?

- Wie gehen Sie mit unsicheren Anforderungen im Projekt um? Bleibt der Vertrag offen oder hat er einen Puffer für Änderungen eingebaut? Wer entscheidet, wann die Analyse hinreichend abgeschlossen ist, um mit dem Projekt zu beginnen?

▦ Arbeiten Sie mit priorisierten Anforderungen oder sind alle Anforderungen gleichermaßen wichtig? Wie gehen Sie mit solchen »gleichermaßen wichtigen« Anforderungen um, wenn im Zuge von Termin- oder Kostendruck nicht alle Inhalte wie geplant geliefert werden können?

▦ Weshalb wird in der objektorientierten Analyse zwischen den drei Objektbeziehungen der Generalisierung, Vererbung und Interaktionen unterschieden? Nennen Sie aus Ihrer eigenen Umgebung ein Beispiel, das den Unterschied deutlich macht. Pflegen Sie die drei verschiedenen Beziehungen oder dominiert eine davon? Welche der Beziehungen dominiert normalerweise?

▦ Analysieren und modellieren Sie die folgende Anforderung: »Der Aufzug wird mit der Stockwerkskonsole in den Stockwerken gerufen. Die Auf- beziehungsweise Abwärtsrichtung wird durch zwei Ruftasten in der Konsole signalisiert. Der Aufzug wird durch das Drücken der Ruftaste gerufen. Die betätigte Ruftaste wird beleuchtet, um ihren aktivierten Zustand zu kennzeichnen.« Bilden Sie einen Use Case und nutzen Sie ein weiteres UML-Diagramm nach Wahl.

6 Anforderungen prüfen

Qualität ist keine Tätigkeit.
Sie ist eine Gewohnheit.

Aristoteles

6.1 Ziel und Nutzen

Die Prüfung von Anforderungen lohnt sich. Fehler in Anforderungen sind im Projekt selbst schwierig zu identifizieren und teuer in ihrer Korrektur. Anforderungen werden daher frühzeitig geprüft. Keine andere Technik der Qualitätskontrolle hat einen solch hohen wirtschaftlichen Nutzen wie die Prüfung von Anforderungen [Ebert2007a]. Korrekturen während der Anforderungsentwicklung und Dokumentation sind sehr viel günstiger als spätere Nacharbeiten. Das gilt sowohl extern, beispielsweise durch Konsistenz der Entwicklungsergebnisse mit Kundenerwartungen und Marktanforderungen, als auch intern, beispielsweise durch brauchbare Spezifikationen (d.h. Verständlichkeit, Vollständigkeit, Machbarkeit, Widerspruchsfreiheit etc.).

Eine gute Anforderung beschreibt etwas, das notwendig, überprüfbar und erreichbar ist. Notwendig ist eine Anforderung dann, wenn durch ihr Verschwinden die Abnahme oder die Vertragserfüllung infrage gestellt wäre. Häufig gibt es allerdings keine klare Antwort zum wirklichen Bedarf oder Grenznutzen der spezifischen Anforderung, und man kann die Anforderung streichen oder niedrig priorisieren. Überprüfbar ist eine Anforderung dann, wenn beim Lesen der Anforderungsspezifikation klar wird, wie sie später getestet und abgenommen wird. Erreichbar ist eine Anforderung, wenn sie technisch möglich ist. Sie darf nicht im Widerspruch zu anderen Anforderungen und Randbedingungen wie Budget oder Übergabetermin stehen.

Woher kommt dieser hohe ROI der Prüfung von Anforderungen? Unzureichende Anforderungen führen zu kostspieligen Fehlern. Die häufigsten Fehler in einer Anforderung sind die folgenden:

- Anforderungen fehlen (häufig sind dies Qualitätsanforderungen).
- Anforderungen werden bei der Ermittlung falsch verstanden und nie mehr gegen die Originalquelle geprüft.
- Anforderungen sind nach Änderungen inkonsistent. Inkonsistenzen können interner Natur sein (z.B. wenn eine Anforderung ein neues Datenformat beschreibt, das aber nicht in anderen Anforderungen übernommen wurde) oder auch externer Natur (z.B. wenn eine Schnittstellenbeschreibung sich ändert, dies aber nicht in allen Anforderungen berücksichtigt wurde).
- Zugrunde liegende Annahmen, z.B. Ziele, Rahmen, Randbedingungen, Bedürfnisse, sind falsch oder unzureichend.
- Die Implementierung (wie?) wird beschrieben statt der Anforderung (was?).
- Anforderungen sind überspezifiziert. Beispielsweise werden unnötige Anforderungen beschrieben, zu starke Randbedingungen vorgegeben oder zu detaillierte Ablaufbeschreibungen.
- Notationen werden unzureichend genutzt (z.B. nur Use Cases oder Szenarien).
- Inkonsistente Terminologie oder Grammatik wird eingesetzt (z.B. Verbformen »ist«, »soll«, »sollte« werden gemischt).
- Unzulässige Verbformen werden verwendet (z.B. »müsste«, »könnte«, »sollte«).
- Unklare Ausdrucksformen werden eingesetzt (z.B. »unterstützt«, »etc.«, »z.B.«, »und/oder«, »oder mehr«).
- Schwammige und nicht validierbare Bezeichnungen werden zur Spezifikation von Qualitätsanforderungen eingesetzt (z.B. »schnell«, »einfach«, »ausreichend«, »benutzerfreundlich«).

Anforderungen werden geprüft, um solche Fehler zu entdecken und zu vermeiden. Abbildung 6–1 zeigt die Qualitätskontrolle bei Anforderungen. Zuerst wird die Anforderung ermittelt und spezifiziert. Dabei helfen bereits ein Template sowie Regeln zur Beschreibung der Anforderungen, dass die Beschreibung gewissen Mindeststandards genügt. Beispielsweise sichert ein Template, dass keine wesentlichen Elemente vergessen werden. Danach wird die Spezifikation geprüft. Wesentliche Prüfkriterien sind formale Checklisten, die sicherstellen, dass Qualitätskriterien wie Verständlichkeit oder Validierbarkeit eingehalten werden, sowie die Produktvision und Produktstrategie, gegen die ebenfalls geprüft wird, denn es macht keinen Sinn, mit Anforderungen weiterzuarbeiten, die einfach nicht in das Produkt und dessen Roadmap passen.

Eine regelmäßige Qualitätskontrolle führt dazu, dass Qualität zur Gewohnheit wird und nicht auf der Ebene einer lästigen Tätigkeit bleibt. Gleichzeitig lernen die Ausführenden (z.B. die Autoren von Spezifikationen oder die Vertriebsingenieure beim Ermitteln der Anforderungen), auf welche Punkte sie bereits im Entstehungsprozess achten müssen. Damit wird die Qualitätskontrolle zunehmend effizienter. Anstatt umfassender Prüfschritte tritt graduell die Fehlervermeidung in den Vordergrund.

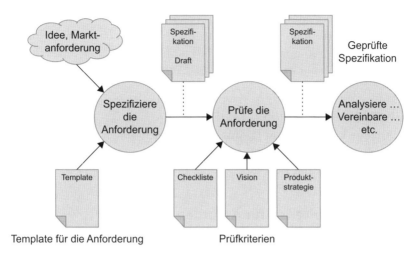

Abb. 6–1 *Qualitätssicherung von Anforderungen*

Verifikation und Validierung sind die Schlüssel, um Fehler in Anforderungen und Spezifikationen zu finden.

Die **Verifikation** (engl. »Doing things right«) stellt eine konsistente Qualität der Anforderungen sicher. Die Verifikation prüft Ergebnisse hinsichtlich der Vorschriften zu Beginn der jeweiligen Phase (also, um die Dinge richtig zu tun). Ein Beispiel für die Verifikation ist der Review eines Arbeitsergebnisses. Dazu werden die Anforderungen an den entsprechenden Prozessschritt, der dieses Arbeitsergebnis liefert, betrachtet und mit dem Ergebnis selbst verglichen. Offensichtlich kommt es dabei sehr auf das Verstehen von Entwicklungsdokumenten an. Verifikation ist eine Prozesssicht und vergleicht Prozessanforderungen mit Prozessergebnissen. Sie ist eine interne Sicht, die betrachtet, wie gearbeitet wird. Anforderungen werden zum Entstehungszeitpunkt durch Reviews und Inspektionen anhand von Checklisten geprüft. Dabei geht es vor allem um Attribute wie Vollständigkeit, Klarheit oder Verständlichkeit. Anforderungen können durch Reviews und Inspektionen auch validiert werden, indem äußere Maßstäbe eingesetzt werden. Solche äußeren Maßstäbe sind beispielsweise die Produktvision oder weitere Prüfungen durch Vertreter von externen Interessengruppen.

Die **Validierung** (engl. »Doing the right things«) sichert frühzeitig ab, dass das spätere Produkt den angenommenen Nutzen bringt. Die Validierung prüft die Ergebnisse daraufhin, ob sie die externen Anforderungen erfüllen (also die richtigen Dinge tun). Die Validierung ist eine externe Sicht und vergleicht Anforderungen an das Produkt mit den jeweils verfügbaren Ergebnissen. Eine Validierung liegt beim Systemtest beispielsweise vor, wo das nahezu fertige System gegen die ursprünglichen Anforderungen getestet wird. Bei den Anforderungen und ihrer Prüfung spricht man in der Regel von Validierung, denn es werden ja vornehmlich externe Beschreibungen gegen entstehende Dokumente geprüft. Dennoch gibt es auch verifizierende Prüfschritte, wie beispielsweise ein Check auf die Lesbarkeit oder auf die Validierbarkeit von Anforderungen. Wir haben diese Aktivität dennoch »Validierung« genannt, denn aus wirtschaftlicher Sicht zählt, ob das, was am Ende herauskommt, mit den Marktanforderungen übereinstimmt. Jegliche Prüfung und Qualitätsverbesserung der Anforderungen sollte dieses Ziel verfolgen.

Die Prüfung hat drei wesentliche Ergebnisse:

- Frühzeitige Bewertung des Produkts aus Kundensicht
- Ausreichende Konfigurationsbasis für alle weiteren Arbeiten
- Arbeitsergebnisse mit richtiger Qualität (»hinreichend gut«)

6.2   Qualitätskriterien für Anforderungen

Was ist eine qualitativ gute Anforderung? Bevor wir uns der Qualitätsverbesserung und Validierung von Anforderungen zuwenden, betrachten wir Kriterien, die eine gute Qualität ausmachen. Der bereits erwähnte IEEE-Standard 830 [IEEE1998b] definiert acht Qualitätskriterien für gute Anforderungen. Anforderungen sollen korrekt, eindeutig, vollständig, konsistent, bewertbar, prüfbar, modifizierbar und verfolgbar sein. Diese Liste genügt für eine formale Prüfung. Allerdings sollte man drei weitere Aspekte berücksichtigen, die gerade in der Praxis eine große Bedeutung haben, nämlich dass die Anforderungen verständlich, notwendig und realisierbar sind. Tabelle 6–1 konkretisiert diese Merkmale. Die Kriterien gelten notwendigerweise sowohl für jede einzelne Anforderung als auch für die gesamte Anforderungsspezifikation.

Qualitäts-kriterien	Für einzelne Anforderungen	Für die Dokumentation
Geschäfts-nutzen	Die Anforderung hat einen greifbaren Grenznutzen für das eigene Geschäft. Sie passt zur Produktvision und hat einen konkreten Wert.	Die Spezifikation zeigt den wirtschaftlichen Nutzen und Wert der Anforderung so deutlich, wie das im gegebenen Kontext geht.
Korrektheit	Die Anforderung beschreibt eine wesentliche Funktion vollständig und ohne Widersprüche. Die Terminologie entspricht dem Glossar.	Die Spezifikation gibt die Intention der verschiedenen Benutzer und Interessenvertretern vollständig und ohne Widersprüche wieder.
Eindeutig-keit	Die Anforderung ist auf genau eine Art zu verstehen. Sie lässt sich nicht auf unterschiedliche Weise interpretieren. Offene Punkte sind als solche markiert.	Verschiedene Leser der Spezifikation erhalten die gleiche, konsistente Beschreibung der wesentlichen Eigenschaften des Systems.
Verständ-lichkeit	Die Anforderung ist für die verschiedenen Interessenvertreter verständlich beschrieben. Notationen und Modelle sind entsprechend der Zielgruppe angepasst.	Die Spezifikation ist verständlich beschrieben und verfügt über ein Glossar. Das vereinbarte Template ist umgesetzt. Die definierte Grammatik und Sprachregelungen sind konsistent eingesetzt. Die Sätze sind im Aktiv geschrieben. →

Qualitäts-kriterien	Für einzelne Anforderungen	Für die Dokumentation
Vollstän-digkeit	Jede Anforderung beschreibt die geforderte Funktionalität vollständig. Andernfalls ist sie eindeutig mit »unvollständig« gekennzeichnet.	Die Spezifikation muss alle Inhalte der Vorlage beschreiben. Alle relevanten Anforderungen (Markt, Produkt, Kompo-nenten) sind berücksichtigt. Funktionale und Qualitätsanforderungen sowie Prozessanforderungen sind spezifiziert.
Konsistenz	Die Anforderung ist hinsichtlich Inhalt, Abstraktionsgrad und Beschreibung kon-sistent mit allen anderen Anforderungen.	Die Anforderungen sind untereinander konsistent.
Bewert-barkeit	Die Anforderung ist hinsichtlich ihrer Bedeutung gewichtet. Diese Bewertung erfolgt auf der Basis von Regeln, der Produktstrategie sowie von Markt-erfordernissen.	Die Spezifikation verfügt über konsistent eingesetzte Prioritäten, die sich an der Wichtigkeit und den externen Erforder-nissen orientieren.
Prüfbarkeit	Die Anforderung ist so beschrieben, dass sie testbar ist. Sie ist eindeutig und lässt sich durch eine begrenzte Zahl von Testfällen prüfen.	Die Spezifikation beschreibt mit den funktionalen Anforderungen und den Qualitätsanforderungen ein System, das als Ganzes sowie in Teilen testbar ist.
Modifizier-barkeit	Die Anforderung ist so beschrieben, dass erkennbar ist, was sich dort ändern könnte, wo Unsicherheiten vorhanden sind. Sie ist über Verknüpfungen so mit anderen Dokumenten verwoben, dass bei Änderungen der Einfluss erkennbar ist.	Die Spezifikation unterscheidet klar zwischen sicheren und unsicheren Inhalten. Inhalte, die sich ändern können, sind markiert. Sie ist modular aufgebaut, sodass einzelne Teile ersetzt oder erwei-tert werden können und Einflüsse zu anderen Teilen leicht erkennbar sind.
Nachver-folgbarkeit	Die Anforderung ist eindeutig identifiziert und verfügt über die vereinbarten Infor-mationen zu Status, Autor, Version etc. Sie ist mit mindestens einem Testfall verknüpft. Die Anforderung ist wo nötig horizontal mit anderen Anforderungen vergleichbarer Abstraktion verknüpft und vertikal mit Dokumenten unterschied-lichen Abstraktionsgrads.	Anforderungen sind anhand der Vorlage strukturiert und zeigen alle notwendigen Metadaten. Marktanforderungen sind mit Testfällen und Produktanforderungen verknüpft. Produktanforderungen mit Testfällen und Komponentenanforderun-gen. Inhalte des Lastenhefts und des Pflichtenhefts beziehen sich aufeinan-der.
Relevanz	Die Anforderung ist notwendig, um eine Eigenschaft zu realisieren, für die es eine Zielgruppe und einen konkreten Nutzen gibt. Die Anforderung bezieht sich auf eine konkrete Zielvorgabe. Es gibt keine Anforderung im Pflichtenheft, die sich nicht auf eine Marktanforderung bezieht.	Die Spezifikation beschreibt ein Produkt, das einen Business Case hat und in dieser Form gefordert wird. Es existiert ein konkreter Auftraggeber für das System, der über das nötige Budget verfügt.
Realisier-barkeit	Die Anforderung ist innerhalb des gefor-derten Umfangs und der einzusetzenden Technologie umsetzbar. Der Aufwand zur Umsetzung ist abgeschätzt und vereinbart.	Die Spezifikation beschreibt ein System, das mit den geforderten funktionalen Anforderungen, Qualitätsanforderungen, Technologien sowie innerhalb von wirtschaftlichen und technischen Rand-bedingungen umgesetzt werden kann.

Tab. 6–1   *Qualitätsanforderungen*

6.3   Hilfsmittel und Prüftechniken

Es gibt einige praktische Maßnahmen, die zu einer besseren Qualität der Anforderungen führen:

▦ **Standards und Vorlagen**

Folgen Sie einem praktikablen Standard für Spezifikationen (siehe Abschnitt 4.2). Legen Sie diesen Standard als verbindliche Vorlage (oder Template) fest. Sofern Sie sehr unterschiedliche Arten von Anforderungen haben, legen Sie in der Vorlage fest, wie die Vorlage angepasst oder verschlankt werden kann. Fordern Sie deren Einhaltung ohne Ausnahmen. Prüfen Sie elektronisch, wo möglich, dass Ihre Vorgaben eingehalten werden. Nachverfolgbarkeit, Verständlichkeit oder formale Vollständigkeit lassen sich automatisch prüfen.

▦ **Glossar**

Beginnen Sie mit dem Glossar bereits zum Start eines Projekts beziehungsweise beim Ermitteln der Markt- oder Kundenanforderungen. Nehmen Sie dieses Glossar als Hilfe bei Reviews und vor allem bei der Spezifikation und Durchführung von Tests. Prüfen Sie Annahmen zu Benutzerverhalten, Dokumenten etc. anhand des Glossars. Unklarheiten sollten immer auch im Glossar erläutert werden, sodass dieses Glossar die zentrale Anlaufstelle für offene Fragen hinsichtlich der Anwendungsumgebung und ihrer Fachbegriffe ist.

▦ **Review, Stellungnahme, Inspektion, Walkthrough**

Prüfen Sie alle Anforderungen mithilfe von Inspektionen und formalen Qualitätskriterien (z.B. Fehlerlimit, Verständlichkeit). Setzen Sie Checklisten ein. Als Zielvorgabe und als Planungswert sollten Sie mit 1–2 Fehlern pro logischer (d.h. regulär komplett bedruckter) Seite rechnen, wenn die Anforderungen erst einmal sauber beschrieben sind. Diese Prüfungen lohnen sich also wirklich. Spielen Sie Szenarien und Abläufe, vor allem auch an externen Schnittstellen, mit verschiedenen Interessengruppen durch. Prüfen Sie Anforderungen aus verschiedenen Perspektiven (z.B. Benutzer, eigene Tester und Entwickler).

▦ **Missbrauchsszenarien**

Prüfen Sie Fälle und Situationen, die nicht eintreten dürfen, explizit. Dazu werden sogenannte »Misuse Cases« oder »Abuse Cases« spezifiziert. Aber auch spezielle Techniken zur Bewertung von Fehlverhalten (z.B. FMEA, FMEDA) und Fehlern (z.B. FTA) kommen zum Einsatz, insbesondere um Risiken und mögliche Schadensfälle explizit auszugrenzen. Prüfen und analysieren Sie kritische Anwendungsfälle und Risiken Ihrer Kunden oder Benutzer gezielt und eingehend (z.B. Sonderfälle, Ausnahmen, Störungen). Verändern Sie die Perspektive in Reviews von Anforderungen, beispielsweise: Was kann missverstanden werden? Wie würde ein Angreifer vorgehen? Welche Funktionen laden zum Missbrauch ein? Welche Korrelationen und Fehler wären für das eigene Geschäft Ihrer Kunden am schädlichsten?

Modelle

Bereits zur Ermittlung, Dokumentation und vor allem in der Anforderungsanalyse werden Modelle eingesetzt. Sie haben den Vorteil, dass sie wesentliche Aspekte in den Vordergrund stellen und andere Aspekte ausblenden. Damit werden Zusammenhänge leichter erkennbar. Ein gutes Modell dient zur Kommunikation verschiedener Interessenvertreter und hilft, offene Punkte hervorzuheben und zu klären. Modelle erlauben, bestimmte Szenarien unter Berücksichtigung verschiedener Perspektiven systematisch durchzugehen. In der Kommunikation mit späteren Benutzern sind dies Use Cases, Szenarien und Ablaufmodelle.

Abnahmekriterien

Spezifizieren Sie bereits frühzeitig konkrete Abnahmekriterien gemeinsam mit den Anforderungen. Abnahmekriterien sollten nicht als Einschränkung des Testraums verstanden werden, sondern vor allem als Unterstützung, welche Merkmale und deren Ausprägung für den Markt oder den Kunden besonders relevant sind. Abnahmekriterien werden in Qualifikationstests übersetzt, aber auch in Teilen bereits im Unit Test oder im Integrationstest als Regression gefahren, um die korrekte Funktion – und Umsetzung der Marktanforderungen – zu gewährleisten.

Linguistische Analyse und Klarheit

Entwickeln Sie nicht auf Basis von unklaren Anforderungen. Machen Sie Ihrem Projektteam klar, dass jede Frage, die durch unzureichende Anforderungen verursacht wird, auch im Team oder gar mit externen Interessengruppen geklärt werden muss. Führen Sie eine einzige organisatorische Schnittstelle ein, die alle solche Fragen klärt. Wenn Entwickler oder Tester Annahmen machen, müssen diese in die Anforderung aufgenommen werden und auf Konsistenz intern (gegen die gesamte Spezifikation) und extern (gegen die Produktvision) geprüft werden.

Prüfen Sie die Verständlichkeit der Anforderungen. Das kann zunächst einmal formal geschehen, indem Sie mit Texteditoren die Satzlänge oder die Zahl der Substantive optimieren und die Zahl der Passivsätze und Relativstrukturen reduzieren. Zusätzlich bieten sich formale Grammatiken an, die klare Vorgaben machen, welche Wörter, Hilfsverben und Modalstrukturen erlaubt sind und was deren Bedeutung ist. Abbildung 6–2 zeigt eine einfache Analyse der Verständlichkeit mit dem eingebauten Analysewerkzeug von Microsoft Word. Diese Analyse sollten Sie als Minimum durchführen, und sie passt für fast alle Spezifikationen (egal ob Lastenheft oder Pflichtenheft), da viele gebräuchlichen Werkzeuge zur Verwaltung von Anforderungen auf Word basieren.

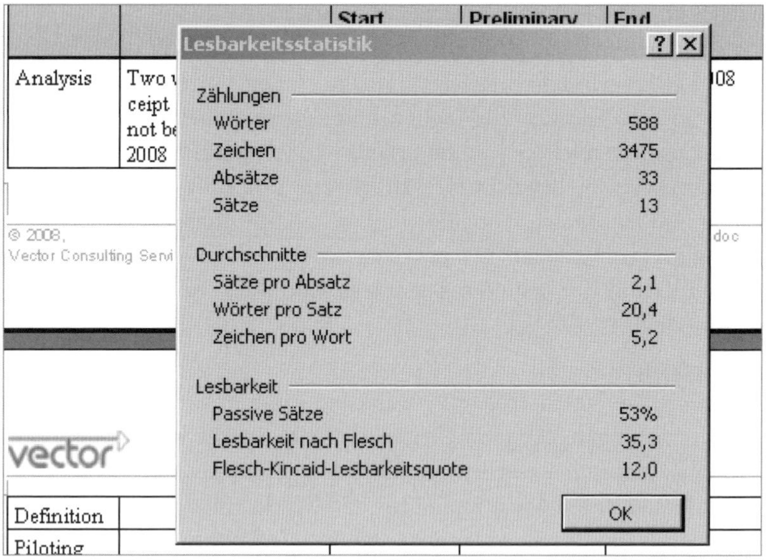

Abb. 6–2   *Textanalyse von Spezifikationen auf Lesbarkeit und Verständlichkeit*

Ermittlung und Quellen prüfen

Häufig werden Anforderungen isoliert in Interviews ermittelt oder aber in Workshops oder mit Brainstorming-Techniken. Alle diese Techniken haben fundamentale Schwachstellen, die zu falschen und fehlerhaften Anforderungen führen. Beispielsweise dominieren bestimmte »Lautsprecher« und »Gurus« implizit, selbst wenn formal der Workshop oder das Brainstorming völlig korrekt laufen. Einige unserer Kunden hatten Projekte, wo selbst für ein vergleichsweise kleines System Spezifikationen über einhundert Mal überarbeitet wurden, da kleine Fehler darin waren, die erst in der Entwicklung entdeckt wurden. Auch das sind massive Kosten, die durch rollen-orientierte Reviews und psychologische Analysen hätten frühzeitig identifiziert werden können. Nutzen Sie psychologische Techniken, um Schwächen während der Ermittlung zu identifizieren, beispielsweise durch Interaktionstheorie und Protokollanalyse.

Analyse von Abhängigkeiten

Prüfen Sie die gegenseitigen Einwirkungen von Anforderungen oder Kombinationen von Anforderungen durch Abhängigkeitsprüfungen (z.B. mit der Frage: Wie wirkt sich diese Funktion auf jene andere Funktion aus, wenn sie gleichzeitig ausgeführt werden?) und Quality Function Deployment (also die Abb. von Anforderungen auf Systemeigenschaften oder auf Systemkomponenten). Sobald derartige Abhängigkeiten gefunden sind, sollten Sie die horizontale Nachverfolgbarkeit zur Formalisierung einsetzen, um sie darstellen und pflegen zu können.

▦ Dokumentation der Nachverfolgbarkeit
Prüfen Sie die Anforderungen darauf, dass sie auf Lösungsbeschreibungen
und Testfälle abgebildet sind. Beschreiben Sie für jede Anforderung die jeweilige Quelle und die Erklärung, die zur Anforderung führte. Stellen Sie sicher,
dass Qualitätsanforderungen und Randbedingungen von der Stelle, die an
ihnen interessiert ist, spezifiziert werden.

▦ Benutzerdokumentation
Beginnen Sie frühzeitig mit dem Erstellen der Benutzerdokumentation. Die
Benutzerdokumentation ist die ideale Prüfung einer Spezifikation, denn einerseits muss sie sowieso erstellt werden und andererseits erlaubt sie, die Vollständigkeit und Korrektheit der wichtigen Szenarien und Benutzungsfälle zu
prüfen. Berücksichtigen Sie dabei die verschiedenen möglichen Benutzer und
deren Szenarios, beispielsweise einen regulären Benutzer, einen Administrator
oder einen Installateur. Benutzer verhalten sich nicht immer gleich, denn sie
haben unterschiedliche Erfahrungen mit dem System. Sehen Sie einen Anfän-
germodus vor (z. B. nicht erlaubte Eingaben, Rücksprünge, vergessene Pass-
wörter, inkompatible Files, Störungen, Sonderfälle, Ausnahmesituationen),
aber berücksichtigen Sie auch, was ein erfahrener Operateur an »Abkürzungen« und »Vereinfachungen« einsetzen könnte.

▦ Wiederverwendung
Anforderungen sollten wenn möglich wieder verwendet werden (z. B. bei
Plattformen oder Produktlinien). Stellen Sie sicher, dass die Anforderungen
auch im neuen Kontext gelten. Wenn Sie externe Software (Komponenten,
Bibliotheken, Werkzeuge etc.) einsetzen, müssen die Vorgaben aus diesen Komponenten ebenfalls als Randbedingungen spezifiziert werden. Ist die Funktionalität nicht sicher, sollten Sie rigorose Stresstests einplanen.

▦ Durchführbarkeitsstudie und Prototyping
Falls sehr viele Anforderungen nur vage und ungenau beschrieben sind, müssen
weitere Techniken zur Ermittlung der Anforderungen eingesetzt werden. Ein
funktionales Prototyping hilft bei der Identifikation von Antwortverhalten. Ein
technisches Prototyping hilft bei der Klärung offener technischer Fragen.

6.4   Abnahmekriterien

Vor der Inbetriebnahme eines Systems oder einer seiner Komponenten (die ja
ebenfalls wieder ein System auf der nächsttieferen Abstraktionsebene darstellen)
muss die korrekte Funktionalität geprüft werden. Dies geschieht auf der Basis der
zugehörigen Anforderungen und der definierten Abnahmekriterien. Der Auftraggeber nimmt das System gegenüber dem Auftragnehmer formal ab. Dieser Schritt
– selbst wenn er informell geschieht – hat eine wesentliche Bedeutung aus der
Sicht des Vertrags (siehe Kap. 7). Mit der Abnahme wechseln die Eigentumsver-

hältnisse und verschiedene Regelungen zur Haftung (z.B. Gewährleistungspflicht, Produkthaftung) treten in Kraft.

Unklarheiten, Verzögerungen oder gar Streitigkeiten bei der Abnahme werden durch klar definierte Abnahmekriterien vermieden. Oftmals scheuen sich
Auftragnehmer davor, solche Kriterien verbindlich zu vereinbaren. In aller Regel
ist es zu ihrem Nachteil, falls es zu Unklarheiten bei der Übergabe kommt. Beispielsweise hat der Autor einmal in einem Projekt gearbeitet, das bereits über eine
längere Zeit nicht abgenommen wurde. Der Auftragnehmer sah das Projekt als
beendet an, während der Auftraggeber dafür nicht bezahlen wollte. Hintergrund
war, dass verschiedene Anforderungen während der Entwicklung in gegenseiti-
gem Einvernehmen geändert wurden. Dies wurde allerdings nicht dokumentiert.
Nun musste schrittweise nachdokumentiert, geprüft und vereinbart werden, was
der Inhalt des Produkts ist und was nicht. Danach musste die komplette Bewertung aller Änderungen neu durchgeführt werden, da sich der Auftraggeber natürlich nicht mehr in der Pflicht sah, all diejenigen Änderungen zu akzeptieren, die
der Hersteller vorgeschlagen hatte, weil es damals technisch opportun war.

Mit vereinbarten, mess- und prüfbaren Abnahmekriterien ist die Basis klar,
auf der das Produkt durch den Auftraggeber übernommen werden muss. Ein
Abnahmekriterium wird typischerweise auf der Basis einer Marktanforderung
definiert und ist Bestandteil der Anforderungsspezifikation. Ein Beispiel soll dies
verdeutlichen:

> Req007:   *Bei Rauchentwicklung in der Aufzugskabine oder im Aufzugs-*
> *schacht ertönt in der Kabine eine akustische Alarmansage und*
> *der Aufzug fährt automatisch das nächste Stockwerk an und*
> *öffnet die Türe. Danach bewegt er sich nicht mehr und muss*
> *manuell wieder entriegelt werden.*
>
> *Abnahmekriterium:*
> *(1) Im Aufzugsschacht wird eine Industrierauchkerze entzün-*
> *det. Der Aufzug muss sich zum nächsten Stockwerk bewegen.*
> *Dort kann er nicht wieder in Bewegung gesetzt werden.*
>
> *(2) In der Aufzugskabine wird eine Zigarette entzündet. Nach*
> *20 Sekunden Brenndauer erfolgt die akustische Alarmansage*
> *und der Aufzug bewegt sich zum nächsten Stockwerk. Dort*
> *kann er nicht wieder in Bewegung gesetzt werden.*

Abnahmekriterien müssen realistisch sein. Es sollten nicht zu viele Abnahmekriterien beschrieben werden, sondern nur dort, wo Funktionen, Randbedingungen
oder Qualitätsanforderungen für bestimmte Interessengruppen wichtig sind. Zur
effizienten Behandlung von Abnahmekriterien sollten sie als Testfälle beschrieben
werden. Der Auftragnehmer muss in der Lage sein, sie ohne großen Aufwand
durch Simulation, Emulation oder in einer konkreten Betriebssituation durchführen zu können. Sie müssen messbar sein und eine konkrete binäre Aussage ergeben,

ob der Abnahmetest erfüllt wurde oder nicht. Schließlich müssen die Abnahmebedingungen reproduzierbar sein, denn falls es zu Nachbesserungen, Erweiterungen oder neuen Randbedingungen kommt, sollte das System ja wieder neu abgenommen werden. Beispielsweise müssen zufällige Tastaturbedienungen konkret spezifiziert werden, und auch zufällige Randbedingungen müssen in einer im Vorfeld (d.h. zum Zeitpunkt der Spezifikation der Abnahmebedingungen) vereinbarten Initialisierungsdatei beschrieben sein.

Abnahmekriterien werden über verschiedene Verfahren spezifiziert:

- **Designkriterien**
  Häufig stehen zu Beginn der Abnahme formalisierte Prüfungen, ob Anforderungen an das Design, die Methodik, den Lebenszyklus, die Entwicklungswerkzeuge oder an die Dokumentation eingehalten wurden. Typische Kriterien umfassen die Untersuchung von Prüfberichten (z.B. statische Codeanalyse, Regressionstests) und von spezifischen Kennzahlen aus der Entwicklung (z.B. Testabdeckung, Zuverlässigkeitsmodelle).

- **Funktionsabdeckung**
  Die wesentlichen Funktionen werden aus Systemsicht durch Tests beschrieben. Typischerweise existiert für jede Anforderung eine oder mehrere solcher Abnahmebedingungen.

- **Funktionskorrelationen**
  Kritische Funktionen werden im Zusammenspiel mit anderen Funktionen geprüft.

- **Randbedingungen**
  Die Grenzen und gültigen Wertebereiche werden aus beiden Richtungen geprüft. Ungültige Eingaben sollten nicht nur direkt an der Grenze geprüft werden, sondern auch bei massiven Abweichungen, beispielsweise einem Buffer-Overflow.

- **Datenstichproben und Äquivalenzklassen**
  Stichproben von erlaubten oder nicht erlaubten Daten helfen bei Regressionstests. Sie müssen innerhalb eines Wertebereichs das gleiche Verhalten zeigen. Dabei wird der gesamte Wertebereich möglicher Eingaben und Eingangsparameter so in Klassen eingeteilt, dass die Anzahl der Testfälle minimiert wird.

- **Qualitätsanforderungen**
  Abnahmetests für bestimmte Qualitätsanforderungen, wie beispielsweise Informationssicherheit, Portierbarkeit oder funktionale Sicherheit, brauchen eine ganze Anzahl von konkreten Bedingungen, die prüfbar beschrieben sind. In der Regel werden solche Abnahmebedingungen nicht durch funktionale Tests beschrieben (wiewohl unser Aufzugsbeispiel oben auch in den Bereich der funktionalen Sicherheit gehört), sondern durch Bedingungen, die in der Implementierung (z.B. Redundanzmaßnahmen, Schnittstellenbeschreibung) geprüft werden. Für Performanzanforderungen sind die nötigen Lastbedin-

gungen exakt zu spezifizieren, denn dies ist sowohl aufwendig in der Realisierung als auch abhängig von zeitlichen Verläufen.

6.5 Test

Das RE hängt sehr eng mit den verschiedenen Testphasen zusammen. Abbildung 6–3 zeigt die grundlegenden Zusammenhänge im testorientierten Requirements Engineering.

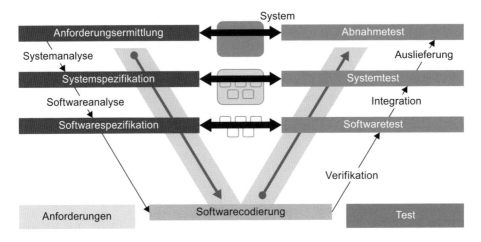

Abb. 6–3   *Testorientiertes Requirements Engineering*

Wir betrachten wieder den V-förmigen Entwicklungsprozess, den Sie je nach Ihren Bedürfnissen auch mit Iterationen (also nicht als »V«, sondern eher als »W« mit mehreren Arkaden) darstellen können. Bereits die Anforderungsermittlung beeinflusst den Test. Die zentrale Frage hier lautet: Was sind die wichtigen Nutzen für verschiedene Interessengruppen? Danach richtet sich nicht nur die Priorisierung und Iterationsplanung, sondern auch die Testplanung. Schließlich müssen die gelieferten Funktionen im fertigen System mit der richtigen Qualität zur Verfügung stehen. Jede darunterliegende Schicht geht zwar mehr ins Detail, weitet dabei aber immer das RE und den damit verbundenen Test aus. Die Systemanalyse liefert ein Pflichtenheft (oder Fachkonzept bei IT-Lösungen), das als Basis für den Systemtest aus einer internen Sicht dient. Der Systementwurf legt die Hardware- und Softwareanforderungen fest. Entsprechend werden diese Funktionen später im Integrationstest verifiziert. Testorientiertes RE gewährleistet, dass für jede Phase (oder Schicht in Abb. 6–3) sowohl die Anforderungen als auch die zugehörigen Testfälle spezifiziert werden. Nur diese klare Aufteilung verschiedener Arten von Anforderungen und Testfällen stellt sicher, dass Fehler frühestmöglich in der Phase gefunden werden, in der sie zuerst auftreten.

Dem Testdatenmanagement nutzt ein klarer und konsistenter Verweis auf die Produktanforderungen. Abbildung 6–4 zeigt exemplarisch einen solchen Zusammenhang, wie er in vielen Produkten auftritt. Links ist die Produktsicht dargestellt, zu der eine bestimmte (versions- oder variantenabhängige) Testliste und projektbegleitend die jeweiligen Testergebnisse (z.B. Reports, Testabdeckung, Fehlerzahlen, Korrekturfortschritt, Regressionstests) gehören. Rechts ist – projektübergreifend – die Testbibliothek dargestellt, die es erlaubt, Testfälle in verschiedenen Varianten und Versionen einzusetzen. Konsistenz wird durch die Verweise auf bestimmte Produktanforderungen erreicht.

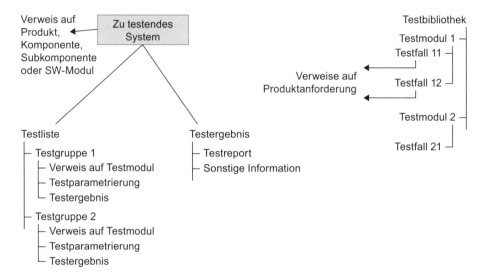

Abb. 6–4   *Testdatenmanagement mit Produktanforderungen als gemeinsame Referenz*

Gutes Requirements Engineering braucht gute Tester, die im Analyse- und Spezifikationsprozess aktiv beteiligt sind. Und umgekehrt gilt, dass ein brauchbarer Test mit hoher Effektivität und Produktivität bereits in der Spezifikationsphase beginnt. Das Planen und Spezifizieren von Blackbox-Tests hilft beim Spezifizieren und Verstehen von Anforderungen:

▨ **Vollständigkeit der Anforderungen**
Tester bemerken sofort, wenn es nicht definierte Bereiche gibt. (Zum Beispiel: Wie soll ich das denn testen? Was wird hier erwartet? Und was passiert, wenn der Benutzer »xyz« eingibt? Was werden Nichtfachleute an dieser Stelle eingeben? Woher erhält dieses System das File »abc«?)

▨ **Genauigkeit und Klarheit der Anforderungen**
Oftmals bleiben Anforderungen oberflächlich, weil sie einen faulen Kompromiss enthalten oder weil die Details noch nicht vollständig abgestimmt sind. Damit kann man kein System entwerfen. Zumindest müssen Aspekte beschrie-

ben werden, die noch offen sind, damit man eventuell eine Parametrisierung
vorsehen kann. Tester bemerken solche Oberflächlichkeiten und verlangen
nach mehr Genauigkeit. (Zum Beispiel: Dieses Szenario erwartet eine Eingabe, die aber in diesem anderen Szenario noch gar nicht abgeschlossen ist.
Hier wird ein Signal zur Synchronisation eingesetzt, das nicht immer stabil
zur Verfügung steht. Kann sich die Währung noch ändern? Was passiert,
wenn an dieser Stelle der Vorgang abgebrochen wird? Wie verhält sich das
System, wenn während der Transaktion der Server nicht reagiert? Kann das
CPU-Board während der Transaktion wirklich ausgetauscht werden?)

Prüfbarkeit der Anforderungen

Anforderungen können genau und vollständig sein und dennoch nicht testbar,
weil bestimmte Voraussetzungen noch nicht quantitativ präzisiert sind. Tester
sind vor allem daran interessiert, in den Anforderungen auch die späteren
Abnahmekriterien wiederzufinden. Nur diese Präzision erlaubt es ihnen, die
Testfälle zu optimieren und nicht mit zu vielen Testfällen das Produkt unnötig
teuer zu machen. (Zum Beispiel: Wie soll denn nun die Wartbarkeit nachgewiesen werden? Brauchen wir eine bestimmte Testinfrastruktur, um die geforderte
Effizienz zu erreichen? Wie wird der Kunde die gewünschte Gebrauchstauglichkeit konkret feststellen? Gibt es bestimmte Anwendungsfälle, die für den Kunden besonders wichtig sind? Welche Ausnahmesituationen müssen getestet
werden? An welchen Szenarien verdient der Kunde später am meisten Geld?)

Einschränkungen abschwächen

Die Beteiligung von Testern in der Spezifikationsphase verhindert zu starke
Randbedingungen. Oftmals werden alle nicht gewünschten Szenarien per
Definition ausgeblendet. Dies mag zwar aus Benutzer- und aus Spezifikations-
sicht einfach sein, reduziert aber auch den verfügbaren Lösungsraum. Tester
hinterfragen Randbedingungen und Qualitätsanforderungen genauso wie
funktionale Anforderungen. Schließlich bringt jede Randbedingung ebenfalls
eine Menge von Testfällen mit sich.

Blackbox-Tests testen Anforderungen. Ein Tester fragt grundsätzlich bei jeder
Anforderung und in jedem Szenario zuerst einmal: »Was wäre, wenn ...?« Falls die
Antwort geradeaus und nachvollziehbar ist, wird er weiter fragen, bis eine Situation auftritt, die noch nicht ausreichend spezifiziert oder gar analysiert und abgestimmt ist. Erst dann kann er zufrieden sein und wird die gefundenen Schwach-
punkte in seiner Liste der Auffälligkeiten markieren. Dieses Vorgehen zeigt, dass
gute Tester an negativen Ergebnissen interessiert sind. Dies liegt nicht daran, dass
sie negativ eingestellt sind, sondern daran, dass sie für den Misserfolg bezahlt werden. Jeder Tester weiß, dass ein gelungener Testfall gar keinen Beweis für die
Funktionalität oder Zuverlässigkeit darstellt. Tester werden dafür bezahlt, Fehler
zu finden. In der Spezifikationsphase ist diese Einstellung sehr viel wert, denn die
meisten anderen Beteiligten wollen nur die Phase schnellstmöglich abschließen –
wohlwissend, dass sich Unstimmigkeiten nachher im Projekt zeigen werden.

Wir wollen dieses Vorgehen und seinen Nutzen an einem kleinen Beispiel veranschaulichen. Wir haben die Anforderung:

> M-Req-1: *Bei der Wartung sind die Konfigurationsdaten des Aufzugs*
> *automatisch so präsentieren wie beim letzten Mal.*

Eine einmal – und oftmals mühsam – optimierte Einstellung und Sicht für einen bestimmten Bearbeiter sollte nicht jedes Mal manuell neu eingestellt werden müssen. Nun kommt der Tester ins Spiel. Er entdeckt sofort einige offene Punkte in der Spezifikation: Sollen die Einstellungen pro Aufzugsszenario oder pro Benutzer eingefroren werden? Sind die Sichten beliebig und autonom durch den Benutzer definierbar oder werden sie aus vorkonfigurierten Sichten durch Parametrisierung individualisiert? Sind alle Sichten für alle Benutzer verfügbar oder aber nur diejenigen, die ein Benutzer vorher für sich selbst definiert hatte? Er wird viele solcher Subtilitäten finden, die später im Projekt bestenfalls zu Klärungsbedarf führen und damit das Projekt verzögern, und schlimmstenfalls zu viel Verwirrung und Fehlern, wenn sie ohne Klärung nach Gutdünken der Entwickler realisiert werden. Nachdem diese offenen Punkte geklärt sind, wird der Tester interne Akzeptanzkriterien vorschlagen und daraus Testfälle ableiten. Ein zugehöriger Testfall könnte wie folgt aussehen:

> Testfall-1: *Ändere Bilder und Darstellungen (Zoom, Fensteranordnung,*
> *Ausschnitte etc.). Verlasse die Aufzugsbeschreibung oder das*
> *Werkzeug. Gehe zur Beschreibung zurück. Die Beschreibung*
> *wird exakt gleich dargestellt.*

Negative Anforderungen verlangen zwingend nach einer unterstützenden Verifikation. Die Validierung mit Testfällen genügt nicht. Dazu müssen mit Techniken wie der Gefahrenanalyse, der Fehlerbaumanalyse oder der FMEA Szenarien konstruiert und analysiert werden, die nicht eintreten dürfen. Daraus lassen sich dann Testfälle und Abnahmekriterien entwickeln. Allerdings zeigen diese Testfälle nicht, ob das System wirklich sicher oder fehlerfrei ist. Nur spezifische Verifikationstechniken können dies prüfen, beispielsweise ein Erreichbarkeitsgraph, der nachweist, dass ein bestimmter ausgeschlossener Zustand unter keinen Bedingungen erreicht wird. Ein kleines Beispiel soll dies verdeutlichen. Wir haben die Anforderung:

> M-Req-2: *Bei geöffneten Türen darf der Aufzug nicht fahren.*

Daraus wurde abgeleitet:

> P-Req-2: *Wenn der Türsensor den Zustand »offen« zeigt, ist der*
> *Hauptantrieb spannungsfrei.*

Geprüft wird diese Konstellation durch einen abgeleiteten Testfall (ist der Antrieb bei geöffneten Türen stromlos?) und eine Prüfung (gibt es einen Zustand, in dem der Antrieb Strom hat, während die Türen offen sind?). Offensichtlich gibt es solche Zustände, beispielsweise bei defekten Türsensoren. Diese einfache Prüfung zeigt, dass P-Req-2 unvollständig war. Ohne gezielte Prüfung, wäre hier aufgrund unzureichender Anforderungen eventuell ein Unfall mit Personenschaden passiert.

In sicherheitskritischen Systemen sowie in Systemen, wo kritische Zustände nicht eintreten dürfen, ist immer eine durchgängige Prüfung nötig. Die Validierung durch noch so viele Testfälle genügt nicht! Abbildung 6–5 zeigt einen Ausschnitt der Gefahrenanalyse unseres Aufzugs.

System:Aufzug

Subsystem: Seilzugfeststellbremse

1. **Kritischer Use Case**
   Was muss unbedingt funktionieren?
   Beispiel: Aus der Funktionsbeschreibung von Servo-Mechanik, Seilzug, Elektromotor und Ansteuerelektronik lassen sich kritische Use Cases oder mögliche Unfallszenarien identifizieren. Nach Abwärtsfahrt mit vielen Haltepunkten steht der Aufzug und wird durch die Seilzugfeststellbremse abgesichert. Die aufgebrachte Zuspannkraft sichert die Kabine gegen minimale Bewegungen.

2. **Fehlfunktionen**
   Welche Fehlfunktionen können auftreten?
   Methoden: HAZARD-Analysis, System-FMEA und Komponenten-FMEA, Misuse Cases
   Beispiel: Die Zuspannkraft kann sich physikalisch beim Abkühlen des Seilbremssystems so weit verringern, dass die Kabine nicht mehr ausreichend gesichert ist.

3. **Bewertung**
   Wie kritisch ist die jeweilige Fehlfunktion?
   Methoden: FTA, FMEDA, Zuverlässigkeitsdiagramme.
   Beispiel: Aufzüge können Personenschäden verursachen. Daher Bewertung mit SIL 3.

4. **Schutzziel**
   Wie muss eine noch fehlende Produktanforderung aussehen?
   Beispiel: Nach jeder Bewegung muss die Kabine ausreichend gesichert sein.

5. **Umsetzung**
   Wie muss die zugehörige Komponentenanforderung aussehen?
   Beispiel: Aus den Schutzzielen leiten sich mit den Wie-Fragen die Sicherheitsanforderungen auf Komponentenebene ab. »Welche Sicherheitsfunktion kann die Fehlfunktion kompensieren?« »Wie lässt sich die Sicherheitsfunktion umsetzen?«
   Beispiel: Die beteiligten Elektronikkomponenten überwachen Kabinenbewegungen auch nach Stillstand, um Seilverkürzungen durch Abkühlung entgegenzuwirken.

Abb. 6–5   *Beispiel: Gefahrenanalyse*

Systemtests und Qualifikationstests müssen bereits zu Projektbeginn konstruiert werden. Nur dann darf man davon ausgehen, dass die Anforderungen aus Kundensicht die richtige Qualität haben. Daher ist es für den Projekterfolg relevant, dass Tester bereits in der Analysephase zur Verfügung stehen. Das Problem dabei ist, dass die gleichen Tester in der Anforderungsphase benötigt werden und dort gerade in der heißen Phase des Vorgängerprojekts Überstunden aufhäufen (siehe

Abb. 6–6). Abhilfe schaffen dabei dezidierte Expertenteams, die langfristig gebildet werden. In diesen Expertenteams sind verschiedene Expertisen fest eingeplant, die mit einem bestimmten Prozentsatz für die Analyse und für Reviews der Spezifikationen in den frühen Phasen von Projekten zur Verfügung stehen. Beispielsweise optimiert ein Tester die Teststrategie (durch Eliminieren von Redundanzen, kritikalitätsbasiertes unbalanciertes Testen).

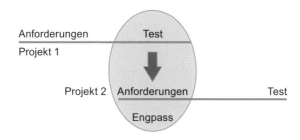

Abb. 6–6   *Planungsaspekte für die Beteiligung von Testern in der Spezifikationsphase*

Die Testabdeckung schließt den Kreis von den Anforderungen zur Realisierung und liefert ein Maß dafür, wie viele Anforderungen bereits getestet sind und wie gut sie funktionieren (Abb. 6–7). Damit steuert sie sowohl den Tester, der versucht, sie möglichst hoch zu trimmen, als auch den Auftraggeber, der sicherstellen will, dass sein Produkt adäquat getestet wurde.

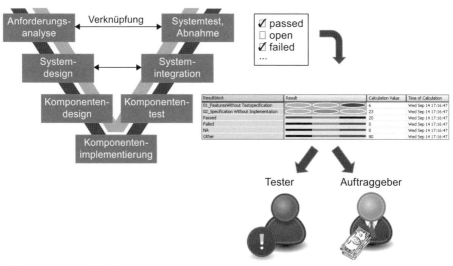

Abb. 6–7   *Testabdeckung*

6.6   Checkliste zur Prüfung von Anforderungen

Die Qualität von Anforderungsspezifikationen lässt sich beträchtlich verbessern, wenn die Inhalte und die Struktur während der Erstellung überprüft werden. Diese Prüfungen sind hier nach den Qualitätskriterien aus Abschnitt 6.2 sortiert. Sie sollten daraus Ihre eigene Checkliste zusammenstellen, die primär auf jene Qualitätsanforderungen zielt, die für Sie sowie für Ihre Kunden und Märkte am wichtigsten sind.

Geschäftsnutzen

- Welche Kunden interessieren sich aus welchen Gründen für das zu entwickelnde Produkt?
- Welchen Nutzen wird der Kunde aus der Lösung ziehen? Wie lautet dessen eigener Business Case?
- Welche Anforderungen haben verschiedene Kunden an dieses Produkt? Brauchen Sie spezielle Dienstleistungen?
- Welche Randbedingungen werden in diesem Markt auftreten?
- Ist eine technische Lösung für diese Anforderungen im Rahmen der Randbedingungen wirtschaftlich vorstellbar?
- Sollen Lösungen patentiert oder lizenziert werden?
- Welche Risiken werden mit der geplanten Lösung auftreten?
- Haben Sie die Ressourcen, um das Produkt pünktlich und mit der richtigen Qualität zu liefern?

Korrektheit

- Wurden die Anforderungen durch verschiedene Interessengruppen geprüft?
- Sind die Anforderungen inhaltlich freigegeben?
- Wird klar zwischen Anforderungen und Lösungen unterschieden (Lastenheft vs. Pflichtenheft)?
- Folgen alle Anforderungen einem definierten Template? Sind die minimalen Inhalte pro Anforderung beschrieben (also Referenznummer, Titel, Inhalt, Quelle, Erfüllungskriterien, Priorität, Nutzen etc.)?
- Sind Referenzen zu definierten Wörtern konsistent mit ihrer jeweiligen Definition und dem Eintrag im Glossar?
- Werden Begründungen für den Nutzen von Anforderungen im Kontext beschrieben? Ist der Kontext ausreichend?
- Gibt es Anforderungen, die mit gegebenen Randbedingungen nicht konform gehen?
- Wurden die Anforderungen modelliert und geprüft, um Konflikte zu identifizieren (z.B. logisch, temporär, Ausführungsverhalten, Antwortverhalten)?
- Sind die Qualitätsanforderungen präzise und quantitativ beschrieben?

Eindeutigkeit

- Trennt die Spezifikation sauber zwischen Anforderungen (Lastenheft; was soll das System erfüllen?) und der Lösungsbeschreibung (Pflichtenheft; wie werden die Anforderungen implementiert?).
- Gibt es Anforderungen, die verschieden interpretiert werden können? Wie könnte die Klarheit und Eindeutigkeit verbessert werden?
- Sind Anforderungen zu wenig spezifiziert und lassen Fragen offen? Sind Anforderungen überspezifiziert, sodass der Lösungsraum zu stark eingeschränkt wird?
- Ist die Terminologie eindeutig und verständlich? Gibt es ein Glossar (hier als »Data Dictionary« genutzt), das zwischen der Fachsprache im Anwendungsbereich und der Fachsprache der Informatiker übersetzt? Existiert ein Index, der parallel zum Glossar die Fachwörter verfolgbar macht?

Verständlichkeit

- Wurde eine definierte Grammatik oder Fachsprache eingesetzt?
- Sind die Sätze kurz und prägnant?
- Ist die Anforderung verständlich beschrieben? Hat sie sprachliche Unschärfen? Kann sie ein externer Nichtfachmann lesen und verstehen? Sind Abkürzungen und Fachwörter ausreichend beschrieben?
- Können die Anforderungen von einer anderen Gruppe von Entwicklern und Analysten gleichfalls verstanden werden? Wird implizites Wissen vorausgesetzt?
- Werden Randbedingungen sauber beschrieben? Werden sie auf Anforderungen abgebildet?
- Werden alle funktionalen Anforderungen durch Benutzer, das System selbst oder andere Systeme angestoßen? Sind diese ausführenden Agenten und deren Interaktion klar beschrieben?
- Gibt es Anforderungen, die beim Lesen Unsicherheiten oder Fragezeichen erkennen lassen? Bei welchen Anforderungen fühlen Sie sich unwohl?

Vollständigkeit

- Existieren ein Lastenheft und ein Pflichtenheft?
- Sind die Anforderungen strukturiert, verständlich, klar beschrieben?
- Wurden verschiedene Perspektiven berücksichtigt?
- Sind Quelle und Nutzen jeder Anforderung spezifiziert?
- Sind grundlegende Normen und Standards referenziert und beachtet?
- Wurden die verschiedenen Zielgruppen befragt – auch nach nicht dokumentierten Wünschen an das System?

- Ist die Spezifikation formal vollständig? Folgt sie einem externen (Branchen-) Standard? Genügt sie den Vorgaben für entsprechende Produkte oder Märkte? Existieren Inhaltsverzeichnis, Einführung, Anwendungsbereich, Produktvision, Glossar, Abkürzungsverzeichnis, Lasten- und Pflichtenheft, Beschreibung der gewählten Architektur?
- Sind Qualitätsanforderungen und Randbedingungen vollständig beschrieben? Sind Marktanforderungen sauber von den technischen Anforderungen getrennt? Kommen sie aus einer zuverlässigen Quelle oder wurden sie von den Technikern abgeschätzt?
- Werden Annahmen und Voraussetzungen beschrieben? Wird skizziert, wie die Annahmen überprüft werden können? Wird beschrieben, wie im Fall von Änderungen der Annahmen oder Voraussetzungen zu verfahren ist?
- Sind die Systemgrenzen beschrieben? Ist klar, was im Projekt zu erledigen ist und was nicht? Ist die Produktvision verständlich und abgestimmt?
- Sind alle beschriebenen Anlagen (also Dokumente, Standards etc.) verfügbar?
- Sind genügend Abbildungen vorhanden (z.B. Ablaufdiagramme, Kommunikationsdiagramme)? Sind die Abbildungen verständlich und ausreichend beschrieben? Sind Abbildungen, Diagramme und Tabellen hinreichend im Text referenziert?
- Gibt es Bereiche, die bekanntermaßen unvollständig sind (sogenannte »known unknowns«)? Wie kam es dazu? Wie sollen die fehlenden Inhalte später bestimmt werden? Wer entscheidet über die Klärung dieser Sachverhalte? Wie wird vertraglich sichergestellt, dass dadurch nicht neue und versteckte Anforderungen durch die Hintertüre kommuniziert werden?
- Sind alle gewünschten Qualitätsmerkmale explizit beschrieben und gegeneinander priorisiert?
- Sind bei funktionalen Anforderungen die nötigen Attribute beschrieben (z.B. Zeitanforderungen, Antwortverhalten, Lastverhalten, Datentransferraten)?
- Ist die Zuverlässigkeit auf System-, Subsystem- und Komponentenebene hinreichend beschrieben?
- Gibt es Randbedingungen, die noch gegen die Anforderungen überprüft werden müssen? Fehlen Randbedingungen, die Sie erwarten würden?
- Sind für Datenelemente (Eingänge, Ausgänge) die zulässigen Wertebereiche beschrieben? Sind die nötigen Schnittstellen ausreichend beschrieben? Sind bei externen Eingaben sicherheitsrelevante Vorgaben beschrieben (z.B. Überlaufschutz)? Sind bei eingebetteten Systemen die zeitlichen Gültigkeiten der Ein- und Ausgaben beschrieben? Ist die Periodizität von Schnittstellenabfragen oder ausgaben beschrieben? Sind die Formate von Benutzerschnittstellen oder von Reports beschrieben? Ist die langfristige Archivierung von Rohdaten beschrieben?
- Sind die erforderlichen Algorithmen vollständig beschrieben?

▨ Werden die minimal benötigten Qualitätsanforderungen beschrieben (also Effizienz, Antwortverhalten, Randbedingungen in Architektur und Technologie, Sicherheit, Datenschutz, Portabilität, Wiederverwendbarkeit, wiederzuverwendende Softwarekomponenten, Wartbarkeit, Lieferanten, Installation, Betrieb, Service, Verständlichkeit, Benutzbarkeit etc.)?

▨ Sind Hardwareanforderungen und -einschränkungen ausreichend beschrieben (z. B. Speicherplatz, Schnittstellen)? Sind die Hardwarevorgaben ausreichend, um die System- und Softwareanforderungen zu realisieren (z. B. externe Schnittstellen, zu verwendende Plattformen und Middleware, eingesetzte Hardware, Kommunikationsschnittstellen und -infrastruktur, Datendurchsatz, Netzwerke, Klimatisierung, Feuerschutz, Backups)? Sind die Hardwarevorgaben zeitgemäß? Können sie hinreichend isoliert werden, falls es zu Hardwareänderungen kommt?

▨ Sind Randbedingungen durch zugekaufte Komponenten (Hardware, Middleware, Software, Bibliotheken, Werkzeuge) beschrieben?

▨ Sind Anforderungen hinsichtlich der erwarteten Stabilität charakterisiert? Gibt es Anforderungen, die sich später mit großer Wahrscheinlichkeit ändern?

▨ Wurden in der Ermittlung und Analyse alle Interessengruppen konsultiert?

Konsistenz

▨ Sind die Anforderungen so strukturiert, dass ähnliche Bereiche oder Anforderungen im gleichen Kontext beschrieben werden?

▨ Gibt es Anforderungen, die nicht implementiert werden können?

▨ Gibt es Überlappungen in Anforderungen? Gibt es redundante Anforderungen? Weshalb werden sie beibehalten? Wurden die Überlappungen auf Konsistenz überprüft?

▨ Ist die Terminologie gleich bleibend und mit dem Glossar abgestimmt?

▨ Gibt es Anforderungen, die bereits Lösungen oder Entwurfsentscheidungen beschreiben? Sind sie nötig?

▨ Gibt es einzelne Anforderungen, deren inhaltlicher Zusammenhang mit der Produktvision unklar ist?

▨ Steht die Anforderung im Widerspruch zu anderen Anforderungen, zur Produktvision oder zu Randbedingungen – so wie Sie es verstehen?

▨ Ist die Anforderung zu komplex oder zu einfach? Kann die Anforderung noch in weitere Anforderungen verfeinert werden?

▨ Wurde die Anforderung im Zusammenhang analysiert und modelliert?

Bewertbarkeit

▨ Existieren klare und konsistente Kriterien für Prioritäten oder Gewichtungen der Anforderungen?

▨ Sind alle Anforderungen priorisiert?

▦ Sind für Anforderungen, die Konflikte auslösen können, die Prioritäten klar beschrieben?

▦ Ist in der Spezifikation beschrieben, wer über Prioritäten oder Konflikte entscheidet, wenn sie erst zur Projektlaufzeit erkannt werden?

Prüfbarkeit

▦ Hat jede Anforderung ein Gütekriterium, um zu prüfen. ob sie in der Realisierung abgedeckt ist?

▦ Werden die Begründungen/der Wert von Anforderungen im Kontext beschrieben? Ist der Kontext ausreichend?

▦ Sind Referenzen zu definierten Wörtern konsistent mit ihrer Definition (Data Dictionary)?

▦ Wurden die verschiedenen Zielgruppen befragt – auch nach nicht dokumentierten Wünschen an das System?

▦ Ist jede beschriebene Anforderung relevant?

▦ Wird klar zwischen Anforderungen und Lösungen unterschieden (Lastenheft vs. Pflichtenheft)?

▦ Ist jede Anforderung eindeutig identifiziert?

▦ Ist jede Anforderung an abhängige Dokumente gebunden? Können Änderungen in beide Richtungen verfolgt werden?

Modifizierbarkeit

▦ Wird sich die Anforderung über die Zeit ändern? Ist die Wahrscheinlichkeit oder die Möglichkeit von Änderungen und deren Ausmaß beschrieben?

▦ Sind Vorgehensweisen zur Erweiterung oder zur Änderung der Anforderungen beschrieben?

Nachverfolgbarkeit

▦ Sind alle Anforderungen zu konkreten Kundenbedürfnissen verfolgbar?

▦ Sind die Anforderungen mit Kosten und Nutzen verknüpft?

▦ Können alle Anforderungen zu einer Quelle auf der Kunden- oder Benutzerseite verfolgt werden? Können Sie zu Marktanforderungen verfolgt werden?

▦ Können alle Anforderungen zu einem Testplan für die Abnahme verfolgt werden?

▦ Während der Projektlaufzeit: Können alle Anforderungen vertikal zu Projektergebnissen verfolgt werden (z.B. Entwurfsdokumente, Testpläne, Modelle, Code)?

Relevanz

- Sind alle Anforderungen relevant?
- Verletzt die Anforderung Annahmen oder Erwartungen einer Benutzergruppe oder einer Interessengruppe?
- Sind die zugrunde liegenden relevanten Annahmen, Vor- und Nachbedingungen, Eingänge und Ausgänge, Benutzer- und Systeminteraktionen oder Szenarien ausreichend beschrieben?
- Ist die Anforderung notwendig? Was passiert, wenn die Anforderung nicht berücksichtigt wird? Welche anderen Anforderungen bedingen diese Anforderung? Welchen konkreten Grenznutzen (d.h. zusätzlichen Wert des Systems) liefert diese Anforderung?
- Steht die Anforderung im Zusammenhang mit anderen Anforderungen? Sind diese anderen Anforderungen hinreichend referenziert?
- Sind die Geschäftsprozesse verstanden und mit den Anforderungen verknüpft?
- Ist die Quelle der Anforderung beschrieben? Ist der jeweilige Kunde als Quelle beschrieben?
- Ist der Nutzen der Anforderung quantifiziert?

Realisierbarkeit

- Kann die Anforderung technisch realisiert werden?
- Können die Anforderungen in ihrer Gesamtheit wirtschaftlich umgesetzt werden?
- Wurde der Business Case der Anforderungen geprüft? Sind die Annahmen stimmig und konsistent mit Marktbeobachtungen und strategischen Randbedingungen (z.B. Käuferverhalten, Lieferantenbeziehungen, technologische Entwicklungen)?
- Unterstützen die gegebenen Randbedingungen (technisch, Benutzer, Schnittstellen, wirtschaftlich) die Realisierbarkeit?
- Sind die funktionalen Anforderungen so, wie sie beschrieben sind, ausführbar?

6.7 Tipps für die Praxis

■ Prüfen Sie alle Anforderungen mithilfe von Inspektionen und formalen Qualitäts-kriterien (z. B. Fehlerlimit, Verständlichkeit). Setzen Sie zur Prüfung Checklisten ein. Prüfungen haben vielfältige Nutzeffekte, neben der Qualitätskontrolle bei-spielsweise die Schulung der Autoren, eine verbesserte Umsetzbarkeit der Anfor-derungen und die Gewissheit, dass das Richtige implementiert wird.

■ Verifizieren Sie Arbeitsergebnisse regelmäßig. Es gibt bei Spezifikationen nicht den einen verbindlichen Review am Ende, sondern bereits frühzeitige Prüfschritte zur Entstehungszeit, beispielsweise in der Ermittlung bei der Prüfung von Bedürf-nissen und Randbedingungen.

■ Planen Sie die Zeit für die notwendigen Validierungsschritte explizit ein, insbe-sondere auch vor Projektstart. Messen Sie den Erfolg der Prüfschritte (Effektivität und Effizienz), um zu vermeiden, dass Aufwand verschwendet wird.

■ Vermeiden Sie bei Reviews »Platzhalter« aus nicht betroffenen Organisationen, die gar kein Verständnis für das Produkt und seine Anforderungen haben. Prüfun-gen werden durch direkt betroffene Interessenvertreter (z. B. Vertrieb, Marketing, Produktmanagement, Test, Projekt) durchgeführt.

■ Verteilen Sie zu prüfende Dokumente nicht einfach per E-Mail und warten dann auf eine Antwort. Das führt zu keinen brauchbaren Ergebnissen, denn die Leute haben anderes zu tun. Laden Sie zu einer Besprechung ein, wo die Ziele, Vorga-ben und zeitliche Planung abgestimmt werden.

■ Machen Sie Reviews interaktiv. Man liest nicht nur Dokumente, was ermüdend und aufwendig ist, sondern illustriert und diskutiert, wie Abläufe und Funktionen mit den Marktanforderungen korrespondieren. Fehler werden nicht durch das pure Lesen entdeckt, sondern indem die vorgeschlagene Lösung aktiv hinterfragt wird.

■ Spezifizieren Sie Abnahmekriterien mit dem Auftraggeber bereits während der Ermittlung, Modellierung und Analyse der Anforderungen. Balancieren Sie die nötigen Abnahmekriterien aus, um zu viele Tests zu vermeiden. Nehmen Sie in die Abnahmekriterien auch interne Prüf- und Prozessdokumente auf, die die kor-rekte Umsetzung der Anforderungen während der Entwicklung demonstrieren. Zur effizienten Behandlung von Abnahmekriterien sollten sie als Testfälle beschrieben werden.

■ Beenden Sie die Validierung nicht auf der Basis entdeckter Fehler. Wenn keine Fehler entdeckt werden, heißt dies noch gar nichts! Gute Qualität bedeutet, dass die relevanten Fehlerquellen geprüft wurden und dass diese Prüfung nachvoll-ziehbar dokumentiert ist.

■ Führen Sie eine einzige (und allseits bekannte) organisatorische Schnittstelle ein, die alle offenen Fragen bezüglich der Anforderungen, ihrer Interpretation, der Annahmen während der Entwicklung und der Randbedingungen klärt.

■ Planen Sie den Test als Teil des RE. Das Testen beginnt bereits vor dem Projekt-start. Gutes Requirements Engineering braucht gute Tester, die im Analyse- und Spezifikationsprozess aktiv beteiligt sind. Nur dadurch werden Anforderungen testbar und verständlich, was die Entwicklungskosten reduziert.

6.8   Fragen an die Praxis

▧ Welchen Einfluss hat die Qualität einer Spezifikation auf den Projekt- und Produkterfolg?

▧ Welche Fehlerarten werden mit welchen Methoden zweckmäßigerweise gesucht?

▧ Welche Fehlerentdeckungsrate (Effizienz) in Fehler pro Personenstunde können Sie bei der Prüfung Ihrer Spezifikationen messen?

▧ Wie lässt sich die Effizienz der Fehlerentdeckung verbessern?

▧ Wie lässt sich die Effektivität der Fehlerentdeckung verbessern?

▧ Wie stellen Sie die Validierbarkeit der Anforderungen in Ihren Projekten sicher? Berücksichtigen Sie dabei auch die Qualitätsanforderungen? Werden Abnahmetests mit dem Kunden abgestimmt oder intern festgelegt?

▧ Zu welchem Zeitpunkt in Ihren Projekten treten die Tester in Aktion? Würde es Sinn machen, dass sie früher aktiv werden? Wie könnten Sie eine solche Änderung rechtfertigen?

▧ Woher wissen Sie, dass Sie die optimale Zahl von Testfällen haben? Können Testfälle weggelassen werden oder fehlen Testfälle? Wie messen Sie die Testabdeckung? Ist sie für diese Art von System optimal?

▧ Werden Testfälle anhand operativer Kriterien festgelegt? Woher kommen diese operativen Kriterien?

▧ Wie verändert sich die Qualität einer Spezifikation über die Zeit hinweg? Wird beispielsweise die Lesbarkeit besser oder schlechter, wenn sich Spezifikationen während des Projekts weiterentwickeln?

7 Anforderungen abstimmen

*Projects without clear goals
will miss their goals clearly.*

Tom Gilb

7.1 Ziel und Nutzen

Die förmliche Abstimmung von Anforderungen an ein Projekt ist der letzte
Schritt in der Vorbereitungsphase *bevor* eine Anforderung umgesetzt wird. Dabei
werden ausgewählte Produktanforderungen einem konkreten Projekt zugewiesen
(engl. Allocation). Damit ist die Basis des späteren Produkts festgehalten und
kann in Verträgen, Produktkatalogen oder bei Wiederverwendung des Produkts
in Folgereleases als definierte Baseline berücksichtigt werden. Dem Projekt zuge-
wiesene Anforderungen werden ab diesem Zeitpunkt kontrolliert, um eine
Grundlage für das Projektmanagement und die Entwicklung zu schaffen. Das
formale Änderungsmanagement beginnt mit diesem Zeitpunkt.

Nur wenn Anforderungen abgestimmt und einem konkreten Projekt zugewiesen sind, lassen sich realistische Vereinbarungen mit dem Kunden schließen.
Daher rührt auch das sogenannte ABC des Requirements Engineering: »**allocation before commitment**«, also **Zuweisung vor Zustimmung**. Anforderungen
werden einem konkreten Projekt mit Ressourcen, Projektplan, Meilensteinen,
Arbeitspaketen, Qualitätszielen etc. zugewiesen, bevor irgendwelche Entwicklungsarbeiten beginnen.

Marktanforderungen sollten mit den zugehörigen Produkt- und Komponentenanforderungen abgestimmt werden. Dann werden Teilprojekte auf Komponentenbasis definiert, die aufgrund der entsprechenden Fertigstellungstermine
erlauben, das Gesamtprojekt zu planen und realistische Zusicherungen zu geben.
Abbildung 7–1 zeigt diesen Zusammenhang, der formal und abstrakt zwar mit
den Marktanforderungen (oben) beginnt, aber nur dann abgeschlossen werden
kann, wenn die Projektplanung der Teilprojekte auf Komponentenbasis gemacht
ist (unten).

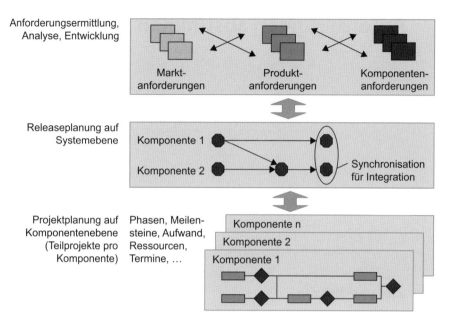

Abb. 7–1   *Die Vereinbarung der Marktanforderungen basiert auf Teilprojekten pro Komponente.*

Abbildung 7–2 zeigt dieses Verhältnis zwischen Produkt- und Komponentenanforderungen bei der Planung. Um die Lieferzeitpunkte der Produktversionen (oder Releases) 1.0 und 2.0 verlässlich planen und vereinbaren zu können, müssen die Produktanforderungen (hier die Produktanforderung 0815 im unteren Teil der Abb.) auf Komponenten und auf Arbeitsergebnisse abgebildet werden. Diese Arbeitsergebnisse werden in der Regel in verschiedenen Teams realisiert und müssen aufeinander abgestimmt werden.

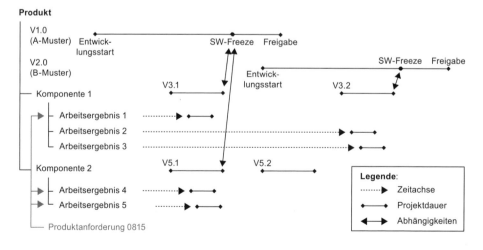

Abb. 7–2   *Eine Produktanforderung wird in verschiedenen Komponenten umgesetzt.*

Markt- und Produktanforderungen werden im Kernteam des Projekts abgestimmt. Dazu gehören typischerweise vier Rollen (siehe Abb. 7–3; vgl. auch Abschnitt 9.2), nämlich der Produktmanager als Vertreter der Interessen des Unternehmens (d. h. Fokus auf langfristigen Bestand des Unternehmens sowie Gewinnmaximierung), der Marketingmanager (d. h. Fokus auf Kunden und Umsatz), der Projektmanager (d. h. Fokus auf Machbarkeit und konkrete Zielerreichung im Entwicklungsprojekt) und der Servicemanager (d. h. Fokus auf den späteren Betrieb, die Wartung und die Aftersales-Prozesse). Geleitet wird dieses Kernteam in der Regel vom Produktmanager. Wenn es sich um ein spezifisches Einzelprojekt handelt, kann der Projektmanager auch die Rolle des Produktmanagers einnehmen. Die Vereinbarung von Anforderungen sollte nicht allein von einem externen Steuerkreis gemacht werden, denn dort fehlt häufig die Einsicht in konkrete Fragestellungen und das Verständnis dafür, dass Umsatz und Gewinn nicht losgelöst von der Machbarkeit zu steuern sind. Offensichtlich wird ein Steuerkreis eng mit dem Kernteam zusammenarbeiten, aber nur dann, wenn dieses Kernteam eigenständig Verantwortung trägt und daran gemessen wird, werden die Ziele auch erreicht.

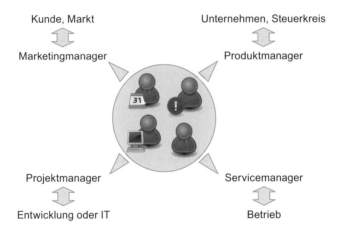

Abb. 7–3   *Das Kernteam stimmt gemeinsam die Anforderungen ab.*

Die Vorteile einer verbindlichen und formalisierten Zuweisung von Anforderungen, die danach kontrolliert wird, sind offensichtlich:

- **Das richtige Produkt wird entwickelt.** Es existiert eine Basis, nach der alle Projektmitarbeiter (aber auch Marketing und Vertrieb) arbeiten. Vorbei sind die Tage, wo der Projektmanager seine eigene Liste hatte, die ihm zeigte, was er machen kann, während der Vertrieb eine zweite Liste besaß, die sehr viel umfangreicher war und den Kunden bei der Stange halten sollte.
- **Eine gemeinsame Vertragsbasis existiert.** Unter Einbeziehung aller Projektpartner wird diese Liste während der Analyse und Spezifikation gebildet und zunehmend präziser. Gleichzeitig wird sie auf ihre Machbarkeit im Zusam-

menhang aller Anforderungen, sowohl der technischen als auch der kommerziellen, abgesichert.

▒ **Es wird nur das entwickelt, was einen Wert darstellt.** Die Anforderungsliste beschreibt, wofür Entwicklungsleistung und Projektaufwand eingesetzt werden. Verschnörkelungen, unnötige Funktionalitäten oder Systemverbesserungen, für die niemand zahlen will, fallen heraus. Projektstunden dürfen nur auf diese vereinbarten Anforderungen abgerechnet werden. Wer andere Dinge entwickelt als vereinbart, muss mit Konsequenzen rechnen, da er ein Projektrisiko darstellt. Die Wertorientierung resultiert aus der bereits abgeschlossenen Analysephase, die sowohl Kosten als auch Nutzen jeder Anforderung aus der Sicht des Kunden (Nutzen) und des Lieferanten (Kosten) betrachtet.

▒ **Eine klare Basis im Falle späterer Änderungen wird gepflegt.** Anforderungen sind per Definition nicht stabil. Die Zuweisung sollte daher nicht mit dem Einfrieren verwechselt werden, obwohl das natürlich auch irgendwann kommt. Es geht hier primär darum, dass ab einem bestimmten Zeitpunkt, der spätestens auf den Projektstart fällt, alle Anforderungen verbindlich kontrolliert werden und Änderungen einem formalen Änderungsmanagement unterliegen. Dadurch werden Softwareplanung, Softwareprodukte und alle entwicklungs- oder wartungsbezogenen Tätigkeiten konsistent mit den zugewiesenen Marktanforderungen gehalten. Auswirkungen von Änderungen können im abgeschlossenen Raum der zugewiesenen Anforderungen untersucht werden, bevor entschieden wird.

▒ **Zeit- und Budgetanforderungen können besser eingehalten werden.** Das klingt banal oder oberflächlich, ist aber der wesentliche Nutzen einer formalisierten Zuweisung. Solange die Anforderungen nicht zugewiesen sind, kann das Projekt nicht beginnen. Dies erhöht den Druck auf Produktmanager und Verkäufer, Farbe zu bekennen, was eigentlich zu machen ist. Dann legt die Entwicklung in diesem vereinbarten Rahmen los und liefert zum vereinbarten Zeitpunkt. Die Erfolgskontrolle bis hin zur Bezahlung erfolgt auf Basis dieser zugewiesenen Anforderungen, was eine sehr präzise und wertorientierte Kontrolle des Projekts erlaubt.

Die Ergebnisse der Abstimmung sind:

▒ Abgestimmte und priorisierte Anforderungen an das Projekt
▒ Planungs- und Konfigurationsbasis des späteren Produkts als »Single Source«
▒ Start des formalen Änderungsmanagements
▒ Start der Projektplanung und -verfolgung

7.2 Überrumpelung vermeiden

Projektprobleme entstehen am Anfang und sie sind in der Regel hausgemacht. Viele Projektmanager lassen sich durch Kunden oder Vorgesetzte überrumpeln, weil sie die Konsequenzen von Änderungen nicht abschätzen können. Nicht umsonst heißt es: »Sage mir, wie dein Projekt beginnt, und ich sage dir, wie es endet.« Die hauptsächlichen Fehler sind:

- Anforderungen sind nicht gut genug, aber man startet, um weiterzukommen.
- Anforderungen schleichen sich in das Projekt unkontrolliert ein.
- Anforderungen werden ohne Analyse, Prüfung und Vereinbarung zugesichert.

Anforderungen sind nicht gut genug, aber man startet, um weiterzukommen. Dies ist der häufigste Fehler. Die Anforderungen sind unzureichend spezifiziert, sie sind inkonsistent, sie sind vage oder auf andere Weise fehlerhaft. Oftmals sind Anforderungen unsicher, aber die Unsicherheiten werden nicht rechtzeitig erkannt und spezifiziert. Solche Lücken treten dann auf, wenn Anforderungen nicht verstanden wurden, wenn sie nicht geprüft wurden oder wenn bewusst Unschärfen spezifiziert wurden, weil sich niemand traute, ein Problem zu thematisieren. Dann wird auf dieser vagen und unzureichenden Basis das Projekt gestartet und läuft in die typischen Schwierigkeiten, nämlich häufige Änderungen und falsche Implementierungen. Diese Probleme werden nicht durch Kunden verursacht, sondern durch diejenigen, die eigentlich die Aufgabe haben, eine solide Anforderungsbasis zu entwickeln. Verschiedene Maßnahmen haben wir bereits beschrieben (siehe Kap. 6), die hier nochmals zusammengefasst werden. Anforderungen werden formal geprüft und in einem fixierten Dokumentationsstand nach der Prüfung vereinbart. Unklarheiten, offene Punkte oder Konflikte werden behoben oder als solche markiert. Anforderungen, die sich später ändern könnten, weil der Kunde noch nicht genau weiß, wie sie letztlich lauten, werden markiert, um die Änderungsmöglichkeit auch im Design zu berücksichtigen.

Anforderungen schleichen sich in das Projekt unkontrolliert ein. Oftmals beginnt die Entwicklung schleichend. Aus einer Analyse wird eine Studie, aus der Studie ein Prototyp, und schließlich ist man in der Entwicklung, ohne jemals eine verlässliche Basis für das Projekt geschaffen zu haben. Den Kunden ist das anfangs vielleicht recht, können sie doch ihre Unsicherheiten verbergen und das Risiko völlig auf das Projektgeschäft des Lieferanten abwälzen. Gedient ist damit niemand, denn die Ergebnisse sind unkontrollierbar, und die damit verbundenen häufigen Nacharbeiten bringen unnötige Mehrkosten.

Wahrscheinlich wird man den Vertragsabschluss nicht immer formal an den Projektstart koppeln können, und sicherlich sind nicht immer hundert Prozent der Anforderungen glasklar, bevor das Projekt beginnen kann. Aber man braucht eine Basis, auf die das Projekt aufsetzen kann und die als Ausgangspunkt für alle weiteren kommerziellen Vereinbarungen dient.

Machen Sie daher die Zuweisung und Vereinbarung der Anforderungen formal bindend – intern und extern. Die beste Hilfe dafür ist eine Anforderungsdatenbank (siehe auch Kap. 9). Diese Datenbank muss nicht kompliziert und aufgebläht sein. Häufig genügt eine Liste mit den Anforderungen, ihrer jeweiligen Quelle, einigen Referenzen und dem Status (siehe Abschnitt 4.2). Wichtig ist, dass die Anforderungsliste nur einmal existiert (z.B. eine für alle Projektmitarbeiter und Produktmanager transparente Liste im firmeninternen Intranet), verbindlich ist und kontrolliert wird.

Anforderungen werden ohne Analyse, Prüfung und Abstimmung zugesichert. Dies ist ein häufiges Managementproblem, das sowohl im Vertrieb auftreten kann, wo es primär um Umsätze und den Vertragsabschluss geht, aber auch durch Druck des eigenen Managements, das nicht verstehen kann, dass Anforderungen und Änderungen auch Aufwand bedeuten. Wir haben mit vielen solcher Projektsituationen zu tun, stellen dann aber in der Regel fest, dass es nicht nur »das Management« und »der Kunde« sind, die solche Anforderungen in das Projekt drücken, sondern in aller Regel fehlen Systematik und Disziplin in Produktmanagement, Projektmanagement und RE.

Hier sind **einige konkrete Tipps**, wie man als Requirements-Ingenieur oder als Produkt- und Projektmanager mit solchen Situationen umgeht:

▨ **Unsicherheiten eingrenzen**
Jedes Projekt und jede Spezifikation hat Unsicherheiten, also Bereiche, wo der Kunde oder der Produktmanager nicht wissen, was sich noch ergeben könnte. Allerdings sollten diese Unsicherheiten nicht quer durch das Projekt verstreut sein, sondern deklariert sein. Anforderungen, die sich ändern könnten, werden markiert. Bereiche, in denen Änderungen durch Technologien oder Schnittstelleneffekte auftreten können, werden ebenfalls markiert. Bereiten Sie das Projekt und seine Planung auf Änderungen vor, und Sie werden die Überraschungen stark einschränken.

▨ **Verbindliche Liste der Anforderungen mit Status**
Damit ist bereits erreicht, dass es eine klare Konfigurationsbasis gibt. Änderungen werden als solche erkannt und können systematisch bearbeitet werden. Externe Interessenvertreter wissen, ob bestimmte Funktionen geplant sind oder nicht. Abbildung 7–4 zeigt die Statusverfolgung im Kernteam.

▨ **Business Case für das Projekt und seine Inhalte**
Zu einem Projekt gehört eine Wirtschaftlichkeitsrechnung. Dabei werden die Kosten anhand einer Einflussanalyse und Aufwandabschätzung bestimmt, während die Nutzen mithilfe der Kunden und Marktinformationen abgeschätzt werden. Wichtig dabei ist, dass bei Änderungen oder neuen Anforderungen eine Schätzung von Aufwand und Nutzen für die spezielle Änderung oder Anforderung erfolgen. Für jede Anforderung muss klar sein, wer sie

braucht und wer dafür bezahlt. Ohne Budget wird eine Anforderung nicht übernommen.

▪ **Verbindlicher Projektplan**
Anforderungen und ein gültiger Business Case alleine machen noch kein Projekt aus. Dazu gehören Ressourcen, die es umsetzen. Der Projektplan spezifiziert, wann wer was zu erledigen hat. Er setzt verbindliche Planungsdaten und Meilensteine und definiert die Abhängigkeiten zwischen Anforderungen, Ressourcen und Arbeitsergebnissen. Änderungen zu Anforderungen führen zu einer Änderung des Projektplans – zumindest auf der Basis der zugesagten Inhalte und der Arbeitsergebnisse. Wenn Sie bei Anfragen nach Änderungen oder weiteren Anforderungen sofort den Projektplan auf den Tisch legen können und darstellen können, wo Sie stehen und welche Risiken das Projekt hat, befinden Sie sich in einer stärkeren Position, als wenn Sie nur die Schultern zucken und anmerken, dass Sie das einmal prüfen müssten. Soweit Einfluss und Aufwand einer Änderung unterhalb einer vereinbarten »Rauschgrenze« bleiben, wird die Änderung im betroffenen Team direkt umgesetzt. Wichtig ist, dass die Änderung konsistent dokumentiert wird. Beispielsweise muss ein Testfall bei einer Änderung selbst dann nachgezogen werden, wenn der Aufwand unverändert bleibt.

Es geht hier um Soft Skills. Im Folgenden betrachten wir ein solches Gespräch und zeigen Ihnen, wie Sie sich verhalten sollten [Fischer 2003, Schick 2010].

Einstieg: Ihr Manager: »*Hier ist eine neue Anforderung. Sie ist sehr wichtig …*« An dieser Stelle wird einfach etwas vorgeschlagen, was nicht unbedingt notwendig ist. Es ist unbedingt notwendig, dass Sie erst einmal zurückfragen: »*Ist es nötig?*«, »*Wer bezahlt dafür?*«, »*Was kann im Gegenzug wegfallen?*« Häufig sind Änderungsvorschläge zunächst einmal »Versuchsballons«. Unvorbereitetes Abnicken gefährdet den Projekterfolg und Ihre eigene Position.

Analyse: Bleiben Sie jetzt faktenorientiert. Es geht nicht um Dringlichkeit oder verhältnismäßig kleine Änderungen, sondern darum, sich sicher zu sein, was die Änderung mit sich bringt. Weisen Sie auf Risiken, Kosten, frühere Analogien oder mögliche Komplikationen hin. Gibt es kreative Win-win-Lösungen? Beispielsweise könnte Ihre Antwort lauten: »*Hier ist der Projektplan. Wir haben heute diese Ergebnisse. Der kritische Pfad liegt bei diesen zwei Teams und Komponenten. Eine Änderung würde uns zwei Wochen Verzögerung bringen. Ist das dem Kunden bereits klar?*«

Überrumpelung: Ihr Manager: »*Versuchen Sie es trotzdem. Das wird schon klappen.*« An dieser Stelle heißt es, Vorsicht und Diplomatie zu bewahren. Offensichtlich traut der Manager Ihren Analysen und Planungen, will sie aber nicht wahr haben. Oder aber, er hat es bereits geahnt und springt direkt in diesen dritten Teil ein. Bringen Sie in dieser Gesprächsphase unbedingt Ihr Gegenüber dazu, das Risiko zu tragen. Vermeiden Sie in Ihrem ureigenen Interesse, dass Sie als Projekt- oder Produktmanager nachher derjenige sind, der die Änderung oder Anforderung zu verantworten hat. Dokumentieren Sie die Anforderung, deren Begründung, Ihre eigene Einfluss- und Aufwandschätzung und wie es zur Entscheidung kam.

Klar ist, und das sollten Sie sich als wichtigsten Tipp gegen die Überrumpelung mitnehmen: **Wer sich vorbereitet, wird nicht überrumpelt.** Manager merken schnell, ob noch Raum für Erweiterungen oder Änderungen besteht. Wenn Sie nicht sofort zeigen können, wo das Projekt steht und was mit den aktuellen Ressourcen geht, dann nimmt der Manager mit, dass es prinzipiell möglich ist und nur noch Überzeugung braucht.

Anforderung										
ID	Prio	Datum	Quelle	Inkrement	WP	Kunden-anforderung (LH)	Technische Funktionsspezifikation (PH)	Status SW	Status HW	Status ...
R0178	1	03.11.2011	Kundenspec	1	124	Einfach Bedienung	Das Menü darf max. 4 Ebenen enthalten.	accepted	-	-
R0179	1	03.10.2011	Kundenspec	2	117	Einfach Bedienung	Der jeweils aktive Menüpunkt muss hervorgehoben dargestellt werden.	accepted	-	-
R0180	1	03.11.2011	Kundenspec	1	219	Einfach Bedienung	Die Reaktionszeit muss < 20 ms sein.	accepted	accepted	accepted
R0181	1	03.10.2011	Kundenspec	1	137	Robustheit	Die Prozessorauslastung muss <= 80% sein.	accepted	rejected	-

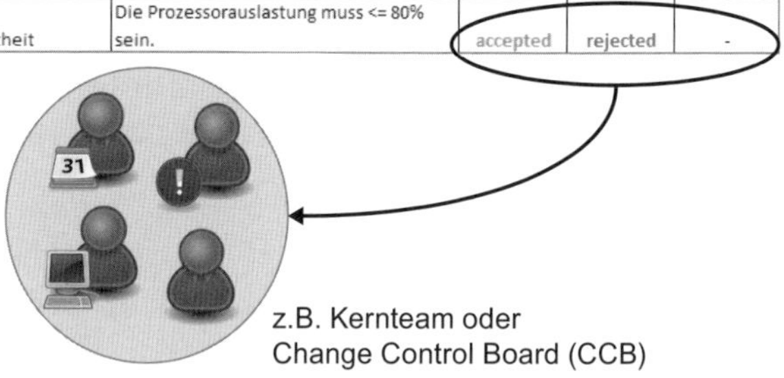

z.B. Kernteam oder
Change Control Board (CCB)

Abb. 7–4   *Statusverfolgung im Kernteam*

7.3   Zügig zum Projektstart kommen

Zeit ist in Projekten häufig eine wesentliche Anforderung. Nur wenn die Zeit zum Profit hinreichend kurz ist, können Unternehmen die für die Entwicklung erforderlichen Investments überblicken und ihren Geldgebern (Aktionäre, Banken) schmackhaft machen. Allerdings dürfen wir dabei nie andere Anforderungen außer Acht lassen, vor allem nicht die Qualität und Wirtschaftlichkeit.

Erfolgreich sind Produkte dann, wenn der Liefertermin stimmt, die Qualität den Anforderungen des Markts genügt, der Preis konkurrenzfähig ist und Bedarf am Produkt besteht oder erzeugt werden kann. Weniger erfolgreiche Unternehmen lassen sich durch einen dieser Parameter, üblicherweise die Zeit, paralysieren und liefern unfertige Produkte. Häufig stimmt die Qualität dann nicht, und eine sofortige Nachlieferung mit fehlenden Funktionen und mehr Stabilität ist notwendig. Die Optimierung nur einer dieser Zielfunktionen, beispielsweise der Entwicklungszeit, ist kurzsichtig, denn in der Regel werden die Qualitätsprobleme oder Kosten zu groß, um noch am Markt bestehen zu können.

Eine der wesentlichen Zeitfallen im RE ist die **Paralyse durch Analyse**. Man versucht zunehmend mehr Details auf einer immer unsicheren Basis herauszufinden. Wichtig ist es daher, bereits vor Projektstart die Kriterien des Projektmanagements anzuwenden und die Analysephase in ihrer Dauer an den gesamten Entwicklungszyklus anzupassen [Ebert2006]. »**Gut genug**« ist auch im Requirements Engineering ein wichtiges Ziel, nicht nur in der Qualitätskontrolle. Es gibt viele Möglichkeiten, die Analysephase zu verkürzen. Häufig dient sie zum Aufwärmen und hat lange nicht den Druck, den andere Projektphasen spüren. Dieser Druck muss gezielt aufgebaut werden, damit die Ergebnisse früher und in der richtigen Qualität kommen. Verkürzung sollte nicht notwendigerweise zu mehr Releases führen. Dies muss in einem Kontext des gesamten Portfolios evaluiert werden, denn jedes Release hat Fixkosten, sowohl auf Hersteller- als auch auf Kundenseite.

Wann ist der richtige Zeitpunkt, um die Analyse abzuschließen und mit der Entwicklung zu beginnen? Dies ist die Schlüsselfrage in jedem Projekt. Schließlich macht es keinen Sinn, vage bekannte und unvollständig analysierte Anforderungen als Basis zu nehmen, das Projekt zu starten und dann mit riesigen Änderungen zu kämpfen. Das Projekt sollte begonnen werden, wenn die Anforderungen gut genug sind.

Was heißt gut genug? Es bedeutet, dass die Anforderungen eine hinreichend gute Qualität haben (z. B. Abschlusskriterien beim Review, Freigabekriterien, Restfehlerdichte) und die kritischen (d. h. Kundennutzen) und architekturentscheidenden Anforderungen so detailliert spezifiziert sind, dass die Entwicklung darauf aufsetzen kann. Eine gewisse Stabilität ist nötig. Andererseits kann man über Monate analysieren und wird merken, dass es ständig zu weiteren Änderungen kommt. Anforderungen gelten als stabil, wenn ihr Rauschpegel so gering ist, dass er in den folgenden Phasen nicht über die erlaubten Kosten- und Zeitlimits hinaus verstärkt wird. **Requirements Engineering ist damit Teil des Risikomanagements.**

Wir wollen uns von beiden Seiten herantasten. Je länger ein Projekt dauert, desto mehr Anforderungsänderungen treten auf. Wir sprachen bereits von 1–5 % Änderungen pro Monat, bezogen auf den Projektaufwand (siehe Abschnitt 12.1 für eine Definition und Erläuterungen) [Ebert2007a]. Irgendwann kommt der Punkt, an dem eine komplette Neudefinition des Projekts nötig wird. Dabei spielt es keine Rolle, ob das Projekt bereits begonnen hat oder nicht. Änderungen gibt es, und sie wachsen unvorhersehbar. Kommt ein Wettbewerber mit einem neuen Produkt einige Monate früher auf den Markt als erwartet, reicht dies manchmal aus, um das eigene Produkt nochmals grundlegend zu revidieren oder neu zu positionieren. Diesen Fall wollen wir aber hier nicht betrachten. Uns geht es um die erwähnte typische Änderungsrate. **Damit kann man eine sinnvolle obere Grenze für die Projektdauer ableiten, die bei ungefähr 12–18 Monaten liegt.** Oberhalb von 18 Monaten ändern sich *nach Projektstart* ein Viertel bis zur Hälfte der Projektinhalte, was in der Regel nicht mehr wirtschaftlich ist. Projekte mit mehr Inhalt sollten in Teilprojekte heruntergebrochen werden. Teilprojekte können sich an Architekturkomponenten oder an Funktionsgruppen orientieren. In jedem Fall muss ein Teilprojekt auch immer einen Wert aus Kundensicht repräsentieren.

Die minimale Projektdauer ist schwieriger zu charakterisieren, da es auch Projekte gibt, die in einigen Tagen fertig werden müssen (und entsprechend wenige Inhalte haben). Allerdings kann man die Dauer der Analysephase abgrenzen. Deren unteres Ende ist durch die Unsicherheiten der Analyse abgesteckt. Anforderungen gelten dann als stabil, wenn ihr Rauschpegel aus allen Unsicherheiten so gering ist, dass er in den folgenden Projektphasen nicht über die erlaubten Kosten- und Zeitlimits hinaus verstärkt wird. Man kann daher als Faustregel annehmen, dass die Analyse nicht länger als 50 % der reinen Entwicklungsdauer (Beginn des Top-Level-Designs bis Übergabe an den ersten Kunden) bei innovativen oder stark geänderten Produkten dauern darf. Bei Folgeversionen sollte ein Rahmen von 30–50 % nicht überschritten werden. In Zahlen ausgedrückt gilt damit, dass ein Projekt mit einer angenommenen Entwicklungsdauer von 12 Monaten ungefähr sechs Monate brauchen darf, um von der ersten Konzeption bis zum Projektstart vorbereitet zu werden. Es hat also eine Gesamtdauer von 18 Monaten. Diese notwendige zeitliche Limitierung wird noch stringenter, wenn eine saubere Abgrenzung zwischen Portfolio, Produkt und Produkt-/Release-Roadmap bzw. Releases sowie den einzelnen Projekten erfolgt. Für das Produkt sollte ein Funktionskatalog für ungefähr drei Jahre existieren, während das einzelne Projekt einen kurzen Horizont von maximal einem Jahr hat.

Um Kunden oder Märkte nicht zu lange auf Ergebnisse warten zu lassen, sollte inkrementell vorgegangen werden (siehe Abschnitt 5.6). Dabei werden die dringendsten Kundenbedürfnisse zuerst bearbeitet. Gleichzeitig werden jene Anforderungen mit dem größten Einfluss auf die Architektur umgesetzt, um eine verlässliche Basis für das spätere Produkt zu erhalten. Inkremente werden im Projektplan auf der Basis des jeweiligen Änderungspotenzials der Anforderungen definiert. Dieser Zusammenhang ist in Abbildung 7–5 zusammengefasst. Sie zeigt die typischen Projektphasen aus Sicht des RE für ein Projekt mit einer Entwicklungsdauer von 6–12 Monaten. Gleichzeitig ist der Effekt der Priorisierung von Anforderungen dargestellt. Der Trichter auf der linken Seite wird während der Architekturphase geschlossen, sodass (auf der rechten Seite) die Ausführung nachher so einfach und so schnell als möglich abgeschlossen werden kann. Eine anfängliche Reserve der Anforderungen wird spätestens nach Abschluss des Top-Level-Designs aufgegeben, um zu verhindern, dass damit später unzulässige Kosten entstehen, da erfahrungsgemäß Puffer immer aufgebraucht werden.

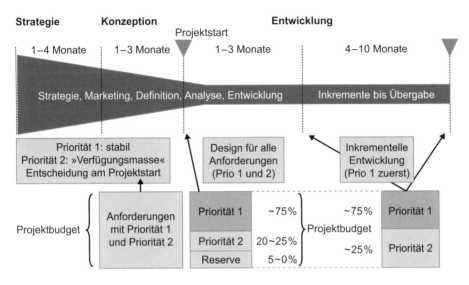

Abb. 7–5   *Projektdefinition und Priorisierung*

7.4   Gesetzliche Rahmenbedingungen

Jedes Projekt und jedes Produkt muss gesetzliche Bedingungen erfüllen. Aus Kundensicht sind dies vor allem Fragen rund um den Kaufvertrag. Aus Produktsicht sind es zusätzlich Punkte, die mit Haftungsfragen oder auch mit Urheberrechten zu tun haben. Aus Produkt- und Projektsicht interessant sind Fragen zu Sach- und Rechtsmängeln und deren Folgen. Wir wollen hier die wichtigen Punkte beleuchten, sodass der Projektmanager, Produktmanager oder Entwickler weiß, wie die Randbedingungen aussehen und welche möglichen Risiken lauern. Wir können aus Platzgründen nicht tief in alle rechtlichen Fragen rund um Verträge, Mängel oder Haftung einsteigen. Dazu ist auch unser Thema des Requirements Engineering nicht geeignet. Sie finden daher weiterführende Literatur bei [Bartsch2000, Bartsch2001, Zahrnt2008, Schröder2004].

Falls es doch einmal so weit kommt, dass Sie Vertrags- und Haftungsfragen nicht direkt mit Ihrem Geschäftspartner klären können, empfehle ich einen Vergleich und keinen Prozess. Prozesse sind teuer und dauern lange. Ein kleineres Unternehmen hat schon aus Kostengründen keine Chance, hier zu bestehen. Ziehen Sie einen erfahrenen Rechtsberater hinzu, der sich mit Recht und Informatik auskennt[1].

Was hat Requirements Engineering mit rechtlichen Fragen überhaupt zu tun?
Sehr viel, denn in der Bewertung von Anforderungen werden die Grundlagen für das Projekt und das spätere Produkt gelegt, und damit zu vielen der oben genann-

---

1.   Auskunft gibt die Deutsche Gesellschaft für Recht und Informatik e.V. (DGRI), *http://www.dgri.de*

ten Punkte. Wenn ich Anforderungen falsch verstehe, kann es zu Sachmängeln des Produkts kommen. Wenn ich sie falsch analysiere, kann ich vielleicht die vertraglichen Bedingungen nicht mehr einhalten.

Eine Spezifikation ist noch kein Vertrag. Sie kann maximal ein Vertragsbestandteil sein. Beispielsweise ist das SLA beim Outsourcing sehr wohl ein konkreter Vertrag. Viele Spezifikationen dagegen erfüllen nicht die juristischen Kriterien an einen Vertrag. Sie sind nicht hinreichend präzise und eindeutig. Eine solche Präzision wäre auch nicht sinnvoll, denn damit würden die Anforderungen unnötig teuer werden und in der Regel den Lösungsraum viel zu stark einschränken. Schließlich sollten wir uns auch darüber im Klaren sein, dass es nicht das Ziel einer Spezifikation ist, sie vor Gericht zu sezieren. Sie ist die Basis für ein gegenseitiges Verstehen von Bedürfnissen und möglichen Lösungen, die zunehmend konkretisiert werden.

Eine kurze Übersicht soll verdeutlichen, welche rechtlichen Fragen relevant sind. Wir beziehen uns hier ausschließlich auf das Bürgerliche Gesetzbuch[2], denn es beantwortet die meisten Fragen bereits hinreichend. Die folgenden Themen sollten Sie bei Ihren Projekten bereits in der Konzeptionsphase beachten:

- Verträge für Softwareprodukte werden in der Regel als Sachkauf oder als Werkvertrag betrachtet. Sie können auch Teil einer umfassenderen Dienstleistung sein. Aus diesen Verträgen folgen vertragstypische Pflichten.
- Bei der Vertragsausführung kann es zu Sachmängeln kommen.
- Das Produkt kann Rechtsmängel aufweisen, selbst wenn diese dem Verursacher gar nicht bewusst sind (z. B. Verletzung von Patenten).
- Aus Mängeln resultieren Folgen, beispielsweise im Schadensersatz.

Verträge für Softwareprodukte

Software wird in der Regel als Sache verkauft oder im Rahmen eines Werkvertrags erstellt. Aus diesen Verträgen resultieren vertragstypische Pflichten, die der Verkäufer einzuhalten hat. Bei einem Kaufvertrag werden diese Pflichten durch § 433 des BGB[3] beschrieben. Es geht primär darum, dass der Verkäufer sicherstellen muss, dass der Käufer das Eigentum an der Software erwirbt und dass diese frei von Sach- und Rechtsmängeln übergeben wird. Der Verkäufer erhält dafür den vereinbarten Kaufpreis. Im Werkvertrag beschreibt § 631 des BGB[4] die Pflichten, die aus dem Vertrag resultieren. Machen Sie sich klar, was Sie verkaufen oder herstellen und was Sie zum Gegenstand des Vertrags machen. Der Ver-

---

2.   Alle Gesetzestexte sind dem BGB vom Stand im Frühjahr 2005 entnommen. Dies berücksichtigt die letzten großen Veränderungen nach Anpassungen im Schuldrecht.

3.   BGB § 433 Vertragstypische Pflichten beim Kaufvertrag. (1) Durch den Kaufvertrag wird der Verkäufer einer Sache verpflichtet, dem Käufer die Sache zu übergeben und das Eigentum an der Sache zu verschaffen. Der Verkäufer hat dem Käufer die Sache frei von Sach- und Rechtsmängeln zu verschaffen. (2) Der Käufer ist verpflichtet, dem Verkäufer den vereinbarten Kaufpreis zu zahlen und die gekaufte Sache abzunehmen.

tragsgegenstand beeinflusst, ob Sie an der Software noch weitere Rechte behalten oder nicht. In der Regel werden die Rechte zur Speicherung und Benutzung einer Software verkauft, nicht aber die Urheberrechte. Diese Frage sollte bei der Analyse von Anforderungen beachtet werden.

Verträge beruhen auf einem Gerüst, das eine Partnerschaft voraussetzt, weswegen man auch von Vertragspartnern spricht. Typischerweise wird die Partnerschaft in vier Stufen gelebt, die auch als RCDA-Prinzip bezeichnet werden (vgl. Abb. 7–6). Die jeweils vertraglich relevanten Dokumente werden im Vertrag geregelt. Beispielsweise ist eine Anforderungsliste, wie wir sie in diesem Buch als Lastenheft beschreiben, nicht notwendigerweise Bestandteil eines Auftrags. Hier sind sowohl der Auftraggeber als auch der Auftragnehmer gefordert, Klarheit zu schaffen, auf welcher Basis der Vertrag abgestimmt wird.

▦ **Request**
In dieser Phase werden Inhalte und Vertragsmodalitäten abgestimmt. Der erste Impuls kann zwar von Auftragnehmer durch Marketing oder Vertrieb kommen, jedoch ist es der Auftraggeber, der durch seinen Kaufwunsch den Weg zum Vertrag bereitet. Er stellt auch die Anforderungen, weswegen hier von »Request« gesprochen wird. In der Praxis werden hier Dokumente des Auftraggebers wie der »Request for Information« (RFI), »Request for Tender« (RFT) und »Request for Quotation« (RFQ) verwendet.

▦ **Commit**
Der Auftragnehmer verpflichtet sich zur Vertragsleistung auf der Basis der spezifizierten Vertragsbedingungen. Das Commitment ist eine klare und rechtlich wirksame Vereinbarung, die zur Vertragserfüllung verpflichtet. Nun ist das Projekt definiert, und die eigentliche Softwareentwicklung durch den Auftragnehmer beginnt.

▦ **Deliver**
Der Auftragnehmer liefert die Leistung entsprechend den vertraglichen Vorgaben. Abweichungen davon können dazu führen, dass es nur verzögert oder gar nicht zum vierten Schritt kommt.

▦ **Accept**
Der Auftraggeber akzeptiert die Leistung. Bei Abweichungen von den vertraglichen Vereinbarungen kommt es in der Regel zu Nachbesserungen oder Gewährleistungen, die durch die jeweiligen Vertragstypen gesetzlich geregelt sind.

---

4. BGB § 631 Vertragstypische Pflichten beim Werkvertrag. (1) Durch den Werkvertrag wird der Unternehmer zur Herstellung des versprochenen Werkes, der Besteller zur Entrichtung der vereinbarten Vergütung verpflichtet. (2) Gegenstand des Werkvertrags kann sowohl die Herstellung oder Veränderung einer Sache als auch ein anderer durch Arbeit oder Dienstleistung herbeizuführender Erfolg sein.

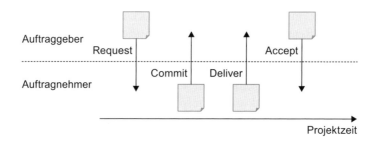

Abb. 7–6   *Verträge beruhen auf einer Partnerschaft, die dem RCDA-Prinzip folgt.*

Sachmangel

Die vertragstypischen Pflichten im Kaufvertrag (z.B. fertiges Softwareprodukt) in Bezug auf Sachmängel sind in § 434 BGB[5] (in ähnlicher Form in § 633 BGB[6] für Werkverträge) beschrieben. In diesem Zusammenhang wird klar, dass es nicht um Fehlerfreiheit der Software geht, sondern um die erwartete Qualität und die Gebrauchstauglichkeit. Wenn beispielsweise ein Unternehmen ein Softwaresystem zur Erfüllung einer bestimmten Zielsetzung liefern soll und dabei die Dimensionierung zu klein wählt, sodass die Effizienz nicht in Einklang mit den Anforderungen zur Gebrauchstauglichkeit steht, dann liegt eine Verletzung von § 434 oder § 633 BGB vor. Es handelt sich um einen Sachmangel. Wenn dagegen das System viel zu groß dimensioniert wurde und damit sehr viel mehr kostet, als

5.   BGB § 434 Sachmangel. (1) Die Sache ist frei von Sachmängeln, wenn sie bei Gefahrübergang die vereinbarte Beschaffenheit hat. Soweit die Beschaffenheit nicht vereinbart ist, ist die Sache frei von Sachmängeln, 1. wenn sie sich für die nach dem Vertrag vorausgesetzte Verwendung eignet, sonst 2. wenn sie sich für die gewöhnliche Verwendung eignet und eine Beschaffenheit aufweist, die bei Sachen der gleichen Art üblich ist und die der Käufer nach der Art der Sache erwarten kann. Zu der Beschaffenheit nach Satz 2 Nr. 2 gehören auch Eigenschaften, die der Käufer nach den öffentlichen Äußerungen des Verkäufers, des Herstellers (§ 4 Abs. 1 und 2 des Produkthaftungsgesetzes) oder seines Gehilfen insbesondere in der Werbung oder bei der Kennzeichnung über bestimmte Eigenschaften der Sache erwarten kann, es sei denn, dass der Verkäufer die Äußerung nicht kannte und auch nicht kennen musste, dass sie im Zeitpunkt des Vertragsschlusses in gleichwertiger Weise berichtigt war oder dass sie die Kaufentscheidung nicht beeinflussen konnte. (2) Ein Sachmangel ist auch dann gegeben, wenn die vereinbarte Montage durch den Verkäufer oder dessen Erfüllungsgehilfen unsachgemäß durchgeführt worden ist. Ein Sachmangel liegt bei einer zur Montage bestimmten Sache ferner vor, wenn die Montageanleitung mangelhaft ist, es sei denn, die Sache ist fehlerfrei montiert worden. (3) Einem Sachmangel steht es gleich, wenn der Verkäufer eine andere Sache oder eine zu geringe Menge liefert.

6.   BGB § 633 Sach- und Rechtsmangel. (1) Der Unternehmer hat dem Besteller das Werk frei von Sach- und Rechtsmängeln zu verschaffen. (2) Das Werk ist frei von Sachmängeln, wenn es die vereinbarte Beschaffenheit hat. Soweit die Beschaffenheit nicht vereinbart ist, ist das Werk frei von Sachmängeln, 1. wenn es sich für die nach dem Vertrag vorausgesetzte, sonst 2. für die gewöhnliche Verwendung eignet und eine Beschaffenheit aufweist, die bei Werken der gleichen Art üblich ist und die der Besteller nach der Art des Werks erwarten kann. Einem Sachmangel steht es gleich, wenn der Unternehmer ein anderes als das bestellte Werk oder das Werk in zu geringer Menge herstellt. (3) Das Werk ist frei von Rechtsmängeln, wenn Dritte in Bezug auf das Werk keine oder nur die im Vertrag übernommenen Rechte gegen den Besteller geltend machen können.

eigentlich bei den gegebenen Anforderungen des Kunden zu erwarten wäre, dann liegt ein Beratungsmangel vor. Verfehlungen in beide Richtungen können also geahndet werden. Die beiden Beispiele legen nahe, im Requirements Engineering sorgfältig zu prüfen, was der Bedarf des Kunden ist, um bereits das Angebot darauf abzustimmen. Es ist die Aufgabe des Verkäufers oder des Herstellers, den Kunden darüber aufzuklären, wenn er Anforderungen hat, die in ihrer Gesamtheit nicht erfüllbar sind.

Beispielsweise muss der Projektmanager bei einem Werkvertrag nachweisen können, dass die gelieferte Leistung (»Werk«) gebrauchstauglich ist und den Vorgaben entspricht. Dann kann in kritischen Fragen schon einmal der Nachweis erforderlich werden, dass die Anforderungen auch entsprechend den ursprünglichen Vorgaben realisiert wurden. Konsequenzen (z.B. Fehlverhalten eines Systems) durch erwartbaren Fehlgebrauch sollten berücksichtigt werden, um im Schadenfall eine Regressforderung wirksam ausschließen zu können. Auch dies ist eine wichtige Vorgabe für die Anforderungsanalyse (siehe Abschnitt 5.7).

Allerdings sind die entsprechenden Paragraphen im BGB bewusst offengehalten, um zu verhindern, dass der Käufer ein Produkt wegen Sachmängel zurückweisen kann, wiewohl der Hersteller die nötige Sorgfalt hatte walten lassen. Beispielsweise nimmt die derzeitige Rechtsprechung zur Kenntnis, dass Software für die meisten Produkte nicht fehlerfrei sein kann, weswegen sie eher den Ansprüchen der Gebrauchstauglichkeit als der absoluten – und für den praktischen Gebrauch häufig wenig relevanten – Fehlerfreiheit genügen müssen.

Rechtsmangel

Der Begriff des Rechtsmangels wird in Kaufverträgen durch § 435 BGB[7] und in Werkverträgen durch § 633 BGB[8] beschrieben. Kritisch bei Softwareprodukten sind beispielsweise urheberrechtliche Fragen, die zu späteren rechtlichen Schwierigkeiten und zu unabsehbaren zusätzlichen Lizenzkosten führen können. Dies kann eintreten, wenn Teile des Quellcodes abgeschrieben wurden oder wenn fremde Patente unwissentlich benutzt wurden. In solchen Fällen hat der Käufer das Rechtsrisiko übernommen. Zu seinem eigenen Risikomanagement wird er entsprechende Sicherheiten bereits im Kaufvertrag verlangen, weswegen es für Ihr Projekt zu Anforderungen kommen kann, die im RE zu beachten sind. Wir haben es hier oftmals mit Randbedingungen zu tun, denn die Anforderung lautet kaum, dass der Quellcode selbst entwickelt wird. Wichtiger ist, welche Art der Prüfung des Quellcodes durchgeführt wird, um diese Risiken zu minimieren. Oft-

---

7. BGB § 435 Rechtsmangel. Die Sache ist frei von Rechtsmängeln, wenn Dritte in Bezug auf die Sache keine oder nur die im Kaufvertrag übernommenen Rechte gegen den Käufer geltend machen können. Einem Rechtsmangel steht es gleich, wenn im Grundbuch ein Recht eingetragen ist, das nicht besteht.
8. Siehe in früherer Fußnote.

mals kann es bedeuten, dass Open-Source-Software (OSS) nicht eingesetzt werden darf, weil bestimmte patentrechtliche Fragen nicht eindeutig geklärt sind.

Folgen von Mängeln

Die Rechte des Käufers bei Mängeln sind für Kaufverträge in § 437 BGB[9] und für Werkverträge in § 634 BGB[10] beschrieben. Prinzipiell kann der Käufer bei Sachmängeln und der Besteller bei Werkmängeln eine Nacherfüllung verlangen, den Mangel selbst beseitigen und Ersatz für seine Aufwendungen verlangen, vom Vertrag zurücktreten oder die Vergütung mindern. In allen Fällen kann er zudem Schadensersatz verlangen.

Der Stand der Technik spielt bei Haftungsfragen in einem Projekt eine zunehmend größere Rolle. Die Basis hierfür ist die Schadensersatzpflicht, die in § 823 BGB[11] und § 249 BGB[12] geregelt wird. Die Verantwortlichkeit des Schuldners ist in § 276 BGB[13] beschrieben. Dabei wird es klar, dass beim Vertrag, egal ob bei einem Kaufvertrag einer Software oder bei einem Werkvertrag einer Softwareentwicklung, die Gebrauchstauglichkeit der Software und die Sorgfaltspflicht bei der Entwicklung maßgebend sind.

Interessant ist aus der Sicht des Softwareherstellers oder Dienstleisters, was er in seiner Werbung verspricht. Werbung und besonders charakterisierende Produkteigenschaften, die im Vertrag oder in sonstigen vertragsrelevanten Ankündigungen oder Veröffentlichungen publik gemacht wurden, werden als Anforde-

---

9. BGB § 437 Rechte des Käufers bei Mängeln. Ist die Sache mangelhaft, kann der Käufer, wenn die Voraussetzungen der folgenden Vorschriften vorliegen und soweit nicht ein anderes bestimmt ist, 1. nach § 439 Nacherfüllung verlangen, 2. nach den §§ 440, 323 und 326 Abs. 5 von dem Vertrag zurücktreten oder nach § 441 den Kaufpreis mindern und 3. nach den §§ 440, 280, 281, 283 und 311a Schadensersatz oder nach § 284 Ersatz vergeblicher Aufwendungen verlangen.

10. BGB § 634 Rechte des Bestellers bei Mängeln. Ist das Werk mangelhaft, kann der Besteller, wenn die Voraussetzungen der folgenden Vorschriften vorliegen und soweit nicht ein anderes bestimmt ist, 1. nach § 635 Nacherfüllung verlangen, 2. nach § 637 den Mangel selbst beseitigen und Ersatz der erforderlichen Aufwendungen verlangen, 3. nach den §§ 636, 323 und 326 Abs. 5 von dem Vertrag zurücktreten oder nach § 638 die Vergütung mindern und 4. nach den §§ 636, 280, 281, 283 und 311a Schadensersatz oder nach § 284 Ersatz vergeblicher Aufwendungen verlangen.

11. BGB § 823 Schadensersatzpflicht. (1) Wer vorsätzlich oder fahrlässig das Leben, den Körper, die Gesundheit, die Freiheit, das Eigentum oder ein sonstiges Recht eines anderen widerrechtlich verletzt, ist dem anderen zum Ersatz des daraus entstehenden Schadens verpflichtet. (2) Die gleiche Verpflichtung trifft denjenigen, welcher gegen ein den Schutz eines anderen bezweckendes Gesetz verstößt. Ist nach dem Inhalt des Gesetzes ein Verstoß gegen dieses auch ohne Verschulden möglich, so tritt die Ersatzpflicht nur im Falle des Verschuldens ein.

12. BGB § 249 Art und Umfang des Schadensersatzes. (1) Wer zum Schadensersatz verpflichtet ist, hat den Zustand herzustellen, der bestehen würde, wenn der zum Ersatz verpflichtende Umstand nicht eingetreten wäre. (2) Ist wegen Verletzung einer Person oder wegen Beschädigung einer Sache Schadensersatz zu leisten, so kann der Gläubiger statt der Herstellung den dazu erforderlichen Geldbetrag verlangen. Bei der Beschädigung einer Sache schließt der nach Satz 1 erforderliche Geldbetrag die Umsatzsteuer nur mit ein, wenn und soweit sie tatsächlich angefallen ist.

rungen im Sinne der Gebrauchstauglichkeit betrachtet. Wenn also die Werbung, z. B. auf einer Internetseite, explizit auf Produkteigenschaften hinweist, die nachher nicht eingehalten werden, kann der Käufer zu Recht Schadensersatz fordern.

Der Schadensersatz selbst ist in den §§ 280[14] und 281 BGB[15] geregelt. Während die Nachbesserung sicherlich immer die erste Wahl sein sollte und laut Gesetz innerhalb einer angemessenen Frist[16] auch ist, kann der Kunde auch einen anderen Lieferanten wählen, wenn der Lieferant entsprechende Mahnungen ohne adäquate Lieferung hat verstreichen lassen. Besonders bei Softwaresystemen kann dies zu prekären Kosten für den Originallieferanten führen, denn üblicherweise sehen Softwarehäuser die Software eines Wettbewerbers als schwer bis nicht wartbar an. Wenn sich ein Lieferant also durch ein zu unvorsichtiges Dumpingangebot einen Vertrag erschleicht, den er unter den gegebenen Umständen nicht einhalten kann, und er wurde vom Kunden auf Termineinhaltung hingewiesen (schriftlich, denn dies lässt sich leichter belegen), dann kann der Kunde sich das gesamte System von einem anderen Lieferanten zu dessen Bedingungen liefern lassen, wobei der Originallieferant die Differenz der Kosten aus eigener Tasche bezahlen muss.

Solche rechtlichen Themen sollten durch entsprechend ausgebildete Experten beurteilt und vorbereitet werden. Maßen Sie es sich nicht an, Verträge als Projekt- oder Produktmanager in allen Auswirkungen bewerten zu können. Dazu gibt es eine Rechtsabteilung oder externe Experten, die fallweise (vor allem in KMUs) hinzugezogen werden. Abbildung 7–7 zeigt diese Rollenverteilung in der Projektpraxis.

---

13. BGB § 276 Verantwortlichkeit des Schuldners. (1) Der Schuldner hat Vorsatz und Fahrlässigkeit zu vertreten, wenn eine strengere oder mildere Haftung weder bestimmt noch aus dem sonstigen Inhalt des Schuldverhältnisses, insbesondere aus der Übernahme einer Garantie oder eines Beschaffungsrisikos, zu entnehmen ist. Die Vorschriften der §§ 827 und 828 finden entsprechende Anwendung. (2) Fahrlässig handelt, wer die im Verkehr erforderliche Sorgfalt außer Acht lässt. (3) Die Haftung wegen Vorsatzes kann dem Schuldner nicht im Voraus erlassen werden.

14. BGB § 280 Schadensersatz wegen Pflichtverletzung. (1) Verletzt der Schuldner eine Pflicht aus dem Schuldverhältnis, so kann der Gläubiger Ersatz des hierdurch entstehenden Schadens verlangen. Dies gilt nicht, wenn der Schuldner die Pflichtverletzung nicht zu vertreten hat. ...

15. BGB § 281 Schadensersatz statt der Leistung wegen nicht oder nicht wie geschuldet erbrachter Leistung 1) Soweit der Schuldner die fällige Leistung nicht oder nicht wie geschuldet erbringt, kann der Gläubiger unter den Voraussetzungen des § 280 Abs. 1 Schadensersatz statt der Leistung verlangen, wenn er dem Schuldner erfolglos eine angemessene Frist zur Leistung oder Nacherfüllung bestimmt hat. Hat der Schuldner eine Teilleistung bewirkt, so kann der Gläubiger Schadensersatz statt der ganzen Leistung nur verlangen, wenn er an der Teilleistung kein Interesse hat. Hat der Schuldner die Leistung nicht wie geschuldet bewirkt, so kann der Gläubiger Schadensersatz statt der ganzen Leistung nicht verlangen, wenn die Pflichtverletzung unerheblich ist. (2) Die Fristsetzung ist entbehrlich, wenn der Schuldner die Leistung ernsthaft und endgültig verweigert oder wenn besondere Umstände vorliegen, die unter Abwägung der beiderseitigen Interessen die sofortige Geltendmachung des Schadensersatzanspruchs rechtfertigen. (3) Kommt nach der Art der Pflichtverletzung eine Fristsetzung nicht in Betracht, so tritt an deren Stelle eine Abmahnung. (4) Der Anspruch auf die Leistung ist ausgeschlossen, sobald der Gläubiger statt der Leistung Schadensersatz verlangt hat. (5) Verlangt der Gläubiger Schadensersatz statt der ganzen Leistung, so ist der Schuldner zur Rückforderung des Geleisteten nach den §§ 346 bis 348 berechtigt.

Diese kurze Übersicht hat gezeigt, dass ab der Werbung für ein Produkt oder eine Leistung und dann mit Beginn der Vertragsgestaltung (auch bei der Gestaltung Ihrer allgemeinen Geschäftsbedingungen) im Requirements Engineering einige rechtliche Aspekte zu beachten sind. **Seien Sie bei der Vertragsgestaltung und Projektdefinition nicht zu oberflächlich, denn die Konsequenzen können Sie aus dem Geschäft werfen und heftige Schadensersatzforderungen bedeuten.**

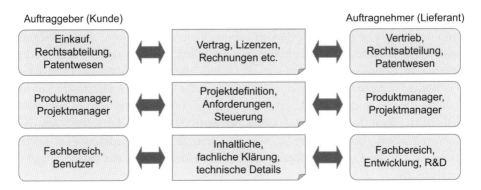

Abb. 7–7   *Klare Rollentrennung bei rechtlichen Fragen*

7.5 Vertragsmodelle

In Software- und IT-Projekten und zur Produktüberlassung werden unterschiedliche Vertragsmodelle eingesetzt. Abbildung 7–8 zeigt die typischen Modelle und ordnet sie nach einer Bewertung des jeweiligen Kunden- oder Lieferantenrisikos.

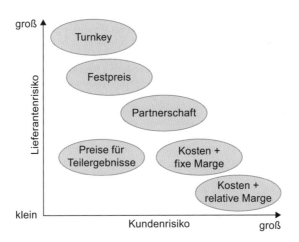

Abb. 7–8   *Typische Vertragsmodelle für Software und IT*

---

16. Die »angemessene Frist« ist nicht definiert und beträgt üblicherweise einen realistischen Zeitraum oberhalb von vier Wochen. Sie muss verbindlich mitgeteilt werden.

Verschiedene Vertragsmodelle weisen die auftretenden Risiken unterschiedlichen Parteien zu. Mit wachsendem Risiko für einen Vertragspartner wächst die Flexibilität für den anderen. Das heißt beispielsweise, dass ein Festpreisprojekt zunächst im Projekt selbst dem Lieferanten das größere Risiko zuweist, denn er muss zusätzliche Ressourcen hinzufügen, wenn er sich verschätzt hat oder wenn Risiken zu Problemen geworden sind. Auf der anderen Seite wird er diese Risiken kaum alleine tragen wollen, also werden Angebote oder Folgeabsprachen eher zuungunsten des Kunden ausfallen. Der Kunde hat also im Voraus beim Festpreisangebot bereits die Sicherheit, dass er zwar den Preis drücken kann, solange es eine Auswahl von Lieferanten gibt, dass aber zunehmend höhere und weitreichende Risiken für den Kunden aus schlechter Qualität oder Lieferantenausfall erwachsen. Umgekehrt gilt dies natürlich für aufwandsorientierte Verträge, beispielsweise im Dienstleistungsbereich. Hier werden zumeist niedrige Preise als Einstieg angeboten, die sich später unzumutbar erhöhen, wenn ein »Lock-in«, also eine Abhängigkeit zwischen Kunde und Lieferant, entstanden ist. So interessant daher die beiden Extrempunkte rechts unten und links oben in Abbildung 7–8 aussehen, sie sind nicht immer auf eine nachhaltige Partnerschaft und optimale Ergebnisse hin ausgerichtet.

Die Zielsetzung sollten daher Verträge mit klarer Win-win-Situation für beide Partner sein. Die Theorie dahinter kommt aus der Verhandlungspraxis [Fischer2003] sowie aus der Spieltheorie [Dörner2003]. Viele Studien aus Projekten und Vertragsverhandlungen haben festgestellt, dass nachhaltiger Erfolg, selbst in verzwickten Situationen, nur dann entsteht, wenn die beteiligten Partner im wirklichen Sinne als Partner agieren. Das ist nachvollziehbar für das Geschäftsleben, ist doch der nachhaltige Unternehmenserfolg sowie eine anhaltende Marktpräsenz ein klarer Grundsatz von Unternehmern und Aktionären. Wenn aber zwei Unternehmen am Erfolg interessiert sind und sich eines davon in Verhandlungen mit dem anderen übervorteilt vorkommt, wird es alles daran setzen, zumindest mittelfristig die Situation wieder zu »bereinigen«. Das können im Falle eines unzumutbaren Festpreisvertrags oder einer Klausel, dass Anforderungsänderungen ohne Projektanpassungen akzeptiert werden müssen, sowohl Qualitätsdefizite sein wie auch unzureichender Service oder überteuerte Serviceverträge. Schlimmstenfalls wird der benachteiligte Vertragspartner im Projekt die Karten auf den Tisch legen und mit Rücktritt, Verzug oder unvollständiger Lieferung drohen, was in aller Regel das Gesamtprojekt massiv beeinflusst.

Viele Projekte, die wir in **Krisensituationen** übernommen hatten, um zu retten, was noch zu retten ist, hatten marode Lieferantenbeziehungen. Oftmals wurde anfangs ein Lieferant ausgewählt, weil er einen vermeintlich günstigen Preis hatte, und der große und mächtige Kunde musste im Projekt plötzlich die Notbremse ziehen und den Lieferanten austauschen. In solchen Fällen fragt man sich als Berater, warum hier nicht von Beginn an die Risiken besser verteilt wurden, was die Gesamtkosten für den Kunden deutlich reduziert hätte.

Ein wichtiges Kriterium zur Vertragsgestaltung sollte für beide Seiten daher sein, ob man sich – zum Zeitpunkt der Vertragsunterzeichnung – vorstellen kann, mit dem Partner weitere Projekte durchzuführen. Antwortet eine Seite für sich, dass dies nicht der Fall ist, oder hat sie das Gefühl, dass dies kaum für die andere Seite gelten kann, ist das Risiko hoch, dass auch der entsprechende übervorteilende Vertragspartner nachher Schwierigkeiten hat, die in aller Regel teurer sind, als wenn im Vorfeld eine Win-win-Situation ausgehandelt worden wäre.

Lizenzverträge sind in der Softwareindustrie eines der wichtigsten Instrumente zur vertraglichen und nachhaltigen Bindung eines Kunden. Sie erlauben einen planbaren Kapitalfluss. Ein Lizenzmodell für Software überträgt in der Regel nicht die Urheber- oder Eigentumsrechte. Kunden interessieren sich für nutzungsnahe Lizenzmodelle, um nicht zu viel zu bezahlen. Instrumente dazu sind:

- Bündelung von Lizenzvolumen
- Lizenzen bei Bedarf
- Monatliche oder jährliche Nutzungsgebühren
- Transaktionsgebundene Nutzungsgebühren
- Mietmodelle

Auftraggeber und Lieferanten versuchen mit einem Vertrag, die Risiken auf beiden Seiten abzuschwächen. Häufig versucht eine Seite, alle Risiken zur anderen Seite zu verschieben. Das gefährdet Projekte. Als Auftragsnehmer (auch für Unteraufträge) sollte man als Basis immer annehmen, dass alle Risiken, die nicht explizit beim Auftraggeber liegen, beim Auftragnehmer liegen.

Soweit ein Vertrag Strafen, spezielle Anreize oder konkrete Steuerungsinstrumente enthält, sollte man diese exakt untersuchen. Sie weisen meistens auf – noch verborgene – Risiken hin. Jeder Vertragspartner sollte zum eigenen Schutz Risiken auf seiner eigenen Seite abschwächen. Ein Vertrag schließt nicht alle Risiken aus! Vor Gericht kann es leicht passieren, dass er später als unlauter betrachtet wird.

Abschließend wollen wir darauf hinweisen, dass Software noch kaum vor Gericht zum Laufen gebracht wurde. Man sollte daher nicht darauf spekulieren, dass sich offene Punkte jederzeit durch gute Anwälte klären lassen, selbst wenn das Projekt sich bereits in Schwierigkeiten befindet. Das erste Ziel ist immer, die Software betriebsfähig zu bekommen, um damit Umsatz zu generieren.

7.6   Checkliste für Abstimmung und Verträge

Die folgende Checkliste unterstützt Sie bei der Abstimmung und (vertraglichen) Vereinbarung von Anforderungen für ein Projekt. Zusätzlich werden auch Themen zur Vertragsgestaltung und zum Lieferantenmanagement geprüft.

Projektdefinition

- Existiert ein Kernteam aus Produktmanagement, Marketing, Entwicklung (IT) und ggf. Service, das formal für den Projekterfolg und den wirtschaftlichen Erfolg des Produkts verantwortlich ist?
- Haben die beteiligten Manager die Kompetenz und Verantwortung, zu entscheiden?
- Sind die richtigen Mitarbeiter und Fähigkeiten dann in der benötigten Zahl verfügbar, wenn sie gebraucht werden?
- Sind die Mitarbeiter und Manager am Projekterfolg interessiert?
- Funktioniert die Kommunikation im Projekt und an seinen Schnittstellen (Marketing, Vertrieb, Kunden, Management)?
- Welche politischen Einflüsse gibt es auf das Projekt? Wird die Politik die Faktenlage dominieren?
- Sind Mechanismen zur Eskalation und Entscheidung von Konflikten vorgesehen?

Vertragsgestaltung

- Existiert für das Projekt oder das Produkt ein konkreter Vertrag zu Verkauf, Überlassung oder Lieferung?
- Wurde der Vertrag mit Ihren Kunden im Sinne einer Win-win-Situation aufgebaut?
- Haben Sie den Vertrag hinsichtlich der typischen Risiken geprüft (z.B. Vertragsart, Liefertermine, Lieferumfang, Lieferdauer, Bezahlung, Zahlungsfristen, Geheimhaltung, Haftung, Gewährleistung, weiter gehende Dienstleistungen, Gerichtsstand)?
- Sind die AGBs Ihrer Kunden mit Ihren eigenen AGBs kompatibel?
- Wurden bei Abweichungen zwischen AGBs klare Entscheidungen getroffen, was zu beachten ist?
- Wurden Geheimhaltungsvereinbarungen mit den Kunden explizit getroffen (engl. Non Disclosure Agreement, NDA)?
- Haben Sie die Geheimhaltungsvereinbarungen so formuliert, dass Ihr eigenes Geschäftsmodell nicht unzulässig eingeschränkt wird?
- Wurden vertragliche Pflichten und Dienstleistungen nach der Lieferung explizit vereinbart (z.B. SLA)?
- Sind diese Verpflichtungen realistisch und für Sie auf die gesamte Vertragsdauer hin machbar?
- Sind die verschiedenen Vertragselemente für Sie selbst machbar?
- Trägt Ihr eigenes Risikomanagement den Vertragsrisiken Rechnung?

Lizenzvereinbarungen

▦ Sind die einzusetzenden externen Komponenten, Bibliotheken und Werkzeuge bekannt?

▦ Wurde für die einzusetzenden externen Komponenten, Bibliotheken und Werkzeuge eine Wirtschaftlichkeitsrechnung über den Lebenszyklus aufgestellt?

▦ Ist die Entscheidung für externe Komponenten oder Werkzeuge klar geregelt – auch und gerade außerhalb der Entwicklung?

▦ Sind die Lizenzvereinbarungen der externen Komponenten bekannt und klar geregelt?

▦ Korrespondiert Ihr eigenes Lizenzmodell (inklusive SLA und weiterführenden Dienstleistungen oder Folgeversionen und Varianten) mit den Lizenzmodellen der eingesetzten Komponenten und Lieferanten?

▦ Sind externe Komponenten hinreichend stabil?

▦ Sind sie rechtzeitig verfügbar?

Lieferantenmanagement

▦ Sind alle Lieferanten im Gesamtkontext bekannt?

▦ Gibt es Unteraufträge (oder Outsourcing, Offshoring)?

▦ Liegen die Lieferantenauswahl und ihr Management in einer klar definierten Verantwortung?

▦ Gibt es klare und formal spezifizierte Kriterien zur Auswahl von Lieferanten?

▦ Werden unbewusst Lieferantenbeziehungen aufgebaut, z.B. bei der Nutzung von Open-Source-Software?

▦ Werden verdeckte Lieferantenbeziehungen gleichermaßen kontrolliert wie alle anderen Lieferantenbeziehungen (also Auswahl, Bewertung, Entscheidung, Lizenzmanagement, Haftung, Risikomanagement)?

▦ Werden die Anforderungen an die verschiedenen Lieferanten explizit spezifiziert, vereinbart, kontrolliert und verfolgt?

▦ Ist die Verantwortung für das Änderungsmanagement und das Schnittstellenmanagement zu den Lieferanten im Projekt konkret geregelt?

▦ Ist die Verantwortung für das Schnittstellenmanagement und etwaige spätere Änderungen, Erweiterungen, Korrekturen zu den Lieferanten im Produkt für dessen gesamten Lebenszyklus konkret geregelt?

▦ Welches Vertragsschema haben die Lieferanten?

▦ Wurde der Vertrag mit Ihren Lieferanten im Sinne einer Win-win-Situation aufgebaut?

▦ Haben Sie die Verträge mit Ihren Lieferanten hinsichtlich der typischen Risiken geprüft (z.B. Vertragsart, Liefertermine, Lieferumfang, Lieferdauer, Bezahlung, Zahlungsfristen, Geheimhaltung, Haftung, Gewährleistung, weiter gehende Dienstleistungen, Gerichtsstand)?

- Wurden Geheimhaltungsvereinbarungen mit den Lieferanten explizit getroffen (engl. Non Disclosure Agreement, NDA)?
- Haben Sie die AGBs Ihrer Lieferanten beachtet – oder explizit in der Auftragsbestätigung ausgeschlossen?
- Passt das Vertragsschema Ihrer Lieferanten zu den Erwartungen und Verträgen mit Ihren Kunden?
- Gibt es Ersatzlieferanten für kritische Komponenten?
- Gibt es »Nachfolgeregelungen« bei Lieferantenausfall nach der Erstlieferung Ihres eigenen Produkts, damit Sie Ihre SLAs und vertraglichen Verpflichtungen gegenüber Ihren Märkten und Kunden aufrechterhalten können?
- Sind Verträge mit Ersatzlieferanten vereinbart?
- Sind die Lieferanten durch die jeweiligen Verträge stimuliert, entsprechend den Vereinbarungen zu liefern?
- Wie werden Lieferanten und Unteraufträge kontrolliert?
- Werden definierte Techniken für Projektmanagement und Projektreviews eingesetzt?
- Sind Service Level Agreements (SLAs) mit den Lieferanten bereits zu Projektstart formal vereinbart?
- Korrespondieren die SLAs Ihrer Lieferanten mit Ihren eigenen SLAs?
- Wie werden Konflikte eskaliert und behoben?
- Welche Risiken tragen die Lieferanten nicht?
- Ist Ihr eigenes Risikomanagement auf die vielfältigen Lieferantenrisiken eingestellt?

7.7 Tipps für die Praxis

- Requirements Engineering ist Teil des Risikomanagements. Stimmen Sie die Anforderungen und Inhalte ab, und gehen Sie mit Unstimmigkeiten, Unsicherheiten und unzureichender Qualität professionell wie mit Risiken um.

- Vereinbaren Sie *vor* dem Projektstart die dem Projekt zugewiesenen Anforderungen förmlich. Dies ist die Basis für die spätere Arbeit, für die Projektkontrolle, für den Vertrag und für das Änderungsmanagement. Halten Sie die vereinbarten Anforderungen in einer einzigen Liste fest. Wichtig ist, dass die Anforderungsliste verbindlich ist und kontrolliert wird.

- Setzen Sie ein Projektkernteam ein, das die volle Verantwortung für das Produkt hat. Anforderungen (und ihre Änderungen) werden durch ein Kernteam mit den wesentlichen Schlüsselpersonen vereinbart. Dies sind der Produktmanager (verantwortlich für Gewinn und langfristig erfolgreiches Portfolio), der Marketingmanager (verantwortlich für Umsatz), der Projektmanager (verantwortlich für Termine, Kosten, Qualität) und der Servicemanager (verantwortlich für effizienten Betrieb und werterhöhende Dienstleistungen).

- Achten Sie auf einen schnellen – aber nicht vorzeitigen – Abschluss des Anforderungsprozesses. Das Ende ist erreicht, wenn alle notwendigen Vereinbarungen für das Projekt unterzeichnet sind. Die Beteiligten müssen übereinstimmen, das Ende erreicht zu haben, sonst werden sie nie aufhören, Änderungen durchzuführen.

- Vermeiden Sie Ad-hoc-Entscheidungen zu Anforderungen oder Anforderungsänderungen. Behandeln Sie alle Anforderungen nach dem Schema: Ermittlung, Dokumentation, Analyse (Aufwand und Nutzen), Prüfung und Abstimmung. Lassen Sie sich nicht durch Pseudoargumente überrumpeln. Wenn eine Anforderung wichtig ist, gibt es dafür ein Budget und Zeit. Andernfalls ist sie nicht wichtig. Dann muss man nach Alternativlösungen suchen, also beispielsweise andere Anforderungen streichen oder in Inkrementen liefern.

- Nutzen Sie Beratung, Coaching oder Training, falls Sie öfters in Situationen kommen, in denen Ihr Management unrealistische Vorgaben macht. Oftmals gehen einem Manager die Augen erst dann auf, wenn er in der Krise ist oder wenn die mögliche Krise von außen dargestellt wird.

- Beschleunigen Sie Ihre Projekte. Nur ein zügiger Projektabschluss kann Volatilitäten und Änderungen der Anforderungen begrenzen. Merken Sie sich: Auch der Kunde oder der Markt will das Produkt zum optimalen Zeitpunkt ... oder etwas früher.

- Beachten Sie, dass Verträge die Basis aller Anforderungen darstellen. Verträge beinhalten immer Anforderungen. Das gilt für Verträge zwischen Ihnen und Ihren Kunden genauso wie mit Ihren Lieferanten. Prüfen Sie alle Verträge hinsichtlich der Anforderungen und übernehmen Sie diese Anforderungen in Ihre projektspezifische Anforderungsliste. Nur damit werden sie kontrolliert, gepflegt und im Projekt nachvollziehbar verfolgt.

- Wählen Sie Verträge mit Kunden und Lieferanten wenn möglich immer vor dem Hintergrund einer Win-win-Situation aus. Es ist keiner Seite gedient, wenn sich ein Vertragspartner bereits bei Vertragsgestaltung und Paraphierung benachteiligt fühlt.

- Vermeiden Sie Vertragsschemas, die nur eine einmalige Lieferung der Software oder einer Dienstleistung beinhalten. Entwickeln Sie mit Ihren Kunden dauerhafte Beziehungen, die zu einer Partnerschaft führen.

- Lassen Sie alle Vertragsentwürfe durch Experten prüfen. Dazu gehören die projekt- oder produktspezifischen Verträge (z.B. Kauf, Überlassung, Werk), Lizenzen, AGBs, Gewährleistungen, SLA und Geheimhaltung. Geben Sie den Experten klare Richtlinien, welche Risiken besonderes Augenmerk verlangen. Sollten diese Experten Vertragsänderungen vorschlagen, prüfen Sie, wie realistisch die Änderungen sind. Der kleine Softwarelieferant wird dem Industriegiganten kaum neue AGBs diktieren.

- Lassen Sie die Verträge Ihrer Lieferanten mit ähnlicher Genauigkeit prüfen wie jene mit Ihren Kunden.

- Installieren und leben Sie einen klaren Prozess zur Lieferantenauswahl und zum Lieferantenmanagement. Dazu gehören alle (also wirklich alle) Lieferanten, beispielsweise auch jene für Entwicklungswerkzeuge, Open-Source-Software etc.

7.8   Fragen an die Praxis

▓ Ist die Spezifikation für Sie ein Vertrag? Ist sie der Anhang zu einem Vertrag? Ist es überhaupt sinnvoll, die Spezifikation als Vertragsbestandteil zu sehen?

▓ Würden Sie auf der Basis der Spezifikation mit dem Kunden jemals einen Rechtsstreit beginnen?

▓ Der »Stand der Technik« ist in verschiedenen Haftungsfragen kritisch, denn er bestimmt, welche Methoden, Vorgehensweisen und Werkzeuge heutzutage in Projekten eingesetzt werden sollten. Welche Erwartungen an den Stand der Technik begleiten Ihre Projekte? Wird der Stand der Technik umgesetzt?

▓ Welches Vertragsmodell setzen Sie in Ihren Projekten ein? Stellen Sie das Risikomanagement und die Projektplanung genau auf dieses Modell ab? Was müsste verbessert werden?

▓ Welche Arten von Softwarekomponenten setzen Sie in Ihren Produkten ein? Kennen Sie die rechtliche Situation zu diesen Komponenten? Sind die Lizenzvereinbarungen klar geregelt? Wer liefert die Korrekturen bei Fehlern?

▓ Nach der Produkthaftung ist der Hersteller und Lieferant eines Produkts immer der Erste, der im Schadensfall eintreten muss. Ist Ihr Risikomanagement darauf eingerichtet?

▓ Haben Sie eine klare Kommunikationsstrategie, wer mit Kunden zu vertraglichen und inhaltlichen Themen spricht und wie die Ergebnisse abgestimmt, dokumentiert und kommuniziert werden?

▓ Gab es schon einmal die Situation, dass Anforderungen oder Änderungen gefordert wurden, ohne dass es dafür eine Wirtschaftlichkeitsrechnung oder ein ausreichendes Budget gab? Wie haben Sie reagiert? Was würden Sie im Nachhinein anders machen?

▓ Regelt Ihre Kommunikationsstrategie, wie mit Risiken und Problemen umgegangen wird? Was sind Ihre typischen Vertragsrisiken? Wie werden Fehler und Probleme kommuniziert?

8   Anforderungen verwalten

If you don't actively attack risks,
they will actively attack you.

Tom Gilb

8.1   Ziel und Nutzen

Anforderungen ändern sich – unabhängig von Branche oder Produkt. Dafür gibt es drei Gründe:

- Unklare ursprüngliche Anforderungen
- Falsche Annahmen und Unsicherheiten
- Sich ändernde Kundenanforderungen oder Marktbedürfnisse

Anforderungen an die Software ändern sich stärker als in anderen Branchen und Gewerken. Das liegt teilweise daran, dass die Ermittlung und Bewertung von Anforderungen an Softwaresysteme nicht so diszipliniert durchgeführt wird, wie das beispielsweise bei Hardwaresystemen der Fall ist. Während die Hardwareingenieure genau wissen, dass eine Anforderungsänderung bei der ASIC-Produktion[1] sofort eine Verzögerung von Monaten bedeutet und daher entsprechend vorsichtig in der Planungsphase sind, haben Softwareingenieure und -manager nach wie vor die Einstellung, dass sich Software »ja immer noch ändern lässt«. Einflüsse auf Zeitplan und Qualität werden systematisch negiert.

Ein weiterer Grund ist, dass man die Anforderungen, das spätere System sowie die Einflüsse von Anforderungen untereinander sehr viel schwieriger konkretisieren kann. Das liegt an kognitiven Grenzen. Spätere Benutzer können sich das neue System oder Produkt nicht in allen Einzelheiten vorstellen und merken in der Entwicklungsphase, dass sie manche Dinge übersehen hatten oder dass das Zusammenwirken von realisierten Funktionen anders ist, als sie es brauchen. Das Phänomen tritt insbesondere bei Benutzerschnittstellen jeglicher Art auf. Hardwaresysteme werden in der Regel modular konzipiert, und jedes Modul folgt

---

1.   Anwendungsspezifischer integrierter Schaltkreis

seinen eigenen Gesetzmäßigkeiten mit einer definierten Funktion. Ein Satellit beispielsweise besteht aus vielen einzelnen Komponenten, wie Antriebe, Stromerzeu-
gung, Radiokommunikation, Messgeräte und einer Plattform, auf die diese
Module aufgebaut werden. Es gibt dann Systemanforderungen und gegenseitige
Einflüsse, wie die Stromversorgung oder den Platzbedarf, die auf Systemebene
optimiert werden müssen. Bei Softwaresystemen ist diese Trennung leider nicht
so deutlich. Die Subsysteme und Module interagieren sehr viel stärker. Daher
sind die Zusammenhänge komplexer und schwieriger zu erkennen und zu modellieren. Der bereits genannte Analystenslogan IKIWISI (engl. »I know it when I see
it«) verweist auf dieses Dilemma (siehe auch Abschnitt 3.2).

Obwohl es stabile Anforderungen geben kann (beispielsweise in hochgradig
standardisierten Umgebungen oder bei sehr kurzen Entwicklungszyklen), ist dies
nicht die Regel. Gerade bei kundenspezifischen Projekten oder auch bei Märkten,
die sich ständig weiter entwickeln, kommt es praktisch immer zu Änderungen der
Anforderungen (Abb. 8–1). Wir beobachten eine typische Änderungsrate aller
Anforderungen von 30–50 % über die Projektlaufzeit. **Im Durchschnitt ändern
sich Anforderungen um 1–5 % pro Monat – normiert auf den Aufwand.** Diese
Zahl haben wir in den vergangenen zehn Jahren in Hunderten von Projekten über
viele Branchen beobachtet (siehe Abschnitt 12.1 für mehr Erläuterungen) [Ebert
2007a].

Die Ergebnisse der Verwaltung sind – über das Projekt hinweg betrachtet:

- Fortschrittsverfolgung auf Basis des Status der Anforderungen
- Projektabsicherung
- Diszipliniertes Änderungsmanagement
- Nachverfolgbarkeit der Änderungen zur Konsistenzsicherung

8.2   Änderungsmanagement

Wir müssen die Prozesse so gestalten, dass wir die Änderungen beherrschen. Zu
postulieren, dass Anforderungen sich nicht ändern dürfen, würde praktisch
bedeuten, dass man sich nicht an den Kunden und am Markt orientiert. Jede
Änderung hat ihre Bedeutung. Wir müssen allerdings bewerten und entscheiden,
ob sie machbar ist, ohne das Projekt insgesamt zu gefährden. Unsere Aufgabe im
Projektgeschäft ist es, die Änderungen sorgfältig und diszipliniert zu prüfen, in
das Projekt aufzunehmen und im Projekt zu verfolgen. **Ein gutes Projekt
beherrscht die Änderungen und wird nicht von ihnen beherrscht.**

Im Produktmanagement und Marketing gibt es die Regel, **spätere Benutzer
nicht direkt auf eine konkrete Lösung aus Lieferantensicht anzusprechen.** Kunden, Benutzer, aber auch Produktmanager und Analysten sollten zuerst die Problemstellung und die Produktvision hinreichend exakt spezifizieren. Vorschnelle
Lösungen schränken den eigenen Lösungshorizont ein. Problemstellungen wer-

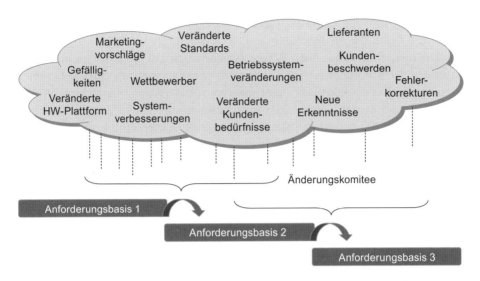

Abb. 8–1   *Anforderungen ändern sich kontinuierlich und werden gebündelt zu bestimmten
Zeitpunkten bewertet.*

den bei einer konkret angenommenen Lösung nur noch aus der Perspektive dieser
Lösung formuliert. Gerade bei innovativen Produkten ist die Vorstellung einer
Lösung auf den existierenden Erfahrungsschatz eingeschränkt. Ein Beispiel war
der Bau eines Tunnels im Hafen von Hongkong. Während die Skeptiker Vorhersagen auf der Basis des damaligen Schiffsverkehrs machten, orientierten sich die
Projektträger eher an Synergieeffekten in vergleichbaren Situationen, die dazu
führen, dass neue Produkte völlig neue Bedürfnisse kreieren. Der Tunnel war ein
voller Erfolg, und das Verkehrsaufkommen lag von Anfang an weit über jenem
des früheren Schiffsverkehrs.

Benutzer- und Kundenverhalten lässt sich für innovative Produkte und Lösungen kaum vorhersagen. Im IT-Bereich sind klassische Beispiele die Vorhersagen,
wie viele Computer die Menschheit braucht (Ken Olsen von Digital Equipment
nahm noch in den siebziger Jahren an, dass ein privater Haushalt niemals einen
eigenen Computer brauche) oder wie viel Speicherplatz für Computerarbeiten
nötig sei (Bill Gates von Microsoft postulierte Anfang der achtziger Jahre, dass
640 KByte RAM für jegliche vorstellbare Anwendung ausreichen müssten).

Die Heisenberg'sche Unschärferelation für das Requirements Engineering
heißt, dass Anforderungen sich bereits durch deren Beobachtung ändern, und
eine Umgebung sich durch Beobachtung ebenfalls ändert. Vereinfacht gesagt gilt,
dass Anforderungen sich dadurch ändern, dass sie spezifiziert werden. Wir
machen uns ein Bild von der neuen veränderten Situation, und es treten neue
Bedürfnisse auf, die wiederum die Anforderungen beeinflussen. Die Konsequenz
dieser beiden Beobachtungen ist, dass Projekte ohne gutes RE verspätet sind, zu
viel kosten und die in sie gesetzten Erwartungen nicht erfüllen.

Wie werden Anforderungsänderungen optimal gehandhabt? Dazu gibt es einige einfache Regeln, die wir Ihnen für die Projektarbeit mit auf den Weg geben wollen. Die meisten der folgenden Regeln beziehen sich auf das Konfigurationsmanagement der Anforderungen und lassen sich leicht verstehen, wenn wir für einen Moment den »Lebenszyklus« einer einzelnen Anforderung betrachten. Abbildung 8–2 zeigt diesen Lebenszyklus beginnend mit der Ermittlung der Anforderung rechts oben. Danach durchläuft sie die verschiedenen Stufen, die wir bereits kennengelernt haben. Sie wird spezifiziert, verifiziert und analysiert. Das Änderungskomitee entscheidet über die Aufnahme in das Projekt, sodass die Anforderung entweder vereinbart oder aber auf ein Folgeprojekt verschoben oder abgelehnt wird. Wir wollen hier nicht auf Spezialfälle eingehen, wie die der unvollständigen Anforderungen, die sich selbst erklären. Der linke obere Pfeil symbolisiert die Entwicklungsarbeit, wobei die Anforderung getestet und schließlich abgeschlossen wird.

Zu jedem Zeitpunkt kann sich eine Anforderung ändern, denn man lernt ständig mehr Details über diese Anforderung. Eine Änderung kann ganz am Ende kommen, wenn die Anforderung bereits abgeschlossen ist. Dies bedeutet ein neues Release, und der Zyklus beginnt von vorne. Die Anforderung kann sich auch in den Phasen davor ändern. In diesem Fall muss die Änderung wieder zum Startpunkt rechts oben überführt werden, und die Anforderung muss den gleichen Zyklus wieder neu durchlaufen, um sicherzustellen, dass die gewünschte Änderung erfolgreich durchgeführt werden kann. Änderungen können zu jedem Zeitpunkt dieses Diagramms abgelehnt werden, beispielsweise wenn klar ist, dass das Projekt bereits zu weit fortgeschritten ist.

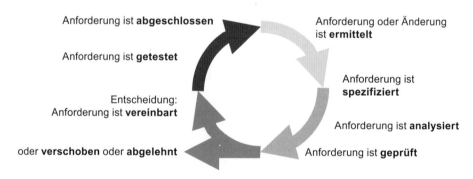

Abb. 8–2   *Der Lebenszyklus einer Anforderung*

Da der Status jeder Anforderung eine wichtige Information sowohl für das Konfigurationsmanagement als auch für das Projektmanagement ist, bietet es sich an, die in Abbildung 8–2 eingeführten Statusinformationen auch für das Monitoring im Projekt zu nutzen. Dazu wird diese Statusinformation der gültigen Zustände im Lebenszyklus als Statusattribut der jeweiligen Anforderung beschrieben. Der Status selbst kann leicht als separates Feld im RE-Werkzeug eingeführt und gepflegt werden. Damit ist auch die Nachverfolgbarkeit hinreichend unterstützt, denn der Zustand gibt an, wie weit die Anforderung bereits implementiert ist.

Hier nun die wichtigsten Regeln für das Änderungsmanagement:

1. **Arbeiten Sie immer mit einer einzigen Konfigurationsbasis Ihrer Anforderungen.** Die Konfigurationsbasis wird definiert und abgenommen. Sie wird typischerweise vor dem Projektstart definiert. Projektschätzungen, Pläne oder Entwicklungsleistungen werden nur auf diese Konfigurationsbasis aufgesetzt. Es gibt nur eine einzige Konfigurationsbasis, egal ob es sich um Produktmanager, Projektmanager oder Entwicklungsingenieure handelt. Dokumentieren Sie Änderungen bestehender Anforderungen als neue Anforderung und nicht versteckt in einem Kommentar. Konsequenzen auf abhängige Entwicklungsergebnisse (z.B. Kundendokumentation, Testfälle, Regressionstests, Marketing) müssen ebenfalls dokumentiert werden.

2. **Analysieren, bewerten und entscheiden Sie jegliche Änderungen dieser Konfigurationsbasis.** Es darf keinen Zwischenzustand geben, in dem schon einmal an der Änderung gearbeitet wird, ohne dass es klar ist, ob sie etwas im Projekt verloren hat. Vorauseilender Gehorsam bringt gar nichts, wenn nicht alle Parteien auf der gleichen Basis arbeiten.

3. **Folgen Sie bei neuen oder geänderten Anforderungen zur Projektlaufzeit dem gleichen Prozess wie auch bei den ursprünglichen Anforderungen.** Oftmals wird argumentiert, dass es sich nur um »kleine Änderungen« handelt, die am Telefon abgesprochen werden können. Oder man ist in der Hitze des Gefechts im Projekt und es kommt ein dringender Kundenwunsch, der zu einer kleinen Änderung führt. Das mag richtig sein, wenn man die Änderung nur aus der Sicht des Benutzers sieht. Viele Änderungen jedoch ziehen weitere nach sich, die ebenfalls konsistent gehalten werden müssen (z.B. Pläne und Budgets, abhängige Entwicklungsergebnisse wie Kundendokumentation, Testfälle, Regressionstests, Marketing). Zudem sind Absprachen am Telefon nicht gerade verlässlich, wenn sie nicht sofort dokumentiert und abgenommen werden. Woher wissen die Gesprächspartner, was da gerade am Telefon vereinbart wurde? Hat man über das Gleiche gesprochen?

4. **Lassen Sie Änderungen nicht ins Projekt tröpfeln.** Legen Sie für alle Beteiligten fest, wie oft Änderungen bearbeitet werden und wie oft die geltende Konfigurationsbasis des Projekts angepasst wird. Häufig genügt ein Wochenabstand, um die Konfigurationsbasis wieder konsistent zu machen. Bündeln Sie Änderungen und verlegen Sie diese Änderungen falls möglich in ein neues Projektinkrement. Bei agilen Projekten muss dies nahezu täglich erfolgen, bei Großprojekten vielleicht nur alle 2–3 Wochen. Die Frist ist nicht so entscheidend wie die Tatsache, dass die Änderungswünsche en bloc evaluiert und in eine aktualisierte Konfigurationsbasis übernommen werden. Abbildung 8–1 zeigt dieses Vorgehen in der Analogie eines Regenfalls. Zu Projektbeginn regnet es viele Änderungswünsche aus der Regenwolke am oberen Ende des

Bilds. Diese Regengüsse werden allerdings nicht ständig behandelt, sondern durch das Änderungskomitee gesammelt. Zu bestimmten Zeitpunkten werden sie dann bewertet und entschieden. Danach wird eine neue Konfigurationsbasis kommuniziert, die die Basis für alle weiteren Projektarbeiten darstellt.

5. **Vereinbaren Sie jegliche Änderungen der Anforderungsbasis durch eine festgelegte Instanz.** Selbst wenn die Änderung als klein angenommen wird, sollte sie immer durch das Änderungskomitee akzeptiert werden (siehe Abschnitt 9.2). Das Änderungskomitee handelt im Auftrag des Produktmanagers und des Projektmanagers. Der Projektmanager ist dafür verantwortlich, dass das Projekt übergeordnete Grenzen einhält. Er hat persönlich unterschrieben, einen bestimmten Termin einzuhalten und innerhalb des gesetzten Budgets zu bleiben. Wenn seine Mitarbeiter diese Eckpunkte nicht ernst nehmen, ist das Projekt gefährdet. Diese Verantwortung geht über das einzelne Projekt hinaus. Insbesondere der Vertrieb muss diese Regeln akzeptieren, um den Kunden verlässliche Kosten, Inhalte und Termine garantieren zu können. Lassen Sie sich niemals überrumpeln, indem Sie eine Änderung nur deshalb unbesehen akzeptieren, weil ein Manager oder ein Kunde Sie in die Ecke treibt. Bereiten Sie sich auf solche Situationen vor (siehe dazu Abschnitt 7.2).

6. **Setzen Sie einen Termin, zu dem Änderungen nicht mehr akzeptiert werden.** Dieser Zeitpunkt hängt natürlich etwas vom Umfang der Änderungen ab. Allerdings können Sie in jedem Projekt rückwärts vom Liefertermin aus planen, wann Änderungen direkt auf den Liefertermin durchschlagen oder aber die vereinbarten Ergebnisse negativ beeinflussen. In vielen Projekten wird dieser Punkt als »Freeze« bezeichnet, also als Zeitpunkt, zu dem die Anforderungen eingefroren sind. Das »Einfrieren« von Anforderungen setzt eine Wirtschaftlichkeitsrechnung aus Projektsicht voraus. Ab einem gewissen Zeitpunkt werden Änderungen untragbar, da sie das Projekt mehr verlängern und verteuern als ein neues kleines Zusatzprojekt. Das Änderungspotenzial von Anforderungen muss im Voraus abgeschätzt werden, um das Projekt auf diesen Zeitpunkt hin zu planen und dadurch zu einem optimalen Kundenmanagement zu gelangen. Änderungen und Unsicherheiten hängen von Umfang und Komplexität der Anwendung sowie vom Einfluss der verschiedenen Interessengruppen ab. Diese Faktoren bestimmen den Projektplan. Werden die Änderungswünsche während der Projektausführung als umfangreich prognostiziert, sollte das Projekt von Beginn an evolutionär geplant werden (siehe Abschnitt 10.4). Nur Evolution hilft, kontinuierliche Änderungen einzuführen. Prototyping ermöglicht ein experimentelles Umgehen mit Änderungen in kritischen Bereichen (z.B. Hardware, Schnittstellen zu einem anderen System oder Benutzerschnittstelle). Inkrementelle Entwicklung erlaubt, sich ändernde Anforderungen abzufangen, benötigt aber eine Änderungsabschätzung zu Beginn und »Design for Change«, also eine Architektur, die Änderungen gegenüber hinreichend offen ist.

7. **Machen Sie die Einflüsse von Änderungen transparent.** Viele Änderungen werden vorgeschlagen, weil die jeweiligen Interessengruppen davon ausgehen, dass die Änderung wohl nur das Ändern einer Programmzeile oder eines Parameters erfordert. Dies ist häufig ein Missverständnis, das ein Projektmanager einfach ausräumen kann, wenn er die Einflüsse von Änderungen in verständlicher Sprache und auf der Basis von Architektur- und Projektdokumenten darstellen kann (Abb. 8–3). Man kann im Hausbau auch als Laie leicht nachvollziehen, dass eine Änderung der Raumeinteilung nach Rohbauabschluss nicht mehr so einfach ist wie in der Planungsphase. Was bei Häusern akzeptabel – und durch gesunden Menschenverstand nachvollziehbar – ist, kann es auch in Softwareprojekten sein. Die meisten Änderungen werden deshalb abgenickt, weil Vertrieb und Kunden das Verständnis für die Einflüsse der Änderung fehlen. Dies immer wieder klarzumachen, ist Aufgabe des Projektmanagers.

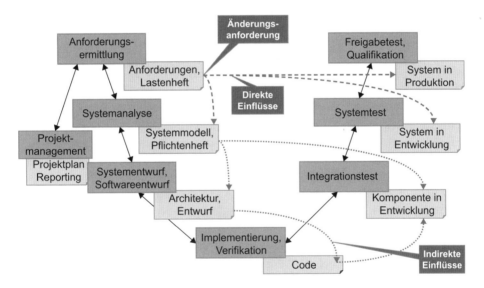

Abb. 8–3 *Nachverfolgbarkeit erleichtert das Änderungsmanagement.*

Anforderungsänderungen sind nur mit einem soliden Änderungsmanagement und einer expliziten Nachverfolgbarkeit zwischen den verschiedenen Projektergebnissen handhabbar. Abbildung 8–3 zeigt dieses Änderungsmanagement mit einem Beispiel. Eine Anforderung ändert sich in einem laufenden Projekt, das bereits mit der Integration begonnen hat. Die ursprüngliche Änderung betrifft die Anforderungsspezifikation (oben links). Projektergebnisse in darauf aufbauenden Aktivitäten müssen nachgezogen werden. Dies geschieht über die dokumentbezogene Verknüpfung von Projektergebnissen. Die ursprüngliche Anforderungsänderung zieht einige direkte Änderungen im Lastenheft, Pflichtenheft und Qualifikationstest nach sich (gestrichelte Pfeile in oberer Bildhälfte). Darüber hinaus gibt es jede Menge kniffliger, darauf aufbauender indirekter Einflüsse, beispielsweise im Entwurf oder im Code sowie in den jeweiligen Testfällen für Integrations- und Unit Test (gepunktete Linien).

Diese Nachverfolgbarkeit wird nun nicht durch eine direkte Verknüpfung von Anforderungen hin zu jeder Codezeile erreicht, sondern durch eine Kette von Verknüpfungen. Ein Codesegment beispielsweise wird durch einige Unit-Testfälle abgedeckt. Die Nachverfolgung und damit die Aktualisierung wird durch eine Referenzierung des Unit Test auf eine Klasse oder auf eine Prozedur ermöglicht. Gleichzeitig verweist der Code auf abgedeckte Entwurfsbeschreibungen und auf die Anforderungen, die er (teilweise) abdeckt. Damit können entsprechende Filter relativ einfach jene von der ursprünglichen Änderung beeinflussten Komponenten aufzeigen, sodass sie konsistent nachgezogen werden können.

Die Einflüsse von Anforderungsänderungen aus Projektsicht sind quantitativ in Abbildung 8–4 dargestellt. Das Bild zeigt die (Projekt-)Zeitachse horizontal. Vertikal werden zwei Perspektiven dargestellt, nämlich oben die Anforderungen normiert auf den Aufwand (siehe auch Abschnitt 12.1) und unten der geschätzte oder realistische Aufwand im Projekt. Vor dem Projektstart (linke Seite) sind die Unsicherheiten, aber auch die verschiedenen Optionen, das Projekt zu realisieren, noch groß. Je näher der Projektstart rückt, desto stärker werden die möglichen Optionen eingeschränkt, um so zu einem hinreichend präzise definierten und eingeschränkten Projekt zu gelangen. Die durchgezogene Linie im unteren Teil des Bilds stellt den tatsächlichen Aufwand dar. Er wird zum Projektstart auf 100 % normalisiert. Dies ist das Budget, das dem Projekt zur Verfügung steht. Die gestrichelten Linien im unteren Bild stellen die Unsicherheiten hinsichtlich des tatsächlichen Aufwands dar. Sie korrelieren mit den Anforderungsunsicherheiten der oberen Bildhälfte und sind leicht asymmetrisch.

Wird die Zuwachsrate mit 3 % des Aufwands pro Monat eher hoch angenommen, muss die Schätzunsicherheit etwas mehr Puffer nach unten haben als nach oben (d.h., es wird weniger Aufwand gebraucht als abgeschätzt). Diese Asymmetrie verschiebt sich dann im Projekt zunehmend nach oben, da Änderungen der Anforderungen in aller Regel Zusatzaufwand mit sich bringen. Die durchgezogene Linie im Bild wächst daher monoton an. Zum Zeitpunkt des Einfrierens der Anforderungen tritt in der oberen Bildhälfte der Anforderungsänderungen die gewünschte Änderung ein: Die Anforderungen stabilisieren sich, und die Linie des Aufwands wird flach. Nun kommen wie gewünscht keine Projektänderungen mehr durch Anforderungsänderungen zustande. Allerdings ändert sich der Projektaufwand noch immer, was von weiteren Unsicherheiten im Projekt kommt, die wir hier nicht betrachten wollen, die aber jeder Projektmanager kennt (z.B. unzureichende Qualität, Integrationsprobleme).

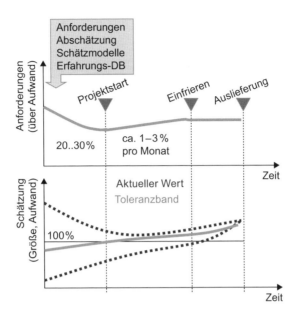

Abb. 8–4   *Anforderungsänderungen und ihr Einfluss auf den Projektumfang*

8.3   Nachverfolgung von Anforderungen

Anforderungen, Projektpläne und vor allem Projektergebnisse entwickeln sich im Projekt dynamisch. Änderungen resultieren aus der fortschreitenden Arbeit, aus neuen Erkenntnissen und Zusammenhängen innerhalb des Projekts, die früher nicht bekannt waren, und aus veränderten Kundenbedürfnissen. Die Anforderungen müssen kontrolliert und verfolgt werden, um ihren Einfluss im Projekt und auf die Projektergebnisse erkennen zu können. Für einen Projektmanager ist es wichtig, zu wissen, welche Anforderungen bereits realisiert wurden. Für einen Testleiter ist es wichtig, zu erkennen, welche Testfälle sich auf welche Anforderungen beziehen. Oder aber, im Falle von Änderungen einer Anforderung, ist es relevant, abschätzen zu können, wo welcher Zusatzaufwand anfällt. Im Normalfall wird ein System vorwärts aufgebaut. Aus Anforderungen wird ein Entwurf abgeleitet, woraus Code entsteht, der schließlich verifiziert und validiert wird. Eine kleine Änderung, sei es durch neue oder geänderte Anforderungen oder aufgrund von Korrekturen und Änderungen in bestehenden Teilen, wird an der entsprechenden Stelle im Code eingebaut. Dann folgt eine zweite und eine dritte, und ganz langsam rutscht das Projekt in ein Chaos von inkonsistenten Arbeitsergebnissen und unklarem Entwicklungsstand.

Anforderungen müssen nachverfolgt werden, um zu wissen, wo sie Einfluss haben, wie sich Änderungen auswirken können und in welchem Entwicklungsstand sie gerade sind. Nachverfolgbarkeit ist formal gesprochen der Grad der

Beziehung, die zwischen zwei oder mehr Entwicklungsergebnissen hergestellt werden kann. Nachverfolgbarkeit erlaubt es, den Zweck oder Nutzen, den jedes Entwicklungsergebnis aus Kundensicht hat, im Projektverlauf zu messen (beispielsweise lässt sich der bisher erreichte Wert eines Projekts aus den bereits getesteten und integrierten Marktanforderungen ableiten). Ein Beispiel für Nachverfolgbarkeit ist die Verknüpfung zwischen Marktanforderungen und Entwicklungsergebnissen (siehe Abb. 5–22 und 5–23, die sowohl eine Vorwärtssicht von den Anforderungen auf die Funktionen und deren Wert erlauben als auch eine Rückwärtssicht von den Funktionen auf den ursprünglichen Kundenwunsch und damit den Wert der implementierten Anforderungen).

Eine sauber gepflegte Nachverfolgbarkeit erlaubt verschiedene Analysen, die in Projekten wichtig sind:

Einflussanalyse
Sie zeigt, wie sich Anforderungen bei ihrer Umsetzung auf die gesamte Lösung auswirken oder aber wie sich Änderungen einer Anforderung auf bereits gelieferte Ergebnisse auswirken. Diese Analyse ist sicherlich die wichtigste und am häufigsten benötigte, hilft sie doch grundsätzlich, zu einem funktionierenden Änderungsmanagement zu gelangen.

Abdeckungsanalyse
Sie lenkt im Test die Sicht auf bereits erfüllte und getestete Anforderungen und ermittelt daraus der Projektfortschritt auf der Basis getesteter Anforderungen. Insbesondere die sogenannte Earned-Value-Analyse im Projektmanagement benötigt die Abdeckungsanalyse, da nur der Wert im Projekt gemessen werden kann, der aus Sicht der zahlenden Kunden existiert.

Nutzenanalyse
Sie beantwortet die Frage, weshalb bestimmte Entwurfsentscheidungen getroffen wurden oder warum Funktionen überhaupt im System vorhanden sind[2]. Wenn sich Funktionen oder Verhalten nicht auf Anforderungen zurückverfolgen lassen, wurde entweder ein neuer Sonderfall abgedeckt oder aber es handelt sich um unnötige Schnörkel. Beides ist gefährlich, da nicht mehr sichtbar ist, was im Kundeninteresse geschah und von daher bezahlt wird, und was aus der Kreativität des Entwicklers heraus implementiert wurde und später zusätzliche Kosten oder gar Qualitätsprobleme verursacht.

Nachverfolgbarkeit (engl. Traceability) bietet die Kontrolle, dass alle entscheidenden Schritte des Entwicklungsprozesses durchgeführt wurden. Dabei bleibt die Kundensicht erhalten. Anforderungen werden zu Produkteigenschaften,

---

2. Viele Funktionen werden entwickelt, ohne dass dafür eine explizite Kundenanforderung zur Verfügung steht. Oftmals liegt nur ein Szenario vor, das dann schrittweise realisiert wird. Dadurch kommen einige neue Funktionen in das System, die vor Projektstart nicht Teil der Lösungskonzeption waren. Dies gilt erst recht für Entwurfsentscheidungen, die kaum eindeutig aus Anforderungen ableitbar sind und sich häufig überlappen.

Komponenten des existierenden Systems oder Arbeitsergebnissen im Entwicklungsprozess verfolgt. Der grundsätzliche Zusammenhang zwischen Anforderungen und den mehr »flussabwärts« entstehenden Projektergebnissen ist in Abbildung 8–5 dargestellt.

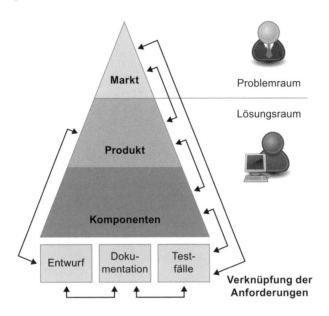

Abb. 8–5   *Nachverfolgbarkeit: Von den Kundenbedürfnissen zu Projektergebnissen*

In der Analysephase werden diese ursprünglichen Anforderungen im Lastenheft,
dann auf Anforderungen und Eigenschaften in einem Pflichtenheft abgebildet.
Zwischen Lastenheft und Pflichtenheft muss ein klarer Zusammenhang bestehen,
um zu gewährleisten, dass das Richtige entwickelt wird. Es hilft wenig, den Wald
sauber zu roden und dies in einer außerordentlich kurzen Zeit zu machen, wenn
nachher festgestellt wird, dass es der falsche Wald war. Die Nachverfolgbarkeit
von der Spitze der Pyramide dient dazu, dass das Richtige gemacht wird. Aus dem
Pflichtenheft werden Anforderungen an einzelne (Sub-)Systeme abgeleitet. Hier
gewährleistet die Nachverfolgbarkeit nicht nur, dass sich die ursprünglichen
Marktanforderungen auch in den Details wiederfinden lassen, sondern auch, dass
Zusammenhänge und Einflüsse zwischen den verschiedenen Systemen (z.B. Hardware versus Software oder unterschiedliche Softwarekomponenten) beschrieben
sind und bei Konflikten verfolgt werden können. Schließlich werden im Projekt
Testfälle oder eine technische Dokumentation entwickelt, die sich wiederum auf
die davorliegenden Schritte und Anforderungen abbilden lassen müssen, um bei
Änderungen zu wissen, wo sich Einflüsse ergeben. Nachverfolgbarkeit existiert
also nicht nur vom Problemraum zum Lösungsraum, sondern auch innerhalb des
Lösungsraums.

Abbildung 8–6 zeigt anhand einer konkreten Projektsituation den Nutzen der Nachverfolgbarkeit von einer Produktanforderung (links) zu verschiedenen Artefakten innerhalb des Projekts. Oben sind produktspezifische Abhängigkeiten (hier Komponenten) dargestellt, auf die sich die Produktanforderung auswirkt. Unten innerhalb der gestrichelten Zone werden implementierungsnahe Arbeitsergebnisse dargestellt, die in der Regel durch das Konfigurationsmanagement kontrolliert werden.

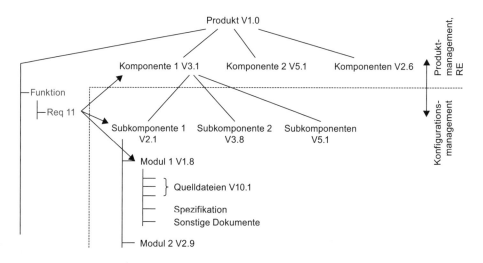

Abb. 8–6   *Nachverfolgbarkeit zu unterschiedlichen Arbeitsergebnissen im Projekt*

Verschiedene Arten der Nachverfolgbarkeit (d.h. die Vorbereitung und Aufrechterhaltung von Beziehungen zwischen Arbeitsergebnissen) und Nachverfolgung (d.h. der Vorgang des Verfolgens selbst) müssen bei Anforderungen gewährleistet werden (Abb. 8–8).

▓ **Nachverfolgbarkeit von einer Anforderung zu ihrer Quelle.** Welche Interessengruppe, welcher Kunde oder welcher Markt will eigentlich diese Anforderung? Wie wirkt sich das Geschäftsmodell dieses Kunden auf die Anforderung aus? Wie wichtig ist eigentlich diese Anforderung speziell im Kontext zu allen anderen Anforderungen? Fragen, die oftmals darüber entscheiden, ob die richtigen Funktionen entwickelt werden oder ob man sich im Projekt verzettelt, weil irrelevante Anforderungen realisiert werden. Diese Nachverfolgbarkeit ist in Abbildung 8–7 dargestellt, wo Anforderungen auf ihre Quellen abgebildet werden. Sobald sich ein Geschäftsmodell ändert oder eine bestimmte Benutzergruppe »ihren Katalog von Anforderungen« überarbeiten will, ist diese Nachverfolgbarkeit zurück zur Quelle sehr hilfreich. Sie verhindert auch effektiv, dass sich Anforderungen ohne Quelle einschleichen, was die Komplexität unnötig erhöht und in der Regel zu ausufernden Projektkosten führt. Als Grundregel sollte der Projektmanager immer durchsetzen, dass nur Aufwand auf solche expliziten Anforderungen mit Quelle berichtet wird.

Gesamtsicht auf eine Anforderung

ID	Status reached in week		Source		WP	Customer Requirement (LH)	Functional specification (PH)	Inputs	Outputs	Constraints	Criteria of acceptance (Test case)	Novelty (1-4)	Comple- xity (1-4)	Function al Effort (1-10)	Effort (PT, Design)	Comment
R0001	1 38 39 41 43 46 47 48 49 50	Customerspec		1	124	Der Benutzer ruft den Aufzug durch das Drücken der Ruftaste.	Durch das Drücken der Ruftaste der Stockwerkskonsole wird der Aufzug gerufen.	Ruftaste	Ruftaste, Rufwunsch, Richtungs- wunsch	Wiederholtes Drücken ohne Einfluss	Ruftaste drücken, Ruftaste leuchtet auf.	2	2	4	10 PT	Wird in Aufzugsteuerung realisiert

Verwaltung und Nachverfolgbarkeit

| ID | | Status reached in week | | | | | | | | | Source | Increment | WP | Customer Requirement(LH) |
	Prio	Func Spec	SW Spec	Test Spec	designed	implemented	tested	validated	approved	released				
R0001	1	38	39	41	43	46	47	48	49	50	Customerspec	1	124	Der Benutzer ruft den Aufzug durch das Drücken der Ruftaste.

Abb. 8–7   *Verwaltung von Anforderungen*

▦ **Bidirektionale Nachverfolgbarkeit.** Beziehungen und Verknüpfungen sind in der Regel bidirektional, referenzieren also in beide Richtungen, also beispielsweise von der Anforderung zum Testfall, aber auch vom Testfall zur Anforderung. Man sollte genau prüfen, ob eine Beziehung in beiden Ergebnissen gepflegt werden soll oder nur in jenem, das mit der Beziehung arbeitet (also »flussabwärts«, z.B. im Entwurf oder Code für die abgedeckten Anforderungen). Beziehungen zur Nachverfolgung können auch in einem separaten Werkzeug, beispielsweise einer Tabelle, aufrechterhalten werden. Dies erlaubt eine vereinfachte formale Nutzung im Projektmanagement oder zur Testfallabdeckung. Allerdings sind die Beziehungen während Änderungen nicht sichtbar und müssen separat gepflegt werden, was leichter zu Inkonsistenzen führt. Der Vorteil einer gepflegten bidirektionalen Nachverfolgbarkeit ist, dass Abhängigkeiten auch bei Änderungen, die erst später im Projektgeschäft passieren, »flussaufwärts« nachgezogen werden, und damit Konsistenz zwischen den Dokumenten und Arbeitsergebnissen erreicht wird.

▦ **Horizontale Nachverfolgung von Anforderungen untereinander.** Wie hängen einzelne Anforderungen zusammen? Wie wirkt sich die Änderung einer Anforderung auf andere Anforderungen aus? Welche Anforderungen beeinflussen die gleichen Subsysteme, Module oder Klassen eines Programmsystems? Welche Anforderungen können und sollen aus Effizienzgründen gemeinsam realisiert werden? Korrelieren Anforderungen miteinander, beispielsweise in der Form, dass die Realisierung einer Anforderung die korrekte Realisierung einer zweiten Anforderung unmöglich macht? Wenn Ihr Telefonsystem beispielsweise eine geschlossene Benutzergruppe anbietet, also nur gegenseitig bekannte Benutzer ohne die Möglichkeit Dritter, diese Gruppe anzurufen, oder aber aus dieser Gruppe Dritte anzurufen, dann korreliert dieses Dienstmerkmal mit Anrufweiterleitungen, die Sie beispielsweise aus dieser Gruppe hinaus auf Ihr mobiles Telefon machen wollen. Eine andere Form der horizontalen Nachverfolgung und entsprechend des gegenseitigen Einflusses tritt bei Qualitätsanforderungen auf. Eine Effizienzanforderung der Form, dass das Reaktionsverhalten innerhalb einer Millisekunde liegen muss, wirkt sich auf viele andere Anforderungen aus. Zur korrekten Implementierung ist ein Modell erforderlich, das dieses Zeitverhalten in Abhängigkeit von unterschiedlichen Szenarien des Einsatzes der restlichen Anforderungen darstellt. Die horizontale Nachverfolgung von Anforderungen ist schwer zu erstellen, zu komplettieren und zu prüfen. Sie muss sich auf wesentliche Korrelationen zwischen Anforderungen beschränken oder sie wird zur wissenschaftlichen Arbeit ohne Gebrauchswert.

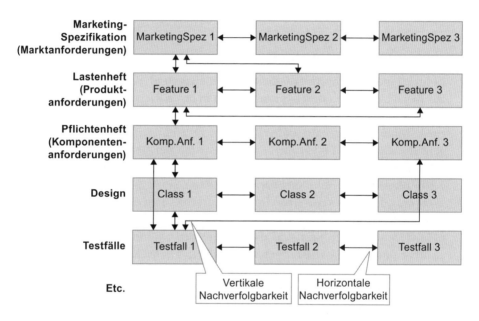

Abb. 8–8   *Horizontale und vertikale Nachverfolgbarkeit*

▨ **Vertikale Nachverfolgung von Anforderungen zu anderen Projektergebnissen.** Vertikal werden Anforderungen verfolgt, um den Projektfortschritt zu jedem Zeitpunkt beurteilen zu können und um Änderungen einer Anforderung kontrollieren zu können. Zuerst geht es um das Projektmanagement. Jede Anforderung muss sich auf eine Abschätzung, auf eine Kosten-Nutzen-Rechnung oder auf einen Projektplan abbilden lassen. Andernfalls hat sie im Projekt nichts verloren und ist vielleicht nur entstanden, weil jemand noch einige nette, aber unnötige Funktionen realisieren lassen will. Diese Abbildung hilft später im Projekt dem Projektmanager, seinen Mitarbeitern und den verschiedenen Interessengruppen in einem Projektreview klar darstellen zu können, wie weit das Projekt bereits gediehen ist. Er kann anhand des Projektplans beispielsweise den erreichten Nutzen (Earned Value) aus den bis dahin realisierten Anforderungen und ihrem jeweiligen externen Nutzen ausrechnen. Im Änderungsmanagement muss vor allem gewährleistet sein, dass sich Anforderungen auf später entstehende Arbeitsergebnisse abbilden lassen. So werden Anforderungen in Entwurfsentscheidungen referenziert oder im Kopf eines Moduls. Damit erkennt man bei späteren Änderungen der Anforderung, welche bereits fertigen oder gerade entstehenden Elemente des Projekts beeinflusst werden. Die Verbindung einer Anforderung zu einem oder mehreren Testfällen schließlich dient wiederum dem Projektmanagement und der Qualitätssicherung, denn es wird gewährleistet, dass die Anforderung im aktuellen Projektstand genau so implementiert wurde, wie es sich die ursprünglichen Autoren vorgestellt hatten.

Horizontale und vertikale Nachverfolgbarkeit werden gleichzeitig gepflegt. Man beginnt zweckmäßigerweise bereits früh im Produktlebenszyklus und achtet dann vor allem bei Änderungen im Laufe des Lebenszyklus auf Konsistenz. Daher wird die Nachverfolgbarkeit immer so aufgebaut, dass sie einfach gepflegt werden kann. Wenn die Nachverfolgbarkeit beispielsweise innerhalb der Arbeitsergebnisse gepflegt wird, was sicherlich der Nutzung dieser Beziehungen dient, dann sind Konsistenz und Pflege ein ganz wichtiges Thema. Aufgestellt werden die Beziehungen immer zum Zeitpunkt der Beschreibung eines Ergebnisses. Zweckmäßigerweise sollten Referenzen nicht zu oft wiederholt werden oder überlappen, da dies zu Inkonsistenzen führt. Abbildung 8–8 zeigt beispielhaft, wie die Nachverfolgbarkeit zwischen Anforderungen untereinander (horizontale Nachverfolgbarkeit) und zu weiteren Projektergebnissen (vertikale Nachverfolgbarkeit) in der Praxis durch Referenzen dargestellt wird.

Vermeiden Sie Overhead bei den Nachverfolgbarkeitsbeziehungen und deren Pflege. Nachverfolgbarkeit ist kein Ziel im Projekt, sondern eine Methode, die unter Kosten-Nutzen-Aspekten umgesetzt wird. Vermeiden Sie aufwendige manuelle Nachverfolgbarkeitstabellen, wenn sie nachher nicht mehr gepflegt werden können. Pflegen Sie vor allem diejenigen Abhängigkeiten, die Sie wirklich brauchen oder die bei Änderungen zu einem Fehlerrisiko werden.

Nachverfolgbarkeit wird heute für viele zulassungsrelevante und sicherheitskritische Produkte gefordert und geprüft. Abbildung 8–10 zeigt beispielhaft die durchgängige Nachverfolgbarkeit für einen Sicherheitsnachweis.

Moderne RE-Werkzeuge unterstützen die Nachverfolgbarkeit (siehe Kap. 11). Vor allem tun dies Werkzeuge, die werkzeugübergreifend die Beziehungen zu verschiedenen Arbeitsergebnissen aufrechterhalten (z. B. von der Anforderung zum Testfall durch Kopplung des RE-Werkzeugs mit dem Testwerkzeug). Abbildung 8–11 zeigt, wie die ursprünglichen Anforderungen eines Auftraggebers mit den Komponentenanforderungen eines Lieferanten verknüpft wer-

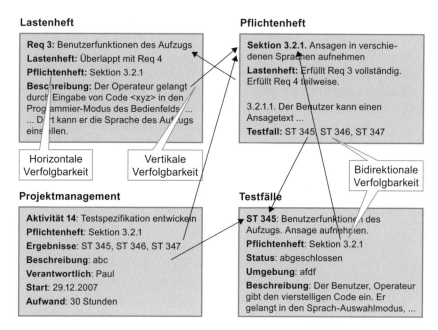

Abb. 8–9   *Nachverfolgbarkeit im Projekt*

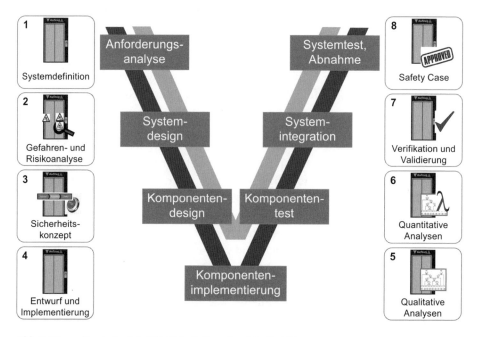

Abb. 8–10   *Durchgängigkeit für Sicherheitsnachweis im Projekt*

den. Das Austauschformat ReqIF unterstützt die transparente Kopplung und Nachverfolgung über Werkzeuggrenzen hinweg.

Spezielle Werkzeuge zur semiautomatischen Identifikation von Nachverfolgbarkeitsbeziehungen arbeiten in der Regel mittels Worthäufigkeitsanalysen und Aufbau von Beziehungen zwischen diesen Wörtern. Zu den Werkzeugen gehören beispielsweise ExtPhr[3] und GoldSeeker[4]. Dabei kann der Benutzer Wörter aus dem Anforderungsglossar wählen und damit eine Basis für Abhängigkeiten zwischen dem Lastenheft und dem Pflichtenheft schaffen. Solche Werkzeuge sind insbesondere für Altsysteme oder Migrationsprojekte nötig, wo Abhängigkeitsbeziehungen nie gepflegt wurden.

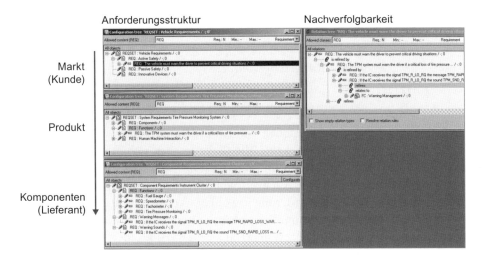

Abb. 8–11   *Werkzeugübergreifende Nachverfolgbarkeit*

8.4   Versionierung und Varianten von Anforderungen

Die **Versionierung** von Anforderungen stellt sicher, dass der jeweils aktuelle Stand der Anforderung allgemeinverbindlich und transparent genutzt wird. Sobald sich eine Anforderung ändert, muss sich auch ihre Versionierung verändern, um die inhaltlichen Änderungen auch formal nachvollziehen zu können. Frühere Versionen stellen keine aktiven Anforderungen mehr dar. Im Zuge einer guten Verständlichkeit sollten Versionen immer die komplette Anforderung beschreiben und nicht nur die Änderung zur Vorgängerversion.

Die Versionen müssen immer mit einer kurzen Begründung attributiert werden, um später schnell entscheiden zu können, welche Version zu welchem Zeitpunkt wie relevant war. Wenn beispielsweise eine neue Version aufgrund eines

3.   *http://publish.uwo.ca/~craven/freeware.htm*
4.   *http://goldseeker.sourceforge.net*

Rechtschreibfehlers entstanden war, ist das nicht relevant. Wenn sie sich aufgrund eines Missverständnisses marginal ändert (z. B. Referenz auf einen aktuellen Standard), ist dies sehr wichtig zu wissen. Versionen sollten unbedingt die Anwendbarkeit in Form eines Status-Flags beinhalten. Beispielsweise könnte der Vertrieb gerade an einer nicht abgestimmten Folgeversion arbeiten, die für die Entwicklung noch nicht relevant ist. RE-Werkzeuge unterstützen heute die Versionierung sehr gut und dokumentieren jede kleine Änderung in einem internen Logbuch, das zu jedem Zeitpunkt einen definierten Rückfall auf einen früheren Versionsstand zulässt. Häufig erlauben die Werkzeuge, sogenannte Haupt- und Detailversionen zu führen, wobei Hauptversionen durch den Werkzeugbenutzer definiert werden und die Detailversionen durch das Werkzeug selbst.

Ein Beispiel für eine neue Version ist die Spezifizierung einer Anforderung:

> *R2411.1:   Wird ein Ruf getätigt, soll der Aufzug das Stockwerk anfahren, wo der Ruf getätigt wurde.*

> *R2411.2:   In 95 % aller Fälle soll der Aufzug innerhalb von 10 Sekunden das Stockwerk anfahren, wo ein Ruf getätigt wurde.*

Typischerweise stellen die Versionen von Anforderungen eine lineare Kette dar, da sie sich nur vorwärts entwickeln. Allerdings ergeben sich in manchen Fällen auch Varianten von Anforderungen oder Versionen, die auf frühere Versionen aufbauen. Das macht dann die Nachverfolgung der Historie komplexer und verlangt nach einer exakten Deklarierung sowohl des Vorgängers als auch der Versions- und Variantenidentifikation. Beispielsweise könnte durch einen Review mit dem Auftraggeber eines Softwaresystems eine neue Version einer Anforderung als obsolet angesehen werden und dann eine frühere Version wieder als aktive Basis deklariert werden.

Varianten (auch Verzweigungen oder Branches) von Anforderungen werden dann erstellt, wenn sich Anforderungen aus der gleichen Basis in verschiedene Richtungen weiterentwickeln. Eine Variante sollte sich nur in Details unterscheiden, um später in einem Zusammenhang mit der ursprünglichen Anforderung und vor allem auch deren Realisierung oder Testfällen gepflegt zu werden. Varianten werden insbesondere in Produktlinien eingesetzt, um für unterschiedliche Märkte oder Kunden schnell zu einem konsistenten Gesamtbild zu kommen, welche Funktionen realisiert wurden. Gleichzeitig sollen diese Funktionen aber nach wie vor in einem Gesamtkontext gepflegt werden, beispielsweise wenn Fehler korrigiert werden oder wenn sich gemeinsame Randbedingungen für die verschiedenen Varianten ändern. Auch sollten zusätzliche Funktionen, die sich auf alle Varianten beziehen, wieder schnell in ihren Einflüssen analysiert werden.

Ein Beispiel für eine neue Variante ist die Spezifizierung einer Anforderung:

> *R1811.1:   Die Protokolldaten von Störfällen werden monatlich auf einem separaten Backup-Medium gespeichert.*

> *R1811.1.1: Die Protokolldaten von Störfällen werden monatlich auf einem separaten Backup-Medium in einem anderen Gebäude gespeichert.*

Dagegen ist die folgende Anforderung eine Erweiterung, die nicht mehr als Variante deklariert werden sollte:

> *R1811.1.2: Die Protokolldaten von Störfällen werden monatlich auf einem separaten Backup-Medium in einem anderen Gebäude gespeichert und an den Aufzugshersteller per DFÜ kommuniziert.*

8.5 Maße und Kennzahlen

Viele Unternehmen klagen über Schwierigkeiten mit Anforderungen und deren Änderungen, ohne genau zu wissen, wie viele Anforderungen sich ändern, welche Arten von Anforderungen sich ändern, mit welchen Anforderungen das Geld verdient wird oder wie viele Fehler aus unzureichenden Anforderungen resultieren.

Requirements Engineering braucht konkrete Kennzahlen – auf Projekt- und Produktebene. Schließlich lassen sich Gesetzmäßigkeiten nur durch das Messen von Einflussgrößen verstehen, und Projekte lassen sich nur steuern, wenn man einen Plan hat, gegen den man das Projekt verfolgt [DeMarco1982, Ebert2007a]. Egal, ob es sich um Verfahren der Qualitätssicherung oder der Projektkontrolle handelt, eine rein subjektive Beurteilung der Softwareentwicklung und ihrer Ergebnisse ist nicht ausreichend. Im weiteren Teil dieses Abschnitts werden einige Verfahren der quantitativen Analyse im Requirements Engineering beschrieben. Konkrete Hinweise zur Messtechnik im Allgemeinen finden sich in [Ebert2007a].

Man kann drei Arten von Maßen im RE unterscheiden:

- Fortschritt (z.B. Zahl der spezifizierten, realisierten oder getesteten Anforderungen im Projekt)
- Anforderungsqualität (z.B. Zahl der Fehler aus Anforderungsdokumenten)
- Modellsemantik (z.B. Abdeckungsgrad der Anforderungen durch das Analysemodell)

Wenige Maße aus diesen drei Kategorien genügen bereits, um Anforderungen zu bewerten und zu kontrollieren. Diese Kennzahlen werden aggregiert und zur Projektkontrolle eingesetzt (Abb. 8–12). Betrachten wir einige wichtige Kennzahlen.

- **Zahl aller Anforderungen** für das Projekt. Ein Volumenmaß, das in etwa charakterisiert, wie aufwendig das Projekt einmal wird. Vor allem, wenn die Anforderungen anhand eines stabilen Schemas (Template) spezifiziert werden, ist die Anzahl der Anforderungen bereits ein sehr gutes indirektes Maß für den zu erwartenden Projektaufwand oder die zu erwartenden neuen und geänderten Lines of Code.

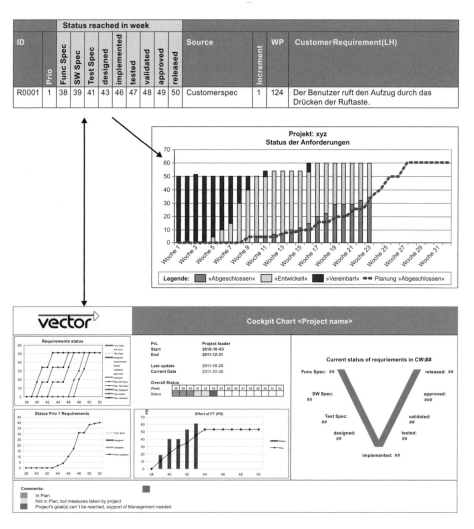

ID		Status reached in week									Source	Increment	WP	Customer Requirement(LH)
	Prio	Func Spec	SW Spec	Test Spec	designed	implemented	tested	validated	approved	released				
R0001	1	38	39	41	43	46	47	48	49	50	Customerspec	1	124	Der Benutzer ruft den Aufzug durch das Drücken der Ruftaste.

Abb. 8–12   *Statusverfolgung im Projekt*

Status der Anforderungen (z. B. analysiert, zugewiesen, getestet). Der Status von Anforderungen ist das primäre Maß, um Projekte zu verfolgen. Abbildung 8–13 zeigt eine typische Statusnachverfolgung von Anforderungen im Projekt. Es werden im wöchentlichen Abstand die Anforderungen mit drei verschiedenen Informationen verfolgt, nämlich die Gesamtzahl der für das Projekt vereinbarten Anforderungen, die Zahl der bereits umgesetzten Anforderungen und die Zahl der freigegebenen und damit abgeschlossenen Anforderungen. Zusätzlich gibt es einen Planwert bis zum Projektende für die geplante Anzahl der abgeschlossenen Anforderungen. Für größere Projekte kann der Projektmanager noch weitere Statusinformationen einführen, beispielsweise, um die Analysephase besser zu verfolgen. Nur die Gewissheit, dass Anforderungen bereits getestet und abgenommen sind, gibt den Fortschritt aus Kundensicht wieder. Projektkontrolle ohne Status der Anforderungen bedeutet, dass Sie im Nebel herumstochern.

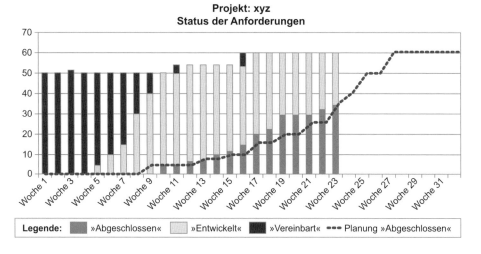

Abb. 8–13   *Status der Anforderungen im Projekt*

▦ **Earned-Value-Analyse** auf Basis der Anforderungen. Die Earned-Value-Analyse ist heute ein Standardinstrument im Projektcontrolling [PMI2008, Ebert2007a]. Damit wird Projektfortschritt an extern sichtbarem Wert festgemacht und damit verhindert, dass irrelevante Arbeitsergebnisse, die keinen Nutzen aus Kundensicht darstellen, umgesetzt werden. In der Earned-Value-Analyse wird zu Projektbeginn ein Plan gemacht, wann welcher konkrete Wert erreicht sein soll (engl. Planned Value). Dieser Planungsrahmen wird dann im Projektverlauf mit dem tatsächlichen Wert (engl. Earned Value) sowie den dafür angefallenen Kosten (engl. Actual Cost) verglichen. Damit lassen sich frühzeitig Abweichungen im Zeitplan oder in den Kosten diagnostizieren – weitaus früher als mit den klassischen Techniken aus einem Projekt-Dashboard. Der Planwert wird typischerweise an Arbeitspaketen oder an Anforderungen festgemacht. Anforderungen sind das beste Instrument, denn nur wenn sie erfolgreich implementiert und getestet sind, ist ein Wertzuwachs im Produkt erreicht. Abbildung 8–14 zeigt ein Beispiel, das das Vorgehen darstellt. Das Projekt enthält 10 Anforderungen, die mit einem Wert von 25.000 € geschätzt sind. Diese Schätzung ist wichtig, da nur damit klar wird, welche Anforderungen wichtiger sind und welche weniger relevant. Anstatt einer Annahme in Euro lassen sich die Anforderungen auch in einer Rangfolge, beispielsweise von eins bis fünf, darstellen. Nicht immer entsprechen die geschätzten Kosten dem geplanten Wert der Anforderungen. Allerdings soll-

ten die Abweichungen nicht zu groß sein, denn sonst werden eventuell aufwendige Anforderungen realisiert, die kaum Grenznutzen bringen. In unserem Beispiel summieren sich die Kosten zu 20.000 €. Nun betrachten wir den
Grad der Fertigstellung. Hierbei ist es wichtig, nur leicht zu prüfende Stufen
zu verwenden und beispielsweise nicht die häufig nicht nachvollziehbaren
Prozentwerte aus einem Microsoft Project Plan. In unserem Beispiel werden
nur die Stufen 0 % (vereinbarte Anforderungen), 10 % (in Arbeit), 50 %
(Implementierung abgeschlossen) und 100 % (Anforderung ist integriert und
getestet) verwendet. Der erreichte Wert (Earned Value), der sich daraus
ergibt, beträgt zum heutigen Zeitpunkt 10.000 €. Damit hat das Projekt 60 %
Terminverzug und 40 % Kostenüberschreitung.

Datum: HEUTE	Geplanter Wert	Tatsächliche Kosten	Fertigstellung	Erreichter Wert
Anforderung 1	1.000 €	1.000 €	100 %	1.000 €
Anforderung 2	1.500 €	2.000 €	50 %	750 €
Anforderung 3	2.000 €	2.500 €	10 %	200 €
Anforderung 4	3.000 €	3.000 €	50 %	1.500 €
Anforderung 5	10.000 €	8.000 €	50 %	5.000 €
Anforderung 6	1.500 €	1.000 €	50 %	750 €
Anforderung 7	1.000 €	1.000 €	50 %	500 €
Anforderung 8	2.000 €	1.000 €	10 %	200 €
Anforderung 9	1.000 €	500 €	10 %	100 €
Anforderung 10	2.000 €	0 €	0 %	0 €
Summe	25.000 €	20.000 €		10.000 €

Fertigstellung: 100%: getestet, 50%: implementiert, 10%: in Arbeit, 0%: vereinbart

Terminvarianz = erreichter Wert – geplanter Wert	-15.000 €
Kostenvarianz = erreichter Wert – tatsächliche Kosten	-10.000 €

Abb. 8–14   *Earned-Value-Analyse auf der Basis von Anforderungen*

▨ **Anzahl der sich ändernden Anforderungen** pro Entwicklungsphase. Die
   Änderungsrate von Anforderungen zeigt, wie stabil und robust das Projekt
   definiert wurde. Wie bereits erwähnt, gibt es eine typische Änderungsrate, die
   vom Neuigkeitsgrad des Produkts abhängt. Sollte diese Rate überschritten
   werden, ist Vorsicht geboten: Vielleicht wurden Analyse und Spezifikation
   nicht sauber abgeschlossen. Auch eine viel zu niedrige Änderungsrate sollte
   die Alarmglocken läuten lassen: Vielleicht ist der Kunde unzureichend invol-
   viert und nimmt nachher das Produkt gar nicht ab? Die Änderungsrate pro
   Entwicklungsphase sollte im Projektlebenslauf abnehmen. Während des Tests
   sollten sich Anforderungen kaum mehr ändern.

▪ **Ursachen für Anforderungsänderungen.** Die Ursachen für Änderungen werden nur ausnahmsweise untersucht und verfolgt, nämlich dann, wenn die Änderungsrate sehr viel höher als erwartet ist. Normalerweise genügt die Änderungsrate als Maß. Sollte die Quote aber zu hoch liegen, dann verdeutlicht die Ursachenanalyse, warum es zu so vielen Änderungen kommt. Über Projekte und Phasen hinweg betrachtet, gewinnen Sie damit eine gute Erfahrungsdatenbank, wie sich Änderungen abhängig vom Projekttyp auf das Projekt auswirken.

▪ **Qualität und Fortschritt der Modellierung.** Die Ergebnisse des Spezifikationsprozesses (Analyse- und Lösungsmodell) werden betrachtet und beispielsweise deren Konsistenz und Korrektheit oder die Abdeckung der Anforderungen durch Modelle gemessen. Primär geht es bei diesem Maß darum, eine Abbildbarkeit der Anforderungen auf das Analysemodell zu erreichen.

▪ **Anzahl von Fehlern in Anforderungen.** Fehlerzahlen sind ein Basismaß, das in jedem Projekt verfolgt werden muss. Unter Fehlern in Spezifikationen versteht man fehlende Anforderungen, Inkonsistenzen, falsche Inhalte etc. Dabei wird jeder einzelne Fehler gezählt, um später auch Ursachenforschung betreiben zu können. Fehlerzahlen hängen vom Umfang der Spezifikation ab. Daher korrelieren die Fehlerzahlen normalerweise mit dem Umfang der Spezifikation. Eine Fehlerdichte in Fehlern pro logischer Seite (also einer Seite mit konstantem Druckinhalt) zeigt auf, wenn bestimmte Anforderungen eine unzureichende Qualität besitzen. Starten Sie in diesem Fall einen expliziten Review der Spezifikation oder jener Teile, die eine hohe Fehlerdichte haben. Nach aller Erfahrung liegen noch sehr viele weitere Fehler in der Spezifikation, wenn schon einige entdeckt wurden.

▪ **Fehlerarten in Anforderungen** (unklar, falsche Inhalte, oberflächlich etc.). Auch dieses Maß ist nur dann wichtig, wenn ein anderes Maß (hier die Fehlerzahl) weit über dem erwarteten Wert liegt. Normalerweise genügt es, die Fehlerzahl zu verfolgen. Wenn diese allerdings plötzlich sehr viel höher liegt (pro logischer Seite der Anforderungsspezifikation), dann sollte nochmals geprüft werden, warum bestimmte Fehlertypen auftreten oder aus welcher Quelle sie stammen.

▪ **Identifizierbarkeit der Anforderungen.** Dabei geht es um den Grad der konkret identifizier- und damit verfolgbaren Anforderungen im Verhältnis zu den implizit eingebetteten Anforderungen, die häufig den Großteil der Spezifikation ausmachen. Dazu werden aus einem Lastenheft oder einer Anforderungsspezifikation einige Beispielseiten analysiert. Der Anforderungstext wird sorgfältig gelesen und alle konkreten Anforderungen, Vorgaben und Randbedingungen werden markiert. Diese Zahl wird dann mit der Zahl der im gleichen Text explizit identifizierten Anforderungen (also jene mit einer ID) verglichen. Das Verhältnis aus den Anforderungen mit einer ID zu all den detaillierten Anforderungen ist die Identifizierbarkeit. Ein Wert unter 20 %

sollte hinterfragt werden, denn offensichtlich wurden nur einige wenige Überschriften als Anforderung markiert. Das wird später im Test oder bei Änderungen der Anforderungen zu viel Mehrarbeit und zu Fehlern führen.

- **Attributierung der Anforderungen.** Hier werden die Anforderungen hinsichtlich ihrer Attribute und Filterkriterien bewertet. Die Anforderungen mit hin-
reichender Zahl von Attributen werden verglichen mit der Zahl aller identifizierbaren Anforderungen (also jener mit einer eigenständigen ID). Auch
hierfür wird eine Stichprobe genommen, da das Maß typischerweise gut skaliert. Der Zielwert beträgt 100 % bezogen auf die identifizierbaren Anforderungen. Da Anforderungen zur besseren Identifizierung, Auswahl oder Wie-
dererkennung gefiltert werden müssen, sollten diese Filterkriterien oder
Attribute gut genutzt werden.

- **Verlinkung der Anforderungen.** Diese Maß beschreibt die Anzahl der Anforderungen, die ausreichend verlinkt sind. Unter Verlinkung verstehen wir hier
die Links, die die spezifische Anforderung mit weiteren Dokumenten verknüpft, beispielsweise Designdokumente, Code, Testfälle oder andere Spezifikationen. Hier wird ebenfalls eine Stichprobe genommen, da das Maß gut
skaliert. Ziel ist, dass identifizierbare Anforderungen hinreichend gut verfolgbar sind, damit Änderungen leicht nachvollziehbar und konsistent umzusetzen sind.

Das folgende Beispiel zeigt den praktischen Einsatz von Kennzahlen für das RE
(Abb. 8–15). Die Projektstudie aus einem realen Projekt gibt die Änderungsrate
der Anforderungen über der Zeit an. Es handelt sich um ein mittleres Projekt mit
ungefähr 100 Anforderungen und einer Dauer von 30 Wochen. Wie unschwer zu
erkennen ist, sind es viel zu viele Änderungen, die sich über eine zu lange Zeit
erstrecken. Das Projekt ist in Gefahr. Wir trennen daher, wie oben beschrieben,
die Ursachen der Änderungen auf. Dabei beobachten wir die folgende Situation.
Es gibt eine große Anzahl »neuer« Anforderungen im Projekt (oberer, dunkler
Teil der Kurve). Falls keine extreme Sicherheitsreserve geplant wurde, ist das Projekt in Schwierigkeiten, denn die Änderungen können nicht stabilisiert werden.

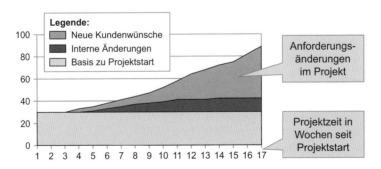

Abb. 8–15   *Anforderungsänderungen*

Die Kernfrage zu diesem Zeitpunkt lautet allerdings: **Was passiert, wenn die Anforderungen nicht stabil werden?** Wie lange soll der Projektmanager noch warten, bis er die Notbremse zieht? Wir empfehlen in dieser Situation, sofort anzuhalten und zu prüfen, was alles schiefläuft. Bis Woche 8 konnte sich der Projektmanager in Sicherheit wiegen, denn alles lief, wie man es in einem solchen Projekt erwartet. 12 % Änderungen in zwei Monaten sind adäquat, vor allem in den ersten Wochen des Projekts. Zudem stammte ein Großteil der Änderungen aus einem vertieften Verständnis des Einflusses der Anforderungen – auch dies ein Grund dafür, dass noch alles im grünen Bereich liegt. Dann allerdings ging etwas gründlich schief. Die Änderungsrate der neuen Anforderungen (oder extern begründeter Änderungen) nimmt drastisch zu. Wie lange soll der Projektmanager in dieser Situation warten? Sicherlich keine zwei Monate, denn die Situation hatte sich ab Woche 10 ja noch verschlechtert. Es war also bereits in Woche 10 ein Projektreview mit allen Interessengruppen erforderlich, der die Frage hätte beantworten sollen, ob es überhaupt klar ist, was da als Projekt entwickelt werden soll. Nun in Woche 16 ist es dafür zwar nicht zu spät, aber das Projekt wird seine Ziele nicht mehr erreichen. Ein klarer Fall eines verkorksten Projektmanagements – wozu man nicht einmal die Ursachen der vielen Änderungen zu kennen braucht.

Ein wichtiges Maß für den Projektfortschritt ist der Wert oder Nutzen, der durch die bereits realisierten Anforderungen generiert wurde. Abbildung 8–16 zeigt, wie sich bei der inkrementellen Entwicklung die Zahl der erfüllten Anforderungen (untere durchgezogene Linie) und der sichtbare Nutzen (mittlere gestrichelte Kurve) entwickeln. Die Gesamtfunktionalität (also alle Marktanforderungen an das Projekt) ist hier durch die gepunktete 100 %-Linie repräsentiert. In einem gut geplanten inkrementellen Projekt werden Anforderungen so realisiert, dass jene mit dem größten Nutzen aus Kundensicht zuerst verfügbar sind. Daher wächst in der Abbildung der Nutzen stärker an als die Zahl der entwickelten Anforderungen. Sollte das Projekt vorzeitig beendet werden müssen (z.B. wegen Budgetüberschreitungen oder Termindruck), ist jedenfalls sicher, dass der gelieferte Nutzen bereits groß genug ist, um damit bestehen zu können.

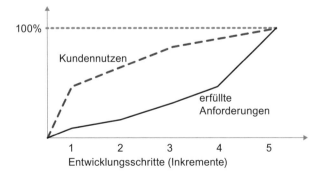

Abb. 8–16   *Inkrementelle Entwicklung*

Als Vorgehensweise empfiehlt sich, zuerst jene Anforderungen zu realisieren, die einen hohen Kundennutzen haben oder die einen großen Einfluss auf die Architektur ausüben. Vereinfacht gesagt gilt die Regel: Liefere in der ersten Hälfte der Projektdauer die 20–30 % aller Anforderungen, die bereits annähernd 80 % der Funktionalität enthalten. Dazu ist es wichtig, zu jedem Zeitpunkt ein stabilisiertes Produkt (aus Programmier- und Integrationssicht) vorzuhalten, das dann kontinuierlich erweitert und getestet wird. Nur dieser kontinuierliche Build stellt sicher, dass der Wert der bereits realisierten Anforderungen auch wirklich geliefert werden kann.

Qualitätsanforderungen werden auf die gleiche Weise verfolgt. Tabelle 8–1 zeigt anhand von drei Beispielen von Qualitätsanforderungen, wie dies in der Praxis geschieht [Ebert1997]. Jede zunächst nur qualitativ beschriebene Qualitätsanforderung wird in ein oder mehrere messbare Ziele zerlegt. Gleichzeitig wird dadurch eine Möglichkeit geschaffen, die Qualitätsanforderungen testbar zu machen, indem aus den messbaren Zielen konkrete Freigabekriterien abgeleitet werden. Die Schlüsselfrage dabei ist, wie aus Kundensicht die Erfüllung der Qualitätsanforderungen eigentlich entschieden werden kann. Sobald dies geklärt ist, können dezidierte Maße zur Nachverfolgung der Implementierung dieser Qualitätsanforderung durch das Projekt hindurch abgeleitet werden. Konsistent mit dem Vorgehen bei funktionalen Anforderungen wird Fortschritt nur an der Zielerreichung gemessen. Eine brauchbare Technik, um solche Qualitätsanforderungen im Projekt zu realisieren, besteht darin, aspektorientiert zu entwerfen und zu programmieren. Dabei werden bestimmte Aspekte (in der Regel Qualitätsanforderungen) unabhängig von einzelnen Architekturkomponenten oder funktionalen Anforderungen wie ein Faden durch ein System hindurch verfolgt.

Qualitätsan-forderungen	Prio-rität	Messbare Ziele	Freigabekriterien	Kennzahlen für die Nachverfolgung
Vollständigkeit	1	z.B. 100% der Anforderungen mit Prio 1 und 50% der mit Prio 2 sind erfüllt	z.B. Nachverfolgbarkeit von zugewiesenen Anforderungen; Freigabetests zu jeder Anforderung sind erfüllt	z.B. Anteil der Anforderungen, die bereits getestet und integriert sind
Zuverlässigkeit	1	z.B. < 30 hoch priorisierte Fehler pro Monat nach Übergabe	z.B. Restfehlerraten; Zuverlässigkeitsmodell; Fehlertoleranz	z.B. 10 Fehler pro KLOC zu Beginn Systemtest; Fehlertoleranz nachweisbar implementiert
Wartbarkeit	2	z.B. keine Modulauftrennung nach Ende der Codierung	z.B. Verständlichkeit; Vererbungsstruktur; Vollständigkeit und Lesbarkeit der Dokumentation	z.B. Verschachtelungstiefe < 5; Modulgröße < 5 KLOC

Tab. 8–1   *Nachverfolgung von Qualitätsanforderungen*

8.6 Komplexität beherrschen

Wenn die Entwicklung eines Softwaresystems viel Zeit und Ressourcen in Anspruch nimmt, dann gilt es als komplex. Werden am Ende des Projekts viele Fehler gefunden oder nimmt die Rate der gefundenen Fehler nicht ab, dann wird die Qualität als niedrig eingestuft. Die Gründe für derartige Schwierigkeiten können vielfältig sein. Da diese Beobachtungen so lange bekannt – und leider auch so aktuell – sind, wie Software entwickelt wird, ist das Thema der Qualitätssicherung in der Softwareentwicklung nicht neu.

Interessant ist auch die Tatsache, dass im Bereich des Requirements Engineering Maße und Komplexitätsbewertungen schon seit den sechziger Jahren diskutiert werden. »A user should be able to specify precisely how good a product (must be) he wishes to buy«, bemerken Rubey und Hartwick schon 1968 [Rubey1968]. Leider ist die Schlussfolgerung dieses Klassikers – »the Statement of these objectives (Qualitätsmerkmale) would almost certainly cause the developer to slant his programming effort in such a way as to achieve higher scores« – nach wie vor eher ein Ziel als ein Weg.

Der Begriff der »**Komplexität**« wird, bezogen auf ein technisches System, umgangssprachlich häufig im Sinne von »Kompliziertheit« verstanden, was leicht zu Verwirrungen führen kann. Wörterbücher erklären das aus dem Lateinischen stammende Wort »Komplexität« mit »Vielschichtigkeit« oder »dem vielfältigen Ineinander vieler Merkmale« (entsprechend dem lateinischen Wortursprung: »complector« = zusammenflechten oder umschlingen). Ein System wird als komplex bezeichnet, wenn es vielfältig verknüpft und verflochten ist. Der Begriff »komplex« wird hier als Eigenschaft eines technischen Systems (Hardware oder Software) verstanden, das viele verschiedenartige Komponenten hat, das verschiedene Beziehungen zwischen diesen Komponenten aufweist und das unterschiedliche Zustände einnehmen kann. Die Komplexität beschreibt damit den Zusammenhang beziehungsweise das Zusammenwirken eines Systems und seiner Teile als Objekte.

Im Verlauf der Entwicklung eines Softwaresystems werden verschiedene Ergebnisse entwickelt, die teilweise aufeinander aufbauen. Ihre Grundlage ist üblicherweise eine Liste mit Anforderungen oder eine Problembeschreibung. Die Komplexität der Problembeschreibung und die der Ergebnisse kann verschieden sein. Die »**lösungsspezifische Komplexität**« entsteht während der Softwareentwicklung. Bestimmte Aspekte der problemspezifischen Komplexität sind untrennbar mit solchen der lösungsspezifischen Komplexität verbunden (beispielsweise beeinflusst die Zahl der Sensoren eines Automatisierungssystems die Schnittstellenbeschreibung im Softwareentwurf). Die lösungsspezifische Komplexität beeinflusst die Projektkosten maßgeblich – und wächst häufig unkontrolliert.

In der Literatur wird »**kompliziert**« im Sinne von schwierig oder verwickelt verwendet (entsprechend dem lateinischen Wortursprung: »complicare« = zusammenfalten oder verwirren). Der Begriff »kompliziert« wird als zusammenfas-

sende Charakterisierung eines technischen Systems verwendet, das schwer zu verstehen, zu durchschauen oder zu handhaben ist. Damit beschreibt die
Kompliziertheit das Zusammenwirken zwischen einem System als Objekt und
dem Betrachter als Subjekt. Die Kompliziertheit ist eine wahrgenommene – psychologische – Komplexität und hängt vom Betrachter ab. Die Kompliziertheit
eines Softwaresystems hängt ab von den Vorkenntnissen des Beobachters (konkret des Softwareingenieurs), von der Wirkung der Darstellung auf ihn und von
der Eignung einer gewählten Darstellung für ein bestimmtes Problem.

Die Beherrschung der Komplexität, wie sie bereits E. Dijkstra 1972 im Rahmen der Verleihung des Turing Award forderte, ist nur möglich, wenn die Kompliziertheit gezielt verringert wird. Abbildung 8–17 veranschaulicht diesen Unterschied [Ebert1995]. Während im oberen Bereich komplizierte Objekte zunächst
nur eine vage Form haben, sind sie im unteren Bereich als verstehbare Objekte
mit erkennbarer Struktur dargestellt. Der Übergang von einfachen zu komplexen
Objekten wurde durch Größenänderungen von links nach rechts abgebildet. Die
beiden Pfeile in der Mitte symbolisieren Einflussmöglichkeiten, um sich im Koor-
dinatensystem zu bewegen.

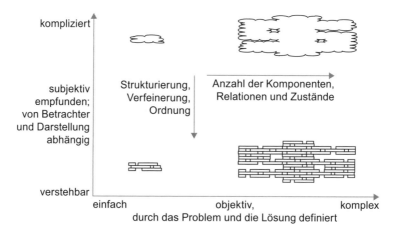

Abb. 8–17   *Komplexität und Kompliziertheit*

Anforderungen legen durch ihre Beschreibung und Struktur sowohl die prob-
lemspezifische Komplexität als auch Teile der lösungsspezifischen Komplexität
fest. Wir empfehlen daher einige konkrete Vorgehensweisen, um die Komplexität
und damit die Kompliziertheit zu kontrollieren (siehe auch Kap. 4) [Ebert2007a]:

▨ Anforderungen klar strukturieren. Überschriften und Templates einsetzen,
   damit wesentliche Strukturmerkmale klar erkennbar bleiben.
▨ Anforderungen kurz und prägnant halten. Eine übliche Faustregel ist, eine
   einzige Anforderung auf ungefähr ein bis zwei Seiten zu beschränken. Eine
   einzige Seite hat den Vorteil, dass sie auf einen Blick erfassbar ist. Sobald sich

eine Anforderung über mehrere Seiten erstreckt, ist das Risiko groß, dass Zusammenhänge übersehen werden.

▓ Eine einfache und definierte Sprache verwenden. Häufig haben Anforderungen und Spezifikationen verschiedene Autoren, die ihrerseits eigene Sprachstile bevorzugen. Im schlimmsten Fall werden selbst Fachwörter unterschiedlich eingesetzt. Hier hilft ein Standardwörterbuch oder Glossar (»Data Dictionary«), das separat und verbindlich geführt wird. Das Wörterbuch muss während der Erfassung der Anforderungen bereits angelegt werden, denn es hilft auch, Widersprüche in Interviews zu erkennen. Eine Standardgrammatik mit definierten Regeln, welche Hilfsverben einzusetzen sind oder in welcher Person und Zeit Sätze zu schreiben sind, trägt ebenfalls zur Konsistenz und Lesbarkeit bei. Die Satzlänge muss – gerade bei deutschen Autoren – beschränkt sein.

▓ Bilder sollten einer einfachen Grammatik genügen. Dies gilt nicht nur für die Symbolik, für die UML bereits eine gute Basis liefert, sondern auch für die Anordnung von grafischen Elementen und für Beschriftungen. Hierbei ist UML schwach, da sie (noch) keine durchgängig definierte Semantik bietet. Allerdings lassen sich einfache Regeln aufstellen, die parallel zu Ihrer Projektarbeit wachsen und für Konsistenz sorgen. Beispielsweise sollten Bezeichner bereits Ihren Standards aus der Programmierung folgen. Die Anzahl von Kanten und Elementen in einem Diagramm sollte sowohl nach oben als auch nach unten eingeschränkt werden. Aus der Psychologie kennt man die Anzahl von 7 ± 2 grafischen Blockelementen, die in einem Zusammenhang wahrgenommen und verstanden werden können [Miller1956, Curtis1986]. Experten können bis zu 20 gleichartige Elemente in einer Abbildung erfassen.

8.7   Checkliste für die Verwaltung

Die folgende Checkliste unterstützt Sie bei der Verwaltung von Anforderungen im Projekt.

▓ Sind die Anforderungen mit einer konsistenten Vorlage systematisch spezifiziert?

▓ Sind wesentliche Attribute für die Anforderungen definiert und umgesetzt (z.B. Identifikation, Version, Variante, Status, Autor, Historie)?

▓ Haben alle Anforderungen eine eindeutige Quelle, der zur Realisierung auch ein Budget zur Verfügung steht, das im Projekt genutzt wird?

▓ Besitzen die Anforderungen eindeutige Statusinformationen, die zu jedem Zeitpunkt erlauben, den Projektfortschritt daraus abzuleiten?

▓ Existiert für Änderungen der Anforderungen ein klar definiertes Änderungskomitee (Change Control Board, CCB), das regelmäßig alle angefallenen Änderungsvorschläge prüft und entscheidet?

Ist der Prozess für Anforderungsänderungen nach Projektstart oder für neue Anforderungen klar geregelt?

Wird der Prozess für Anforderungsänderungen nach Projektstart oder für neue Anforderungen systematisch umgesetzt?

Sind die Anforderungen horizontal verfolgbar, also von einer Markt- oder Kundenanforderung zu einer darauf bezogenen anderen Marktanforderung?

Sind die Anforderungen vertikal verfolgbar, also von einer Markt- oder Kundenanforderung zu einer darauf bezogenen Produkt- oder Komponentenanforderung?

Sind Komponentenanforderungen mit Designdokumenten verknüpft?

Sind Markt- oder Kundenanforderungen mit Akzeptanztests (oder Qualifikationstests) verknüpft?

Erlaubt Ihr RE-Werkzeug eine angemessene Nachverfolgung und Kontrolle Ihrer Anforderungen? Können Sie auf frühere Versionen zurückfallen?

8.8   Tipps für die Praxis

Beschreiben Sie die Beziehungen zwischen Anforderungen untereinander und von Anforderungen zu weiteren Arbeitsergebnissen (horizontale und vertikale Nachverfolgbarkeit) bereits zu dem Zeitpunkt, wo die Beziehung zum ersten Mal zu erkennen ist. Eine sorgfältig gepflegte Nachverfolgbarkeit hilft sowohl beim Projektmanagement (wie weit ist das Projekt?) als auch beim Änderungsmanagement (wie wirkt sich dieser Änderungsvorschlag auf mein Projekt aus?).

Pflegen Sie die horizontalen und vertikalen Beziehungen zwischen Arbeitsergebnissen während des gesamten Projekts. Es nützt nichts, dies nur am Anfang zu machen, weil sich zu viel während des Projekts wieder ändert. Nachverfolgbarkeit existiert nicht nur vorwärts, sondern wird dann nützlich, wenn sie bidirektional ist.

Vermeiden Sie Overhead bei den Nachverfolgbarkeitsbeziehungen und deren Pflege. Nachverfolgbarkeit ist kein Selbstzweck im Projekt, sondern ein Werkzeug, das unter Kosten-Nutzen-Aspekten umgesetzt wird. Pflegen Sie vor allem diejenigen Abhängigkeiten, die Sie wirklich brauchen oder die bei Änderungen zu einem Fehlerrisiko werden.

Gehen Sie davon aus, dass sich Anforderungen zu jedem Projektzeitpunkt ändern können. Jede Änderung hat ihre Bedeutung für ihren Urheber. Ihre Aufgabe im Projektgeschäft ist es, die Änderungen sorgfältig und diszipliniert zu prüfen, in das Projekt aufzunehmen und im Projekt zu verfolgen. Ein gutes Projekt beherrscht die Änderungen und wird nicht von ihnen beherrscht.

Sprechen Sie proaktiv mit dem Kunden oder Auftraggeber, um Änderungsrisiken abzuschwächen. Nutzen Sie dabei den Wunsch des Kunden, dass das Projekt erfolgreich wird. Bereiten Sie solche Gespräche im Detail vor, denn Sie sollten Szenarios vorstellen und bewerten.

■ Schaffen Sie ein klares und verbindliches Änderungsmanagement. Klären Sie, wer die Änderungen analysiert und wer ihnen zustimmen muss. Etablieren Sie eine einzige und bekannte Schnittstelle (sog. Änderungskomitee), um diese Änderungen zu akzeptieren. Zeigen Sie mithilfe des Projektplans auf, wie sich Änderungen in ihrer Gesamtheit auswirken. Diskutieren Sie Änderungen nie isoliert vom Projekt. Klären Sie vor Projektstart, wer bei Änderungen bezahlen muss. Bestimmen Sie in jedem Projektplan den Meilenstein, ab dem es keine Änderungen mehr gibt. Insbesondere der Vertrieb muss diese Regeln akzeptieren, um den Kunden verlässliche Kosten, Inhalte und Termine garantieren zu können.

■ Stellen Sie sicher, dass Entwicklungsleistung nur für Anforderungen eingesetzt wird, die einem konkreten Projekt zugewiesen sind. Arbeiten, die sich nicht auf eine genehmigte Anforderung beziehen, haben in einem gut geführten Projekt nichts verloren.

■ Nutzen Sie passende Kennzahlen im RE. Eine hohe Änderungsrate der Anforderungen signalisiert, dass das Projekt außer Kontrolle geraten ist. Kurieren Sie nicht die Symptome, sondern reduzieren Sie die Änderungsrate.

■ Verfolgen Sie den Anforderungsstatus vor Projektstart, um sicherzustellen, dass die Anforderungen rechtzeitig analysiert sind.

■ Setzen Sie die Earned-Value-Analyse zur Projektkontrolle und Fortschrittsmessung ein. Bei inkrementellen Projekten ergeben die bereits umgesetzten Anforderungen ein ideales Instrument für den wirklichen Projektfortschritt.

■ Lernen Sie aus Ihren RE-Erfahrungen. Nach Abschluss des Projekts sollten einige Projektmitarbeiter die Erfahrungen beschreiben und ein bis maximal zwei konkrete Verbesserungsvorschläge ausarbeiten. Nur inkrementelle kontinuierliche Verbesserungen führen zu einem guten RE-Prozess.

8.9   Fragen an die Praxis

■ Können Sie alle Anforderungen Ihres derzeitigen Projekts zurück zu Markt- oder Kundenbedürfnissen verfolgen?

■ Existiert zu jeder Anforderung eine Kosten-Nutzen-Rechnung, die verifiziert wurde?

■ Gibt es für jede Anforderung eine Interessengruppe im Unternehmen, die sie unterstützt? Oder gibt es eine Anzahl von Anforderungen ohne eine klare Quelle?

■ Welche Beziehungen zwischen den einzelnen Projektergebnissen pflegen Sie? Warum?

■ In welchen praktischen Situationen ist die Nachverfolgbarkeit von Anforderungen untereinander wichtig?

■ Wie beschreiben Sie horizontale und vertikale Nachverfolgbarkeit in Ihren Projekten? Haben Sie beide Typen der Nachverfolgbarkeit in Ihrem Projekt eingeführt? Erkennen Sie einen Zusammenhang in der Praxis?

■ Wie gehen Sie vor, wenn der Geschäftsnutzen einer Anforderung drastisch schrumpft?

░ Können Sie Anforderungen, die an Bedeutung verlieren, einfach aus dem Design ausblenden, oder muss alles, was angefangen worden ist, auch fertig entwickelt werden?

░ Wie stark ändern sich Anforderungen in Ihren Projekten?

░ Warum ändern sich Anforderungen in Ihren Projekten? Nehmen Sie einige der früheren Änderungen und untersuchen Sie, was die Änderung auslöste, ob man sie hätte bereits früher bemerken müssen und ob die Änderung beherrscht wurde.

░ Wie könnten Sie Änderungen der Anforderungen bereits bei der Analyse abschätzen?

░ Wie messen Sie Anforderungen (z.B. Fortschritt, Vollständigkeit, Wert der Anforderungen, Messbarkeit von Anforderungen, Performanz des Systems, Anforderungsänderungen, Qualität)?

9 Rollen, Verantwortungen, Kompetenzen

I wondered why somebody didn't do something;
then I realized that I was somebody.

Anonym

9.1 Interessenvertreter und Ziele

Das Requirements Engineering benötigt mindestens zwei grundsätzlich verschiedene Rollen. Es gibt einen Auftraggeber (oder Benutzer, Kunden), der Bedürfnisse hat und dafür eine Lösung sucht, und es gibt einen Lieferanten, der diese Anforderungen in eine Lösung umgesetzt liefert (Abb. 9–1). Beide Rollen können sich in größeren Projekten oder Unternehmen beliebig weiter verfeinern, aber man wird immer trennen müssen, ob eine Rolle auf die linke Seite des Bilds gehört (und damit eine Lösung für ihre Bedürfnisse wünscht und dafür auch bezahlen will) oder auf die rechte Seite (und damit gegen Bezahlung eine Lösung liefern will, die den Bedürfnissen nahekommt).

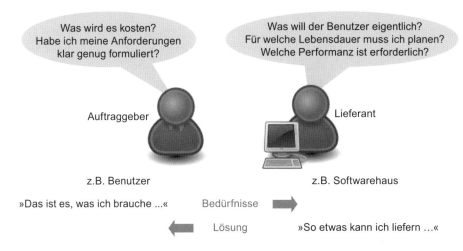

Abb. 9–1   *Die beiden grundlegenden Rollen im RE: Auftraggeber und Lieferant*

Wir brauchen diese scharfe Trennung der zwei **Interessensphären** von Auftraggeber und Lieferant, um klar zu verstehen, was das Problem und was die Lösung ist. Eine einzige Rolle, die versucht, beide Perspektiven gleichzeitig zu vertreten (z.B. Projektmanager macht auch eine Produkt-Roadmap), muss zwangsläufig aufgrund von Interessenkonflikten schiefgehen. Ein Projektmanager kann nicht gleichzeitig Vertreter des Kunden sein und dafür das Maximum an Inhalt zu einem Minimum an Preis herausholen wollen, und dann noch versuchen, das Projekt im Rahmen von Kosten, Zeit und Qualität zu lenken. Man kann nicht gleichzeitig die Benutzerseite und die Lösung optimieren, wie man leicht bei der Optimierung von Preis und Kosten erkennt. Aber man muss die Argumente der jeweils anderen Seite verstehen, um zu Win-win-Situationen zu kommen.

Wir sprechen im Zusammenhang von RE gerne von **Interessenvertreter** oder englisch »Stakeholder«. Ein Stakeholder oder Interessenvertreter ist eine Person oder genereller eine Rolle, die Einfluss hat. Interessenvertreter können natürliche, juristische oder sogar abstrakte Personen sein. Abstrakte Personen repräsentieren eine ganze Gruppe von Beteiligten. Beispielsweise haben wir bereits gesehen, dass ein Auftraggeber nicht immer direkt im Projekt repräsentiert sein kann oder will. Aber es ist trotzdem sinnvoll und für das Projektgelingen oftmals unabdingbar, dass jemand die Rolle des Auftraggebers einnimmt. Daher wird man als Interessenvertreter des Auftraggebers eine vorhandene Rolle im Unternehmen wählen, beispielsweise einen Marketingvertreter, einen Produktmanager oder einen Key Account Manager. Im Projekt vertreten sie die Geschäftsinteressen verschiedener Parteien. Beispielsweise vertritt ein Projektmanager die Interessen des Projekts (z.B. Budgetziele). Ein Kundenvertreter vertritt die Geschäftsziele des Kunden. **Interessenvertreter haben untereinander häufig Interessenkonflikte, die ein guter Projektmanager unter einen Hut bringen muss, um damit ein allseits zufriedenstellendes Ergebnis zu erreichen.**

Häufig vermischen verschiedene Interessengruppen auf Kundenseite ihre eigenen Bedürfnisse mit denjenigen, die für das Projekt relevant sind (z.B. bei einem Kräftespiel zwischen Verkäufern, die widersprüchliche Projektinhalte wollen, um zu beweisen, dass sie sich durchsetzen können, und dadurch das Projekt verzögern). Ein erster Schritt ist es daher, die Schlüsselpersonen im Projekt zu identifizieren und ihren Einfluss zu bewerten.

Die folgende Vorgehensweise hat sich als hilfreich erwiesen, um mit Interessenvertretern im RE und damit im Projekt umzugehen. Sie geht in Schritten vor und betrachtet zuerst, welche Interessenvertreter im Projekt eine Rolle spielen, und danach, welche Interessenvertreter für das spätere Produkt eine Rolle spielen.

Schritt 1:
Identifizieren Sie die Interessenvertreter (engl. Stakeholder) im Projekt. Betrachten Sie dazu Ihr Projekt und seine Umgebung von außen. Da hilft Abschnitt 3.2 für einen ersten Gesamteindruck. Häufig sind allerdings die Rollen etwas diffe-

renzierter, vor allem auf Kundenseite. Dort gibt es Benutzer, Einkäufer, Controller oder Betreiber (und im Einzelfall noch ein paar mehr).

Schritt 2:
Zeichnen Sie ein Bild mit diesen Interessenvertretern und ihren Beziehungen zum Projekt und untereinander (Bedürfnisse, Ziele). Wer hat Interesse am Erfolg oder Scheitern des Projekts? Eine alte Technik aus Politik und Diplomatie besagt, dass die Welt ein Schachbrett von Interessensphären ist und dass demnach jeder Feind meines Feinds automatisch mein Freund ist. Das ist natürlich sehr holzschnittartig, aber die Technik hilft beim Rastern. Man markiert zuerst die Interessengruppen, deren Rollen ganz klar sind. Oftmals sind die Beziehungen zum eigenen Projekt noch schwer zu erfassen – außer es handelt sich um Personen, die selbst das Projekt oder das Budget haben wollten.

Schritt 3:
Arbeiten Sie die Beziehungen zwischen den Interessenvertretern heraus. Welche Beziehungen sind wichtig für das Projekt? Jetzt können Sie die vielen Gruppen ausklammern, die nicht so wichtig für Ihr eigenes Projekt sind. Seien Sie vorsichtig. Anforderungen kommen häufig von sehr verschiedenen Stellen, und seien es auch nur Prozessanforderungen. Welche spezifischen Rollen oder Personen hinter den Rollen wollen Sie gezielt für Ihre Zwecke nutzen? Bei den Kunden gibt es in der Regel solche, die alle Anforderungen im Detail beschreiben und sich in Details der späteren Anwendungsfälle verlieren. Aber es gibt auch solche, die an einer Lösung zu einem geschäftlichen Bedürfnis interessiert sind. Sie erkennen den Unterschied in Interviews daran, dass die erste Gruppe eher bottom-up vorgeht, während die zweite Gruppe eher vom Gesamtnutzen und Geschäft spricht. Man braucht beide Gruppen, um sowohl die Details herausarbeiten zu können als auch den Blick auf das Ganze nicht zu verlieren. Machen Sie sich die zweite Gruppe unbedingt zum Freund. Sie hat in aller Regel das Geld.

Schritt 4:
Analysieren Sie mögliche Konfliktpotenziale. Welche Konfliktpotenziale existieren unter den verschiedenen Interessengruppen? Beachten Sie hierbei, dass die Konflikte nicht primär zwischen Auftraggeber und Lieferant auftreten, sondern eher innerhalb der beiden Lager. Wer könnte vom Versagen einer Partei profitieren? Wer würde gerne nachrücken? Hier bieten sich perspektivische Ansätze an (also wechselnde Betrachtungsweisen oder Szenarien), wie sie auch in der Psychologie oder in der Kriminalistik eingesetzt werden. Nehmen Sie selbst oder einige vertraute Mitarbeiter im Projekt spezifische Rollen ein und spielen Sie dann miteinander ein Rollenspiel. Versuchen Sie dabei zu ergründen, was in den bisherigen Gesprächen *nicht* gesagt wurde. Stimulieren Sie Ihre Mitspieler zu übertriebenen Rollen; erst dann kommen Konflikte auf den Tisch. Der berühmte »advocatus diaboli« ist eine Pflichtrolle in diesem Schritt, denn er erleichtert Ihren Kollegen, eine sehr unpopuläre Position einzunehmen.

Schritt 5:

Identifizieren Sie die Win-win-Möglichkeiten für jede dieser Schlüsselpersonen – und die damit verbundenen Risiken. Welche Zielgruppen hat das geplante System? Haben Sie in Ihrer ersten Analyse der Interessengruppen wirklich alle berücksichtigt, die nachher das Produkt in irgendeiner Form benutzen? Wie wird das System genutzt? Typische Zielgruppen, die jeweils eigene Benutzerprofile und Perspektiven haben, sind Betrieb, Wartung, Installation, Training, erfahrener Benutzer, Neuling, Vorgesetzter von Benutzern etc. Ihr Ziel als Projektmanager ist es, die Interessengruppen nicht gegeneinander auszuspielen, sondern sie im Rahmen Ihres Projekts optimal zusammenzubringen. Wer wird durch die identifizierten Risiken auf welche Weise beeinträchtigt?

Schritt 6:

Arbeiten Sie an der Realisierung der Win-win-Möglichkeiten. Wer könnte beim Abschwächen der Risiken hilfreich sein? Oftmals können Risiken bereits gemindert werden, wenn sich ein Interessenvertreter stärker oder schwächer engagiert. Im Entwickeln von Anforderungen beispielsweise kann es helfen, dass Sie einem sehr ausdrucksstarken und dominierenden Interessenvertreter signalisieren, sich zurückzunehmen oder gar das Terrain vorübergehend zu verlassen (soweit das gelingt). Andere ihnen freundlich gesonnene Schlüsselpersonen könnten innerbetrieblich durch eigenes Budget oder kritische Ressourcen zum Gelingen beitragen.

Schritt 7:

Welche Perspektiven (oder Szenarien, Sichtweisen) der Interessenvertreter spielen eine Rolle, um Anforderungen zu entwickeln und herauszuarbeiten? Im Zuge des Ermittelns aller Anforderungen sollten Sie die bereits definierten Interessengruppen und deren Perspektiven ausweiten. Verschiedene Interessenvertreter an dem geplanten System haben unterschiedliche Sichtweisen, wie das Produkt genutzt werden soll oder was es leisten soll. Sie müssen konsequent deren Perspektive einnehmen, um wirklich zu verstehen, was sie damit bezwecken. Was wird der Hauptnutzen, was werden die Nebeneffekte des Produkts sein, wenn es erst einmal ausgeliefert wurde? Welche Schnittstellen gibt es zwischen diesen Szenarien oder Sichtweisen? Manche dieser Schnittstellen sind durch Standards geregelt, manche sind unbekannt und müssen herausgearbeitet werden. Dokumentiert werden diese Akteure und deren Schnittstellen in einem Kontextdiagramm.

Schritt 8:

Vervollständigen Sie das Bild der Interessensphären. Welche Interessenvertreter oder Perspektiven haben Sie noch vergessen? Oftmals geht es im Herausarbeiten von Anforderungen um Szenarien, die nicht eintreten dürfen. Man spricht hierbei auch von »Misuse Cases«, also Anwendungsfällen, die nicht eintreten dürfen. Ein Beispiel stellt die Sabotage eines Systems dar. Oftmals ist es dabei hilfreich, Personen hinzuzunehmen, die in diesem Bereich Erfahrung haben. Das amerikanische Militär stellt aus diesem Grund sogar Hacker ein, die nichts anderes machen, als interne Systeme zu sabotieren. Ein anderes Beispiel sind unerfahrene Benutzer, die Bedienungssequenzen eingeben, die einem Entwickler oder erfahrenen System-nutzer unvorstellbar sind.

Wir wollen anhand unseres Aufzugs beispielhaft das Verhalten verschiedener Interessengruppen in einem Projekt zeigen. Die Interessengruppen sind reguläre Benutzer, die von einem in ein anderes Stockwerk gelangen wollen, VIP-Benutzer, die bevorzugt bedient werden wollen, um schnell in einen geschützten Bereich im Gebäude zu kommen, Architekten, die den Aufzug möglichst effizient und kom-fortabel nutzen wollen, Bauherren, denen an Verfügbarkeit, Kosten und Sicher-heit liegt, Ingenieure, die Hardware und Software entwickeln, Dienstleister, die das System pflegen und warten werden, Sicherheitskräfte, die eine größtmögliche Sicherheit gewährleisten wollen, und Betrüger, die darauf aus sind, das System zu missbrauchen. Jede dieser Interessengruppen bringt ganz entscheidende neue Designaspekte ins Spiel. Keine ist per se wichtig oder unwichtig. Klar ist, dass Bauherr und Architekt auf der einen Seite und der Lieferant auf der anderen Seite anfangs die wesentlichen Anforderungen vorgeben. Aber oftmals sind diese noch unvollständig. Der Hersteller mag eine Checkliste haben, doch erkennt er sofort, welche Risiken durch Missbrauch in der speziellen Konstellation möglich sind? Wie werden versehentliche Notrufe abgefangen? Wie werden falsche Notrufe erkannt? Wie lässt sich effektiv verhindern, dass ein geschützter VIP-Bereich unerlaubt angefahren wird? Wie lässt sich der Zugang zu den Serviceschnittstel-len und Bussystemen schützen? Wir erkennen an diesen wenigen Fragen, dass Missbrauchsperspektiven oder Negativszenarien dabei helfen, eine robuste Architektur zu entwickeln. Und das ist nur ein Ausschnitt. Viele weitere nützliche Impulse können von Benutzergruppen kommen, deren Anforderungen zu auf-wendigen Nacharbeiten führen können, wenn sie erst im laufenden Betrieb erkannt werden.

9.2 Verantwortungen klären

Betrachten wir nun einige konkrete Aufgaben und Rollen im RE-Prozess. Wir wollen keine bestimmte Organisationsstruktur vorstellen, machen jedoch deut-lich, wie die betroffenen Personen zusammenarbeiten sollten, um aus Projektsicht den größtmöglichen Erfolg im RE zu erzielen. Die Rollen und Aufgaben leiten sich aus den Geschäftsprozessen (z. B. Marketing) und den unterstützenden Pro-zessen (z. B. Qualitätssicherung) ab. Vor allem unterstützende Rollen, wie ein Änderungskomitee, werden dabei gerne »vergessen« und ihre Verantwortung unzureichend definiert. Wir wollen hier nur die unmittelbar mit dem RE zusam-menhängenden Rollen betrachten.

Eine Person kann mehrere Rollen wahrnehmen – gerade bei kleinen Organi-sationen. Ein Produktmanager in einem Wartungsprojekt kann auch dessen Pro-jektmanager sein. Das Marketing in einem eng begrenzten Wirtschaftssektor, wo sich die Akteure kennen, ist typischerweise auch für den Vertrieb verantwortlich. In der internen Softwareentwicklung, beispielsweise für innerbetriebliche Informationssysteme, werden die Aufgaben Produktmanagement, Marketing und Vertrieb direkt vom Chief Information Officer (CIO) oder einer delegierten Person wahrgenommen. Hier gibt es vielfältige Überlappungen, die wir nicht diskutieren wollen. Es ist jedoch unabdingbar, dass die Rollen klar definiert sind.

Wenn eine Person mehrere verschiedene Rollen einnimmt, sollte sie sich darüber bewusst sein, dass es Zielkonflikte innerhalb der Rollen gibt. Ein Projektmanager will primär sein Projekt erfolgreich und ohne Störungen abschließen, während der Vertrieb an der langfristigen guten Beziehung zu einem Kunden interessiert ist, selbst wenn das derzeitige Projekt durch verspätete Anforderungen stark gestört wird. Solche Konflikte müssen bewusst aufgelöst werden, was nur funktioniert, wenn die Ziele, Verantwortungen und Schnittstellen eindeutig definiert sind. Dann können auf der Basis von übergeordneten Unternehmenszielen einzelne Maßnahmen abgeleitet werden, die für alle Beteiligten (und damit im Interesse von Kunden und Unternehmen) als Team getragen werden.

Auftraggeber, Kunde

Auftraggeber haben Anforderungen an eine Lösung und erwarten diese Lösung innerhalb bestimmter Rahmenbedingungen. Typischerweise kommen Auftraggeber von außerhalb des Unternehmens und erwarten eine Lösung, für die sie zu bezahlen bereit sind. Dieses Außenverhältnis wird vertraglich geregelt. Damit ist auch der Auftraggeber die einzige Rolle, die verbindlich durch die Gesetzgebung vorgesehen ist (siehe Abb. 7–7). Auftraggeber können auch innerhalb eines Unternehmens sitzen (bei innerbetrieblichen Datenverarbeitungssystemen beispielsweise). Auftraggeber kommunizieren je nach Projektumfang und -bedeutung im Unternehmen mit dem Projektmanager, mit dem Vertrieb, mit dem Produktmanager und mit der Geschäftsleitung. Auftraggeber können sehr unterschiedliche Perspektiven einnehmen, wie unser Beispiel in Abschnitt 9.1 zeigte. Für Auftraggeber bestehen in der Regel hohe Konfliktpotenziale, beispielsweise, wenn die vorhandenen Ressourcen nicht ausreichen, um alle wichtigen Anforderungen zu erfüllen. Obwohl sich im Normalfall die finanzielle Seite durchsetzt, kann das nicht absehbare Konsequenzen bei der Abnahme haben. Ein fauler Kompromiss bei Anforderungen, insbesondere bei teuren Qualitätsanforderungen, bringt spätere Probleme, die nie mehr sauber zu beheben sind.

Benutzer

Benutzer werden das System betreiben oder nutzen. Sie können es weiterentwickeln oder es nur einkaufen, um es als Produktkomponente einzusetzen. Häufig stehen die Benutzer auf der Kundenseite. Bei Konsumgütern sind sie sogar identisch. In vielen Projekten jedoch muss scharf getrennt werden, denn die Betrachtungsweisen zwischen Benutzer und Auftraggeber sind verschieden (z. B. Funktionalität ist für den Benutzer wichtig, während der Auftraggeber eher die Kosten sieht). Bei unserem Aufzugsbeispiel ist der Benutzer eine vielschichtige Rolle, die einmal den Fahrgast betrachtet, aber auch einen Servicetechniker oder sogar das Rettungspersonal im Falle eines Unfalls.

Projektmanager

Jedes Projekt hat *einen* verantwortlichen Projektmanager. Er bringt die verschiedenen Anforderungen zusammen und sorgt dafür, dass Anforderungen, Zeitdauer und Aufwand mit den vorhandenen Ressourcen korrespondieren. Er vertritt »sein« Projekt nach außen und verhindert damit, dass es zu viele Ad-hoc-Schnittstellen gibt. Er wird am Erfolg des Projekts gemessen – also an einem relativ kurzfristigen Ziel. Erfolg heißt, das Projekt im Rahmen der akzeptierten Randbedingungen zu liefern. Das bedeutet aber auch, dass er in der Regel nicht für Folgeprojekte oder gar für langfristige Effekte der Ergebnisse seines Projekts verantwortlich ist. Ob die Anforderungen Sinn machen (solange sie erfüllbar sind), ist nicht seine primäre Aufgabe (obwohl er dies sicherlich entsprechend kommuniziert), sondern jene der Auftraggeber und intern des Produktmanagements oder des Marketings. Er wird Zielkonflikte und unzureichende Anforderungen reklamieren, damit das Projekt realistische Erfolgschancen hat. Er analysiert alle projektexternen Konflikte und natürlich alle Schwierigkeiten innerhalb des Projekts und schlägt Lösungsalternativen vor. Diese Alternativen werden durch den Auftraggeber oder durch den Steuerungsausschuss geklärt.

Produktmanager

Der Produktmanager ist der verantwortliche Manager eines Produkts über den gesamten Produktlebenszyklus [Ebert2007b]. Der Produktmanager folgt dem Produktmanagement-Geschäftsprozess. Er verantwortet den Business Case eines Produkts über dessen verschiedene Versionen, Varianten und den zugehörigen Dienstleistungen. Als »Mini-CEO« repräsentiert er ein Unternehmen oder einen Geschäftsbereich in der Formulierung der Strategie und ihrer operativen Umsetzung (z. B. Produktanforderungen, Releasedefinitionen, Releaselebenszyklen, Leitung eines multifunktionales Produkteinführungsteams, Vorbereitung und Umsetzung des Business Case in einem Kontext, wo viele interne und externe Interessengruppen beteiligt sind). Im Unterschied zum Projektmanager, der an der erfolgreichen Umsetzung seines spezifischen Projekts gemessen wird, hat er ein Interesse am langfristigen Produkterfolg über die einzelnen Teilprojekte oder Versionen hinweg. Bei Investitionsgütern betrachtet er die Folge von Releases und deren Inhalte, während der Projektmanager nur das eine Release im Blick hat, das für sein Projekt relevant ist. In Einzelprojekten (ohne Bezug auf andere Projekte oder Produkte) wird die Rolle des Produktmanagers und des Projektmanagers häufig durch die gleiche Person wahrgenommen. Eine Kernaufgabe des Produktmanagers ist es, die Wirtschaftlichkeitsrechnung aufzustellen und zu pflegen (engl. Business Case) und in Abhängigkeit davon Anforderungen zu priorisieren und damit zu entscheiden, was wann zu welchem Preis geliefert wird.

Marketing, Vertrieb

Das Marketing sorgt dafür, dass durch das Produkt ein bestmöglicher Markt adressiert wird. Das Marketing hat einen sehr engen Kontakt zu aktuellen und möglichen Kunden, um deren Bedürfnisse zu verstehen. Märkte und Bedürfnisse müssen oftmals neu geschaffen werden, um ein Unternehmen oder ein Produkt zu positionieren. Der Vertrieb ist die äußere Schnittstelle zum Kunden, vor allem bei größeren Märkten, wo nicht nur ein einzelner Kunde auftritt. Der Vertrieb schließt Verträge zwischen dem Auftraggeber und dem Lieferanten. Da viele Vertriebsrepräsentanten an ihrem eigenen Umsatz gemessen werden, ist ihre Rolle häufig nicht exakt diejenige, die ein Projektmanager erwarten würde. Sie zeigen zum Kunden eine große Flexibilität, um zum Vertrag zu kommen, und bestimmen gemeinsam mit dem Marketing, wie das Produkt inhaltlich und preislich positioniert wird. Für das RE sind Marketing und Vertrieb eine wichtige Quelle für Anforderungen und deren Änderungen. Viele kritische Anforderungen, die später zum Scheitern des Projekts führen können, resultieren ursprünglich aus einem falsch verstandenen Kundenbedürfnis durch den Vertrieb. Dies gilt vor allem für Termine, die gerne sehr restriktiv und oftmals unterhalb der erreichbaren Möglichkeiten gesetzt werden. Hier ist es wichtig, dass Produktmanager und Projektmanager gemeinsam ein starkes Gegengewicht zum Vertrieb bilden. Dieses Innenverhältnis muss sorgfältig austariert werden, um ein erfolgreiches Produkt zu lancieren.

Requirements-Ingenieur, Systemanalytiker, Business Analyst

Der Requirements-Ingenieur (auch Systemanalytiker, Anforderungsingenieur, Business Analyst, Requirements Analyst) ist das Bindeglied zwischen Kunden, Benutzer, Marketing/Vertrieb, Produktmanagement und der Entwicklung. Er verantwortet die Ermittlung und Dokumentation der Kundenbedürfnisse und der daraus abgeleiteten Markt-, Produkt- und Komponentenanforderungen. Der Requirements-Ingenieur berichtet an den Produktmanager oder an den Projektmanager. Weitere Details zum Requirements-Ingenieur finden sich in Abschnitt 9.3.

Entwicklung

Diese Gruppe im Unternehmen stellt die Ressourcen bereit, um das Projekt auszuführen und eine Lösung zu entwickeln. Entwickler liefern oftmals durch ihre eigene interne Sichtweise auf das Projekt und das zu entwickelnde Produkt eine ganze Reihe von weiteren Anforderungen. Die Aufgabe der Entwicklung ist nicht, Anforderungen zu bewerten, zu interpretieren oder zu ändern. Fragestellungen an Anforderungen müssen immer durch den Projektmanager aufgegriffen und gelöst werden. Allerdings sind die Hinweise von Entwicklern unverzichtbar, um die Anforderungen zu präzisieren. Wir zählen Tester zur Entwicklung, denn immer weniger Unternehmen haben die klassische Trennung zwischen Spezifikation, Entwurf und Codierung in einer Abteilung und Test in einer anderen Abteilung. Sie haben erkannt, dass Qualität nur dann effektiv und kostengünstig erreichbar ist, wenn sie bereits zu Beginn des Projekts in dessen Zentrum steht – und nicht am Ende »hineingetestet« werden soll. Gerade Tester haben im Prozess des RE eine Rolle, die ihnen keine andere Gruppe abnehmen kann, denn nur sie betrachten die Anforderungen neutral und vor dem Hintergrund, wie sie zu Fehlern führen können.

Qualitätssicherung

Dieses unabhängige Kontrollorgan sichert die Erfüllung von Qualitätsanforderungen an Produkt und Prozesse. Die Qualitätssicherung ist aus Kostengründen stichprobenartig und kann niemals absolut gewährleisten, dass alle Komponenten allen Qualitätsanforderungen genügen. Daher wird die klassische komponentenorientierte Qualitätssicherung zunehmend durch eine prozessorientierte Qualitätssicherung ersetzt. Eine gute Prozessfähigkeit hilft dabei, dass alle resultierenden Komponenten den gleichen Qualitätsstandards genügen. Qualitätssicherung ist nicht synonym mit Qualitätskontrolle (also Tests, Reviews, Inspektionen etc.), die Bestandteil aller Prozessschritte ist und durch die Entwicklung wahrgenommen wird. Gerade das Testen ist eine wesentliche Komponente des RE, denn dort werden Anforderungen auf Validierbarkeit hin geprüft und Abnahmetests spezifiziert. Eine solche Aufgabe muss der Requirements-Ingenieur oder ein Tester wahrnehmen und nicht eine externe Qualitätsfunktion.

Änderungskomitee (engl. Change Control Board oder Change Review Board)

Hierbei handelt es sich um eine formal definierte Gruppe verschiedener Repräsentanten von Interessensphären im Projekt, die über alle Änderungen zur Konfigurationsbasis des Projekts entscheiden. Es besteht typischerweise aus einem Produktmanager oder kommerziell verantwortlichem Projektmanager, der das Komitee leitet, sowie verschiedenen Repräsentanten von Interessengruppen, wie Marketing, Entwicklung, Test, Systemanalyse, Unterauftragnehmer etc. Kunden sind optional an Bord, je nachdem, wie eng die Kundenverflechtungen sind. Je nach Bedarf sind Lieferanten oder auch Outsourcing-Partner mit im Änderungskomitee. Die Hauptaufgabe des Änderungskomitees ist es, vorgeschlagene Änderungen zu Anforderungen, Projektkonfigurationsbasis oder bestimmten Projektergebnissen, die vom ursprünglich abgesprochenen Inhalt abweichen oder ihn noch mehr detaillieren, im Zusammenhang zu prüfen und zu bestätigen. Änderungskomitees tagen regelmäßig (häufig im Wochenabstand) und stützen ihre Entscheidungen auf bereits vorher durchgeführte Einflussanalysen. Nach der Bestätigung durch das Änderungskomitee werden alle beeinflussten Projektdaten konsistent angepasst. Eine Methodik zur Nachverfolgung von Anforderungen durch das Projekt hilft dabei, die Änderungen komplett und konsistent durchzuführen (siehe Abschnitt 8.1).

Projektkernteam, Projektmanagementteam, Leitungsgruppe (engl. Project Core Team)

Das Projektkernteam ist für die gesamte Steuerung des Projekts in all seinen Facetten nach innen und außen verantwortlich. Geführt wird das Projektkernteam durch den Projektmanager. Es umfasst den Projektmanager, den Produktmanager, den Marketingmanager sowie einen Vertreter aus Entwicklung, Betrieb, Qualitätssicherung und Service. Diese Gruppe trifft sich regelmäßig (z.B. wöchentlich), um den Fortschritt des Projekts zu beleuchten und eventuelle Schwierigkeiten oder offene Punkte zu lösen. Da alle Beteiligten am Erfolg des Projekts direkt interessiert sind, ist diese Gruppe zumeist am ehesten in der Lage, bei Risiken oder Konflikten pragmatische Lösungen zu finden. Innerhalb des Produktlebenszyklus ist diese Gruppe für die Reviews bei kritischen Meilensteinen verantwortlich. Eine der Kernaufgaben dieses Teams ist das Änderungsmanagement, denn nur eine Abwägung aller Implikationen der Änderung oder einer neuen Anforderung hilft dabei, das Projekt zum Erfolg zu bringen.

Geschäftsleitung, Steuerungsausschuss, Steuerkreis

Jedes Projekt und damit jedes Produkt, das aus einem Projekt resultiert, muss zu den Geschäftszielen eines Unternehmens passen. Keiner kann sich den Luxus leisten, aufs Geratewohl zu entwickeln. Das gilt auch für Kundenbeziehungen. Und es gilt für den Ressourceneinsatz, seien es finanzielle Mittel oder Mitarbeiter oder Infrastruktur. Und in aller Regel sind die möglichen Projekte und Produkte viel umfangreicher als die verfügbaren Ressourcen. Hier kommt die Geschäftsleitung ins Spiel. Sie gewährleistet direkt oder indirekt über Managementteams in einem größeren Unternehmen, dass die verschiedenen Ziele des Unternehmens bestmöglich durch die Gesamtzahl aller Projekte erfüllt werden. In *größeren Projekten* oder in Situationen mit vielen Interessenvertretern und großem Konfliktpotenzial wird die Geschäftsleitung einen Steuerkreis für das Projekt installieren. Ein solcher Steuerkreis soll dann in das Projekt eingreifen, wenn sich Randbedingungen ändern oder wenn Konflikte zwischen den Interessengruppen im Projekt nicht beigelegt werden können. Dies können neue Anforderungen, Erweiterungen, eine veränderte Ausrichtung, neue Ressourcen oder aber auch das vorzeitige Beenden des Projekts sein. Der Projektsponsor und ein Kundenvertreter sollten in einem Steuerkreis vertreten sein. Der Steuerkreis und die Geschäftsleitung greifen nicht in das Tagesgeschäft ein. Dies ist die Aufgabe des Projektmanagers.

Diese kurze Zusammenfassung von typischen Rollen im RE ist natürlich nicht vollständig und gibt die Verantwortungen und das Innenverhältnis nur holzschnittartig wieder. Zur konkreten Umsetzung in einem Projekt empfehlen wir, dass Sie zunächst die externen und internen Interessengruppen sammeln. Danach sollten Sie eine einfache Tabelle aufstellen, die die wichtigsten Merkmale der Interessenvertreter beschreibt (Abb. 9–2). Je nach Inhalt ist diese Tabelle nicht zur Weitergabe gedacht und dient primär dem Projektmanager (oder einer anderen Rolle) zu Ausführung seiner Arbeiten.

Rolle	Name	Aufgaben-beschrei-bung	Verant-wortung	Hintergrunds-informationen	Verfüg-barkeit	Adresse, Koordinaten
Produkt-manager	Justus Junker	Verant-wortet Geschäfts-erfolg	Produkt-strategie, Business Case, Anforde-rungsliste	War vorher Projektmana-ger; kennt das Geschäft	Täglich; kann auch zu Hause angerufen werden	juju@firma.de Durchwahl: -3456
Nutzer	Bertram Beier	Installiert das System auf Nutzer-seite	Installations-handbuch, Abnahme, Service-vertrag	Kennt alle Konkurrenz-produkte. Absolut wichtig wegen der Ab-nahme und der Folgeaufträge	Freitags; wurde so mit Kunden abge-sprochen	bebe@kunde.de Telefon: 0211/1234-5678
Etc.						

Abb. 9–2   *Beschreibung von Interessenvertretern*

9.3   Der Requirements-Ingenieur

Der Requirements-Ingenieur (auch Systemanalytiker, Anforderungsingenieur, Business Analyst, Requirements Analyst) ist das Bindeglied zwischen Kunden, Benutzer, Marketing/Vertrieb, Produktmanagement und der Entwicklung. Er ist für die Ermittlung und adäquate Dokumentation der Kundenbedürfnisse und der daraus abgeleiteten Markt-, Produkt- und Komponentenanforderungen zuständig. Die konkreten Eindrücke der eigenen Produkte in der jeweiligen Kundenumgebung und von Arbeitssituationen und Szenarien beim Kunden werden von ihm zu Benutzerprofilen, Benutzungsfällen und Szenarien spezifiziert. Es entstehen Szenarien typischer Vorgehensweisen, Arbeitsabläufe oder Algorithmen. Das Spezifizieren hilft dabei, sich den Kontext zu verdeutlichen, in dem die Software eingesetzt werden soll.

Gemeinsam mit dem Kunden plant und spezifiziert er Softwaresysteme und begleitet diese bei der Umsetzung. Parallel zur Ermittlung und Analyse der Anforderungen gleicht er verschiedene Randbedingungen gegeneinander ab, um Konflikte zwischen den Interessenvertretern frühzeitig zu entschärfen und zu Win-win-Lösungen zu kommen. Dadurch wird für das Projektteam transparent, für welche Art von Benutzern in welchen Situationen die Software entwickelt wird. Wichtig für den Requirements-Ingenieur in dieser Schnittstellenfunktion zwischen Kunden und Projekt ist es, den Unterschied zwischen dem, was die Kunden wollen, und dem, was sie wirklich brauchen, herauszuarbeiten und sich nicht vorschnell auf eine bestimmte Lösung festzulegen, selbst wenn sie vom Kunden bereits spezifiziert ist.

Der Requirements-Ingenieur erarbeitet und dokumentiert die Anforderungen an Softwaresysteme. Er ist mit den Methodiken und Tools für das RE vertraut und geübt in der zielorientierten Kommunikation mit dem Kunden. Typischerweise verantwortet er den Analyseprozess und leitet andere Ingenieure an oder unterstützt sie im Team.

Der Requirements-Ingenieur berichtet an den Produktmanager oder an den Projektmanager. Soweit er im Produktmanagement beheimatet ist, verfolgt er die Ziele des Produktmanagers, also den nachhaltigen Geschäftserfolg des Produkts über einzelne Projekte und Releasezyklen hinweg zu gewährleisten. Dies ist sicherlich die beste Positionierung, um zu sichern, dass unterschiedliche Schwerpunkte und Sichten beispielsweise aus Entwicklung und Vertrieb zusammenarbeiten und zu einer Win-win-Situation kommen. Alternativ ist der Requirements-Ingenieur in der Entwicklung oder IT angesiedelt und berichtet an den Projektmanager oder einen IT-Manager. Der große Vorteil dieser Konstruktion ist die Entwicklungsnähe, was dabei hilft, dass Unklarheiten und offene Punkte verbindlich beseitigt werden, und nicht isoliert entschieden werden. Von Nachteil ist die enge Beziehung zur Entwicklung aus der Sicht von Vertrieb, Produktmanagement oder von Fachbereichen (bei internen IT-Projekten). Häufig versteht der Requirements-Ingenieur in dieser Konstellation zu wenig vom Geschäftsmodell der internen oder externen Kunden und ist damit nicht in der Lage, Prioritäten, kritische Anforderungen oder mögliche offene Punkte und Unsicherheiten zu erkennen, zu eskalieren und aufzulösen. Wichtig ist, dass der Requirements-Ingenieur unabhängig von seiner aktuellen Position um diese Risiken weiß und sie proaktiv anpackt, bevor das Projekt auf der Basis unzureichender Anforderungen in Schwierigkeiten kommt. Eine Beschreibung der Zertifizierung zum Certified Professional Requirements-Engineer findet sich in Abschnitt 9.4.

Wie sieht eine **Positionsbeschreibung**, eine **Stellenausschreibung** sowie ein **Kompetenzprofil** eines Requirements-Ingenieurs[1] aus ? Alle drei Beschreibungen hängen zusammen und sollten im Zusammenhang an die jeweilige konkrete Situation in Ihrem Unternehmen angepasst werden. Bei den folgenden Beispielen handelt es sich um tatsächlich genutzte Beschreibungen aus der Praxis. Sie sind

---

1.   Gilt analog auch für Positionen mit Titeln wie Systemanalytiker, Anforderungsingenieur, Business Analyst, Requirements Analyst.

typischerweise zu einem Grad von über 80 % des Inhalts von generischer Natur, benötigen also keine große Überarbeitung.

Positionsbeschreibung

Titel der Position: Requirements-Ingenieur

Spezifische Beschreibung: Requirements-Ingenieur Software der Produktlinie ABC innerhalb des Geschäftsfelds XYZ

Berichtet an: Produktmanager der Produktlinie ABC

Verantwortungen:

- Ermittlung der Anforderungen von Kunden- und Benutzerseite
- Spezifikation der Anforderungen
- Erarbeitung und Pflege des Lastenhefts
- Grundlegende Erarbeitung des Pflichtenhefts
- Modellierung und Analyse der Marktanforderungen
- Entwicklung, Modellierung und Analyse der Produktanforderungen
- Prüfung der Markt- und Produktanforderungen
- Pflege der Anforderungen in den verbindlichen Werkzeugen
- …

Voraussetzungen, Kompetenzen:

- Diplom oder äquivalenten Abschluss in Informatik oder Elektrotechnik
- Mindestens zwei Jahre Berufserfahrung in einem technischen Feld mit Aufgaben in der Softwaretechnik
- Gute Kenntnisse der eigenen Produkte, des Markts, des Wettbewerbs und der Technologien im Verantwortungsbereich
- Ausgeprägte Kommunikationsfähigkeiten
- Verhandlungsgeschick
- Gute Kenntnisse der englischen und deutschen Sprache
- Beherrschung der aktiven Umsetzung der relevanten unternehmensinternen Prozesse und Werkzeuge (z. B. Produktlebenszyklus, Lieferantenmanagement, Lizenzmanagement, Behandlung von Open-Source-Software, Urheber- und Patentrechte, Kennzahlen, Requirements Engineering)
- Verständnis der relevanten zugrunde liegenden Technologien

Stellenausschreibung

Ihre Aufgaben: Als Requirements-Ingenieur im Bereich Software der ABC AG erarbeiten und dokumentieren Sie die Anforderungen an innovative und zukunftsfähige technische Softwaresysteme.

Sie sind mit den Vorgehensweisen und Werkzeugen für Ermittlung, Analyse, Modellierung und Management von Anforderungen vertraut und sind sicher bei der Kommunikation mit Kunden und verschiedenen Interessengruppen. Aus dieser Position heraus übernehmen Sie federführend den Analyseprozess und leiten andere Ingenieure an oder unterstützen sie im Team. Gemeinsam mit dem Kunden planen und spezifizieren Sie Softwaresysteme und begleiten diese bei der Umsetzung im Projekt.

Ihre Qualifikation: Sie haben ein abgeschlossenes Studium in den Fächern Informatik, Elektrotechnik, Maschinenbau oder Physik. Sie sollten bereits berufliche Erfahrung mit Projektarbeit vorweisen können und bei Anforderungsanalysen mitgewirkt haben.

Sie zeichnen sich sowohl durch ein fundiertes analytisches Verständnis als auch durch eine pragmatische Lösungsorientierung aus. Sie sind hartnäckig bei der Klärung offener Punkte, verbindlich bei Zusagen und Ergebnissen und arbeiten strukturiert und prozessorientiert. Wünschenswert sind Erfahrungen in der Softwareentwicklung, vorzugsweise im technischen Bereich, und Kenntnisse mit Werkzeugen wie DOORS, Integrity oder PREEvision.

Sie arbeiten gerne direkt mit dem Kunden zusammen und sind kommunikativ. Sie haben ein sicheres Auftreten, arbeiten selbstständig und zielorientiert und sind qualitätsbewusst, kreativ, offen, teamfähig, mobil. Sie beherrschen Deutsch und Englisch in Wort und Schrift. Als Schnittstelle zwischen der ABC AG und unseren Märkten und Kunden denken und handeln Sie unternehmerisch.

Ihr nächster Schritt: Haben Sie Interesse an einer abwechslungsreichen Aufgabe in einem modernen, zukunftsfähigen und prosperierenden Unternehmen? Dann freuen wir uns auf Ihre vollständigen Bewerbungsunterlagen, gerne auch per E-Mail.

Kompetenzprofil

Persönlichkeit:

- Kommunikationsfähigkeiten
- Analytisches Verständnis
- Lösungsorientierung
- Zielorientierung
- Verlässlichkeit
- ...

Produkte:

- Produktkenntnisse
- Angrenzende Produktlinien X, Y, Z
- Technologien A, B, C
- Marktteilnehmer
- ...

Management (Grundlagen):

- Projektmanagement
- Führung virtueller Teams
- Einfluss außerhalb der Berichtslinie ausüben
- …

Betriebswirtschaft (Grundlagen):

- Wirtschaftlichkeitsrechnung
- Marketing
- Kundenberatung
- Wertvermittlung
- …

9.4 Zertifizierung nach IREB

Das Requirements Engineering hat über die vergangenen Jahre ein eigenes Zertifizierungssystem zum **Certified Professional for Requirements Engineering** aufgebaut. Damit geht das RE den gleichen Weg wie das Projektmanagement mit seiner Qualifizierung zum Projektmanager auf der Basis des PMBOK [PMI2008].

Eine solche Qualifizierung bietet dem Requirements-Ingenieur (siehe auch Abschnitt 9.3) einige Vorteile:

- Das Berufsbild des Requirements-Ingenieurs wird zunehmend stabiler und hilft dabei, auch die Schnittstellen und Verantwortungen zu optimieren.
- Ein qualifizierter Requirements-Ingenieur kann sehr viel leichter zu einem anderen Unternehmen wechseln und dort ähnliche Voraussetzungen und Randbedingungen für die Durchführung dieser Aufgabe erwarten.
- Für die Unternehmen bedeutet die Qualifizierung, dass die Qualität des RE weniger personenabhängig ist und der Weg hin zu einem Team aus gut ausgebildeten Requirements-Ingenieuren definiert wird.

Eine Zertifizierung zum Requirements-Ingenieur (sog. Certified Professional for Requirements Engineering, CPRE) wird durch das International Requirements Engineering Board (IREB) [IREB2012] angeboten. Dabei werden drei aufeinander aufbauende Stufen unterschieden, nämlich Foundation, Advanced und Expert Level. Die drei Stufen gliedern sich wie folgt:

- **Foundation Level**
  Die Person ist mit der Begriffswelt des Requirements Engineering vertraut und ist in der Lage, die grundlegenden Techniken und Methoden des Requirements Engineering anzuwenden.
- **Advanced Level**
  Die Person ist in der Lage, für die gegebene Situation das richtige Vorgehen und den richtigen Mix der Techniken und Methoden auszuwählen und Requirements Engineering zu betreiben.

▦ **Expert Level**
Die Person hat sich auf bestimmte domänen- und verfahrenspezifische Themen des RE spezialisiert. Das Zertifikat weist die entsprechenden Domänen
und Verfahren aus.

Die zugehörigen Lehrpläne wurden von internationalen Experten aus Wissen-
schaft und Industrie erarbeitet. Sie sind online kostenlos verfügbar[2]. Damit wird
Requirements Engineering zu anderen Disziplinen klar abgegrenzt, Begriffe und
Konzepte werden vereinheitlicht, und das notwendige Fachwissen wird vermittelt. Ausbildungen, die nach dem Lehrplan akkreditiert sind, vermitteln international anerkannte Methoden und Techniken in einer einheitlichen Begriffswelt.
Das IREB gibt die Lehrpläne für die Ausbildungsmaterialien sowie die Prüfungsfragen vor.

Akkreditierte Dienstleister bieten aufbauend auf die festgelegten Lehrpläne
Trainings an. Dadurch wird sichergestellt, dass sämtliche Inhalte des Lehrplans
abgedeckt werden. Die auf IREB abgestimmten Trainings des Autors werden
direkt über Vector sowie über die großen Trainingsanbieter wie DIA und SIGS
Datacom gebucht[3]. Zur Übung empfehlen wir Kurztrainings des Autors sowie
beispielhafte Prüfungsfragen[4].

Lizenzierte Zertifizierungsstellen[5] nehmen die Prüfungen an Hunderten von
Standorten bundesweit jederzeit als sogenanntes e-Exam ab. Die Zertifizierung kann
kurzfristig online gebucht werden. Der Preis der Zertifizierung beträgt 250 €.

Wir wollen das Vorgehen exemplarisch für die Prüfung zum IREB Foundation Level beschreiben:

▦ Start bei einem der großen Zertifizierungsanbieter, z. B. Pearson unter
  http://www.pearsonvue.com
▦ Dort Navigation nach IT und nach einem konkreten IREB-Anbieter,
  z. B. ISQI. Beispiel: *http://pearsonvue.com/isqi*
▦ Dort Account eröffnen
▦ Trainingscenter am Ort Ihrer Wahl suchen. Die meisten Großstädte sind
  mehrfach abgedeckt.
▦ Dann Datum und Uhrzeit wählen, buchen.
  Beispiel: *https://wsvprd1b.pearsonvue.com/Dispatcher?application=*
  Login&action=actStartApp&v=W2L&clientCode=ISQI
▦ Mit Kreditkarte zahlen

Die **Prüfung** besteht aktuell aus 45 Multiple-Choice-Fragen in englischer Sprache. Man hat zur Beantwortung 75 Minuten Zeit. Sie haben die Prüfung bestanden, wenn Sie 60 % der Punkte oder mehr erreicht haben. In den 45 Fragen (Abb.

---

2. *http://www.certified-re.de/de/zertifizierung/foundation-level.html*
3. *http://www.vector.com/ireb*
4. Onlinequiz mit Prüfungsfragen: *http://quizlet.com/4286589/ireb-cpre-flash-cards/*
5. *http://www.certified-re.de/zertifizierung/zertifizierungsstellen.html*

9–3 zeigt einige Beispielfragen) werden alle Bereiche des Buchs und des Lehrplans abgedeckt. Die Fragen teilen sich in folgende Typen auf:

- Einfach-Antworten
  (Welche der folgenden fünf Aussagen ist richtig? – 1 Antwort)

- Mehrfach-Antworten
  (Welche 5 der 7 Aussagen passen am besten? – Mehrere Antworten)

- Richtig/Falsch-Blöcke
  (Geben Sie jeweils an, ob die folgenden 5 Aussagen richtig oder falsch sind? – 5 × Ja/Nein)

- Szenario-Aufgaben
  (Sind laut Diagramm die folgenden 5 Beziehungen korrekt abgebildet? – 5 × Ja/Nein)

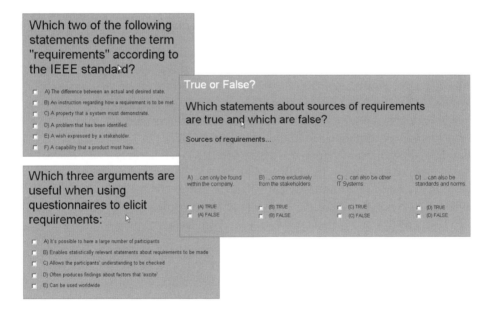

Abb. 9–3   *Beispielfragen aus der Prüfung zum IREB Foundation Level*

Dieses Buch hier deckt den Lehrplan ab, sodass Sie nach der intensiven Lektüre auch die Zertifizierung meistern können.

9.5 Produktmanagement

Produktmanagement ist der Prozess, der ein Produkt (oder eine Dienstleistung) von der ursprünglichen Idee bis zu seinem Ende so steuert, dass der größtmögliche Nutzen für das Geschäft des Herstellers entsteht [Gorchels2011, Ebert 2007b]. Produktmanagement ist nicht nur für neue Produkte, sondern auch in der Evolution bestehender Produkte und selbst in einem reinen Projektgeschäft nötig. Der wesentliche Unterschied dieses Geschäftsprozesses ist die auf Nachhaltigkeit angelegte Ergebnisverantwortung.

Der Produktmanager verantwortet Strategie und Ergebnis. Er ist der »Mini-Geschäftsführer« und verantwortet das Gesamtergebnis – über das einzelne Entwicklungs- oder Wartungsprojekt hinaus. Er definiert den Geschäftsplan, erhält dafür Geld (Investitionen in die Entwicklung des Produkts) und liefert den versprochenen ROI zurück. Er verantwortet sowohl die Kosten- als auch die Nutzenseite. Er initiiert das Projekt, das dann (unter Leitung des Projektmanagers) die vereinbarten Ergebnisse liefert. Unterstützt wird er dabei durch die Produktentwicklung und damit vom Projektmanager, der dafür sorgt, dass Kosten, Termine und Qualität wie vereinbart eingehalten werden, sowie durch Marketing und Vertrieb, die ihrerseits gewährleisten, dass die Verkaufsannahmen nicht unterschritten werden.

Der Produktmanager hat eine kritische Rolle im RE, denn er verantwortet die Markt- und Produktanforderungen, die einem Projekt zugewiesen werden, und er steuert, welche Anforderungen welchem Release des Produkts zugewiesen werden. Oftmals ist das erste Release noch nicht perfekt und dient dem raschen Markteintritt. Bestimmte Funktionalitäten werden erst in einem späteren Release geliefert. Der Produktmanager verantwortet diesen Gesamtzusammenhang, der bei einem einzelnen Projekt leicht aus den Augen verloren geht, da nur der rasche Projekterfolg (und damit der Zahlungseingang) zählen. Er initiiert das Projekt, das dann im Rahmen der Anforderungen und der Vereinbarungen Ergebnisse liefert. Formal betrachtet weist er allein dem Projekt die Anforderungen zu. Nur so ist er in der Lage, den Business Case zu verantworten [Miller2002, Reifer2002]. **Würden zu viele Beteiligte die Anforderungen vereinbaren und einem Projekt zuweisen, wäre das Ergebnis ein Chaos, in dem keiner Ergebnisverantwortung tragen würde.**

Abbildung 9–4 zeigt die drei wesentlichen Rollen, die die Anforderungen von außen bestimmen. Das Marketing erzeugt einen Bedarf. Der Vertrieb arbeitet mit dem Ziel, einen Auftrag zu erreichen. Das Produktmanagement schließlich balanciert Umsatz und Kosten, indem die optimale Lösung definiert wird, die die richtigen Anforderungen liefert, aber gleichzeitig den Kostenrahmen einhält.

Für ein erfolgreiches Produktmanagement ist es wichtig, klare Abhängigkeiten zu beachten. Die Hierarchie beginnt mit dem Portfolio, also der Sicht auf alle Produkte und Produktversionen oder varianten. Die Verantwortung auf dieser höchsten Ebene liegt bei der Geschäftsleitung. Sie steuert die langfristige Strategie und deren Umsetzung in den Produktkatalog entsprechend den wirtschaftlichen Randbedingungen und Zielsetzungen des Unternehmens. Aus dieser Portfoliosicht lässt sich eine bestimmte Produktsicht generieren, die beispielsweise Plattformen und mittelfristige Technologieaspekte berücksichtigt, die für eine bestimmte Produktlinie relevant sind. Diese Produktsicht (oder Roadmap) wird

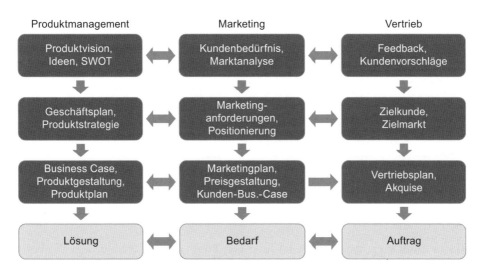

Abb. 9–4   *Produktmanagement, Marketing und Vertrieb*

vom Produktmanager verantwortet. Für das Produkt existiert ein Funktionskatalog für ungefähr zwei bis drei Jahre (Vision, Markt, Architektur, Technologie etc.). Daraus lässt sich eine Entwicklungs-Roadmap ableiten, die beispielsweise berücksichtigt, welche Kompetenzen aufgebaut werden oder welche Technologieabhängigkeiten mit Partnern oder Lieferanten geklärt werden müssen.

Projekte werden durch den Produktmanager auf der Basis von Roadmaps und konkreten Kundenbedürfnissen definiert (Abb. 9–5). Da aber der Auftraggeber selten mit einer Zunge spricht und oftmals noch nicht genau weiß, was in seinen Geschäftsprozessen verändert sein wird, wenn das Projekt abgeschlossen ist, ist es hilfreich, spätere Benutzer oder Administratoren so stark wie möglich in die Anforderungsentwicklung mit einzubeziehen. Der Produktmanager kanalisiert diese Diskussionen, denn sonst fordern die Benutzer ein System, das sehr viel mehr kann, als ihre Einkäufer dafür zu bezahlen gewillt sind. Daraus lassen sich die einzelnen Projektpläne und deren gegenseitige Einflüsse ableiten, die jeweils einen Horizont von wenigen Monaten bis maximal einem Jahr haben.

Das Projekt selbst wird durch den Projektmanager verantwortet. Damit wird auch klar, weshalb der Projektmanager keine alleinige Verantwortung für »seine« Anforderungen haben kann. Er wird dafür bezahlt, dass sein eigenes Projekt erfolgreich ist. Der Produktmanager dagegen wird dafür bezahlt, dass die Projektergebnisse wirtschaftlich sind, dass also Kosten und Nutzen austariert sind und der Nutzen die Kosten überschreitet. **Ein Projektmanager wird an den Projektzielen gemessen, während der Produktmanager an der Wirtschaftlichkeit seiner Produkte gemessen wird.**

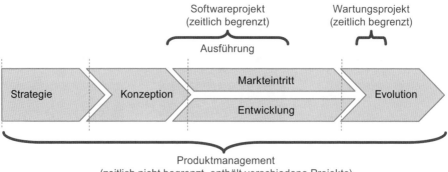

Abb. 9–5 *Produktmanagement geht über das einzelne Entwicklungsprojekt hinaus.*

Gutes Produktmanagement beeinflusst den Projekterfolg, denn es legt die Basis für das Projekt (Abb. 9–6). Wir sehen in der Abbildung zwei wesentliche Teufelskreise, die zu schlechten Projektergebnissen führen [Ebert2007b]. Der erste Teufelskreis beschreibt die Paralyse, die sich häufig in die Projektkonzeption einschleicht, wenn Strategie und Vision unklar sind und daraus eine zusammenhängende Sicht auf die Anforderungen an das Projekt abgeleitet werden soll. Man kann noch so lange Anforderungen definieren und analysieren: Wenn unklar ist, was das Projekt eigentlich bewegen soll und in welchem Zusammenhang es steht, ist es immer schlecht vorbereitet. Daher spricht man auch von »Paralyse durch Analyse«, denn jede Analyse mit fehlendem Fundament führt zu langen, aber wirkungslosen Diskussionen.

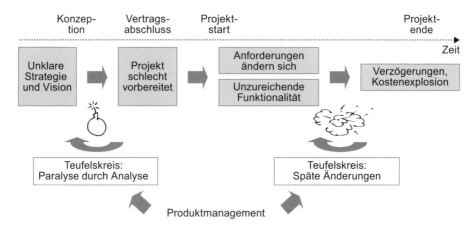

Abb. 9–6 *Produktmanagement beeinflusst den Projekterfolg.*

Aus einem schlecht vorbereiteten Projekt erwachsen Anforderungsänderungen. Diese Änderungen häufen sich, je schlechter das Projekt konzipiert und vereinbart ist. Im schlimmsten Fall wird man nicht nur Änderungen haben, weil

Abstimmungen übersehen wurden, sondern man wird zunehmend von Funktionen überrascht, die das Produkt unbedingt verlangt, die aber ebenfalls übersehen wurden. Damit ist man mitten im zweiten Teufelskreis, den späten Änderungen. Jede dieser Änderungen hat ihrerseits Einflüsse, die weitere Änderungen an bereits entwickelten Funktionen mit sich bringen. Damit explodieren Kosten, und die Projektvorgaben werden nicht eingehalten.

Beide Ursachen hängen mit unzureichendem Produktmanagement zusammen und nicht mit dem Projektmanagement. Der Produktmanager muss die beiden Teufelskreise aufbrechen, indem er eine Strategie beschreibt, die es erlaubt, Anforderungen und deren Änderungen immer in den gleichen Kontext zu bringen. Die Strategie beschreibt auch, was nach dem Projekt kommt, beispielsweise ein Folgeprojekt oder ein Wartungsauftrag. Beides hilft dabei, nicht zu viele Änderungen im Projekt zu akzeptieren. Schließlich enthält die Strategie auch einen Marketingplan, der zusammenfasst, was von Wettbewerbern zu erwarten ist oder wie bestimmte Funktionen wirken (z.B. wie eine Funktion den Geschäftsplan eines Kunden positiv beeinflusst).

Nicht nur Anforderungen und Projekte müssen gemanagt werden, sondern auch Kunden. Wenn die Prozesse bei Ihren Kunden nicht in Ordnung sind, wird es Ihnen schwer fallen, RE-Techniken einzusetzen, bei denen der Kunde eine Rolle spielt. Also müssen Sie ihn auch an der Hand nehmen und ihn dazu bringen, dass er die Auswirkungen seiner Änderungen selbst erkennt. Für das Behandeln von späten Änderungen bieten sich priorisierte Anforderungen an, denn dann lassen sich nieder priorisierte Anforderungen in ein Folgeprojekt verschieben. Es kann also für beide Seiten eine Win-win-Situation geben, wenn der Kunde feststellt, dass Sie flexibel sind und seine Prioritäten zu Ihren eigenen machen, und Sie bereits einen Folgeauftrag für Ihr Unternehmen an Land ziehen können.

Eine verlässliche Release-Roadmap und ein gutes Projektmanagement sind unabdingbare Voraussetzungen für gutes Produktmanagement. Wir haben bereits auf die hierarchischen Abhängigkeiten zwischen Portfolio, Produkt und Projekt hingewiesen. Verlässlich heißt, dass die ursprünglich vereinbarten Meilensteine eingehalten werden. Beispielsweise muss eine Plattform oder ein generisches Produkt einer Produktlinie, auf das viele Anwendungsprojekte aufsetzen, pünktlich sein, und es muss die Funktionen enthalten, die erwartet werden.

Unternehmen mit undisziplinierten Vorgehensweisen haben kaum Chancen, hierbei erfolgreich zu sein. Sie müssen erst einmal ihre Hausaufgaben im Projektmanagement machen (siehe auch Abschnitt 9.6).

Dabei arbeitet der Produktmanager auf verschiedenen Abstraktionsebenen, nämlich Strategie, Portfolio und Produkt (oder Projekt). Abbildung 9–7 zeigt diese drei Abstraktionsebenen von links nach rechts. Sie befruchten sich gegenseitig und sollten nicht stur sequenziell bearbeitet werden, so wie das früher üblich war, als einmal im Jahr die Strategie für das Folgejahr postuliert wurde. Heute ändern sich Technologien, Marktanforderungen und Randbedingungen so

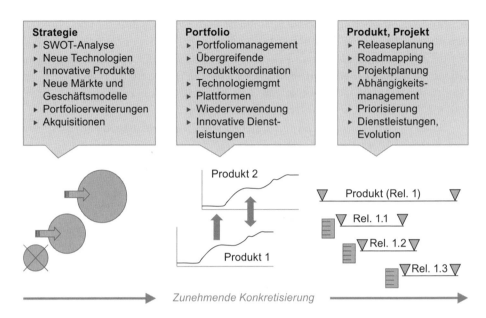

Abb. 9–7   *Produkt- und Releaseplanung: Strategie, Portfolio, Produkt*

schnell, dass auch im Portfolio und sogar in der Strategie agil gearbeitet werden muss. Die folgenden Schritte helfen dabei, eine verlässliche Produktstrategie zu erreichen und agil in einzelnen Releases und Projekten umzusetzen:

▪ Identifizieren Sie Gemeinsamkeiten und Abhängigkeiten zwischen den Märkten.

▪ Bewerten Sie regelmäßig Ihre Marktposition, Ihre Stärken, Schwächen, Chancen und Bedrohungen (SWOT-Analyse), sowie mögliche Portfolioänderungen.

▪ Entscheiden Sie, welche Produkte, Plattformen, Funktionen oder Märkte nicht mehr gepflegt werden (können). Vereinbaren Sie eine Migration oder aber das Lebensende mit Produktmanagement und Marketing.

▪ Beschreiben und pflegen Sie eine inhaltliche (funktionale) Roadmap sowohl für die Produktlinien als auch für die wesentlichen Märkte.

▪ Bestimmen und verfolgen Sie eine technische Roadmap, die in definierten Schritten technische Neuerungen und die entsprechenden Architektureinflüsse beschreibt.

▪ Bewerten Sie existierende Funktionen abhängig von ihrem Kundennutzen (d.h. Investitionskosten, Betriebskosten, Kosteneinfluss, neue Einnahmen, Opportunitätsfaktoren etc.), ihrer Komplexität in der Entwicklung und Erhaltung, Erweiterbarkeit und internen Lebenszykluskosten.

▪ Identifizieren Sie innerhalb der Spezifikation, Architektur und Roadmap Bereiche, die sich weiterentwickeln. Legen Sie Abhängigkeiten, Prioritäten und Kostenrahmen fest.

▓ Passen Sie den gesamten Produktdefinitionsprozess und den Entwicklungsprozess an eine inkrementelle und funktionsorientierte Vorgehensweise an.
Agiles Time-Boxing (also die inkrementelle Entwicklung mit exakter Termineinhaltung) ist ein wesentlicher Faktor, Marktfenster dann zu erreichen, wenn
die Gewinnchancen am größten sind.

Ein guter Produktmanager versteht Projektbedürfnisse aus der Sicht des Markts
und des Projektmanagers und weiß daher, wie er dem Projekt Randbedingungen
geben kann, die die Projektrisiken minimieren, ohne die Marktattraktivität zu
verringern. Da er die Marktmechanismen versteht, wird er vermitteln, was für
den Kunden die bestmögliche Lösung darstellt. Requirements Engineering ist das
Vehikel, mit dem der Produktmanager seine Konzepte kommuniziert und
umsetzt. Erst diese Symbiose von (diesen ganz) verschiedenen Sichten und deren
Integration durch das RE machen ein Unternehmen wirtschaftlich erfolgreich.

Gerade bei neuen Technologien, wie wir sie in Softwareprojekten häufig
sehen, muss das Produktmanagement sehr umsichtig und vorausschauend agieren. Abbildung 9–8 zeigt, wie der Lebenszyklus einer Technologie deren Einsatz
im konkreten Produkt beeinflusst. Wir gehen (auf der linken Seite der Abb.) von
einer S-förmigen Technologieentwicklung aus, die von einer Lern- oder Hype-
phase in eine Wachstumsphase übergeht und schließlich in einer Sättigungsphase
endet [Bower1995].

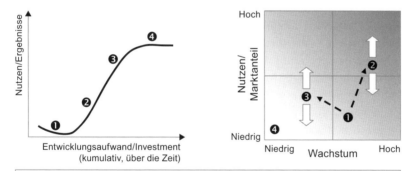

1. Experimentierfeld (Lerneffekte, Investments, keine Payoffs, entscheiden)
2. Wachstumsphase (Nutzen wachsen stark, Marktpositionierung, investieren)
3. Sättigungsphase (Investments je nach Marktposition reduzieren, abschöpfen)
4. Lebensende (rechtzeitig ausphasen, hohe Wartungskosten)

Abb. 9–8   *Produktmanagement und Technologiemanagement*

Zuerst analysiert der Produktmanager gemeinsam mit den Technologieexperten
in der Produktentwicklung, was die Technologie überhaupt für das Geschäft
bedeutet (siehe auch Abb. 9–7, linke Seite). Technikverliebtheit ist kostspielig und
keine Antwort. Ist es eine Technologie, die sich weiterentwickelt, oder wird sie
das bisherige Vorgehen ablösen? Welches Potenzial hat die Technologie? Wird sie

auch in anderen Produkten genutzt? Welche wirtschaftlichen oder technischen Ökosysteme werden die Technologie antreiben (z. B. Kunden, die spezielle Dienstleistungen mit meinem Produkt kombinieren)? Die Hauptfrage, auf die viele Unternehmen keine eindeutige Antwort finden, ist, was bei ihnen die »unterbrechenden« Technologien sind. Oft sind es jene Technologien, die zu den heftigsten Diskussionen im Unternehmen führen (z. B. Techniker vs. Marketing oder Marketing vs. Kunden). Danach werden die Technologie und ihre Einflüsse bewertet. Wie relevant ist diese Technologie für die bisherigen oder für neue Produkte? Mit welcher Geschwindigkeit entwickeln sie sich? Was werden sie ersetzen? Gibt es Beispiele aus der Vergangenheit, wo sich vergleichbare Technologieänderungen bemerkbar machten?

Erst dann wird der Produktmanager abschließend über den Einsatz dieser neuen Technologie entscheiden. Sicherlich kann eine mögliche Entscheidung lauten, dass man noch ein Jahr oder einen Produktzyklus abwartet. Das ist legitim und adäquat, um im ständigen Technologie-Hype nicht unterzugehen. Ein Beispiel sind Webservices, die zuerst stark überbewertet wurden, dann aus Mangel an Standardisierung (fehlendes wirtschaftliches Ökosystem, das weitere Services angeboten hätte) drei Jahre zurückfielen, um dann langsam ins Tagesgeschäft einzumünden. Es gibt genügend Technologien, die es nie ins Tagesgeschäft geschafft haben oder sich dort nicht lange hielten. Fragen, die bei der Bewertung helfen, sind: Welcher Markt, Benutzer oder Kunde braucht die Technologie als Erster und warum? Wie positionieren Sie die neuen Eigenschaften? Welche Investitionen erlauben Sie? Wie viele Experimente? Welche Nutzenfunktionen und Ergebnisse erwarten Sie wann? Alle diese Fragen haben ein Korrektiv mit eingebaut, das gewährleistet, dass nicht nur die Technologie betrachtet wird (»wir brauchen dieses neue Betriebssystem«), sondern auch deren Wirtschaftlichkeit bewertet wird. Diese Annahmen müssen ständig überprüft werden, vor allem vor dem Hintergrund von neuen Technologien, Lieferanten oder Wettbewerbern, die meinem Produkt gefährlich werden könnten [Porter1998].

Bestimmte Zeitpunkte im Lebenslauf einer Technologie führen zu unterschiedlichen Bewertungen (Abb. 9–8). Wir unterscheiden vier verschiedene Phasen, die den Technologielebenszyklus charakterisieren. In jeder dieser vier Phasen wenden Sie eine andere Strategie an.

Aus dem Experimentierfeld (Punkt 1) kann sich die Technologie bereits unterschiedlich entwickeln. Kommt sie eher langsam (z. B. Webservices) und mit vielen Randbedingungen (Punkte 1 und 2) an, sollten Sie nicht zu früh einem falschen Trend nachlaufen. Das ist kostspielig und Ihre Kunden werden nicht dafür bezahlen. Ist die Technologieänderung und ihr Einfluss dagegen rasch und intensiv (z. B. eingebettete Mobilapplikationen), macht es Sinn, sich schnell zu positionieren, bevor der Markt sich gegen Sie entscheidet (Punkte 2 und 3; Übergang zur Sättigungsphase). Schließlich erreicht jede Technologie einen Punkt, wo Sie sich zurückziehen sollten (Punkt 4; Übergang von der Sättigungsphase zum Lebensende). Diesen Punkt zu verpassen kann auch wieder kostspielig werden, denn Sie müssen Ressourcen und Skills vorhalten, die Ihnen für neue Innovationen fehlen.

9.6 Projektmanagement

Der Erfolg eines Projekts hängt, wie wir bereits in Abschnitt 1.2 sahen, sehr stark vom Requirements Engineering ab. Der falsche Umgang mit den Anforderungen an ein Projekt ist einer der häufigsten Gründe für gescheiterte Projekte. Typischerweise werden 30–50 % des Entwicklungsaufwands in einem Projekt für Nacharbeiten, Fehlerbehebung und nicht wertbildende Aktivitäten eingesetzt [Ebert2007a]. Ungefähr die Hälfte dieser Projektschwierigkeiten resultieren direkt aus unzureichendem RE (siehe auch Abschnitt 1.2 und 12.1).

Wir wollen hier die Einflüsse des RE auf das Projektmanagement und umgekehrt betrachten. Abbildung 9–9 zeigt das RE innerhalb der Projektphasen bis zum Projektstart. In jeder der vier Projektphasen kommt dem RE eine andere Rolle zu, und es werden verschiedene Arbeitsergebnisse entwickelt.

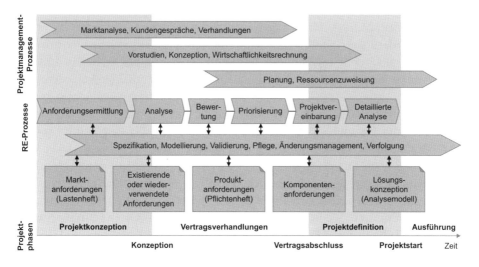

Abb. 9–9   *RE-Prozesse und Projektmanagement*

Projektkonzeption

In dieser Phase, weit vor dem eigentlichen Projektstart, geht es darum, die Marktchancen einer Idee zu erörtern. Verschiedene Konzepte werden evaluiert. Je nach Marktsituation werden diese Konzepte mit unterschiedlichen Interessengruppen entwickelt. Bei der Produktentwicklung für verschiedene, vielleicht unbekannte Kunden stammt die Konzeption aus dem Marketing, Vertrieb und Produktmanagement. Bei kundenspezifischen Projekten ist ein Kundenvertreter sehr frühzeitig beteiligt. In allen Fällen werden Marktanforderungen ermittelt oder aber aus

Marketingsicht Schlüsseleigenschaften des Produkts zusammengestellt. Existierende Anforderungen von möglichen Produktkomponenten oder von einer früheren Lösung können in die Konzeption einfließen. Wiederverwendung beginnt in dieser Phase und sie wird sehr stark durch gutes RE von existierenden oder wiederverwendeten Anforderungen bestimmt. Diese Projektphase kann relativ lange dauern. Sie birgt das Risiko, sich in weitgehenden und aufwendigen Vorstudien zu verzetteln, die wertvolle Projektressourcen aufbrauchen. Der Projektmanager hat in dieser Phase noch keine tragende Rolle. Oftmals ist er noch gar nicht benannt.

Vertragsverhandlungen

Die Vertragsverhandlungen (intern oder extern) werden grundsätzlich durch das Produktmanagement und den Vertrieb gesteuert. Der Projektmanager ist noch immer ohne herausragende Funktion, denn das Projekt ist ja noch nicht beauftragt. In dieser Phase geht es primär darum, ein Einverständnis über eine zu entwickelnde Lösung mit dem Kunden zu erreichen. Verschiedene Lösungsmodelle werden entwickelt und analysiert. Sowohl die technischen als auch die wirtschaftlichen Einflüsse werden untersucht und mit den Randbedingungen im Projekt verglichen. Marktanforderungen werden analysiert und bewertet. Nicht alle Marktanforderungen sind realistisch. Manche können sich widersprechen, andere sind noch sehr vage und unvollständig. Hier sind der Systemanalyst und der Produktmanager stark gefordert, um zu ausreichend präzisen Anforderungen zu kommen.

Aus Projektmanagementsicht erfolgt nun die erste Projektplanung, um Anforderungen und Ressourcen zusammenzubringen. Diese Planung erfolgt schnell und oberflächlich, da viele Szenarien durchgespielt werden müssen. Daher wird die Analyse auch nur als »vorläufig« bezeichnet, wiewohl es natürlich darum geht, optimale Ergebnisse in kurzer Analysezeit zu erreichen. An der Analyse sind bereits alle internen Gruppen beteiligt, die später Ressourcen für das Projekt bereitstellen müssen. Wenn die vorläufige Analyse nur durch ein zentrales Analyseteam oder durch einen Produktmanager erfolgt, ist die Gefahr groß, dass Aufwände unterschätzt und Einflüsse übersehen werden. Die nicht beteiligten Gruppen würden später den vorläufigen Projektplan nicht akzeptieren und ärgerliche Nachverhandlungen wären die Folge.

Vertragsverhandlungen enthalten auch bereits die Priorisierung der Marktanforderungen. Ein Projektplan mit bestimmten Unsicherheiten in Anforderungen und Aufwandschätzung braucht notwendigerweise priorisierte Anforderungen, um Projektziele präzise einzuhalten. Kunden, die Wert auf Qualität und verlässliche Randbedingungen legen, werden diese Fragen selbst stellen, um sich zu versichern, dass sie mit den Ergebnissen nachher leben können. Schließlich sind Verzögerungen gerade auch auf Kundenseite ein klarer Geschäftsnachteil. Wenn die Priorisierung nicht hier geschieht, ist es schwer, sie später durch die Hintertüre einzuführen. Diese Phase ist sehr iterativ, denn das Ziel ist es, solche Randbedingungen und Inhalte so zu definieren, dass ein größtmöglicher Kundennutzen erreicht wird und gleichzeitig auch ein realistisches Projektszenario aufgestellt wird. Während der Vertragsverhandlungen entstehen Produktanforderungen, denn nun wird konkret mit einem (oder mehreren) späteren Benutzern verhandelt. Die Marktanforderungen entwickeln sich weiter und werden nach Abschluss dieser Phase als vertragsrelevant konfiguriert. Ein Prozess zum Änderungsmanagement der Anforderungen wird intern und extern mit dem Kunden vereinbart. Oftmals ist dieser Prozess vertragsrelevant, denn zu stark hängt der Projekterfolg davon ab, dass die Anforderungen sauber kontrolliert werden. Erst mit der Vereinbarung der Anforderungen und ihrer Zuweisung zu diesem Projekt kann das Projekt selbst definiert und beauftragt werden.

Projektdefinition

Nach Abschluss der Vertragsverhandlungen wird das Projekt auf der Basis der vereinbarten Anforderungen, ihrer Prioritäten und dem bereits intern vorverhandelten Projektplan und Ressourcenbedarf konkret definiert. Dabei werden vor allem die Ressourcen fest eingebunden, sodass sie nicht durch ein weiteres Projekt ebenfalls verplant werden. Diese Phase ist kurz und wird klar von der Verhandlungsphase abgetrennt, um die verschiedenen Ziele zu trennen. Die Vertragsverhandlungen dienen primär dem Ziel, zu einem wirtschaftlich sinnvollen Vertrag zu kommen. Dabei ist die Projektdefinition immer nachgelagert, denn sie liefert nur Kenngrößen, auf die bei den Verhandlungen geachtet werden muss. Wir haben bereits früher unterstrichen, dass es auch Situationen gibt, in denen der Vertrag Elemente beinhaltet, die ein konservativer Projektmanager nie in seinem Projekt haben wollte. Aber ohne diese Elemente würde der Kunde nicht unterschreiben. Man muss also gut verhandeln und mit dem erzielten Ergebnis das Projekt definieren. Anstatt der vorläufigen Analyse erfolgt nun eine detaillierte Analyse, Produktkomponenten werden im Detail analysiert und der Projektplan wird verfeinert.

Zum Abschluss der Projektdefinition existiert ein hinreichend präziser Projektplan mit Arbeitsergebnissen über die Projektlaufzeit sowie den dafür nötigen Ressourcen. Die Lösungskonzeption ist revidiert und das Analysemodell hinreichend genau, um Aufwände und Abhängigkeiten daran festmachen zu können. Ziel dieser Phase ist es, zu einer Übereinkunft mit allen intern beteiligten Gruppen zu kommen, dass die Ressourcen pünktlich zur Verfügung stehen. Anforderungen stehen ab dieser Phase unter Konfigurationsmanagement und werden in allen Erweiterungen oder Änderungen kontrolliert. Sollte es zu Änderungen kommen, müssen nun die vereinbarten Prozesse für das Änderungsmanagement sowohl intern als auch extern mit dem Kunden eingehalten werden.

Diese Phase steht unter der Leitung und ausschließlichen Kontrolle des Projektmanagers, der ja die volle Verantwortung für den Projekterfolg trägt. Was er zu diesem Zeitpunkt von Produktmanagement und Vertrieb als Anforderungen übernimmt, ist nun seine eigene Verpflichtung. Werden Einflüsse übersehen oder Abhängigkeiten falsch eingeschätzt, dann muss (ab diesem Zeitpunkt) der Projektmanager dafür geradestehen.

Projektausführung

Auf der Basis des nun extern und intern fixierten Vertrags startet das Projekt unter Leitung des Projektmanagers. Ressourcen werden wie vereinbart dem Projekt zugewiesen und vom Projektmanager planmäßig genutzt und pünktlich wieder freigegeben. Anforderungen entwickeln sich weiter, denn Marktanforderungen bleiben nur ausnahmsweise während der Projektlaufzeit stabil. Wichtig ist, dass Änderungen der Marktanforderungen oder der Produktanforderungen kontrolliert erfolgen und ab dieser Phase konsistent mit Projektplan und allen bereits entstandenen kontrollierten Arbeitsergebnissen bleiben (siehe Kap. 7). Ab dieser Phase wird die Nachverfolgung von Anforderungen in ihren drei Ausprägungen (Marktanforderungen, Produktanforderungen, Komponentenanforderungen) essenziell.

In jedem Entwicklungsschritt wird der Projektfortschritt vor allem am Fortschritt der Umsetzung der Anforderungen festgemacht. Naturgemäß werden in der Systemanalyse die Markt- und Produktanforderungen betrachtet, während es in der Implementierung und Prüfung die Produkt- und Komponentenanforderungen sind. Die Bedeutung einer guten Verknüpfung (und damit Nachverfolgbarkeit; siehe auch Kap. 8) zwischen den unterschiedlichen Anforderungstypen wird nun sehr deutlich. Je weiter sich das Entwicklungsprojekt verfeinert, desto mehr verlagert sich der Fokus von Kunden- auf Produktanforderungen. Sind die verschiedenen Anforderungstypen aber nicht miteinander verbunden, wird es sehr schwierig, Änderungen oder Fortschritt konsistent zu verfolgen. Reviews sichern, dass diejenigen Anforderungen, die sich von abstrakteren Anforderungen ableiten, auch untereinander konsistent bleiben.

Der Aufwand durch Änderungen an Anforderungen wächst in dieser Phase täglich an, und das Ziel ist es, möglichst rasch einen Punkt zu erreichen, wo Anforderungen eingefroren werden können, um den Projektabschluss nicht zu gefährden.

9.7 Soft Skills

Soft Skills oder auch soziale Kompetenzen adressieren den Umgang mit Menschen und mit sich selbst. Sie umfassen Selbstmarketing, Selbstmanagement, Kommunikation und Führung [Vigenschow2011, Schick2010].

Eine ganz wesentliche soziale Kompetenz von Requirements-Ingenieuren, aber auch von Projektmanagern und Produktmanagern, ist **zielorientierte Kommunikation**. Es geht darum, gemeinsam mit dem Gesprächspartner Win-win-Situationen zu erreichen. Win-win-Situationen ergeben sich aus verschiedenen Elementen:

- Realistische Projektpläne, die sauber heruntergebrochen werden, um Kostentreiber und kritische Pfade zu veranschaulichen.
- Zusammenstellung der Anforderungen und Bewertung hinsichtlich unterschiedlicher Sichtweisen im Projekt.
- Vorschlag zur Priorisierung von Anforderungen und deren Abbildung auf einen inkrementellen Projektplan, um einen kritischen Termin sicher zu erreichen.
- Risikomanagement gemeinsam mit dem Kunden, anstatt nur Puffer und Sicherheiten einzubauen. Oftmals ist die Abschwächung eines Risikos auf Kundenseite sehr viel einfacher und billiger, als dies dem Lieferanten jemals möglich wäre.

In Verhandlungen – und dazu gehört das Requirements Engineering – sollten wir immer zu **Win-win-Ergebnissen** kommen. Kunden sind einer Win-win-Situation gegenüber immer aufgeschlossen – solange sie klar dargestellt wird. Eine wichtige Fähigkeit des erfolgreichen Produktmanagers oder Requirements-Ingenieurs ist daher, gut kommunizieren und verschiedene Interessen integrieren zu können. **Gutes Requirements Engineering besteht aus Verstehen, Verbinden und Vermitteln.**

Verstehen bedeutet, dass wir zuhören und Begründungen herauszuarbeiten suchen, anstatt zu interpretieren. Das fällt manchem Projektmanager oder Analysten schwer, da er häufig von einer angenommenen Lösung aus startet. Oft suchen wir dann nur noch Stichwörter, die in dieses vorgegebene Raster passen. Wesentlich ist, sich auf unterschiedliche Standpunkte und Perspektiven einzulassen. Abbildung 9–10 zeigt, wie sich die Perspektiven zu Anforderungen verknüpfen (siehe auch Abschnitt 3.2). Manche Ansprechpartner beim Kunden, vor allem diejenigen, die nicht die komplette Übersicht über wirtschaftliche und technische Notwendigkeiten haben, werden an dieser Stelle einknicken und dem Verkäufer die Argumentation überlassen. Sobald aber dieser Rollentausch eintritt, ergibt sich häufig die Konsequenz, dass sich die Benutzer im späteren Produkt nicht mehr wiederfinden. Paul Watzlawick beschreibt die Situation wie folgt: »Wenn jemand nur einen Hammer hat, sieht er überall Nägel« [Watzlawick1983]. Projektmanager, die nur eine begrenzte Variabilität liefern können, werden versuchen, alles in ihr Raster zu pressen. Verstehen in der Phase der Ermittlung von Anforderungen heißt, dass der Projektmanager oder der Analyst vor allem gut moderieren kann [Huffman2003]. Ziel ist, alle Bedürfnisse in ihrer Gesamtheit zu verstehen, bevor sie einzeln miteinander verknüpft werden.

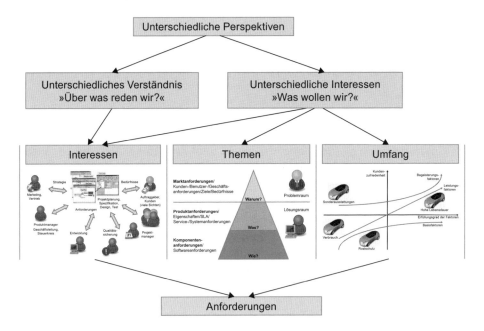

Abb. 9–10   *Verschiedene Perspektiven verstehen*

Verbinden

Offensichtlich gibt es in jedem Projekt ganz unterschiedliche Sichtweisen auf der Seite der Kunden (siehe auch Abschnitt 9.1). Klassische Widersprüche treten auf, wenn Benutzer unterschiedliche Prozesse leben und diese im Softwareprodukt realisiert haben wollen. Entweder explodiert die Komplexität wegen der vielfältigen – und sich oft widersprechenden – Anforderungen, die allesamt zu zusätzlichem Konfigurationsaufwand führen, oder aber es fallen jene Elemente heraus, die nicht rigoros genug von Benutzerseite vertreten wurden. Verbinden heißt in diesem Fall, alle Anforderungen zu vergleichen und Diskrepanzen herauszuarbeiten. Diese Widersprüche werden dann bewertet und geklärt. Entscheidungen auf jeglicher Ebene (also im Analyseworkshop oder beim Vorstand im Eskalationsfall) werden dokumentiert, um darauf zurückgreifen zu können. Oftmals ist es gar nicht einfach, verschiedene Sichtweisen zusammen an einen Tisch zu bringen. Klischees und Barrieren lassen sich zwar eliminieren, aber das erfordert eine Menge Einzelgespräche und Coaching, wofür häufig keine Zeit eingeplant ist. Verbinden heißt, dass der Projektmanager oder auch der Analyst darauf achtet, dass Widersprüche nicht nur beschrieben, sondern auch aufgelöst werden. In kritischen Situationen, die sehr viel Durchlaufzeit kosten können, bietet es sich an, externe Berater einzubeziehen, die die Ermittlung, und Definition der Anforderungen professionell unterstützen.

Vermitteln

Druck und Spannungen führen dazu, dass nicht mehr zusammengearbeitet wird. Personen helfen sich nicht mehr, da sie nur noch die eigene Aufgabe und den eigenen Nutzen sehen. Häufig resultiert ein solch gravierendes Missverständnis zwischen eigenem und Unternehmenserfolg aus dysfunktionalen Organisationsformen (z. B. eine Abteilungsorganisation soll ein Projekt mit anderen Abteilungen durchführen) oder aus fehlendem Zielmanagement (z. B. eine Gruppe wird primär an der Liefertreue ihrer Anforderungen gemessen, aber kaum am sonstigen Projekterfolg). Ein Beispiel soll das veranschaulichen: Abteilungen bauen gerne einen starken internen Zusammenhalt auf, der fast zwangsläufig zu einer Abgrenzung nach außen führt. Aus einem gesunden Wettbewerb zwischen den Gruppen wird ein Wettkampf auf Kosten des Unternehmens. Analysten beklagen sich beispielsweise über Entwickler und Tester, die jede Funktion exakt beschrieben haben wollen, während der Analyst das große Bild vor Augen hat und sich nicht um diese Details kümmern will. Analysten und Entwickler beklagen wiederum das mangelnde Verständnis der Tester für Funktionen und Verhaltensweisen, während die Tester ihren Entwicklerkollegen abfällig bescheinigen, dass sie zu viele Fehler liefern und nicht einmal anständig codieren können. In der Folge werden Ergebnisse von Abteilung zu Abteilung oder von Team zu Team nur noch »über den Zaun geworfen«. Sollen doch die Nächsten in der Pipeline auf die versteckten Unstimmigkeiten kommen und dann formale Änderungswünsche schreiben. Hier stellt sich im Innen- oder Außenverhältnis zuerst die Frage, ob die verschiedenen Parteien überhaupt den Projekterfolg als wichtigstes Ziel ansehen. **Stellen Sie als Projektmanager sicher, dass alle beteiligten Parteien primär am Projekterfolg gemessen werden.** Das kann Zeit erfordern und benötigt in der Regel eine Eskalation zu jener Stelle im Unternehmen, die am Projekterfolg aus eigenem Antrieb heraus interessiert ist.

Kommunikation bedeutet, dass eine »Story« übertragen wird und im Idealfall die gewünschten Reaktionen auslöst. Abbildung 9–11 zeigt, wie erfolgreiche Kommunikation funktioniert. Der Sender hat eine Intention. Er hat etwas zu sagen. Und er hat eine Aufgabe und Rolle, in der er wahrgenommen wird. Der Empfänger interpretiert, was er hört, vor dem Hintergrund seiner Wahrnehmung des Senders. Er ist vielen Störungen ausgesetzt und filtert anhand seiner aktuellen Situation, was ihm wichtig scheint. Und er orientiert sich grundsätzlich an eigenen kurzfristigen Bedürfnissen. Daher sollte der Sender vor der Kommunikation prüfen, wie der Empfänger seine Botschaft aufnimmt, und die Inhalte entsprechend anpassen (z. B. wie nimmt der Empfänger den Sender wahr? Was sind die Ziele des Empfängers? Was muss er gerade erreichen?).

Win-win-Ergebnisse erfordern, dass Sie beide Seiten verstehen, Interessen verbinden und Konflikte vermitteln und auflösen. Dazu müssen Sie eine fast schizoide Eigenschaft mitbringen, die allen erfolgreichen Verhandlungsführern gemeinsam ist: Sie müssen Sichtweisen und Bezugssysteme schnell wechseln kön-

Sender

- Hat eine Intention
- Hat eine Aufgabe und
  Rolle, in der er wahr-
  genommen wird
- Hat etwas zu sagen
- Muss prüfen, wie der
  Empfänger seine
  Botschaft am besten
  aufnimmt (z.B. Was
  sind die Ziele des
  Empfängers?)

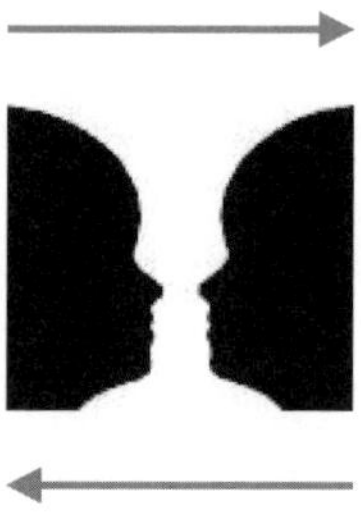

Empfänger

- Hat andere Ziele als
  der Sender
- Interpretiert und
  filtert, was er hört
- Ist Störungen
  ausgesetzt
- Orientiert sich an
  eigenen Bedürfnissen
- Nimmt daher nur
  für ihn angepasste
  Inhalte auf!

Abb. 9–11   *Erfolgreiche Kommunikation*

nen. Notwendigerweise vertreten Sie den Lieferanten, aber das heißt nicht, dass
Sie rigoros nur den Produktkatalog herunterbeten. In aller Regel werden Sie nämlich vom Kunden sehr viel mehr erfahren, wenn er merkt, dass Sie – vorübergehend – auch seine Sichtweise zu Ihrer eigenen machen können.

Die Sichtweise des Lieferanten verlangt im Vertrag und in Verhandlungen folgende Einsichten:

- Missverständnisse, Meinungsverschiedenheiten, unrealistische Zielvorgaben
  und Zielkonflikte werden offen angesprochen.
- Nachdem die gegenseitigen Ziele verstanden sind, schlagen Sie erforderlichen-
  falls eine Kompromisslösung vor.
- Bestehen Sie auf einem unterzeichneten Vertrag mit allen Anforderungen.
  Stellen Sie sicher, dass die Anforderungen verstanden und die Akzeptanzkrite-
  rien gemeinsam mit den Anforderungen definiert worden sind.
- Bei Softwarelösungen sollte immer ein Lizenzmanagement eingebaut sein, das
  es erlaubt, Funktionen freizuschalten oder auf bestimmte Benutzer(-Grup-
  pen), Konfigurationen oder Zeiträume zu begrenzen. Damit können Sie das
  Nutzungsrecht bei Vertragsschwierigkeiten zurücknehmen.
- Klären Sie die Eigentumsfrage am Code und das Copyright explizit. Dies gilt
  vor allem, wenn Sie als Integrator auftreten.
- Verbinden Sie vertraglich die Nutzungsrechte mit den Bezahlungsmodalitäten. Soweit der Kunde eine Freigabefrist vereinbart, in der das Produkt eingeschränkt und zur Probe genutzt werden darf, stellen Sie sicher, dass es wirklich nur eingeschränkt nutzbar ist.
- Vereinbaren Sie explizit im Vertrag alle Haftungs- und Wartungsbedingun-
  gen, die nach der Lieferung auf Sie zukommen können. Bei der Integration
  von externen Komponenten in Ihr Produkt kann das schwierig sein, denn beispielsweise Open-Source-Software (OSS) folgt häufig der GNU Public License
  (GPL), die ihrerseits Haftungsansprüche ausschließt [Opensource2012, Ebert
  2004].

Die Sichtweise des Kunden verlangt folgende Einsichten:

▪ Stellen Sie die Bezahlungsmodalitäten auch aus Kundensicht klar. Vereinbaren Sie, dass dann bezahlt wird, wenn das Produkt die geforderten Funktionen aufweist. Beschreiben Sie, wie dieser Nachweis zu führen ist.

▪ Verlangen Sie in beiderseitigem Interesse regelmäßige Projektreviews, vor allem bei größeren Projekten oder mehreren Vertragspartnern.

▪ Beschreiben Sie alle verlangten Anforderungen so präzise, wie es für das Geschäftsmodell des Kunden relevant ist. Decken Sie alle Arten von Anforderungen ab (siehe Abb. 2–6). Vermeiden Sie Details und Überspezifikationen, wo es für den Kunden nicht relevant ist; sie erweitern dadurch Ihren Lösungsraum. Beschreiben Sie mit den Anforderungen auch die Abnahmekriterien, speziell für wesentliche Qualitätsanforderungen.

Dem Projektmanager, Produktmanager oder Requirements-Ingenieur können wir die folgenden persönlichen Tipps zur effektiven Kommunikation mit auf den Weg geben:

▪ Ergebnisorientiert kommunizieren. Offene Entscheidungen schließen. Aktionen bis zur vollständigen Klärung verfolgen.

▪ Konflikte immer mit einem Win-win-Ergebnis schlichten. Zuhören. Vermitteln.

▪ Nicht nur einem Lager ständig Recht geben. Auf Dauer beiden Seiten Vorteile vermitteln und Kompromisse oder Zugeständnisse abverlangen. Manchmal müssen Konflikte auch opportunistisch angepackt werden, denn Sie müssen mit den Schlüsselpersonen mittelfristig gut zurechtkommen.

▪ Nicht aus dem Bauch entscheiden. Verschiedene Seiten im Konfliktfall anhören. Sich Zeit nehmen und Druck nicht sofort ins Projekt hineintragen.

▪ Position zeigen. Entscheidungen klar und konsistent vertreten. Kunden erwarten professionelles Verhalten und keinen Opportunismus. An der richtigen Stelle bereits getroffene Entscheidungen hervorzuholen oder auf einer Analyse zu beharren, wo eine Bauchentscheidung verlangt wird, sprechen für Ihr professionelles Verhalten.

Erfolgreiche Projektmanager sind extrovertiert und ergebnisorientiert. Sie sind rasch im Bewerten von Situationen und setzen Vorgaben und Entscheidungen im Interesse der verschiedenen Interessengruppen um. Obwohl »nur« ein Werkzeug, helfen Persönlichkeitsindikatoren bei der Selbstbewertung. Am populärsten ist der sogenannte Myers-Briggs-Indikator, der die Persönlichkeit in vier Dimensionen bewertet (»extravert/introvert, sensing/intuition, thinking/feeling, judging/perceiving«) [Ferdinandi98]. Prüfen Sie sich selbst und stellen Sie fest, ob Sie prinzipiell eher ein Projektmanager sind (ExTJ-Profil: extravert, thinking, judging) oder ein Analyst (IxxP-Profil: introvert, perceiving).

Als Requirements-Ingenieur, Business Analyst oder Projektmanager verbringe ich viel Zeit in Besprechungen mit Kunden, Anwendern, Mitarbeitern, Kollegen und anderen Interessengruppen. Umso wichtiger ist es, diese Meetings effektiv zu gestalten. Aber – wer kennt das nicht? Teilnehmer sind unvorbereitet, man verzettelt sich, die Besprechung hat kein klares Ergebnis und eine Folgebesprechung zu demselben Thema muss anberaumt werden. Folgende Regeln für effektive Besprechungen haben sich sehr bewährt:

▓ **Ziel formulieren**
Ein festgelegtes Ziel hilft den Teilnehmern, sich zu fokussieren, und hilft dem Moderator, das Meeting zielgerichtet zu halten.

▓ **Agenda verteilen**
Eine vorab verteilte Agenda mit den nötigen Zeitangaben macht die Besprechung effektiv. Als Moderator zwingt mich das Formulieren der Agenda, mir Gedanken über den effektiven Ablauf des Meetings zu machen.

▓ **Vorbereitung**
Eine gute Vorbereitung durch den Moderator mag selbstverständlich sein. Vorher an die Teilnehmer verteilte Aufgaben helfen, das Meeting frei von Vorträgen zu halten und sich auf die Entscheidungen zu konzentrieren. Gerne gebe ich vorab eine kurze »Hausaufgabe« zur Vorbereitung einer Besprechung oder eines Workshops, die ich dann entweder einsammle und konsolidiere oder die in der Besprechung genutzt wird.

▓ **Ergebnisse**
Die Ergebnisse werden im Meeting zusammengefasst und per Protokoll verteilt. Aufgaben für die Teilnehmer werden definiert und namentlich an einzelne Personen vergeben. Dazu dient eine Offene-Punkte-Liste (siehe auch Abb. 4–7).

9.8   Tipps für die Praxis

▪ Versuchen Sie die Kundenperspektive angemessen zu berücksichtigen. Beteiligen Sie den Kunden – in sinnvollem Ausmaß – am Projekt. Es ist der Kunde, der das Projekt bezahlt und der im Endeffekt bestimmt, ob es ein Erfolg war. Falls es keine externe Kundenschnittstelle gibt, fragen Sie im Marketing, Produktmanagement oder Vertrieb nach einem Repräsentanten, der Kundenwünsche und -nutzen diskutieren und erklären kann.

▪ Klären Sie die Schlüsselpersonen und Interessengruppen im Projekt. Schaffen Sie »Win-win-Situationen«, mit denen sich die wesentlichen Interessengruppen identifizieren können.

▪ Optimieren Sie das Requirements Engineering und Sie werden in den Projekten beträchtlichen Aufwand sparen. Systematisches RE reduziert Nacharbeiten, Zusatzaufwände durch Inkonsistenzen und vor allem Fehler, die erst spät entdeckt werden.

- Definieren Sie die Rollen, Verantwortungen und Schnittstellen im RE. Dies beginnt mit dem Kernteam (also Produktmanager, Projektmanager, Produktmarketing, Betrieb) und beinhaltet auch unterstützende Rollen, wie Test oder Konfigurationsmanagement.

- Verwechseln Sie nicht Rollen und Personen. Mehrere verschiedene Rollen können von einer Person wahrgenommen werden – gerade bei kleinen Organisationen. Wenn eine Person mehrere verschiedene Rollen hat, sollte sie sich darüber bewusst sein, dass es durchaus gewünschte Zielkonflikte innerhalb der Rollen gibt. Solche Konflikte müssen bewusst aufgelöst werden, was nur funktioniert, wenn die Ziele, Verantwortungen und Schnittstellen eindeutig definiert sind.

- Als Produktmanager sind Sie für den wirtschaftlichen Erfolg des Produkts verantwortlich. Er vereinbart die Anforderungen. Würden zu viele Beteiligte die Anforderungen vereinbaren und einem Projekt zuweisen, wäre das Ergebnis ein Chaos, in dem keiner Ergebnisverantwortung tragen würde.

- Sichern Sie die volle Unterstützung des Projekts durch den Produktmanager. Klären Sie die Verantwortungen, damit bei Änderungen die richtigen Interessengruppen mitwirken werden.

- Verhindern Sie, dass Personen, die nicht am Erfolg des Projekts (d.h. Projektmanager) oder des Produkts (d.h. Produktmanager) gemessen werden, unkontrolliert Einfluss auf die Inhalte nehmen. Die übliche vielfältige Gemengelage von Interessen und Rollen im Unternehmen und auf Kundenseite muss durch ein klares Rollenverständnis sowie durch diszipliniert umgesetzte Entscheidungs- und Änderungsprozesse kanalisiert werden.

- Berücksichtigen Sie bei der Projektplanung die gegenseitigen Einflüsse von Entwicklungsarbeiten. Anforderungen sollten so gruppiert werden (z.B. mit Inkrementen), dass jene Anforderungen, die sich stark beeinflussen, auch gleichzeitig entwickelt werden.

- Schätzen Sie mögliche Änderungen oder den Einfluss von Unsicherheiten bei Anforderungen vor Projektstart ab. Schätzen Sie mit den Kunden oder Benutzern das Risiko von Änderungen ab. Planen Sie die möglichen Änderungen im Projektplan ein. Wählen Sie eine Architektur, die den Änderungsmöglichkeiten Rechnung trägt.

- Erarbeiten Sie mit den unterschiedlichen Interessengruppen ein konsistentes Verständnis über die wirklichen Anforderungen. Jede Gruppe sieht nur ihre typischen Anwendungsfälle. Kaum jemand denkt an Ausnahmen oder daran, was andere Benutzer – auch böswillige – mit dem System machen könnten.

- Holen Sie Gruppen in die Analysephase, die später mit den Anforderungen arbeiten. Das sind vor allem Entwickler und Tester. Gerade Tester helfen dabei, Anforderungen so zu beschreiben, dass sie nachher testbar sind.

9.9   Fragen an die Praxis

▨ Weshalb wird in der Produktentwicklung so stark zwischen Projektmanager und Produktmanager getrennt? Wie trennen Sie die wichtigsten Ziele der beiden Rollen voneinander? Können Sie sich vorstellen, wie sich die beiden Rollen positiv beeinflussen können? Gibt es Beispiele, wie sie sich negativ beeinflussen?

▨ Warum spielt das Einverständnis zwischen Kunde und Lieferant im Requirements Engineering eine große Rolle?

▨ Haben Sie direkten Zugriff auf Ihren Auftraggeber, selbst in kritischen Situationen? Welche Lösung können Sie sich in Ihrem Unternehmen oder in Ihrer Situation vorstellen, wenn der Kunde oder Auftraggeber nicht greifbar ist? Haben Sie Erfahrung mit derartigen Mechanismen?

▨ Haben Sie einen einzigen und genau bekannten Kunden und Auftraggeber oder ist die Situation »zerfasert«? Wer hat das letzte Wort auf Auftraggeberseite? Haben Sie direkten Zugriff auf jenen Interessenvertreter, dessen Wort am gewichtigsten ist? Welche Eskalationswege und Prozesse bestehen, um Sicherheit bei offenen Fragen zu schaffen?

▨ Wie gehen Sie in Ihren Projekten mit Unsicherheiten darüber um, was der Kunde wirklich braucht?

▨ Wo sind Anforderungen in Ihren Projekten zu Problemen geworden? Wann hätten Sie es merken müssen? Welche Form des Risikomanagements hätte dabei geholfen, diese Risiken rechtzeitig zu berücksichtigen?

▨ Weshalb wird im Requirements Engineering stark getrennt zwischen dem, was ein Kunde will, und dem, was er braucht? Was kann passieren, wenn man genau das entwickelt, was er braucht? Was, wenn man nur das entwickelt, was er will?

▨ Welche Interessengruppen gibt es in Ihrem derzeitigen Projekt? Zeichnen Sie ein Bild, das die Abhängigkeiten darstellt. Welche dieser Personen oder Rollen sind davon überzeugt, dass Ihr Projekt wichtig ist? Welche sind mit dem Projekt, seiner Organisation oder seinem Inhalt nicht einverstanden?

10 Methodik und Prozesse

Wenn ich acht Stunden hätte, um einen Baum zu fällen,
würde ich davon sechs Stunden verwenden, die Axt zu schärfen.

Abraham Lincoln

10.1 Standards und Normen

Standards sind Anweisungen, die Vereinbarungen zu Produkten, Prozessen oder Vorgehensweisen beschreiben, die auf nationaler oder internationaler Ebene von anerkannten Berufs-, Industrie- oder Standesverbänden und von Handels- oder Regierungsorganisationen vereinbart wurden. Häufig sind es auch nur »de facto« akzeptierte und von Praktikern oder der Gesellschaft ausgeführte Vorgehensweisen, die die Zusammenarbeit erleichtern. Im Software- und IT-Bereich sind die meisten Standards de facto entstanden, beispielsweise zum Austausch von Dateien oder zum Programmieren von Schnittstellen. Prozessvorgaben haben eher den Charakter einer national oder international legitimierten Anweisung, denn häufig bedingen sie – zumindest anfangs – Mehrausgaben. Standards sind nützlich, denn sie erleichtern die internationale Zusammenarbeit und bieten Verlässlichkeit in Projekten und in der Nutzung von externen Komponenten für die Produktentwicklung.

Abbildung 10–1 zeigt einige der relevanten Standards, die in der System- und Softwareentwicklung zum Einsatz kommen. Oftmals sind sie Bestandteil von Ausschreibungen. Die Abbildung beschreibt im oberen Teil die Ziele und Randbedingungen an Entwicklungsprozesse. Im unteren Teil befinden sich jene Standards, die konkret zeigen, wie solche Vorgaben umgesetzt werden. Dabei stehen die für das RE verbindlichen Standards ganz unten im Diagramm. Dunkel getönte Ovale zeigen die international verbindlichen ISO-Standards, die weißen Ovale stellen De-facto-Standards dar, die in der Praxis große Verbreitung haben. Die Pfeile zeigen auf gegenseitige Einflüsse zwischen den Standards. Seit Ende der neunziger Jahre achtet die ISO stark darauf, dass Standards konsistent sind und sich nicht überdecken. Gerade bei den drei Standards ISO 12207 (Lebenszyklus), ISO 9001 (Qualitätsmanagement) und ISO 15504 (Prozessbewertung) hat dies zu einer einheitlichen Terminologie geführt, die wir auch in diesem Buch verwenden.

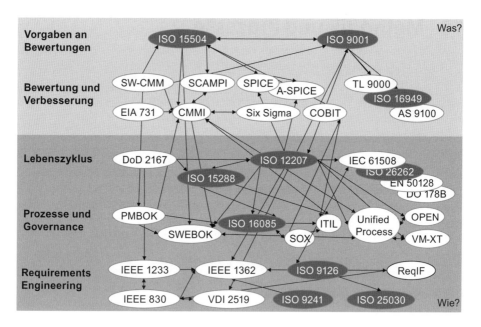

Abb. 10–1   *Normen und Standards*

Ein grundlegender Standard der System- und Softwaretechnik ist das Capability Maturity Model Integration (CMMI) [Chrissis2011]. Das CMMI und sein Vorgänger, das CMM, sind in den achtziger Jahren des vergangenen Jahrhunderts an der Carnegie Mellon University in Pittsburgh entstanden. Das CMMI basiert auf der Erkenntnis, dass die Zusammenstellung von einzelnen besten Praktiken keine Lösung verspricht. **Man muss den gesamten Lebenszyklus von der Konzeption bis zur Lieferung durchgängig betrachten, wenn man etwas nachhaltig verbessern will.**

Heute wird das Capability Maturity Model Integration (CMMI) weltweit zur Bewertung – und Verbesserung – der Prozessfähigkeit eingesetzt [Chrissis2011]. Daneben spielt vor allem auf dem europäischen Automotive-Markt auch das sogenannte SPICE (Software Process Improvement and Capability Determination) eine Rolle zur Bewertung und Verbesserung der Prozessfähigkeit. Beide Modelle haben eine mehrstufige Skala, die die Prozessfähigkeit zwischen »nicht vorhanden« oder chaotisch und »kontinuierlich optimierend« einordnet. Hinsichtlich der Bewertung der Prozessfähigkeit haben beide Modelle die gleiche Basis, nämlich den ISO-Standard 15504 [ISO2003, ISO2004, ISO2006a].

Das CMMI gliedert die zugrunde liegenden Prozessbereiche in fünf aufeinander aufbauende sogenannte Reifegrade (Maturity Levels, Abb. 10–2). Jeder dieser Reifegrade oder auch Ebenen – außer der ersten, initialen Ebene, auf der jeder per Definition beginnt – besteht aus sogenannten Schlüsselbereichen, die alle vollständig vorhanden sein müssen, um einen bestimmten Reifegrad zu erreichen.

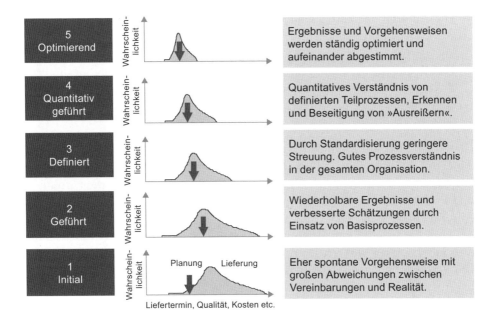

Abb. 10–2   *Die fünf Reifegrade im CMMI*

RE spielt im CMMI eine große Rolle und taucht daher in den Prozessbereichen gleich mehrfach auf. Wir fokussieren hier auf das CMMI for Development [Chrissis2011], wobei das RE natürlich auch im CMMI for Services und im CMMI for Acquisition eine tragende Rolle spielt.

Der Prozessbereich Anforderungsmanagement (engl. Requirements Management) ist dem Reifegrad 2 zugeordnet. Man kann also nicht auf Reifegrad 2 oder höher gelangen, wenn man kein grundlegendes Anforderungsmanagement im Unternehmen praktiziert. Dabei geht es um Managementgrundsätze, beispielsweise dass Anforderungen und ihre Änderungen vor der Zusage beim Kunden erst einmal im Projekt abgestimmt sein müssen. Ein anderes wichtiges Prinzip unterstreicht, dass alle Anforderungen mit den wesentlichen Arbeitsergebnissen des Projekts konsistent gehalten werden müssen. Schließlich müssen die Anforderungen verfolgbar sein, um ein konsistentes Änderungsmanagement zu erreichen.

RE spielt auch eine wesentliche Rolle in den Prozessbereichen der Anforderungsentwicklung (engl. Requirements Development), der technischen Umsetzung (engl. Technical Solution), der Validierung, der Projektplanung und -kontrolle, dem Konfigurationsmanagement sowie dem Management von Lieferantenvereinbarungen (engl. Supplier Agreement Management).

Das CMMI beschreibt keine Prozesse, sondern gibt Zielvorgaben, die durch Prozesse erreicht werden müssen. Für das RE gibt es zwei Prozessbereiche mit sehr klaren Zielvorgaben, die wir uns zu eigen machen sollten [Chrissis2011]:

▨ Die Anforderungsentwicklung dient dazu, die Anforderungen der Kunden sowie die Anforderungen an Produkte und Komponenten zu ermitteln und zu analysieren.

▨ Das Requirements Management dient dazu, die Anforderungen an die Produkte und Produktkomponenten eines Projekts zu managen und Inkonsistenzen zwischen diesen Anforderungen und den Plänen und Ergebnissen des Projekts zu identifizieren.

Diese zwei Ziele korrespondieren mit den sechs Aktivitäten im RE, wie wir sie in Abschnitt 2.4 eingeführt haben (siehe auch Abb. 2–8). Das erste Ziel (CMMI Requirements Development) umfasst die Ermittlung, Dokumentation, Analyse und Prüfung. Das zweite Ziel (CMMI Requirements Management) umfasst die Abstimmung und die Verwaltung.

Diese Perspektive auf Zielvorgaben anstatt präziser Implementierungsrichtlinien führt zu einer universellen Anwendbarkeit und Klarheit und damit zur großen Verbreitung dieses Modells als De-facto-Standard weltweit. Das CMMI hat bei Ausschreibungen einen wachsenden Einfluss, da sich Kunden darauf verlassen, dass sich Unternehmen auf einem höheren Reifegrad auch professioneller verhalten und verlässlich liefern. Das CMMI ist im Gegensatz zu den ursprünglichen Qualitätsstandards, wie ISO 9001, stärker an der Umsetzung der Prozesse interessiert und nicht daran, nur Rahmenbedingungen zu diktieren. Es ist in diesem Zusammenhang keine Überraschung, dass sich ISO 9001 in seiner Aktualisierung im Jahre 2000 sehr stark am CMMI orientierte und heute ebenfalls auf die erfolgreiche Ausführung von Prozessen ausgerichtet ist [ISO2008].

Auch SPICE, das primär im Automotive-Bereich und dort vor allem in Europa eine Rolle spielt, baut viele seiner Vorgaben direkt um das RE herum auf [ISO2003, ISO2004, ISO2006a]. Innerhalb von SPICE sind es vier Prozesse, die direkt mit dem RE zu tun haben, nämlich Requirements Elicitation (Ermittlung von Anforderungen, ENG1), System Requirements Analysis (ENG2), System Architectural Design (ENG3) und Software Requirements Analysis (ENG4). Darüber hinaus beschreibt das Konfigurationsmanagement (SUP8), wie Arbeitsergebnisse im Projekt kontrolliert und abgelegt werden. Das Änderungsmanagement (SUP10) wird bei der Analyse von Anforderungsänderungen eingesetzt. Wir erkennen aus dieser kurzen Synopse, dass sich CMMI und SPICE hier stark ähneln. Beide Modelle haben die gleiche Wurzel und verhalten sich konform zu den Vorgaben des ISO-15504-Standards.

Interessant sind die Modelle aus der Sicht des Lieferantenmanagements, wo Anforderungen und ihr Management eine zentrale Rolle spielen. Beide Modelle verweisen darauf, dass ein Kunde, der als Systemintegrator arbeitet und seine Systeme aus Komponenten externer Lieferanten integriert (also beispielsweise im Automobilbau ein OEM), primär die Prozessbereiche um das Requirements Engineering sowie jene der Systemintegration optimieren sollte. Er wird dies aus der Sicht des Auftraggebers tun und auf Klarheit im Lastenheft, in der Projektsteuerung, im Risikomanagement, in der Integration und Vertragsgestaltung achten. Der Lieferant wiederum wird die gleichen Prozessbereiche verstärkt aus dem Blickwinkel seiner eigenen Entwicklung heraus betrachten, beginnend mit dem Pflichtenheft und der Änderungskontrolle der Anforderungen. Insbesondere wird der Lieferant aus einem Prozessbereich wie Requirements Management im CMMI (SPICE: Requirements Elicitation) sofort ableiten, dass er die Aufgabe hat, Lastenheft und Pflichtenheft aktuell und konsistent zu halten.

Gehen wir in Abbildung 10–1 von den Prozessvorgaben zur Umsetzung, finden wir eine Gruppe mit Standards im Bereich des Lebenszyklus der System- oder Softwareentwicklung und eine zweite Gruppe mit Standards, die sich dezidiert mit dem RE befassen.

Standards zum Lebenszyklus

▨ **ISO/IEC-Standard 15288**
System Life Cycle Processes [ISO2002]. Der erste umfassende Standard zum Systemlebenszyklus. Er deckt sowohl die Systementwicklung als auch die darunter liegenden Elemente, nämlich Hardware, Software und Benutzerschnittstellen, ab. Als Lebenszyklus beginnt er mit der Konzeption des Systems und endet mit dem Ersetzen aller installierten Systeme. Der Standard deckt sowohl Prozessziele über den ganzen Lebenszyklus hinweg ab als auch Möglichkeiten, Prozesse zu bewerten und zu verbessern. ISO 15288 beschreibt insbesondere auch die nötigen Schnittstellen im gesamten Lebenszyklus, beispielsweise zwischen Lieferant und Kunde. Diese Schnittstellen machen den Standard als Rahmen für Verträge wichtig, denn man kann damit für einen ausgewählten Prozess oder eine ganze Lieferkette leicht spezifizieren, welche Kriterien die Lieferantenprozesse erfüllen müssen, um einerseits den internen Maßgaben, aber andererseits auch externen weiteren Standards oder Regelungen Genüge zu tun. Er wurde als hinreichend flexibler Standard definiert, sodass Unternehmen ihn je nach ihren Bedürfnissen anpassen können. Das gilt beispielsweise für Dienstleister, die nur bestimmte Services rund um die Wartung oder die Installation anbieten. ISO 15288 bezieht sich auf ISO 9001, indem es einen Rahmen für alle Prozesse rund um die Produktentwicklung beschreibt. Dieser Standard ist eher abstrakt und braucht noch weitere Standards, wie beispielsweise IEEE 1220, um konkret implementiert zu werden.

▨ **ISO/IEC/IEEE-Standard 12207**
Standard for Software Life Cycle Processes [ISO1997b]. Dieser Standard ist die Basis für Lebenszyklusbeschreibungen der Softwareentwicklung. Er beschreibt einen IT-spezifischen Lebenszyklus basierend auf den Vorgaben von ISO 9001 und dem generischen Lebenszyklusstandard ISO 15288. Seine Terminologie und auch die Einzelheiten des Lebenszyklus und die darunter liegenden Entwicklungs- und Managementprozesse sind spezifisch für die Softwareentwicklung [ISO1997a]. Er lässt sich daher sehr leicht in Soft-

wareprojekten einsetzen, beispielsweise als Referenzmodell für bestimmte Projektphasen. Er trennt zwischen Primärprozessen (wie Einkauf, Verteilung, Entwicklung, Betrieb und Wartung), Unterstützungsprozessen (wie Dokumentation, Konfigurationsmanagement, Qualitätssicherung, Prüfung, Audits oder Problemmanagement) und organisatorischen Prozessen (wie Projektmanagement, Infrastrukturmanagement, Änderungsmanagement und Training). Wie ISO 15288 beschreibt auch ISO 12207 das sogenannte »Tailoring«, also die Anpassung und Reduzierung des Standards für das Tagesgeschäft unter bestimmten – eingeschränkten – Voraussetzungen. Während er sich in Deutschland bisher noch nicht durchgesetzt hat, spielt er in internationalen Ausschreibungen eine gewichtige Rolle.

▓ **DIN 69901-2009**
»Projektmanagement; Projektmanagementsysteme« beschreibt Grundlagen, Prozesse, Prozessmodell, Methoden, Daten, Datenmodell und Begriffe im Projektmanagement [DIN2009]. Dort werden auch verbindlich für den deutschen Sprachraum das Lastenheft und das Pflichtenheft dokumentiert.

Standards speziell für das Requirements Engineering

▓ **IEEE-Standard 1233**
Guide for Developing of System Requirements Specifications [IEEE1998a]. Dieser Standard beschreibt die Entwicklung von Anforderungen, Spezifikationen und deren Behandlung in der gesamten Produktentwicklung. Damit deckt er die ganz frühen Phasen im Projekt oder in der Produktentwicklung ab, wo es um die Extraktion von konkreten Anforderungen aus den vage geäußerten Bedürfnissen der Kunden oder Benutzer geht. Neben der Ermittlung und Definition von Anforderungen beschreibt er auch die Prozesse um das Änderungsmanagement von Anforderungen und die Organisation von Anforderungen im Projekt.

▓ **IEEE-Standard 830**
Recommended Practice for Software Requirements Specifications [IEEE1998b]. Ein sehr konkreter und praxisnaher Standard zur Beschreibung und Definition von Softwareanforderungen. Unter allen genannten Standards ist er wohl derjenige, der mit den wenigsten Anpassungen direkt ins Projektgeschäft übernommen werden kann. Er beschreibt eine Struktur für Anforderungsspezifikationen (Lastenheft und Pflichtenheft) und enthält einige konkrete Beispiele für deren Umsetzung in die Praxis. IEEE 830 eignet sich sehr gut auch für die Auswahl und den Kauf von fertigen Softwarekomponenten von externen Anbietern.

▓ **IEEE-Standard 1362**
Guide for Information Technology – System Definition [IEEE1998c]. Der IEEE 1362 ist ein eher spezieller Standard im RE, der sich konkret mit den

Anforderungen an den Betrieb eines Softwaresystems auseinandersetzt. Er beschreibt, wie ein sogenanntes Betriebsdokument (auch User Guide) entwickelt wird, und nimmt daher ausschließlich die Benutzerperspektive ein. Dabei trennt er zwischen quantitativen und qualitativen Anforderungen und bildet sie auf entsprechende Zielgruppen, wie Vertrieb, Einkauf, Wartungspersonal oder Betreiber, ab. Er beschreibt Tätigkeiten, die aus Benutzersicht relevant sind, und berücksichtigt das Training am System, die organisatorischen und technischen Randbedingungen für den korrekten Betrieb der Software, aber auch, welche Personen mit welchen Fähigkeiten zum Betrieb des Systems gefordert sind. Gemeinsam mit IEEE 830 bildet IEEE 1362 eine solide Basis, um ein praktikables Anforderungsdokument zu entwickeln – egal ob aus Lieferanten- oder aus Kunden- oder Benutzersicht.

VDI-Richtlinie
VDI 2519 Blatt 1 – Vorgehensweise bei der Erstellung von Lasten-/Pflichtenheften [VDI2001]. Dies ist der deutsche Standard zur Beschreibung von Lasten- und Pflichtenheften. Dieser VDI-Standard ist sicherlich die beste Basis für die Strukturierung eines Lastenhefts und eines Pflichtenhefts. Die englischsprachigen Standards trennen nicht so klar zwischen Aufgabe aus Benutzersicht und Aufgabenbeschreibung aus Systemsicht, wie es dieser deutsche Standard macht. Für Ausschreibungen im deutschsprachigen Raum ist er oftmals die Basis, um ein Gerüst für Anforderungen zu vereinbaren. Neben der Strukturierung dieser beiden Dokumente spricht VDI 2529 insbesondere Themen wie Systembeschreibung, Schnittstellen, systemtechnische Anforderungen, Inbetriebnahme, Qualität und Projektorganisation an. Er ist unabhängig vom zu entwickelnden System oder Unternehmen und setzt auf eine generische Terminologie. Damit erfordert er für reine Softwaresysteme noch etwas Zusatzaufwand, um die Details aus der Softwareentwicklung zu berücksichtigen. Dabei bietet es sich an, das Gerüst des VDI 2519 zu nehmen und mit softwarespezifischen Aspekten des IEEE 830 und des IEEE 1362 anzureichern.

ISO/IEC 9126
Software Engineering – Product Quality (deutsch: DIN 66272) [ISO2001]. Der ISO/IEC 9126 beschreibt ein Qualitätsmodell zur Identifikation und Bewertung von Qualitätsanforderungen. Der darauf aufbauende ISO/IEC 25030 konkretisiert dieses Modell für Qualitätsanforderungen und den zugehörigen Messvorschriften [ISO2007]. Beide helfen dabei, Qualitätsanforderungen zu identifizieren und zu beschreiben, Anforderungsdefinitionen auf Vollständigkeit zu prüfen, Testziele zu identifizieren, konstruktive Qualitätskriterien zu beschreiben und Abnahmekriterien für ein fertiges Softwareprodukt zu spezifizieren.

ISO/IEC TR 24766
Information technology – Systems and software engineering – Guide for requirements engineering tool capabilities [ISO2009]. Der Standard beschreibt

Anforderungen an Requirements-Engineering-Werkzeuge und orientiert sich stark an den Lebenszyklusmodellen in ISO 12207. Eine ausführliche Beschreibung des Standards sowie seiner Anwendung auf die aktuellen RE-Werkzeuge findet sich in [Gea2012].

▓ **Requirements Interchange Format (ReqIF) [OMG2012]**
ReqIF ist von der OMG standardisiert. Seit 2007 war er bereits als »RIF« durch die deutsche HIS (Hersteller Initiative Software) als Norm bei der Zusammenarbeit von Automobilherstellern und ihren Zulieferern im Einsatz. Er basiert auf XML und erlaubt den herstellerunabhängigen Austausch der RE-Daten über Toolgrenzen hinweg. Dies beinhaltet Metainformationen, Texte und eingebettete Objekte.

Alle internationalen ISO-Standards werden im Allgemeinen unverändert auf europäischer und nationaler Ebene umgesetzt. Damit wird aus ISO 9001 eine EN 9001 (European Norm) und schließlich ein DIN/ISO 9001 (Deutsche Industrie-Norm).

10.2 Lebenszyklus und Vorgehensmodelle

Wir haben bereits in Abschnitt 10.1 aus der Sicht von Standards über die Notwendigkeit eines Lebenszyklus in der Produktentwicklung gesprochen. Dabei hatten wir verdeutlicht, dass die Entwicklung von Lösungen oder Produkten oft mit einer Systemperspektive beginnt, die alle Anforderungen an die Lösung oder an das System darstellt. Diese Anforderungen werden im Lebenszyklus bearbeitet und bei einem kombinierten Hardware- und Softwaresystem aufgeteilt in solche Anforderungen, die von Softwarekomponenten realisiert werden, und solche, die vom Hardwaresystem oder auch gemeinsam von Software und Hardware abgedeckt werden. Alle diese Anforderungen werden im Produktlebenszyklus verfolgt. Wir wollen im Folgenden betrachten, was ein Produktlebenszyklus ist und wie er mit Requirements Engineering zusammenhängt.

Zur Veranschaulichung, wie RE in die Produktentwicklung eingebunden wird, wollen wir von einem einfachen **Vorgehensmodell** ausgehen (Abb. 10–3). Vorgehensmodelle beschreiben den **Lebenszyklus** oder einen Ausschnitt davon (beispielsweise den Entwicklungsprozess) und dessen Ergebnisse als Abfolge von Aktivitäten.

Betrachtet man den linearen Ansatz in Abbildung 10–3, so fragt man sich zu Recht, weshalb hier von einem »Lebenszyklus« gesprochen wird. In der Tat ist die zeitliche Abfolge aus Sicht eines spezifischen Projekts (z. B. Entwicklung einer Version) immer monoton mit definiertem Anfang und Ende. Wir haben daher im gleichen Bild auch einige Projekte (d. h. Entwicklung, Wartung) mit veranschaulicht. Projekte haben einen definierten Startpunkt und einen definierten Endpunkt. Ein Entwicklungsprojekt beginnt mit einem fertigen Projektplan, Projektzielen, vereinbarten Ressourcen und einem Projektmanager, der es leitet. Es ist beendet, wenn es seine Ziele erreicht hat – oder wenn es abgebrochen wurde. Das Gleiche gilt auch für ein Wartungsprojekt, wobei hier durchaus verschiedene kleinere, untergeordnete Wartungsprojekte unterschieden werden können. Es gibt im Projekt keinen Zyklus, sondern einen Fluss (engl. Project Flow). **Der Zyklus resultiert aus der Abfolge von Projekten.**

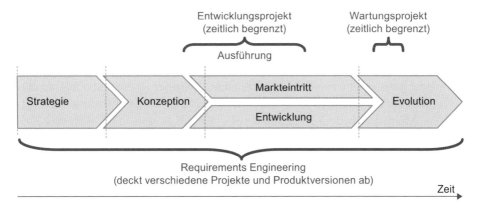

Abb. 10–3   *Der Lebenszyklus eines Produkts oder einer Lösung*

Der **Produktlebenszyklus** (engl. **Product Life Cycle** oder **PLC**) dagegen betrachtet das Produkt (oder eine Lösung) als Ergebnis von einem oder mehreren Projekten. Er beschreibt alle wichtigen Aktivitäten oder Prozessschritte, um ein Produkt oder eine Lösung und deren Varianten und Versionen zu definieren, zu entwickeln, zu produzieren, zu betreiben, zu pflegen, zu warten, zu erweitern und schließlich zu beenden.

Das Produkt existiert über das eigentliche Entwicklungsprojekt hinaus und muss gepflegt werden. Diese Pflege kann zum Kerngeschäft werden, beispielsweise in großen Systemen, wie betrieblichen Informationssystemen oder Kommunikationssystemen. Dann wächst das Produkt ständig und entwickelt sich in einem Zyklus weiter, der jeweils wieder die Form der Abbildung 10–3 annimmt. Parallel zum Lebensende eines Release kann das nächste Release folgen. Ein Migrationsprojekt fällt auch in diesen Lebenszyklus. Migration bedeutet hier den Übergang von einem zum nächsten Release und damit das Lebensende der bisherigen Produktversion.

Jede Phase in Abbildung 10–3 kann in weitere Prozesse verfeinert werden. Wir wollen in diesem Abschnitt einige wichtige Bausteine eines typischen Lebenszyklus kennenlernen.

Unser Vorgehensmodell nimmt eine Systemsicht ein und beschreibt die Abfolge von Phasen durch den gesamten Lebenszyklus eines Produkts oder einer Lösung (Abb. 10–3). Von links nach rechts läuft die Zeitachse, auf der vier wesentliche Elemente des Lebenszyklus angeordnet sind:

1. **Strategie und Konzeption**

   Dies ist die sogenannte »Upstream«-Phase in der Produktentwicklung, bevor ein Projekt begonnen hat. Sie ist für das RE besonders wichtig, denn jetzt wird festgelegt, welche Anforderungen berücksichtigt werden. Man spricht daher auch von »**Frontloading**«, wenn man hier den nötigen Aufwand frühzeitig investiert. Das Projekt wird sukzessive aufgesetzt und die Inhalte, Ziele und Meilensteine werden vereinbart. Hier entsteht die Produktvision, beispielsweise welche Märkte in welcher Form adressiert – oder auch nicht adressiert – werden. Der Business Case wird in dieser Phase zusammengestellt und damit die Kosten-Nutzen-Rechnung aufgemacht. Dabei ist es wichtig, den gesamten weiteren Zyklus zu betrachten. Oftmals wird nur die Entwicklungsphase gesehen und es werden zwar Anforderungen und Ziele an das Entwicklungsprojekt geklärt, aber nicht, was dies für die Wartung oder spätere Migration bedeutet. Beispielsweise könnte es sein, dass nicht das Produkt selbst, sondern Dienstleistungen um das installierte Produkt herum im Vordergrund stehen (z.B. bei Open Source und kommerziellen Paketen). Hier müssen ganz klare Anforderungen an Wartbarkeit, Portierbarkeit etc. berücksichtigt werden.

2. **Entwicklung**

   In dieser Phase wird das Produkt entwickelt. In der Entwicklungsphase geht es um die Umsetzung der Anforderungen in ein funktionsfähiges Produkt im Rahmen der vereinbarten Randbedingungen (z.B. Zeit, Kosten, Ressourcen). Die Entwicklungsphase lässt sich in bestimmte Prozesse verfeinern, die in verschiedener Form durchlaufen werden können. Die grundlegenden Prozesse decken das Management der Anforderungen ab, die Entwicklung einer Architektur, eines Entwurfs, einer Prüfstrategie, einer Implementierung, einer Paketierung und einer Qualitätskontrolle. Innerhalb der Entwicklung gibt es einen **Entwicklungslebenszyklus** oder **Entwicklungsprozess**, der die Abfolge dieser Prozesse beschreibt.

   Abbildung 10–4 zeigt den typischen Entwicklungsprozess. Wichtig ist, dass die Stufen zyklisch oder iterativ durchlaufen werden können (z.B. wenn sich Anforderungen durch die Systemanalyse aufklären oder aber Ungenauigkeiten entdeckt werden, muss die Anforderungsermittlung nochmals durchlaufen werden) [Boehm1988]. Des Weiteren drückt seine »V-Form« auf der rechten Bildhälfte aus, dass es zu jedem konzeptionellen Schritt auf der linken Seite auch einen äquivalenten Prüfschritt gibt. Dieses weitverbreitete Modell wird daher auch als »V-Modell« bezeichnet.[1]

---

1. Wir verwenden den Begriff »V-Modell« in diesem Buch generisch aufgrund der charakteristischen Form eines »V« und nicht, um auf das gleichnamige Referenzmodell zu verweisen, das in Deutschland teilweise für öffentliche Ausschreibungen verwendet wird (siehe *www.v-modell-xt.de*, [Balzert2008]).

Anforderungen müssen prüfbar sein (siehe Kap. 6). Daher ist es sinnvoll, die Teststrategie und die Testfälle parallel zum Analysieren der Anforderungen zu entwickeln. Das kann im V-Modell durch eine Verknüpfung von konstruktiven Schritten (linker Ast) mit den jeweiligen Prüf- und Testschritten (rechter Ast) erfolgen (siehe Abschnitt 8.3).

Es gibt eine Vielzahl von **Vorgehensmodellen** im Software Engineering. Sie haben sich über die Zeit entwickelt und werden anhand der Randbedingungen von Projekt und Produkt ausgewählt. Abbildung 10–5 zeigt einige der populären Vorgehensmodelle und deren Einsatz in zwei Dimensionen. Beide Dimensionen werden durch Anforderungen bestimmt. Die horizontale Achse beschreibt die Stabilität der Marktanforderungen und die vertikale Achse Anforderungen an den Projektcharakter.

Wichtig bei diesen Unterscheidungen ist, dass die Elemente des archetypischen Entwicklungsprozesses die gleichen bleiben und nur deren Anordnung variiert wird. Egal, ob es sich um einen agilen Entwicklungsprozess oder um ein sequenzielles Vorgehen handelt (und diese Vorgehensweise ist gar nicht so altmodisch, wie oftmals suggeriert wird), es gibt immer ein RE und einen Test.

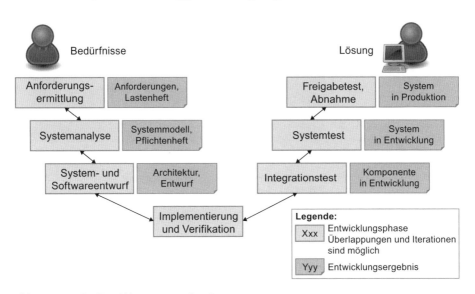

Abb. 10–4   *Der Entwicklungsprozess eines Systems*

RE hängt in seiner Ausgestaltung vom gewählten Vorgehensmodell ab. Gemeinsam ist allen Vorgehensmodellen, dass Anforderungen vor ihrer jeweiligen Umsetzung ermittelt und analysiert werden. Dies passiert aber mit unterschiedlichem Tiefgang. Anforderungen können sich in jedem dieser Modelle während des gesamten Entwicklungsprojekts ändern und sie müssen daher durch das ganze Entwicklungsprojekt hindurch verfolgt werden.

Wie viel Requirements Engineering ist nötig? Was ist unnötiger Ballast?
Die Antworten darauf versuchen wir hier zu geben. Allerdings wird es keine
Standardantwort geben, die allen Projekten genügt. Unter bestimmten Randbedingungen kann man das RE stark vereinfachen – ohne jedoch die wichtigsten Prinzipien[2] über Bord zu werfen (z.B. Analyse vor Vereinbarung, Trennung von Markt- und Produktanforderungen). Die Antwort darauf, wie viel
RE angeraten ist, bezieht sich immer auf das Projektrisiko. Vorgehensmodelle, Prozesse, Methodik und die Dokumentation hängen auch davon ab,
wie lange das Produkt gepflegt werden soll, wie viele Kunden damit arbeiten
werden, wie lang sein Lebenszyklus ist und welche Unsicherheiten und Randbedingungen von außen in das Projekt kommen.

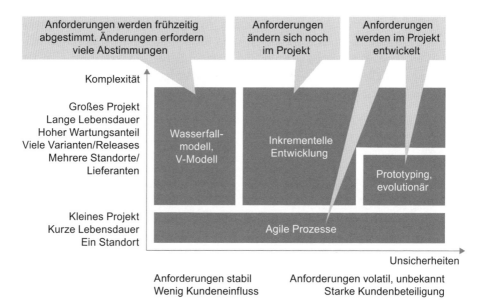

Abb. 10–5   *Requirements Engineering bestimmt das Vorgehensmodell.*

Prinzipiell kann man die Balance zwischen Prozessen und Geschäftszielen
immer mit einer einfachen Regel beantworten: **So viel Prozess wie nötig, um
die Geschäftsziele anhaltend zu erreichen, und so wenig wie möglich, um Flexibilität, Kreativität und Innovationskraft nicht einzuschränken.** Viele Prozesse wachsen über die Zeit stark an, weil man sich nie fragte, was davon
inzwischen unnötig ist. Auf jeden Fehler im Produkt kam ein weiterer Test-
schritt. Mit jeder falsch verstandenen Anforderung aus einem Kundenkontakt
hat sich die Checkliste vergrößert. Mit jedem größeren Projekt haben sich
Templates und Entwicklungsdokumentation vergrößert. Verkleinert und ver-

---

2. Eine Zusammenfassung der wesentlichen Prinzipien des Requirements Engineering findet sich in
    Abschnitt 13.1.

einfacht werden sie nie automatisch. Daher bedeutet Agilität auch, das zu hinterfragen, was bereits an Ballast angewachsen ist.

Eine vergleichende Bewertung der drei wichtigsten Vorgehensmodelle in der Praxis und deren Eignung in Abhängigkeit von kritischen Projekt- und Produktparametern ist nochmals in Abbildung 10–6 dargestellt. **Ein diszipliniertes und formalisiertes RE benötigt man in jedem Fall, sowohl bei traditioneller als auch bei agiler Vorgehensweise, aber wie dies abläuft, welche Prozesse wie gestaltet werden, kann differieren.**

Nach wie vor dominiert das sequenzielle Vorgehen mit dem Wasserfallmodell die Entwicklung [Colin2003]. Über 40 % der Unternehmen benutzen dieses Vorgehensmodell. Daneben werden evolutionäre und iterative Vorgehensmodelle von insgesamt knapp 40 % der antwortenden Praktiker eingesetzt. Nur etwa 5 % geben vor, kein Vorgehensmodell zu verwenden. Das gewählte Vorgehensmodell richtet sich nach der Projektdauer. Bei Projekten von über zwei Jahren Projektlaufzeit dominieren iterative Vorgehensmodelle. Prototyping als evolutionärer Lebenszyklus wird vor allem bei der Gestaltung von Benutzerschnittstellen eingesetzt.

Vorgehens-modell	Projektgröße und -komplexität			Bekanntheit der Anforderungen		Stabilität der Anforderungen			Zeit-druck
	klein	kom-plex	sehr groß	be-kannt	unbe-kannt	stabil	mittel	gering	kri-tisch
Stringent	+	o	–	+	–	+	–	–	–
Iterativ	o	+	+	+	+	+	+	o	–
Agil	+	o	–	+	+	+	+	o	+

Abb. 10–6   *Die Eignung des Vorgehensmodells wird durch externe Parameter bestimmt*
(+: gut geeignet, 0: kann genutzt werden, –: weniger gut geeignet).

3. Markteintritt

Für die Aufnahme und Akzeptanz eines Produkts ist vor allem die Phase des Markteintritts relevant. Sie variiert in ihrem Zeitpunkt und in ihrer Dauer abhängig von externen Einflüssen, wie Marktgröße und Produktart. Ein B2B-Produkt hat eine klare Abfolge von Strategie, Konzeption und Markteintritt, während bei B2C-Produkten, vor allem bei Konsumgütern, der Markteintritt sehr lange dauert und bereits in der Strategie- und Konzeptionsphase beginnt. Der Markteintritt beeinflusst den wahrgenommenen Nutzen. Der Nutzen und Wert eines Produkts hängt vom richtigen Markteintritt ab. Hier einige Beispiele: Nutzen werden zu einem bestimmten Zeitpunkt erwartet. Wenn Ihre IT-Dienstleistung just dann fertig ist, wenn Ihr Management sich für ein Outsourcing entschlossen hat, ist der Gesamtnutzen hinfällig. Nutzen ist nur dann wirtschaftlich gegeben, wenn es ein Nutzen für das ganze Unternehmen ist. Eine neue und hervorragende Serverplattform in einer Anwendung, die sich nicht verkauft, ist nicht nützlich. Auch Marktverschiebungen, neue Wettbewerber, veränderte gesetzliche Randbedingungen oder auch neue Technologien beeinflussen direkt die Nutzenfunktion.

4. **Evolution**

   In die Evolution (oder Wartungsphase) tritt das Produkt mit Ende der Entwicklung oder der Markteinführung ein. Je nach Vertragsbedingungen kann der Übergang fließend sein, beispielsweise, wenn das Entwicklungsprojekt mit der ersten Übergabe an den Kunden endet und die dann noch auftretenden Fehler und Nachbesserungen an unzureichender Funktionalität bereits als Wartungsprojekt bearbeitet werden. Die Wartungsphase wird durch zwei Änderungsarten am existierenden Produkt bestimmt, nämlich durch Fehlerkorrekturen und Erweiterungen. Beides führt zu einem neuen Release und damit streng genommen zu einem neuen Produkt (man spricht hier von einem neuen Produktrelease), da sich die Software mit diesen Änderungsmaßnahmen verändert.

   Die Wartungsphase wird oftmals als separates Wartungsprojekt durchgeführt, um die Änderungen und den Aufwand dahinter (aber auch die dafür nötigen Ressourcen) besser kontrollieren zu können. Auch dann besteht wieder dringend Bedarf an einem disziplinierten RE, um zu entscheiden, welche Änderungen in der Wartung bei begrenzten Ressourcen durchgeführt werden können. Häufig gibt es Ressourcen- und Architekturkonflikte in Wartungsprojekten, wenn sie nicht sauber geplant und aufgesetzt werden. Ein vernünftiges Portfoliomanagement ist für erfolgreiche Wartungsprojekte unabdingbar (siehe Abschnitt 9.5). RE spielt in Wartungsprojekten daher eine sehr große Rolle. **Es geht darum, bei jeder Änderung (ob Fehlerkorrektur oder neuer Funktion) abzuwägen, ob sie in die Gesamtstrategie passt, ob sie zum bestehenden Business Case passt und wie sie im Rahmen aller anderen bereits vereinbarten Wartungsanforderungen behandelt wird.** Nachverfolgbarkeit von Anforderungen in den Entwurf, in den Code und zu den Testfällen ist eine wichtige Voraussetzung für gutes RE in der Wartungsphase (siehe Kap. 8).

   Zum **Lebensende** eines Produkts oder eines Produktrelease geht es vor allem darum, einen definierten Ausstieg zu vereinbaren und auch durchzuführen. Das Lebensende kommt selten zum richtigen Zeitpunkt – ganz so wie im richtigen Leben. Es kommt entweder unerwartet früh, weil Entwicklungsprojekte ihre Ziele nicht erreicht haben und abgebrochen werden, oder aber es kommt zu spät. Dies ist in den meisten Produkten und Unternehmen der Fall und liegt daran, dass viele Unternehmen kein ausreichendes Portfoliomanagement haben, das kontinuierlich betrachtet, welche Produkte (oder Releases) beendet werden müssen, da sie keinen anhaltenden Beitrag zum Unternehmenserfolg mehr liefern können (siehe Abschnitt 9.5) [Benko2003, Ebert2007a].

Das Leben einer Softwareanwendung wird in der Regel durch die Terminierung der Pflege oder bestehender Wartungsverträge beendet. Mit dem angekündigten Lebensende gibt es keine Erweiterungen und Korrekturen mehr. Das ist häufig auch die einzig mögliche Maßnahme, Softwareanwendungen einem definierten Ende zuzuführen, denn die Software bleibt in ihren Installationen unkontrollierbar, und einige Anwender werden sich sogar dafür entscheiden, dass sie mit dem erreichten Status zufrieden sind.

Das RE spielt also auch für das Lebensende eine Rolle. Man wird häufig eine Strategie fahren, die die Anwender schrittweise zu einem neuen Release führt. Obwohl dies mehr mit Marketing und Produktmanagement zu tun hat, spielt es in die Wartungs- und Entwicklungsarbeiten – über das RE – hinein. Während beispielsweise die Lieferung neuer Funktionen eher schnell gestoppt werden kann, wird die Fehlerkorrektur häufig noch eine Weile fortgesetzt, damit der Kunde das Vertrauen in den Lieferanten nicht zu schnell verliert.

Im **Lebenszyklus-Management** von Produkten (Produktlebenszyklus-Management, PLM) und Anwendungen (Anwendungslebenszyklus-Management, ALM) wird der gesamte Lebenszyklus als Einheit betrachtet, als ein Geschäftsprozess, der vereinheitlicht, überwacht, gesteuert und verbessert werden kann. Die Kooperation entlang der gesamten Wertschöpfungskette kann durch die Beseitigung geografischer, organisatorischer und technologischer Grenzen verbessert werden. PLM und ALM betrachten auch die informationstechnische Unterstützung des Lebenszyklus. Typischerweise steht dahinter ein Produktdatenmanagement als gemeinsame Referenz, die es erlaubt, die Wertschöpfungskette und deren individuelle Werkzeuge zu koppeln und einen durchgängigen Workflow zu schaffen von den Anforderungen hin zur gelieferten Lösung und deren Wartung oder Weiterentwicklung.

Das RE durchdringt wie kein anderer Prozess – außer vielleicht das Controlling – das Produktlebenszyklus-Management. Abbildung 10–7 zeigt den Lebenszyklus in der oberen Hälfte der Abbildung. Unten wird er detailliert, um die für die Produktentwicklung relevanten Prozesse zu zeigen. Alle skizzierten Prozesse werden durch das RE beeinflusst, denn als Ziel oder Eingangsgröße stehen die Anforderungen, egal ob es um die Strategiedefinition, das Lieferantenmanagement oder die Evolution geht. Die relevanten Beziehungen (z.B. Dokumente, Schnittstellen) sind durch die Pfeile veranschaulicht. Eine Übersicht zu diesen Dokumenten im Lebenszyklus findet sich in Abschnitt 4.3.

Je komplexer die Produkte werden, umso mehr verlagert sich die gesamte Wertschöpfung hin zu Evolution und Wartung. Das erfordert eine gute und umfassende Kenntnis des Produktzustands (Konfigurationen, Funktionen, Versionen von Plattformkomponenten) beim Kunden. Ein häufiger Fehler im Lebenszyklus-Management besteht darin, dass nur das erste Release betrachtet wird. Das mag für Start-ups, also neue Firmen, die noch gar nicht wissen, ob sie das erste Release ihrer Produktidee überleben, richtig sein, aber sicherlich nicht für

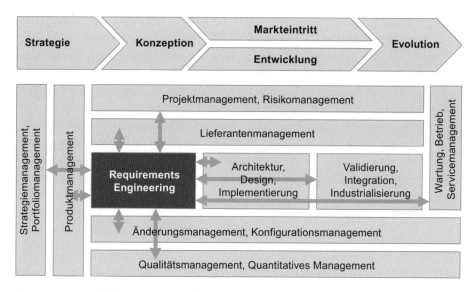

Abb. 10–7   *ALM/PLM verknüpft Geschäftsprozesse und schafft Konsistenz.*

etablierte Dienstleister und Softwareentwickler. Viele Firmen haben diesen Sprung nicht geschafft und stagnieren mit einem unzureichenden Produkt, das anfangs zwar hervorragend aussah, sich aber nicht mehr weiter entwickeln ließ. Netscape ist hierfür das klassische Beispiel, wo RE und Projektplanung komplett vernachlässigt wurden, und damit eine nicht mehr wartbare Architekturruine entstand [Cusumano2000].

Nur ein phasenübergreifendes Produkt- und Entwicklungsmanagement – also das Lebenszyklus-Management – stellen sicher, dass die Geschäftsziele effizient erreicht werden.

10.3 Stringentes Requirements Engineering

Stringentes RE verlangt, dass die Anforderungen zu einem Großteil bereits zu Projektstart bekannt und definiert sind. Abbildung 10–8 zeigt das typische Vorgehen in einem stringenten Entwicklungsprozess. Stringent heißt hier, dass der Entwicklungsprozess klar definierte Phasen und Meilensteine hat, die immer das Gesamtsystem und seinen Fortschritt von der Spezifikation hin zu einem lauffähigen Produkt betrachten. Es impliziert, dass die Anforderungen im Zusammenhang analysiert, modelliert und zu einer Gesamtlösung hin entwickelt werden. Änderungen der Anforderungen werden sehr gut kontrolliert, um Fehler und Integrationsschwierigkeiten zu reduzieren. Stringent heißt allerdings nicht, dass die Anforderungen eingefroren werden müssen. Wichtig ist eher, dass frühzeitig abgeschätzt wird, welche Anforderungen sich ändern könnten, und daraufhin das Projekt und die Produktarchitektur ausgerichtet werden. Andererseits ist es klar, dass ein stringentes Projekt viele Barrieren aufbaut, damit sich Anforderungen nicht chaotisch ändern, wie man es von der Anwendungssoftware her kennt. Schließlich wollen die verschiedenen Zielgruppen mit einem definierten Budget ein Produkt entwickeln und nicht in der Dokumentationsphase stecken bleiben.

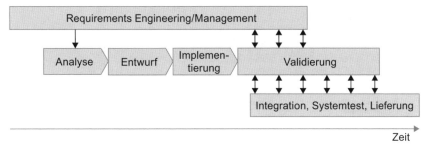

Abb. 10–8   *RE im stringenten Entwicklungsprozess*

Soll das Produkt in verschiedenen Varianten gepflegt werden oder sieht es einem längerfristigen Einsatz (z.B. als eingebettetes System) entgegen, dann greift man zu einem stringenten Vorgehensmodell mit definierten Teilprozessen und Phasen, die aufeinander aufbauen. Aber auch die Stabilität der Anforderungen bestimmt die Auswahl des Vorgehensmodells. Sind die Anforderungen bekannt und eher stabil, dann kann man ein solch statisches Modell wählen, das dann auch größtmögliche Konsistenz der Phasenergebnisse liefert. Abbildung 10–9 zeigt beispielhaft für dieses stark meilensteinorientierte Vorgehen, wie es in vielen Unternehmen heute üblich ist, den Produktlebenszyklus bei Siemens [Broy2007]. Man erkennt anhand der angegebenen Richtwerte für Stabilität in Form von Prozentzahlen bei den wichtigen Meilensteinen M100, M150 und M200 den konkreten Bezug zum RE.

Eine solch stringente Ausrichtung mit klaren Anforderungen beim Projektstart ist übrigens bei vielen Projekten nötig, beispielsweise, wenn ein Altsystem durch ein neues System mit gleicher Funktionalität abgelöst werden soll oder wenn in einem Großprojekt Teilsysteme entwickelt werden sollen. Auch in großen Projekten in der Raumfahrt oder in sicherheitskritischen Anwendungen dominieren diese Vorgehensweisen. Projekte mit vielen Lieferanten, die sich frühzeitig über Schnittstellen, Standards und Randbedingungen einigen müssen, wählen in aller Regel ein stringentes Vorgehensmodell, zu dem sich alle Partner verpflichten. Meilensteine innerhalb des Projektverlaufs gewährleisten, dass Teilergebnisse synchronisiert werden können und der Gesamtfortschritt nicht durch das Versagen eines Lieferanten infrage gestellt wird.

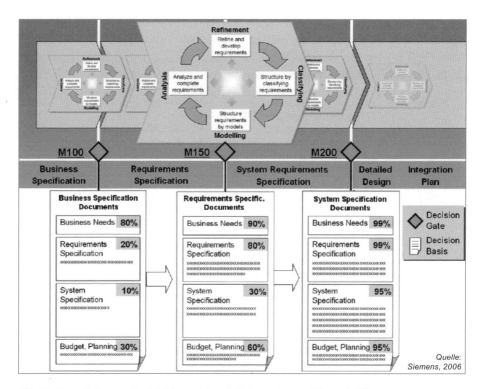

Abb. 10–9   *Stringenter Produktlebenszyklus mit Meilensteinen und Phasen bei Siemens*

10.4   Iteratives Requirements Engineering

Sind die Anforderungen eher unbekannt und entwickeln sie sich vielleicht erst im
Laufe der Systementwicklung, dann muss das Vorgehensmodell dieser Volatilität
Rechnung tragen, und man wählt ein inkrementelles, iteratives oder gar evolutio-
näres Vorgehen. Ein iteratives RE wird in einer ganzen Bandbreite unterschiedlicher Entwicklungsparadigmen eingesetzt, beispielsweise im weitverbreiteten
inkrementellen Vorgehen, im Prototyping und auch in der Definition von Iterationen, die schrittweise mit einem Kunden evaluiert werden, bevor das endgültige
System geliefert wird. Iterativ bedeutet, dass das RE vor Projektstart begonnen
wird, aber ein großer Teil der RE-Aufwände erst danach anfallen.

Man durchläuft einzelne Entwicklungsschritte iterativ, beispielsweise um in
kleinen Schritten jeweils einige Anforderungen zu implementieren und zu testen.
Dann wächst das Produkt iterativ und man spricht von einem iterativen (oder
auch inkrementellen) Entwicklungsprozess. Abbildung 10–10 zeigt anhand von
drei Inkrementen, wie dieser Entwicklungsprozess die »Bausteine« anordnet.
Zahl und Abhängigkeiten innerhalb dieser Entwicklungsschritte werden zum
Projektstart definiert. Es gibt hier keine Vorgaben, nur Erfahrungswerte. Man
erkennt die Überlappungen, die dazu dienen, Entwicklungsressourcen und -zeit

optimal zu nutzen. Sicherlich wäre es besser, einen Schritt abzuschließen, da man dann weniger Nacharbeiten hat. Andererseits zeigt die Praxis, dass es immer Änderungen gibt, und daher ist es optimal, Überlappungen dann zu machen, wenn der entstehende Zusatzaufwand durch Nacharbeiten wegen Änderungen in einem anderen Inkrement kleiner ist als der wirtschaftliche Verlust durch zu lange Zykluszeiten.

Zum Projektstart müssen vor allem die kritischen Anforderungen mit Einfluss auf Architektur, Performanz und Projektdefinition ermittelt und analysiert werden. Dann wird festgelegt, wie viele Inkremente oder Iterationen entwickelt werden und wie Anforderungen auf diese Schritte verteilt werden. Im iterativen Vorgehen werden danach Teilprojekte gebildet. Im inkrementellen Vorgehen werden die Inkremente aufeinander aufbauend entwickelt und integriert. Man spricht dann auch von einem kontinuierlichen Build, da das Gesamtsystem kontinuierlich mit den Inkrementen wächst. Entscheidend bei den iterativen Vorgehensmodellen ist, dass Fortschritt an implementierten und getesteten Anforderungen festgemacht wird und nicht an Dokumenten, wie im stringenten Vorgehen.

Iterative Vorgehensweisen, wie beispielsweise das Prototyping, werden vor allem in Benutzerschnittstellen eingesetzt, wo es kaum Sinn macht, eine umfangreiche Spezifikation zu liefern. Die meisten Benutzerschnittstellen entwickeln sich weiter, wenn sie erst einmal greifbar sind. Evolutionäre Vorgehensweisen kommen auch in Projekten zum Tragen, wo sehr viele neue Technologien eingesetzt werden. Man weiß dann anfangs noch nicht, welche Technologie ausgewählt wird, muss aber dennoch ein Projekt definieren. In einem solchen Fall mit sehr vielen unbekannten Parametern werden Teilprobleme isoliert und evolutionär gelöst. Was funktioniert, wird iterativ integriert, wobei es durchaus passieren kann, dass ein späteres Entwicklungsergebnis nochmalige Änderungen bedingt.

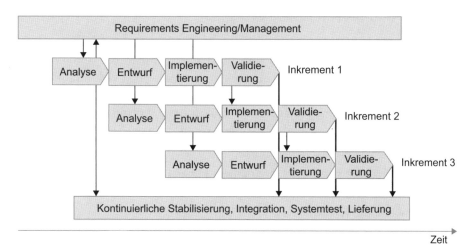

Abb. 10–10   *RE im iterativen/inkrementellen Entwicklungsprozess*

10.5 Agiles Requirements Engineering

Zunehmend setzen Unternehmen ihre Entwicklung auf Diät. Kostensenkung ist das dominierende Ziel, aber es geht auch um kürzere Projektzeiten, schnellere Umsetzung von Innovationen und das Bestehen im weltweiten Wettbewerb.

Lean und agil heißt, den richtigen Prozess für gegebene Ziele zu schaffen. Das Requirements Engineering muss hier zwei Aspekte optimieren. Einerseits sollte der Kunde oder Benutzer im Mittelpunkt stehen, um wirklich nur die Anforderungen zu bearbeiten, die auch Wert schaffen. Andererseits sollte die Vorgehensweise projektbegleitend immer wieder justieren, denn Anforderungen und Ziele ändern sich über die Projektdauer. Das Requirements Engineering sollte also genau das Optimum zwischen zu wenig Inhalt und falschem Fokus einerseits und zu viel Komplexität, Aufwand und Nacharbeiten andererseits liefern. Abbildung 10–11 zeigt diese Optimierung.

Bei Lean und bei agil dienen die Anforderungen als wesentlicher Hebel, die Werterzeugung zu optimieren. **Lean wirkt dabei im Großen, agil im Kleinen.**

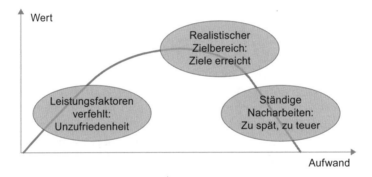

Abb. 10–11   *Lean und agil: Wert für den Kunden optimieren*

Die Grundprinzipien dessen, was heute als Lean Management umgesetzt wird, kommen aus der Produktion. Dort wurde bereits in den siebziger Jahren erkannt, dass fragmentierte Prozessschritte und unklare Arbeitsweisen viele unnötige Kosten verursachen. »Lean« heißt vereinfacht, dass der eingesetzte Aufwand immer den erreichbaren Wert maximieren muss. Zu oft bewegt man sich weit weg vom Optimum – und wundert sich über zu hohe Kosten, zu lange Reaktionszeiten und fehlende Innovationen. Verschlankung ist das Leitmotiv.

Die Grundprinzipien von Lean Development klingen zunächst einfach:

- Kundenwert schaffen
- Verschwendung vermeiden
- Wertflüsse optimieren
- Eigenverantwortung stärken
- Kontinuierlich verbessern

»Lean« hat verschiedene Ausprägungen, beispielsweise für Forschung und Entwicklung, für Lieferantenmanagement oder für Softwareteams, wo »Lean« die
agile Entwicklung unterstützt. Im Folgenden betrachten wir die Prinzipien von
»Lean Development«.

Kundenwert schaffen

Kundenorientierung heißt, dass eine Tätigkeit immer auf einen externen oder
internen Kunden und Nutzen ausgerichtet sein muss. Betrachten Sie die Entwicklung mit den Augen Ihrer Kunden. Wo wird wirklich Wert geschaffen und wo
entsteht Blindlast? Identifizieren Sie wenige kritische Kostentreiber. Eigentlich
wissen Sie es selbst, aber nun muss es auf den Tisch. Ganz wichtig: Nehmen Sie
nichts als gegeben hin, nur weil heute so gearbeitet wird. Effizienzverbesserung
beginnt damit, seine eigene Position infrage zu stellen. Wie würde ein Wettbewerber arbeiten, der auf der grünen Wiese beginnt und schnell Produkte auf den
Markt bringen will?

Verschwendung vermeiden

Verschwendung wird vermieden, wenn Tätigkeiten konsequent an der Wertschöpfung ausgerichtet werden. Konzentration auf die wertschöpfenden Prozesse
bedeutet, dass das organisch gewachsene Verhalten rigoros und systematisch
abgespeckt wird, beispielsweise durch weniger Nacharbeit und Reibungsverluste.
Die Wertstromanalyse entdeckt die versteckten Unwirtschaftlichkeiten, zum Beispiel Nacharbeiten aufgrund mangelnder Qualität, komplexe Entscheidungspro-
zesse oder Verschwendung durch Aktivitäten, die keinen Beitrag zur Wertschöpfung leisten. Analysieren Sie gezielt die Kostentreiber in der Entwicklung.
Anknüpfungspunkte sind aus unserer Erfahrung eine durchgängige Plattform-
und Variantenstrategie, gezielte Wiederverwendung (Komponenten, Testfälle,
Testumgebungen etc.) sowie frühzeitige Fehlerentdeckung.

Wertflüsse optimieren

»Lean« fordert den kontinuierlichen Ablauf von Prozessen. Tätigkeiten müssen
im Fluss bleiben. In vielen Unternehmen wird nur innerhalb der Abteilungsgren-
zen optimiert, während es an den Schnittstellen zu Missverständnissen und
Abstimmungsproblemen kommt. Der Wertfluss in der Entwicklung beginnt mit
der Produktstrategie und endet mit der Produktion, Evolution und Pflege. Wir
entdecken viele Verbesserungspotenziale beispielsweise in nicht ausgerichteten
Roadmaps, zu späten Anforderungsänderungen oder fehlender Abstimmung
über Bereichs- und Landesgrenzen (bei verteilter Entwicklung) hinweg. Zu oft
werden Konzepte, Spezifikationen und Anforderungen nur über den Zaun
geworfen, ohne einen durchgängigen Eigentümer zu haben, der am erreichten
Wert gemessen wird. Standardisieren Sie Ihre Technologien, Prozesse und Werk-

zeuge. Überlappende Aktivitäten, unklare Aufgaben heterogene Werkzeugland-
schaften und ständig neue Ideen, die nie umgesetzt werden, verschwenden Energie und demotivieren die Mitarbeiter.

Eigenverantwortung stärken

Wert in der Entwicklung entsteht durch engagierte und motivierte Mitarbeiter.
Doch viel zu oft werden Aufgaben kleinteilig bearbeitet und Teams haben kaum
Entscheidungsspielräume. Ständige Unterbrechungen und neue Aufgaben stören
die Kreativität und führen zu Fehlern. Mit dem »Pull«-Prinzip (japanisch: Kan-
ban) ziehen Teams die Projekte oder Teilaufgaben termingesteuert selbstständig.
Sie legen fest, wer was wann macht, und fordern die gemachten Vereinbarungen
im Team ein. Verspätung gilt nicht, denn das Team hat die Zeitvorgaben untereinander vereinbart. Das aus der agilen Entwicklung bekannte Scrum unterstützt
dieses Vorgehen im Kleinen sowie auf Projektebene. Beachten Sie, dass Verantwortung nur dann delegiert werden kann, wenn die Teams dazu befähigt werden.
Bauen Sie Kompetenzen gezielt auf und stimulieren Sie das Lernen aus gemachten
Erfahrungen. Fehler sind möglich, aber sie sollten sich nicht wiederholen.

Kontinuierlich verbessern

Der sogenannte kontinuierliche Verbesserungsprozess (KVP) fordert die Mitarbeiter ständig dazu auf, die Abläufe zu hinterfragen und neue Ideen einzubringen.
Denn sie haben ihre Arbeitsplätze und die alltäglichen Prozesse am besten im
Blick. Stimulieren Sie die Teams, mit Kennzahlen zu arbeiten und daraus kontinuierliche Verbesserungen abzuleiten und deren Umsetzung zu messen.

Lean Development hilft dabei, die eigenen Strukturen, Prozesse und Werkzeuge
in der Entwicklung schlank zu gestalten. Unsere Erfahrungen in der Umsetzung
von »Lean Development« zeigen, dass in Entwicklungsprozessen 20–30 % der
Kapazität durch Verschwendung gebunden sind. Ziel von Lean Development ist
es, diese neu gewonnene Kapazität so in wertschöpfende Tätigkeiten zu investieren, dass beispielsweise mehr Projekte mit gleicher Mannschaft möglich werden,
Durchlaufzeiten verkürzt werden, Produktionsanläufe abgesichert werden und
eine bessere Produktqualität frühzeitig in der Entwicklung erreicht wird.

Wir haben in Vector bereits einige solcher Projekte mit messbaren Erfolgen
durchgeführt. So lässt sich im Lieferantenmanagement eine Verbesserung der
Kosten von 10–30 % erreichen. Ein unzureichendes Lieferantenmanagement
schafft ein massives Risiko für die eigene Entwicklung, denn Termine werden
nicht gehalten und zugelieferte Komponenten erfüllen nicht die Anforderungen.
Mit einem OEM verbesserte Vector Consulting Services die Termineinhaltung der
Lieferungen auf über 90 % und reduzierte die Fehler auf die Hälfte. Im Produktmanagement lässt sich durch eine bessere Abstimmung von Produktstrategie,
Roadmaps und wiederverwendbaren Komponenten eine Verschlankung um 20–

40% erreichen. Frühzeitige Fehlerentdeckung schafft 10–20% Potenzial zum Abspecken.

Was heißt das für das Requirements Engineering? Einfache, klare, agile Regeln stimulieren Nachdenken und Innovation – gerade in unsicheren und neuen Situationen. Schwerfällige und komplexe Vorgaben schränken ein und führen zu Bürokratie. Oftmals habe ich gerade im RE eine Scheinwelt aus schwerfälligen Prozessen und Werkzeugen bemerkt, während die Produktmanager oder Entwickler mit einem agilen Spreadsheet gearbeitet haben. Jede Funktion hat ihre jeweils eigene Scheinwelt, in der den Kunden Zusicherungen gemacht werden, ohne dass diese vorher mit der Entwicklung und den zur Verfügung stehenden Ressourcen abgeglichen wurden. Beides führt zu Fehlern durch Inkonsistenz, zu Redundanzen und Nacharbeit und demotiviert die Mitarbeiter. RE-Prozesse müssen unterstützen, ohne einzuengen. Sie müssen aktiv vorgelebt werden, um zur Disziplin zu erziehen. Agilität heißt daher nicht, dass Prozesse unkontrolliert wegfallen, sondern dass schlanke Prozesse auf die wesentlichen Bedürfnisse abgestimmt sind.

Agiles RE trägt der Tatsache Rechnung, dass die Anforderungen erst dann bekannt werden, wenn sich das Produkt entwickelt. Zudem orientiert es sich daran, dass nur solche Inhalte entwickelt werden, für die es im Moment auch einen Markt gibt. Man produziert in einem sich schnell ändernden Umfeld, wie der Software- und Informationstechnik, das bedeutet keine komplexen Architekturen, denn sie könnten bereits bei der Lieferung überholt sein.

Ein wesentliches Merkmal im agilen RE ist der ausgesprochene Minimalismus, der sich aus dem »agilen Manifest« ableitet und die Richtschnur für jegliche Prozesse und Inhalte ist [Beck2001]. Das agile Manifest spezifiziert die Randbedingungen, unter denen agile Prozesse anwendbar sind [Beck2001, Cockburn 2001, Highsmith2002]:

- Mitarbeiterorientierte Umgebung
- Kleine Teams an einem Ort (bis ca. 10 Personen)
- Sich schnell ändernde Anforderungen und Zielvorgaben
- Kontinuierliche Kommunikation mit den Kunden
- Einfach, minimalistisch, am Code orientiert
- Schnelles Feedback, was funktioniert und was nicht
- Proaktiv, gelebtes Risikomanagement

Wir empfehlen, diese Randbedingungen genau zu prüfen und agile Prozesse nur dann in ihrer Gesamtheit einzuführen, wenn alle genannten Randbedingungen vollständig erfüllt sind. Sollten sie nur teilweise erfüllt sein, werden agile Prozesselemente wie aus einem Menü ausgewählt. Beispielsweise basieren viele agile Techniken auf einer inkrementellen Vorgehensweise, die in sehr verschiedenen Umgebungen sinnvoll genutzt werden kann. Der Verzicht auf Dokumentation dagegen ist nur bei kleineren Projekten und kurzer Produkt- oder Release-Lebensdauer möglich. Dieser menüorientierte Ansatz wird in jedem Fall Erfolg zeigen, denn die Elemente als solche hängen nicht zusammen und können isoliert und schrittweise umgesetzt werden [Cao2008].

Abbildung 10–12 zeigt das agile Vorgehen und die kontinuierlichen Einflüsse auf die Entwicklungsteams durch das RE. Anforderungen werden parallel zum Projekt entwickelt und umgesetzt. Begonnen wird mit wenigen Anforderungen, die einen großen Einfluss auf Architektur und grundlegende Entwurfsentscheidungen haben. Damit ähnelt das agile RE jenem bei inkrementellen und iterativen Vorgehensweisen, und natürlich haben beide Zweige die gleichen Ursprünge. Allerdings ist das agile Vorgehen sehr konsequent dabei, keine Inhalte zu liefern oder Prozessschritte durchzuführen, die nicht unmittelbar zur aktuell notwendigen – und bezahlten – Projektphase gehören.

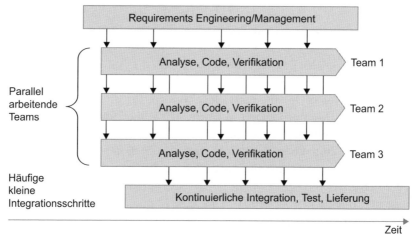

Abb. 10–12   *RE im agilen Entwicklungsprozess*

Was zeichnet nun das agile RE aus, und worauf ist zu achten? Gemeinsam ist den verschiedenen RE-Vorgehensweisen, dass Anforderungen möglichst im gemeinsamen Kontext ermittelt und analysiert werden. Während die anderen Vorgehensweisen allerdings von einer großen Grundgesamtheit der Anforderungen ausgehen, die vor Projektstart bekannt sind und typischerweise im Laufe des Projekts »nur noch« geändert werden, zielt das agile RE darauf, mit einer kleinen Basis kritischer Anforderungen zu beginnen und danach über die gesamte Projektlaufzeit hinweg weitere Anforderungen hinzuzufügen. Der Aufwand für das RE mit seinen sechs Aktivitäten (d.h. Ermittlung, Dokumentation, Analyse, Prüfung, Abstimmung, Verwaltung) ist in den bisher skizzierten Vorgehensmodellen auf den Anfang konzentriert. Im agilen RE ist der Aufwand für RE über das gesamte Projekt relativ gleichmäßig verteilt. Damit hat das agile RE den Vorteil einer hohen Flexibilität, selbst wenn sich im Verlauf des Projekts neue Randbedingungen und Bedürfnisse ergeben, die zu beträchtlichen Änderungen führen. Unklare Bedürfnisse oder Anwendungsfälle können während der Entwicklung mit dem Kunden geklärt werden, sodass die fertige Lösung diejenigen Funktionen umfasst, die auch genutzt werden. Es wird weniger Ballast erzeugt, und die typischen Fallen des eher frontgeladenen traditionellen RE, nämlich eine hohe Änderungsrate der Anforderungen sowie sehr viele nicht genutzte Funktionen, werden vermieden.

Da das agile RE ohne ein Gesamtbild des Anwendungsbereichs und des zu entwickelnden Systems beginnt, können Inkonsistenzen in der Begriffsbildung, Architektur und Realisierung entstehen. Diese werden zwar in weiteren Iterationsschritten entdeckt, führen aber zu einem deutlich größeren Gesamtaufwand [Cao2008]. Qualitätsanforderungen werden häufig nur rudimentär beschrieben und müssen zu einem vergleichsweise späten Zeitpunkt in das Produkt hinein entwickelt werden. Zudem ist die Schätzung des Gesamtaufwands und eine hinreichend präzise Projektplanung kaum möglich. Daher sollte gerade das agile RE die Explorationsphase mit den relevanten Schlüsselgruppen vor Projektbeginn unterstreichen. Zudem sollten mit den Kunden ein Budget sowie Inkrement-Meilensteine vereinbart werden, um das Projekt auf eine definierte Basis zu stellen. Das agile RE fordert aus diesem Grund die kontinuierliche Einbeziehung der Kunden in die Projektarbeit. Für Kunden ist diese Forderung allerdings nicht immer nachvollziehbar, sind sie doch gewohnt, dass eine klare Spezifikation die Basis für eine Beauftragung bildet.

Natürlich können auch im agilen RE spät im Projektlebenszyklus neu auftretende Anforderungen nicht mehr einfach übernommen werden. Daher kommt dem Produktmanager in allen Vorgehensweisen die Schlüsselrolle als alleinverantwortlicher Wächter zu, der aufgrund der Kosten-Nutzen-Funktion über die Anforderungen entscheidet (siehe Abschnitt 9.5).

Abbildung 10–13 zeigt beispielhaft für das agile Vorgehen den Produktlebenszyklus für kleine Projekte bei ABB [Wallin2002]. Deutlich wird die Abbildung des stringenten Produktlebenszyklus auf die inkrementellen Schritte.

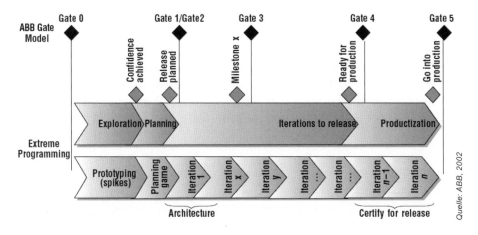

Abb. 10–13   *Agiler Produktlebenszyklus mit Meilensteinen und Phasen bei ABB*

In der Diskussion, wie viel Agilität nun notwendig ist oder ob eine bestimmte agile Vorgehensweise erforderlich ist, sollte es nicht um die oftmals polemische Diskussion im Sinne von »leicht versus bürokratisch« (oder »agil versus rigoros«) gehen. **Wesentlich ist, den richtigen Prozess für eine Aufgabe zu haben und diesen dann auch systematisch anzuwenden.**

10.6   RE für extern beschaffte Komponenten (COTS)

Der zunehmende Einsatz von extern beschaffter (kommerzieller; engl. Commercial off-the-shelf oder COTS) Software stellt neue Anforderungen an das Vorgehensmodell im Entwicklungsprozess. Dies betrifft vor allem das Requirements Engineering, weshalb wir hier speziell die Fragestellung der Auswahl und Entscheidung von kommerzieller Standardsoftware betrachten. Marktstudien, Lieferantenauswahl, Systemauswahl und externe Verfolgung treten als neue Prozesselemente auf. Die Spezifikation des Systems kann nur iterativ wachsen, denn die Inhalte der extern beschafften Software sind häufig bereits vorbestimmt, sodass durch jede Festlegung auf eine Komponente auch die Einflüsse auf andere Komponenten und Entwurfsentscheidungen sich ändern. Wird beispielsweise eine betriebswirtschaftliche Anwendung entwickelt, und man entscheidet sich, eine Komponente zum Datenmanagement von außen zu beschaffen, dann hat dies nicht nur Einflüsse auf Datenbanken, die darunter liegen (und damit auch auf Lizenzmodelle etc.), sondern auch auf die Schnittstellen zum Berichtswesen oder zum übergeordneten Workflow. Zudem müssen die Absprachen mit Lieferanten und deren Verfügbarkeit für eventuell notwendige Erweiterungen – selbst wenn diese erst in geraumer Zeit wirklich bekannt und erforderlich werden – gewährleistet werden. All diese Aspekte machen das RE für kommerzielle Software etwas anders, als es für eine geschlossene Vorgehensweise bei der Eigenentwicklung nötig ist.

Wir trennen bei der kommerziellen Software zwischen zwei verschiedenen Ausprägungen der Anpassbarkeit dieser Software[3]:

▪ **Kommerzielle Standardsoftware**
Standardsoftware umfasst jene extern beschaffte Software, die als fertiges, parametrisierbares Produkt für einen Markt mit verschiedenen Kunden zur Verfügung steht (z.B. SAP-Lösungen, Linux-Betriebssysteme). Softwarekomponenten können zur Standardsoftware gehören, wenn sie standardisiert für verschiedene Kunden angeboten werden.

---

3.   Wir wollen hier nicht die Quelle oder den Lizenztyp der extern beschafften Software als Unterscheidungskriterium betrachten, obwohl sie ebenfalls Einfluss auf Auswahl und RE haben (z.B. Open Source, Community Source).

▓ **Kommerzielle Softwarekomponenten**
Komponenten sind modulare Teile eines Softwaresystems, die so strukturiert
sind, dass sie in ihrer Umgebung durch eine andere, äquivalente Komponente
ersetzt werden könnten. Wir verwenden den Komponentenbegriff hier im
Sinne eines Produkts, das extern beschafft wird (engl. Commercial off-the-
shelf – COTS), um eine Softwarelösung zu entwickeln. Wir engen den Begriff
bewusst nicht auf die objektorientierte Komponentenbeschreibung in UML 2
ein, um auch andere Paradigmen zu erlauben. Eine Komponente kann ein
Betriebssystem, ein Plug-in oder eine Klasse innerhalb einer J2EE-Umgebung
sein. Komponenten können auch kundenspezifisch entwickelt werden.

Der Hauptunterschied zwischen den beiden Ausprägungen aus Sicht des RE (und
auch des Projekts) ist der Grad der Standardisierung. Standardisierte Software –
egal, ob es sich um Komponenten oder Anwendungen handelt – kann nur in
einem sehr eng begrenzten Rahmen angepasst werden. Häufig beschränkt sich
diese Anpassung auf Schnittstellen, die aus anderen Softwaresystemen Daten
erhalten, sowie auf Parameter, die aufgrund von Randbedingungen optimiert
werden. Beides wird in der Integrationsphase gemacht und erfordert frühzeitig
bekannte Anforderungen an Schnittstellen und Funktionen. Bei (nicht standardi-
sierter) Software, die für einen Kunden erstellt wird, der damit ein anderes Produkt entwickelt, stellt sich das RE anders dar. Vereinfacht gesagt ist es ein RE mit
den üblichen Inhalten (also Ermittlung von Anforderungen an das Gesamtpro-
dukt, Spezifikation etc.), die zusätzlich noch den Aspekt des Lieferantenmanagements für die spezifische extern beschaffte Komponente umfassen.

Im Folgenden wollen wir exemplarisch eine phasenorientierte Vorgehensweise zeigen, die dabei hilft, die wichtigsten Aspekte des RE auch bei einer externen Beschaffung umzusetzen. Innerhalb jeder Phase wollen wir Fragen formulieren und erläutern, die Sie relativ leicht in Ihrer eigenen Checkliste zur
Lieferantenauswahl und zum Beschaffungsmanagement verwenden können. Wir
nehmen als Basis wieder den Produktlebenszyklus, den wir bereits in Abschnitt
10.1 kennengelernt hatten (Abb. 10–14). Die Abbildung zeigt die vier Phasen im
Lebenszyklus, wobei für das Management kommerzieller Software die drei ersten
Phasen bis zum Ende der Wartungsphase relevant sind.

1. **Planungs- und Vertragsphase**
   Grundsätzlich muss in jedem Entwicklungs- oder Integrationsprojekt zuerst
   – und zwingend *vor Projektstart* – geklärt werden, ob kommerzielle Komponenten oder ein externer Lieferant eingesetzt werden. Diese Entscheidung hat
   immense Einflüsse auf Kosten und Projektplanung, sodass eine verzögerte
   Entscheidung praktisch immer zu Nacharbeiten führt. Wie bei jedem Projekt
   beginnt die Anforderungssammlung auf der Ebene des späteren Produkts,
   also bei Benutzern, bei Kunden etc.

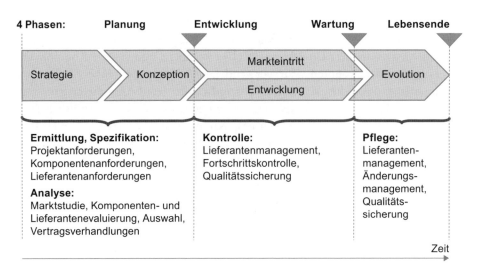

4 Phasen: **Planung**   **Entwicklung**   **Wartung**   **Lebensende**

Strategie   **Konzeption**   Markteintritt
                                                                                            Evolution
                                                Entwicklung

Ermittlung, Spezifikation: **Kontrolle:**   **Pflege:**
Projektanforderungen,   Lieferantenmanagement,   Lieferanten-
Komponentenanforderungen,   Fortschrittskontrolle,   management,
Lieferantenanforderungen   Qualitätssicherung   Änderungs-
                                                                      management,
Analyse: Qualitäts-
Marktstudie, Komponenten- und   sicherung
Lieferantenevaluierung, Auswahl,
Vertragsverhandlungen

Zeit

Abb. 10–14   *Der Lebenszyklus in COTS-basierten Softwaresystemen*

Nach der Ermittlung dieser ersten Anforderungen wird analysiert, wie das Produkt entwickelt wird. Jetzt muss zügig entschieden werden, welche Komponenten extern beschafft werden und warum. Danach werden die Anforderungen auf diese speziellen Komponenten heruntergebrochen, und der Markt wird evaluiert. Je nach Individualität der geforderten Komponente wird ein fertiges Produkt oder aber eine Fremdentwicklung infrage kommen. Fremdentwicklungen kosten mehr und sollten nur in Ausnahmefällen in Betracht gezogen werden. Zwischen den beiden Extremen steht die Anpassung einer existierenden Komponente an die spezifischen Bedürfnisse des Produkts. Der Markt und die potenziellen Lieferanten werden bewertet, um eine Vorauswahl zu treffen. Danach werden die Vorgaben formal ausgeschrieben. Es bietet sich an, die Aufgaben bei der Auswahl sauber aufzuteilen. Die Produktentwicklung spezifiziert die Anforderungen an die externe Komponente, während der Einkauf die kommerziellen Verhandlungen führt. Diese Teilung macht das Lieferantenmanagement einfacher, denn sonst werden die Lieferanten immer versuchen, lokale Kontakte in die Entwicklung hinein auszunutzen, damit ihre technische Lösung bereits präjudiziert wird und danach nicht mehr leicht geändert werden kann. Die Bewertung sollte verschiedene Kategorien haben, beispielsweise funktionale Anforderungen, Qualitätsanforderungen, Wartungs- und Vertragsanforderungen, Lieferantenmanagement und Preis.

Bewerten Sie bei extern zu beschaffenden (nicht standardisierten) Komponenten unbedingt die Pläne des Lieferanten, der für Sie eine Lösung entwickelt. Damit sind unrealistische Dumpingangebote zu erkennen. Prüfen Sie die Machbarkeit, Planungssicherheit, Kostenstruktur und Prozessfähigkeit des Lieferanten. Dazu bieten sich Schätzwerkzeuge an, die eine Erfahrungsdatenbank enthalten und es relativ leicht machen, vorliegende Pläne anhand der jeweiligen Randbedingungen zu evaluieren [Ebert2007a]. Lieferanten sollten auf CMMI-Reifegrad 3 oder 4 stehen, um nicht ein zu chaotisches Verhalten in das Projekt hineinzubringen (siehe Abschnitt 10.1).

Mit der Lieferantenbewertung wird auch das Risikomanagement auf Projektseite gestartet. Was ist das Lieferrisiko? Wie gehen Sie bei Lieferantenausfall vor? Welche Druckmittel haben Sie in der Hand, um den Lieferanten zur Pünktlichkeit zu bewegen? Welche Vertragsform (z. B. Kaufvertrag, Dienstleistungsvertrag mit offenem Aufwand, Werkvertrag mit festem Preis; siehe auch Abschnitt 7.4) ist den beiderseitigen Bedürfnissen und Ansprüchen am ehesten förderlich? Wie werden Konflikte eskaliert und behoben? Welche Qualitätsanforderungen sind nötig? Wie viel Unterstützung, Pflege und Wartung benötigen Sie? Werden Sie durch den Vertrag oder die Softwarekomponente von einem Lieferanten abhängig? Brauchen Sie einen Wartungsvertrag oder genügt eine Reparatur auf Einzelfehlerbasis? Welche Regressansprüche müssen Sie vertraglich festschreiben? **Zwingen Sie dem Lieferanten nie einen unrealistischen Plan oder einen nachteiligen Vertrag auf. Am Ende spüren Sie es immer auch selbst, wenn Sie ihn übervorteilen wollten.**

Der Vertrag umfasst verschiedene Komponenten, die miteinander verbunden sind und schrittweise in Kraft treten. Die erste Vertragsstufe ist ein Rahmenvertrag, der einen bestimmten Anteil des Vertragsvolumens freigibt, damit der Lieferant seinerseits mehr detaillierte Vorarbeiten leisten kann. Danach tritt eine konkrete Spezifikation in Kraft, die alle Produkteigenschaften verbindlich beschreibt (sogenannte Leistungszusicherung). Nun wird ein Rahmen- oder Vorvertrag geschlossen, dessen Volumen noch offen bleiben sollte (d. h. volumenabhängige Preisgestaltung), damit Sie die Zeit haben, Ihr Produkt zu positionieren und zu vermarkten.

Anschließend wird je nach Arbeitsintensität auf der Lieferantenseite ein Kaufvertrag oder ein Dienstleistungsvertrag geschlossen (siehe Abschnitt 7–7). Sehen Sie offene Punkte vor, die erst nach Projektstart im Detail geklärt werden können. Beschreiben Sie, ob und wie sich die Preisgestaltung dann noch ändern kann. Fairerweise sollten Sie ebenfalls festschreiben, wie weit sich die Inhalte bis zu welchem Zeitpunkt noch ändern dürfen. Eine Synchronisation Ihres Lebenszyklus mit jenem Ihres Lieferanten bietet sich an dieser Stelle an, um beispielsweise Schnittstellenreviews oder Integrationsarbeiten auf beiden Seiten planen zu können. Vereinbaren Sie eine Abnahmeprozedur mit Eskalation und Fehlerbehebungsvorgaben sowie Akzeptanzkriterien für die Abnahme, die für beide Seiten verbindlich sind. Beim Kaufvertrag verpflichtet sich der Verkäufer zu einer bestimmten Qualität, während sich der Käufer zur Abnahme und Bezahlung verpflichtet. Auf dieser Basis kann der Lieferant mit der Arbeit beginnen, während in Ihrem Projekt die Schnittstellen noch zu klären sind. Eine solche Verkettung von Entwicklungsschritten erlaubt es Ihnen, einen Lieferanten auszuwählen und dort auch mit der Arbeit zu beginnen, bevor alle Anforderungen geklärt sind.

2. **Entwicklung**
   Wenn Sie Software oder Dienstleistungen (z. B. für Entwicklung, Test oder
   Wartung) beschaffen, brauchen Sie eine gute Projektkontrolle. Schreiben Sie
   standardisierte Projektkennzahlen vor, die der Lieferant in allen seinen Projekten einsetzen muss. Nur wenn der Lieferant glaubhaft nachweisen kann,
   dass seine eigenen Prozesse hinreichend gut sind, sollten Sie aus Kostengründen sein eigenes Reporting verwenden. Treffen Sie sich mit Ihrem Lieferanten
   periodisch, um verbindliche Fortschrittsreviews zu machen. Sehen Sie, wenn
   möglich, eine Teillieferung vor, die Ihre Testmannschaft bereits früher prüfen
   kann. Soweit Codierungsrichtlinien oder Schnittstellenspezifikationen erst
   jetzt vollständig geklärt werden, sollten Sie im Nachhinein noch verbindlich
   festgeschrieben werden. Prüfen Sie bei der Abnahme all jene Funktionen, die
   für Sie überlebenswichtig sind.

3. **Wartung, Evolution**
   In der Wartung ist es vor allem wichtig, ob ein Wartungsvertrag notwendig
   wird oder ob einmalige Lieferungen mit Fehlerkorrekturen zu wenigen festen
   Zeitpunkten ebenfalls genügen. Spezifizieren Sie im Wartungsvertrag, welche
   Fehler mit welcher Reaktionszeit behandelt werden müssen. Legen Sie fest,
   wie viele kostenlose Nachlieferungen Sie erhalten und wie oft.

10.7 RE für Dienste (Services)

Geschäftsprozesse stehen zunehmend im Zentrum der Produktentwicklung.
Organisationen, IT-Lösungen und demnach auch die Produkte müssen die sich
ständig ändernden Anforderungen aus den Geschäftsprozessen der Benutzer bestmöglich adressieren. Eine klare Serviceorientierung bei Produkten und Anwendungen erlaubt diese Flexibilität. Sie trennt das früher sehr enge Geflecht aus
Geschäftsprozessen und Anwendungen auf. Nicht mehr einzelne Anwendungen
unterstützen bestimmte Dienste (Services) mit einer bestimmten Qualität. Stattdessen werden Geschäftsprozesse durch eine Komposition einzelner Dienste flexibel unterstützt. Ein Dienst bietet eine klar definierte Funktionalität über eine
standardisierte Schnittstelle. Dienste werden lose gekoppelt, was eine flexible
Komposition der Dienste sowie unabhängige Abstraktionsebenen zwischen
Dienst, Dienstqualität und Dienstlieferung bis herunter zu einzelnen Software-
oder IT-Komponenten ermöglicht.
    Die enge Verknüpfung von Systementwicklung und Dienstentwicklung, die
gerade im Requirements Engineering explizit adressiert werden muss, zeigt Abbildung 10–15.
    Das Requirements Engineering für Dienste stellt besondere Herausforderun-
gen, denn aus Sicht des Auftraggebers oder Benutzers eines Diensts sollte die konkrete Realisierung zwar gekoppelt, aber nicht notwendigerweise sichtbar sein.
Das kann im Extremfall so weit gehen, wie in einem Projekt mit Telecom New

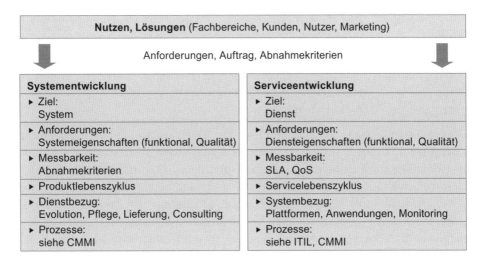

Abb. 10–15   *RE für Systeme und Dienste*

Zealand, die kurz und knapp spezifiziert hatte, welche Rendite und welche Reali-
sierungsgeschwindigkeit bei einem umzubauenden Netzwerk erreicht werden
soll. Als Techniker müssen wir uns zunehmend darauf konzentrieren, unsere
technischen Anforderungen als Kundenwert mit Business Case und Geschäfts-
sprache des Kunden zu beschreiben.

Dienste und die sie unterstützenden Systeme müssen gemeinsam betrachtet
werden, um Abhängigkeiten zu identifizieren und über Schnittstellen zu entkoppeln. Fachliche Anforderungen müssen in frühen Phasen von Projekten ermittelt
und auf Systemanforderungen abgebildet werden. Insbesondere stehen die Qualitätsanforderungen in engem Zusammenhang mit dem Dienstgüteniveau einerseits und der zugrunde liegenden System- und Servicearchitektur andererseits.

Abbildung 10–16 stellt in vereinfachter Form diese Zusammenhänge aus der
Sicht des Requirements Engineering dar. In der Mitte sind in den getönten Kästen
die »greifbaren« Ergebnisse dargestellt. Dienste werden durch ein System realisiert, das wiederum aus Komponenten besteht. Je nachdem, ob der Auftraggeber
Dienste spezifiziert (rechte Seite in Abb. 10–16) oder eher ein System spezifiziert
(linke Seite in Abb. 10–16), das die Dienste zur Verfügung stellt, werden sich die
Anforderungen entwickeln. Das Lastenheft enthält die Anforderungen an das zu
erstellende Produkt und ist Basis für die Abnahme der im Vertrag festgeschriebe-
nen Lieferung. Diese Anforderungen werden durch Abnahmekriterien prüfbar
gemacht. Das Produkt kann sowohl dienstorientiert wie auch systemorientiert spezifiziert werden. Unsere Definition von »Produkt« ist hinreichend flexibel, um
Dienste und Systemeigenschaften gleichermaßen zu kombinieren. Gestartet kann
an beiden Stellen werden, wie das folgende Beispiel zeigt. M-Req-1 ist dabei dienstorientiert, während M-Req-2 die gleiche Aufgabe systemorientiert beschreibt.

M-Req-1: *Die Personen erreichen verschiedene Stockwerke mit einem Aufzug. Von der Tiefgarage zum Arbeitsplatz beträgt die gesamte Wegedauer nicht mehr als zehn Minuten.*

M-Req-2: *Nach dem Drücken der Ruftaste dauert es maximal 5 Minuten, bis von einem beliebigen Stockwerk ein beliebiges anderes Stockwerk erreicht ist.*

Für einen Dienst wird nach ITIL und ISO/IEC 20000 ein Service Level Agreement vereinbart [ITIL2012, IEEE2005]. Das SLA beschreibt als Lastenheft und Vertragsdokument die zu liefernden Dienste und deren Dienstgüteniveau. Es definiert die erwartete Qualität einer Dienstleistung und beschreibt, wie sie operativ gemessen wird (z.B. Kosten, Fehlerzahlen, Flexibilität bei Änderungen). Die Grenzwerte sind Vertragsbestandteil und dienen der nachhaltigen Qualitätssicherung. Ein SLA hat vier Elemente: die Dienstbeschreibung, eine Messvorschrift, eine Zielsetzung und eine Verrechnungsgrundlage, die Zielerreichung (d.h. Leistung) und Preis in Beziehung setzt.

Ein SLA ist also eine Vereinbarung über die Bereitstellung eines bestimmten Dienstes zwischen einem Dienstanbieter (Serviceprovider) und einem Kunden. Das Konzept des Service und den ihn beschreibenden SLA verknüpft die technikferne, sich um die eigenen Geschäftsprozesse drehende Sicht des Kunden und die technische Sichtweise des Dienstleisters.

Im Fall des Aufzugs sehen dann die dienstorientierten Kundenanforderungen häufig wie folgt aus:

M-Req-3: *Fehlermeldungen des Aufzugs werden direkt vom Lieferanten entgegengenommen und bearbeitet. Sie werden wie folgt priorisiert ...*

M-Req-4: *Kritische Fehlermeldungen werden unabhängig von Zeit und Datum innerhalb von maximal 10 Sekunden registriert und nach spätestens fünf Minuten mit einer Lösung an den Hausdienst kommuniziert.*

M-Req-5: *Durch monatliche Qualitätsaudits werden die abgestimmten Kennzahlen (siehe ...) hinsichtlich Verfügbarkeit und Zielgenauigkeit geprüft.*

Die Dienstanforderungen sollten zwischen Dienstbeschreibung und Dienstgüte unterscheiden. Damit lassen sie sich unabhängig voneinander anpassen und bearbeiten. Stellt sich im Aufzugsbeispiel oben heraus, dass die zehn Sekunden für eine initiale Fehlerreaktion zu häufig überschritten werden, aber die fünf Minuten für die Lösung immer erreicht werden, könnte die Dienstqualität nachverhandelt und neu spezifiziert werden, ohne das Grundgerüst des SLA zu ändern.

Das in Abschnitt 2.1 beschriebene Konzept der Geschäftsanforderungen, die durch Produkt- und Komponentenanforderungen adressiert werden, gilt uneingeschränkt auch im Requirements Engineering für Dienste. Wir erkennen, dass gerade die Anforderungen an die Dienstgüte oftmals Qualitätsanforderungen an das System stellen, das den Dienst liefert. Sie sollten durch eine flexible Systemarchitektur so adressiert werden, dass sie in einem bestimmten Rahmen angepasst werden können. Diese Anpassbarkeit der Dienstgüte ist eine wesentliche Eigenschaft einer serviceorientierten Architektur und damit Teil der Produktspezifikation aus Providersicht. Er muss schließlich sicherstellen, dass unter Zeitdruck oder im Zugzwang bei einer Ausschreibung nicht plötzlich eine grundsätzlich nicht erreichbare Dienstgüte vereinbart wird, die aufwendige Systemänderungen nach sich zieht. Konsistenzsicherung und Anpassbarkeit verlangen nach einer gut ausgeprägten Verknüpfung verschiedener Anforderungen und einer gepflegten Nachverfolgbarkeit zwischen verschiedenen Arbeitsergebnissen (siehe auch Abschnitt 8.3).

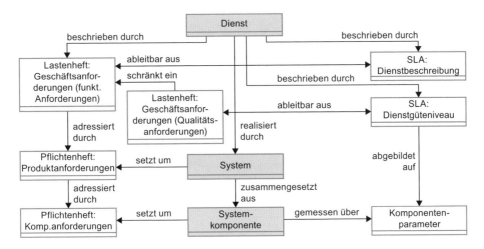

Abb. 10–16 *Lastenheft und SLA*

10.8 Tipps für die Praxis

■ Setzen Sie Requirements Engineering systematisch und projektbegleitend ein. RE ist nicht mit dem Erfassen von Anforderungen abgeschlossen. Als Prozess begleitet es die weitere Entwicklung bis zum Projektabschluss und darüber hinaus in die Betriebs- und Wartungsphase – bis zum Lebensende.

■ Berücksichtigen Sie, dass sich Anforderungen ändern. Anforderungen vor Projektstart einfrieren zu wollen, ist der falsche Ansatz. Ihr Vorgehensmodell sollte die zu erwartende Änderungsrate unterstützen. Arbeiten Sie eng mit den wichtigen Interessengruppen zusammen, um die kritischen Anforderungen vor Projektstart zu kennen.

■ Wählen Sie ein Vorgehensmodell, das sich an der Stabilität der Anforderungen und an deren Bekanntheitsgrad und Umfang orientiert. Spezifische Projekteigenschaften verlangen ein darauf zugeschnittenes Vorgehensmodell. Das kann durch

ein anpassbares generisches Vorgehensmodell erreicht werden oder durch spezifische Modelle für häufige Projektsituationen. Versuchen Sie allerdings nicht,
ein stringentes Modell agil zu machen oder umgekehrt, denn das schafft Konflikte.

- Nutzen Sie die Grundprinzipien von lean und agil: Kundenwert schaffen, Verschwendung vermeiden, Wertflüsse optimieren, Eigenverantwortung stärken,
kontinuierlich verbessern. Sie schaffen einen klaren Effizienzvorteil und zudem
mehr Kundenorientierung.

- Halten Sie die Ermittlungsphase kurz, um die Projektdauer zu begrenzen. Eine zu
lange Analyse führt zur Paralyse. Ein komplexes Produkt, das zu viele Bedürfnisse in einem Schritt erfüllen will, schafft nur Probleme. Nehmen Sie Funktionen
heraus, über die man sich nicht einigen kann; sie sind offensichtlich nicht so wichtig. Priorisieren Sie nach Marktwert und Machbarkeit.

- Schließen Sie das Projekt zügig ab, um die Anforderungsfluktuationen zu
begrenzen. Vereinbaren Sie eine kurze Projektdauer, und die Änderungen und
Unsicherheiten werden reduziert. Wenn Technologien noch nicht ganz bekannt
sind, dann teilen Sie das Projekt in Inkremente auf.

- Balancieren Sie Anforderungsänderungen mit den verfügbaren Puffern im Projekt
aus. Es macht keinen Sinn, flexibel bis zur Selbstverleugnung zu sein, denn am
Ende leidet auch der Kunde, wenn das Projekt verspätet ist.

- Sorgen Sie dafür, dass die Lösungsbeschreibung in jedem Projekt neu geschrieben wird und die Sprache des Kunden spricht. Beachten Sie Urheberrechte der
Kunden, wenn Sie Anforderungen und Lösungsmodule wiederverwenden.

10.9   Fragen an die Praxis

- In welcher Beziehung steht Requirements Engineering zu den Geschäftsprozessen oder Geschäftszielen eines Unternehmens?

- Wie unterscheiden und spezifizieren Sie in Ihrem eigenen Umfeld die vorgestellten drei Typen von Anforderungen, also Marktanforderungen, Produktanforderungen und Komponentenanforderungen?

- Ist das Requirements Engineering in verschiedenen Entwicklungsprozessen
stets gleich positioniert? Betrachten Sie dabei Szenarien mit stabilen und mit
sehr unsicheren Anforderungen.

- In welchen Situationen – abhängig von der Stabilität der Anforderungen –
wird man einen agilen Entwicklungsprozess wählen?

- Können Sie sich vorstellen, weshalb nach wie vor mehr als die Hälfte aller
Entwicklungsprojekte dem stringenten Vorgehen folgen? Ist es nur »Igno-
ranz« oder »Konservatismus«, die dazu führen, das Wasserfallmodell einzusetzen? Welche Projekte profitieren vom Wasserfallmodell?

- Wie gehen Sie mit unsicheren und sich ändernden Anforderungen um?

- Werden die Methoden, die Sie einsetzen, ausreichend durch Notationen und
Werkzeuge unterstützt? Wissen Sie, was es an passenden Werkzeugen am
Markt gibt?

11 Werkzeuge

A fool with a tool remains a fool.

Anonym

11.1 Ziel und Nutzen

Wir haben bisher gelernt, dass ein wichtiger Erfolgsfaktor im Projekt darin besteht, dass Anforderungen systematisch spezifiziert und im Verlauf des Projekts diszipliniert gepflegt und verwaltet werden. Anforderungen allerdings nur auf der Basis von schriftlichen Dokumenten zu pflegen, hat verschiedene Nachteile:

- Die Kommunikation von Änderungen der ursprünglichen Anforderungen und deren Nachverfolgung ist nur manuell möglich und daher fehleranfällig (z. B. sind alle Entwickler und Tester informiert?).
- Es ist schwer, zusätzliche Informationen zu Anforderungen leicht zugreifbar und verlinkt darzustellen (z. B. Standards, zusätzliche Kundendokumente, Marketingbeschreibungen).
- Statische Textdokumente lassen sich kaum konsistent und aktuell halten.
- Verschiedene Beteiligte arbeiten mit unterschiedlichen Versionen und Inhalten von Anforderungen und Spezifikationen.
- Anforderungen können kaum zu Use Cases, Entwurf, Code, Testfällen und Projektplänen nachverfolgt werden.
- Eine Statuskontrolle im Projekt, und damit die Messung des Projektfortschritts aus Kundensicht, ist nur manuell möglich und somit schwer reproduzierbar.

Prozesse brauchen gute Werkzeugunterstützung, um optimal gelebt werden zu können [Ebert2007a]. Das gilt umso mehr für die komplexen Abhängigkeiten im RE. Abbildung 11–1 zeigt die Ergebnisse einer Studie, in der die Effekte von Prozessverbesserungen untersucht wurden. Eine reine Werkzeugeinführung brachte einen kaum relevanten Nutzen (2 % Verbesserung). Prozessverbesserungen ergaben 8 % Nutzen. Prozessverbesserungen unterstützt mit den richtigen Werkzeugen brachten 20 % Effizienzverbesserung. Daher sollte vor der Auswahl und Einführung eines Werkzeugs immer die Festlegung eines – durchaus schlanken und einfachen – Prozesses und einer brauchbaren Methodik stehen. Beides ist gleichermaßen relevant. Der Prozess sichert Effizienz und Disziplin. Die Methodik schafft Systematik und Unterstützung im Engineering. Sie unterstützen die Umsetzung eines Prozesses, aber die Arbeit bleibt weiterhin bei den menschlichen Benutzern.

Werkzeuge für das Requirements Engineering ermöglichen den schnellen und konsistenten Zugriff auf die Anforderungen des Projekts – gerade auch für interne und externe Interessenvertreter und Mitarbeiter, die an einem ganz anderen Standort arbeiten. Als Werkzeuge kommen verschiedene Lösungen in Betracht, die wir hier kurz vorstellen wollen. Eine Minimalanforderung an ein solches Werkzeug ist, dass es Anforderungen anhand eines von Ihnen gewählten Templates darstellen kann. Zudem sollte es Änderungsmanagement, verteilten Zugriff, Verlinkung zu anderen Anforderungen und auch zu weiteren Projektergebnissen und Entwicklungswerkzeugen erlauben. Damit kommen ganz unterschiedliche Werkzeuge in Betracht, vom einfachen Tabellenprogramm über eine kollaborative Wiki-Umgebung bis hin zu einem »High-End«-Werkzeug mit Lizenzkosten im vier- bis fünfstelligen Bereich.

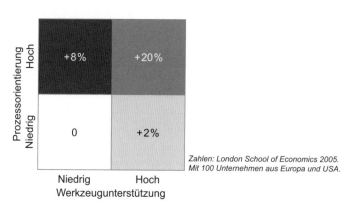

Abb. 11–1   *Effizienzverbesserung durch die richtigen Prozesse und Werkzeuge*

11.2 Werkzeugübersicht

Wir unterscheiden verschiedene Arten von RE-Werkzeugen:

- Spreadsheets
- Wikis
- Workflow-Tools
- Entwicklungsumgebungen und Modellierungswerkzeuge
- Spezielle RE-Werkzeuge

Spreadsheets

Am unteren Ende der Werkzeugskala stehen selbst gemachte Templates in einer Tabellenkalkulation. Spreadsheets erlauben eine wirksame Kontrolle von Anforderungen in einem kleinen Projekt (siehe auch Abb. 4–6 und 4–7). Der große Vorteil ist die leichte und flexible Handhabung, Anpassbarkeit und direkte Nutzung mit ganz verschiedenen Interessengruppen. Beispielsweise eignet sich für ein kleines, agiles Projekt sehr wohl ein Excel-Sheet – und zwar phasenübergreifend von den ursprünglichen Anforderungen über die Schätzung und Planung bis hin zu Test und Projektkontrolle. Zu einem späteren Zeitpunkt kann man ein brauchbares Template und die damit erstellten Anforderungen und Spezifikationen jederzeit in ein dediziertes RE-Werkzeug übertragen. Dabei können Tabelleninhalte und Templates werkzeugübergreifend gut übertragen werden, aber nicht unbedingt Konfigurationsdaten.

Wikis

Wiki-Umgebungen sind im Zeitalter von Web 2.0 und zunehmender Kollaboration im Unternehmen und über Unternehmensgrenzen hinaus nicht mehr wegzudenken. Wikis erlauben den unmittelbaren Zugriff verschiedener Benutzer zur Organisation von Anforderungen. Man kann dazu ein vorhandenes Template oder sogar das komplette Hosting von einer externen Quelle übernehmen und an die eigenen Bedürfnisse anpassen. Die meisten Wiki-Anwendungen sind als Open Source realisiert. Ein repräsentatives Beispiel ist das Werkzeug **FitNesse**[1], das zur Ermittlung von Anforderungen und zur Testspezifikation eingesetzt wird. Es bietet die Möglichkeit, Testfälle interaktiv und verteilt (also durch verschiedene Mitarbeiter an verschiedenen Standorten) als Tabellen von Eingangsparametern oder -szenarien verbunden mit den erwarteten Ausgangsergebnissen zu spezifizieren. Die Benutzer brauchen keinerlei HTML-Kenntnisse, um die Einträge zu bearbeiten oder zu verwalten. **OpenCollective**[2] beschreibt, wie Wiki-Umgebungen für das Requirements Engineering aufgebaut und genutzt werden.

Workflow-Tools

Gerade bei verteilten Projekten und der Übertragung von Aufgaben zwischen verschiedenen Benutzern spielen Workflow-Tools eine große Rolle. Ihre Stärke ist die Beschreibung der Abfolge von Schritten, beispielsweise von der Ermittlung bis zur Freigabe, die dann automatisch an verschiedene Personen weitergeleitet werden können. Diese werden darüber informiert, dass Anforderungen, Arbeitspakete, Fehlermeldungen oder Testfälle zu bearbeiten sind. **Bugzilla**[3] hat sich

---

1.   *http://fitnesse.org*
2.   *http://www.codeproject.com/aspnet/OpenCollective.asp*
3.   *http://www.bugzilla.org*

auch im RE als kostenloses und sehr flexibles Werkzeug schnell einen Namen gemacht. Viele große Open-Source-Projekte verwenden Bugzilla, um Fehlermeldungen und Wünsche von Benutzern zu sammeln. Die eingebetteten Workflow-Mechanismen werden dazu genutzt, bestimmte Paketversionen zu testen (zum Beispiel um Programmpakete aus dem instabilen in den stabilen Zweig zu überführen) oder den Fortschritt einer Aufgabe zu dokumentieren. Trac[4] ist ein kollaboratives Projektmanagementwerkzeug zur Verknüpfung von Subversion, Wiki und Bugtracking. Es wird vor allem dort eingesetzt, wo Anforderungen als Basis für ein schlankes, agiles Projekt- und Konfigurationsmanagement direkt gepflegt und verwaltet werden sollen. **Mylyn**[5] ist ein Eclipse-Plug-in für eine aufgabenorientierte Benutzeroberfläche. Dokumente und Aufgaben können leicht miteinander verknüpft werden und einfache Workflows instrumentiert werden. Mylyn wird im RE vor allem zur Pflege und Nutzung von Verknüpfungen und bei der Nachverfolgung eingesetzt. Als Eclipse-Plug-in unterstützt es heterogene Werkzeugumgebungen.

Entwicklungsumgebungen und Modellierungswerkzeuge

Eine weitere Kategorie von Werkzeugen sind Entwicklungsumgebungen, die heute zumeist Modellierungswerkzeuge mit UML oder SysML als Frontend haben. Sie werden als ALM- oder PLM-Werkzeuge (Anwendungs- oder Produktlebenszyklus-Management) bezeichnet, da sie Informationen über den Lebenszyklus des Produkts hinweg entwickeln, verwalten und pflegen. Früher gab es dafür Bezeichnungen wie CASE-Umgebungen (Computer Assisted Software Engineering) oder IDE (Integrated Development Environment), die aber inzwischen kaum mehr gebräuchlich sind. Diese Umgebungen bringen typischerweise innerhalb von Eclipse verschiedene Werkzeuge zusammen. Populär im RE sind Umgebungen, die die Modellierung unterstützen und gleichzeitig eine Codebasis generieren und verwalten (Abb. 11–2). Von einer Entwicklungsumgebung spricht man, wenn ein Data-Backbone einen transparenten Datenaustausch ermöglicht, sodass die Inhalte konsistent sind und nur einmal beschrieben werden müssen. Dieser Austausch sollte zumindest inhaltlich unterstützt werden, also Zugriffe auf die gleichen Datenbestände aus verschiedenen Werkzeugen heraus ermöglichen. Darüber hinaus werden oftmals semantische Informationen zur Verfügung gestellt (Metabeschreibungen zu einem Datenbestand über Versionen, Ursprung, Nutzung, Verlinkungen etc.) und Kommunikationsmechanismen, beispielsweise Trigger, um andere Werkzeuge darauf hinzuweisen, wenn sich in einem Werkzeug etwas geändert hat. Aktuell werden diese Umgebungen in aller Regel auf der Basis von Eclipse erstellt [Eclipse2012].

---

4.   *http://trac.edgewall.org/*
5.   *http://www.eclipse.org/mylyn/index.php*

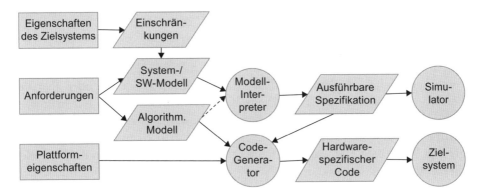

Abb. 11–2   *Werkzeuge für Modellierung und für Model Driven Architecture*

Spezielle RE-Werkzeuge

Dezidierte RE-Werkzeuge unterstützen die Verwaltung und Nachverfolgung von Anforderungen, Spezifikationen und weiteren Dokumenten (z. B. Testfällen) sowie die Verknüpfung dieser Dokumente zur Projektkontrolle (siehe auch Abschnitt 11.3, 11.4 und 11.5). Man nennt diese speziellen Werkzeuge auch gelegentlich Computer Assisted Requirements Engineering oder CARE. Solche Werkzeuge bieten eine gute grafische Umgebung an, mit der Anforderungen, Workflows, Abhängigkeitsbeziehungen und Modelle beschrieben werden können. Als Texteditor wird in der Regel Microsoft Word eingesetzt, um die Spezifikationen bestmöglich austauschbar zu machen. Vielfältige Filter erlauben die Verknüpfung, Gruppierung, Weiterbearbeitung und Verwaltung auch komplexer Anforderungsbeziehungen. Die großen Hersteller verknüpfen Anforderungsspezifikationen, deren Verwaltung und Modellierungswerkzeuge, um eine bestmögliche Durchgängigkeit zu erreichen. Heute setzen praktisch alle Modellierungswerkzeuge die UML-Notation ein. Die Unterstützung bestimmter Modellierungsmethoden ist allerdings oft eingeschränkt und sollte exakt evaluiert werden, wenn Bedarf nach einer bestimmten Methode besteht.

Im Folgenden wollen wir einige Tipps geben, die Sie bei der Frage nach der richtigen Werkzeugunterstützung berücksichtigen sollten. Gerade bei der Auswahl und Einführung von Werkzeugen sollten Sie unbedingt auf die Erfahrung externer – und herstellerunabhängiger – Berater zurückgreifen.

Was billig aussieht, bleibt es nicht. Diese Regel gilt bei Werkzeugen ganz besonders. Oftmals fließen eine Menge versteckter Kosten in »hausgemachte« Werkzeuge, und schließlich wird man feststellen, dass sie den Ansprüchen nicht mehr gerecht werden, und sie werden gegen ein kommerzielles Werkzeug ausgetauscht. Die Kosten eines Werkzeugs resultieren nicht primär aus den einmaligen Lizenzkosten, sondern aus dessen Einführung, Nutzung und Wartung. Beachten Sie daher immer die sogenannten Lebenszykluskosten (sog. Total Cost of Ownership). Wenn sich Benutzer ständig mit dem Werkzeug ärgern und nicht reibungslos damit arbeiten können, ist der Produktivitätsverlust schnell höher als die Anschaffungskosten.

Grundsätzlich gilt heute, dass kein Benutzer mehr solche Werkzeuge selbst entwickeln sollte – außer Sie wollen es anschließend verkaufen oder aber im Bereich von kundenspezifischen Dienstleistungen einsetzen. Das gilt beispielsweise in Situationen, wo das RE-Werkzeug gleichzeitig als Konfigurator für eine Plattform eingesetzt wird, um sie einfach kundenspezifisch zu gestalten. Machen Sie sich im Vorfeld klar, was genau Sie heute brauchen und wohin die Entwicklung führen wird, sodass das gewählte Werkzeug sich leicht einführen und später ersetzen oder erweitern lässt.

Bevor man über RE-Werkzeuge nachdenkt, muss man seine Prozesse im Griff haben. Werkzeuge ermitteln keine Anforderungen, und sie sind kein Ersatz für einen Prozess! Wir hören bei Kunden oft, dass sie »das Tool xyz eingeführt haben und damit das Thema Requirements Engineering im Griff haben«. In der Tat bringt ein mächtiges Werkzeug zunächst einmal das Gefühl, dass damit alle Probleme beseitigt sind. Nicht beachtet wird, dass ein Werkzeug ohne Prozess zu Komplexität und Mehrarbeit führt. Oftmals sehen wir in solchen Unternehmen eine Schattenwelt aus einfachen Lösungen, die die Ingenieure und Softwareentwickler für den Tagesbedarf nutzen, beispielsweise Spreadsheets für »ihre eigenen Anforderungen und deren Status«. Wenn Artefakte dann fertig sind, werden sie auf einmal in das mächtige Werkzeug übertragen. Die Mitarbeiter klagen in diesen Fällen über Overhead, während Projektmanager und Vorgesetzte über fehlende Disziplin und Sichtbarkeit klagen.

Wie werden RE-Werkzeuge eingeführt? Worauf ist dabei zu achten? Abbildung 11–3 zeigt eine Planungsvorlage zur Einführung eines RE-Werkzeugs. Wesentlich dabei ist die enge Verzahnung der drei Themen Veränderungsmanagement, Prozessentwicklung und Werkzeugeinführung. Die Einführung (oder Migration) eines RE-Werkzeugs hat vielfältige Einflüsse auf die Organisation und sollte daher immer mit dem nötigen Veränderungsmanagement begleitet werden. Das ist zwar ein Zusatzaufwand, vor allem, weil dazu externe Unterstützung und Expertise notwendig ist, aber wenn man die Aufwände mit dem Risiko eines nicht adäquat nutzbaren Werkzeugs vergleicht, ist der Business Case schnell aufgemacht.

Aus der Vielzahl von Werkzeugen für das Requirements Engineering betrachten wir hier nur jene Gruppe, die im Management von Anforderungen eingesetzt werden. Werkzeuge zur Modellierung und Analyse von Anforderungen, für das Produktdatenmanagement oder für das Projekt- oder Portfoliomanagement lassen wir weg, da sie zumeist ihre Stärke in einem anderen Bereich haben und Anforderungen nur insoweit verwalten oder referenzieren, wie dies für die jeweilige Spezialaufgabe relevant ist.

Eine gute Basis zur Bewertung von Requirements-Engineering-Werkzeugen ist der ISO/IEC TR 24766: Information technology – Systems and software engineering – Guide for requirements engineering tool capabilities [ISO2009]. Dieser Standard beschreibt Anforderungen und Empfehlungen an Requirements-Engineering-Werkzeuge und orientiert sich stark an den Lebenszyklusmodellen in ISO 12207. Eine ausführliche Beschreibung des Standards sowie seiner Anwendung auf die aktuellen RE-Werkzeuge findet sich in [Gea2012]. Wir haben diesen Standard als Basis für eine umfassende Werkzeugbewertung aller RE-Werkzeuge genommen.

Tabelle 11–1 listet einige derjenigen Werkzeuge auf, die auf breiter Basis eingesetzt werden. Da oftmals nicht nur die Kernfunktionen zählen, sondern auch die Einstiegskosten, haben wir beide Faktoren aufgeführt. Wir haben bewusst keine Bewertung der Werkzeuge vorgenommen, da sie sich schnell ändern (viele Hersteller liefern ein Update pro Jahr), und so das relative Gewicht ebenso ständigen Änderungen ausgesetzt ist.

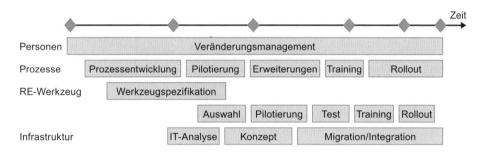

Abb. 11–3   *Template zur Einführung eines RE-Werkzeugs*

Die genannten Kosten beziehen sich auf Einzelplatzlizenzen und die unbedingt notwendige Infrastruktur (Hardware, zusätzliche Software, wie externe Datenbanken). Allerdings gleicht sich die Infrastruktur zunehmend an, und die Zeiten sind vorbei, wo ein Werkzeug wie DOORS zuerst Workstations unter Unix unterstützte, bevor die gleichen Funktionen auf dem PC erhältlich waren. Heute sind alle Werkzeuge primär für PCs (sogenannte »Engineering Desktops«) geeignet und beliefern diesen Markt zuerst mit neuen Funktionen. Gleichzeitig sind die Anforderungen hinsichtlich externer Datenbanken zurückgegangen. Wo früher eine Oracle-Datenbank für die High-End-Werkzeuge unabdingbar war und damit zu den Benutzungskosten direkt beitrug, ist heute oftmals eine kleine proprietäre oder Open-Source-Datenbank eingebaut, die nur für sehr große und verteilte Projekte durch eine aufwendige externe Datenbank ersetzt werden muss.

Werkzeug	Hersteller	Schlüsselfunktionen	Kosten
DOORS[a]	IBM	Dokumentation, große Projekte, Produktlinien, Nachverfolgbarkeit, XML-Unterstützung, ReqIF, Anbindung an UML-Tools, Testmanagement-Tools, PLM-Tools, MS Project	Hoch
Enterprise Architect [b]	Sparx Systems	Dokumentation, UML-basierte Analyse und Modellierung, Nachverfolgbarkeit, Teststatus, XML-Unterstützung	Mittel
IRqA[c]	Visure	Dokumentation, OO-Analyse und ERM, Nachverfolgbarkeit, Teststatus, XML-Unterstützung, ReqIF, MS-Office-Anbindung	Mittel
MKS Integrity[d]	PTC	ALM-Umgebung mit Komponente für RE, Dokumentation, Analyse, Nachverfolgbarkeit, Konsistenzsicherung, XML-Unterstützung, ReqIF, MS-Office-Anbindung	Hoch
OSRMT[e]	Open-Source	Einstiegswerkzeug, Dokumentation, Projektmanagement, Konfigurationsmanagement, Modellierung	Niedrig
Polarion Requirements[f]	Polarion	Web-2.0-Umgebung, internetbasiertes RE, Anbindung an ALM-Umgebung, Workflow-Management	Mittel
PREEvision [g]	Vector	PLM-/ALM-Umgebung mit Data-Backbone zur werkzeugübergreifenden Datenkonsistenz, ReqIF-Import/Export, Change-, Projekt-, Testdatenmanagement	Hoch
Reqtify[h]	Geensys	Dokumentation, Nachverfolgbarkeit, MS-Office-Anbindung, Simulink-Anbindung	Mittel
Requirements Composer[i]	IBM	Zentralisierte Plattform für die Erhebung, Analyse, Validierung und Verwaltung von Anforderungen, gemeinsame Arbeit an den Anforderungen im Team, Einbeziehung von Kunden und Fachabteilungen, nahtlose Integration in den Lifecycle	Hoch
RMF[j]	various	Eclipse-basiert, Einstiegswerkzeug, ReqIF-Datenaustausch	Niedrig
RMTrak[k]	RBC	Einstiegswerkzeug, Dokumentation, MS Office, SQL Interface	Niedrig
Truereq PLM[l]	Truereq	Einstiegswerkzeug, Dokumentation, XML-Unterstützung, kostenlose Einzelplatzlizenz	Niedrig

a. *http://www.ibm.com/software/awdtools/doors*
b. *http://www.sparxsystems.com/products/ea/index.html*
c. *http://www.irqaonline.com/*
d. *http://www.mks.com*
e. *http://linux.softpedia.com/get/Programming/Quality-Assurance-and-Testing/Open-Source-Requirements-Management-Tool-12286.shtml*
f. *http://www.polarion.com/products/requirements*
g. *http://www.vector.com/preevision*
h. *http://www.geensys.com/?Outils/Reqtify*
i. *http://www.ibm.com/software/products/de/de/rrc*
j. *http://eclipse.org/rmf*
k. *http://www.rmtrak.com*
l. *http://www.truereq.com*

Tab. 11–1 *Werkzeuge für das RE*

Beachten Sie bei den Kosten, dass die Lizenzkosten pro Arbeitsplatz bei mehr als zehn Benutzern bereits stark reduziert sind. Allerdings brauchen nicht alle Mitarbeiter, die Anforderungen bearbeiten, ein solches Werkzeug. Es ist primär für jene Mitarbeiter vorgesehen, die Anforderungen spezifizieren. Oftmals wird man das Tool primär als Repository verwenden, während die große Gruppe der nur lesenden Benutzer keine teure Schreiblizenz braucht. Stimmen Sie sich hier mit dem Hersteller genau ab, denn die Lizenzmodelle der High-End-Werkzeuge (d.h. DOORS, Integrity, PREEvision etc.) variieren stark.

Ein interessanter Kosten-Nutzen-Aspekt, den Sie evaluieren sollten, ist, eher ein teures, aber funktional optimales Werkzeug mit wenigen Lizenzen zu nehmen als ein günstiges Werkzeug, das aber nachher in der Funktionalität und Performanz enttäuschend ist. Oftmals genügt es, wenn die Inhalte des Werkzeugs als Report auf dem firmeneigenen Intranet zur Verfügung stehen, der nächtlich aktualisiert wird. Hyperlinks zu den detaillierten Anforderungsspezifikationen helfen dabei, dass beim nur lesenden Zugriff auf die Werkzeuge trotzdem alle Informationen zur Verfügung stehen. Statusänderungen einer Anforderung, wie sie beispielsweise bei inkrementellem Vorgehen zur Fortschrittskontrolle auf Gruppenebene nötig sind, können zentral gesammelt werden und durch den Projektmanager einmal täglich aktualisiert werden, ohne dass damit jeder Tester dazu eine Schreiblizenz braucht.

Unabhängig davon, wie Ihre Anforderungen an ein Werkzeug aussehen, sollten Sie das ausgewählte Werkzeug erst einmal für ein Jahr pilotieren, bevor Sie es unternehmensweit einführen. Ein Jahr für die Erprobungsphase mag lang erscheinen, aber Sie sollten bedenken, dass das Werkzeug nicht nur bei der Erfassung von Anforderungen geprüft werden sollte, sondern auch bei Änderungen oder in der Verknüpfung mit anderen Phasen oder in Verbindung mit anderen Entwicklungswerkzeugen. Ein RE-Werkzeug, dessen Funktionen über das reine Editieren hinausgehen, hat seine Feuerprobe erst dann bestanden, wenn es in verschiedenen Produkten und Produktversionen gleichzeitig eingesetzt war. Erproben Sie daher gezielt die späteren Anwendungsfälle, beispielsweise Wiederverwendung von Anforderungen, Konfigurationsmanagement bei Änderungen und Varianten von Anforderungen, Nachverfolgbarkeit zu anderen Anforderungen und zu anderen Arbeitsergebnissen (in anderen Werkzeugen). Prüfen Sie insbesondere die Benutzbarkeit bei Personen, die nicht gewohnt sind, mit Softwarewerkzeugen zu arbeiten.

Wir wollen in den folgenden Abschnitten einige Beispiele skizzieren, die den Einsatz der populären RE-Werkzeuge beschreiben. Wir haben die Hersteller gebeten, für einen typischen Anwendungsfall (z.B. Anforderung spezifizieren) zu beschreiben, wie das Werkzeug eingesetzt wird. Eine solch kurze Beschreibung aus Herstellersicht ist zugegeben etwas unbefriedigend, aber es erschien uns doch noch besser zu sein, als nur trocken über Werkzeuge zu schreiben. Alle Hersteller haben eine Internetseite (siehe Tab. 11–1), wo Sie sich näher informieren können, Demoversionen erhalten können und auf der Sie auch einen Vertreter des Herstellers direkt kontaktieren können.

11.3   Beispiel: DOORS

IBM Rational DOORS[6] gilt bei den relevanten Analysten (z. B. Gartner, Yphise, Standish Group) als Markt- und Technologieführer im Bereich Anforderungsmanagement. DOORS steigert die Qualität durch Verbesserung der Kommunikation und Zusammenarbeit in Projekten und hilft Ihnen Ihre Spezifikationen basierend auf beliebigen Standards und Prozessmodellen (wie z. B. CMMI, ITIL, SPICE) zu erstellen und zu pflegen.

Weltweit setzen Unternehmen jeder Größenordnung DOORS ein und nutzen die Skalierbarkeit auf jede Projektgröße und jede Anzahl von Benutzern sowie die umfassende Unterstützung für die Erfassung, Strukturierung, Verwaltung, Analyse und Verfolgung von Anforderungen. Dank eines modernen, intuitiv zu bedienenden Webclients (DOORS Web Access) können Anforderungsinformationen ohne zusätzlichen Aufwand unternehmensweit erfasst, geprüft und gepflegt werden, ohne dass ein dedizierter Client dafür erforderlich ist. Zahlreiche Integrationen zu den anderen Lösungen von IBM Rational und zu Werkzeugen anderer Hersteller erhöhen die Transparenz der Anforderungen und deren Verfolgung über den gesamten Entwicklungszyklus. DOORS passt sich den Prozessen und der Informationsarchitektur im konkreten Einsatzszenario an, ohne den Projekten vorgefertigte Strukturen aufzuzwingen.

IBM geht mit OSLC (Open Services for Lifecycle Collaboration) über den typischen Ansatz der engen Punkt-zu-Punkt-Integration zwischen zwei Werkzeugen hinaus. DOORS unterstützt mit der offenen, freien und nichtproprietären Schnittstelle Integrationen zu Tools aus Change-, Test- und Architekturmanagement. Die Unterstützung des standardisierten ReqIF (Requirements Interchange Format) ermöglicht zudem den einfachen Informationsaustausch mit Lieferanten, Partnern und Kunden.[7]

Basisfunktionalität

Anforderungen – und andere Informationselemente – werden in DOORS in einer hierarchischen Dokumentenstruktur beschrieben, so wie man es von den klassischen textverarbeitenden Systemen gewohnt ist. Die Klassifizierung von Anforderungen erfolgt über beliebig definierbare Attribute. Abbildung 11–4 zeigt ein Anforderungsdokument in DOORS.

In einer einzigen Darstellung kann DOORS die unterschiedlichsten Informationselemente aufnehmen und anzeigen: Anforderungstexte, Grafiken, Anforderungsattribute, Änderungsmarkierungen, Tabellen, UML-Modelle (DOORS Analyst) und weitere. Das Beispiel zeigt einen Ausschnitt aus den Anforderungen für ein Audio/Video-System als Bestandteil des Infotainment-Systems eines Autos,

---

6.   *http://www.ibm.com/software/awdtools/doors*
7.   *http://open-services.net*

wobei anhand von Attributen für jede einzelne Anforderung festgehalten wird, zu welcher Konfiguration diese spezielle Funktion zählt und ob die Implementierung sicherheitsrelevante Aspekte berücksichtigen muss (wie die Funktion »watch DVDs«).

Häufig beinhalten Anforderungsdokumente eine Vielzahl von Informationen, von denen ein einzelner Projektmitarbeiter lediglich einen Teil für die Erfüllung einer konkreten Aufgabe benötigt. Diesem Umstand trägt DOORS mit individuell konfigurierbaren Sichten Rechnung, die neben den angezeigten Attributspalten auch Filter- und/oder Sortierbedingungen beinhalten können. Abbildung 11–5 zeigt drei verschiedene Sichtweisen auf ein und dasselbe Dokument des Audio/Video-Systems. Es werden genau die für den jeweiligen Bearbeiter relevanten Informationen angezeigt.

Die Beschreibung der Anforderungen komplexerer Systeme erfolgt selten in einem einzelnen Dokument. Die zunächst sehr grob und oft vage beschriebenen »Kundenanforderungen« werden im Rahmen des Spezifikationsprozesses sukzessive verfeinert und präzisiert, bis sie einen Detaillierungsgrad erreichen, der eine Umsetzung in ein Produkt erlaubt. Um die Zusammenhänge zwischen den Anforderungen der verschiedenen Abstraktionsebenen zu dokumentieren, werden in DOORS Links erstellt. Dies kann bequem per Drag & Drop geschehen. Natürlich können auch Zusammenhänge anderer Informationselemente (z.B. Testfälle) auf gleiche Weise in DOORS hinterlegt werden.

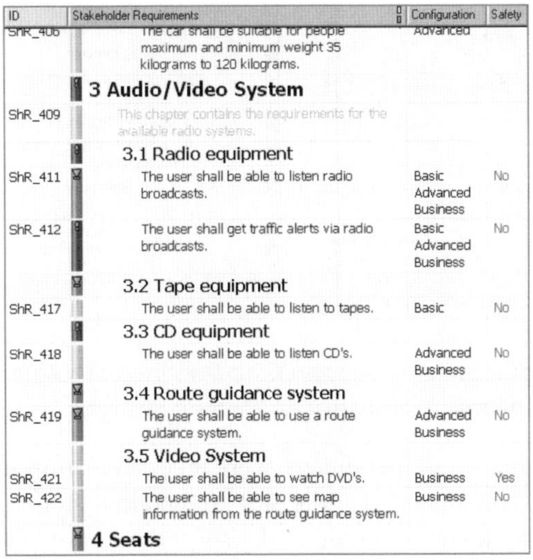

Abb. 11–4   *DOORS stellt die Anforderungen mit den zugehörigen Attributen als übersichtliches Dokument dar.*

Erlaubt man allerdings die Erstellung beliebiger Links, so erhält man schnell ein undurchschaubares Chaos von Abhängigkeiten, das kaum noch ausgewertet werden kann (Abb. 11–6 links). Aus diesem Grund bietet DOORS die Möglichkeit, die Erstellung von Abhängigkeiten sinnvoll einzuschränken (Abb. 11–6 rechts).

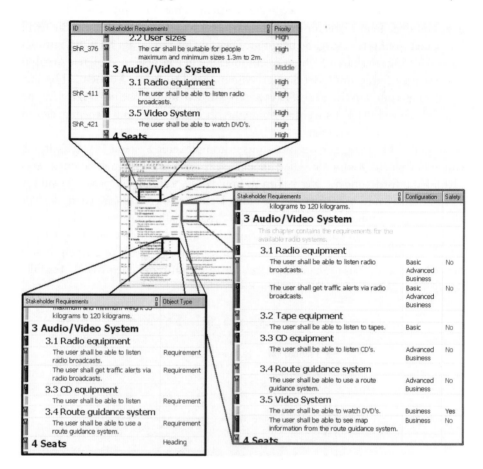

Abb. 11–5   *Verschiedene Sichten auf dasselbe DOORS-Dokument liefern einen rollenoptimierten Ausschnitt aus der Gesamtmenge der Informationselemente.*

Besonderes Augenmerk gilt bei einem Werkzeug für Anforderungsmanagement den Mechanismen, mit denen sich die Abhängigkeiten zwischen den verschiedenen Informationselementen analysieren lassen. Hier bietet DOORS eine Vielzahl von Möglichkeiten wie z.B. die Navigation über die Linkindikatoren oder die Darstellung der Abhängigkeiten in einer Nachverfolgbarkeitsmatrix. Eine besonders mächtige Auswertungsmöglichkeit ist der sogenannte »Traceability View«. Dabei werden verknüpfte Informationen aus beliebig vielen DOORS-Dokumenten in einer einzigen Ansicht übersichtlich nebeneinander angezeigt. Das Beispiel in Abbildung 11–7 zeigt das Dokument Customer Requirements mit zusätzlichen

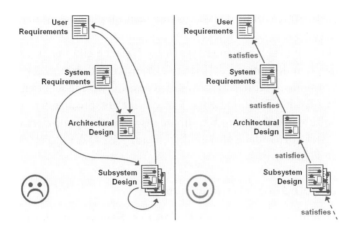

Abb. 11–6 *Gegenüberstellung einer chaotischen und einer strukturierten Informationsarchitektur*

Spalten für die verknüpften Informationen aus den Dokumenten System Requirements und Architectural Design (vgl. auch Abb. 11–6 rechts).

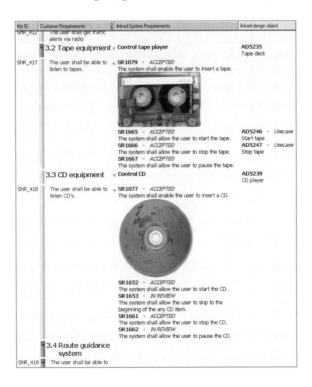

Abb. 11–7 *Darstellung der Abhängigkeiten in einem »Traceability View«*

Mithilfe solcher »Traceability Views« lassen sich mögliche Auswirkungen einer Anforderungsänderung oder Lücken in den Anforderungsspezifikationen mit einem einzigen Mausklick erkennen. Auch die Ursache eines technischen Details in einem Subsystemdokument ist jederzeit transparent. Für unser Beispiel des Audio/Video-Systems zeigt der Traceability View an, welche Kundenanforderungen (Spalte »Customer Requirements«) schon mit entsprechenden Systemanforderungen (Spalte »linked System Requirements«) weiter spezifiziert wurden. Die letzte Spalte listet vorhandene Designobjekte auf – bzw. deren Fehlen, wenn das entsprechende Feld leer ist.

Einbettung von DOORS in den Entwicklungsprozess

Viele Projekte scheitern, obwohl bei Design und Realisierung ein hohes technisches Qualitätsniveau eingehalten wird. Wenn das Endprodukt jedoch nicht das leistet, was der Anwender oder Kunde erwartet, ist die technische Qualität irrelevant. Eine Divergenz zwischen den Anforderungen und dem entstehenden System kann nur durch eine enge Verzahnung von Anforderungsmanagement mit allen Phasen des Entwicklungsprozesses auf wirtschaftlich sinnvolle Weise vermieden werden.

Dies wird ermöglicht durch die Verknüpfung von Anforderungen mit den für die Umsetzung relevanten Design- und Implementierungsartefakten. So kann für jede beliebige Anforderung der Weg der Realisierung über den gesamten Entwicklungsprozess verfolgt werden: von der Modellierung über die verschiedenen Stadien der Implementierung bis hin zum Testen. Der Grad der Realisierung ist jederzeit transparent. Ein weiterer entscheidender Nutzen der Verknüpfung zeigt sich bei der Aufwand- und Risikoabschätzung im Falle von Änderungen. Falls sich eine Anforderung ändert, sind die Auswirkungen in allen betroffenen Designelementen und Modulen sofort sichtbar und können realistisch eingeschätzt werden.

11.4 Beispiel: Integrity

Integrity[8] ist eine flexible und skalierbare Plattform für das Application Lifecycle Management (ALM), mit der der gesamte Softwareentwicklungszyklus vom Requirements Management bis zum Testmanagement verwaltet werden kann. Die gesamte Lösung basiert dabei auf einer einzigen Architektur und verwendet eine einzige Datenbank für alle Artefakte, Reports, Dashboards etc.

Die in der Plattform enthaltene Lösung für das Requirements Engineering wird in unterschiedlichsten Umgebungen angewendet, sowohl in kleinen Entwicklungsteams als auch in großen IT- und Entwicklungsabteilungen multinationaler Unternehmen. Integrity vereinfacht die Verwaltung von Dokumenten, die

8. *http://www.mks.com*

Prozesskontrolle und die Nachverfolgbarkeit. Darüber hinaus »wächst« Integrity mit dem Unternehmen und seinen Entwicklungsprozessen bis hin zu einer erweiterten Unterstützung für anspruchsvollste Prozesse im Anforderungsmanagement, zum Beispiel in modernsten Technologieunternehmen. So unterstützt Integrity auch im Kontext von Anforderungsmanagement die Methoden des System Engineering und des Softwareproduktlinien-(SPL-)Managements.

Integrity zur Verwaltung von Anforderungen

RE-Tools sollen Unternehmen bei Herausforderungen unterstützen, die sich ergeben, wenn bisher hauptsächlich auf traditionelle Bürosoftware gesetzt wurde (Dokumente, Excel-Tabellen). Integrity verwaltet Dokumentinhalte in einer datenbankgestützten Client-Server-Architektur und löst so wesentliche Probleme in der Kommunikation. Statt einzelne Kopien zu erstellen, die später wieder miteinander in Übereinstimmung gebracht werden müssen, nutzen Teammitglieder anpassbare Benutzeroberflächen, um die Anforderungsinformationen in Echtzeit »online« zu bearbeiten. Prozesskontrolle lässt sich mit Integrity vereinfachen, indem den Artefakten ein konfigurierbarer Workflow zugewiesen wird. Dieser Workflow kann automatische Regeln und Prozesse definieren, beispielsweise Änderungen verhindern, sobald eine Anforderung einen bestimmten Status erreicht, oder E-Mail-Benachrichtigungen senden, wenn Änderungen vorgenommen wurden.

Jede Anforderung, deren Daten und Metadaten sowie auch die Verbindungen zu anderen Anforderungen und Entwicklungsartefakten sind als Elemente, Felder und Beziehungen in einer Datenbank gespeichert. Auf diese Weise ersetzt Integrity die häufig in Unternehmen verwendeten spezifischen Dokumente zur Nachverfolgung, die mit manuellem Aufwand gepflegt werden müssen. Anforderungen können in einer Dokumenten- oder Tabellenansicht angezeigt und bearbeitet werden (Abb. 11–8). Darüber hinaus vereinfachen spezifische und filterbare Abhängigkeitsansichten viele Aktivitäten erheblich, wie beispielsweise die Bewertung von Änderungsauswirkungen oder die Überprüfung der Testvollständigkeit. Die Anwender profitieren von dem relationalen Datenbank-Backend beim Zugriff auf Projektinformationen, die je nach Bedarf in Abfragen, Diagrammen, Berichten und Tabellen dargestellt werden können. So kann ein Projektmanager einen Bericht erstellen, um den »Durchsatz« eines Projekts zu bewerten, also zu ermitteln, wie viele Anforderungen kürzlich verändert oder bearbeitet wurden. Dies ist ein wichtiges Kriterium, um festzustellen, ob Anforderungen stabil genug sind, damit mit dem Design und der Entwicklung begonnen werden kann.

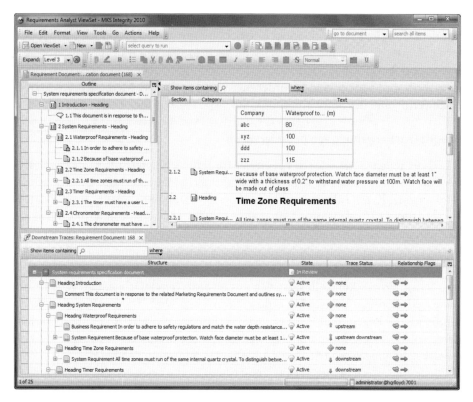

Abb. 11–8   *Konfigurierbare Benutzeroberfläche von Integrity mit Dokumenten- und*
Beziehungsansichten

Integrity zur Verwaltung komplexer Abhängigkeitsbeziehungen

Für Entwicklungsteams in modernen Technologieunternehmen genügt es nicht, nur Anforderungen in einer Liste oder einem Dokument zu verwalten. Diese Unternehmen nutzen fortgeschrittene Entwicklungsmethoden und müssen komplexere Herausforderungen meistern. Sie nutzen Integrity, um Tausende von Anforderungen für Hunderte von Komponenten zu verwalten. Zudem können Anforderungen für mehrere gleichzeitig entwickelte Varianten eines Produkts gemeinsam genutzt werden. Schließlich wird Integrity zur Koordination von über den ganzen Globus verteilten Teams, von externen Mitarbeitern und anderen Anwendern der Anforderungen (z.B. Kunden und Lieferanten) eingesetzt.

Ein erheblicher Effizienzgewinn entsteht für diese Unternehmen durch die Unterstützung der Entwicklung von Softwareproduktlinien durch Integrity. Bei Softwareproduktlinien (SPL) handelt es sich um die zusammengefasste Entwicklung ähnlicher Produkte auf Basis gemeinsamer Bestandteile. Beispiel: Ein Mobilfunkunternehmen entwickelt ein neues Produkt und sammelt Tausende von Anforderungen auf Grundlage von Marktstudien, Mobilfunkbetreibern und Mobilfunk-

Protokollstandards. Variationen und Widersprüche in den Anforderungen führen in der Regel zur Entwicklung zahlreicher Versionen bzw. Produktvarianten für unterschiedliche Marktanforderungen. Doch da die Mehrheit der Anforderungen in vielen oder allen Produktvarianten identisch ist, ist es am effizientesten, diese simultan zu verwalten und zu bearbeiten.

Die Wiederverwendung von Anforderungen und ihre gemeinsame Nutzung in den Produktlinien verringern den Aufwand und verbessern die Zusammenarbeit der Teams, was wiederum für eine höhere Produktqualität und eine schnellere Markteinführung sorgt. Allerdings bedeutet die Wiederverwendung von Anforderungen im Kontext von SPL-Management mehr als nur das Kopieren und Einfügen oder die gemeinsame Nutzung von Daten. Wiederverwendung von Anforderungen in Integrity bedeutet Folgendes:

- **Wiederverwendungshistorie**
  Anwender können eine wiederverwendete Anforderung zu ihrer Quelle zurückverfolgen.

- **Änderungsmitteilung**
  Wenn eine Anforderung geändert wird, werden wiederverwendete oder gemeinsam verwendete Anforderungen als »suspect« gekennzeichnet. Anwender können auf diese Weise überprüfen, ob die Änderung für ihr Projekt relevant ist.

- **Parallelentwicklung** (sog. Branching)
  Wenn in einem Projekt oder einer Entwicklungsvariante eine gemeinsam verwendete Anforderung geändert werden muss, erstellt das System einen Nebenzweig bzw. eine Parallelversion für dieses Projekt.

- **Spezifische Metadaten**
  Wenn eine Anforderung wiederverwendet wird, werden ihre Metadaten spezifisch für das neue Projekt. Verwenden z.B. zwei Projekte die Anforderung »Lebensdauer der Batterie muss 12 Stunden betragen«, kann diese Anforderung in beiden Projekten unterschiedlichen Personen zugewiesen werden. Die Anforderung kann in einem Projekt »angenommen«, im anderen »abgelehnt« werden.

- **Trace Propagation**
  Wird ein Anforderungsdokument zur Verwendung in einer anderen Produktlinie »verzweigt«, kann der Anwender auch verwendete Dokumente entsprechend verzweigen (Abb. 11–9). Beispiel: Es wird ein Anforderungsdokument in einem anderen Projekt wiederverwendet. Der Anwender kann dann auch automatisch die Testdokumente des ersten Projekts wiederverwenden und dadurch Nutzen aus dem Aufwand ziehen, der in das erste Projekt investiert wurde.

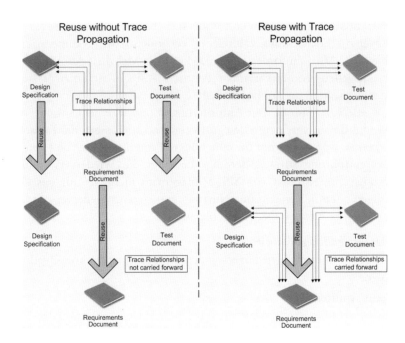

Abb. 11–9   *Wiederverwendung und Trace Propagation*

Je ausgereifter das RE ist, desto intensiver ist es auch in andere Entwicklungsaktivitäten integriert. Das Anforderungsmanagement von Integrity kann daher mit dem Ziel erweitert werden, dass dieselbe Wiederverwendung, Änderungskontrolle, Nachverfolgbarkeit, Prozesskontrolle und dasselbe Konfigurationsmanagement auch in anderen Domänen zur Verfügung stehen. Dadurch können Unternehmen das Anforderungsmanagement mit der Qualitätssicherung und dem Quellcode-, Fehler-, Portfolio- und Release-Management so abstimmen, dass ein vollständiges Application-Lifecycle-Management-(ALM-)System entsteht. So ergeben sich Möglichkeiten zur Zusammenarbeit zwischen Gruppen, ohne dass dabei die typischen Probleme und Kosten für Integrationen entstehen (Abb. 11–10).

Es ist jedoch nicht immer möglich, alle Teilnehmer in eine einzige Lösung einzubinden. Die Kommunikation von Anforderungen zwischen Herstellern, Kunden und Lieferanten kann ein entscheidender Faktor für eine erfolgreiche und schnelle Markteinführung eines Produkts sein. Integrity bietet eine Integrationsplattform mit umfassender API (Application Programming Interface) und Webdiensten und unterstützt seit Langem das Requirements Interchange Format (ReqIF), wodurch der Informationsaustausch zwischen verschiedenen Systemen vereinfacht wird.

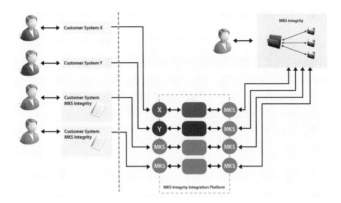

Abb. 11–10 *ALM-Lösung mit Schnittstellen für Lieferanten und Kunden*

Ein RE-Werkzeug sollte daher heute eine verteilte Entwicklung unterstützen können. Die Distanz zwischen Entwicklungsgruppen und limitierten Netzwerkbandbreiten kann zu unbefriedigender Performanz führen, besonders bei der Übertragung großer Dateien, wie Diagramme, Fotos und Dokumente. Bei Softwarelösungen auf Basis von ausgetauschten Dokumenten sind verteilt arbeitende Entwickler darauf beschränkt, mit Daten zu arbeiten, die regelmäßig auf einem lokalen Server aktualisiert werden. Sie haben es also immer auch mit veralteten Daten zu tun. Oder sie müssen sich mit einer extrem schwachen Leistung abfinden.

PTC löst dieses Problem durch die Federated Server Architecture (FSA) für Integrity. Jedem verteilten Entwicklungsprojekt ist lokal ein Server (auch FSA-Proxy genannt) zugeordnet, der intelligentes Caching einsetzt, eine Kombination aus geplanten Replikationen und bedarfsorientierten Anfragen an den zentralen Server. Dies minimiert die benötigte Bandbreite und stellt zugleich sicher, dass die Entwickler immer mit aktuellen Daten arbeiten (Abb. 11–11).

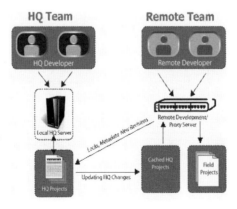

Abb. 11–11 *Federated Server Architecture zur Unterstützung von verteilten Teams*

11.5 Beispiel: PREEvision

PREEvision von Vector[9] ist ein CASE-Werkzeug für modellbasiertes Anforderungsmanagement und Requirements Engineering, für den Entwurf sowie die Visualisierung und Bewertung von Systemen. PREEvision verfügt über eine eigene Team- und Datenbankplattform und ermöglicht so das Versions- und das Änderungsmanagement für alle Entwicklungsartefakte.

Der Fokus von PREEvision liegt auf zwei Einsatzfeldern:

- Modellbasierter Architekturentwurf und die Bewertung von Elektrik- und Elektroniksystemen in der frühen Konzeptphase
- Serienentwicklung von Systemen und deren Komponenten vom Anforderungsmanagement und Requirements Engineering über das Design bis hin zum Test und zur Serienfreigabe

Kundenfunktionen und Produktanforderungen können mit PREEvision erstellt, verwaltet und nach verschiedenen Kriterien klassifiziert werden. Für Excel und das Requirements Interchange Format (ReqIF) stehen Importfilter zur Verfügung. Die Anwenderschnittstelle von PREEvision basiert auf Open Office und unterstützt die Definition von Anforderungen mit formatiertem Text, Grafiken oder Tabellen. Anwenderspezifische Attribute können einfach festgelegt werden. Anforderungen werden in PREEvision mit einem eindeutigen Identifier beschrieben und können miteinander oder mit beliebigen Artefakten verknüpft werden

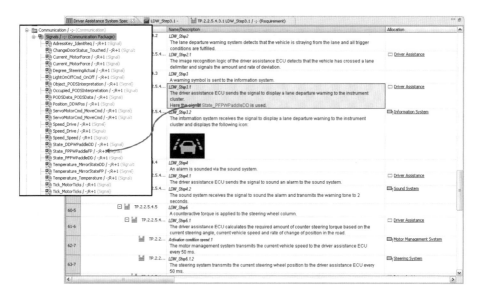

Abb. 11–12   *Erstellen von Anforderungen mit bidirektionalen Hyperlinks in eine Bibliothek*

9. *http://www.vector.com/preevision*

und auch Test-, Sicherheitsanalyse- oder Planungsartefakten zugeordnet werden. Bidirektionale Hyperlinks aus dem Anforderungstext in die PREEvision-Modell-bibliotheken sind möglich (vgl. Abb. 11–12). Dies erlaubt eine weitgehende Nachverfolgbarkeit über den Entwicklungsprozess. Der Open-Office-basierte Reportgenerator unterstützt die automatische Erstellung kontextspezifischer Dokumente, wie zum Beispiel Systemspezifikationen und Komponentenlasten-heften.

Der Systems-Engineering-Ansatz

Im Gegensatz zu Anforderungsmanagementwerkzeugen, die zur Verwaltung von Softwareanforderungen entwickelt wurden, liegt der Fokus von PREEvision kon-sequent auf der Beschreibung von Systemen und deren Komponenten. Dem Werkzeug liegt ein Datenmodell zugrunde, in dem sich nicht nur Anforderungen, sondern auch logische Funktionen und Systemkomponenten präzise über grafi-sche Editoren beschreiben lassen.

Anforderungen werden in PREEvision nicht nur textuell erfasst, sondern logischen Funktionen zugeordnet und dann in einem für das Systems Engineering typischen Designschritt als Funktionsbeiträge entlang der Systemarchitektur auf die Komponenten heruntergebrochen und verfeinert.

PREEvision stellt den Informationsfluss zwischen logischen Funktionen als »Wirkketten« dar. Die Abhängigkeiten der Anforderungen lassen sich exakt beschreiben, indem z. B. beim Spezifizieren einer Anforderung auf Signalbeschrei-

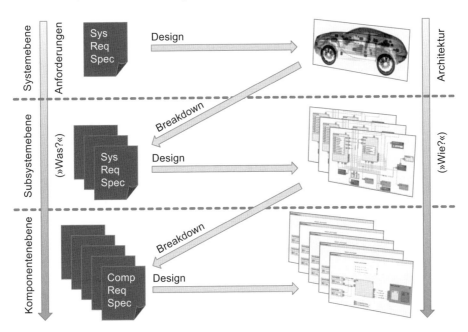

Abb. 11–13   *Der Systems-Engineering-Ansatz in PREEvision*

bungen oder Parameter aus einer verbindlichen Bibliothek zurückgegriffen wird. Mögliche Inkonsistenzen können durch entsprechende Metriken und Konsistenzchecks von vornherein vermieden werden.

Systemlastenheft und Komponentenlastenhefte werden in PREEvision nicht als getrennte Dokumente abgelegt, die gegeneinander abgeglichen werden müssen, sondern stellen verschiedene Sichten auf die Anforderungen des Gesamtsystems dar (Abb. 11–13). Über den integrierten Reportgenerator kann der Anwender praktisch zu jedem Zeitpunkt die jeweilige Sicht – z.B. als Komponentenlastenheft für einen Zulieferer – ableiten.

Anforderungsmanagement für Produktlinien

PREEvision unterstützt das Anforderungsmanagement für Systeme, die im Produktlinienansatz entwickelt werden (Abb. 11–14). Das Werkzeug beherrscht dabei die explizite Wiederverwendung von Anforderungen für unterschiedliche Produkte mit Gleichteilen. Der Anwender kann in PREEvision aber auch Anforderungen, Funktionen und Komponenten mithilfe der grafischen und tabellengestützten Editoren in »150%-Modellen« beschreiben.

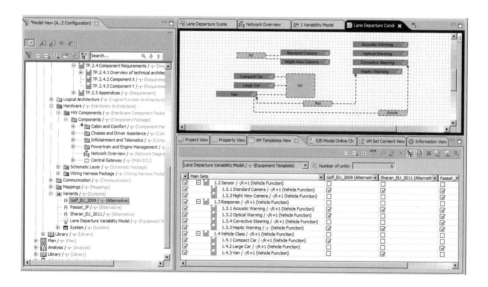

Abb. 11–14　*Beschreibung von Varianten mit Merkmalsmodellen in PREEvision*

Anforderungen, Funktionen und Komponenten werden dabei als Variationspunkte definiert, die auf bestimmte Merkmale der Produktlinie Bezug nehmen. Produktableitungen (»100%«- oder »120%«-Modelle) lassen sich in PREEvision leicht beschreiben und sowohl auf Anforderungen als auch auf Funktionsbeschreibungen und Komponenten anwenden.

Während des Lebenszyklus von System- und Komponentenanforderungen bleibt damit die Beziehung von produktspezifischen zu produktübergreifenden Spezifikationen erhalten. Überdies stellt PREEvision sicher, dass komplexe Randbedingungen eingehalten werden, die es z.B. erzwingen oder verbieten, dass bestimmte Spezifikationsinhalte gemeinsam in produktspezifischen Ableitungen Gültigkeit besitzen.

Der Systemhersteller kann so für einen Zulieferer genau das Komponentenlastenheft mit allen relevanten Varianten erstellen, ohne dass er diesem die Variabilität des Gesamtsystems offenlegt. Umgekehrt erhält der Systemhersteller als Kunde des Zulieferers genau die Spezifikation der ihn interessierenden Variante, ohne dass der Zulieferer alle Merkmale seiner im Produktlinienansatz entwickelten Komponenten preisgeben muss.

Requirements Engineering und funktionale Sicherheit

Funktionale Sicherheit spielt in der Systementwicklung eine zunehmende Rolle. Sicherheitsnormen wie die ISO 26262 in der Automobilindustrie und allgemein der Standard IEC 61508 für elektronische Systeme verlangen nach durchgängiger Bewertung, Modellierung und Nachverfolgbarkeit von Sicherheitsanforderungen. PREEvision unterstützt hier den Ansatz, die Inhalte der funktionalen Sicherheit eng in die System- und Komponentenspezifikation zu integrieren, um so den zusätzlichen Aufwand beim Abgleich von Anforderungen und Sicherheitskonzepten gering zu halten.

Eine wesentliche Forderung aller gängigen Sicherheitsnormen ist es, die Erfüllung der Systemsicherheitsziele durch das entwickelte Systemkonzept nachzuweisen. Der integrierte Ansatz von PREEvision unterstützt den Anwender dabei, Sicherheitsziele aus Gefährdungs- und Risikoanalysen abzuleiten und auf der funktionalen Systemebene zu identifizieren. Die daraus verfeinerten funktionalen und technischen Sicherheitsanforderungen können im Werkzeug leicht den Systemkomponenten zugeordnet werden.

Konkret wird in PREEvision jede Anforderung, die aus den Sicherheitszielen abgeleitet wurde, als Sicherheitsanforderung beispielsweise über ein entsprechendes ASIL-Attribut gekennzeichnet und kann so strengeren Regeln bei RE-Prozessen (z.B. Änderungsmanagement, Konfigurationsmanagement) und bei der Prüfung unterworfen werden. Der System- bzw. der Komponentenverantwortliche kann jede abgeleitete Anforderung zur übergeordneten Sicherheitsanforderung in Beziehung setzen. Umgekehrt können damit auch für jedes Sicherheitsziel die abgeleiteten Sicherheitsanforderungen gefunden, ausgewertet und abgesichert werden.

Auf diese Art werden die funktionalen und technischen Sicherheitskonzepte zusammen mit der Erstellung von Lastenheft und Systemspezifikation definiert. PREEvision unterstützt die Erstellung einer FMEA (Failure Mode and Effect Analysis) und ermöglicht es dem Anwender, kritische Ausfallarten von Komponenten zu bewertet und die notwendigen Verbesserungsmaßnahmen zu definieren und verfolgbar mit den Anforderungen zu verknüpfen.

Die Nachvollziehbarkeit der Sicherheitsspezifikation in die Folgeprozesse wird durch Links, z.B. in die Testspezifikation, umgesetzt.

Integrierte Testdatenverwaltung und Release-Management

PREEvision unterstützt die Beschreibung von Testspezifikationen, Testfällen und Testresultaten. Funktionssicht, Anforderungssicht und Testsicht können miteinander verbunden werden (Abb. 11–15). Kennzahlen zur Testabdeckung oder eine Übersicht über die positiv oder negativ durchgeführten Tests lassen sich einfach erzeugen.

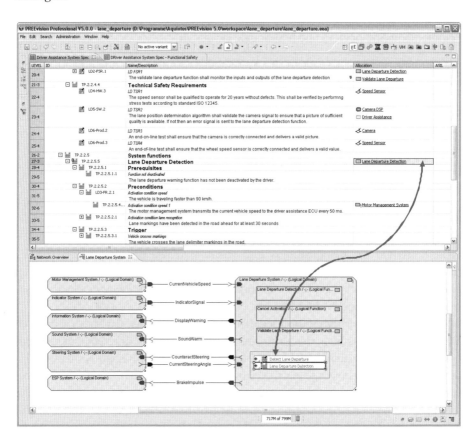

Abb. 11–15   *Beschreibung von Anforderungen mit Bezug auf Funktionen*

In komplexen Systemen stellt die Synchronisation von Komponenten- und Produktentwicklung eine zusätzliche Herausforderung dar. Um die Umsetzung der Anforderungen bezüglich der Reifegrade der beteiligten Komponenten zu planen und zu überwachen, bietet PREEvision dem Anwender eine Release-Management-Funktionalität. Der Schwerpunkt des Werkzeugs liegt hier auf der terminlichen Synchronisation: PREEvision unterstützt den Anwender dabei, Releasezyklen von Komponenten- und Produktentwicklung in ihrem zeitlichen und logischen Ablauf aufeinander abzustimmen. Das Werkzeug stellt dabei nicht ausschließlich die Komponentensicht dar, sondern unterstützt die Releaseplanung und Verfolgung aus dem Blickwinkel der umzusetzenden Funktionen.

Team Collaboration

PREEvision verfügt über eine eigene Oracle-basierte Team-Collaboration-Plattform, die es Teams erlaubt, gemeinsam an Anforderungsspezifikationen zu arbeiten. Dazu stehen Funktionen wie Lock/Commit und Check-in/Check-out zur Verfügung. Für große, standortübergreifende Projekte ist die enge Integration in das PLM-System »Teamcenter« von Siemens PLM sinnvoll.

11.6   Checkliste für die Werkzeugeinführung

Die folgende Checkliste enthält potenzielle Anforderungen an RE-Werkzeuge. Nicht alle skizzierten Eigenschaften sind in allen Anwendungsbereichen gleichermaßen relevant. Manche stören vielleicht sogar. Sie sollten daher anhand der folgenden Liste Ihre eigene Checkliste ableiten, *bevor* Sie zur konkreten Auswahl eines Werkzeugs schreiten.

▨ Benutzbarkeit
  Das ist sicherlich eines der wichtigsten Kriterien. Die Benutzbarkeit nimmt mit der Komplexität des Werkzeugs ab. Achten Sie darauf, dass alle vorgesehenen Benutzergruppen mit dem Werkzeug produktiv arbeiten können. Machen Sie konkrete Tests mit Szenarien und Prozessen, die diese verschiedenen Benutzergruppen später im Tagesgeschäft einsetzen. Sie sollten gezielt alle Formen der Generierung und Verwaltung von Inhalten prüfen. Wie leicht lassen sich die Editierwerkzeuge verwenden? Wird ein gängiges Office-Programm eingesetzt oder handelt es sich um einen proprietären Editor? Wie leicht lassen sich Tabellen oder Grafiken verwalten? Denken Sie auch an seltene Vorfälle, wie Backups oder das Wiederherstellen eines früheren Versionsstands. Können bei einem Fehler in einem einzigen Projekt dessen Inhalte gezielt wiederhergestellt werden oder wird alles ab einem bestimmten Zeitpunkt überschrieben?

▨ Spezifikation von Anforderungen
  Aufnahme und Dokumentation aller Arten von Anforderungen, Randbedingungen etc. sowie deren Status in einer einzigen Datenbank. Diese Datenbank kann zentral oder verteilt sein. Es kann sich um eine Einzelplatzanwendung in Form einer Tabellenkalkulation handeln oder um ein fertig konfektioniertes RE-Werkzeug. Wichtig ist, sich klarzumachen, was die Informationen sind,

die Sie als Anforderungen – heute und in Zukunft – ablegen wollen. Oftmals genügt die Tabellenkalkulation oder die einfache zentrale Datenbank als erster Schritt oder ein Prototyp, bevor ein größeres und komplexeres Werkzeug ausgewählt wird.

Organisation von Anforderungen

Anforderungen sind zunächst einmal kleine Informationshäppchen. Wie wird diese Information unternehmens- oder projektweit verwaltet? Welche Lebensdauer haben die Anforderungen? Existieren Möglichkeiten, mit Tags und anderen Charakterisierungen die Inhalte zu verwalten? Welche Metadaten können Sie selbst spezifizieren? Können Gruppen und Filter basierend auf den Metadaten definiert werden? Können Autoren, Änderungen, Zeitpunkte etc. einfach aufgezeichnet und wiedergefunden werden? Sollen Ihre unternehmensweiten Suchmaschinen darauf zugreifen können? Wie werden die Inhalte zugreifbar gemacht? Besteht der Bedarf, Anforderungen in Ihr Wissensmanagement oder in Dokumentengeneratoren aufzunehmen?

Änderungsmanagement der Anforderungen

Die Änderungen von Anforderungen sind häufig die Ursache für ständig verschobene Termine und unzureichende Projektergebnisse. Daher ist das Änderungsmanagement ein Hauptgrund, Werkzeuge einzusetzen. Sie erlauben, eine aktualisierte Konfigurationsbasis zu erstellen oder kontrollierte Schnappschüsse von Funktionslisten unternehmensweit zur Verfügung zu stellen. Können Sie Änderungen rückgängig machen? Können die Urheber von Änderungen gefunden werden? Können Abhängigkeitsbeziehungen (z.B. Design, Testfälle, Produkteigenschaften, Dokumentation) effizient gepflegt werden?

Konfigurationsmanagement der Anforderungen

Welches Konfigurationsmanagement für Anforderungen, Historie und Zwischenversionen (z.B. Produktlinien und Varianten) benötigen Sie wirklich? Variantenmanagement ist eine Schlüsseleigenschaft von RE-Werkzeugen. Anstatt mit Kopien von Anforderungen zu arbeiten, wird eine konsolidierte Basis zur Verfügung gestellt, die dann bearbeitet wird, sodass Variantenbeziehungen nur einmal festgelegt werden müssen und nachher konsistent gepflegt werden können.

Konsistenz- und Vollständigkeitskontrolle

Datenbanken haben den großen Vorteil, dass die Inhalte untereinander geprüft werden können. Sobald ein Minimum an Disziplin bei der Erstellung von Referenzen und Bezeichnern herrscht, können die Anforderungen nicht nur verfolgt, sondern auch geprüft werden, ob sie vollständig auf Entwurfsergebnisse, Code oder Testfälle abgebildet wurden. Oder man prüft, welche Anforderungen aus dem Lastenheft (Marktanforderungen) bereits in ein Pflichtenheft übernommen wurden.

▓ **Wiederverwendung von Anforderungen**
Anforderungen und zugehörige Artefakte wie Testfälle sollten so weit wie
möglich wiederverwendbar sein, wenn es an Versionierung und Variantenbildung geht. Welche Ansprüche an die Wiederverwendung haben Sie heute und
in Zukunft? Wie sollen bereits entwickelte ähnliche Funktionen wiedergefunden werden?

▓ **Darstellung und Verwaltung von Gruppen von Anforderungen**
Anforderungen werden häufig gruppiert, beispielsweise anhand von Kundenbeziehungen oder technischen Einflüssen. Welche Möglichkeiten der Grup-
penbildung brauchen Sie? Genügen einfache Attribute oder müssen auch
Inhalte in einem Kontext gruppiert werden?

▓ **Filterung von Inhalten**
Anforderungsdatenbanken wachsen sehr schnell. Verschiedene Projekte werden gespeichert, Varianten werden abgeleitet und unterschiedliche Benutzergruppen arbeiten mit spezifischen Informationen. Um Inhalte zielorientiert
darstellen zu können und um Ausgaben oder Reports zu reduzieren, werden
Filter eingesetzt. Solche Filter können sich auf Attribute beziehen und damit
nichts anderes als eine Datenbankabfrage sein, sie können aber auch komplexer sein und Inhalte anhand von internen Suchwerkzeugen aufbereiten.
Unterschätzen Sie die Bedeutung dieser Filter nicht, speziell, wenn Sie sehr
viele Projekte verwalten wollen. Gerade die Wiederverwendung von Anforderungen verlangt nach schnellen und qualitativ guten Suchfunktionen. Prüfen
Sie, ob die Filterfunktionen auch für Reports zur Verfügung stehen, die Sie
online im Intranet einsetzen wollen.

▓ **Flexible Anpassung von Templates und grafische Möglichkeiten**
Können die Attribute der Anforderungen entsprechend Ihren eigenen Standards leicht angepasst werden? Sind die Berichte und deren Templates leicht
auf Ihre Verhältnisse umsetzbar? Brauchen Sie überhaupt ein komplexes
Reporting oder genügen Ihnen die Standardberichte, die das Werkzeug bereits
als Grundfunktion liefert? Können Reportgeneratoren angeschlossen werden,
um andere Formate zu generieren, beispielsweise für ein Office-Werkzeug?

▓ **Kontrolle und Pflege von Abhängigkeitsbeziehungen**
Anforderungen existieren nicht isoliert, sondern wirken sich auf weitere Projektergebnisse in ganz anderen Werkzeugen aus (z.B. Design, Testfälle, Produkteigenschaften, Dokumentation). Eine Schlüsselfrage ist, inwieweit die
Anforderungen verfolgt werden sollen (d.h. horizontal untereinander und
vertikal im Laufe des Projekts) oder gar weiterverwendet werden müssen
(z.B. für eine konsistente Dokumentationserstellung).

▓ **Hypertext-Links zur einfachen Navigation**
Anforderungen werden selten in nur einem Dokument gepflegt. Oftmals existieren vielfältige Dokumente (z.B. Originalanforderungen, interne Spezifikati-

onen, bereits existierende Funktionen, Gesetzestexte, Standards), die verknüpft werden müssen, aber nicht kopiert werden sollen, um eine konsistente
Quellenpflege sicherzustellen. Ein RE-Werkzeug sollte eine brauchbare Navigation mit Hyperlinks in alle Ihre Dokumentdatenbanken erlauben.

Zugriff mit anderen Werkzeugen oder auf andere Datenbanken

Die Anforderungen werden nicht nur über gegenseitige Referenzen gepflegt,
sondern sollen oftmals in anderen Werkzeugen betrachtet werden können.
Wie weit sollen andere Werkzeuge unterstützt werden, um aus der RE-Daten-
bank Informationen auslesen zu können? Sollen Informationen aus anderen
Werkzeugen im RE-Werkzeug dargestellt werden? Sollen sie dort sogar wei-
terverarbeitet werden? Besteht der Bedarf zur Integration mit anderen Tools
(z.B. haben Sie andere Tools von IBM, Microsoft oder auf Eclipse-Basis im
Einsatz) oder genügt ein Datenaustausch? Bestehen gemeinsame Quellen, die
von mehreren Werkzeugen gelesen oder sogar bearbeitet werden? Wie soll
Konsistenz sichergestellt werden? Wie werden die Schreibrechte verwaltet?
Besteht die Möglichkeit, Inhalte in einem separaten und übergreifenden Konfigurationsmanagement zu pflegen?

Reporterzeugung und Datenbankabfragen

Ein RE-Werkzeug unterstützt nicht nur die Entwicklung und das Änderungsmanagement von Anforderungen, sondern auch die Verwaltung der Anforderungen im Projekt oder in der Produktlinie. Welche Berichte und Dokumente
sollen aus den Anforderungen generiert werden? Welche Statuskontrolle wird
im Projekt oder vom Kunden nachgefragt? Können Reports einfach systema-
tisiert werden, um bestimmte Formate wiederverwenden zu können? Sollen
bestimmte Informationen den Kunden direkt zur Verfügung gestellt werden,
beispielsweise als Extranetzugriff? Sind Datenbankabfragen von außen möglich? Wie sind sie geschützt? Gibt es eine offene Schnittstellensprache, um
andere Werkzeuge anzuschließen?

Sicherheit der Daten in der Datenbank

Wie stark müssen Daten geschützt werden? Oftmals sind die Anforderungen
extrem kritisch, denn sie beschreiben bereits lange Zeit vor der Produktan-
kündigung, was das System einmal machen soll. Erlaubt das Werkzeug eine
flexible Zugangskontrolle? Welche Directory-Services setzen Sie ein und wie
weit werden diese durch das RE-Werkzeug unterstützt? Benötigen Sie ein
namens- oder rollenbasiertes Zugriffsmanagement?

Urheberrechte

Unterstützt das Werkzeug den Schutz Ihrer Urheberrechte? Gibt es beispielsweise einen nicht manipulierbaren Zeitstempel, um eigene Urheberrechte zu
schützen? Lassen sich bestimmte Inhalte einfach ausblenden, um eingeschränkte Reports und Zugriffe beispielsweise für Lieferanten oder für Kunden zu erzeugen?

Verteilte Nutzung der Daten und Kollaboration
Anforderungen werden von ganz verschiedenen Benutzergruppen verwendet
(z.B. Projektmanager für Fortschrittskontrolle, Tester für Testplanung). Oftmals sitzen diese Gruppen an unterschiedlichen Stellen – auch räumlich
getrennt – im Unternehmen. Beispielsweise könnte ein Verkäufer oder Produktmanager bei einem Kundenbesuch auf die Anforderungsliste zugreifen
oder sie gar ändern wollen. Welche Bedürfnisse existieren, um Anforderungen
offline zu sehen oder online verteilt zu bearbeiten? Müssen oder sollen Kunden auf Informationen direkt zugreifen können? Besteht Bedarf, kollaborativ
mit dem Werkzeug zu arbeiten, beispielsweise mit einem Auftraggeber oder
Unterauftragnehmer? Haben Sie einen Outsourcing- oder Offshoring-Partner,
der damit arbeiten muss?

Workflow-Management
Brauchen Sie einen automatisierten Workflow für das Änderungsmanagement
mit Benachrichtigungen etc.? Welche Basis hat Ihr Workflow-Management
(dokumentenzentrisch vs. datenbankzentrisch, getrieben durch Ereignisse oder
durch Queries etc.)? Müssen bereits definierte Rollen oder Ereignisse im
Workflow berücksichtigt werden? Schrauben Sie Ihre Erwartungen nicht zu
hoch. Halten Sie Ihr Workflow-Management modular und föderiert, nicht
integriert.

Adaptierbarkeit an und Integrierbarkeit mit Ihren Geschäftsprozessen
Haben Sie bereits definierte Geschäftsprozesse, die reibungslos funktionieren
und die durch das Werkzeug nicht beeinträchtigt werden sollen [Ebert2003b]?
Muss das RE-Werkzeug mit bereits existierenden oder geplanten Werkzeugen
zusammenarbeiten? Unterstützt der Hersteller nur Produkte aus seiner eige-
nen Werkzeugumgebung (z.B. Entwurf und Modellierung, Testwerkzeuge,
Projektmanagement) oder auch andere Werkzeuge über offene Schnittstellen?
Je höher Ihre Anforderungen in diesem Punkt sind, desto schwieriger wird die
Auswahl und desto mehr Eigenarbeit wird die Lösung verlangen.

Unterstützung verschiedener Plattformen
Dies ist der klassische Check bei jedem Werkzeug. Welche Plattformen wollen
Sie heute und in Zukunft unterstützen? Deckt sich diese Basis mit der Roadmap des Herstellers? Werkzeuglieferanten sind opportunistisch und unterstützen primär jene Plattformen, die am häufigsten nachgefragt werden. Bei
einer PC-Plattform spielt der Versionsgrad des Betriebssystems auch eine
Rolle, immer häufiger sogar der sogenannte Patch-Level. Stellen Sie sicher,
dass Ihre Middleware (Datenbanken, Schnittstellen, Reportmanagement, Intranet, Directory-Services etc.) ohne Änderungen einsetzbar ist. Bei größeren
Aufträgen lohnt es sich, mit dem Hersteller zu handeln, denn schließlich wollen Sie Ihre internen Kosten so gering wie möglich halten.

Austausch von Inhalten des RE-Werkzeugs

Im Verlauf des Anforderungsprozesses ist es oft notwendig, Daten mit anderen Anforderungswerkzeugen auszutauschen, beispielsweise bei Beziehungen eines Automobilherstellers zu seinen Lieferanten. Oft setzen die Werkzeughersteller jedoch proprietäre Formate ein, die nicht gemeinsam mit semantischen Informationen oder mit Grafikdetails exportiert und weiterverwendet werden können. Momentan entwickelt sich das **Requirements Interchange Format (ReqIF)** als weltweiter Standard zum Austausch zwischen verschiedenen RE-Werkzeugen [OMG2012]. Soweit Sie an einer Werkzeuglösung interessiert sind, die sowohl den Datenaustausch mit Lieferanten oder Kunden unterstützt als auch einen eventuellen späteren Wechsel auf ein anderes Werkzeug, sollten Sie darauf achten, dass das ReqIF eingesetzt wird. Aktuell unterstützen alle großen Hersteller dieses Format über eine externe zertifizierte Schnittstelle und zunehmend über integrierte Export- und Importfilter[10].

Makros

Abhängig von der Weiterverarbeitung der Inhalte Ihres RE-Werkzeugs ist auch ein Remote-Betrieb hilfreich, um beispielsweise eine ganze Anzahl von Anforderungen gemeinsam bearbeiten zu können. Oftmals werden hierfür Makros eingesetzt, die dann einige Kommandos gesammelt abarbeiten und damit Anforderungen in ein Format konvertieren oder Checks durchführen und einen spezifischen tagesaktuellen Report liefern. Soweit es sich um Webservices oder ähnliche Kommunikationsinstrumente handelt, sollten Sie die zugrunde liegenden Protokolle mit denen Ihrer anderen Umgebungen abgleichen. Oftmals gibt es subtile Unterschiede, die dazu führen, dass Sie auf einer Seite nacharbeiten müssen, was sofort mit Zusatzkosten zu Buche schlägt.

Hersteller, Stabilität und Support

Neben den Werkzeugeigenschaften sollten Sie auf den Hersteller achten. Wie stabil ist der Hersteller? Wie lange ist er schon im Geschäft? Verdient der Hersteller mit dem RE-Werkzeug Geld? Gehört das Werkzeug zu seinem Kerngeschäft? Wer setzt seine Werkzeuge ein? Wie sieht seine Strategie bezüglich von Software- oder System-Engineering-Werkzeugen aus? Arbeitet er mit anderen Herstellern zusammen?

Lizenzen

Oftmals muss nur eine kleine Gruppe von Mitarbeitern die Anforderungen kontrollieren, während sehr viele Mitarbeiter lesend darauf zugreifen sollen. Besteht die Möglichkeit, die Inhalte als Report mit Lesezugriff auf Ihr Intranet zu bringen? Wie sehen die exakten lizenzrechtlichen Vereinbarungen aus, wenn die Informationen intern (Intranet) oder extern (Extranet, Internet) genutzt werden sollen? Gibt es weltweite Lizenzvereinbarungen, oder sind die Lizenzen an ein Land oder an eine Region gekoppelt? Benötigen Sie Einzel-

---

10. ReqIF-Review und Kommunikation mit Werkzeugherstellern auf der REConf am 17. März 2010.

platz- oder flexible Lizenzen? Seien Sie gerade bei (vermeintlich billigen) Open-Source-Lösungen sehr vorsichtig, denn diese haben oft sehr komplizierte Lizenzvorgaben.

▨ **Kosten**
Stellen Sie einen exakten Business Case für die Werkzeugauswahl auf. Beachten Sie Nutzen, aber auch Kosten über den gesamten Lebenslauf (oder die ersten drei Jahre) des Werkzeugs. Schauen Sie nicht nur auf die Anschaffungskosten, um dann für eine Eigenentwicklung zu votieren. Eigenentwicklungen sind in aller Regel sehr viel teurer als kommerzielle Werkzeuge. Kosten- und Nutzenrechnungen sollen verschiedene Gesichtspunkte beachten, beispielsweise Anschaffung, Wartung und Service, Anpassung an Ihre eigenen Templates, Prozesse und Werkzeuge oder Training der Benutzer.

Speziell für das **Veränderungsmanagement** während der Werkzeugeinführung gilt noch die folgende zusätzliche Checkliste:

▨ **Infrastruktur** für Werkzeugbetreuung einrichten. Es braucht gerade in der Einführungsphase gut ausgebildete Personen, die die Benutzer als Coach, Methodenbetreuer oder einfach als Werkzeugadministratoren unterstützen können.

▨ **Anpassung des Werkzeugs** an die bestehende Infrastruktur. Hier geht es um die Abstimmung von Schnittstellen, den Datenaustausch, die schrittweise und geplante Migration von Datenbeständen aus Altsystemen, die Prüfung der übertragenen Daten. Für nicht mehr aktive Projekte bietet es sich an, Proxys einzuführen, die als Referenz bei Fehlern und Änderungen dienen und auf nicht migrierte Datensätze verweisen.

▨ **Kompetenz** zum Werkzeug in der Organisation aufbauen. Im Unterschied zu Trainern der Werkzeughersteller müssen Sie mit der speziellen Adaption des Werkzeugs an Ihre eigene Umgebung leben und arbeiten. Bauen Sie dazu kompetente Mitarbeiter auf, die bei Neulingen oder beim Start neuer Projekte unterstützen können. Sehen Sie den dafür notwendigen Aufwand vor.

▨ **Training.** Jedes Werkzeug erfordert ein effektives Training für alle Benutzer. Unterschiedliche Benutzergruppen verlangen nach einem spezifischen Training, das ihren Ansprüchen genügt, ohne sie zu überlasten. Welches Training wollen Sie für die Benutzer vorsehen? Wird diese Trainingsform durch den Hersteller unterstützt? Beinhalten die Lizenzkosten Inhouse-Seminare? Gibt es ein brauchbares E-Learning? Werden neue Versionen oder Änderungen durch ein spezifisches Training unterstützt? Wie teuer und umfangreich wird das Training (Vorbereitung und Durchführung)? Wie wollen Sie die Effektivität des Trainings messen?

▨ **Schrittweise Einführung** mittels Pilotprojekten und einem graduellen Umstieg der Daten. Eine Veränderung erfordert Aufwand (also Mitarbeiter mit den richtigen Fähigkeiten) über eine längere Zeit. Typischerweise rechnet man für

Prozesse und deren Unterstützung mit einem Aufwand von 2–3 % für die Pflege eines definierten Standes, während eine Veränderung durchaus 5–10 % Aufwand über einen begrenzten Zeitrahmen verlangen kann.

Beachten Sie bei allen in dieser Checkliste genannten Punkten, dass sie immer auch die Kosten beeinflussen. Ermitteln Sie exakt, was Sie wirklich brauchen und was eigentlich nur nett aussieht. Auch die Werkzeugauswahl braucht ein komplettes Requirements Engineering! Nicht alle Inhalte dieser Checkliste sind in Ihrer Situation und Umgebung zwingend anwendbar. Komplexe Werkzeuge werden nach aller Erfahrung viel weniger genutzt als einfache Tabellen und leicht editierbare Inhalte.

11.7 Tipps für die Praxis

- Setzen Sie Methodik und Werkzeuge im RE situativ ein. Ein Werkzeug allein bringt keine Verbesserung. Die Basis für gute Ergebnisse sind Systematik und Disziplin. Zuerst muss ein schlanker Prozess für das RE für alle Projektbeteiligten (auch Vertrieb) verpflichtend vereinbart werden. Der Prozess kann durch sehr einfache Spreadsheets unterstützt werden. Werkzeuge werden dann eingeführt, wenn sie einen messbaren Vorteil bringen.

- Überlegen Sie sich gut, was Sie mit einem RE-Werkzeug erreichen wollen. Was billig aussieht, bleibt es nicht. Hausgemachte Werkzeuge auf der Basis von Datenbanken wachsen oftmals in einen Bereich, wo ein kommerzielles Werkzeug im unteren Kostenbereich sehr viel günstiger gewesen wäre. Grundsätzlich gilt heute, dass kein Unternehmen mehr solche Werkzeuge selbst machen sollte – außer Sie wollen es anschließend verkaufen oder aber im Bereich von kundenspezifischen Dienstleistungen einsetzen.

- Beachten Sie bei Evaluierungen von Werkzeugen die »Total Cost of Ownership« über den Lebenszyklus. Die Kosten eines Werkzeugs resultieren nicht ausschließlich aus den (häufig) einmaligen Lizenzkosten, sondern aus Training, Einführung, Nutzung und Wartung des Werkzeugs.

- Machen Sie sich im Vorfeld klar, was genau Sie heute brauchen und wohin die Entwicklung führen wird, sodass das gewählte Werkzeug sich leicht einführen und später ersetzen oder erweitern lässt.

- Verwechseln Sie niemals Prozesse und Werkzeuge. Werkzeuge ermitteln keine Anforderungen, und sie sind kein Prozessersatz! Sie unterstützen die Umsetzung eines Prozesses, aber die Arbeit bleibt weiterhin bei den menschlichen Benutzern. Nutzen Sie Werkzeuge als Effizienzverbesserung, aber machen Sie sich klar, dass Effektivität (Wirksamkeit) durch Prozesse erreicht wird.

- Seien Sie sparsam mit teuren Werkzeuglizenzen. Nicht alle Mitarbeiter, die Anforderungen bearbeiten, brauchen Schreibzugriff auf ein High-End-Werkzeug. Es ist primär für jene Mitarbeiter vorgesehen, die Anforderungen spezifizieren. Reports lassen sich auch kostengünstiger verteilen.

- Prüfen Sie sorgfältig, bevor Sie sich für ein Werkzeug entscheiden. Komplexe Werkzeuge sind teuer und werden nach aller Erfahrung viel weniger genutzt als einfache Tabellen oder leicht editierbare Inhalte einer Wiki-Anwendung. Arbeiten Sie für ein Jahr mit einem Prototyp, der sich an Ihre Bedürfnisse anpassen lässt, bevor Sie viel Geld ausgeben oder viele Benutzer mit einem unausgereiften oder unpassenden Werkzeug frustrieren.
- Achten Sie darauf, dass alle intendierten Benutzergruppen mit dem Werkzeug produktiv arbeiten können. Machen Sie konkrete Tests mit Szenarien und Prozessen, die diese verschiedenen Benutzergruppen später im Tagesgeschäft einsetzen.

11.8 Fragen an die Praxis

- Welche Rollen und Prozesse im Requirements Engineering profitieren von der Nutzung eines Werkzeugs?
- Wo setzen Sie im RE bereits Werkzeuge ein? Was sind Ihre Erfahrungen? Wird das Werkzeug systematisch genutzt? Wurde damit eine messbare Effizienzverbesserung erreicht?
- In welchen Bereichen könnten Sie eine bessere Werkzeugunterstützung brauchen?
- Falls Sie einfache grafische Editoren einsetzen, die es nur erlauben, Bilder zu zeichnen, aber nicht die Modelle zu prüfen: Haben Sie jemals die Vor- und Nachteile Ihrer Werkzeuge mit kommerziell erhältlichen Werkzeugen (auch Open Source, wie Eclipse) verglichen? Stehen Sie zu Ihrer Entscheidung? Fördern Ihre Werkzeuge Qualität und Produktivität?
- Wie berechnen Sie den Business Case eines Werkzeugs für RE? Wie sehen die Nutzenpotenziale aus? Wo sind Sie in Ihrer Umgebung am dringlichsten? Wo können Sie mit einem Werkzeug Zeit und Aufwand sparen? Was sind die Kosten?
- Wie verteilen sich die Kosten über die Einsatzzeit des Werkzeugs (bedenken Sie dabei, dass Kosten für Benutzung und Pflege höher sind als die einmaligen Lizenzkosten)?
- Wie könnten Ihre Prozesse im Requirements Engineering und im benachbarten Projektmanagement (Schätzung, Planung, Kontrolle) durch gezielten Werkzeugeinsatz produktiver werden?
- Wollen Sie in nächster Zeit ein Werkzeug einführen? Haben Sie sich klargemacht, was Ihre eigenen Anforderungen an dieses Werkzeug sind (auch das verfügbare Budget ist eine Anforderung)? Wollen Sie das Werkzeug selbst erstellen? Weshalb? Hatten Sie bereits die Kosten über die Lebensdauer eines solchen Werkzeugs zusammengestellt? Welche Szenarien sind für Sie bei einem Werkzeug am wichtigsten?

12 Aus der Praxis für die Praxis

In theory, theory and practice are the same
– but in practice, they're not.

John Rummel

12.1 Praxisregeln und Gesetzmäßigkeiten

Wir wollen in diesem Abschnitt kurz die wichtigsten Gesetzmäßigkeiten des RE zusammenfassen. Gesetze leiten sich aus Beobachtungen ab und sind Hypothesen zu Zusammenhängen, die bisher nicht widerlegt werden konnten. Das heißt allerdings nicht, dass es Naturkonstanten sind (soweit es die in Disziplinen wie Softwaretechnik überhaupt geben kann). Die genannten Gesetze wurden bereits in früheren Kapiteln eingesetzt und erläutert. Eine Übersicht zu den Quellen für viele dieser Konstanten findet sich in [Ebert2007a]. Daher geht es hier nur um eine kurze Zusammenstellung der Gesetze und einige Erklärungen, wie sie am besten beachtet werden.

▦ **Der größte – vertragsrelevante – Fehler des RE ist es, dem Kunden zu geben, was er braucht, und nicht, was er will.** Dies ist ein universelles Gesetz, das zusammenfasst, dass RE *Verträge vorbereitet* und demnach auch *verbindliche Ergebnisse liefern muss*, die für beide Parteien (Auftraggeber und Lieferant) gleichermaßen schlüssig sind. Wenn ein Auftraggeber schriftlich beschreibt, was er will, ist dies zum Zeitpunkt der Vertragsunterzeichnung auch verbindlich. Etwas anderes zu liefern ist Vertragsbruch, selbst wenn ein guter Wille dahinter steht. Dies heißt natürlich nicht, dass Projektmanager oder Produktmanager ihre Hände in den Schoß legen sollen. Vor der Vertragsunterzeichnung oder Beauftragung müssen sie Ziele, Nutzen und Anforderungen als Vertrag zusammenbringen. Gutes RE bedeutet, dass gemeinsam mit dem Kunden Lösungen entwickelt werden, die vom Kunden als brauchbar und nützlich betrachtet werden. Ziel des RE ist es, eine Übereinkunft im Interesse des Kunden zu erreichen, sodass er mit dem resultierenden Produkt zufrieden ist.

▓ **Das ABC des Requirements Engineering:** »allocation before commitment«, also **Zuweisung vor Zustimmung**. Anforderungen müssen einem konkreten Projekt zugewiesen werden, *bevor* die Entwicklungsarbeiten beginnen. Oftmals beginnt die Entwicklung schleichend, ohne jemals eine verlässliche Basis für das Projekt geschaffen zu haben. Viele Kunden favorisieren diesen Ansatz, denn er erlaubt es, unsichere Anforderungen zu ändern, während bereits entwickelt wird. Allerdings sind bei diesem Vorgehen Aufwände und Ergebnisse nicht kontrollierbar und bedingen häufige Nacharbeiten mit Mehrkosten. Es geht bei diesem Gesetz darum, eine Basis zu schaffen, auf die das Projekt aufsetzen kann und die *gleichzeitig* auch für alle weiteren kommerziellen Vereinbarungen gilt.

▓ **Eine einzelne Anforderung soll auf maximal einer Druckseite beschrieben werden.** Diese Vorgabe hängt mit der Granularität und der Lesbarkeit zusammen. Anforderungen können sehr umfangreich sein, aber man riskiert dann, dass sie nicht mehr les- und prüfbar sind. Besser ist es, sie in weitere Anforderungen zu gliedern, wenn sie zu umfangreich werden. Das hilft dann auch dabei, Testfälle optimal an die Anforderungen anzupassen. Wir können die Granularität von Anforderungen projektspezifisch ableiten. Wenn ein Projekt ungefähr 6–12 Monate dauern soll, dann darf es maximal 30–50 Personenjahre konsumieren (minimale Projektdauer in Monaten ist als Faustregel gleich 2,5 multipliziert mit der dritten Wurzel aus dem Aufwand in Personenjahren; hier wird eine Sicherheit von 50 % zugegeben). Dies entspricht einem maximalen Aufwand von 2000 Personenwochen. Im Projekt sollte ein Arbeitspaket typischerweise 1–4 Personenwochen konsumieren. Damit erhalten wir in diesem Projekt einige Hundert Arbeitspakete, und eine Anforderung deckt um die 10 Arbeitspakete ab.

▓ **Unzureichendes RE hat überproportional hohe Folgekosten.** Eine schlechte Anforderungsqualität führt zu Kosten, die erst sehr spät auftreten, aber dann massiv zu Buche schlagen [Ebert2007a, Standish2003, Stevens1998, Leffingwell1997]. Das gilt sowohl für falsch verstandene und umgesetzte Benutzerbedürfnisse als auch für fehlerhafte Anforderungen. Bei den meisten SW-Systemen wird die Hälfte aller Funktionen niemals genutzt. 80 % der Fehler im Test resultieren von fehlenden (31 %) oder falschen (49 %) Anforderungen. 43 % der im Betrieb festgestellten Softwarefehler in eingebetteten Systemen sind auf eine unzureichende Anforderungs- und Analysephase zurückzuführen.

▓ **RE benötigt 10 % des Projektaufwands.** Wird allerdings dieser Aufwand unterschritten, ergeben sich Zusatzaufwände durch unzureichend analysierte und spezifizierte Anforderungen, unklare Projektziele, zu viele Änderungen der Anforderungen nach Projektstart sowie eine inkonsistente Dokumentation der verschiedenen Arbeitsergebnisse. Typischerweise werden nur 3–6 % des Aufwands in das RE investiert. Eine Verdoppelung dieses Aufwands hat das Potenzial, über 20 % der Lebenszykluskosten zu sparen, und zwar durch die Vermeidung von Fehlern während der Ermittlung und Analyse, durch frühe Fehlerentdeckung und weniger Nacharbeiten während der Spezifikation und Validierung, durch bessere Konsistenz und Termintreue sowie durch bessere Wartbarkeit im Betrieb (siehe auch Abschnitt 1.3). Werden nur 5 % des Projektaufwands in die Aktivitäten für RE investiert, ergeben sich Verzögerungen von 50 % und mehr.

▪ **Die »Requirements-Phase« vor Projektstart beansprucht 10–50 % der Entwicklungsdauer.** Wir vergleichen hier die Dauer der Anforderungsentwicklung vor Projektstart mit der Projektdauer bis zur Lieferung der implementierten Anforderungen. Vor Projektstart liegen Anforderungsermittlung, Analyse und Projektvorbereitung. Danach erfolgt Top-Level-Design bis zur Integration und Übergabe an den ersten Kunden. Die genannten Zahlen beziehen sich auf neue, innovative oder stark geänderte Produkte. Bei Folgeversionen sollte ein Zeitrahmen für die RE-Phase von 10–30 % Dauer vor Projektstart nicht überschritten werden. In Zahlen ausgedrückt gilt damit, dass ein Projekt mit einer angenommenen Entwicklungsdauer von 12 Monaten typischerweise 2–3 Monate brauchen darf, um von der ersten Konzeption bis zum Projektstart vorbereitet zu werden. Es hat also eine Gesamtdauer von 15 Monaten. Die Zeitdauer dieser RE-Phase spiegelt nicht den Aufwand wider, der vergleichsweise niedrig ist.

▪ **Anforderungen ändern sich im laufenden Projekt typischerweise mit 1–5 % des Projektumfangs (Aufwand) pro Monat.** Die Änderungsrate ist der Anteil der geänderten Anforderungen an der Gesamtzahl aller Anforderungen. Änderungen sind neue, gelöschte und inhaltlich geänderte Anforderungen. Um eine projektspezifische Aussage zu erhalten, können die Änderungen auf die geschätzten Projektkosten umgerechnet werden. Dadurch werden Änderungen an umfangreichen und daher aufwendigen Anforderungen stärker berücksichtigt.

Unsere Projekterfahrungen zeigen:

- 50 % der Ineffizienz (sog. »waste«) kommt von schlechter Anforderungsqualität.
- Nur 52 % der ursprünglichen Anforderungen sind im gelieferten Produkt.
- Nur 20 % der gelieferten Funktionen werden genutzt.
- Produktivität fällt ab ca. 20 % Änderungsrate stark ab (siehe Abb. 12–1).

Eine Änderungsrate von 1 % pro Monat bei einem Projekt von 100 Personenmonaten bedeutet, dass monatlich Anforderungen mit einem Beitrag von einem Personenmonat geändert werden. Die Änderungskosten sind hierbei nicht berücksichtigt, denn sie wachsen gegen Ende der Projektdauer überproportional an. Dieses Gesetz ist eine brauchbare Faustregel für Projektmanager, um Änderungen zu planen. Beachten Sie allerdings, dass der Aufwand für die Änderung selbst nur schwer abschätzbar ist und über die Projektdauer schnell wächst. Was in der Ermittlungsphase noch durch eine einzige Änderung im Lastenheft zu erreichen ist, erfordert später die – konsistente – Änderung einer ganzen Reihe von Dokumenten. Stabilere Anforderungen gibt es nur in Umgebungen, die stark standardisiert oder reglementiert sind.

Wenn beispielsweise ein Protokollstack oder eine darauf aufsetzende Infrastruktur entwickelt wird, dann ist das Protokoll stark standardisiert, und es wird kaum zu Änderungen kommen. Ähnliches gilt in Branchen, die sehr hohe Anforderungen an Anforderungsqualität stellen, beispielsweise bei sicherheitskritischen Systemen oder in der Nahrungs- oder Medizintechnik. Auf der anderen Seite gibt es hochinnovative Projekte und solche mit Benutzerschnittstellen und Geschäftsprozessen, die praktisch noch unbekannt sind. Hier wird man sehr viel mehr Änderungen sehen, und es ist für den Projektmanager überlebenswichtig, Grenzen zu definieren, bei deren Überschreitung seine globalen Projektanforderungen (z.B. Kostenrahmen, Liefertermin) nicht mehr eingehalten werden können. Sehr unsichere Anforderungen können durch entsprechende Entwurfsentscheidungen (d.h. Design for Change) gekapselt und eventuell durch Prototyping exploriert werden.

- **Die Produktivität eines Softwareprojekts hängt von der Änderungsrate der Anforderungen ab.** Diese Feststellung ist offensichtlich, denn ohne Stabilisierung der Anforderungen wird es nie zu einem Ergebnis kommen und damit wird die Produktivität bei null bleiben. Quantitative Betrachtungen zu diesem Thema sind allerdings eher selten. Wir haben festgestellt, dass die Produktivität (also der Output aus dem Entwicklungsprozess dividiert durch die dafür eingesetzten Ressourcen) bei einer gesamten Änderungsrate der Anforderungen von bis zu 30 % über die Projektdauer nahezu konstant bleibt. Ab dieser Grenze bewegt sich die Produktivität schnell nach unten. Beachten Sie daher in Ihren Projekten diesen Zusammenhang und erlauben Sie nur so viel Flexibilität, wie ihr Produkt verträgt, ohne die angenommene Profitabilität zu reduzieren.

- **Softwareentwicklung folgt dem Pareto-Prinzip.** 20 % der implementierten Funktionen vereinigen 60–80 % der späteren Nutzungsfälle auf sich. 20 % der Komponenten konsumieren 60–80 % der Ressourcen. 20 % der Komponenten verursachen 60 % der Fehler. 20 % der Fehler benötigen 60–80 % des Reparaturaufwands. 20 % der Erweiterungen verschlingen 60–80 % der Wartungskosten. Entscheidend ist es, die jeweiligen 20 % identifizieren zu können und damit das Projekt besser zu kontrollieren. Eine Maßnahme besteht darin, bereits in der ersten Analyse (und später dann in weiteren Projektschritten) ständig markieren zu lassen, welche Komponenten oder Ergebnisse als übermäßig komplex charakterisiert werden. Über die Zeit erhält man dadurch eine hinreichend brauchbare Taxierung, die dann auch zur Planung genutzt werden kann.

▨ Änderungen nach der Übergabe betragen 5–8 % neue Funktionen sowie 10 % geänderte Funktionen pro Jahr. Diese Änderungsrate hängt von vielen Faktoren ab, beispielsweise der Dynamik des Markts, legislativen Regelungen, dem Nutzungsgrad des Produkts und der Wettbewerbersituation (z.B.: Gibt es viele aktive Wettbewerber bei geringer Markteintrittsschwelle?). Diese Faktoren zu kennen hilft bei der Ressourcenplanung während der Wartungsphase und dabei, das Projekt und die zugehörige Roadmap zu stabilisieren.

▨ **Veränderungsmanagement** benötigt dezidierten Aufwand (also Mitarbeiter mit den richtigen Fähigkeiten) über eine längere Zeit. Typischerweise rechnet man für Prozesse und deren Unterstützung mit einem Aufwand von 2–3 % für die Pflege eines definierten Standes, während eine Veränderung durchaus 5–10 % Aufwand über einen begrenzten Zeitrahmen erfordern kann. Bereiten Sie sich auf diese Aufwände vor, oder Sie haben danach einen formalen Prozess eingeführt, während die Entwickler in einer »Schattenwelt« leben, wo Prozesse und Werkzeuge nur pro forma eingesetzt werden, weil es das Management so will.

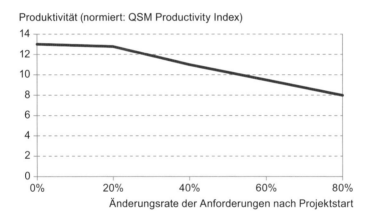

Abb. 12–1   *Anforderungsänderungen und Produktivität*

12.2 Fallstudie: Durchgängiges Praxisbeispiel

Wir wollen nun anhand eines kleinen Beispiels die ganz praktischen Aspekte des RE nochmals zusammenfassen und illustrieren. Das Beispiel beschreibt den Übergang von einer Produktvision über Anwendungsfälle und Anforderungen zu Testfällen. Es erläutert alle Schritte im Requirements Engineering und umfasst ein kleines Projekt mit einer kombinierten Spezifikation aus Lastenheft und Pflichtenheft, die schrittweise entwickelt wird. Man findet diese Situation und die sehr konkrete Vorgehensweise vor allem in kleineren Projekten und Unternehmen häufig vor.

Das Beispiel handelt von einer Gebäudeautomatisierung. Wir haben einen Ausschnitt gewählt, der die Beleuchtung des Hauses beschreibt. Dabei geht es um die verschiedenen Beleuchtungsszenarien in Räumen, Fluren und im Garten in Abhängigkeit von Tageszeit, Stimmungen und besonderen Situationen. Das Szenario in diesem Beispiel besteht aus drei Schritten. Zuerst wird eine Produktvision vorgegeben. Darauf werden Anforderungen aufgebaut, und daraus werden schließlich Testfälle abgeleitet. Die folgenden Abbildungen (Abb. 12–2 bis 12–9) zeigen anhand von Ausschnitten aus der Projektdokumentation, wie sich dieses Beispiel langsam entwickelt. Jeweils neue Teile einer Phase während der Ermittlung, Analyse und Zuweisung zum Projekt sind grau hinterlegt, um den Unterschied zu veranschaulichen.

Zielgruppe	Hausbesitzer, die ein neues aufwendiges Haus bauen.
Bedarf	Verbesserung der Beleuchtung, mehr Sicherheit, Komfort, Behaglichkeit, Einfachheit, Einsparen von Energie
Produkt	Automatische Hausbeleuchtung
Funktion	Hausbeleuchtung mit zentraler Bedienung, automatischer Anpassung von Beleuchtungsmustern, einfach zu bedienen, zu einem vernünftigen Preis
Wettbewerb	Schmitt Beleuchtungstechnik: Schmitt 2000 Micro-Switch: Heimautomatisierung
Wettbewerbs-merkmale	Preis: ca. 30% unter Schmitt 2000, Bedienbarkeit, Installierbarkeit, Einfachheit; Wartungsfreundlichkeit; Kosten pro Betriebsstunde; Energiemanagement

Abb. 12–2   *Requirements-Engineering-Beispiel: Die Produktvision*

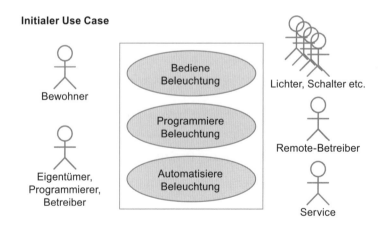

Abb. 12–3   *Requirements-Engineering-Beispiel: Der Top-Level-Anwendungsfall*

ID	Funktion
1	Bilde kundenspezifische Lichtszenen
2	Automatisiere Beleuchtung (Zeit, etc.)
3	Liefere Sicherheitsfunktionen
4	Stelle 100% Zuverlässigkeit sicher
5	Erlaube einfache Programmierung (ohne PC)
6	Unterstütze spezifische Urlaubs- und Komforteinstellungen
7	Erlaube einfache Bedienung mittels konventioneller Schalter
8	Verwende den European Installation Bus (EIB)
9	Erlaube handelsüblichen PC als komfortable Benutzerschnittstelle

Abb. 12–4   *Requirements-Engineering-Beispiel: Die Anforderungsermittlung*

ID	Funktion	Prio	Aufwand	Risiko
1	Bilde kundenspezifische Lichtszenen	1	Mittel	Niedrig
2	Automatisiere Beleuchtung (Zeit, etc.)	1	Niedrig	Niedrig
3	Liefere Sicherheitsfunktionen	2	Mittel	Niedrig
4	Stelle 100% Zuverlässigkeit sicher	1	Hoch	Hoch
5	Erlaube einfache Programmierung (ohne PC)	2	Hoch	Mittel
6	Unterstütze spezifische Urlaubs- und Komforteinstellungen	2	Niedrig	Niedrig
7	Erlaube einfache Bedienung mittels konventioneller Schalter	1	Mittel	Niedrig
8	Verwende den European Installation Bus (EIB)	1	Hoch	Hoch
9	Erlaube handelsüblichen PC als komfortable Benutzerschnittstelle	2	Mittel	Hoch

Abb. 12–5   *Requirements-Engineering-Beispiel: Die Anforderungsanalyse*

ID	Funktion	Prio	Aufwand	Risiko	Release
1	Bilde kundenspezifische Lichtszenen	1	Mittel	Niedrig	1.0
2	Automatisiere Beleuchtung (Zeit, etc.)	1	Niedrig	Niedrig	1.0
3	Liefere Sicherheitsfunktionen	2	Mittel	Niedrig	1.0
4	Stelle 100% Zuverlässigkeit sicher	1	Hoch	Hoch	1.0
5	Erlaube einfache Programmierung (ohne PC)	2	Hoch	Mittel	2.0
6	Unterstütze spezifische Urlaubs- und Komforteinstellungen	2	Niedrig	Niedrig	1.0
7	Erlaube einfache Bedienung mittels konventioneller Schalter	1	Mittel	Niedrig	1.0
8	Verwende den European Installation Bus (EIB)	1	Hoch	Hoch	1.0
9	Erlaube handelsüblichen PC als komfortable Benutzerschnittstelle	2	Mittel	Hoch	2.0

Abb. 12–6   *Requirements-Engineering-Beispiel: Bewertung und Vereinbarung der Anforderungen*

ID	#007
Titel	Erlaube einfache Schalterbedienung
Versionskontrolle	1.0 15.03.2001 J. Sterna 2.0 17.04.2001 R. Bischof
Beschreibung	Der Use Case beschreibt, wie das Licht ein- und ausgeschaltet oder gedimmt wird.
Ablauf	Beginnt mit Druck auf Schalter. Sobald Benutzer auf die Taste drückt, läuft ein Timer an …
Ausnahmen	1. Falls Schalter mehr als 1 Sekunde … 2. Falls Glühbirne defekt, …
Vorbedingungen	Der Schalter muss programmiert sein …
Nachbedingungen	Die Helligkeit wird gespeichert.
Erweiterungen	…

Abb. 12–7   *Requirements-Engineering-Beispiel: Ein konkreter Use Case*

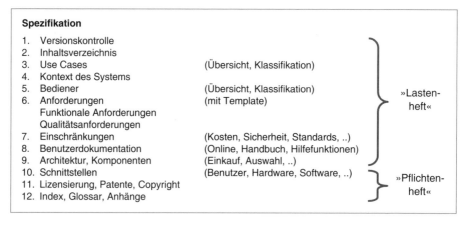

Spezifikation

1. Versionskontrolle
2. Inhaltsverzeichnis
3. Use Cases   (Übersicht, Klassifikation)
4. Kontext des Systems
5. Bediener   (Übersicht, Klassifikation)
6. Anforderungen   (mit Template)
    Funktionale Anforderungen
    Qualitätsanforderungen
7. Einschränkungen   (Kosten, Sicherheit, Standards, ..)
8. Benutzerdokumentation   (Online, Handbuch, Hilfefunktionen)
9. Architektur, Komponenten   (Einkauf, Auswahl, ..)
10. Schnittstellen   (Benutzer, Hardware, Software, ..)
11. Lizensierung, Patente, Copyright
12. Index, Glossar, Anhänge

»Lastenheft«

»Pflichtenheft«

Abb. 12–8   *Requirements-Engineering-Beispiel: Die Spezifikation (Inhaltsverzeichnis und Struktur)*

ID	Anf	Ereignis	Eingabe 1	Eingabe 2	Erwartetes Ergebnis
21	007	Benutzer tippt Lichtschalter	Jeder aktivierte Schalter	Licht war vorher an	Licht geht aus
22	007	Benutzer tippt Lichtschalter	Jeder aktivierte Schalter	Licht war vorher aus	Licht geht an
23	007	Benutzer tippt länger als 1 Sekunde	Licht an	Dimmerfunktion aktiviert	Licht wird dunkler
24	007	Benutzer tippt länger als 1 Sekunde	Licht an, in Dimmstellung		Licht wird heller bis Maximalwert; dann dunkelt es ab.
25	007	Benutzer tippt Lichtschalter	Lampe kaputt	Ersatzmuster aktiviert	Ersatzmuster leuchtet

Abb. 12–9   *Requirements-Engineering-Beispiel: Vom Use Case zur Testspezifikation*

12.3   Fallstudie: Feature-Modellierung und Produktlinien

Enthält ein Produktportfolio viele Gemeinsamkeiten, wird zunehmend ein produktlinienbasiertes Entwicklungsmodell angewandt, bei dem ein sehr variabler Kern aktiv entwickelt wird und die konkreten Produkte durch Festlegung der variablen Aspekte abgeleitet werden. Ziel ist eine industrialisierte Entwicklung, wobei Synergieeffekte in der Entwicklung und Wartung Zeit- und Kostenvorteile schaffen. Komponenten werden mehrfach verwendet, Varianz wird gezielt und durchgängig gesteuert, und Änderungen oder Fehlerkorrekturen fließen gleichzeitig in alle betroffenen Produkte ein. In vielen Wirtschaftszweigen wurden Produktlinien bereits im frühen zwanzigsten Jahrhundert eingeführt, um Varianten, Versionen und Modellwechsel einfacher und kostengünstiger handhaben zu können. Henry Ford wird als Vorreiter angesehen, weil er auswechselbare Komponenten und das Fließband einführte, um qualitativ hochwertige Produkte kostengünstig und schnell zu produzieren.

Produktlinien sind in der Softwaretechnik heute Stand der Technik, um kostengünstig zu produzieren und Varianten zu verwalten [Clements2001, Ebert2003a, Kuusela2000]. Parnas beschrieb die noch heute gültige Vision bereits frühzeitig [Parnas1976]: »We consider a set of programs to constitute a family whenever it is worthwhile to study programs from the set by first studying the common properties of the set and then determining the special properties of the individual family members.«

Während in der komponentenorientierten Entwicklung individuelle Komponenten ohne durchgängige Funktionalität gekapselt werden, stellt die Produktlinienentwicklung (PLE) eine komplette Plattform mit nach außen wirksamen Funktionen in den Vordergrund, die aus verschiedenen Modulen und Komponenten bestehen kann.

Eine Produktlinie ist definiert als Menge von Produkten, die die Anforderungen eines gemeinsamen Anwendungsbereichs abdecken [Clements2001]. Eine Programm- oder Produktfamilie hat darüber hinaus eine gemeinsame Basis und unterscheidet sich in – definiert – variablen Teilen [Parnas1976, Clements2001]. In der Softwarewirtschaft werden diese beiden Begriffe der Produktlinie und der Produktfamilie synonym betrachtet, da Produktlinien wirtschaftlich nur Sinn machen, wenn sie eine gemeinsame Plattform haben. Beides wird als Produktlinie bezeichnet.

Damit ist eine Produktlinie eine Plattform mit den Plattformelementen $(P_1...P_n)$ und den Funktionen $(F_1...F_m)$. Ein Produkt setzt sich aus Plattformelementen und Funktionen zusammen, z.B. $P_1,P_2,P_5..,F_1,F_3,F_4...$ Manche Elemente und Funktionen sind invariant und nicht austauschbar, beispielsweise um Skalierungseffekte oder ein einheitliches Erscheinungsbild zu erreichen.

Diese konkrete Fallstudie versucht eine Brücke zu schlagen vom ersten Konzept einer Produktlinie hin zu ihrer Einführung. Sie zeigt, wie das Produktlinienkonzept in ein bestehendes Produktportfolio schrittweise eingeführt wird. Bestehende Systeme (engl. Legacy Systems) machen die Einführung einer Produktlinienarchitektur besonders schwierig. Die traditionellen Antworten sind Konfigurationsmanagement und Wiederverwendung. Sie zeigen aber bei komplexen Systemen kaum Skaleneffekte und helfen nur dabei, die Kontrolle nicht ganz zu verlieren. Eine offensichtliche Lösung bildet eine Neuentwicklung. Dafür stellt sich aber kaum ein kalkulierbarer mittelfristiger ROI ein, sodass diese Option ausscheidet. Während einzelne Komponenten ständig erneuert werden, geschieht das nie für das Gesamtsystem.

Die erfolgreiche Einführung eines Produktlinienkonzepts hängt vor allem vom Requirements Engineering und vom Marketing ab. Bereits im Marketing – lange vor dem technischen Start der Produktlinie – müssen mittel- bis langfristige Marktentwicklungen mit technischen Bedürfnissen und bestehenden Funktionen abgeglichen werden. Wir wollen hier einige konkrete Erfahrungen aus dem Umfeld RE in Produktlinien herausarbeiten.

Verzahnen Sie Produktmanagement, Marketing und Entwicklung

Produktmanagement und Marketing sind der wichtigste Schlüsselfaktor für eine erfolgreiche Produktlinienarchitektur. Ohne Marktprognosen, Steuerinstrumente zu den Kunden und eine Verzahnung von technischen Roadmaps mit den jeweiligen Marktentwicklungen ist eine Produktlinie nicht erfolgreich.

Varianz entsteht dadurch, dass der Vertrieb und das Produktmanagement nicht wissen, was sie verkaufen sollen und welche Abhängigkeiten in den Produkten bestehen. In der Folge entstehen hohe Lebenszykluskosten, vor allem in der Pflege und Weiterentwicklung, die ein Unternehmen rasch unwirtschaftlich machen.

Produktlinien sind ein extrem wichtiger Hebel, um Effizienz durchgängig zu erreichen. Neue Anwendungen kommen in der Regel schneller auf den Markt, wenn sie bereits in einem anderen Markt entwickelt wurden. Entwicklungs-, Integrations- und Herstellungsaufwendungen, und damit die Produktkosten, verringern sich durch die Wiederverwendung und den geringeren Anteil zu integrierender Komponenten. Unternehmen wie Alcatel-Lucent, Nokia und Robert Bosch haben damit Effizienzsteigerungen von 10–30 % erreicht.

Eine Produktlinie ist ein Vertrag zwischen dem Vertrieb, der Funktionen vorschlägt und verkauft, und der Entwicklung, die sich exakt an Inhalte und Zeiten sowie Kosten halten muss (Abb. 12–10). Entscheidend ist für beide Parteien, die Kosten einzelner Funktionen aktuell transparent zu halten, und das in Echtzeit.

Diese Verzahnung ist in Abbildung 12–10 als Entwicklungsschritt von links nach rechts dargestellt. Auf der linken Seite befinden sich die spontanen Entwicklungsergebnisse, die ohne Produktlinienkonzept entstehen. Sie sind zwar verzahnt, aber mit hohen Reibungsverlusten. Wiederverwendung geschieht ausschließlich opportunistisch und mit Zusatzaufwand in Integration und Test. Auf der rechten Seite steht eine Produktfamilie mit ihren einzelnen Versionen und Varianten. Varianten werden geplant und ergeben sich aus den bekannten Versionen durch eine vereinfachte Anpassung.

Markterfordernisse bestimmen die Evolution einer Konfigurationsbasis von Version n zu Version n+1. Da die Inhalte der Konfigurationsbasis bekannt sind und zu einem Teil bereits antizipiert werden können, vereinfachen sich die Anpassungen der Konfigurationsbasis. Nur in Ausnahmefällen und mit einem guten Business Case sollte die Konfigurationsbasis in Version n noch geändert werden, wenn die Arbeiten an Version n+1 bereits begonnen haben.

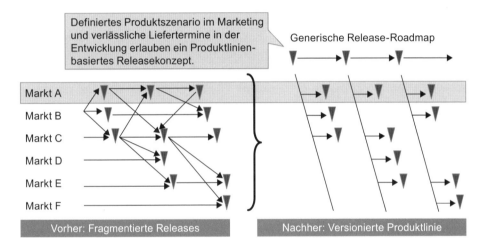

Abb. 12–10   *Das Konzept der Produktlinie*

Beschreiben Sie Funktionen, Abhängigkeiten und Variationspunkte

Produktlinien schaffen gezielte und geplante Wiederverwendung. Wo im bisherigen Ansatz Anforderungen relativ isoliert entwickelt wurden, müssen nun Abhängigkeiten und Variabilitätspunkte beschrieben werden.

Bereits Anforderungen werden systematisch wiederverwendet. Sie deuten auf eine mögliche Wiederverwendung zwischen Märkten hin. Dies beginnt bereits beim Formulieren und Analysieren von Anforderungen. Wie korrelieren verschiedene Anforderungen untereinander oder zwischen verschiedenen Märkten? Welchen technischen Einflüssen unterliegen sie? Wer hat danach gefragt und welcher Nutzen steht für die Kunden dahinter? Stehen sie für eine Lösung mit direktem Nutzen oder wurde ein Wunsch oder Nutzeneffekt in eine – schlechte – technische Lösung übersetzt?

Um solche Fragen systematisch zu beantworten, werden Anforderungen und ihre Abhängigkeiten nach außen (z.B. Konfigurationen, Parameterkombinationen im GUI, Modellreihen) und innen (z.B. Architektur, Daten, Performanz) im Feature-Modell systematisch beschrieben (siehe Abschnitt 5.3).

Anforderungen müssen in ihrem ganzen Lebenszyklus – der plötzlich sehr viel länger wird als bei Individualprojekten – so beschrieben sein, dass sie jederzeit technische, wirtschaftliche und Marketingaspekte erkennen lassen. In einer erfolgreichen Produktlinie wird jede Anforderung weltweit oder kundenübergreifend gegen einen einheitlichen Produktkatalog und eine einheitliche technische Roadmap evaluiert, um sowohl die Grenzkosten als auch den Grenznutzen verschiedener Lösungsmöglichkeiten zu vergleichen.

Anforderungen werden sowohl explizit pro Release beschrieben als auch als Features über Komponenten, Varianten und Versionen hinweg miteinander verknüpft. Variationspunkte beschreiben die Abweichungen zwischen der Plattform und dem Anwendungsprodukt. An den Variationspunkten werden für das gesamte Anwendungsprodukt die entsprechenden Anpassungen in Dokumenten, Testfällen etc. abgeleitet, um für Konsistenz innerhalb dieser Variante zu sorgen. Die Anforderungen für Varianten werden als Delta-Anforderungen (siehe Abschnitt 4.6) spezifiziert und verwaltet. Zweckmäßigerweise sollte dafür ein Werkzeug verwendet werden, das über Attribute und Filter die Gesamtheit aller Anforderungen an ein Release darstellen kann. Dies sollte sowohl für die Marktanforderungen als auch für Produkt- und Komponentenanforderungen möglich sein, um konsistente Kundendokumente, Produktbeschreibungen, technische Dokumente, Testfälle und Freigabekriterien zu haben.

Varianten und Versionen differieren typischerweise zwischen 5 bis 20 % in ihrem Inhalt. Die Differenz (oder Variabilität) wird größer, wenn sich Versionen weiterentwickeln oder wenn es sich um längere Releasezyklen handelt. Die Ermittlung von Anforderungen in einer speziellen Datenbank hilft bei der Verwaltung dieser Variabilität beträchtlich. Die anfänglichen Daten müssen mindestens die Anforderungen, ihre Abbildung auf Versionen und Varianten, Realisierungsstatus, Marktdaten, Aufwand, Prioritäten, Abbildung auf die Release-Roadmap und die Abbildung auf Entwurfs-/Codeelemente und Testfälle umfassen.

Nutzen Sie die richtigen Werkzeuge

Ohne durchgängige Werkzeugunterstützung sind Variabilitäts- und Funktionsmodelle nicht behandelbar. Für einen einfachen Zugriff auf alle Anforderungen und implementierten Funktionen sollten daher alle Daten – für die ganze Produktlinie – in einer einzigen Datenbank abgelegt sein. Effiziente Wiederverwendung und Konsistenzsicherung zwischen Versionen und Varianten erfordern eine gute Werkzeugunterstützung (Abb. 12–11) und sind mit einem Spreadsheet oder gar manuell nicht beherrschbar.

Diese speziellen Werkzeuge unterstützen gezielt das Management von Abhängigkeitsbeziehungen sowie die interaktive Feature-Auswahl. Sie liefern als Basisfunktionen ein durchgängiges Konfigurationsmanagement, angepasste Dokumentationen je nach Feature-Stand sowie Nachverfolgbarkeit. Beispiele solcher spezieller Werkzeuge für Variabilitätsmodellierung sind pure::variants und Dopler. Aber auch die klassischen RE-Werkzeuge wie DOORS, Enterprise Architect, Integrity und PREEvision unterstützen heute das Variantenmanagement von der Roadmap bis zur Modellierung. Solange Sie die Varianten über Attribute steuern, genügen diese Werkzeuge vollkommen.

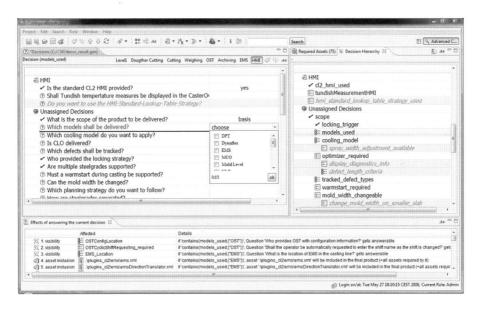

Abb. 12–11   *Werkzeuggestützte Wiederverwendung von Anforderungen*

Fördern Sie eine verlässliche Produktplanung

Nur eine verlässliche Release-Roadmap schafft eine erfolgreiche Produktlinie (siehe auch Abschnitt 9.5). Verlässlich heißt, dass die ursprünglich vereinbarten Meilensteine eingehalten werden. Ein generisches Produkt, auf das viele Softwareanwendungen aufsetzen, muss pünktlich sein, und es muss die Funktionen enthalten, die von den Anwendungsprodukten erwartet werden. Es muss unternehmensweit klar sein, wer welche Inhalte im generischen Produkt und wer welche Inhalte in den Anwendungsprodukten abdeckt. Interessenkonflikte zwischen verschiedenen Vertriebspositionen und der generischen Produktentwicklung müssen durch einen starken Produktmanager auf Produktlinienebene ausgeräumt werden. Verantwortungen müssen sauber getrennt sein, wobei klar ist, dass einzelne Anwendungsprodukte unter Umständen als Ressourcenpuffer für das generische Produkt dienen müssen (d.h., Sie müssen Mitarbeiter an das generische Produkt abgeben, wenn dieses droht, sich zu verspäten).

Der initiale Umstieg auf Gleichteile und ein Plattformkonzept stellt ein kommerzielles Risiko dar, denn nicht alle Sonderlösungen und Varianten können weiter gepflegt werden. Daher bietet es sich an, nicht in allen Märkten gleichzeitig umzusteigen. Es darf nicht erwartet werden, dass bereits in der ersten Phase ein positiver ROI entsteht. Andererseits ist der Umstieg häufig überlebensnotwendig und darf nicht aufgrund des Anfangsrisikos zu lange verschoben werden. Jedes Start-up-Unternehmen hat hier einen Riesenvorteil gegenüber etablierten Herstellern, da es weniger Ballast – funktional und ideologisch – mitschleppt.

Priorisieren Sie Anforderungen und Entwicklungspläne

Produktlinien sind nur dann erfolgreich, wenn die zugrunde liegenden generischen Releases pünktlich sind, die richtige Qualität haben und alle vereinbarten Inhalte liefern. Dabei muss das Produkt im vereinbarten Kostenrahmen liegen. Aus der Perspektive der Softwaretechnik ergibt sich hier ein offensichtlicher Widerspruch, weil der Rahmen überbestimmt ist. Da weder die Einflüsse jeder Anforderung im Detail analysiert noch alle Risiken oder menschlichen Faktoren komplett abgefedert werden können, ist ein Puffer notwendig, damit der Liefertermin gehalten werden kann.

Aus Mangel an einem Allheilmittel bleibt die Priorisierung und Inkrementbildung als Puffer das Mittel der Wahl (siehe Abschnitt 5.6). Aus diesen Priorisierungsrichtlinien wird dann ein inkrementeller Entwicklungsplan gegossen, der das Ziel hat, pro Inkrement exakt die Zeiten und die Priorität-1-Anforderungen einzuhalten. Zeit, Qualität, Aufwand und Inhalt sind innerhalb dieser Regel determiniert.

Entwickeln Sie in Inkrementen

Die erfolgreiche Einführung einer Produktlinie hängt sehr stark von einer effektiven Arbeitsteilung und Parallelisierung ab. Auf der Basis der priorisierten Anforderungen werden Entwicklungsinkremente definiert, die dann schrittweise integriert werden. Aufgrund der engen Verzahnung der Inkremente für die Plattform und die Plattformelemente sind Produktlinien – mehr noch als reguläre Einzelprojekte – auf Entwicklungsteams angewiesen, die ausschließlich an diesem einen Produkt und an einem Standort arbeiten. Sie sollten funktionsorientiert arbeiten, also eine Reihe von ähnlichen Funktionen als Gruppe entwickeln. Ein Entwicklungsteam sollte lokal so nahe wie möglich zusammenarbeiten, zweckmäßigerweise in einem Raum. Da gerade das generische Produkt keinerlei Verzug haben darf, ist es wichtig, hier genau zu planen, sodass die Mitarbeiter auch wirklich zur Verfügung stehen. Insbesondere ein funktionsorientiertes und inkrementelles Arbeiten ist wichtig, um Stabilität und verlässliche Inhalte zu garantieren (siehe auch Abschnitt 5.6). Aus diesem Grund wurden die folgenden Änderungen eingeführt:

▓ Analysieren Sie die Anforderungen von Beginn an immer unter der Perspektive, wie sie zusammengehören und welche Nutzen durch eine Gruppierung erreicht werden können.

▨ Analysieren Sie die Anforderungen vor Projektbeginn mit multifunktionalen Expertenteams.

▨ Analysieren Sie den Kontexteinfluss von Funktionen und Inkrementen vor dem Entwicklungsstart.

▨ Stellen Sie einen Projektplan auf, der ausschließlich auf diesen gruppierten Funktionen beruht.

▨ Evaluieren Sie den vorgeschlagenen Projektplan mit Bezug auf die Ingenieure, die zur Verfügung stehen.

▨ Weisen Sie den Teams Verantwortung zu konkreten und einzeln identifizierten Anforderungen sowie Inkrementen und Meilensteinen zu. Nur klare Verantwortungen schaffen klare Liefertermine.

▨ Verfolgen Sie den Projektstatus auf Basis des erreichten Nutzens – also Status von Marktanforderungen – und nicht nach Pseudofortschritt, wie beispielsweise Dokumenten oder geschriebenen Testfällen. Wert enthält, was der Kunde sieht und bezahlt.

▨ Testen Sie die Inkremente unabhängig von den Entwicklungsteams.

Abbildung 12–12 zeigt den Zusammenhang zwischen Inkrementplanung und der – eventuell wiederholten – Lieferung von einzelnen Komponenten, um Anforderungen zu implementieren. Die meisten Anforderungen konnten gezielt in eine einmalige Änderung einer Komponente abgebildet werden, was Test und Abhängigkeitsplanung erleichtert. Die Produktanforderung 6 im dritten Inkrement hat Auswirkungen auf drei Komponenten, die gleichzeitig implementiert und dann auch im Zusammenspiel getestet werden müssen.

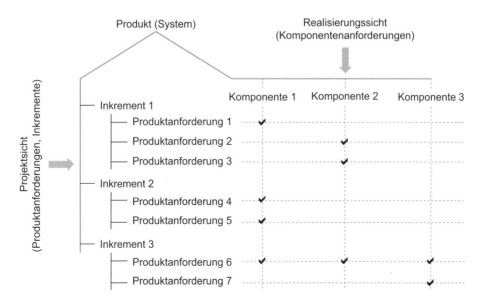

Abb. 12–12   *Die Inkrementplanung berücksichtigt Anforderungen und Komponenten.*

Beherrschen Sie das Konfigurationsmanagement

Ein rigoroses Konfigurationsmanagement ist überlebensnotwendig, soll die Produktlinie erfolgreich werden. Konfigurationsmanagement umfasst Prozesse, Verantwortungen und Werkzeuge für Anforderungsverwaltung, Änderungskontrolle, Variantenbildung und Versionierung. Dazu müssen auch die entsprechenden Geschäftsprozesse mit ihren externen Schnittstellen angepasst und vereinheitlicht werden.

Ein erfolgreiches Korrekturmanagement braucht Sichtbarkeit über alle Fehler und zugehörigen Änderungen in der gesamten Produktlinie (Abb. 12–13). Es bewertet die Fehler und die möglichen Einflüsse verschiedener Änderungsmöglichkeiten. Im Gegensatz zur Plattform müssen in den marktspezifischen Varianten keine Änderungen oder Fehlerkorrekturen übernommen werden.

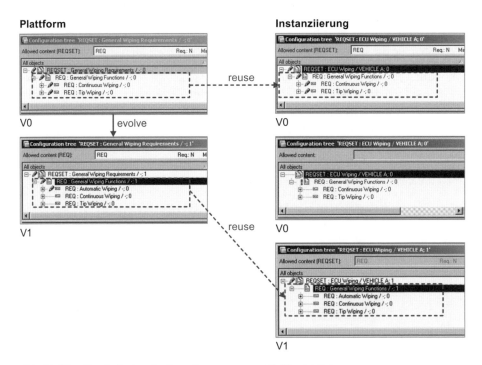

Abb. 12–13   *Durchgängiges Konfigurationsmanagement bei Produktlinien*

Tipps für die Einführung

Neben diesen Grundregeln gibt es auch einige Fallen, die bei der Einführung von Produktlinien vor allem in existierenden Systemen lauern:

Produktlinien brauchen organisatorische Anpassungen. Sie funktionieren nicht in der klassischen Projektorganisation. Wenn die Entwicklung organisatorisch nicht stark trennt zwischen generischem Produkt und Anwendungsentwicklung, wird schnell beides verwässert. Welcher Entwickler hat schließlich noch Zeit für das generische Produkt, wenn die Kunden nach Service oder kleinen Erweiterungen rufen – und dafür sofort bezahlen?

Ohne Unterstützung durch Marketing und Vertrieb ist eine Produktlinie zum Scheitern verurteilt – vor allem bei Investitionsgütern. Das heißt auch, dass die unternehmerischen Kennzahlensysteme angepasst werden müssen, oder es werden nach wie vor Insellösungen verkauft, da manche Kunden mehr dafür bezahlen. Ungenügendes Projektmanagement und Portfoliomanagement zerstören Produktlinien. Meilensteine müssen im generischen Projekt eingehalten werden. Inhalte müssen geliefert werden, wie sie vereinbart wurden – und sie sollten ab einem bestimmten Zeitpunkt stabil bleiben. Roadmaps sollten sich nicht ständig ändern.

Wenn die vielfach genannten Störeffekte aus der bisherigen Vorgehensweise, wie beispielsweise aus der Umgebung, Organisation, Vertrieb, Marketing oder Entwicklung, nicht gleichzeitig abgefangen werden, dann bleibt das Wort »Produktlinie« eine leere Phrase ohne jeglichen wirtschaftlichen Nutzen.

12.4 Fallstudie: Agiles Requirements Engineering

Wir zeigen mit dieser Fallstudie, wie RE in einem Projekt mit kurzen Entwicklungszyklen effektiv eingesetzt wird. Das Beispiel, das wir in dieser Fallstudie vor Augen haben, war ein IT-Projekt mit einem Aufwand von 3,5 Personenmonaten und einer Dauer von 6 Monaten unter Verwendung von Extreme Programming (XP) [Beck2000]. XP verknüpft verschiedene Praktiken, die insgesamt sehr kunden- und codezentriert sind:

- Planungsspiel (Kunde bestimmt Inhalt und Zeitplan, Entwickler schätzt und verfolgt)
- Kunde ist im Projekt an Ort und Stelle
- Metapher (exemplarische Produktvision)
- Kleine, inkrementelle Releases
- Einfaches Design (engl. »Keep it simple stupid«)
- Starke Coderichtlinien (der Code ist die Dokumentation)
- Pair Programming (eine Person codiert, die andere plant voraus und sucht Fehler)
- Wiederholtes Testen und Codieren (Unit Tests, Funktionstests)
- Kollektives Eigentum (jeder kann alles zu jedem Zeitpunkt ändern)
- Refactoring (die Architektur und das Design iterativ verbessern)
- Kontinuierliche Integration
- 40-Stunden-Woche

Viele der genannten Prinzipien wie beispielsweise die Produktvision, inkrementelle Releases oder die kontinuierliche Integration haben wir in diesem Buch bereits kennengelernt. Im Beispielprojekt wurden die folgenden Prinzipien umgesetzt.

1. **»Keep it simple stupid (KISS).«**
   Es bedeutet, das einfachste Produkt oder die einfachste Lösung zu entwickeln, die alle benötigten Funktionen enthält. Damit ist die Lösung leicht zu verstehen und zu kommunizieren. Der Entwicklungsaufwand wird auf das Nötigste reduziert. Die Anforderungen und Inhalte sind schnell und verlässlich zu ändern, denn sie lassen sich problemlos in die Entwurfsergebnisse übersetzen. Das Produkt erfordert einen reduzierten Testaufwand, denn nur die wichtigsten Funktionen werden gebaut. Komplexe Szenarien und Ausnahmen folgen später schrittweise nach. Schließlich lässt sich ein einfaches Design schnell umstellen und ändern, falls sich eine Technologie ändert.

2. **»You Ain't Gonna Need It (YAGNI).«**
   Niemals Technologie auf Vorrat bauen. Der Vorteil besteht darin, dass Aufwand nur für Funktionen getrieben wird, die auch sofort bezahlt werden. Ihre begrenzten Ressourcen werden zielorientierter eingesetzt. Der Test und die Abnahme werden vereinfacht, da nur getestet wird, was auch geliefert wird. Schließlich wird keine unnötige Technologie entwickelt, die vielleicht später – ohne Kundennutzen – abgeschrieben werden muss, da sie nie verkauft werden konnte. YAGNI fordert eine sehr architekturzentrierte Sicht, denn wenn das Produkt wächst, muss die Architektur mithalten können. Dies ist ein schwieriger Balanceakt, denn Technologie soll ja gerade nicht auf Vorrat entwickelt werden. Deshalb greift hier auch das Refactoring, sodass die Architektur in bestimmten Abständen revidiert wird.

3. **Metapher**
   Eine einfache Produktvision steht am Beginn eines jeden Release. Sie wird nahezu wie ein Drehbuch im Film beschrieben und zeigt plastisch, was der Benutzer später vor allem mit dem Produkt machen wird. Dieses kurze Drehbuch, oder auch »User Story«, wird nun in einzelne Aufgaben zergliedert, die als individuelle Anwendungsfälle spezifiziert, analysiert, entwickelt, getestet und integriert werden. Eine solche »User Story« wird auf einer Karte beschrieben und an der Wand befestigt[1]. Die Story wird in ihre Aufgaben aufgeteilt, die auf weiteren Karten direkt unterhalb der eigentlichen Story notiert werden. Die Karten für eine Story oder ihre Aufgaben haben üblicherweise das Format der CRC-Karten (siehe Abb. 5–12), die wir bereits in der Modellierung (Abschnitt 5.3) kennengelernt hatten. Weitere Stories folgen und weisen Beziehungen zu denjenigen auf, die bereits an der Wand hängen. Jede Story und auch jede Aufgabe hat ihre eigene ID, um verfolgt werden zu können. Stories werden aus Benutzersicht beschrieben und sollten

---

1.   Werkzeuge zu solchen User Stories finden Sie in *http://userstories.com/links.php*.

so viele Details enthalten, dass man den Aufwand und die späteren Testfälle daraus ableiten kann. Aufgaben werden zu diesem Zeitpunkt nun auch in das Format von Anforderungen gebracht, die später im Projekt kontrolliert werden können (also nicht nur an der Wand hängen). So entwickelt sich die horizontale und vertikale Nachverfolgbarkeit zwischen und aus den Anforderungen.

4. Planungsspiel

Aus den in einzelne Aufgaben unterteilten User Stories werden nun im sogenannten Planungsspiel die Releases abgeleitet. Dazu werden die Aufgaben (spätere Anforderungen) im Zusammenhang analysiert, um Abhängigkeiten zu erkennen. Sie werden priorisiert, um auch wirklich das zu machen, was für den Benutzer am wichtigsten ist und von ihm bezahlt wird. Danach werden die Releases geplant, die jeweils eine Gruppe von User Stories enthalten, die in dieser Gruppierung auch ausgeliefert werden sollen. Pro Release werden Iterationen definiert, sodass beispielsweise jede Aufgabe oder jede einzelne User Story eine Iteration darstellt. Iterationen werden nicht ausgeliefert und separat verpackt. Sie dienen der schrittweisen Stabilisierung des Produkts. Sie sind über die IDs mit den User Stories und Anforderungen gekoppelt. Der Code einzelner Iterationen wird nun direkt auf der Basis der Anforderungen und der CRC-Karten (oder der Syntax, die Sie für die Stories gewählt haben) abgeleitet. Die Modellierung und das Design entfallen. Projektfortschritt wird im agilen RE über die Erfüllung von User Stories berichtet (also analog, wie wir bisher bereits die Fortschrittskontrolle an Anforderungen oder an Anwendungsfällen festmachten).

In dieser Fallstudie wurden ein Iterationsumfang von 4 Personentagen und eine Iterationsdauer von 13 Tagen festgelegt. Die erste Iteration mit den wesentlichen Architekturentscheidungen brauchte allerdings 2 Monate ab Projektstart. Die Iterationen wurden eisern eingehalten, denn nur damit waren die Taktrate und gegenseitige Abhängigkeiten handhabbar. Dazu wurde das Time-Boxing-Prinzip eingesetzt, also definierte Liefertermine und variable Inhalte, die gemäß der vorher abgestimmten Priorität implementiert werden. Als Werkzeuge kamen primär Excel (für Anforderungen, Planung und Fortschrittskontrolle), eine Versionskontrolle, JUnit[2] für Unit Tests, sowie spezifische Entwicklungswerkzeuge zum Einsatz. Im Tagesgeschäft wurde täglich kurz abgestimmt, welche Änderungen durchgeführt werden. E-Mails spielten dabei fast keine Rolle, da sie das direkte Gespräch nicht ersetzen. Die häufigen Inkremente trugen wesentlich dazu bei, dass die Software praktisch ab der ersten Iteration stabil lief und nie Schwierigkeiten machte. Kleinere Probleme wurden durch den Unit Test entdeckt und sofort eliminiert. Wichtig dabei war, dass die Komponentenanforderungen immer mit mindestens einem Unit Test gekoppelt waren, sodass zu einem kleinen Hub

---

2.   JUnit-Testumgebung: *www.junit.org*. Für andere Sprachen gibt es ähnliche Unit-Testumgebungen.

auch sofort der passende Regressionstest zur Verfügung stand. Die häufigen Inkremente stellten hohe Anforderungen an den Build-Prozess, der mittels Tools wie Ant automatisiert wurde.

Zusammengefasst besteht das agile RE aus den Grundelementen, die wir bereits kennengelernt haben. Es setzt eine schnelle und häufige Benutzerinteraktion voraus, denn nur dadurch kann zu jedem Zeitpunkt gewährleistet werden, dass die wesentlichen Inhalte implementiert werden. Aus den klassischen Vorgehensmodellen werden umfangreiche Spezifikationen mit Lastenheft und Pflichtenheft (wiewohl die User Stories und deren Aufgaben durchaus den Charakter des Lastenhefts haben), Modelle und Entwurfsbeschreibungen sowie überlappende Integrationstests eliminiert. Nicht jedes Produkt kann allerdings auf diese Arbeitsergebnisse verzichten.

12.5   Fallstudie: Lean Development in der Medizintechnik

Diese Fallstudie zeigt, wie RE ganz entscheidenden Einfluss auf die Kostenoptimierung hat. Grundlage dafür war die Umsetzung von Lean Development in der Medizintechnik [Ebert2011][3]. Softwareintensive medizinische Systeme stehen unter einem immensen Marktdruck. Während sie technologisch und hinsichtlich ihrer Sicherheit kompromisslos innovativ sein müssen, fordern die Krankenhäuser und auch Gesundheitskostenreformen eine immer kürzere Zykluszeit bei gleichzeitig angespannten Budgets. Requirements Engineering nimmt eine Schlüsselstelle ein als Erfolgsfaktor im Gesundheitswesen. Traditionelle Entwicklungsprozesse, die Innovation und Qualität über einen schwerfälligen Prozess erreichten, sind nicht mehr zeitgemäß. Viele Unternehmen der Industrie ändern ihre Entwicklungsansätze in Richtung iterativer und Concurrent-Engineering-Ansätze.

Die Innovationsrate im Gesundheitswesen beschleunigt sich ständig und entsprechend wachsen die Anforderungen an die Medizintechnik. Heute sind ein Drittel aller Produkte jünger als drei Jahre, Tendenz steigend. Beispielsweise stieg die Verbreitung von medizinisch-technischen Geräten um 52 % im Zeitraum von 2000 bis 2009. Software ist heute die Schlüsselkomponente in der Automatisierung von klinischen Abläufen schlechthin. Der Softwaregehalt eines medizinisch-technischen Geräts lag im Jahr 2000 etwa bei 30 %. Heute beträgt der Anteil der Software mehr als 60 %. Es geht dabei zunehmend um lösungsorientierte Interoperabilität klinischer Informationssysteme im Interesse kosteneffizienter medizinischer Workflows. Während die Medizingeräteentwicklung global ausgerichtet ist, müssen regulatorische Freigaben pro Markt erreicht werden.

Ohne ein systematisches Requirements Engineering ist die Wahrscheinlichkeit hoch, dass ein Projekt scheitert. Werden beispielsweise die Qualitätsanforderungen missverstanden, entstehen z.B. Probleme in der Benutzbarkeit und der

---

3.   Dank an Arnold Rudorfer von der Siemens AG für Unterstützung bei dieser Fallstudie.

Performanz. Ärzte und Krankenpfleger sind Entscheidungsträger für oder gegen ein Produkt. Ist das Produktportfoliomanagement von der Entwicklung entkoppelt, passen die Funktionen nicht zu den Marktanforderungen. Anforderungsänderungen werden erst zu spät erkannt und führen zu unnötigen Non-Conformance-Kosten. Da klinische Abläufe aufgrund der hohen kombinatorischen Komplexität und einer eher geringen Standardisierung sowie ihres Ad-hoc-Charakters nur schwer zu modellieren sind, muss das Requirements Engineering spezifische Techniken für die Medizintechnik und das Gesundheitswesen entwickeln.

Wir wollen den Nutzen des systematischen Requirements Engineering anhand der Entwicklung der Benutzerschnittstelle für ein klinisches Abrechnungssystem darstellen. Das Projekt wurde mit vierzig Mitarbeitern in sechs Scrum-Teams (d. h. Requirements-Ingenieure, UI-Designer, Architekten, Produktmanager, Subject-Matter-Experten) umgesetzt. Die Dauer lag bei achtzehn Monaten. Projektziele waren das Redesign der Schnittstelle hin zu einer besseren Benutzbarkeit, da dies das Schlüsselkriterium der Kaufentscheidung bei klinischen Informationssystemen darstellt. Lean Development wurde mit Requirements Engineering kombiniert, um die Anforderungen kundenorientiert zu spezifizieren und schrittweise zu verfeinern. Zudem musste ein innovativer klinischer Workflow beispielsweise für das Bettenmanagement umgesetzt werden. Im Projekt wurden fünfzehn End-to-End-Abläufe mit 160 Lines of Code in Java implementiert und die neue Benutzerschnittstelle realisiert.

In einem zweiten Projekt von einem anderen Geschäftsgebiet wurde im Zusammenhang mit Produktlinien Requirements Engineering für die Entwicklung einer bildgebenden Plattform eingeführt mit Einsatz von mehreren Hundert Entwicklern an unterschiedlichen Standorten weltweit. Dieses Projekt umfasste mehr als fünftausend Anforderungen. Auch hier wurden die Ergebnisse erreicht. Fortan bildet der Produktlinien-Engineering-Ansatz auch die Grundlage für weitere Verbesserungsmaßnahmen wie etwa die Verkürzung der Produktentwicklungsdurchlaufzeit über einen Scrum-basierten Entwicklungsansatz. Des Weiteren zeigt eine durchgeführte Kosten-Nutzen-Rechnung, dass dieser Ansatz mehrere Millionen Euro an Effizienzsteigerung in der Produktdefinition (~25 %), Projektplanung (~23 %), Architektur (~7 %) sowie in der Prüfung (~45 %) bringt.

In den beschriebenen Projekten wurden die folgenden Erfahrungen gemacht, die auch in anderem Kontext nutzbar sind:

1. **Saubere Trennung von Problem- und Lösungsraum**
   Die Entwicklung einer Lösung beeinflusst die Sicht auf eine Problemstellung – und kann somit zu falschen Lösungen führen (vgl. Abb. 1–2). Mit der sauberen Trennung des Problem- und Lösungsraums werden die späteren Änderungswünsche effektiv reduziert. Damit hatten wir die Möglichkeit, eine Impact-Analyse durchzuführen, damit die Änderungen in der Architektur abgeschätzt werden können.

2. **Entwickeln eines geeigneten Verständnisses von Kundenanforderungen**
   Kunden haben oft ein implizites komplettes Verständnis für die Anforderungen. Jedoch sind sie manchmal kaum in der Lage, diese präzise zu artikulieren. Sie wollen einen Nutzen erreichen, der allerdings noch in Spezifikationen umgesetzt werden muss. Dazu sollten Anforderungen so früh wie möglich verfeinert werden. Wir nutzen dazu ein Glossar, das immer den Bezug zur Benutzersprache gewährleistet, sowie Rapid Prototyping zur Erstellung von Konzepten für Benutzerschnittstellen.

3. **Nutzung von Storyboards für Workflows mit hohem User-Interface-Anteil**
   Dabei dient das Storyboard als Container für Anforderungen, User-Interface-Visualisierung sowie Testfälle. Es erlaubt, den Erfolgsfall sowie die Fehlerfälle darzustellen, und wird mit Time-Boxing iterativ verfeinert. Typischerweise kann Microsoft PowerPoint als Werkzeug zur Erstellung der Spezifikation verwendet werden.

4. **Verwendung strukturierter Anforderungen zur Planung und Budgetierung**
   Am Projektanfang muss der Aufwand zur Strukturierung investiert werden. Entsprechend der eignen Erfahrung sollten Projektmanager etwa 8–10 % des Projektbudgets veranschlagen. Damit werden Abhängigkeiten zwischen Funktionen besser verstanden und dadurch Fehler aus unverstandener Komplexität verringert. Nach unseren Erfahrungen ergibt sich die geeignete Anforderungsstrukturierung nach der dritten bis vierten Verfeinerung. Damit erreicht man eine Stabilität für die weitere Entwicklung des Projekts. Die Anforderungen sollten am besten entlang bestimmter funktionaler (z.B. klinischer) Domänen hierarchisch organisiert werden.

5. **Entwicklung eines geeigneten Modells zur Nachverfolgbarkeit**
   Ad-hoc-Verknüpfungen zwischen Anforderungen und Ergebnissen von der Spezifikation bis zu den Testfällen und der Dokumentation ohne klare Strategie reduzieren die Qualität und erhöhen Nacharbeiten. Daher muss die Nachverfolgbarkeit mit einer klaren Zielstellung und inhaltlichen Orientierung aufgebaut sein. Sie sollte die nötigen Artefakte, die verknüpft werden müssen, definieren, deren Granularität vorgeben sowie Mechanismen zur Methodik und deren Umsetzung in Werkzeuge beschreiben. Dies ist bei medizinisch-technischen Anwendungen von entscheidender Bedeutung für die Zulassung zum Markt. Wesentlich ist die Pflege der Abhängigkeitsbeziehungen. Wir empfehlen, die Verantwortungen vorab festzulegen und den nötigen Aufwand einzuplanen. Damit ist eine frühzeitige Einflussanalyse sowie Fortschrittsmessung, Kostenkontrolle (Earned Value) und Testfortschritt auf Basis der Abdeckung erreichter Anforderungen möglich.

6. Disziplinierter Einsatz von Standards und Reviews

Nur mit klaren internen Vorgaben zum Requirements Engineering, den Arbeitsergebnissen sowie Vorgehensweisen und Verantwortungen sind die Ergebnisse nachher konsistent und können produktübergreifend für die Lösungsentwicklung, wie sie im klinischen Bereich heute üblich ist, wirtschaftlich genutzt werden. Wir empfehlen den Einsatz von Industriestandards, die an die Notwendigkeiten des Projekts angepasst werden. Dokumentenvorlagen erlauben die Einhaltung von Dokumentationsstandards. Zudem stellen Standards die nötige Routine für die Reviews von Anforderungen sicher, die häufig im Projektdruck vernachlässigt werden – mit der Folge von aufwendiger und zeitraubender Nacharbeit.

Requirements Engineering hat eine Schlüsselstelle als Erfolgsfaktor im Gesundheitswesen. Unsere Studien zeigen, dass in der Medizintechnik die Kosten für Nacharbeiten über den Produktlebenszyklus hinweg durch eine Verbesserung des Requirements Engineering um 30–50 % gesenkt werden können.

12.6 Fallstudie: Security Requirements Engineering

Nachtfahrt auf der Autobahn[4]. Das Kommunikationsdisplay flackert plötzlich, und ein störender Pfeifton kommt abrupt aus den Lautsprechern. Der Fahrer reagiert falsch und verursacht einen Unfall. Zukunftsszenario oder Fiktion? Mit wachsender Komplexität und Vernetzung sowie der Nutzung von Standardkomponenten werden Kommunikationssysteme zunehmend angreifbarer und müssen geschützt werden. Informationssicherheit (IS) wird nicht nur entscheiden, welche Hersteller und Elektronikplattformen den Markt für Standardkomponenten zukünftig beherrschen, sondern auch, ob und wie schnell weiter gehende Kommunikationsinfrastrukturen am Markt akzeptiert werden (z.B. Internetschnittstellen für Telematik- und Wartungsdienste).

Was ist IS? Grundsätzlich ist IS eine Systemeigenschaft und wirkt zusammen mit Verfügbarkeit, Sicherheit und Robustheit. Qualität in einem System bedeutet, dass das System alles das tut, was von ihm erwartet wird. IS dagegen bedeutet darüber hinaus, dass das System selbst bei einem böswilligen Angriff nichts tut, was von ihm nicht erwartet wird.

Die Bedrohungsszenarien verändern sich branchenübergreifend derzeit stark. Durch die zunehmende Vernetzung auf verschiedenen Ebenen, also beispielsweise Steuergeräte, Komponenten, Diagnose, Telematik, entsteht eine bisher nicht da gewesene Komplexität. Diese Komplexität führt dazu, dass nicht mehr alle Kombinationen von Ereignissen und Funktionen in gleichem Ausmaß beherrscht werden. Es ist nur eine Frage der Zeit, bevor hierdurch entstandene Schwächen iden-

---

4. Dank an Felix Gutbrodt und Simon Burton von der Robert Bosch GmbH für Unterstützung bei dieser Fallstudie.

tifiziert und missbraucht werden. Beispielsweise können eingebettete Bussysteme wie CAN von außen relativ leicht in Überlastsituationen gebracht werden, die dann zu Fehlverhalten führen. Heute übliche Kommunikationssysteme bieten offene Schnittstellen, beispielsweise DVDs, USB, Bluetooth, Konfigurations-schnittstellen, über die Viren und Trojaner in die jeweiligen Betriebssysteme eingebracht werden können. Schließlich können fehlerhafter Code und Konfigurationen zu vielfältigen, unbekannten Angriffspunkten führen. Gemeinsam ist diesen verschiedenen Bedrohungsszenarien, dass sie aus einem unzureichenden Bewusstsein und fehlender Aufmerksamkeit für IS resultieren. Zwei wesentliche Aspekte werden heute allerdings noch kaum beachtet. Künftige Bedrohungsszenarien gehen über Einzelfunktionen hinaus und greifen ein System im Zusammenspiel von Funktionen und Komponenten an. Informationssicherheit ist aufgrund intelligent und böswillig eingeschleuster Fehlerursachen sehr viel schwieriger zu gewährleisten als zufällige Ausfälle einzelner Komponenten.

Die Umsetzung von Qualitätsanforderungen hat maßgeblich mit Requirements Engineering zu tun. Anders als funktionale Anforderungen lassen sich Qualitätsanforderungen im Nachhinein praktisch nicht mehr – oder nur mit sehr großem Aufwand – realisieren. Betrachten wir daher die Maßnahmen des Security RE direkt von der Ermittlung bis zur Freigabe und Wartung.

Qualitätsmanagement im Entwicklungsprozess muss gezielt die wesentlichen IS-Anforderungen und ihre Umsetzung sicherstellen. Dies beginnt bereits in der Spezifikationsphase (z.B. Sicherheitsanforderungen, Misuse Cases, Umgebungs-analyse, Security-Risikoanalyse, Common Criteria, Bedrohungsmodelle), setzt sich in der Implementierung und Integration fort (z.B. sichere Architekturen, Komponentenauswahl und -prüfung, Design- und Coderichtlinien, Verwundbarkeits-analyse, Codeanalyse, Sicherheitstests), wird durch eine unabhängige Evaluierung auf Prozess- und Produktebene bestätigt und hat stringente Prozesse für die gesamte Lebensdauer des Produkts (z.B. auch Patch-Management, Notfallwarnungen, Fehleranalyse, Risikokommunikation). Abbildung 12–14 zeigt, wie verschiedene Maßnahmen zur IS im Entwicklungsprozess zusammenspielen müssen, um IS zu sichern und zu gewährleisten.

Als brauchbarer Startpunkt für die Gewährleistung von IS im Produkt und damit für das Security RE hat sich die Technik der Bedrohungsszenarien, Misuse Cases und Negativmodelle herausgestellt. Abbildung 12–15 zeigt das Vorgehen in der Anforderungsermittlung. Man beginnt mit einem funktionalen Modell des Produkts, also mit Zuständen und gewünschten Funktionen. Dann wird parallel zu diesem funktionalen Modell ein Negativmodell erstellt, das gezielt Missbrauchsszenarien beschreibt (z.B. Aufzug wird bei Netzüberlast priorisiert), die dann mit weiteren funktionalen Szenarien korreliert werden (z.B. Aufzug muss für Wartungspersonal immer priorisierbar sein). Aus diesen Bedrohungsszenarien werden konkrete Systemanforderungen abgeleitet und umgesetzt (z.B. Ausschluss aller nicht explizit erlaubten Szenarien, die zur Priorisierung führen können).

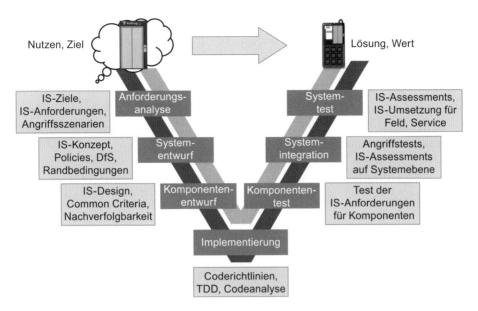

Abb. 12–14 *Security RE – Methodik*

Schließlich werden Prüfungen auf Komponenten-, System- und Netzwerkebene durchgeführt, vor allem mittels Codeanalyse, Szenario-Reviews und Angriffstests (Abb. 12–16).

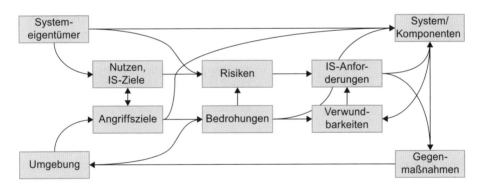

Abb. 12–15 *Security RE – Anforderungsentwicklung*

Darauf aufbauend werden konkrete Maßnahmen zur Informationssicherheit in Architektur und Entwicklung abgeleitet und systematisch umgesetzt, beispielsweise:

- Steigern Sie das Bewusstsein für Informationssicherheit in der Entwicklung. Trainieren Sie Entwickler ganz gezielt durch IS-Spezialisten aus verschiedenen Branchen.

░ Spezifizieren Sie IS als Qualitätsanforderung mit darauf bezogenen funktionalen Anforderungen. Setzen Sie Sicherheitsanforderungen, Misuse Cases, FMEA und Bedrohungsmodelle ein, die gezielt Bedrohungsszenarien spezifizieren.

░ Definieren und setzen Sie verbindliche Design- und Codestandards ein. Prüfen Sie die Umsetzung dieser Standards.

░ Definieren und setzen Sie verbindliche Prüftechniken ein. Nutzen Sie Werkzeuge zur statischen und dynamischen Codeanalyse, die gezielt für Informationssicherheit konfiguriert sind.

░ Stellen Sie durch Richtlinien und Audits sicher, dass es keine im Feld nutzbaren Angriffsmöglichkeiten gibt, die beispielsweise als Diagnoseunterstützung vorgesehen waren. Auch kunstvoll versteckte Schlupflöcher lassen sich nicht geheim halten!

░ Machen Sie Informationssicherheit von den Anforderungen bis zum Produkt systematisch nachvollziehbar und prüfbar. Lassen Sie die getroffenen Maßnahmen regelmäßig durch externe Spezialisten auditieren.

░ Lassen Sie Security-Experten gezielte Angriffe auf Ihre Produkte und die Systeme, in die sie eingesetzt werden (z.B. Diagnosesysteme, Telematiklösungen), durchführen.

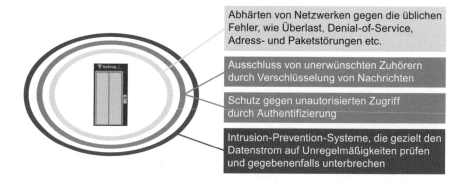

Abb. 12–16   *Security RE – durchgängige Systemperspektive*

Informationssicherheit wird nach aller Erfahrung am stärksten kompromittiert, wenn das Produkt entwickelt und freigegeben ist. Häufig werden Änderungen dann spontan eingearbeitet und folgen nicht mehr den ursprünglichen Anforderungen und Freigabekriterien. Dies gilt insbesondere für IS-Anforderungen auf Systemebene, denn häufig wird der zusätzliche Aufwand für Prüfungen und Konsistenzsicherung bei vermeintlich kleinen Anpassungen oder Erweiterungen nicht investiert. Änderungen in einzelnen Funktionen oder Komponenten müssen einer weitreichenden Einflussanalyse unterzogen werden, um die potenzielle Auswirkung auf das IS-Konzept auf Systemebene zu bewerten. Dies gilt bei der Freigabe von neuen Entwicklungsständen, aber auch bei Austausch und Einbau von neuen Komponenten im Feld. Vor dem Einbau muss eine Konsistenzprüfung der dadurch neu entstehenden Systemkonfiguration durchgeführt werden, um zu erkennen, ob durch die Änderung Kompatibilitätsprobleme auftreten und ob weitere Komponenten aktualisiert werden müssen (Abb. 12–17).

Ein Beispiel sind Fehlallokationen von Speicherplatz oder simple Überläufe von Eingangsspeichern. Maßnahmen beinhalten, dass Auswirkungen von Änderungen im Vorfeld analysiert und im Kontext eines Systemrelease (SW, HW, IT, Services) ausführlich geprüft werden, dass Änderungen, die eine Auswirkung auf die systemweite Informationssicherheit haben, zu einem neuen Systemrelease führen, dass neue Konfigurationen im Feld nur aktiviert werden, wenn HW/IT, SW und Services zueinander passen, und dass die komplette SW-Versorgungskette durch Verschlüsselung, Authentifizierung etc. abgesichert wird, vom Download aus dem zentralen Server bis zum Freischalten im System.

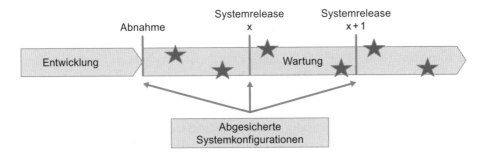

Abb. 12–17   *Security RE – durchgängiger Lebenszyklus*

12.7 Fallstudie: RE-Verbesserungsprojekt

Die nachhaltige Umsetzung von Veränderungen braucht Systematik. Wir haben drei wesentliche Schritte dazu ausgemacht:

- Klare und verbindliche Zielvorgaben
- Konkrete Maßnahmen zur Umsetzung
- Systematische Verankerung und Kapitalisierung der Ergebnisse

Beispiel Effizienz: Zunächst gilt es, Effizienzpotenziale zu finden und daraus konkrete Ziele abzuleiten. Oft ist nicht klar, wonach man suchen soll. Hier hilft eine systematische Bewertung der Kostentreiber im Vergleich zu Industrie-Benchmarks. Dabei geht es um fokussierte und machbare Ansätze wie »innerhalb von zwei Monaten 30 % mehr Fehler im Design durch Reviews entdecken«. Effizienzpotenziale werden durch Außenstehende schneller entdeckt, denn sie sehen neue Lösungen für alte Fragen.

Sind die Ziele definiert, werden im zweiten Schritt konkrete Maßnahmen festgelegt und systematisch umgesetzt. Vor einer Veränderung sollte man verschiedene Optionen prüfen und sie im Licht der eigenen spezifischen Situation bewerten: Passen Nutzen, Aufwand und Risiken? Setzen Sie das Verbesserungs-projekt inkrementell auf. Meilensteine im Raster von zwei bis drei Monaten müs-sen jeweils eine messbare und nachhaltige Verbesserung bringen. Komplexe Ver-änderungen werden in einzelne Schritte heruntergebrochen, die individuell verfolgt werden. Beginnen Sie mit Folgeaktivitäten und -projekten nur, wenn die Ergebnisse der Vorgängerschritte erfolgreich abgeschlossen und kapitalisiert sind.

Im dritten Schritt geht es um die nachhaltige Kapitalisierung der beschlosse-nen Maßnahmen. Ein systematisches Veränderungsmanagement verankert sie in der Organisation und sichert einen konkreten Ergebnisbeitrag. Wichtig: Die Ver-änderung muss zu einem greifbaren Spareffekt führen, der sich direkt als Kosten-reduzierung bemerkbar macht. Nachhaltigkeit der Maßnahmen wird durch gutes Veränderungsmanagement erreicht.

Die folgende Fallstudie betrachtet einen existierenden RE-Prozess, wie er auch bei Ihnen bereits realisiert sein könnte. Dabei werden wir auch beobachten, was ver-bessert werden muss, um den Prozess effektiver zu machen. Die Verbesserungen werden schrittweise abgeleitet, in einen Zusammenhang gebracht und dann um-gesetzt. Diese pragmatische Art, einen Prozess aufgrund von Beobachtungen zu seiner Effektivität und Effizienz zu verbessern, ist spezifisch für einen Geschäfts-prozess (hier RE) und verlangt nicht nach einem größeren Rahmen wie ITIL[5]. Es geht darum, schnell Änderungen in einem begrenzten Umfeld zu erreichen. Oft-mals ist dieses Vorgehen vor allem bei kleineren Unternehmen und offensicht-lichen Schwachpunkten ohne umfangreiche Querbeziehungen sinnvoll. Das Bei-spiel betrachtet den kompletten Ablauf einer Verbesserung von der Diagnose von Prozessschwächen im Requirements Engineering bis hin zur Planung, Implemen-tierung und Prüfung der Verbesserungsmaßnahmen.

Die Ausgangsbasis der Fallstudie in der täglichen Projektarbeit lässt sich wie folgt charakterisieren. Ein Unternehmen entwickelt kundenspezifische Lösungen im Festpreismodus. Das Requirements Engineering ist organisch gewachsen und wird unsystematisch und heterogen umgesetzt. Viele Fehler entstehen durch feh-lerhafte und sich ändernde Anforderungen. Den Projektmanagern fehlt eine kon-sistente Sicht auf die Anforderungen. Immer wieder kommt es zu Änderungen, und Entscheidungen sind nicht ausreichend abgestimmt. Klingt das bekannt? Das geht vielen Unternehmen so.

Als Ziel der Verbesserungsinitiative legt das Bereichsmanagement fest, dass Anforderungen verlässlicher und rechtzeitig abgestimmt werden sollen und die Projektplanung und -kontrolle sich an diesen festgelegten Anforderungen orien-tieren soll. Die Ziele werden folgendermaßen messbar formuliert:

---

5.   Das CMMI unterstützt solche lokalen Verbesserungen explizit und zeigt beste Praktiken sowohl
     zur technischen Gestaltung als auch zum Veränderungsmanagement im Kleinen.

▨ Kundenbeschwerden wegen fehlerhafter Implementierung sind auf 20 % reduziert.

▨ Nacharbeit durch »unzureichende« Anforderungen ist auf die Hälfte reduziert.

Ein Verbesserungsprojekt mit externer Beratung wird aufgesetzt, um wirksame und nachhaltige Effekte zu erreichen. Diese Entscheidung ist wichtig, denn Änderungen an betrieblichen Prozessen sind nicht einfach und führen häufig zu Störungen. Zudem brauchen Änderungen auch Energie und Aufwand, der für die beteiligten Mitarbeiter eingeplant werden muss.

Die Berater führen zuerst eine Diagnose der bisherigen Arbeitsweise durch. Eine solche Diagnose steht immer am Anfang einer Prozessverbesserung, denn nur ein systematischer Abgleich eines Prozesses gegen bestimmte Vorgaben erlaubt sinnvolle und effektive Aktionen zur Verbesserung. Die Diagnose beurteilt die gelebten Prozesse gegen die betrieblichen Zielsetzungen sowie gegen ein Referenzmodell, das beschreibt, welche Elemente ein guter RE-Prozess aufweisen soll (siehe Kap. 10). In unserer Fallstudie ergibt die Diagnose Folgendes:

D1. Die Anforderungen sind mehrdeutig und werden nicht von allen betroffenen Gruppen geprüft.

D2. Anforderungen werden falsch verstanden und umgesetzt.

D3. Anforderungsänderungen und neue Anforderungen nach Projektstart werden üblicherweise ohne Analyse ihrer Auswirkungen in die Entwicklung gegeben.

D4. Der Projektplan wird bei Änderungen der Anforderungen nicht sofort angepasst.

D5. Ein formales Verfahren, um die vollständige Behandlung aller Marktanforderungen im fertigen Produkt zu prüfen, existiert nicht.

D6. Ineffizienz, Mehrarbeit, Inkonsistenzen entstehen durch hausgemachte Werkzeuge ohne durchgängige Architektur und Verknüpfung.

Die Ergebnisse der Diagnose werden mit dem Projektmanager und Entwicklungsleiter abgestimmt, um sicherzustellen, dass auch die richtigen Probleme und Schwachstellen im weiteren Verlauf betrachtet werden. Zudem werden einige zielorientierte Kennzahlen vereinbart, um den Fortschritt der Veränderungen nachvollziehbar zu machen:

▨ **Nutzen**
Kundenbeschwerden, Nacharbeit

▨ **Kosten**
Zusatzaufwand durch die Veränderungen

▨ **Nutzung**
Durchdringungsgrad der Maßnahmen

Aus der nun abgestimmten Ausgangssituation leitet das Verbesserungsteam konkrete Maßnahmen ab:

M1. Für alle Anforderungen findet ein Review zur Qualitätskontrolle sowie eine Analyse ihres Einflusses statt.

M2. Anforderungen werden priorisiert und mit allen beteiligten Gruppen vereinbart.

M3. Änderungen von Anforderungen erfolgen kontrolliert und werden im Projektplan sofort berücksichtigt.

M4. Alle Anforderungen erhalten einen Status und werden damit im gesamten Projekt verfolgt.

M5. Es erfolgt eine schrittweise Einführung einer durchgängigen Werkzeugunterstützung.

Nun werden die Maßnahmen geprüft, ob durch sie die gegebenen Verbesserungsziele überhaupt erreichbar sind. Abbildung 12–18 zeigt die Projektion der fünf Maßnahmen auf die sechs Diagnoseergebnisse.

	Diagnose / Maßnahmen	D1	D2	D3	D4	D5	D6
M1	Reviews und Einflussanalyse	x	x	x		x	
M2	Priorisierung und Abstimmung	x	x			x	
M3	Änderungsmanagement			x	x		x
M4	Statusverfolgung				x	x	x
M5	Werkzeugunterstützung			x	x		x

Abb. 12–18   *Abbildung der Verbesserungsziele auf die aktuelle Situation*

Mithilfe dieser Abbildung von Zielen auf Diagnoseergebnisse soll herausgefunden werden, ob alle identifizierten Schwachstellen auch komplett durch die vorgeschlagenen Verbesserungsmaßnahmen abgedeckt sind. Oftmals hat man einen »blinden Fleck« und vergisst eine Beobachtung mit einer entsprechenden Verbesserungsmaßnahme zu beheben. Dies scheint hier nicht der Fall zu sein, denn die Matrix ist gut besetzt. Die beiden ersten Vorschläge (M1 und M2) scheinen sogar einen fast identischen Einfluss zu haben. Wir wollen M2 dennoch nicht wegfallen lassen, denn sie hat darüber hinausgehende Einflüsse, die mit Schätzung und Validierbarkeit zu tun haben.

Im nächsten Schritt werden die vorgeschlagenen Verbesserungsmaßnahmen durch das Änderungsteam priorisiert. Eine Reihenfolge von konkreten Änderungsaktionen wird vorgeschlagen:

A1. Stelle die Liste derjenigen Personen/Gruppen zusammen, die die Anforderungen analysieren, einem Review unterziehen oder ihnen zustimmen sollen.

A2. Lege fest, wer Änderungen verantwortlich abzeichnet und auf welcher Basis.

A3. Kommuniziere jeder dieser Gruppen ihre individuelle Verantwortung im Projekt.

Nun wird die Umsetzbarkeit dieser Aktionen in der konkreten Umgebung geprüft. Das Team befindet gemeinsam mit dem Projektmanager, dass die Liste aller Beteiligten sofort aufgestellt und deren Aufgaben sofort umgesetzt werden kann und dann bei den nächsten Projekten oder sich ändernden Anforderungen getestet werden kann. Eine solch rasche Umsetzung von Vorschlägen ist nützlich, um aus den bisher eher theoretischen Schritten möglichst schnell auch greifbare Ergebnisse zu erhalten.

Zur Sicherheit geht das Team nochmals zur ursprünglichen Diagnose zurück und stellt fest, dass mit diesen Aktionen noch nicht alle Ziele erreicht und damit noch nicht alle entdeckten Schwächen behoben sind. Das Verbesserungsteam stellt die folgenden Lücken fest:

- Bisher wurden zwar die Rollen und Verantwortungen definiert, aber noch nicht das RE in der Projektarbeit.
- Die Kontrolle des Status der Anforderungen im Projekt ging völlig unter.
- Eine Priorisierung der Anforderungen wurde noch nicht beachtet.

Daher werden einige weitere Aktionen vereinbart:

A4. Beschreibe einen vorläufigen und einfachen Prozess zu Ermittlung, Spezifikation, Analyse, Review, Zuweisung und Kontrolle von Anforderungen.

A5. Pilotiere die Priorisierung von Anforderungen (enthält Schnittstelle zu Marketing, Vertrieb etc.).

Solche Veränderungen bringen natürlich auch Risiken mit sich, denn sie beeinflussen die Projektarbeit. Diese Risiken müssen sorgfältig analysiert werden. Das Team macht eine Risikoanalyse und schlägt für jedes entdeckte Risiko gleich eine entsprechende Abschwächungsmaßnahme vor:

R1. Zu viele Änderungen in nur einem Pilotprojekt verzögern dieses Projekt. Abschwächung des Risikos: Verteile die vorgeschlagenen Änderungen auf mehrere Pilotprojekte, um die »Störungen« zu reduzieren und um den Einfluss der Maßnahmen isoliert zu betrachten.

R2. Ein geplantes neues Konfigurationswerkzeug unterstützt die vorgeschlagenen RE-Verbesserungen nicht oder behindert sie sogar. Abschwächung des Risikos: Fasse die Maßnahmen zusammen, die die gleichen Dinge umsetzen wollen oder die gleichen Prozesse oder Werkzeuge beeinflussen.

R3. Interessengruppen mit unsicheren Anforderungen oder unklaren Bedürfnissen empfinden die Änderungen als zu starr und inflexibel für sich ständig ändernde Anforderungen. Abschwächung des Risikos: Kommuniziere die Notwendigkeit des vorgeschlagenen Prozesses auf verschiedenen Ebenen in der jeweiligen Sprache. Offensichtlich will ein Vertriebskollege nicht hören, dass Sie in der Entwicklung viel Zeit benötigen, um seine Ideen umzusetzen. Er wird sich eher dafür erwärmen können, wenn er merkt, dass Schätzungen verlässlicher werden und parallel laufende Vertragsverhandlungen beschleunigt werden können.

Schließlich werden die Verbesserungsmaßnahmen zusammenhängend in einem konkreten Verbesserungsprojekt definiert. Abbildung 12–19 zeigt zunächst einige der vorgeschlagenen Verbesserungsaktivitäten im Zusammenhang. Die Aktivitäten auf der linken Seite (Experten, Pilotprojekt, Template, Statuskriterien, Maße) beschreiben neue Inhalte im RE-Prozess. Danach folgen jeweils die Kommunikation und das Training dieser neuen Inhalte (Aktivitäten in der Mitte). Schließlich werden die Inhalte pilotiert, also ihre Wirksamkeit und Praxistauglichkeit überprüft. Nur nach Abschluss dieser Schritte kann der Inhalt auch in das Tagesgeschäft (also die Projektarbeit) »verkauft« oder institutionalisiert werden. Mit dieser Darstellung sind Abhängigkeiten zu erkennen, aber auch Ziele, die mit der Änderung erreicht werden. Diese Änderungen (z. B. weniger Reibungsverluste) müssen dann messbar gemacht werden, um die Umsetzung anhand der Projektresultate verfolgen zu können. Weniger Reibungsverluste könnten daran gemessen werden, dass Zeiten bis zur Abstimmung der Projektinhalte ermittelt werden. Wichtig ist es, immer den Zustand vor der Änderung mit jenem nach der Änderung zu vergleichen, um den Fortschritt an einem konkreten Bezugspunkt festzumachen. Diese Fortschrittsindikatoren sind natürlich nur während der Änderung wichtig. Wenn sie erfolgreich umgesetzt wurde, werden die Maße wieder aufgegeben, um nicht zu viel Overhead zu erhalten.

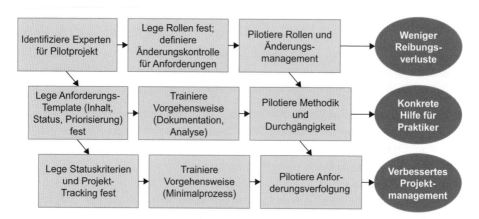

Abb. 12–19   *Verbesserungsmaßnahmen und ihre Umsetzung*

Abbildung 12–20 beschreibt die Einordnung des Verbesserungsprojekts in die Projektlandschaft mit verschiedenen Entwicklungsprojekten. Die gestrichelten Linien stellen die Querbeziehungen zwischen dem Verbesserungsprojekt und den

vier Entwicklungsprojekten dar. Das Verbesserungsprojekt (zweite Linie von
unten) hat noch ein korrespondierendes Werkzeugprojekt (unterste Zeile). Es ist
sinnvoll, Werkzeugänderungen in einem individuellen Einführungsprojekt leicht
verzögert zur Prozessverbesserung zu fahren, um sicherzustellen, dass sich der
Prozess stabilisiert hat und das richtige Werkzeug ausgewählt und eingeführt
wird. Gepunktete Linien beschreiben Einflüsse auf das Werkzeugprojekt. Diese
Darstellung zeigt, wie sich das RE-Verbesserungsprojekt mit seinen Einflüssen
(also den konkreten Änderungen) auf die parallel laufenden regulären Entwicklungsprojekte auswirkt. Ein solcher Projektfahrplan hilft bei der Abstimmung
von Pilotierungsmaßnahmen und verhindert, dass sich zu viele Änderungen
plötzlich alle auf ein Entwicklungsprojekt konzentrieren. Änderungen müssen
dosiert umgesetzt werden, um ihren Einfluss zu isolieren (d.h., auch um zu prüfen, ob sie wirklich den erhofften Nutzen bringen) und um in der Realität akzeptiert zu werden. Typischerweise werden Änderungen inkrementell umgesetzt,
damit nach jedem Schritt eine neue Konfigurationsbasis sowohl für die Prozesse
als auch für Werkzeuge und für das Training der Mitarbeiter zur Verfügung steht.

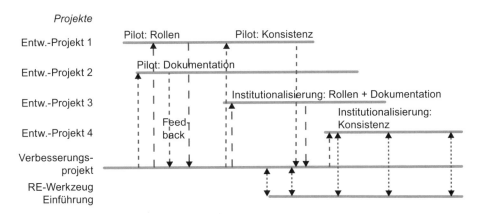

Abb. 12–20   *Abbildung des Implementierungsplans auf aktuelle Projekte*

Nur Ziele, die gemessen werde, werden auch erreicht. Daher ist es bei einem Verbesserungsprojekt wesentlich, dass Nutzen und Ziele von Beginn des Projekts an
gemessen und verfolgt werden. Abhängig von der Performanz des Verbesserungsprojekts kann es dann gezielt beschleunigt werden, wenn es zu langsam geht,
oder Risiken abgeschwächt werden, wenn Verbesserungsziele nicht erreicht werden. Abbildung 12–21 zeigt für diese Fallstudie die Kontrolle der Ergebnisse
anhand der beiden externen Ziele »Reduzierung der Kundenbeschwerden« und
»Nacharbeit durch fehlerhafte Anforderungen« (oben). Die mittlere Kurve zeigt
den dafür notwendigen Aufwand, beispielsweise für die sehr viel intensivere
Anforderungsanalyse. Der Zusatzaufwand für die Verbesserungen beträgt ungefähr 50 Personenstunden. Gleichzeitig werden ungefähr 200 Personenstunden
allein durch die reduzierte Nacharbeit gespart, was zusammen einen ROI von 4

ergibt. Die unterste Kurve schließlich zeigt den Fortschritt der umgesetzten Maßnahmen, indem pro Projekt verfolgt wird, ob bestimmte Maßnahmen bereits
umgesetzt wurden. Wie man erkennt, wurden ab dem dritten Quartal 2009 alle
fünf Einzelmaßnahmen nachhaltig umgesetzt. Dies ist auch der Zeitpunkt, wo
sich die Kosten und damit die erreichten Einsparungen durch weniger Nacharbeit
langsam einschwingen.

Anwendungsfall: Durchgängigkeit und Werkzeugunterstützung
Nutzen: Kundenbeschwerden [Anzahl], Nacharbeit [PT]

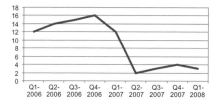 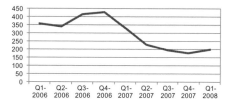

Kosten: Aufwände im Requirements Engineering [PT]

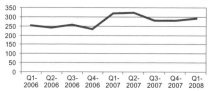

Fortschritt: Durchdringungsgrad [Umsetzung der Maßnahmen]

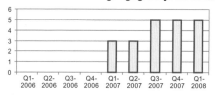

Abb. 12–21   *Kontrolle der Verbesserungsmaßnahmen mittels der ursprünglichen Zielvorgaben*

Um nachhaltige Verbesserungen zu erreichen, ist ein dezidiertes Verbesserungsprojekt notwendig. Zunächst einmal schafft es den formalen Rahmen, der Ressourcen dann zur Verfügung stellt, wenn eine bestimmte Verbesserungsmaßnahme umgesetzt werden soll. Oftmals braucht das Verbesserungsprojekt die
hervorragenden Experten (»Gurus«), um die erforderliche Akzeptanz zu erhalten
und die richtigen Ergebnisse zu liefern. Um diese Experten konkurrieren aber verschiedene Projekte, sodass eine Abstimmung mit den einzelnen Projektplänen
erforderlich ist. Zweitens schafft ein individueller Projektplan für ein solches Ver-
änderungsprojekt die Basis für die Kontrolle der Verbesserungsmaßnahmen und
deren Umsetzung. Viele, wenn nicht die meisten Verbesserungsprojekte scheitern
nicht aus technischen Gründen, sondern schlicht, weil sie schlecht durchgeführt
werden.

12.8 Tipps für die Praxis

- Setzen Sie schlanke, agile Prozesse und Vorgehensweisen ein. Agilität heißt, so viel Prozess wie nötig, um die Geschäftsziele anhaltend zu erreichen, und so wenig wie möglich, um Flexibilität, Kreativität und Innovationskraft nicht einzuschränken. Agiles Requirements Engineering wird durch die Risiken und Randbedingungen des Projekts bestimmt. Bestimmte Regeln des RE, wie beispielsweise die Zuweisung von Anforderungen an ein konkretes Projekt, bevor ihnen auf Kundenseite zugestimmt wird (engl. »allocation before commitment«), fallen auch im agilen RE nicht weg.

- Wählen Sie die geeigneten Prozesselemente anhand der Randbedingungen Ihrer Projekte, Märkte und Produkte aus. Die meisten der agilen Konzepte sind bekannte Praktiken für erfolgreiche Projektarbeit und passen nahtlos zu den bisher diskutierten Praktiken des RE. Sie müssen für die konkrete Situation ausgewählt oder angepasst werden. Unter bestimmten Randbedingungen (z.B. großes Projekt) sind sie aber kontraproduktiv. Das Ziel ist die Synergie von agilen Prozessen und disziplinierter Arbeit.

- Pflegen Sie Ihre Prozesse kontinuierlich. Prozesse sind kein Buch, das primär der Zertifizierung dient. Ständige Prozessverbesserung ist in Zeiten von Offshoring, Outsourcing und hohem Kostendruck in der Softwarebranche überlebensnotwendig. Prozesse »altern«, denn ihre Umgebung entwickelt sich weiter. Auch die Prozesse des Requirements Engineering müssen von Zeit zu Zeit kritisch überprüft und verbessert werden. Schaffen Sie immer eine direkte Verbindung von Verbesserungsinhalten mit Ihren Unternehmenszielen (z.B. Qualität, Durchlaufzeit, Kosten). Verbesserungen von Prozessen werden nicht um ihrer selbst willen durchgeführt.

- Beginnen Sie RE top-down. Gute Prozesse verbessern die Leistungsfähigkeit Ihres Unternehmens nachhaltig und liefern einen greifbaren ROI. Machen Sie Ihrem Management (z.B. dem Vertriebschef, der ständig Dinge verkauft, die Sie nicht pünktlich liefern können) klar, dass Prozesse an der Spitze des Unternehmens beginnen und gelebt werden müssen.

- Lassen Sie gerade in kleineren Projekten und Unternehmen die Spezifikation aus Lastenheft, Pflichtenheft und Testfällen schrittweise als ein kombiniertes Dokument mit verschiedenen Bereichen wachsen. Diese Vorgehensweise reduziert Überlappungen und schafft Konsistenz. Zudem können Produktvision, Anforderungen und Entwurfsentscheidungen abgeglichen werden, um so das »Over-Engineering« wirksam einzudämmen.

- Nutzen Sie Produktlinien zum Variantenmanagement. Der Erfolg von Produktlinien wird primär durch das Requirements Engineering bestimmt. Einige wenige Grundsätze sind zu beachten: Verzahnen Sie Marketing und Entwicklung, drücken Sie Anforderungen klar und geschäftsorientiert aus, schaffen Sie eine verlässliche Produktplanung, ermöglichen Sie Wiederverwendung auf der Basis von gemeinsamen Anforderungen, priorisieren Sie Anforderungen und Entwicklungspläne, entwickeln Sie in Inkrementen, beherrschen Sie das Änderungsmanagement.

■ Klären Sie für jedes Entwicklungs- oder Integrationsprojekt vor Projektstart, ob kommerzielle Komponenten oder ein externer Lieferant eingesetzt werden soll.

■ Prüfen Sie Ihre Lieferanten und insbesondere deren RE. Kann er Termine halten? Liefert er die Qualität und Funktionalität, die Sie brauchen? Welche Benchmarks haben Sie, um sich wirklich auf ihn zu verlassen? Bewerten Sie unbedingt die vorgelegten Pläne eines externen Lieferanten, der für Sie eine Lösung entwickelt. Prüfen Sie die Machbarkeit, Planungssicherheit, Kostenstruktur und Prozessfähigkeit des Lieferanten.

■ Zwingen Sie Ihrem Lieferanten nie einen unrealistischen Plan oder einen nachteiligen Vertrag auf. Am Ende spüren Sie es immer auch selbst, wenn Sie ihn übervorteilen wollten.

12.9   Fragen an die Praxis

■ Was schlagen Sie in den folgenden Situationen als Maßnahmen zur Risikoabschwächung vor? Denken Sie dabei auch an Ihre eigenen Projekte, Produkte und Kunden.

■ Die Entwicklung hat ihre eigene Sicht darüber, was der Kunde braucht, und arbeitet ohne Kontakt mit Vertrieb und Marketing.

■ Verschiedene interne oder externe Interessengruppen haben widersprüchliche Ansichten zu dem, was im Projekt zu tun ist.

■ Kundenbedürfnisse ändern sich ständig, und das Projekt kommt nicht voran.

■ Das Marketing oder der Kunde verlangen Liefertermine, die von der Entwicklung nicht eingehalten werden können.

■ Lieferanten machen offensichtliche Dumpingangebote.

■ Eine Produktlinie soll für ein bereits existierendes Produkt eingeführt werden.

■ Kommerzielle Komponenten, die noch nicht fertig sind, sollen eingesetzt werden.

13 Zusammenfassung und Ausblick

The ancients knew something which we seem to have forgotten.
All means prove but a blunt instrument,
if they have not behind them a living spirit.

Albert Einstein

13.1 »Stand der Technik« im Requirements Engineering

Wir wollen hier nochmals die wichtigsten Tipps und Maßnahmen zu einem erfolgreichen Requirements Engineering zusammenfassen. Diese Maßnahmen repräsentieren rechtlich betrachtet (siehe Abschnitt 7.4) den »Stand der Technik«, also was im Juristenjargon »bei Sachen der gleichen Art üblich ist«. Die folgenden Praktiken könnten damit aus der Sicht eines fehlkalkulierten oder unzureichend durchgeführten Projekts oder im Falle einer Produkthaftungsklage oder Gewährleistung rechtlich wirksam werden.

Diese Praktiken des Requirements Engineering sind in Tabelle 13–1 nach Umsetzungsschwierigkeiten (d.h., wie leicht lässt sich eine solche Änderung einführen?) und Aufwand für die Umsetzung (d.h., wie viel Kosten oder Personal sind damit verbunden?) bewertet.

Beste Praktiken (»Stand der Technik«)	Umsetzungs-schwierigkeit	Kosten der Umsetzung
Vereinbaren Sie einen verbindlichen RE-Prozess und unterstützende Templates. Halten Sie den Prozess einfach, aber achten Sie auf disziplinierte Ausführung.	Groß	Mittel
Setzen Sie ein Projektkernteam ein, das für das Projekt oder das Produkt und seine Entwicklung verantwortlich ist (Umsatz, Gewinn). Es besteht aus den vier Rollen Produktmanager (Leitung), technischer Projektmanager, Produktmarketing und Operations/Service (je nach Produkt).	Groß	Klein
Vereinbaren Sie ein Budget in Zeit und Aufwand für alle Aktivitäten des Requirements Engineering. Verfolgen Sie in Projekten die Nutzung des Budgets und greifen Sie bei Unterschreitung (unzureichende Analyse) und Überschreitung (Paralyse durch Analyse) ein.	Mittel	Klein →

Beste Praktiken (»Stand der Technik«)	Umsetzungs- schwierigkeit	Kosten der Umsetzung
Erarbeiten Sie vor der eigentlichen Analyse eine Produktvision. Die Vision beantwortet die Frage: Was wird durch das Projekt anders? Wie wird das Produkt am Markt wahrgenommen? Welchen Wert schafft es für seine Benutzer?	Klein	Klein
Nutzen Sie alle relevanten Quellen für Anforderungen. Geben Sie sich nicht mit einem Anforderungskatalog zufrieden, der aus nur einer Quelle stammt.	Mittel	Klein
Involvieren Sie alle relevanten Interessengruppen (z.B. Kunden, Benutzer, Marketing, Vertrieb, Produktmanager und Projekt- manager) im Requirements Engineering.	Klein	Mittel
Spezifizieren Sie Anforderungen auf der Basis von Marktanforde- rungen (Lasten: Warum? Was?) und Produktanforderungen (Pflichten: Was? Wie?).	Klein	Mittel
Ordnen Sie jeder Anforderung eine eindeutige Identifikation zu, die Sie konsistent zum Referenzieren verwenden.	Klein	Klein
Nutzen Sie ein einfaches Template konsistent zur Beschreibung und Verwaltung von Anforderungen.	Mittel	Mittel
Beschreiben Sie Anforderungen in einer halbformalen Notation. Achten Sie auf Lesbarkeit und Präzision	Groß	Mittel
Führen Sie ein Glossar während des gesamten Projekts. Beginnen Sie damit, wenn die ersten Anforderungen auftreten.	Klein	Klein
Priorisieren Sie alle Anforderungen und entwickeln Sie anhand dieser Prioritäten in Inkrementen. Prioritäten werden am zu erwartenden Kundennutzen festgemacht.	Groß	Mittel
Planen Sie das Projekt auf der Basis der geschätzten und verein- barten Anforderungen. Projektaufwand darf nicht in andere als die vereinbarten Anforderungen fließen.	Mittel	Mittel
Beschreiben Sie Anforderungen mess- und testbar, sodass sie als Qualitätskriterien bei Validierung und Freigabe verwendbar sind.	Mittel	Mittel
Prüfen Sie Anforderungen anhand von Reviews. Setzen Sie für die Reviews Tester und Produktmanager ein, nicht Entwickler oder Projektmanager.	Mittel	Mittel
Verfolgen Sie den Status jeder einzelnen Anforderung im Projekt aus Kundensicht. Messen Sie den Projektfortschritt am Implemen- tierungsstand der Anforderungen.	Klein	Mittel
Vereinbaren Sie das Änderungsmanagement von Anforderungen. Setzen Sie ein Änderungskomitee ein. Bearbeiten Sie auch kleine Änderungen systematisch und diszipliniert.	Mittel	Mittel
Verknüpfen Sie individuelle Anforderungen untereinander (horizontale Nachverfolgbarkeit) und zu späteren Projekt- ergebnissen (vertikale Nachverfolgbarkeit).	Mittel	Groß

Tab. 13–1   *Beste Praktiken im Requirements Engineering und die Aufwände zur Umsetzung*

13.2 Trends in der IT und Softwaretechnik

Im Requirements Engineering schauen wir immer in die Zukunft, denn es geht um Produkte und Lösungen, die erst noch zu entwickeln sind. Was liegt also näher, als kurz zu betrachten, welche Trends die IT und Softwaretechnik maßgeblich beeinflussen. Schauen wir zum Schluss noch darauf, wohin die Reise geht.

Bei Vorhersagen ist es hilfreich, zunächst einmal die Perspektive zu weiten und zu betrachten, welche externen Einflüsse sich insgesamt auf uns auswirken werden. Wir wollen daher zuerst auf einige generelle Trends eingehen, die sich von Änderungen und Entwicklungen in der Gesellschaft auf Verhaltensweisen und damit auf die Informations- und Softwaretechnik auswirken. In einem zweiten Schritt – und im folgenden Abschnitt – wollen wir daraus spezifische Trends für das Requirements Engineering ableiten.

In den nächsten Jahren sind die folgenden Trends in der Gesellschaft relevant und beeinflussen unsere Produkte und Lösungen:

1. Wert und Nutzen
2. Globaler Wettbewerb
3. Kostendruck
4. Schnelle Veränderungen
5. Service
6. Mode
7. Individualismus
8. Sicherheit
9. Stabilität
10. Ökologie und Umwelt

Wir wollen diese zehn Trends nun etwas genauer betrachten, um ihre Einflüsse im Zusammenhang zu verstehen:

1. **Wert und Nutzen**
   Wert ist das, wofür ein Kunde zahlt. Schneller als andere Wirtschaftszweige hat sich die Softwarebranche in Richtung Wiederverwendung von Lösungen und Zulieferung von Komponenten und Plattformen ausgerichtet. Hintergrund dafür sind der Kostendruck aufgrund zunehmender Globalisierung sowie die Aufwärtsbewegung in der Maslow'schen Bedürfnispyramide hin zu zunehmender Individualität. Beides lässt sich nicht im altmodischen Stil der Softwaremanufaktur erreichen, wo praktisch alles selbst entwickelt wird. Man muss existierende Komponenten und Bausteine möglichst effektiv einsetzen und den Zusatznutzen als differenzierendes Element verkaufen.

   Wertorientierung hängt mit Wiederverwendung zusammen. Softwarekomponenten werden kommodisiert und als Open-Source-Software oder in Niedriglohnländern entwickelt. Was zählt sind wertorientierte Lösungen, die individuell aus diesen Komponenten erstellt werden. Für die Softwareentwicklung bedeutet dies, dass Komponenten als eigenständige Produkte entwickelt werden, die eine Spezifikation und Schnittstellenbeschreibung nach außen liefern, die eine Aggregierung auf der nächsthöheren Ebene erlaubt. Gerade bei eingebetteten Systemen ist dieser Trend am deutlichsten, denn die Grenzen zwischen Hardware und Software sind bereits heute im Verschwinden begriffen. Rekonfigurierbare Komponenten erlauben es, Entscheidungen innerhalb der Produktentwicklung spät zu treffen, ohne Hardware neu entwickeln zu müssen. Rekonfigurierbare Softwarekomponenten, die erst zur Laufzeit – autonom – entscheiden, ob sie eine interne Aktualisierung vornehmen müssen, werden Softwaresysteme zunehmend flexibler machen. Diese Art der Standardisierung wird zu größeren Stückzahlen beitragen, was die Eintrittsschwelle für neue Marktteilnehmer heruntersetzt.

Softwaresysteme müssen den geänderten Anforderungen hinsichtlich Individualisierung und Modebewusstsein Rechnung tragen. Ausgehend von der Notwendigkeit, einen technischen und betriebswirtschaftlichen Geschäftswert unter sich ändernden Voraussetzungen zu vermitteln, braucht es einen Entwicklungsprozess, der entstehende und sich ändernde Anforderungen beherrscht und trotzdem verbindliche (Teil-)Lösungen schafft. Der Einfluss von sich ändernden Anforderungen auf Prozesse und Architekturen muss die Bedürfnisse eines stringenten Projektmanagements mit jenen einer evolutionsfähigen Infrastruktur verbinden. Eine Antwort darauf ist die enge Verzahnung von Roadmaps (Technologien, Märkte) mit Produktmanagement und einer modularen Architektur aus wiederverwendbaren Komponenten.

2. **Globaler Wettbewerb**

Globalisierung und Internationalisierung der Software bedeutet größere Märkte sowohl im Vertrieb als auch bei den zur Verfügung stehenden Ressourcen [Ebert2012a]. Globalisierung schafft weltweit neue Arbeitsplätze. In Niedriglohnländern entstehen Arbeitsplätze aufgrund des Lohngefälles und weil sich neue Aufgaben ergeben und neue Unternehmen gegründet werden, die es dort vorher nicht gab. Die Aufträge in Regionen mit niedrigeren Lohnkosten generieren dort Einnahmen und Gewinne, die je nach Struktur der Handelsbeziehungen wieder als zusätzliche Mittel in den Import von hochwertigen Produkten aus Hochlohnländern fließen. In Hochlohnländern entstehen Arbeitsplätze, weil verringerte Produktionskosten, wie sie sich beispielsweise durch Outsourcing ergeben, in den heimischen Unternehmen die Wettbewerbsfähigkeit, Profitabilität und den Wert eines Unternehmens auf dem globalen Markt steigern. Wenn weniger produktive Arbeiten und Prozesse in Niedriglohnländer ausgelagert werden, können die freigesetzten Arbeitskräfte im Heimatland ertragreichere Arbeiten verrichten (soweit die Ausbildung und Flexibilität der Arbeitskräfte gegeben und der Beschäftigungsstand insgesamt hoch ist, wovon wir in der Informationstechnik ausgehen).

Globalisierung treibt interne Veränderungen und Produktivitätsverbesserungen. Aus der »Softwaremanufaktur« mit großer Fertigungstiefe entsteht eine globale »Softwareindustrie«. Prozesse, Technologien oder Ausbildung werden weltweit standardisiert, sodass aus kreativen Einzelkämpfern zwangsläufig globale Lieferketten werden. Global verteilte Teams sind nur effektiv, wenn sie die Arbeitsergebnisse möglichst gut nutzen können. Standards in Entwicklung und Design sowie moderne Werkzeuge zur Kommunikation, zum sicheren und schnellen Datenaustausch und zur wirkungsvollen Kollaboration sind dafür gefragt. Darüber hinaus müssen die Teams lernen, effektiv und produktiv miteinander zu arbeiten anstatt gegeneinander. Wenn die Entscheidung aus betriebswirtschaftlichen Gründen für eine verteilte Entwicklung gefallen ist, dann müssen viele der bisherigen Prozesse stark geändert werden, denn es ist ein großer Unterschied, ob man schnell einmal eine Frage mit einem Kollegen im Büro klären kann oder ob Unterschiede von Zeitzonen, Sprachen und Kulturen es nicht erlauben, sich direkt kurzzuschließen [Ebert2012a].

Globalisierung ermöglicht die globale Nutzung der Ergebnisse unserer Produktentwicklung. Während dies die Verkaufszahlen positiv beeinflussen kann, vergrößert es auch die Risiken. Wettbewerber kommen aus allen Bereichen der Welt, Märkte sind nicht mehr abgeschottet und Risiken aus Copyright- und Patentverletzungen nehmen zu. Die Analyse von Anforderungen und Lösungen muss sehr viel fundierter und tiefgehender arbeiten, um diese Risiken zu bewältigen.

3. **Kostendruck**
Ein zunehmend globaler Wettbewerb und die extrem niedrige Eintrittsschwelle bei IT und Softwareanwendungen werden weiterhin die Preise schnell erodieren lassen. Je nach Branche werden für die gleichen Produkte auf Jahresbasis Preisreduzierungen von 10–50 % verlangt. Das gilt vor allem dort, wo die Produkte verhältnismäßig einfach sind und leicht kopiert werden können. Dort, wo Kundenbindung zählt und wo die Software in komplexe Geschäftsprozesse oder elektronische Systeme eingebettet ist, sind die Preisverfälle viel geringer. Achten Sie daher in Ihrem regelmäßigen Portfolio-Review darauf, dass Sie nachhaltigen Wert für Ihre Kunden schaffen und dass Sie nicht leicht ersetzbar sind. Bewegen Sie sich von »Kästen« und »Anwendungen« hin zu Lösungen, die unterschiedliche Inhalte flexibel kombinieren. Dem Kostendruck und einem Markt, der sich über Preise definiert, kann nur durch neue Geschäftsmodelle und hohe Serviceorientierung begegnet werden.

Bedarfsorientierte Bezahlmodelle ersetzen technologieorientiertes Einkaufsverhalten (z. B. das Hosting von Anwendungen oder das Mieten von

softwarebasierten Lösungen, wie Textverarbeitung, auf reiner Nutzungsba-
sis). Diese Modelle, die durch Apples iPod zuerst populär wurden, kommen
heute selbst im Bereich von Entwicklungswerkzeugen oder eingebetteter
Software zum Einsatz. Temporär agierende Gruppen entwickeln oder pflegen
Software anstelle der klassischen Hersteller, die über Jahre als Partner auftra-
ten (z. B. Community-Source-Entwicklung von Software in einer Gruppe von
Unternehmen oder Personen, die sich für die Dauer dieser Entwicklung
zusammentun und danach die Software zur Pflege anderer Gruppen überlassen). Quellcode ist zunehmend ein austauschbarer Gebrauchsartikel, der
bedarfsgerecht entwickelt, verteilt und gepflegt wird (z. B. Open Source, Offshoring, Komponenten).

4. **Schnelle Veränderungen**
Bedingt durch die Trends des Modebewusstseins und des zunehmenden Individualismus wird sich die Produktentwicklung auf immer kürzere Zykluszeiten einstellen müssen. Innovationen werde heute vorherrschend durch intelli-
gente Softwarelösungen angetrieben. Egal, ob es um Produktinnovationen
geht (beispielsweise erreicht die Software bei der Wertschöpfung im Auto in
Kürze die 50 %-Marke) oder um ganz neue Lösungen und Systeme beispielsweise in der Biologie oder Medizin. Man kann sich kein Produkt vorstellen,
das ohne IT entwickelt, produziert und weltweit geliefert und gepflegt werden kann.

   Wir sprechen von Web 2.0 und Web 3.0 und meinen damit kurze Pro-
duktzyklen und flexible Lösungen, die Anwender ganz individuell kombinie-
ren können. Galt dies ursprünglich primär für Onlinedienste und Konsumgü-
ter, sind heute selbst eingebettete Softwaresysteme, wie Steuergeräte in
Autos, von Änderungen noch kurz vor dem Start der Produktion betroffen.
Dies erfordert völlig neue Vorgehensmodelle in der Produktentwicklung, die
Agilität und Flexibilität mit rigider Qualitätssicherung (wegen des Trends der
Wertorientierung) kombinieren müssen. Gleichzeitig ändern sich damit
Geschäftsmodelle, denn aufwendige Varianten und kleine Losgrößen vertra-
gen sich nicht. »Design for Change« wird ein Schlüsselprinzip bleiben, aber
kombiniert werden mit »Design to Cost« und einer noch viel rigideren Ana-
lyse der Wirtschaftlichkeit von Produkten.

5. **Service**
Software entwickelt sich von einem Produkt zu einem flexiblen Service. Geschäftsmodelle um die Softwareentwicklung ändern sich. Softwarekomponenten und Dienstleistungen werden opportunistisch verschmolzen (z. B. eine
Plattform wird zu einem niedrigen Einstiegspreis angeboten, und ein jährlicher
Lizenzvertrag bindet den Käufer über Dienstleistungen, wie Aktualisierungen,
verbesserte Sicherheitsprüfungen, Fehlerkorrekturen). Gute Dienstleistungsan-
gebote verhindern die allgegenwärtige Kommodisierung der Produkte. Haus-
halte beispielsweise, die drei Telekommunikationsdienste abonniert haben,

halbieren die Wahrscheinlichkeit, ihren Lieferanten zu wechseln, im Vergleich zu jenen, die nur einen Service abonnierten.

»Ökosysteme« aus Lieferanten und Benutzern werden sich bilden, die anhaltend innerhalb ihrer selbst gesetzten Grenzen Dienstleistungsbedarf generieren und stillen können (z.B. SW-Renovierungsfirmen). Wert wird zunehmend durch eingebettete Software erzeugt, die als System in Systemen eingesetzt wird (z.B. autonome Systeme, Agenten, Internet of Things) und flexible Services anbieten kann. Bereits heute ist Software in aller Regel vollkommen unsichtbar für die Benutzer. Wer ein Kleidungsstück kauft, wird sich kaum dafür interessieren, ob darin ein Funkchip verborgen ist, der der Waschmaschine oder dem Reinigungsunternehmen mitteilen kann, wie die optimale Reinigung durchzuführen ist. Entscheidend ist die Funktionalität der Lösung und nicht mehr die der Software. Damit werden sich Innovationen auf schnell profitable Nutzeffekte innerhalb von greif- und bezahlbaren Dienstleistungen konzentrieren.

6. **Mode**
Mode, oder umfassender gesagt der Wunsch nach einer schnelllebigen Beliebigkeit, beeinflusst bereits heute praktisch jede Produktentwicklung. Der Haupttreiber von Produkten, Dienstleistungen und Lösungen ist das Marketing. Die Kernfrage lautet: Wie kann ich einen Bedarf und damit Kaufwunsch stimulieren? Eine Antwort darauf ist Innovation, also die Umsetzung einer neuen, fortschrittlichen Lösung für ein Problem. Marketing versucht diesen Innovationsantrieb zu beschleunigen, indem neue »Probleme« – also Bedürfnisse – entwickelt werden.

Der Trend zu Modebewusstsein und kurzen Innovationszyklen hat auch die Software- und Systementwicklung erreicht. Software wird durch Gebrauch nicht schlechter, und damit gibt es auch kaum einen Grund, sie nachzukaufen – vor allem dann nicht, wenn auch ihre gesamte Umgebung unverändert gut funktioniert. Der einzige Grund, einen Kunden zum Neukauf zu bewegen, ist, das Softwareprodukt in der Wahrnehmung »besser« zu machen, also Modebewusstsein zu etablieren. Das inzwischen klassische Geschäftsmodell wurde von Microsoft und Intel entwickelt und damals als »Wintel« verbrämt. Es besteht darin, für unveränderte Bedürfnisse (also beispielsweise einen Text zu schreiben) Nachfrage nach neuen Produkten zu schaffen. Dies wurde durch eine Spirale erreicht, in der neue Software höhere Anforderungen an die Hardware stellte, sodass viele Benutzer sich alle 2–3 Jahre einen neuen PC mit neuem Betriebssystem kauften. Das »Wintel«-Modell generiert allerdings unnötig komplizierte und fehleranfällige Produkte.

Modebewusstsein sollte im Interesse der Benutzer entkoppelt werden von Kompliziertheit und Schwerfälligkeit. Komplizierte Lösungen, nicht intuitiv verständliche Benutzeroberflächen und vielfältige Abhängigkeiten zwischen Softwarekomponenten haben nichts mit Mode zu tun, sondern zeugen von schlechter Qualität. Wie man die nötige Flexibilität in gute Produkte entwickelt, zeigen die Hersteller von Software für eingebettete Systeme, die eine Systemlebensdauer von mehreren Dekaden erreichen, obwohl die Komponenten ständig modernisiert werden. Wie sie das machen? Sie trennen sauber durch offene Schnittstellen und erlauben den Austausch von Komponenten. Dann kann die neue Peripherie durch das Nachladen eines Treibers auch durch den alten Controller gesteuert werden.

7. **Individualismus**
Wir haben in praktisch jedem Lebensbereich mehr Auswahl als jemals zuvor und sind dennoch nicht zufriedener. Ein Kunde von uns brachte es auf den Punkt: »*I have 100 channels and nothing to watch.*«

Das Gleiche gilt für viele Softwareanwendungen, wo die Kunden bereits seit Jahren klagen, dass die Zunahme von – als unnötig und komplex empfundenen – Funktionen ein Hauptgrund dafür ist, ein Produkt nicht mehr zu kaufen. Im Falle von Automobilen ging dies in den vergangenen Jahren so weit, dass die Qualität aufgrund – unbeherrschter – Komplexität so stark abnahm, dass die Hersteller inzwischen selbst zurückrudern. Kunden wollen nicht eine einförmige und sie erschlagende Vielfalt an Funktionen und Möglichkeiten, sondern eine auf ihre speziellen Vorlieben und Bedürfnisse angepasste Auswahl. Diese Auswahl im Einzelfall optimal zu treffen und möglichst nahe am Bedarf des individuellen Kunden zu halten, ist die Kunst von Marketing und Produktmanagement im 21. Jahrhundert.

Benutzer wollen individuell anpassbare Lösungen, um sich zu verbinden, zu organisieren, zu unterhalten und um effektiver und effizienter zu arbeiten. Moderne Informationssysteme tragen dem Rechnung, indem sie flexible und schnell anpassbare Anwendungen und Dienstleistungen zur Verfügung stellen. Die Differenzierung findet nicht mehr auf der Ebene von technischen Produkten statt, sondern durch den vermittelten Geschäftswert von Lösungen. Softwaresysteme müssen sich daher der Herausforderung stellen, eine lange Lebensdauer zugrunde liegender Architekturen, hohe Verfügbarkeit und große Sicherheit mit leichter Änderbarkeit und größtmöglicher Flexibilität unter einem wachsenden Kostendruck zu verbinden.

Lösungen und Produkte, Softwareapplikationen, Dienstleistungen und Geschäftsprozesse werden daher zunehmend spezifisch auf individuelle Bedürfnisse zugeschnitten. Es muss kein Widerspruch sein, mit der Mode zu gehen und gleichzeitig nach individuellen Lösungen zu fragen. Anstatt eine überwältigende Anzahl fragmentierter Funktionen anzubieten, die kein Benutzer in ihrer Komplexität und Kopplung mehr beherrschen kann, fragen Kunden nach einer möglichst einfachen Antwort auf ein ganz spezielles Bedürfnis. Die Kombination aller Möglichkeiten explodiert zwar weiterhin, aber der individuelle Benutzer möchte davon unbehelligt bleiben und nur das angeboten bekommen, was er situativ benötigt. Um diese Individualisierung in großem Maßstab wirtschaftlich beherrschen zu können, wird die zugrunde liegende Software zunehmend diensteorientiert, damit sie schnell und umfassend angepasst werden kann.

8. **Sicherheit**
Die zunehmende Vernetzung unserer Welt bringt ständig höhere Anforderungen an die sichere Verbreitung, Speicherung und Nutzung unserer vielfältigen Informationen. Sicherheit hat in diesem Zusammenhang sehr viele Facetten, wie beispielsweise Datensicherheit, Datenschutz oder auch die Wahrung von Urheberrechten. Sicherheitsanforderungen spielen eine zentrale Rolle, weil sie sowohl unsere Persönlichkeitsrechte beeinflussen, und damit direkt aus den wachsenden Bedürfnissen nach mehr Individualisierung resultieren, als auch unsere Wettbewerbsfähigkeit unterstützen, indem sie gewährleisten, dass Innovationen weltweit geschützt werden können, unabhängig davon, wo sie entwickelt werden.

Sicherheitsbedürfnisse müssen konsistent und ab der Produktdefinition berücksichtigt werden. Sicherheit besteht immer und ausschließlich ganzheitlich. Eine fragmentierte Sicherheit auf Komponenten- oder Prozessbasis ist zwangsläufig aus Systemsicht unsicher. Schlechte Beispiele einer fragmentierten Sicherheit gibt es zuhauf, beispielsweise Komponenten unserer Softwareanwendungen auf dem PC, die durch Hersteller ad hoc geschützt werden und dennoch mit jedem neuen Schutzversuch die Tür für weitere Unsicherheiten öffnen. Die sogenannten »Patch-Days« großer Hersteller sind Legende, denn regelmäßig kommen einige Tage nach der automatischen Sicherheitsverbesserung die Warnungen, dass die Lösungsvorschläge nicht funktionieren oder weit größere neue Probleme produziert haben.

Ähnlich verhält es sich bei Urheberrechten oder im Datenschutz, wo der gesamte Prozess von Anfang bis Ende eines Dokumentenlebenszyklus gesichert werden muss und nicht nur lose Zugriffsbeschränkungen etabliert werden sollten. Um glaubwürdig zu bleiben und vor allem auch um existenzgefährdende Rechtskonflikte zu vermeiden, müssen Unternehmen darauf achten, Sicherheit als Grundlage der Entwicklung zu sehen und nicht als Begleiterscheinung. Es ist heute klar, dass Sicherheit anfangs definiert wird und dann rigoros, sauber und nachvollziehbar umgesetzt werden muss. Wer dies vor Gericht im Schadensfall nicht dokumentieren kann, der hat schnell verloren.

9. **Stabilität**
Die bereits genannten Trends der Wertorientierung und der Mode scheinen sehr gegensätzlich, geht es doch bei Wert um Nachhaltigkeit und bei Mode um Spontaneität. Viele Personen wünschen sich daher Stabilität und Verlässlichkeit in ihrer sich schnell ändernden Umwelt. Stabilität ist eine maßgebliche Richtlinie, an der sich Wertesysteme, Verhaltensweisen und nicht zuletzt die Kaufentscheidungen für IT- und Softwareprodukte ausrichten. Das Versagen von Software und IT, gerade dort, wo es um unsere Sicherheit geht, sei es bei der Informationssicherheit in sozialen Netzwerken oder der Sicherheit von

Automobilen, haben viele Menschen alarmiert. Unsere Abhängigkeit, aber auch Ohnmächtigkeit gegenüber omnipräsenter Software wird zunehmend auch in der Politik wahrgenommen. War »Grün« früher auf Ökologie in der Umwelt fokussiert, wird bald auch »Informationsökologie« gefordert werden.

Stabilität ist aber auch ein wesentliches Produktmerkmal in einer sich schnell ändernden Welt. Viele unserer Kunden stehen heute unter einem immensen weltweiten Effizienzdruck. Selten ist die Lösung so einfach, dass man nur ein wenig die Entwicklungs- oder Produktionskosten anpasst, und damit wettbewerbsfähig bleibt. Bei der Analyse von Geschäftsmodellen stellen wir regelmäßig fest, dass ein sehr viel wichtigerer Hebel die Kundenbindung ist. Warum kaufen Kunden? Warum würden sie wieder beim gleichen Hersteller kaufen? Hierbei geht es häufig um Stabilität, denn die komplexen Lösungen werden ja nicht nur installiert, sondern müssen über Jahre hinweg problemlos laufen. Und wenn es zu Problemen kommt, sollte ein kompetenter, stabiler Partner umgehend eingreifen können. Das gilt übrigens auch für kleine Anwendungen im Massengeschäft. Weshalb verkaufen sich mp3s und Apps bei Apple so gut? Weil man sicher sein kann, dass sie funktionieren und dass Apple als Kanal auch über Jahre hinweg stabil ist.

10. **Ökologie und Umwelt**

Im Zuge von globalem Wettbewerb, steigenden Preisen und Ressourcenknappheit wächst der Bedarf nach einer Verknüpfung von ökologischem und ökonomischem Verhalten. War dieser Trend bisher eher in einer politischen Denkweise angesiedelt, wirkt er sich nun auf breiter Basis auf Kaufentscheidungen aus – unabhängig von der politischen Einstellung der Menschen. Ökonomisches und ökologisches Verhalten bedingen sich gegenseitig, wenn Nachhaltigkeit gewünscht wird. Dieser verstärkende Effekt treibt zunehmend Kaufentscheidungen gerade bei gut ausgebildeten Zielgruppen.

Ökologisch nachhaltige Entwicklung und Benutzbarkeit ist heute eine Anforderung für viele Produkte. Kunden und Benutzer haben erkannt, dass ökonomisches und ökologisches Verhalten zusammengehören. Es sind nicht mehr die traditionellen Klischees von »Geiz ist geil« und »Grün ist rückwärtsgewandt«, sondern es ist die Nachhaltigkeit als Lebenseinstellung. Ökologie hat die Chefetagen erreicht, und viele Kaufentscheidungen werden durch Kriterien wie Nachhaltigkeit entscheidend beeinflusst. »Green IT« ist ein ganz wesentlicher Faktor in praktisch allen IT-Unternehmen. Wer keine klare Strategie dazu hat, wie der Energieverbrauch seiner Produkte reduziert wird – oder wie sie selbst dazu beitragen können, Energie zu sparen, steht ganz schnell am Pranger. Die Auswirkungen auf die Softwareentwicklung und IT-Nutzung sind vielfältig. Da geht es einerseits um »grüne IT«, also Ressourcenschonung und Energieeffizienz, die in und mit IT umgesetzt wird. Andererseits geht es darum, dass Energie durch verstärkte Nutzung von Softwarelösungen gespart wird, also beispielsweise im Transport durch eine bessere Kommunikationsinfrastruktur.

13.3   Trends im Requirements Engineering

Die IT und die Softwareentwicklung tragen ganz wesentlich zur Umsetzung dieses Trends bei. Das Requirements Engineering spielt dabei eine Schlüsselrolle, muss es doch solch schwer zu fassende Einflüsse bewerten und Prioritäten bei Konflikten setzen.

Nach diesen generellen Trends der Software- und Informationstechnik wollen wir daher auf spezifische Trends im RE eingehen. Sie leiten sich allesamt aus den zuvor genannten Entwicklungen ab, obwohl sie häufig nicht eine alleinige und direkte Konsequenz darstellen. Alle genannten Trends des RE sind Gegenstand aktueller Forschung – allerdings mit unterschiedlichem Tiefgang[1]. Wir weisen insbesondere auf Themen hin, in denen noch weitere Arbeit nötig ist, vor allem bei der Umsetzung in die praktische Projektarbeit. Dieser Abschnitt rundet viele Inhalte der bisherigen Kapitel ab, die praxisorientiert den Stand der Technik beschrieben haben. Mit diesen Schritten, die wir in den kommenden Jahren – hoffentlich gemeinsam mit Ihnen, verehrte Leser – gehen werden, sollte das RE sehr viel stärker und kontinuierlicher in Konzeption, Definition, Gestaltung, Entwicklung, Marketing und Verkauf von erfolgreichen softwarebasierten Produkten und Lösungen integriert werden.

Der Zusammenhang zwischen diesen verschiedenen Trends ist in Abbildung 13–1 grafisch dargestellt. Die linke Seite dieser Darstellung haben wir bereits im vorangegangenen Abschnitt betrachtet. Nun wollen wir uns dem Requirements Engineering zuwenden.

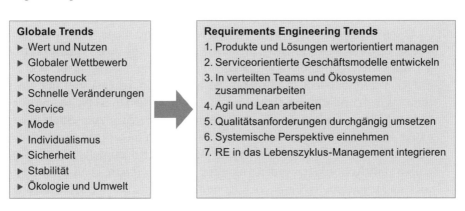

Globale Trends	Requirements Engineering Trends
▶ Wert und Nutzen	1. Produkte und Lösungen wertorientiert managen
▶ Globaler Wettbewerb	2. Serviceorientierte Geschäftsmodelle entwickeln
▶ Kostendruck	3. In verteilten Teams und Ökosystemen zusammenarbeiten
▶ Schnelle Veränderungen	
▶ Service	4. Agil und Lean arbeiten
▶ Mode	5. Qualitätsanforderungen durchgängig umsetzen
▶ Individualismus	6. Systemische Perspektive einnehmen
▶ Sicherheit	7. RE in das Lebenszyklus-Management integrieren
▶ Stabilität	
▶ Ökologie und Umwelt	

Abb. 13–1   *Die Zukunft: Verschiedene Trends beeinflussen das Requirements Engineering.*

1. **Produkte und Lösungen wertorientiert managen**
   Erfolgreiche Produkte adressieren ein Problem und liefern einen greifbaren Wert und Nutzen für den Kunden. Benutzer sehen das Produkt als Lösung

---

1.   Weiter gehende Hinweise zu Forschungsthemen im RE finden sich in [Cheng2007, Aurum2005, Maiden2005].

für eine eigene Herausforderung. Das Vehikel dafür ist das Requirements Engineering. Anforderungen müssen Lösungen mit greifbarem Wert adressieren. Sie müssen frühzeitig die Frage beantworten: Welches Problem adressiert das Produkt und wie nimmt es der Kunde als Lösung für seine eigenen Herausforderungen wahr? Lösungen erfordern Kreativität und bedingen, tradierte Geschäftsmodelle zu hinterfragen und zu modernisieren.

RE ist der Antrieb für Innovationen in der Software und IT. RE verknüpft Bedürfnisse und Lösungen. RE schafft die Basis für innovative und erfolgreiche Produkte, die industriefähig entwickelt, produziert, geliefert und gepflegt werden können. Innovationen werden nicht durch Technologie bestimmt, sondern durch Lösungen, die konkrete Bedürfnisse adressieren. Nur eine Minderheit aller Einkaufsentscheidungen ist technologiegetrieben [Deloitte 2004]. Technologien sind Treiber, aber keine hinreichenden Lösungen für den Produkterfolg. Anforderungen, die Bedürfnisse mit Technologien innovativ verknüpfen, schaffen die Basis für ein erfolgreiches Produkt.

Beim wertorientierten Requirements Engineering geht es darum, Anforderungen zu bewerten und anhand dieser Bewertung dann im Projekt zu behandeln. Häufig erfolgen allerdings die Bewertungen nur anfangs im Projekt und typischerweise nur anhand weniger Kriterien. Das wertorientierte RE wird versuchen, diese Bewertung durchgängig zu machen, sodass Evaluierungen durch das Projekt hindurch auch angepasst werden können. Darüber hinaus werden immer mehr verschiedene Kriterien betrachtet, sodass die Kombination nicht mehr eine einfache Rechenaufgabe in einem Tabellenkalkulationsprogramm ist.

Bewertungen müssen zuallererst den Kunden und damit den Nutzen am Markt adressieren. Zusätzliche Kriterien kommen aus dem Produktportfolio, von Lieferanten und aus der eigenen Entwicklung. Es wird nicht mehr so einfach wie bisher sein, Anforderungen im gleichen Schema und mit einer einheitlichen Struktur zu beschreiben und zu analysieren. Manche Anforderungen hängen von externen Komponenten und deren – zum Analysezeitpunkt – unbekannten Eigenschaften ab und müssen diese Abhängigkeiten in robuste Schnittstellen umsetzen. Aus der Mechanik bekannte Regeln zu Toleranzen und Robustheit werden zukünftig in der Software- und Systementwicklung bereits im RE berücksichtigt und modelliert. Die Verlässlichkeit der Funktionalität, die Sicherheit gegen Angriffe und Missbrauch sowie eine Vielfalt von Qualitätsanforderungen müssen in einem Zusammenhang berücksichtigt und gewährleistet werden.

Spezifische Fragestellungen im wertorientierten RE sind:

* Wie kann der Nutzen aus Kundensicht modelliert und später geprüft werden?
* Wie sieht die Wirtschaftlichkeitsrechnung des Kunden aus, und welche Rolle spielt darin das Produkt, das er kaufen soll?

- Wie lassen sich Nutzen, Kosten und Technologien im Voraus abschätzen und balancieren?
- Wie können neue Produktideen bewertet werden, sodass die richtigen Funktionen geliefert werden?
- Wie lassen sich im Dschungel bzw. im Konflikt von zu vielen einzelnen Anforderungen Win-win-Lösungen schaffen?
- Wie lassen sich innovative Anforderungen in einer globalen und verteilten Umgebung mit vielen verschiedenen Perspektiven und Zielen bewerten?
- Welche Zielgruppen, Interessenvertreter und Bedürfnisse müssen adressiert werden?
- Wie können Ziele und Nutzeffekte modelliert, verknüpft und bewertet werden?
- Welche Techniken unterstützen die Ermittlung von Anforderungen, die dem Kunden und dem Lieferanten unbekannt sind?
- Wie lassen sich Modelle spezifisch auf Benutzer und Szenarien zuschneiden?

2. **Serviceorientierte Geschäftsmodelle entwickeln**
Service unterscheidet gute von schlechten Lieferanten. Produkte sind heute austauschbar. Was zählt, ist das Paket aus Innovation, Technologie und angepassten Diensten.

Viele Unternehmen tun sich mit Serviceorientierung schwer. Sie sind durch ihre technischen Produkte erfolgreich geworden und verpassen die Entwicklung hin zu spezifischen Lösungen. Lösungen sind individualisierte Produkte, die häufig verschiedene Komponenten und Dienste kombinieren und spezifisch auf eine ganz bestimmte Herausforderung zuschneiden. Im B2C-Geschäft sind das heute Apps für Mobiltelefone. Solche Apps kommen in den nächsten Jahren für Autos, Konsumgüter, Haushaltsgeräte etc. auf den Markt. Eine darauf aufbauende Lösung könnte sein, Benutzern zu helfen, die damit empfundene Komplexität zu meistern. Bereits heute werden die wenigsten dieser Möglichkeiten effektiv genutzt, da sich der »normale Benutzer« nicht die Zeit dafür nimmt. Im B2B-Geschäft kommt es zu Verknüpfungen von Anwendungen mit Diensten, z.B. Mashups, Software as a Service und Web-3.0-Anwendungen, sowie darauf aufbauende Dienstleistungen, z.B. die Absicherung von 24/7-Verfügbarkeit eines Produkts, anstelle von komplizierten Systemen mit individuellen SLAs und fragmentierten Lieferanten.

Das RE entwickelt sich weg von seiner traditionellen Rolle als Aktivität am Projektbeginn hin zu einer Kernkompetenz in Produktstrategie und -entwicklung. Hervorragendes RE ist der Schlüssel, das Unternehmen flexibel, kundenorientiert und unternehmerisch zu führen. Die Komplexität dieser Entscheidungen wächst mit den bereits genannten Entwicklungen hin zu mehr Individualität von Lösungen oder hin zu kürzeren Lebenszyklen mit mehr Innovationspotenzial drastisch an. Anstatt das RE in die Hand eines

Projektmanagers und einiger Systemanalysten zu legen, wird die Beteiligung aller Interessengruppen unabdingbar für den Erfolg eines Produkts.

Heutzutage sind produktspezifische Entscheidungen oftmals über viele Interessengruppen verteilt und können weder in ihrer Vorbereitung noch in ihrer Umsetzung nachvollzogen werden. Anforderungen und ihre Entwicklung müssen Markt- und Portfolioentscheidungen untergeordnet werden – und sie umgekehrt auch beeinflussen. »Good enough« ist auch im RE ein wichtiges Ziel, um Kosten und Wert abzugleichen. Die Rolle der Analyse ändert sich grundsätzlich. Die Versionsplanung und die Anforderungspriorisierung müssen in einem Kontext des gesamten Portfolios evaluiert werden, denn jedes Release hat Fixkosten, sowohl auf Hersteller- als auch auf Kundenseite. Die Art, wie Anforderungen beschrieben und artikuliert werden, wird sich stark ändern. Anforderungen müssen unterschiedliche Geschäftsmodelle im Unternehmen (z.B. Standardprodukt, First-off, kundenspezifische Applikation, Pay-as-You-Go) berücksichtigen, modellieren und miteinander verknüpfen.

Fragestellungen bei neuen Geschäftsmodellen und der Rolle von RE sind:

- Wie sieht das RE für Single-Buyer-Segmentierung im Marketing aus?
- Wie sieht das RE für individualisierte Dienstleistungsmodelle aus?
- Wie kann das RE flexible und multiple Geschäftsmodelle adressieren, z.B. durch Entscheidung und Unterstützung, welche Komponenten neu entwickelt, wiederverwendet oder extern beschafft werden?
- Wie können Anforderungen und Funktionen im gesamten Produktlebenszyklus und im Portfolio dynamisch verändert werden?

3. **In verteilten Teams und Ökosystemen zusammenarbeiten**
Softwareentwicklung ist bereits heute keine isolierte Aktivität, sondern von Dienstleistungen beispielsweise für die Komponentenfertigung oder für Dienstleistungen nach der Lieferung abhängig. Dieser Trend wird sich verstärken und wird zu komplexen Netzwerken verschiedener Dienstleister entlang des gesamten Lebenszyklus der Software führen. Die Open-Source-Software hat es vorgemacht, und weitere ähnliche Modelle mit ganz unterschiedlichen Aufgabenverteilungen werden folgen.

Das RE muss diese Netzwerke und vielfältigen Abhängigkeiten ganz unterschiedlicher Unternehmen unterstützen. Anforderungen, Spezifikationen und Arbeitsergebnisse werden gemeinsam entwickelt, ausgetauscht, verifiziert und umgesetzt. Dienstleistungen für Betrieb, Wartung und Evolution der Software müssen frühzeitig beschrieben und später dann systematisch und häufig weltweit konsistent und nachvollziehbar umgesetzt werden. Anforderungen werden sich einerseits zunehmend an Standards und Normen orientieren, andererseits werden sich dort, wo es keine formalen Standards gibt, De-facto-Standards entwickeln.

Durch die serviceorientierte Wertschöpfung wird sich die Softwareentwicklung in verschiedene Schichten unterschiedlicher Geschäftsmodelle aufspalten. Während Outsourcing, Rightshoring und Open Source heute bereits standardisierte Geschäftsmodelle sind, werden weitere Formen dazukommen. Niedrige Einstiegsschwellen im Softwarebereich tragen dazu bei, dass teure und komplexe Softwarekomponenten bereits nach kurzer Zeit auch für Neueinsteiger interessant werden oder in Billiglohnländern, so wie heute Hardwareprodukte, entwickelt werden. Viele dieser Komponenten, die sich dann zu einem System zusammensetzen lassen, werden aus dem Open-Source- und Community-Source-Umfeld kommen. Anforderungen werden durch die zunehmende Wiederverwendung von Softwarekomponenten zwar standardisiert, aber in ihrer Kombination werden sie zu einer personalisierten Lösung und damit zu einem neuen Geschäftsmodell.

Fragestellungen an das RE solcher Lieferantennetzwerke und Ökosysteme sind:

- Wie lassen sich Anforderungen kollaborativ entwickeln und über Unternehmensgrenzen und Zeitzonen hinweg abstimmen?
- Wie lassen sich Anforderungen und Spezifikationen über Unternehmens- und Werkzeuggrenzen hinweg effizient austauschen und im Test nachverfolgen?
- Wie wird globales und verteiltes Requirements Engineering als Disziplin unterrichtet?
- Welche Geschäftsmodelle gelten für spezialisierte RE-Dienstleister, die unternehmensübergreifend agieren?
- Wie lassen sich kulturelle Besonderheiten bei der Anforderungsentwicklung, beispielsweise verschiedene Rollenwahrnehmung oder Kriterien zur Benutzbarkeit von Software, berücksichtigen?
- Welchen Anforderungen muss das RE für Komponenten, COTS-Software und deren Pflege genügen?
- Wie sieht das RE in Evolutionsprozessen aus, wo sich Software über längere Zeit, über Unternehmensgrenzen hinweg und mit wechselnden »Eigentümern« weiterentwickelt?

4. **Agil und Lean arbeiten**

Anforderungen müssen Änderungen flexibel und agil adressieren können. Änderungen in Anforderungen oder bereits existierenden Produkten und Lösungen sind aufgrund von dynamischen Märkten und Modeströmungen normal. Mit kürzeren und eher iterativen Produktzyklen können sie reduziert werden. Allerdings werden die betriebswirtschaftlichen Aspekte damit nicht unbedingt optimiert, denn es ist ein großer Unterschied, ob Prozesse mechanisch mit Änderungen umgehen können oder ob sie Änderungspotenziale und Risiken gezielt identifizieren und behandeln können.

Lean Management und agile Vorgehensweisen bedeuten den Übergang von reaktiven Prozessen zu proaktivem Handeln. Reaktiv ist unser Handeln heute, denn wir definieren eine Lösung, entwickeln sie und stellen unsere Prozesse – hoffentlich – darauf ein, dass sich alles ändern kann. Proaktiv wird das RE, wenn Änderungsmöglichkeiten bei der Analyse von Anforderungen bereits individuell auf einzelne Anforderungen oder Komponenten abgebildet werden (sog. Design for Change) und klar ist, was sich wie ändern und anpassen lässt. Bei der Systemdefinition und in der Analysephase werden nicht nur die Randbedingungen späterer Entwicklungsarbeiten festgelegt, sondern auch jene Bereiche, die flexibel gehalten werden müssen. Gemeinsames Grundprinzip aller agilen Techniken ist, nichts auf Vorrat zu entwickeln und sich kundenorientiert flexibel aufzustellen.

Agilität und Lean erfordern eine enge Verzahnung zwischen dem RE, dem Marketing und der Produktentwicklung, um die erforderliche Variabilität sehr früh und präzise vorherzusagen und in allen weiteren Schritten zu berücksichtigen. Gleichzeitig müssen Unsicherheiten kontinuierlich bewertet werden. Unsicherheiten kommen nicht nur von den Interessengruppen und deren Unwissen oder fehlender Kompromissfähigkeit, sondern auch von Architektur, externen Komponenten, Technologieänderungen, Kunden, Wettbewerbern, Märkten oder dem eigenen Unternehmen. Diese Unsicherheiten müssen zukünftig expliziter modelliert werden, um damit proaktiv in Analyse und Entwicklung umgehen zu können.

Weiterführende Fragestellungen des RE in agilen Umgebungen sind:

* Wie können Kundeninteressen im Projektteam bestmöglich berücksichtigt werden?
* Wie kann das RE evolutionäre Systeme und deren Konsistenzsicherung über den gesamten Lebenszyklus hinweg unterstützen?
* Welche Rolle spielt das RE bei adaptiven Systemen, wo sich die Software selbst zur Laufzeit an neue Randbedingungen anpassen kann?
* Wie lassen sich Korrektheitsbedingungen für adaptive Systeme gegenüber den relevanten Randbedingungen und Anforderungen definieren und konsistent halten?

5. **Qualitätsanforderungen durchgängig umsetzen**

Die Qualitätsansprüche an Produkte wachsen ständig. Selbst Produkte oder Lösungen im unteren Preissegment müssen – zumindest aus Haftungsgründen – über einige Jahre gebrauchstauglich sein. Solche Qualitätsanforderungen sind nicht mehr durch die klassische Sequenz einzelner unabhängiger Prüfschritte zu erreichen. Das RE muss Möglichkeiten anbieten, Qualität präzise zu beschreiben und dann durchgängig zu sichern. Tests müssen in Dauer und Kosten gerade im Softwarebereich reduziert werden. Die eingesparten Aufwände müssen in ein modellgetriebenes Qualitätsmanagement verlagert werden. Diese Verlagerung hat bisher in der Softwarebranche noch nicht stattgefunden und führt zu dem Teufelskreis, dass noch immer 40–60 % aller Entwicklungskosten in Test und Validierung fließen [Ebert 2007a], während aus den Entwicklungslabors gleichzeitig zu hören ist, dass eine durchgängige modellbasierte Analyse und Validierung aus Kosten- und Komplexitätsgründen nicht eingeführt werden kann.

Spezifikationen müssen Qualitätsanforderungen explizit modellieren und in allen funktionalen Anforderungen berücksichtigen. Dann können die Spezifikationen ausführbar gemacht werden, um danach (in noch weiterer Zukunft) konsistent und automatisch in weitere Arbeitsergebnisse übersetzt zu werden, so wie heute im Hardwaredesign. Darüber hinaus werden Entwicklungswerkzeuge, vor allem zur Modellierung und Codegenerierung, zunehmend konsistenter, sodass deren Ergebnisse auch ausgetauscht werden können.

Diese zwingende Durchgängigkeit von Anforderungen durch den gesamten Produktlebenszyklus bringt das RE künftig als Leitdisziplin in den Vordergrund der System- und Softwareentwicklung. Das RE wird im Lebenszyklus-Management eine herausragende Rolle spielen. Je komplexer die Produkte werden, umso mehr verlagert sich die gesamte Wertschöpfung in den hinteren Bereich der Lebenskette, also zu Service und Wartung. Das erfordert eine gute und umfassende Kenntnis des Produktzustands (Konfigurationen, Funktionen, Versionen von Plattformkomponenten) beim Kunden.

Entwicklungswerkzeuge werden in Zukunft für bestimmte Domänen und Sprachen zertifiziert, um Arbeitsergebnisse korrekt und konsistent zu halten. In der Verschmelzung von Hardware- und Softwarelösungen ist schließlich ein praxistauglicher Compiler vorstellbar, der ausführbare Spezifikationen direkt in Software- und Hardwaredesigns umsetzt, deren Architekturen und Entwurfsentscheidungen dynamisch und reversibel angepasst werden können, um bestimmte Kosten- oder Qualitätsziele für unterschiedliche Kunden oder Märkte zu optimieren.

Relevante Fragestellungen der Qualitätsorientierung im RE sind:

- Wie können Qualitätsanforderungen systematisch und durchgängig spezifiziert und geprüft werden?
- Wie können Qualitätsanforderungen und funktionale Anforderungen werkzeuggestützt systematisch geprüft und abgesichert werden?
- Wie lässt sich Qualität und Konsistenz über Komponenten- und Systemgrenzen hinweg spezifizieren und absichern?
- Wie lässt sich die Qualitätskontrolle auf Basis von Anforderungen automatisieren?
- Wie können Robustheit und Fehlertoleranz insbesondere für kritische Systeme bereits frühzeitig in der Analyse erreicht werden?

6. **Systemische Perspektive einnehmen**

Fast jede Software ist in ein sie umgebendes System eingebettet. Wird beispielsweise eine betriebswirtschaftliche Anwendung entwickelt, und man
entscheidet sich, eine Komponente zum Datenmanagement von außen zu beschaffen, dann hat dies nicht nur Einflüsse auf Datenbanken, die darunter
liegen (und damit auch auf Lizenzmodelle etc.), sondern auch auf die Schnittstellen zum Berichtswesen oder zum übergeordneten Workflow-Management. Zudem müssen die Absprachen mit Lieferanten und deren Verfügbarkeit für eventuell notwendige Erweiterungen – selbst wenn diese erst in
geraumer Zeit wirklich bekannt und erforderlich werden – gewährleistet
werden. Dies erfordert einen Systemkontext bereits im RE, wie er (in den
Zeiten der Manufaktur) für eine geschlossene Vorgehensweise bei der Eigenentwicklung nicht nötig war.

Während die Softwareentwicklung früher von Informatikern dominiert
wurde, wird sie nun von spezialisierten Teams aus Marketing, Anwendern,
Fachexperten und Einkäufern dominiert. Es werden Komponenten paramet-
risiert, die vielleicht noch durch Informatiker entwickelt werden, aber in der
Regel erst durch den Systemcharakter wirklich an Wert gewinnen. Dieser
Trend zeigt sich bereits in vielen Produkten, wie beispielsweise der Hard-
wareherstellung (z.B. PCs, Drucker), wo die Wertschöpfung im Marketing,
Produktmanagement, in der Systemtechnik und im Verkauf liegt. Andere
Funktionen werden ausgelagert.

Software ist vernetzt. Sie kommuniziert auf den vielfältigsten Kanälen. Ein
zunehmend wichtiger Bereich in dieser Sicht auf ein System ist das Thema
Sicherheit (siehe Abschnitt 12.6). Software ist Teil einer feindlich gesonnenen
Umgebung, die danach trachtet, die Software anders zu nutzen, als dies
ursprünglich gedacht war. Szenarien von Anwendungsfällen werden durch
Szenarien von Missbrauchsfällen ergänzt. Die Hauptfrage ist nicht mehr, was
das Softwaresystem können muss, sondern die, was es verhindern muss. Entsprechend müssen funktionale Anforderungen sehr viel präziser werden und
die Grenzen einer Funktion sowie mögliche Missbrauchsfälle beschreiben.

Requirements Engineering muss diesen Systemkontext adressieren. Spezifische Fragestellungen im RE aus Systemsicht sind:

- Wie lassen sich Systemtechnik und Softwaretechnik verknüpfen?
- Wie lässt sich die Komplexität durch sich ändernde Bedürfnisse, Unsicherheiten, Variabilität, Verteilung auf verschiedene Systeme, Heterogenität
  der Anwendungen und Benutzer, Vielfalt der Schnittstellen und die damit
  verbundenen Änderungen im Umfeld der Software beherrschen?
- Wie lassen sich externe Systemeigenschaften und Ziele hin zu Anforderungen und ihrer Umsetzung und Evolution durchgängig modellieren?
- Wie lassen sich Interaktionen von funktionalen Anforderungen und mit
  Qualitätsanforderungen frühzeitig erkennen und bewerten?

7. **RE in das Lebenszyklus-Management integrieren**
    Anforderungen bestimmen den gesamten Lebenszyklus eines Produkts. Sie
    entwickeln sich ständig weiter. Nur wer den gesamten Lebenszyklus be-
    herrscht, ist mit seinen Produkten erfolgreich. Lebenszyklus-Management
    braucht eine durchgängige Methodik mit konsequenter und systematischer
    Werkzeugunterstützung. Anforderungen müssen dazu in unterschiedliche
    Datenmodelle und Informationsflüsse von der Produktstrategie bis zu Design
    und Test eingebunden werden. Das ist manuell und mit Spreadsheets immer
    weniger möglich, vor allem, wenn es um Auditierbarkeit, sicherheitskritische
    Systeme oder die Wiederverwendung von Anforderungen geht.

    In Anforderungen stecken eine Menge von Annahmen, Aussagen, Unsi-
    cherheiten, Fragen und Antworten, die nicht alle explizit beschrieben oder
    gar modelliert werden (können). Dieses Wissen, das häufig impliziter Natur
    ist, muss auf einfache Weise »registriert« werden können, ohne dass sich die
    Autoren mit einem Format oder einer Strukturierung abgeben müssen, die
    nicht mit dem offenen und flexiblen Umgang mit Anforderungen, vor allem
    während der Ermittlung und Analyse, vereinbar ist. Techniken des Wissens-
    managements [Aurum2003] helfen dabei, eine Abstraktionsschicht über die
    vagen und verbalen Beschreibungen zu legen, die nachher eine vereinfachte
    Extraktion von bestimmten Parametern erlaubt. Beispielsweise sollen Anfor-
    derungen zu einem Thema gefiltert werden können. Dies ist trivial, wenn das
    Thema vorher bekannt ist und als Filter oder Attribut festgelegt wurde. Was
    aber, wenn es erst später zu einem Thema wird? Niemand hat die Zeit, alle
    Anforderungen nachzubearbeiten. Techniken des Wissensmanagements (z.B.
    semantische oder linguistische Analysen) können selbst im Nachhinein Attri-
    bute zuweisen und Metadaten zu Anforderungen im Kontext des Produkts,
    seines Einsatzes oder der Kundenrückmeldungen anlegen und gegenseitig
    verknüpfen. Das Gleiche gilt bei der Wiederverwendung von Anforderungen.

    Oftmals können bekannte Anforderungen nicht wiederverwendet wer-
    den, weil die Abhängigkeiten und Einflüsse zur Projektzeit nicht ausreichend
    beschrieben wurden. Techniken aus Suchmaschinen oder Data Mining zur
    Textanalyse von verschiedenen Projektergebnissen werden so weiterentwi-
    ckelt, dass die Anforderungen im Nachhinein verknüpft werden können. Die
    gleiche Fragestellung tritt auf, wenn Regressionstests ausgefiltert werden
    müssen, nachdem sich das bereits fertige oder gerade entwickelte Produkt
    geändert hat. Schließlich helfen diese Techniken auch dabei, gezielte Frage-
    stellungen vorzubereiten, ohne den Autor dazu zu zwingen, einen übertriebe-
    nen und kostspieligen Zeitaufwand für die formale Beantwortung dieser Fra-
    gen zu investieren. Beispielsweise könnte zu einem späteren Zeitpunkt die
    Frage auftreten, welche Interessengruppen an einer bestimmten Anforderung
    hängen, die eventuell über Bord geworfen werden muss. Dies geht einfach,
    wenn die relevanten Interessengruppen während der Anforderungsermitt-
    lung berücksichtigt wurden.

Der Bedarf nach effektivem Lebenszyklus-Management umfasst Fragestellungen wie:

* Welche Methoden helfen zur durchgängigen Behandlung von Anforderungen von der Produktstrategie bis zu Design, Test und Wartung?
* Welche Werkzeuge helfen bei der durchgängigen Behandlung von Anforderungen von der Produktstrategie bis zu Design, Test und Wartung?
* Welche Unterstützungen sind nötig zum Austausch von Anforderungen
  über Werkzeug- und Organisationsgrenzen hinweg?
* Wie lassen sich Produkte und Systeme über Versionen und Varianten hinweg weiterentwickeln?
* Wie kann das Requirements Engineering mit der Varianz und Komplexität
  vieler verschiedener Lösungen umgehen?
* Wie lassen sich Varianten und Versionen von Anforderungen und Spezifikationen effizient und konsistent dokumentieren?
* Wie lassen sich Anforderungen aus ähnlichen Umgebungen wieder auffin-
  den und wiederverwenden?
* Wie lassen sich Anforderungen modular und wiederverwendbar spezifizieren?
* Wie können Anforderungen und Spezifikationen wiedergefunden und ver-
  wendet werden?
* Wie lassen sich Dokumenteninformationen, Metadaten, Taxonomien,
  Glossare und Nachverfolgbarkeitsbeziehungen zwischen ganz unterschiedlichen Dokumenten- und Modellarten effizient generieren und pfle-
  gen?
* Welche Werkzeuglösungen adressieren die Bedürfnisse nach Wissensmanagement, Durchgängigkeit und global verteilten Teams am besten?
* Wie lässt sich implizites Wissen ermitteln und nutzen?

13.4 Ein konstruktiver Ausblick

Die Softwarebranche bleibt – in sich ständig ändernden Anwendungsfeldern –
eine Innovationsmaschine, die ihresgleichen sucht. Software wird neue Unternehmen, Arbeitsplätze und Berufsbilder schaffen, aber auch solche rücksichtslos
infrage stellen, die sich nicht schnell genug anpassen. Hiesige Unternehmen spüren branchenunabhängig ähnliche Herausforderungen. Kostendruck, wachsende
weltweite Konkurrenz, sich ändernde Geschäftsmodelle im eigenen Unternehmen
und bei den Kunden, unklare und instabile Anforderungen, vielfältige technische
Möglichkeiten sowie eine Differenzierung durch den Wert von Lösungen und
nicht mehr durch die eingesetzte Technik bestimmen diese fundamentalen Änderungen.

**Das Überleben der Softwareindustrie in Hochlohnländern hängt davon ab,
ob wir als Unternehmen und als Mitarbeiter mit diesen Herausforderungen intel-**

ligent umgehen. Eine tragende Rolle hat dabei das Requirements Engineering, denn es ist die wichtigste Schnittstelle zwischen Bedarf und Lösung sowie zwischen Wert und Kosten.

Den Nutzen haben wir in diesem Buch kennengelernt:

Kundenzufriedenheit
Tatsächliche Bedürfnisse werden systematisch umgesetzt.

Projektmanagement
Transparenter Status; Fokus liegt auf Aktivitäten und Inhalte, die Wert schaffen; Unsicherheiten und Risiken werden besser gesteuert.

Termintreue
rechtzeitig geklärte Anforderungen; klare Verantwortungen; frühe Fehlerentdeckung

Produktivitätsverbesserung
Richtig verstandene Anforderungen; weniger Nacharbeiten; effizienter Test

Wiederverwendung
Anforderungen mit allen Arbeitsergebnissen; kontrollierte Varianz

Absicherung
reduziertes Haftungsrisiko bei Fehlern und Verzug

Produktmanager, Projektmanager und ganz allgemein Interessengruppen, die RE verstanden haben und ernst nehmen und die dazu nötigen Fähigkeiten mitbringen, stellen sicher, dass durch das Projekt ein Wert erzeugt wird. Gutes Requirements Engineering ist die Stellschraube, mit der definiert wird, wie profitabel, innovativ und flexibel unsere Unternehmen, Produkte und Dienstleistungen in Zukunft sind und wie leicht oder schwer wir es Wettbewerbern machen, unsere eigenen Leistungen (und damit Umsatz, Wert und nicht zuletzt Arbeitsplätze) zu ersetzen.

Ressourcen im Internet

Die folgende Liste beschreibt die wichtigsten Ressourcen im Internet zum Thema Requirements Engineering. Eine solche Liste kann nie perfekt sein, denn manche Seiten verschwinden und andere gewinnen an Bedeutung. Wir bitten deshalb um Ihr Verständnis, wenn manche Links nicht mehr aktuell sind. Um diese unangenehme Fluktuation so klein wie möglich zu halten, sind hier nur solche Links aufgeführt, die bereits seit Jahren existieren und gepflegt werden. Einzig bei Werkzeugherstellern kann es naturgemäß durch Änderungen im Unternehmensnamen oder in der Produktbezeichnung zu spontanen Änderungen kommen. Viele Seiten referenzieren auf weitere Informationen, sodass die im Umfang begrenzte Liste einen guten Einstieg bieten sollte, ohne unübersichtlich zu werden.

Übersicht, Literatur

Requirements Engineering Video-Tutorial von OOP 2008 (online, kostenlos, Dauer 34 min):
http://www.microsoft.com/germany/architecture/mm/03_oop2008_ebert.asx

Literaturdatenbank zu allen RE-Themen (von Alan Davis)
http://www.reqbib.com/adavis/

Spezifische Beiträge zu Requirements Engineering:
https://www.vector.com/vc_download_de.html?product=requirements_engineering

Standards

IEEE 830-1998, Software Requirement Specifications (SRS)
http://standards.ieee.org/

IEEE 1233-1998, Guide for Developing System Requirements Specifications
http://standards.ieee.org/

Requirements Interchange Format
http://www.omg.org/spec/ReqIF/

IREB (International Requirements Engineering Body), Standardlehrplan sowie RE-Glossar.
http://www.certified-re.de/service/downloads.html

Tutorials

Requirements Engineering Primer. IEEE, Build Your Career TechSet, 2007.
http://www2.computer.org/portal/web/buildyourcareer/ts003

Practical Requirements Engineering. IEEE, Build Your Career TechSet, 2007.
http://www2.computer.org/portal/web/buildyourcareer/ts004

Requirements Engineering: Advanced Topics. IEEE, Build Your Career TechSet, 2007.
http://www2.computer.org/portal/web/buildyourcareer/ts011

Konferenzen

Annual International RE Conference
http://www.requirements-engineering.org

Zeitschriften, Newsletter

Fachgruppe Requirements Engineering in der GI
http://www.gi-ev.de/gliederungen/fachbereiche/softwaretechnik-swt/

International Council on Systems Engineering (INCOSE)
http://www.incose.org/

Requirements Working Group in INCOSE
http://www.incose.org/practice/techactivities/wg/rqmts/

Gesellschaft für Systems Engineering (German Chapter of INCOSE)
http://www.gfse.de/

Object Management Group
http://www.omg.org

Yahoo Newsgroup Requirements Engineering
http://tech.groups.yahoo.com/group/Requirements-Engineering/

Requirements Forum
http://requirements.seilevel.com/messageboard/

Requirements Network
http://www.requirementsnetwork.com

RENOIR (Requirements Engineering Network Of International cooperating Research groups)
http://www.cs.ucl.ac.uk/research/renoir/

Requirements Engineering Journal
http://rej.co.umist.ac.uk/

Notationen

UML
http://www.omg.org/uml

SysML
http://www.omgsysml.org

Vorlagen

Vector Templates und Vorlagen, Requirements Engineering
http://consulting.vector.com/RE-templates

Vorlagen für Anforderungen, Priorisierung, Spezifikationen etc. (von Ian Alexander)
http://www.scenarioplus.org.uk/download_templates.html

Vorlagen für Requirements Engineering (von Suzanne & James Robertson)
http://www.volere.co.uk

Vorlage für Anforderungen und Spezifikationen
http://sunset.usc.edu/research/MBASE/EPG/templates

Beispieldaten und Anforderungen: Promise Data Repository
http://promisedata.org/?cat=11

Methoden

Hinweise und Beispiele für gute Anforderungen
http://www.complianceautomation.com/papers/incose_goodreqs.htm

Checklisten für Anforderungen und Spezifikationen
http://www.scenarioplus.org.uk/validation.htm

Kontrollierte Grammatik, Geschäftslogik
http://www.reengineeringllc.com/rule_examples.html

Entscheidungsunterstützung, Anforderungsbewertung:
Analytic Hierarchic Processing (AHP)

Werkzeug Easy-Mind:
http://decide.easy-mind.de/easymind.php?modul=navi_home&sprache=de

Werkzeug ChoiceResults:
http://choiceresults.softcns.downloadsoftware4free.com/

RE für Altsysteme

RE für Migrationsprojekte
http://tynerblain.com/blog/2006/03/09/software-requirements-for-migration-projects/

Werkzeugübersichten

Tools-Übersicht von Gea, Ebert et al.:
http://consulting.vector.com/RE-tools

Ian Alexander
http://easyweb.easynet.co.uk/~iany/other/vendors.htm

Alarcos Research Group
http://sites.google.com/site/toolsgsd/tools-1/software-requirement-tools

INCOSE
http://www.incose.org/ProductsPubs/products/rmsurvey.aspx

Ludwig Consulting Services
http://www.jiludwig.com/Requirements_Management_Tools.html

Qaguild
http://qaguild.com/Toolsdirectory/RequirementManagementTools.htm

Volere
http://www.volere.co.uk/tools.htm

@WEBO
http://www.atwebo.com/case.htm#Requirements%20Capture

RE-Werkzeuge, Hersteller

CaliberRM von Borland (Micro Focus)
http://www.borland.com/de/products/caliber/index.html

Cradle von 3SL
http://www.threesl.com/

DOORS von IBM
http://www.ibm.com/software/products/de/de/ratidoor

Eclipse RMF
http://eclipse.org/rmf

FitNesse: Open Source Requirements und Test-Wiki
http://fitnesse.org

Internet Business Logic. Wiki für ausführbare Anforderungsbeschreibungen und kontrollierte Grammatik (Shareware)
http://www.reengineeringllc.com

Integrity von PTC
http://www.mks.com

IRqA (Integral Requisite Analyzer) von Visure
http://www.visuresolutions.com http://www.irqaonline.com/

OpenCollective – The Requirements Engineering Wiki
http://www.codeproject.com/KB/applications/OpenCollective.aspx

OSRMT: Open Source Requirements Management Tool
http://www.sourceforge.net/projects/osrmt

http://linux.softpedia.com/get/Programming/Quality-Assurance-and-Testing/Open-Source-Requirements-Management-Tool-12286.shtml

Polarion Requirements
http://www.polarion.com/products/requirements

PREEvision von Vector
http://www.vector.com/preevision

Prototyping-Werkzeug
http://www.irise.com/products/studio_trial_g.php

Reqtify von Geensys
http://www.geensys.com/?Outils/Reqtify

Requirements Composer von IBM
http://www.ibm.com/software/products/de/de/rrc

RMLanding von Artifactsoftware (Freeware)
http://www.artifactsoftware.com/products/rmlanding.html

RMTrak von RBC Product Development
http://www.rmtrak.com/

Truereq PLM von Truereq
http://www.truereq.com

VisualUseCase Team Edition für Spezifikation, Verfolgung etc. (Shareware)
http://www.visualusecase.com/

Beratung, Werkzeugeinführung, Training

RE Consulting:
http://www.vector.com/consulting

RE Training, IREB Training:
http://www.vector.com/requirements-training

Rechtliche Beratung, Deutsche Gesellschaft für Recht und Informatik e.V. (DGRI):
http://www.dgri.de

Zertifizierung

Certified Professional for Requirements Engineering (CPRE)
http://certified-re.de

Downloads:
http://www.certified-re.de/service/downloads.html

Onlinequiz mit Prüfungsfragen:
http://quizlet.com/4286589/ireb-cpre-flash-cards/

Zertifizierung:
http://www.certified-re.de/zertifizierung/zertifizierungsstellen.html

http://www.pearsonvue.com
(dort Navigation nach IT und nach einem IREB-Provider, z.B. ISQI)

Beispiel: *http://pearsonvue.com/isqi/*

Dort Account eröffnen und Trainingscenter suchen, dann Datum und Uhrzeit wählen und buchen:

https://wsvprd1b.pearsonvue.com/Dispatcher?application=Login&action= actStartApp&v= W2L&clientCode=ISQI

Zertifizierung als Systemanalyst:
http://www.modernanalyst.com/

Trainings zur Vorbereitung auf die Zertifizierung (IREB etc.)

http://www.vector.com/ireb

http://www.vector.com/training-requirements-de

Glossar

> *Was man von einer Sache denkt,*
> *kann nie so gut sein wie das, was man von einer Sache weiß.*
>
> Jean Paul Getty

Das Glossar basiert auf eigenen Definitionen und benutzt als Grundlage die gebräuchlichen internationalen Standards. Verwendet wurden IEEE Std 610 (Standard Glossary of Software Engineering Terminology) [IEEE1990], ISO 15504 (Information Technology. Software Process Assessment. Vocabulary) [ISO 2004], ISO 15939 (Standard for Software Measurement Process) [ISO2002], das SWEBOK (Software Engineering Body of Knowledge) [SWEBOK2012], das PMBOK (Project Management Body of Knowledge) [PMI2008] sowie das IREB-Glossar [IREB2012]. Für generalisierende Einträge wurde auch Wikipedia konsultiert und entsprechend aktualisiert, um die einheitliche Begriffsbildung zu forcieren. Obwohl die Definitionen für dieses Buch angepasst sind, lehnen sie sich inhaltlich an die genannten Standards an. Aufgrund der vielen Überlappungen und nur weniger Widersprüche wurden die jeweiligen Standards nicht einzeln zitiert. Wo es dem Verständnis dient, verweisen Erklärungen aufeinander. Solche Querverweise innerhalb des Verzeichnisses sind mit einem → Symbol markiert.

Agile Entwicklung Entwicklung mit Fokus auf Flexibilität, Vertrauen, Personen und mit möglichst wenig als unnötig angenommenen Zusatzarbeiten. Beispiele agiler Methoden sind → Extreme Programming, → Feature Driven Development, → testgetriebene Entwicklung.

AHP Analytic Hierarchical Process. Bewertung von Alternativen (z.B. Anforderungen) durch paarweisen Vergleich anhand definierter Kriterien.

Akzeptanzkriterien Die Kriterien, die ein System oder eine Lösung erfüllen muss, um durch einen Benutzer, Kunden oder eine andere autorisierte Interessengruppe akzeptiert zu werden.

Analogieschätzung Methoden zur → Aufwandschätzung und zur → Risikoabschwächung von Softwareprojekten auf der Grundlage des Vergleichs mit bereits realisierten Entwicklungen bzw. zu analogen Entwicklungsabschnitten.

Änderungsanforderung Formalisierte → Anforderung, in einem Projekt, Prozess oder Produkt eine Änderung durchzuführen. Typischerweise das Ergebnis einer Entscheidung im Verlauf eines Entwicklungsschritts, die sich auf die → Konfigurationsbasis auswirkt.

Änderungskomitee Eine formal definierte Gruppe verschiedener Repräsentanten von Interessensphären im Projekt, die über alle Änderungen zu einer → Konfigurationsbasis entscheiden.

Änderungsmanagement Der formelle Prozess, durch den Software nach Etablierung einer → Konfigurationsbasis geändert wird. Teil des → Konfigurationsmanagements.

Änderungsrate Der Anteil der geänderten → Anforderungen an der Gesamtzahl aller Anforderungen. Änderungen sind neue, gelöschte und inhaltlich geänderte Anforderungen. Um eine projektspezifische Aussage zu erhalten, können die Änderungen auf die geschätzten Projektkosten umgerechnet werden. Dadurch werden Änderungen an umfangreichen Anforderungen stärker berücksichtigt. Eine Änderungsrate von 1 % pro Monat bei einem Projekt von 100 Personenmonaten bedeutet, dass monatlich Anforderungen mit einem Beitrag von einem Personenmonat geändert werden. Die Änderungskosten sind hierbei nicht berücksichtigt, denn sie wachsen gegen Ende der Projektdauer überproportional an.

Anforderung (1) Eigenschaft oder Bedingung, die von einem → Benutzer (Person oder System) zur Lösung eines Problems oder zur Erreichung eines Ziels benötigt wird. (2) Eigenschaft oder Bedingung, die ein System oder eine Systemkomponente erfüllen muss, um einen Vertrag, eine Norm, eine Spezifikation oder andere, formell vorgegebene Dokumente zu erfüllen. (3) Eine dokumentierte Repräsentation einer Eigenschaft oder Bedingung wie in Teil (1) oder (2) beschrieben. Drei verschiedene Sichten auf Anforderungen werden unterschieden: → Marktanforderungen, → Produktanforderungen und → Komponentenanforderungen. Drei verschiedene Arten von Anforderungen werden unterschieden: → funktionale Anforderungen, → Qualitätsanforderungen und → Randbedingungen. Anforderungen sind Bestandteil von Verträgen, Entwicklungsaufträgen, Projektplänen, Teststrategien etc. Sie dienen als Basis für Abschätzung, Planung, Durchführung und Verfolgung der Projekttätigkeiten. Siehe auch → Requirements Engineering.

Anforderungsanalyse Das Ziel der Anforderungsanalyse ist, die Anforderungen zu untersuchen (→ Anforderungsmodell) und eine erste Synthese einer Lösung zu liefern (→ Lösungsmodell). Dabei werden alle Anforderungen im Zusammenhang analysiert, gegenseitige Einflüsse berücksichtigt sowie Aufwände abgeschätzt. In der Regel werden verschiedene Lösungsansätze vergleichend bewertet, bevor eine Lösung dann detailliert im → Pflichtenheft beschrieben wird. Teildisziplin des → Requirements Engineering.

Anforderungsänderung Änderung einer bereits genehmigten → Anforderung. Diese Änderungen werden durch das → Änderungskomitee geprüft und in das Projekt aufgenommen oder abgelehnt. Falls die Anforderungsänderung akzeptiert wird, erfolgt eine Aktualisierung der → Konfigurationsbasis.

Anforderungsermittlung Systematische Ermittlung, Entwicklung und Analyse von Kundenanforderungen sowie daraus abgeleiteten → Anforderungen an Produkte und Komponenten. Teildisziplin des → Requirements Engineering.

Anforderungsingenieur Siehe → Requirements-Ingenieur.

Anforderungsmanagement Siehe → Requirements Management.

Anforderungsmodell Ergebnis der → Anforderungsanalyse. Modelliert die Anforderungen in einem Zusammenhang. Siehe auch → Lastenheft, → Pflichtenheft.

Anspruchsträger Natürliche oder juristische Personen, die Ansprüche an Ergebnisse haben und daher Einfluss auf Entscheidungen nehmen. Aufgrund ihrer Ansprüche an Projekte werden sie als Anspruchsträger oder – im Plural – als Anspruchsgruppen bezeichnet. Beispielsweise vertritt ein → Projektmanager Budget- oder Qualitätsziele. Ein Kundenvertreter vertritt die Geschäftsziele des Kunden.

Anwendungsfall Siehe → Use Case.

Arbeitsablauf Siehe → Workflow.

Arbeitsergebnis Ergebnis, das aus dem Abschluss eines Prozesses resultiert (z.B. → Lastenheft, Testfall).

AS Aerospace Standard

Attribut Attribute werden eingesetzt, um → Anforderungen sortieren und filtern zu können. Attribute bilden die »Metainformationen« zu den Anforderungen.

Aufgabenbeschreibung Siehe → Lastenheft.

Aufwand Die Arbeitseinheiten, die nötig sind, um eine Aktivität oder eine andere Projekteinheit abzuschließen. Wird typischerweise ausgedrückt in Personenstunden, -wochen oder -jahren. Darf nicht mit der Dauer verwechselt werden.

Aufwandschätzung Abschätzung von Aufwand, Kosten oder Dauer eines zu realisierenden → Projekts oder einer Aufgabe zum Zeitpunkt vor oder während der Projektausführung. Sollte immer eine Angabe der Genauigkeit beinhalten (z.B. ± x%). Siehe auch → Schätzung.

B2B Business to Business. Vertriebskanal vom eigenen Unternehmen zu einem fremden Unternehmen. Beispiel: Beratungslösungen.

B2C Business to Consumer. Vertriebskanal vom eigenen Unternehmen direkt zum (einzelnen) Endkunden. Beispiel: Anwendungssoftware.

B2E Business to Employee. Kanal bei E-Business-Lösungen im eigenen Unternehmen. Beispiel: Anpassung einer → PLM-Software für die eigenen Mitarbeiter.

Baseline Siehe → Konfigurationsbasis.

Bedarf Siehe → Marktanforderung, → Lastenheft.

Benutzbarkeit Der Grad, zu dem ein Produkt durch bestimmte → Benutzer in einem bestimmten Nutzungskontext genutzt werden kann, um definierte Ziele effektiv und effizient zu erreichen.

Benutzer Person oder Organisation, die das System im späteren Betrieb dazu nutzt, um ein bestimmtes Ziel zu erreichen. Nicht immer der vertraglich definierte → Kunde (z.B. eine → Standardsoftware wird von einer Einkaufsabteilung gekauft und von der Entwicklung genutzt).

Benutzeranforderung Siehe → Marktanforderung, → Lastenheft.

Beschaffung Siehe → Einkauf.

Beste Praxis Der Begriff Best Practice (wörtlich: bestes Verfahren, freier: Erfolgsrezept, Erfolgsmethode) beschreibt den Einsatz bewährter Verfahren, technischer Systeme und → Geschäftsprozesse im Unternehmen. Beste Praxis wird durch → Standards beschrieben und kann in Haftungsfragen wichtig werden, wenn ein Unternehmen nachweisen muss, dass es den Stand der Technik beherrscht und einsetzt.

Bidirektionale Nachverfolgbarkeit Die bidirektionale → Nachverfolgbarkeit ist eine Verknüpfung zwischen zwei logischen Einheiten, die in beide Richtungen verfolgbar ist (z.B. von Anforderungen zu Testfällen und von den Testfällen zu den Anforderungen). Sie erlaubt, die Beziehungen zwischen den Arbeitsergebnissen in beide Richtungen direkt und effizient zu verfolgen.

Brainstorming Methode zur Ideenfindung, die die Erzeugung von neuen, ungewöhnlichen Ideen in einer Gruppe von Menschen fördern soll. Nachteilig ist, dass Meinungsführer die Gespräche dominieren können und dass der Lösungsraum frühzeitig eingeengt werden kann.

Business Analyst Siehe → Requirements-Ingenieur.

Business Case Bewertung der Kosten und Nutzen einer Entscheidungsvorlage. Wird auch für Bewertungen eines → Produkts oder für Anforderungen an ein → Projekt eingesetzt. Im Gegensatz zur reinen Wirtschaftlichkeitsrechnung ist der Business Case ein »Fall« (engl. Case), der vom → Produktmanager operativ im Geschäft verfolgt wird.

Capability Maturity Model Integration Siehe → CMMI.

CDE Siehe → Collaborative Development Environment.

CMMI Capability Maturity Model Integration. Das Modell enthält die wichtigen Elemente für wirksame und effiziente → Prozesse in einer oder mehreren Disziplinen (z.B. Software- oder Systemtechnik, → Beschaffung). Es beschreibt einen evolutionären Weg von unreifen Prozessen zu disziplinierten, reifen Prozessen mit besserer → Qualität und → Effektivität. Es basiert of ISO 15504. Das CMMI wird seit vielen Jahren weltweit erfolgreich zur Prozessbewertung und -verbesserung in der IT-, Software- und Systemtechnik eingesetzt. Urheber des CMMI ist das → Software Engineering Institute.

COBIT Die Control Objectives for Information and related Technology (COBIT) sind eine Sammlung von → besten Praktiken und → Governance-Kriterien für das IT-Management. Sie wurden 1996 von der Information Systems Audit and Control Association (ISACA) und dem IT-Governance Institute (ITGI) erstellt und seither ständig aktualisiert. COBIT bietet Managern, Wirtschaftsprüfern und IT-Anwendern einen Satz von allgemein anerkannten Maßnahmen, Indikatoren, Prozessen und besten Praktiken für die geeignete IT-Governance und Kontrolle in einem Unternehmen. Es werden drei Dimensionen betrachtet, nämlich die IT-Prozesse, IT-Ressourcen und geschäftliche Anforderungen.

COCOMO Constructive Cost Model. Modell zur → Schätzung des Projektaufwands von B. Boehm auf der Grundlage der (zuvor zu schätzenden) Programmzeilen und anderer Einflussfaktoren des zu entwickelnden Softwareprodukts.

Collaborative Development Environment Ein Collaborative Development Environment (CDE) stellt einen Projektarbeitsbereich mit standardisierten Werkzeugen für globale Softwareteams zur Verfügung. CDEs kombinieren mehrere Werkzeuge und bieten somit eine effiziente Entwicklungsumgebung im → Outsourcing und → Offshoring.

Commercial off-the-shelf Siehe → Standardsoftware.

COTS Commercial off-the-shelf. Siehe → Standardsoftware.

CPRE Certified Professional for Requirements Engineering. Zertifizierung der Kompetenzen eines → Requirements-Ingenieurs.

CR Change Request

CRC-Karten Class Responsibility Collaboration Cards. Es handelt sich um Karteikarten, die zur objektorientierten Modellierung eingesetzt werden. Jede Karte entspricht einer → Klasse. Oben steht der Name. Der untere Teil ist in zwei Hälften geteilt. Links stehen die Aufgaben (→ Methoden) der Klasse und rechts die Kollaborationen mit anderen Klassen.

CRE Certified Requirements Engineer. Siehe → Requirements-Ingenieur.

Data Dictionary Beschreibung von Datenelementen mit Struktur, Syntax, Wertebereichen, Abhängigkeiten und einer kurzen inhaltlichen Beschreibung.

Delphi-Methode Verschiedene Experten schätzen oder prognostizieren und tauschen dann ihre Annahmen und Ergebnisse aus, um in einer zweiten Stufe die Schätzung nochmals zu verbessern. Siehe auch → Schätzung. Wird häufig zur → Aufwandschätzung in wenig bekannten Umgebungen eingesetzt.

Delta-Anforderung Eine → Anforderung, die einen Unterschied zu einer bereits existierenden Anforderung beschreibt.

Design for Change Eine → Qualitätsanforderung, die zu einem änderungsoptimierten → Lösungsmodell führt. Der gesamte → Lebenszyklus wird betrachtet, da die meisten Änderungen in einem System erst nach der ersten Lieferung auftreten. Siehe → Wartung.

Design to Cost Eine → Qualitätsanforderung, die zu einem kostenoptimierten → Lösungsmodell führt. Bei den Kosten wird der gesamte → Lebenszyklus betrachtet, je nachdem, welche Kosten optimiert werden (z. B. Entwicklungskosten oder Kosten, die den Kunden erwarten).

Dienst Siehe → Service.

Dienstbeschreibung Siehe → Service Level Agreement.

Dienstgüteniveau Ein → Maß für die Qualität einer gelieferten Dienstleistung. Beispiel: Reaktionszeit eines Lieferanten bei einer bestimmten Fehlerklasse.

DIN Deutsche Industrie-Norm

Due Diligence Systematische Bewertung eines Unternehmens (engl. Due Diligence) vor der Zusammenarbeit oder Übernahme. Die Bewertung umfasst eine systematische Stärken- und Schwächenanalyse. Siehe auch → SWOT-Analyse.

Durchlaufzeit Zeit, um den Produktzyklus von der Idee bis zum Release eines Produkts oder einer Lösung vollständig zu durchlaufen. Oft äquivalent mit der Vertragslaufzeit zwischen Auftragserteilung und Auslieferung.

Earned-Value-Management Projektmanagement auf Basis des Werts der bisher erreichten Ergebnisse in einem Projekt im Vergleich zu den projektierten Kosten und dem geplanten Abschlussgrad zu einem Zeitpunkt. → Maß für den Fortschritt, der sich aus den bereits verbrauchten Ressourcen und den damit gelieferten Ergebnissen zu einem bestimmten Zeitpunkt durch Vergleich mit den jeweiligen Planwerten zu diesem Zeitpunkt berechnet.

Eberts Gesetz zur Produktivität Die Produktivität wird verbessert, wenn Zufälle verringert werden (z. B. durch verbesserte Prozesse und diszipliniertes Arbeiten) und wenn das Wesentliche kontrolliert wird (z. B. zu verstehen, was ein Markt oder Kunde wirklich braucht, und es dann auch zu liefern). Abkürzung: RACE (Reduce Accidents, Control Essence).

ECU Electronic Control Unit

Effektivität Wirksamkeit (lat. effectivus »bewirkend«). Verhältnis von erreichtem Ziel zu definiertem Ziel, also Zielerreichungsgrad. Effektiv ist, wenn man »die richtigen Dinge tut«. Effektivität betrachtet ausschließlich, ob das definierte Ziel erreicht wird, und nicht, wie es erreicht wird.

Effizienz Wirtschaftlichkeit (lat. efficere »zustande bringen«) ist das Verhältnis zwischen Ergebnis (→ Effektivität, Wirksamkeit) einer Maßnahme und dem Aufwand, um dieses Ergebnis zu erreichen. Effizient ist, wenn man »die Dinge richtig tut«. Als Maß definiert ist Effizienz gleich Nutzen geteilt durch Aufwand. Ein effizientes Verhalten führt wie auch ein effektives Verhalten zur Zielerreichung, hält aber den dafür notwendigen Aufwand möglichst gering. Siehe → Produktivität.

Eigenschaft Siehe → Produktanforderung, → Pflichtenheft.

Einkauf Beschaffung ist der → Geschäftsprozess, der die Tätigkeiten im Einkauf zusammenfasst. Er umfasst Auswahl, Bewertung, vertragliche Verpflichtung und Management des Lieferanten von Waren und Dienstleistungen.

EN Euro-Norm

Entwicklungsfehler Durch menschliches oder maschinelles Fehlverhalten entstandene Ursache für Fehlverhalten eines Systems (Beispiel: falsche Anforderungsinterpretation). Siehe auch → Fehler, → Versagen.

Entwicklungsprojekt Ein Projekt, in dem etwas Neues oder Verändertes (Softwaretechnologie, geänderte Funktionen etc.) als → Produkt für einen → Markt oder → Kunden entwickelt wird.

ERA (Entity Relationship Attribute) Siehe → ERM.

Erfolgsrezept Siehe → Beste Praxis.

ERM (Entity Relationship Model) Modell, das in der → Anforderungsanalyse eingesetzt wird, um die Zusammenhänge zwischen Daten zu verstehen und zu beschreiben.

Evolution Letzte Phase des → Produktlebenszyklus. Umfasst alle Arten der → Wartung sowie die Dienstleistungen, die den Wert eines → Produkts steigern oder erhalten.

Extreme Programming Eine → agile Vorgehensweise zur Softwareentwicklung. Beruht auf dem Prinzip, nur das zu entwickeln, was sofort gebraucht wird. Setzt sich aus verschiedenen Elementen zusammen, wie → inkrementelle Vorgehensweise, Refactoring, paarweises Programmieren, keine Dokumentation außer dem Code etc.

Fachkonzept Siehe → Pflichtenheft.

FDD Siehe → Feature Driven Development.

Feature Gruppe von zusammengehörenden → Anforderungen, die einen Nutzen nach außen bieten und die Umsetzung von Geschäftszielen unterstützen.

Feature Driven Development Abkürzung: FDD. → Agile Methodik zur Softwareentwicklung. FDD basiert auf einem → inkrementellen Entwicklungsprozess. → Inkremente sind direkt mit → Anforderungen (hier: »Features«) verbunden, damit jedes Inkrement einen externen Wert erzeugt.

Feature-Modell Strukturierte Darstellung von → Features mit Beziehungen und Attributen. Die Beziehungen beschreiben, wie Features zusammenhängen, sich beeinflussen oder sich hierarchisch verfeinern. Attribute beschreiben die Bedeutung oder Variabilität der Features. Siehe auch → Produktlinienentwicklung.

Fehler In einem System oder einer Komponente manifestierte Abweichung von einer Anforderung oder einer → Spezifikation, die zu einem → Versagen führen kann. In der Ursache-Wirkungs-Kette wird klar unterschieden zwischen Fehlverhalten (engl. Failure), verursacht durch einen → Fehler (engl. Defect) oder durch einen → Entwicklungsfehler (engl. Error).

Feldfehler Ein Fehlverhalten, das »im Feld«, also während der operativen Nutzung bzw. Anwendung eines → Produkts, auftritt.

FMEA Failure Mode and Effect Analysis. Analyse, um zu bewerten, welche Fehlfunktionen in einem System oder bei seinen Komponenten auftreten können.

FMEDA Failure Mode, Effect and Diagnostics Analysis. Analyse, um zu bewerten, wie kritisch eine Fehlfunktion aus der Sicht des → Benutzers ist.

Fokusgruppe Form der Gruppendiskussion, die in der Marktforschung eingesetzt wird. Es handelt sich um eine moderierte Diskussion mit 8–12 Teilnehmern, um Produktideen, Kaufinteressen und Nutzen frühzeitig zu bewerten. In der Moderation ist darauf zu achten, dass Meinungsführer die Gespräche nicht dominieren.

FPA Function-Point-Analyse. Quantitative Methode zur Abschätzung sogenannter Funktionspunkte auf der Grundlage der Bewertung des Softwareentwurfs nach Ein- und Ausgaben sowie Abfragen und Datenbezügen.

Full Function Points (FFP) Erweiterung der → Funktionspunkte, um dieses funktionale Größenmaß für Software in einem erweiterten Kontext einzusetzen (z.B. eingebettete Systeme).

Funktion Siehe → Feature, → funktionale Anforderung.

Funktionale Anforderung Eine vom System oder einer Systemkomponente bereitzustellende Funktion des betrachteten Systems. Sie beschreibt in der Sprache des Systems, was das System tun soll. Beispiel: Berechnung einer Ausgangsgröße aus Eingangsgrößen durch Anwendung eines Algorithmus. Siehe auch → Anforderung, → Anforderungsanalyse, → Requirements Engineering.

Funktionale Größe Größenmaß eines Softwaresystems, das aus einer Quantifizierung → funktionaler Anforderungen abgeschätzt wird.

Funktionspunkte (FP) Siehe → FPA.

Geschäftsanforderung Siehe → Marktanforderung, → Lastenheft.

Geschäftsfall Siehe → Business Case.

Geschäftsplan Ein Plan, in dem ein Unternehmen seine Strategie für ein Produkt oder das ganze Unternehmen darlegt. Er beschreibt die Umsetzung der → Produktvision in eine konkrete geschäftliche Situation. Der Geschäftsplan beinhaltet den → Business Case.

Geschäftsprozess Ein Geschäftsprozess ist eine Folge zusammengehöriger Aktivitäten, die schrittweise ausgeführt werden, um ein geschäftliches oder betriebliches Ziel zu erreichen. Geschäftsprozesse modellieren, wie das System intern operiert, um die Anforderungen der Umwelt zu erfüllen. Anwendungsfälle (→ Use Case) dagegen beschreiben, was die Umwelt vom System erwartet.

Geschäftsszenario Siehe → Business Case.

Geschäftsvorfall Ein Geschäftsvorfall ist ein Vorgang, der die Vermögenszusammensetzung in einem Unternehmen beeinflusst oder verändert. Beispiele: Geld wird eingenommen oder ausgegeben; ein Ereignis führt zu Aufwand oder Ertrag; das Vermögen oder die Schulden verändern sich.

Glossar Beschreibung aller Fachbegriffe in einem verständlichen lexikonartigen Stil.

Governance Führungsprinzipien und deren operative Umsetzung im Unternehmen zur Sicherstellung, dass Vereinbarungen eingehalten werden.

Hard Skills Fach- und Faktenwissen, also Know-how und Know-what.

HIS Hersteller Initiative Software (Vereinigung Europäischer Automobilhersteller) Maßgeblicher Initiator von SPICE, → ReqIF.

Horizontale Nachverfolgbarkeit Horizontale → Nachverfolgbarkeit beschreibt die Bezüge zwischen gleichartigen logischen Einheiten (z.B. Anforderungen untereinander, Schnittstellen gegeneinander, Produktkomponenten untereinander, von Funktionen zu Funktionen). »Horizontal« bedeutet, dass sich die verknüpften Arbeitsergebnisse auf dem gleichen Abstraktions- und Beschreibungsgrad befinden z.B. nur → Marktanforderungen.

ICT Information and Communication Technology. Siehe → Informationstechnik.

IDE Integrated Development Environment. Werkzeugumgebung zur Anwendungsentwicklung, die sowohl Entwurfsphasen als auch die Prüfung unterstützt. → Requirements Engineering und → Test werden oftmals durch weitere spezialisierte Werkzeuge unterstützt, die mit der IDE verbunden werden.

IEC International Electrotechnical Commission

IEEE Institute for Electrical and Electronics Engineers. Größte weltweit aktive Interessenvertretung für Ingenieure verschiedener Bereiche und Informatiker.

Inbound Marketing Identifikation von Bedürfnissen, Erwartungen, Trends und deren fokussierte und ergebnisorientierte Kommunikation in das eigene Unternehmen (z.B. Vorhersagen).

INCOSE International Council on Systems Engineering. INCOSE ist im Bereich des Systems Engineering ein wichtiger internationaler Verband.

Informationssicherheit (IS) Informationssicherheit ist die Summe der Eigenschaften eines Systems, die dazu beitragen, dass es weder versehentlich noch absichtlich manipuliert oder angegriffen werden kann. Informationssicherheit bedeutet, dass das Produkt mit den von ihm verarbeiteten oder gespeicherten Informationen nichts tut, was von ihm nicht erwartet wird.

Informationstechnik (IT) Oberbegriff für die Informations-, Kommunikations- und Datenverarbeitung sowie die dafür benötigte Software und Hardware. Wird für jegliche Formen der Informationstechnik verwendet, also auch für Kommunikationstechnik oder reine Softwaresysteme und -anwendungen.

Inkrement Entwicklungsinterne Lieferstufe eines → Produkts. Häufig werden Inkremente schrittweise geplant und entwickelt, um Funktionen nach ihrer Wichtigkeit oder nach inneren Zusammenhängen schrittweise im Projekt aufzubauen. Inkremente dienen wie → Iterationen dazu, große Projekte zu unterteilen und damit das Risiko beherrschbar zu machen. Iterationen betrachten vor allem Planungsrisiken und -unsicherheiten und sind auch extern als Lieferungen sichtbar. Inkrementelle Schritte haben den Vorteil der besseren Planbarkeit des Gesamtprojekts, da sie kleiner sind und bereits einen ansteigenden sowie messbaren Nutzen im Projekt zeigen. → Earned-Value-Management.

Inkrementelle Entwicklung Projekt wird in ausführ- und nutzbaren → Inkrementen schrittweise entwickelt und stabilisiert.

Inspektion Prüfung. Bestimmung, in welchem Ausmaß Forderungen an eine Einheit erfüllt werden. Teil der → Verifikation.

Integrationsprojekt Verschiedene → Komponenten werden zu einer Lösung zusammengefasst. Beispiele: Integration von → Standardsoftware (wird für Kunden angepasst und in dessen → Geschäftsprozesse integriert), die Integration von Komponenten (Schnittstellen werden angepasst und zusammengeführt) oder die Integration älterer, separat entwickelter Anwendungssysteme.

ISO International Standards Organization. Von der UNO eingesetzte Organisation, um weltweit gültige → Standards zu vereinbaren und durchzusetzen.

ISO/TS ISO Technical Standard

IT Siehe → Informationstechnik.

Iteration Entwicklungsinterne Lieferstufe eines → Produkts. Iterationen werden dann eingesetzt, wenn zu Projektbeginn noch nicht alle → Anforderungen oder → Randbedingungen bekannt sind. Iterationen dienen wie → Inkremente dazu, große → Projekte zu unterteilen und damit das Risiko beherrschbar zu machen. Iterationen betrachten vor allem technische Risiken und Unsicherheiten.

ITIL Die IT Infrastructure Library, kurz ITIL, ist ein Leitfaden sowie eine Liste von Vorgaben an Funktionen und Organisation der Prozesse, die im Rahmen des Betriebs einer IT-Infrastruktur eines Unternehmens nötig sind. Der ursprünglich britische ITIL-Standard BS 15000 ist heute ein weltweit eingesetzter De-facto-Standard und wird in ISO/IEC 20000 weiter gepflegt. Die ISO/IEC 20000 IT Service Management dient als messbarer Qualitätsstandard für das IT-Servicemanagement. Dazu werden die notwendigen Mindestanforderungen an Prozesse spezifiziert und dargestellt, die eine Organisation etablieren muss, um IT-Services in definierter Qualität bereitstellen und managen zu können.

Joint Application Design (JAD) Methode zur Entwicklung von Systemen unter Mitwirkung verschiedener → Anspruchsträger. Damit können wichtige oder kritische → Anforderungen frühzeitig ermittelt werden. Wird in den → agilen Vorgehensweisen breit genutzt.

Kano-Modell Gruppierung von → Anforderungen in drei Kategorien (Basisfaktoren, Leistungsfaktoren und Begeisterungsfaktoren) und Bewertung anhand der erwarteten Kundenzufriedenheit. Basisfaktoren werden erwartet und tragen wenig zur Kundenzufriedenheit bei, da sie nicht wahrgenommen werden, kosten aber viel Aufwand, wenn sie gepflegt werden müssen. Leistungsfaktoren werden erwartet und wahrgenommen. Wenige gut ausgewählte Begeisterungsfaktoren führen zu spontanen Kaufentscheidungen.

Key Account Manager (KAM) Ein Vertriebsbeauftragter, der einen oder mehrere Schlüsselkunden (»key account«) betreut und im Unternehmen repräsentiert. Key Accounts tragen zu einem Großteil der Umsätze bei und sind daher erfolgskritisch.

Klasse In der → objektorientierten Entwicklung ist eine Klasse die generalisierende Definition der Attribute, Operationen und der Semantik für eine Menge gleichartiger → Objekte. Alle Objekte einer Klasse entsprechen dieser Definition.

KLOC Kilo (tausend) → LOC.

KM Siehe → Konfigurationsmanagement.

Komplexität Vielschichtigkeit oder das vielfältige Ineinandergreifen vieler Merkmale (entsprechend dem lateinischen Wortursprung: »complector« = zusammenflechten). Ein System wird als komplex bezeichnet, wenn es vielfältig verknüpft und verflochten ist. Nicht mit → kompliziert zu verwechseln.

Kompliziert Schwierig oder verwickelt (entsprechend dem lateinischen Wortursprung: »complicare« = verwirren). Der Begriff »kompliziert« wird als zusammenfassende Charakterisierung eines Systems verwendet, das schwer zu verstehen, zu durchschauen oder zu handhaben ist. Damit beschreibt die Kompliziertheit das Zusammenwirken zwischen einem System als Objekt und dem Betrachter als Subjekt. Die Kompliziertheit hängt demnach vom Betrachter ab. Nicht mit dem neutralen Begriff komplex (→ Komplexität) zu verwechseln.

Komponente (1) Ein Teil einer komplexen Gesamtheit. (2) Komponenten (von lat. componere = zusammensetzen) sind modulare Teile eines Softwaresystems, die so strukturiert sind, dass sie in ihrer Umgebung durch eine andere, äquivalente Komponente ersetzt werden könnten. Komponenten bieten eine Kapselung (Information Hiding) durch die Trennung von Schnittstelle (Interface) und Implementierung. Sie werden oft als eigenständige → Produkte entwickelt, erlauben also eine rekursive Entwicklung von Systemen. In → UML ist eine Komponente auch ein Strukturelement (Spezialisierung einer → Klasse); sie kann deshalb Strukturmerkmale wie Attribute oder Operationen haben, an Generalisierungen teilnehmen und über Assoziationen mit anderen Komponenten in Beziehung gesetzt werden. Siehe → Standardsoftware.

Komponentenanforderung Komponentenanforderungen beschreiben → Anforderungen an eine → Komponente eines Produkts. Sie beschreiben aus der Sicht der Realisierung und der späteren Lösung, wie → Produktanforderungen durch eine Komponente des Produkts (z.B. Benutzerschnittstelle, Betriebssystem) adressiert werden. Sie dienen zur rekursiven Verfeinerung einer Produktanforderung oder eines Systems in handhabbare Teile. Aus der Sicht eines Lieferanten, der diese Komponente liefert, ist dies wiederum eine → Marktanforderung. Beispiel: Der Datenaustausch an der externen Schnittstelle xyz wird mit 128 Bit PGP verschlüsselt. Siehe auch → Requirements Engineering, → Pflichtenheft.

Konfigurationsbasis Formal abgenommene Version eines → Produkts, einer Produktkomponente oder eines Arbeitsergebnisses, unabhängig vom Medium, auf dem es geliefert wird. Wird zu bestimmten Zeitpunkten oder Ereignissen des Produkt- oder Komponentenlebenslaufs aktualisiert oder verworfen.

Konfigurationsmanagement Das Konfigurationsmanagement hat die Aufgabe, die Integrität der → Konfigurationsbasis sicherzustellen. Dazu werden Bibliotheken eingerichtet sowie Prozesse vereinbart und diszipliniert ausgeführt, die das Kontrollieren der Inhalte und deren Änderungen erlauben.

Konformität Erfüllung einer → Anforderung.

Kontext Siehe → Systemkontext

Konzept Eine Abstraktion, die es erlaubt, einen Sachverhalt aus einer bestimmten oder aus verschiedenen Perspektiven zu modellieren. Konzepte sind universell und lassen sich auf ganz unterschiedliche Sachen innerhalb ihres definierten Anwendungsbereichs einsetzen. Sie bilden die Bestandteile von → Methoden.

Kosten Ausgaben für Entwicklung, Produktion, Marketing, Vertrieb etc. eines → Produkts oder eines → Dienstes Für Softwaresysteme sind dies primär Arbeitskosten plus Ausgaben für Marketing und Vertrieb. Kosten werden typischerweise im Jahr, im dem sie anfallen, mit direktem Einfluss auf Gewinnrechnung und Cashflow berücksichtigt. Bei längerfristigen Investments können diese Kosten mit Einfluss auf den Cashflow (nicht den Gewinn) kapitalisiert werden.

Kritisches System Systeme, die für ihre → Benutzer oder Eigentümer von strategischer Bedeutung sind. Beispiele sind unternehmenskritische Systeme (z.B. IT-Systeme einer Bank), sicherheitskritische Systeme (z.B. Bremssteuerung im Auto) oder produktkritische Systeme (z.B. Kernkomponenten großer Produkte). → Versagen oder → Fehler kritischer Systeme haben schwerwiegende negative Konsequenzen. Sie stellen daher hohe Anforderungen an Verfügbarkeit, Verlässlichkeit und Zuverlässigkeit.

Kunde Organisation oder Person, die eine → Lösung, ein → Produkt oder einen → Dienst erhalten. Das Verhältnis ist durch den Vertrag präzise definiert, der zwischen → Lieferant und Kunde existiert. Nicht immer ist der Kunde auch der → Benutzer.

Kundenanforderung Siehe → Marktanforderung, → Lastenheft.

Kunden-Business-Case Der → Business Case aus der Sicht des → Kunden. Im Unterschied zum eigenen Business Case wird die Benutzererfahrung quantifiziert. Beispiel: Bei einem Anwendungsprogramm wird detailliert, wie viel Zeit oder Aufwand der Kunde durch dessen Einsatz sparen wird.

Kundenzufriedenheit Meinung des → Kunden über den Erfolg einer Transaktion mit dem → Lieferanten (z.B. Erfüllungsgrad der Erwartungen oder → Anforderungen des Kunden).

Lastenheft Die → Spezifikation, die alle → Anforderungen an das zu entwickelnde System in einem Dokument zusammenfasst. Beschreibt, was und wofür etwas gemacht werden soll. Gehört dem Auftraggeber und ist vertragsrelevant. Das Lastenheft darf nicht die → Lösung vorwegnehmen (→ Pflichtenheft) und damit die Aufgabe (was ist zu tun?) mit der Lösung (wie wird es gemacht?) vermischen.

Launch Siehe → Markteinführung.

Lean Development Entwicklung mit einem durchgängigen und übergreifenden Fokus auf Kundenbedürfnissen, Eigenverantwortung, minimierter Nacharbeit, effizienten Prozessen und kontinuierlicher Verbesserung.

Lebenszyklus Die Evolution eines → Systems oder eines → Produkts ab der Initiierung durch ein Benutzerbedürfnis oder einen Kundenvertrag über die Auslieferung an den Kunden bis zur Außerbetriebnahme. Beinhaltet alle (Zwischen-)Ergebnisse, die im Laufe dieser Evolution entstehen. Siehe auch → Produktlebenszyklus (PLC) und → Produktlebenszyklus-Management (PLM).

Lebenszyklusmodell Siehe → Vorgehensmodell.

Leistungsbeschreibung Vertragsrelevante Beschreibung von zu erbringenden Leistungen bei einem technischen oder betriebswirtschaftlichen → Projekt. Häufig Teil der → Anforderungen und des → Lastenhefts.

Lieferant Ein Lieferant (französisch: livrer) versorgt einen Abnehmer mit Waren oder Dienstleistungen. Es gibt verschiedene Arten von Lieferanten: (1) Teile-, Materiallieferant, (2) Komponenten-, Funktionsgruppen-, Modullieferant, Entwicklungsdienstleister, (3) Systemlieferant, Geschäftsprozesse. Die Positionierung im Lieferantennetzwerk (auch Lieferantenpyramide) gibt an, wie der Lieferant positioniert ist, und wird häufig nummeriert (OEM, Tier-1, Tier-2, ... Tier-N-Lieferant).

LOC   Lines of Code. Das am weitesten verbreitete Umfangsmaß für Software. Es gibt verschiedene Definitionen, was als Zeile gezählt werden soll (ausführbarer Code vs. Gesamtumfang). LOC bilden die Basis für → Aufwandschätzung und Fehlerabschätzungen. Wird auch in der Hardware- und Firmwareentwicklung eingesetzt.

Lösung   Ein → System, das spezifische Geschäfts- oder Kundenbedürfnisse adressiert. Lösungen sind normalerweise kundenspezifisch, einmalig und beinhalten eine Kombination verschiedener → Produkte, → Prozesse und → Ressourcen.

Lösungsmodell   Ergebnis der → Anforderungsanalyse. Modelliert eine oder mehrere → Lösungen zu gegebenen → Anforderungen und Umgebungsparametern in einem Zusammenhang. Siehe auch → Pflichtenheft.

Lösungsspezifikation   Siehe → Pflichtenheft.

Marketing   Die verschiedenen Aufgaben, Funktionen und Prozesse, die das Unternehmen und seine Position am → Markt bewerten und verbessern (z.B. Werbung, → Preisgestaltung, → Produktvision). Marketing betrachtet das gesamte Geschäft aus der Perspektive des Ergebnisses – also des → Kunden. Verständnis und Verantwortung für Marketing muss daher alle Bereiche des Unternehmens durchziehen.

Marketingmanager   Der in Produktentwicklung und -vertrieb umsatzverantwortliche Manager. Siehe auch → Marketing.

Markt   Eine Gruppe von Personen oder Institutionen mit einem nicht befriedigten Bedarf und ausreichend Ressourcen, um diesen Bedarf zu stillen.

Marktanforderung   Marktanforderungen beschreiben → Anforderungen an ein → Produkt aus der Sicht des → Kunden. Sie werden daher oft auch als Kunden-, Benutzer-, Geschäftsanforderungen, Bedürfnisse bezeichnet. Sie beschreiben den Nutzen und die Erfahrungen mit dem Produkt in der Sprache des Kunden oder → Benutzers, also warum ein → Projekt überhaupt durchgeführt wird. Einziger Maßstab an Wert und Erfüllungsgrad ist daher die Wahrnehmung oder Spezifikation des Kunden. Marktanforderungen werden im → Lastenheft dokumentiert. Beispiel: Der Datentransfer muss geschützt erfolgen, um Missbrauch zu verhindern. Siehe auch → Requirements Engineering, → Kunden-Business-Case.

Markteinführung   Einführung eines → Produkts in einem → Markt. → Meilenstein im → Produktlebenszyklus, der bestimmt, wann ein Produkt verkauft oder zum Vertrieb freigegeben werden darf.

Maß   (1) Eine formale, präzise, reproduzierbare, objektive Zuordnung einer Zahl oder eines Symbols zu einem → Objekt, um eine spezifische Eigenschaft zu charakterisieren. (2) Mathematisch: Abbildung M eines empirischen Systems C und seiner Relationen R in ein numerisches System N. (3) Die Nutzung (Erhebung, Analyse, Bewertung) eines Maßes. Beispiele: Maß für ein → Produkt (z.B. Fehler, Dauer, Planabweichung) oder einen → Prozess (z.B. Fehlerkosten, → Effizienz, → Effektivität).

Meilenstein   Definierter und geplanter Bewertungspunkt innerhalb des → Lebenszyklus.

Methode   Systematisch eingesetzte, wohldefinierte Prozeduren oder Techniken, um vorgegebene Ziele durch die Ausführung von kleinen Schritten in definierter Reihenfolge zu erreichen. Typischerweise abgeleitet oder bestimmt durch → Prinzipien. Beispiel: objektorientierte Analyse (→ OOA).

Metrik (1) Mathematik: Ein Distanzvektor für zwei → Maße. Aggregierung von zwei oder mehr Maßen. (2) Softwaretechnik: Traditionell oft fälschlicherweise synonym zu Maß verwendet. Den Vorgaben von ISO 19539 folgend sollte der Begriff »Maß« konsistent eingesetzt werden.

Migrationsprojekt Ein Migrationsprojekt umfasst das geführte Vorgehen zum Ersatz eines → Systems durch ein anderes System.

MIL Military Standard

Modell Eine abstrakte Repräsentation einer realen Sache in einer beliebigen Form (z.B. mathematische Symbolik, physikalische Formel, grafische Darstellung, verbale Beschreibung), um einen oder mehrere ausgewählte Aspekte dieser Realität vereinfachend darzustellen.

Nachverfolgbarkeit Erkennbare Bezüge zwischen zwei oder mehr logischen Einheiten (z.B. → Arbeitsergebnissen) durch beschriebene Verknüpfungen. Ziel der Nachverfolgbarkeit ist ein vereinfachtes → Änderungsmanagement sowie eine bessere Qualität von Arbeitsergebnissen, z.B. durch Konsistenzsicherung. Man unterscheidet die → horizontale und die → vertikale Nachverfolgbarkeit. Beispiel: Nachverfolgbarkeit von → Kundenanforderungen zu Testfällen. Siehe auch → bidirektionale Nachverfolgbarkeit.

Nichtfunktionale Anforderung Siehe → Qualitätsanforderung.

Notation Eine Menge von Symbolen, die es erlaubt, ein oder mehrere → Konzepte zu repräsentieren.

Nutzer Siehe → Benutzer.

Objekt (1) Generell: Sache, Einheit. (2) In der → objektorientierten Entwicklung ist ein Objekt eine konkret vorhandene Einheit mit eigener Identität und definierten Grenzen. Es hat einen Zustand und ein Verhalten. Sein Zustand wird repräsentiert durch die Datenattribute und Beziehungen, sein Verhalten durch Operationen bzw. → Methoden. Ein Objekt ist eine Instanz einer → Klasse, die Objekteigenschaften generalisiert. Das definierte Verhalten und die Struktur der Attribute gilt für alle Objekte einer Klasse. Nur die Werte der Attribute sind individuell für jedes Objekt.

Objektorientierte Entwicklung In der objektorientierten Entwicklung wird das Verhältnis zwischen → Klassen und → Objekten beschrieben. Dieses Verhältnis kann statischer (z.B. Klassenverfeinerungen, Klassenbeziehungen, Vererbung) oder dynamischer Natur (z.B. Bindung von Objekten, Nachrichtenbeziehungen) sein.

OMG Object Management Group. Industrielle Standardisierungsgruppe, die die Standardisierung von → UML und → SysML antreibt.

OO Objektorientierung. Siehe → Objektorientierte Entwicklung.

OOA Objektorientierte Analyse. Ausprägung der → Anforderungsanalyse in der → objektorientierten Entwicklung. OOA identifiziert → Objekte, die in einen Zusammenhang gebracht werden.

Outbound Marketing Generierung von Bedürfnissen, Erwartungen und Beeinflussung von Trends anhand eigener → Produkte und → Lösungen in → Märkten und beim → Kunden.

PA Process Area. Siehe → Prozessbereich.

Patch   »Flicken«, der als isolierte Änderung in einem Softwaresystem umgesetzt wird. Häufig für Fehlerkorrekturen oder → Delta-Anforderungen eingesetzt. Birgt das Risiko, dass seine Auswirkungen unterschätzt werden und dass mehrere Patches kaum mehr beherrschbar sind.

Peer Review   Ein internes Review, in dem ein → Arbeitsergebnis in erster Linie von Experten überprüft wird, die mit dem Autor auf derselben Stufe einer Hierarchie stehen. Siehe → Verifikation.

PEP   Siehe → Produktentstehungsprozess.

Pflichtenheft   Die → Spezifikation der → Lösung mit dem Ziel, die → Anforderungen an das System (→ Lastenheft) abzudecken. Wird in IT-Projekten auch als Fachkonzept bezeichnet. Beschreibt, wie etwas gemacht werden soll. Gehört dem Auftragnehmer und ist die Basis für alle weiteren Entwicklungsschritte. Umfasst mindestens ein Systemmodell und eine Systemspezifikation als Antwort auf gegebene Anforderungen. Das Lastenheft und Pflichtenheft werden versioniert und kontrolliert.

Plan   Dokumentierte Sammlung von Aufgaben, die ein Ziel erreichen sollen. Typischerweise verbunden mit einer Zeitvorgabe, einem Budget, Ressourcen, Beschreibung der ausführenden Organisation und Detaillierung der Aufgaben.

Plangetriebene Entwicklung   Entwicklung mit durchgängigen Vorgehensweisen, um Aufgaben und Projekte in einem definierten Lebenszyklus zu analysieren, zu planen und umzusetzen.

Plattform   Eine gemeinsame Grundlage (z.B. ein Baukastensystem), auf der verschiedenartige Produkte aufbauen. Basis für die → Produktlinienentwicklung, wo die Plattform gemeinsame und wiederverwendbare → Features, Designelemente (z.B. → Komponenten, Codefunktionen) sowie zugehörige Prozesse und Werkzeuge für die Ableitung von Produkten zur Verfügung stellt. Es gibt Plattformen auf verschiedenen Abstraktionsniveaus (z.B. Features, Design, Test) und für verschiedenartige Anwendungen (z.B. GUI, Middleware, Geschäftslogik).

PLC   Siehe → Produktlebenszyklus.

PLE   Siehe → Produktlinienentwicklung.

PLM   Siehe → Produktlebenszyklus-Management.

PMBOK   Siehe → Project Management Body of Knowledge.

Portfolio   Menge aller Unternehmenswerte mit ihrer Beziehung zur Unternehmensstrategie und der jeweiligen Marktposition.

Preis   Der Betrag, den ein → Kunde für eine oder mehrere Instanzen eines → Produkts oder dessen Nutzung bezahlen muss. Für interne Produkte (z.B. IT-Services) wird üblicherweise ein interner Preis festgesetzt, der sich an Transaktionskosten und marktüblichen Preisen orientiert.

Preisgestaltung   Festlegung eines → Preises für ein → Produkt. Die Preisgestaltung ist eines der wesentlichen Marketinginstrumente und wird direkt vom Produktmanager verantwortet. Preisgestaltung berücksichtigt die Positionierung, die → Produktstrategie, die Marktregeln, das eigene Geschäftsmodell. Sie beeinflusst Preise, Rabatte, Lizenzmodelle.

Prinzip   Satz von grundlegenden Regeln, die im Zusammenhang nicht hinterfragt, sondern angewandt werden. Reduziert die Argumentationskette, da die Prinzipien wie mathematische Axiome angesehen werden.

Priorität Grad der Wichtigkeit einer → Anforderung, eines Ereignisses, einer Aufgabe oder eines → Projekts.

Product Backlog Im → Scrum die Anforderungsliste des zu entwickelnden → Produkts. Vor jedem → Sprint werden die Elemente des Product Backlog neu bewertet und priorisiert, dabei können bestehende Elemente entfernt sowie neue hinzugefügt werden. Hoch priorisierte → Anforderungen werden von den Entwicklern im → Aufwand geschätzt und in den Sprint Backlog übernommen. Sie werden im Gegensatz zu niedrig priorisierten sehr detailliert beschrieben. Somit wird die verfügbare Zeit primär für die wesentlichen Elemente verwendet.

Produkt Ein Produkt (lat. produco = erzeugen, liefern) ist ein Wirtschaftsgut (oder Ergebnis; engl. Output), das in einem Wertschöpfungsprozess geschaffen wird, in dem Produktionsfaktoren (engl. Input) in einen Output umgewandelt werden. Es ist charakterisiert durch Merkmale, die einen Wert für die → Benutzer liefern. Ein Produkt kann eine Kombination von Systemen, Lösungen, Materialien und Dienstleistungen sein, die intern (z.B. interne IT-Lösung) oder extern (z.B. SW-Anwendung) direkt genutzt werden oder als Komponente für ein anderes Produkt (z.B. IP-Stack) dienen. Siehe auch → Softwareprodukt, → Arbeitsergebnisse.

Produktanforderung Produktanforderungen beschreiben → Anforderungen an ein → Produkt aus der Sicht der Realisierung einer späteren → Lösung. Produktanforderungen beschreiben, was verschiedene → Benutzer mit dem Produkt machen können und wie → Marktanforderungen und Kundenbedürfnisse in ein Produkt umgesetzt werden. Sie beschreiben eine Eigenschaft in der Sprache des Produkts und werden daher auch als Funktionen, Eigenschaften oder Systemanforderungen bezeichnet. Sie definieren den Lösungsraum und die Prioritäten. Produktanforderungen werden im → Pflichtenheft dokumentiert. Beispiel: Jede einzelne Transaktion zwischen baulich getrennten Komponenten wird individuell verschlüsselt. Siehe auch → Requirements Engineering.

Produktentstehungsprozess Produktentstehungsprozess (PEP) ist der Prozess, der firmenspezifisch Konzeption, Entwicklung und Fertigung eines → Produkts beschreibt. Siehe auch → Produktlebenszyklus.

Produkthaftung Gesetzlich definierte Gewährleistungspflicht des Herstellers bei unzureichender Funktion seines → Produkts oder bei Schadensfällen, die trotz bestimmungsgemäßer Nutzung des Produkts erzeugt werden.

Produktivität Verhältnis zwischen dem, was produziert oder entwickelt wird (Output), und den dafür beim Produktionsprozess eingesetzten Mitteln. Der Output hängt nicht nur von eingesetzten → Ressourcen ab (z.B. Mitarbeiter, Kapital), sondern von einer Anzahl (teilweise unbekannter) Umgebungsfaktoren (z.B. Ausbildungsgrad, Motivation, Entwicklungsumgebung). Produktivität verknüpft → Effizienz und → Effektivität: Produktivität heißt, einen hohen Wert bei geringem Ressourceneinsatz zu liefern.

Produktkombination Kombination von Waren und Diensten, die einem Kunden geliefert werden.

Produktkomponente Siehe → Komponente.

Produktlebenszyklus (PLC) Der Produktlebenszyklus (engl. Product Life Cycle oder PLC) beschreibt alle wichtigen Aktivitäten, um ein → Produkt oder eine → Lösung und deren Varianten und Versionen zu definieren, zu entwickeln, zu produzieren, zu betreiben, zu pflegen, zu warten, zu erweitern und schließlich aus dem Betrieb zu nehmen. Er wird in einzelne Phasen aufgeteilt, die durch → Meilensteine getrennt sind. Mit dem Fokus auf Ein- und Ausgangskriterien an den Meilensteinen werden → Risikomanagement und auditierbare Entscheidungsbildung erreicht (z. B. wegen → Produkthaftung oder Sarbanes-Oxley Act).

Produktlebenszyklus-Management (PLM) PLM ist der → Geschäftsprozess, der → Produkte und → Lösungen von ihrer Konzeption bis zum Lebensende leitet. Der gesamte → Lebenszyklus von Produkten wird als Einheit betrachtet, als ein Prozess, der vereinheitlicht, überwacht, gesteuert, automatisiert und verbessert werden kann. Typischerweise steht dahinter ein Produktdatenmanagement, das es erlaubt, die Wertschöpfungskette und deren individuelle → Werkzeuge von den → Anforderungen bis zur gelieferten Lösung und deren Wartung zu verbinden. Siehe → Vorgehensmodell.

Produktlinie Eine Menge von → Produkten, die die → Anforderungen eines gemeinsamen Anwendungsbereichs abdecken. Eine darin entwickelte Programm- oder Produktfamilie hat eine gemeinsame Basis und unterscheidet sich in definiert variablen Teilen. Damit ist eine Produktlinie eine → Plattform mit den Plattformelementen (P1...Pn) und den → Features (F1...Fm), die beide anhand der Vorgaben zur Instanziierung eines konkreten Produkts in einem definierten Rahmen ausgewählt oder angepasst werden.

Produktlinienentwicklung Die systematische Vorgehensweise, um eine → Produktlinie zu entwickeln und zu pflegen, mit dem Ziel → Marktanforderungen, Kosten, Komplexität und Variabilität in einem gemeinsamen Rahmen aus wiederverwendbaren Komponenten und gemeinsamen → Prozessen und → Werkzeugen zu optimieren.

Produktmanagement Produktmanagement ist das Management eines → Produkts (incl. Lösung und Dienstleistungen) über den gesamten Lebenszyklus, mit dem Ziel, dass der größtmögliche Geschäftsnutzen entsteht.

Produktmanager Der verantwortliche Manager eines → Produkts über den gesamten → Produktlebenszyklus. Der Produktmanager folgt dem Geschäftsprozess → Produktmanagement. Er verantwortet den → Business Case eines Produkts über dessen verschiedene Versionen, Varianten und den zugehörigen Dienstleistungen. Als »Mini-CEO« repräsentiert er ein Unternehmen oder einen Geschäftsbereich in der Formulierung der Strategie und ihrer operativen Umsetzung (z. B. → Roadmapping, Definition und Lebenszyklen von → Releases, → Produktanforderungen, Leitung eines multifunktionalen Produktteams, Vorbereitung und Umsetzung des Business Case in einem Kontext, wo viele interne und externe → Anspruchsträger beteiligt sind).

Produktplan Der Produktplan beschreibt die verschiedenen einzelnen Versionen und Varianten des → Produkts, die als individuelle → Projekte realisiert werden. Er zeigt die gegenseitigen Abhängigkeiten und integriert den Gesamtnutzen des Produkts. Er bildet die Übersetzung der → Produktstrategie in das operative Projektgeschäft.

Produkt/Service-System (PSS) Integrierte Produkte und Dienste mit Fokus auf Kundenaktivitäten und den Produktlebenszyklus.

Produktstrategie Die Produktstrategie beschreibt, wie der Geschäftsplan in konkrete → Produkte umgesetzt wird. Sie definiert die wichtigsten Funktionen, mit dem Produkt verknüpfte Dienstleistungen und technische Abhängigkeiten und den damit verbundenen Marktnutzen. Die Abbildung der → Produktstrategie auf Versionen und Liefertermine wird im → Produktplan beschrieben.

Produktvision Die Produktvision ist die Leitlinie für das konkrete → Entwicklungsprojekt. Sie ist Teil des → Marketingplans und wird vor der → Anforderungsermittlung vereinbart. Sie leitet die Bewertung und Auswahl der → Anforderungen.

Programm Gruppe von → Projekten.

Programmmanagement Erreichen eines übergeordneten Ziels mit einer Gruppe von → Projekten.

Project Management Body of Knowledge (PMBOK) Project Management Body of Knowledge. Vom Project Management Institute (PMI) herausgegebene Zusammenstellung des Basiswissens für → Projektmanager, unabhängig vom Anwendungsgebiet. Dient als Basis für die Zertifizierung zum »Project Management Professional« (PMP).

Projekt Ein Projekt ist ein temporäres Bestreben, um mit Menschen etwas Einzigartiges (→ Produkt, → Lösung, → Service etc.) zu entwickeln. Einzigartig bedeutet, dass man das exakt Gleiche nicht einfach von der Stange kaufen kann. In der Softwaretechnik werden verschiedene Projekttypen unterschieden (z. B. Produktentwicklung, Outsourcing, Pflege).

Projekt-Controlling Analyse und Steuerung eines → Projekts und seiner Aktivitäten auf der Basis von Kennzahlen zur Planung und Überwachung.

Projektlaufzeit Siehe → Durchlaufzeit.

Projektlebenszyklus Die Menge von sequenziellen Projektphasen, die durch den Kontrollbedarf der in das → Projekt involvierten Organisationen bestimmt wird. Typisch sind vier Phasen, nämlich Initiierung, Konzept/Plan, Realisierung und Abschluss. Der Projektlebenszyklus und der → Produktlebenszyklus beeinflussen sich, d.h., ein Produktlebenszyklus kann verschiedene Projekte beinhalten, und ein Projekt kann aus verschiedenen → Produkten bestehen.

Projektmanagement Der zielgerichtete und systematische Einsatz von Menschen und die Anwendung von Wissen, Fähigkeiten, Werkzeugen und Methoden auf Aktivitäten, um konkrete → Anforderungen an das → Projekt zu erreichen oder zu übertreffen. Es umfasst Planung, Führung, Kontrolle und Kommunikation.

Projektmanager Person, die ein → Projekt ergebnisverantwortlich führt. In → Entwicklungsprojekten spricht man auch vom technischen Projektmanager. Umgangssprachlich auch als Projektleiter bezeichnet.

Protokollanalyse Methode der kognitiven Psychologie, die sich mit der Interaktion verschiedener Personen und den dabei ausgetauschten Informationen befasst. Beispielsweise wird in einem Gespräch untersucht, wer wann spricht, welche Informationen bewusst und unbewusst ausgetauscht werden, welche Informationen verschleiert oder verschwiegen werden, wie und ob die Teilnehmer aufeinander eingehen oder wie sich im Lauf des Gesprächs neues Wissen entwickelt.

Prototyping Evolutionäre Vorgehensweise, um bei noch sehr unbestimmten → Anforderungen schrittweise eine → Lösung zu entwickeln (z. B. Benutzerschnittstelle). Im Unterschied zur → inkrementellen Entwicklung oder bei → Iterationen werden keine marktfähigen Zwischenergebnisse geliefert. Prototypen sollten weggeworfen werden, denn sie sind nicht auf Haltbarkeit und Wartbarkeit ausgelegt.

Prozess Abfolge zusammengehöriger Tätigkeiten, die Eingangsgrößen in Ausgangsgrößen transformiert, um ein Ziel zu erreichen (Beispiel: Prozess für → Reviews, um Fehler frühzeitig und diszipliniert zu finden).

Prozessbereich Strukturierungselement im → CMMI, um zusammenhängende → Prozesse zu gruppieren.

Prozessfähigkeit (1) Die Menge erwarteter Ergebnisse aus der Anwendung eines → Prozesses. (2) Fähigkeit einer Organisation, → Produkte gemäß vorher definierten Prozessen zu entwickeln und zu liefern.

Prozessverbesserung (1) Ein → Projekt oder Aktivitäten, um die Performanz und Reife der → Prozesse einer Organisation zur besseren Erreichung der Geschäftsziele zu verbessern. (2) Die Ergebnisse eines solchen Projekts.

QFD Siehe → Quality Function Deployment.

Qualität (1) Die Menge aller Eigenschaften eines → Produkts oder eines → Dienstes und deren Ausprägung, die der Erreichung von vorher festgelegten → funktionalen Anforderungen und von → Qualitätsanforderungen dient. (2) Grad, in dem ein Produkt oder ein Dienst vorher festgelegte Eigenschaften und deren Ausprägungen besitzt. (3) Vollständigkeit von erfüllten Erwartungen an Merkmale eines Produkts oder eines Dienstes.

Qualitätsanforderung Qualitative Eigenschaft, die das betrachtete → System oder einzelne → Komponenten des Systems aufweisen müssen. Qualitätsanforderungen ergänzen die → funktionalen Anforderungen. Beispiele: Wartbarkeit, → Sicherheit, → Informationssicherheit, Verlässlichkeit. Manchmal auch nichtfunktionale Anforderungen genannt. Siehe auch → Anforderung, → Anforderungsanalyse, → Requirements Engineering.

Qualitätskontrolle Die Techniken und Aktivitäten, die zur Erreichung von vorher definierten → Qualitätszielen nötig sind. Teil des Qualitätsmanagements. Beispiele: → Test, → Inspektionen.

Qualitäts-Requirements-Engineering (QRE) Das disziplinierte und systematische Vorgehen zur Ermittlung, Dokumentation, Analyse, Abstimmung, Prüfung und Verwaltung von → Qualitätsanforderungen über den gesamten Lebenszyklus hinweg.

Qualitätssicherung Teil des Qualitätsmanagements, das der Prüfung von vorher definierten → Qualitätszielen oder der Einhaltung von definierten → Prozessen dient (z. B. Audits).

Qualitätsziel Spezifisches Ziel, das im Falle der Erreichung bestätigt, dass die → Qualität eines → Produkts oder eines → Arbeitsergebnisses ausreichend ist. Siehe → Qualitätsanforderung.

Quality Function Deployment Methode zur → Anforderungsanalyse oder zur → Prozessverbesserung. Die Charakteristika von → Anforderungen oder von → Arbeitsergebnissen werden hinsichtlich ihrer Auswirkung auf das → Produkt evaluiert. Daraus werden Prioritäten abgeleitet, die vergleichende Einflussanalysen und Verbesserungen erlauben.

Randbedingung Eine Randbedingung ist eine → Anforderung, die die Art und Weise einschränkt, wie das betrachtete → System realisiert werden kann. Randbedingungen ergänzen die → funktionalen Anforderungen und die → Qualitätsanforderungen. Beispiele: Zielkosten, Geschäftsprozesse, Gesetze. Siehe auch → Anforderungsanalyse, → Requirements Engineering.

RCDA-Prinzip Grundlegendes Modell von vertraglichen Vereinbarungen, das aus vier Schritten besteht: Require (Anforderungen des Auftraggebers), Commit (Vertrag), Deliver (Lieferung der vertraglich spezifizierten Leistung durch den Auftragnehmer) und Accept (Annahme durch den Auftraggeber).

Reifegradmodell Modell, das die → Prozessfähigkeit in definierte Kategorien abbildet und damit eine verlässliche und wiederholbare Prozessbewertung erlaubt. Ein Reifegradmodell stellt Forderungen an Prozesse und schreibt selbst keine Prozesse vor. Es ist daher kein → Vorgehensmodell. Wird zur Bewertung der Prozessreife und zur → Prozessverbesserung sowohl für die eigenen Prozesse als auch für jene der Zulieferer eingesetzt. Siehe → CMMI.

Release Ausgelieferte → Version oder → Variante eines Produkts. Jedes Release bildet eine abgeschlossene Version oder Variante mit dedizierter eindeutiger Releasenummer.

ReqIF Requirements Interchange Format. Standard der OMG zum Austausch von → Anforderungen und → Spezifikationen zwischen verschiedenen → Werkzeugen. ReqIF basiert auf XML. Früher als RIF bezeichnet.

Request for Information (RFI) Initiale Anfrage an mögliche → Lieferanten durch den Auftraggeber. Darin wird der Auftraggeber, der Bedarf sowie die nachgefragte Dienstleistung oder das nachgefragte Produkt vorgestellt. Ziel ist ein erstes Kennenlernen des Lieferanten. Der RFI wird häufig als Fragebogen verteilt. Anhand der Antworten wird eine Kurzliste möglicher Lieferanten für den → RFP erstellt.

Request for Proposal (RFP) Anfrage an mögliche → Lieferanten durch den Auftraggeber. Darin werden die → Anforderungen an die nachgefragte Dienstleistung oder das nachgefragte Produkt vorgestellt. Ziel ist ein Lösungs- oder Projektvorschlag des Lieferanten mit Kosten- und Zeitrahmen. Anhand der Antworten wird eine Kurzliste möglicher Lieferanten für den → RFQ erstellt.

Request for Quotation (RFQ) Anfrage an mögliche → Lieferanten durch den Auftraggeber. Die → Anforderungen werden komplett spezifiziert. Ziel ist ein verbindliches Angebot des Lieferanten. Anhand der Antworten wird der Lieferant ausgewählt.

Requirements Analyst Siehe → Requirements-Ingenieur.

Requirements Engineering (RE) (1) Das disziplinierte und systematische Vorgehen zur Ermittlung, Dokumentation, Analyse, Prüfung, Abstimmung und Verwaltung von → Anforderungen unter kundenorientierten, technischen und wirtschaftlichen Vorgaben. (2) Aktivität der → Systemtechnik und → Softwaretechnik. Das Ziel von RE ist es, qualitativ gute – nicht perfekte – Anforderungen zu entwickeln und sie in der Umsetzung risiko- und qualitätsorientiert zu verwalten. Systematisches Requirements Engineering macht den Unterschied aus zwischen einem erfolgreichen Produkt und einer Sammlung irrelevanter → Features.

Requirements Interchange Format (RIF) Siehe → ReqIF.

Requirements Management Auch Anforderungsmanagement. Teil des → Requirements Engineering, der sich mit Evolution, Verwaltung und Management von → Anforderungen im → Lebenszyklus befasst.

Requirements-Ingenieur Der Requirements-Ingenieur (auch Systemanalytiker, Anforderungsingenieur, Business Analyst, Requirements Analyst) ist das Bindeglied zwischen → Kunden, → Benutzer, → Marketing/Vertrieb, → Produktmanagement und der Entwicklung. Er ist für die Ermittlung und adäquate Dokumentation der Kundenbedürfnisse und der daraus abgeleiteten → Markt-, → Produkt- und → Komponentenanforderungen zuständig. Siehe auch → Requirements Engineering.

Ressource Einfluss- oder Verbrauchsgröße, die auf einen → Prozess wirkt (z.B. Personal, Zeit, Budget, Infrastruktur).

Return on Assets (ROA) Kennzahl für die Rentabilität einer Unternehmung oder betrieblichen Einheit. Definiert als Verhältnis von Gewinn (aus einem Kapitaleinsatz) plus den Zinsen aus der Fremdkapitalanlage und dem durchschnittlichen Gesamtkapital (»Assets« = Anlagevermögen + Umlaufvermögen = Aktiva in der Bilanz). Er beschreibt die Rentabilität des eingesetzten Kapitals. Der ROA ist vergleichbar mit dem → Return on Investment, durch die Bereinigung von Fremdkapitalzinsen aber besser geeignet, die Ertragskraft eines Unternehmens zu beleuchten. Siehe auch → Return on Investment (ROI), → Return on Capital Employed (ROCE).

Return on Capital Employed (ROCE) Kennzahl für die Rentabilität einer Unternehmung oder betrieblichen Einheit. Definiert als Verhältnis von Gewinn (EBIT, also vor Steuern und Zinsen) und dem durchschnittlichen Gesamtkapital minus kurzfristigem Fremdkapital minus liquider Mittel. Er beschreibt die Rentabilität des eingesetzten Kapitals. Siehe auch → Return on Investment (ROI), → Return on Assets (ROA).

Return on Investment (ROI) (1) Kennzahl für die Rentabilität einer Unternehmung oder betrieblichen Einheit. Definiert als Verhältnis von Gewinn (aus einem Kapitaleinsatz) und dem Kapitaleinsatz, der diesen Gewinn ermöglicht. (2) Das Ergebnis oder der Gewinn aus einem Investment gemessen in Geldwert. Definiert als Verhältnis aus dem Ergebnis einer Investition und der dazu direkt zugehörenden Investition (Aufwand). Siehe auch → Return on Assets (ROA), → Return on Capital Employed (ROCE).

Review (1) Geplante und strukturiert durchgeführte Prüfung. (2) Prüfung eines → Arbeitsergebnisses mit dem Ziel, dessen → Qualität zu verbessern (siehe auch → Qualitätskontrolle, → Verifikation). (3) Prüfung eines → Projekts oder → Meilensteins mit dem Ziel der reproduzierbaren Fortschrittskontrolle. Siehe auch → Projektmanagement.

Risiko Eine mögliches zukünftiges Ereignis, das im Falle seines Eintritts negative oder positive Auswirkungen haben kann. Wird berechnet als Produkt der Eintrittswahrscheinlichkeit einer Situation und deren Auswirkungen. Siehe → Risikomanagement.

Risikoabschwächung Teil des → Risikomanagements. Auch als Risikominderung bezeichnete Tätigkeiten, die ausgeführt werden, um zu verhindern, dass ein → Risiko zum Problem wird. Vier Techniken zur Risikoabschwächung werden unterschieden: Vermeiden, Begrenzen, Behandeln, Ignorieren.

Risikomanagement Managementtechnik, die systematisch → Risiken identifiziert, analysiert, dokumentiert und behandelt. Risikomanagement betrachtet die Auswirkungen heutiger Entscheidungen auf die Zukunft. Ziel von Risikomanagement ist die Erreichung eines bestimmten Sicherheitsniveaus mit minimalem Aufwand bzw. die Optimierung des Gesamtrisikos bei gegebenem Aufwand. Wird sowohl im → Projektmanagement für Projektrisiken als auch im Portfolio- oder → Produktmanagement für Kunden-, Markt- oder Unternehmensrisiken eingesetzt.

ROA Siehe → Return on Assets.

Roadmap Der Ausblick einer Organisation, wie sie arbeiten muss und was sie liefern muss, um ihre Ziele zu erreichen. Managementinstrument für die Vorhersage und Planung von evolutionären Wegen in Forschung und Entwicklung mit dem Ziel, eine vereinbarte Strategie in konkrete → Meilensteine und → Arbeitsergebnisse effizient und effektiv zu übersetzen. Eine Roadmap zeigt Abhängigkeiten und Bedingungen. Es gibt drei Haupttypen von Roadmaps in der Industrie: Markt-Roadmaps, Produkt-Roadmaps, Ressourcen-Roadmaps.

Roadmapping Der Prozess zur Entwicklung, Pflege und Ausrichtung von → Roadmaps. Roadmapping stellt sicher, dass künftige Marktbedürfnisse durch Strategien und durch die Verknüpfung von Technologien, Produkten und Dienstleistungen für diese Bedürfnisse erreicht werden. Es ist ein Lern- und Kommunikationsprozess für die Organisation, um sich an beeinflussenden Ereignissen und Aktivitäten auszurichten und damit die Umsetzung der gewählten Strategie zu gewährleisten.

ROCE Siehe → Return on Capital Employed.

ROI Siehe → Return on Investment.

Rolle Eine Aufgabe in einem → Prozess oder → Workflow. Rollen sind nicht auf eine konkrete Person bezogen. Eine natürliche oder juristische Person kann mehrere Rollen haben.

Schätzung Quantitative Bewertung eines erwarteten Betrags oder Ergebnisses. Wird typischerweise für Aufwände, Kosten, Umfang oder Dauer eines → Projekts eingesetzt. Sollte immer eine Angabe der Genauigkeit beinhalten (z. B. ± x Prozent). Siehe auch → Aufwandschätzung.

Scrum Scrum (deutsch: Gedränge, aus dem Rugby übernommen) ist eine Methodik zum → Projektmanagement und zur → agilen Entwicklung. Dabei organisiert sich ein Team oder (Teil-)Projekt selbst. Das Team übernimmt im extern vorgegebenen Rahmen die gemeinsame Verantwortung für die Fertigstellung der Aufgabenpakete. Geliefert wird anhand des sogenannten → Product Backlog, der die → Anforderungen priorisiert und für die Detailplanung im Team und Abstimmung nach außen sorgt. Das tägliche ca. 15-minütige Scrum-Meeting dient der Tagesplanung und technischen Abstimmung im Team und damit auch der Selbstverpflichtung jedes Mitarbeiters. Siehe auch → Product Backlog, → Sprint.

SEI Siehe → Software Engineering Institute.

Service (1) Nicht greifbares, temporäres → Produkt, das das Ergebnis der gemeinsamen Wertschöpfung durch mindestens eine Aktivität an der Schnittstelle zwischen → Kunde und → Lieferant darstellt und keinen Eigentumsübergang beinhaltet. (2) Service als Phase des → Produktlebenszyklus umfasst alle Aktivitäten, die den Wert eines Produkts erhalten oder steigern.

Service Engineering Siehe → Serviceentwicklung.

Service Level Agreement (SLA) Vertragsdokument und → Lastenheft für einen zu liefernden → Dienst und dessen → Dienstgüteniveau. Es definiert die erwartete → Qualität und wie sie operativ gemessen wird (z.B. Kosten, Fehlzahlen, Flexibilität bei
Änderungen). Ein SLA hat vier Elemente: die Servicebeschreibung, eine Messvorschrift, eine Zielsetzung und eine Verrechnungsgrundlage, die Zielerreichung/Leis-
tung und Preis in Beziehung setzt.

Serviceentwicklung Systematische Entwurf und Umsetzung eines → Service unter
Nutzung passender Methoden und Werkzeuge.

Serviceliefersystem Für die Lieferung eines → Service benötigte physische Ressourcen,
Prozesse und Fähigkeiten.

Serviceorientierte Architektur IT-Architektur, die sich an den gewünschten → Geschäftsprozessen und → Diensten ausrichtet. Die Architektur stellt fachliche Dienste und
Funktionalitäten in Form von Services zur Verfügung. Ziel ist die Nutzenorientie-
rung und schnelle Anpassung an Anforderungen und Änderungen im Systemum-
feld. Siehe auch → Service Level Agreement.

Servicequalität Siehe → Dienstgüteniveau.

Sicherheit Summe der Eigenschaften eines → Systems, die dazu beitragen, dass es frei von
nicht vertretbaren Risiken oder Gefahren ist. Sie ist eine Systemeigenschaft und
kann nicht auf der Basis einzelner Komponenten beschrieben werden. Zur Unterscheidung von → Informationssicherheit auch als »funktionale Sicherheit« bezeichnet. Sicherheit ist gegeben, wenn jede spezifizierte Sicherheitsfunktion ausgeführt
wird und der für jede Sicherheitsfunktion geforderte Erfüllungsgrad erreicht wird.
Sie wird als → Qualitätsanforderung beschrieben.

Simulation Die Simulation ist eine Vorgehensweise zur modellorientierten dynamischen
Analyse von → Systemen. Bei der Simulation werden Experimente an einem
Modell durchgeführt, um Erkenntnisse über das reale System zu gewinnen. Damit
können Abhängigkeiten und Anforderungen an das System ermittelt werden.

SLA Siehe → Service Level Agreement.

SOA Siehe → Serviceorientierte Architektur.

Soft Skills Soziale Kompetenzen zum Umgang mit anderen Menschen und um sein eigenes
Leben zu organisieren. Beinhaltet Selbstmarketing, Selbstmanagement, Kommunikation, Führung.

Software Die nicht greifbaren Bestandteile eines Computers, die dazugehörende Dokumentation sowie jegliche Daten, die nötig sind, um ein Computersystem zu entwickeln, zu betreiben und zu pflegen.

Software Engineering Siehe → Softwaretechnik.

Software Engineering Body of Knowledge (SWEBOK) Eine Basis der aktuellen Grundlagen des Wissens in der → Softwaretechnik. Wird eingesetzt zur Gestaltung von
Lehrplänen und Zertifizierungen.

Software Engineering Institute (SEI) Forschungsinstitut an der Carnegie Mellon Universität in Pittsburgh, USA mit dem Ziel, die System- und Softwareentwicklung zu verbessern. Wurde vor allem durch das dort entwickelte → CMMI und Benchmarks
bekannt. Weltweit verantwortlich für die Weiterentwicklung des CMMI.

Softwareanforderung Siehe → Komponentenanforderung.

Softwareeinkauf Eine Form des → Einkaufs, bei dem Softwarekomponenten von einem externen → Lieferanten bezogen werden. Dazu gehören die Auswahl, Bewertung, vertragliche Bindung und das Management von Lieferanten für Waren und Dienstleistungen. Der Softwareeinkauf beinhaltet verschiedene Arten von Waren, Komponenten und Lizenzmodellen. Dies beginnt bei → Commercial off-the-shelf (COTS), geht über eine Vielzahl von maßgeschneiderten Komponenten und Lösungen bis hin zu den verschiedenen Community- und Open-Source-Vertriebs- und Nutzungsmodellen.

Softwareprodukt (1) Ein → Produkt, das vorrangig aus → Software besteht. Dies beinhaltet Softwareanwendungen, → Dienste im Zusammenhang mit Softwareentwicklung, -installation und -pflege sowie Produkte, in die Software eingebettet ist. Die Perspektive bestimmt, ob ein Produkt Software ist. E-Banking ist im Bankmarkt ein Bankprodukt und gleichzeitig innerhalb einer Bank ein Softwareprodukt. (2) Ergebnis eines Softwareprojekts, seiner Aktivitäten oder eines Softwareentwicklungsprozesses.

Softwaretechnik (1) Die systematische, disziplinierte und quantifizierbare Vorgehensweise zu Erstellung, Betrieb und Pflege von → Software; also die Anwendung von Ingenieurwissenschaft auf Software. (2) Die wissenschaftliche Betrachtung von (2).

Spezifikation Exakte Beschreibung eines Arbeitsergebnisses, das als Eingabe für einen weiteren Prozessschritt genommen werden kann. Im Englischen werden in der »specification« häufig das → Lastenheft (Aufgabe) und das → Pflichtenheft (Lösung) zusammengefasst.

Sprint Im → Scrum das zentrale Element des Entwicklungszyklus. Ein Sprint bezeichnet die Umsetzung einer → Iteration mit einer typischen Dauer von 1–4 Wochen. Vor dem Sprint werden die → Produktanforderungen in einem → Product Backlog gesammelt. Die Entscheidung, welche Anforderungen umgesetzt werden, wird vom Team nach vorab festgelegten Prioritäten getroffen. Am Ende eines Sprints steht immer ein lauffähiges, getestetes, inkrementell verbessertes → System.

Stand der Technik Siehe → Beste Praxis.

Standard Standards sind Anweisungen, die Vereinbarungen zu → Produkten und → Prozessen beschreiben. Sie werden von auf nationaler oder internationaler Ebene anerkannten Berufs-, Industrie- oder Berufsverbänden oder Handels- oder Regierungsorganisationen vereinbart. Standards können auch »de facto« von Praktikern in der Industrie oder der Gesellschaft akzeptiert und ausgeführt sein.

Standardsoftware Softwareprodukte, die von einem kommerziellen Verkäufer beschafft werden. Kommerzielle Standardsoftware eines externen → Lieferanten, die als fertiges, parametrisierbares → Produkt für einen → Markt mit verschiedenen → Kunden zur Verfügung steht (z. B. SAP-Lösungen, Linux-Betriebssysteme). Auch Commercial off-the-shelf (COTS) genannt. Sie wird unverändert übernommen und in der Regel durch Parametrisierung oder Schnittstellenanpassung integriert. → Komponenten können zur Standardsoftware gehören, wenn sie standardisiert für verschiedene Kunden angeboten werden.

Strategie Die langfristige Planung zur Erreichung eines Ziels unter Berücksichtigung komplexer Situationen, der Umgebung und der eigenen Stärken und Schwächen. Erfolg besteht aus der strategischen Planung und deren Umsetzung. Strategie ist daher mehr als nur ein Plan. Sie ist konsistentes, zielgerichtetes Verhalten. Strategie adressiert drei Fragen: Was werden wir tun? Für wen tun wir es? Wie können wir den Wettbewerb dabei vermeiden oder schlagen?

Strukturbruch Die als Ergebnis der → Anforderungsanalyse vorliegende Struktur des
→ Lösungsmodells (z. B. → Geschäftsprozesse, → Workflows) hat einen ganz anderen Charakter als die später beim Systementwurf festgelegte Struktur (z. B. Modul-
oder Taskstruktur, verteiltes Rechnersystem). Der Strukturbruch erschwert Konsistenzchecks, → Nachverfolgbarkeit und die Verständlichkeit von Analyse- und
Lösungsmodellen.

SWEBOK Siehe → Software Engineering Body of Knowledge.

SWOT-Analyse Analyse der Stärken, Schwächen, Chancen und Bedrohungen (engl. für
Strengths, Weaknesses, Opportunities and Threats). Analyse des eigenen Profils am
Markt und Herausarbeitung von Angriffs- und Verteidigungsplänen in der Umset-
zung der → Strategie.

SysML Standardisierte, methodenunabhängige → Notation zur Modellierung von Systemen in der Disziplin → Systemtechnik. Basiert auf → UML und wird durch die
→ Object Management Group (OMG) gepflegt.

System Zusammengesetztes Ganzes, das aus einem oder mehreren → Produkten, → Prozessen oder → Ressourcen besteht und die Fähigkeit zur Erfüllung eines definierten
Bedürfnisses oder Ziels bietet.

Systemanalyse Siehe → Anforderungsanalyse.

Systemanalytiker Siehe → Requirements-Ingenieur.

Systemanforderung Siehe → Produktanforderung, → Pflichtenheft.

Systemkontext Beschreibung der Grenzen eines zu entwickelnden → Systems und somit
seiner Schnittstellen zur Außenwelt. Beinhaltet Personen, andere Systeme, → Prozesse, Ereignisse und Dokumente.

Systemtechnik Die systematische, disziplinierte und quantifizierbare Vorgehensweise zu
Erstellung, Betrieb und Pflege von komplexen → Systemen. Fokus auf → Systeman-
forderungen, Systementwurf und → Systemtest unter Berücksichtigung des
Gesamtkontext, der durch das System beeinflusst wird.

Systemtest Testaktivitäten zur → Validierung des kompletten → Systems (oder → Produkt, → Lösung) gegen die → Anforderungen.

Szenario Szenarios werden zur Beschreibung und Analyse möglicher Entwicklungen der
Zukunft eingesetzt. Sie beschreiben ablauforientiert, wie sich Ereignisse oder
Akteure entwickeln. Die Szenariotechnik in der strategischen Planung betrachtet
die Analyse von Extremszenarios (positives Extrem-Szenario/Best-Case-Szenario,
negatives Extrem-Szenario/Worst-Case-Szenario) oder besonders relevanter oder
typischer Szenarios (Trendszenario). Durch die greifbaren und leicht vorstellbaren
Abläufe können Abhängigkeiten und Anforderungen extrahiert werden.
Siehe → Strategie.

Tailoring Die Anpassung eines gegebenen → Prozesses oder → Produkts (z. B. Entwurfs-
prozess, → Standardsoftware) für ein bestimmtes Vorhaben oder → Projekt durch
Ausschließen und Anpassen gewisser Teile im Rahmen vorher vereinbarter Grenzen.

TCO Siehe → Total Cost of Ownership.

Test Aktivität, in der ein System oder eine Komponente unter definierten Bedingungen
geprüft wird und das Ergebnis beobachtet wird, um festzustellen, ob der Prüfling
ein vorher gesetztes Ziel vollständig, teilweise oder nicht erfüllt. Teil der → Qualitätskontrolle. Siehe auch → Validierung, → Verifikation.

Testgetriebene Entwicklung Eine → agile Vorgehensweise zur Entwicklung eines Softwaresystems, bei der Tests vor den zu testenden → Komponenten entwickelt werden. Dadurch wird die Abdeckung relevanter Funktionen sichergestellt, die auch bei Änderungen ständig regressionsgetestet werden können.

Time-Boxing Verfahren im → Projektmanagement, um → Projekte termingenau abzuschließen. Dazu werden → Anforderungen priorisiert und zuerst die wichtigen Anforderungen realisiert. Wurde die Zeitdauer oder der Aufwand unterschätzt, fallen am Ende einige unwichtige Anforderungen weg, damit der Liefertermin eingehalten werden kann. Siehe auch → inkrementelle Entwicklung.

Total Cost of Ownership (TCO) Tatsächliche Gesamtkosten einer Investition diskontiert auf den heutigen Wert (Net Present Value– NPV). Diese Kosten beinhalten Kapitalausgaben und alle laufenden Kosten, selbst wenn sie nicht bilanziert werden. Die Nutzeffekte z. B. durch verbesserte Prozesse und damit niedrige Ausgaben werden einbezogen.

Überbestimmt Ein → System oder eine → Anforderung ist überbestimmt, wenn es mehr Bedingungen gibt, als nötig sind, um den Lösungsraum hinreichend zu beschreiben. Oft führen überbestimmte Systeme oder Anforderungen dazu, dass keine → Lösung gefunden werden kann. Beispiel: Tisch mit vier Beinen auf einer gekrümmten Fläche; hoher Zeitdruck, der zu Qualitätsproblemen führt, die wiederum zu Verzögerungen führen.

Übereinstimmung Übereinstimmung eines → Systems oder → Prozesses mit vorgegebenen → Anforderungen.

UML Siehe → Unified Modeling Language.

Unified Modeling Language (UML) Standardisierte, methodenunabhängige → Notation zur Modellierung von Softwaresystemen (z. B. Entwurfsbeschreibungen, Architekturen, Szenarien) in der Disziplin → Softwaretechnik. Herausgegeben und weiterentwickelt durch die → Object Management Group (OMG). Siehe auch → Modell, → Use Case.

Use Case (1) Konzept zur Systembeschreibung, das die Beziehung einer Systemleistung durch die Außenwelt darstellt. Charakterisiert durch eine zielorientierte Menge an Interaktionen innerhalb und an den Grenzen des → Systems. Anwendungsfälle beschreiben, was die Umwelt vom System erwartet. → Geschäftsprozesse dagegen modellieren, wie das System intern operiert, um die → Anforderungen der Umwelt zu erfüllen. (2) Notation aus der → UML, um ein Szenario (Vorgehen, Anwendungsfall) aus Benutzersicht zu beschreiben. Ein Use Case ergänzt → Anforderungen, er ist kein Ersatz.

Validierung Prüfung der Ergebnisse in Bezug auf die ursprünglichen → Anforderungen (»doing the right things«). Teil der → Qualitätskontrolle.

Variabilitätsanalyse Analyse und Beschreibung aller möglichen variablen Elemente innerhalb einer gemeinsamen Domäne. Anforderungen, Abhängigkeiten und Variationspunkten werden in einem → Feature-Modell zur effizienten und geplanten Wiederverwendung beschrieben. Siehe auch → Produktlinienentwicklung.

Variante Eine inhaltlich exakt definierte Instanz eines → Produkts oder einer → Komponente, die sich von anderen unterscheidet. Eine Variante wird durch kleine Änderungen aus einer → Version abgeleitet. Varianten werden häufig dann eingesetzt, wenn verschiedene → Märkte oder → Kunden sehr stark überlappende Anforderungen stellen, die sich nur in Details unterscheiden (z.B. verschiedene Sprachen in Benutzerschnittstelle). Siehe auch → Konfigurationsmanagement, → Release.

Variationspunkt Darstellung einer möglichen Varianz und den daraus folgenden Abhängigkeiten. Siehe auch → Produktlinienentwicklung, → Feature-Modell, → Variabilitätsanalyse.

VDE Verband der Elektrotechnik, Elektronik und Informationstechnik e.V.

VDI Verein Deutscher Ingenieure e.V.

Verifikation Prüfung der Prozessergebnisse hinsichtlich der anzuwendenden Prozessvorgaben (»doing things right«). Teil der → Qualitätskontrolle.

Versagen (1) Abweichung zwischen dem beobachteten und dem erwarteten Systemverhalten. Die Unfähigkeit eines → Systems, eine spezifizierte Funktion weiter zu liefern, oder seine Unfähigkeit, innerhalb von vorher spezifizierten → Randbedingungen und Grenzen zu funktionieren. (2) Auswirkung eines → Fehlers innerhalb eines Systems auf das äußere Verhalten. Fehlerhaftes Verhalten eines Systems oder einer Komponente bei seiner Ausführung aufgrund eines Produktfehlers, eines Bedienungsfehlers oder eines Hardware-/Softwarefehlers.

Version Eine inhaltlich exakt definierte Instanz eines → Produkts oder einer → Komponente, die sich von anderen unterscheidet. Eine Version ist in der Regel als Teil einer Kette von Versionen zu sehen. Nicht alle Versionen werden notwendigerweise einem → Kunden ausgeliefert. Versionen sollten → aufwärtskompatibel sein. Siehe auch → Konfigurationsmanagement, → Variante.

Vertikale Nachverfolgbarkeit Vertikale → Nachverfolgbarkeit beschreibt die Bezüge zwischen verschiedenen logischen Einheiten (z.B. von Marktanforderungen zu Akzeptanztestfällen, zwischen verschiedenen Ebenen von Anforderungen, von Plänen zu Arbeitsergebnissen, von Arbeitsergebnissen zu Produktkomponenten etc.). »Vertikal« bedeutet, dass sich die verknüpften Arbeitsergebnisse auf verschiedenem Abstraktions- und Beschreibungsgrad befinden (z.B. Marktanforderungen zu Softwareanforderungen).

Vertrag Eine rechtlich verbindliche gegenseitige Vereinbarung, die einen → Lieferanten dazu verpflichtet, ein spezifiziertes Produkt oder eine Dienstleistung zu liefern, und den Auftraggeber dazu verpflichtet, es abzunehmen und dafür zu bezahlen. Im Software- und IT-Bereich in der Form des Kaufvertrags, Werkvertrags oder Dienstvertrags eingesetzt.

Vision Leitbild für den späteren Erfolg. Man wird kaum größer werden als die Vision, die einen leitet. Ein Visions-Statement sollte daher von den Mitarbeitern und Führungskräften verlangen, ihre Erwartungen, Hoffnungen wiederzugeben. Siehe auch → Strategie.

V-Modell (1) Sequenzielles → Vorgehensmodell, bei dem die rechte Hälfte zu einem »V« hochgeklappt wird, um zu verdeutlichen, dass jeder konzeptionelle Schritt auf der linken Seite einen äquivalenten Verifikations- oder Validierungsschritt auf der rechten Seite hat. (2) De-facto-Standard für das Vorgehensmodell bei öffentlichen Ausschreibungen in Deutschland.

Vorgehensmodell Integrierte Zusammenfassung der Entwicklungs- und Managementprozesse, die im → Projekt oder durch den → Produktlebenszyklus hindurch eingesetzt werden. Es beschreibt, wie die notwendigen → Arbeitsergebnisse zu erzielen sind. Es ist KEIN → Reifegradmodell. Beispiel: → V-Modell. Siehe auch → Lebenszyklus.

Wartung Phase des → Produktlebenszyklus zur Erhaltung oder Erweiterung der Betriebsbereitschaft und Leistungsfähigkeit eines → Produkts. Beispiele: Fehlerbeseitigung, Stabilisierung, Tuning, Anpassung an Änderungen in der Basissoftware oder den Schnittstellen, Anpassung an neue Richtlinien und Standards. Wartung umfasst aus Controlling-Sicht alle Arbeiten an einem Softwareprodukt nach dem ersten Einsatz. Siehe → Design for Change.

Wartungsprojekt Dediziertes → Projekt für Änderungen an einem existierenden → Produkt, um → Fehler zu korrigieren oder um neue oder geänderte Funktionen bereitzustellen.

Werkzeug Instrumentierte und (teilweise) automatisierte Unterstützung bei der praktischen Arbeit mit → Methoden, → Konzepten und → Notationen zur Unterstützung von Ingenieuraufgaben. Siehe → IDE, → PLM.

Wiederverwendung Einsatz einer bereits fertigen → Komponente oder eines → Produkts zur Entwicklung oder Fertigung eines anderen Produkts.

Wiki Ein Wiki ist eine im Internet oder Intranet verfügbare kollaborative Arbeitsumgebung, die von den Benutzern gelesen und bearbeitet werden kann. Der Name stammt von wikiwiki, dem hawaiianischen Wort für »schnell«. Es gibt verschiedene Wiki-basierte Werkzeuge, um kollaborative → Workflows (z.B. Anforderungsdarstellung oder Testfallplanung) einfach zu realisieren.

Win-win-Methode Verhandlungsstrategie zur Erzielung eines maximalen Ergebnisses für alle beteiligten Parteien. Ziel ist, dass alle beteiligten Parteien mit dem Gefühl die Verhandlung beenden, dass sie einen Gewinn für sich und ihre Position erreicht haben.

Wirtschaftlichkeitsrechnung Siehe → Business Case.

Workflow Inhaltlich abgeschlossene, zeitlich zusammenhängende Folge von Aktivitäten, die zur Bearbeitung eines betriebswirtschaftlich relevanten Objekts notwendig sind und deren Funktionsübergänge von einem Informationssystem gesteuert werden. Der Workflow beschreibt eine Prozesssicht, während der → Geschäftsprozess die Sicht auf betriebswirtschaftliche Faktoren betrachtet.

Workshop Ein Workshop (engl. für Werkstatt) ist eine moderierte Besprechung oder ein Training. Es geht dabei um den gezielten und praxisbezogenen Erfahrungsaustausch der Teilnehmer auf gleicher Ebene. Workshops gehen über reine Wissensvermittlung und Erfahrungsaustausch hinaus und schaffen Neues oder geben den Teilnehmern Anregungen für weitere Entwicklungen.

Zertifizierung Bestätigung mit einem formalisierten Verfahren, dass ein → System, → Prozess oder eine Person spezifizierte → Ziele oder → Anforderungen erreicht oder einhält. Beispiel: ISO-9001-Zertifizierung, → CPRE-Zertifizierung.

Ziel Intentionale Beschreibung eines von → Anspruchsträgern gewünschten charakteristischen Merkmals. Beispiele: Ziele eines zu entwickelnden Systems, Ziele des zugehörigen Entwicklungsprojekts, Geschäftsziele, Verbesserungsziele.

Zulieferer Siehe → Lieferant.

Zuweisen Eine → Anforderung wird einem → Projekt, einem → Prozess oder einem Teil eines → Systems zur Erfüllung zugewiesen.

Literatur

[**Albrecht1983**] Albrecht, A. J., Gaffney, J. E.: Software function, source lines of code and development effort prediction: a software science validation. IEEE Transactions on Software Engineering, 9: pp. 639-647, 1983.

[**Alexander2002**] Alexander, I.F., Stevens, R.: Writing Better Requirements. Addison-Wesley, Boston, 2002.

[**Aurum2003**] Aurum, A. et al. (eds.): Managing Software Engineering Knowledge. Springer-Verlag, Berlin, Heidelberg, New York, 2003.

[**Aurum2005**] Aurum, A., Wohlin, C. (eds.): Engineering and Managing Software Requirements. Springer-Verlag, Berlin, 2005.

[**Baisch1994**] Baisch, E., Ebert, C.: Produktivitätsbewertung im Software-Entwicklungs-prozeß. In: Theorie und Praxis der Software-Messung, R. Dumke und H. Zuse (Hrsg.), DUV Deutscher Universitätsverlag, Wiesbaden, 1994.

[**Balzert2008**] Balzert, H., Ebert, C., Spindler, G.: Lehrbuch der Software-Technik Bd. 2 – Softwaremanagement. Elsevier, Heidelberg, 2008.

[**Bartsch2000**] Bartsch, M.: Qualitätssicherung für Softwareprojekte durch Vertrags-gestaltung und Vertragsmanagement. Informatik-Spektrum Nr. 1/2000, S. 3 ff., 2000.

[**Bartsch2001**] Bartsch, M.: Das neue Schuldrecht – Auswirkungen auf das EDV-Vertrags-recht. Computer und Recht, Nr. 10/2001, S. 649 ff., 2001.

[**Beck2001**] Beck, K. et al.: »The Agile Manifesto«, 2001, *http://agilemanifesto.org*.

[**Benko2003**] Benko, C. A., McFarlan, W.: Connecting the Dots. Aligning Your Project Portfolio With Corporate Objectives. McGraw-Hill, New York, 2003.

[**Boehm1981**] Boehm, B. W.: Software Engineering Economics. Prentice Hall, Englewood Cliffs, NJ, USA, 1981.

[**Boehm1988**] Boehm, B. W.: A Spiral Model of Software Development and Enhance-ment. IEEE Computer, Vol. 21, No 5, pp. 61-72, 1988.

[**Boehm2000**] Boehm, B.W.: Software Cost Estimation with COCOMO II. Prentice Hall Inc., 2000.

[**Booch1994**] Booch, G.: Object-Oriented Analysis and Design with Applications. 2nd ed., The Benjamin Cummings Publishing Company, Redwood City, CA, USA, 1994.

[Borland2006] Borland: New Survey Reveals Chasm Between Perception and Reality
     When It Comes Software Requirements Management.
     http://www.borland.com/us/company/news/press_releases/
     2006/09_20_06_ new_survey_reveals_chasm.html. Zitiert am 01.01.2012.

[Bower1995] Bower, J. L., Christensen, C. M.: Disruption Technologies – Catching the
     Wave. Harvard Business Review, Jan-Feb 1995.

[Brooks1987] Brooks, F. P. J.: No Silver Bullet: Essence and Accident of software
     Engineering. IEEE Computer, Vol. 20, No. 4, pp. 10-19, 1987.

[Broy2007] Broy, M. et al.: Ein Requirements-Engineering-Referenzmodell. Informatik-
     Spektrum, Vol. 30, Nr. 3, S. 127-142, Jun. 2007.
     http://www.gi-ev.de/fachbereiche/softwaretechnik/re/pages/fg_treffen/2006/
     geisberger.pdf. Zitiert am 01.01.2012.

[Bundschuh2004] Bundschuh, M., Fabry, A.: Aufwandschätzung von IT-Projekten.
     2. Aufl., MITP Bonn, 2004.

[Cao2008] Cao, L., Ramesh, B.: Agile Requirements Engineering Practices: An Empirical
     Study. IEEE Software, Vol. 25, No. 1, pp. 60-67, 2008.

[Charette2005] Charette, R. N.: Why Software Fails. IEEE Spectrum, Vol. 42, No. 9,
     pp. 42-49, Sep. 2005.

[Cheng2007] Cheng, B. H. C., Atlee, J. M.: Research Directions in Requirements
     Engineering. Workshop on Future of Software Engineering, FOSE'07,
     pp. 285-303. IEEE Comp. Soc. Press, Los Alamitos, CA, USA, 2007.

[Chrissis2011] Chrissis, M. B., Konrad, M., Shrum, S.: CMMI. Guidelines for Process
     Integration and Product Improvement. 2nd ed., Addison-Wesley, Reading, USA,
     2011.

[Clements2001] Clements, P., Northrop, L.: Software Product Lines: Practices and
     Patterns. Addison-Wesley, Boston, 2001.

[Cockburn2001] Cockburn, A.: Agile Software Development, Addison-Wesley, Boston,
     2001.

[Colin2003] Colin, J. N., Laplante, P. A.: Requirements Engineering: The State of the
     Practice. IEEE Software, Vol. 20, No. 6, pp. 40-45, Nov. 2003.

[Conway1968] Conway, M. E.: How Do Committees Invent? Datamation No. 14, Vol. 4,
     pp. 28-31, 1968.

[Cooling2002] Cooling, J.: Software Engineering for Real-Time Systems. Pearson
     Addison-Wesley, Boston, USA, 2002.

[Cooper1999] Cooper, A.: The Inmates are Running the Asylum. Macmillan, 1999.

[COSMIC2012] COSMIC: COSMIC FFP Measurement Manual, latest version,
     http://en.wikipedia.org/wiki/COSMIC_Software_Sizing. Zitiert am 01.01.2012.

[Curtis1986] Curtis, B., Soloway, E. M., Brooks, R. E., Black, R. E., Ehrlich, K., Ramsey,
     H. R.: Software Psychology: The Need for an Interdisciplinary Program. Proc. of
     the IEEE, Vol. 74, No. 8, pp. 1092-1106, Aug. 1986.

[Cusumano1998] Cusumano, M. A., Selby, R. W.: Microsoft Secrets. Free Press,
     New York, USA, 1998.

[Cusumano2000] Cusumano, M. A., Yoffie, D. B.: Competing on Internet Time.
     Free Press, New York, USA, 2000.

[Czarnecki2004] Czarnecki, K., Helsen, S., Eisenecker, U. W.: Software Product Lines. Springer-Verlag, Berlin, Heidelberg, 2004.

[Davis2005] Davis, A. M.: Just Enough Requirements Management. Dorset House, New York, USA, 2005.

[Deligiannis2004] Deligiannis, I. et al.: A controlled experiment investigation of an object-oriented design heuristic for maintainability. Journal of Systems and Software, Vol. 72, pp. 129-143, 2004.

[Deloitte2004] Deloitte Research: Mastering Innovation. Research Report, 2004.

[DeMarco1979] DeMarco, T.: Structured Analysis and System Specification. Yourdon Press, Englewood Cliffs, 1979.

[DeMarco1982] DeMarco, T.: Controlling Software Projects. Yourdon Press, New York, NY, USA, 1982.

[DIN2009] DIN 69901:2009-01 Projektmanagement – Projektmanagementsysteme. Deutsche Industrie Norm. 2009. *http://www.beuth.de/de/norm/din-69901-1/113428320.* Zitiert am 01.01.2012.

[Dörner2003] Dörner, D.: Die Logik des Misslingens. Strategisches Denken in komplexen Situationen. Rowohlt, 2003.

[Ebert1995] Ebert, C.: Ein Verfahren zur Verfolgung des Komplexitätsverlaufs im Software-Entwicklungsprozess. VDI Fortschrittsberichte, Reihe 10, Nr. 358, VDI-Verlag, Düsseldorf, 1995. ISBN: 3-18-335810-7.

[Ebert1997] Ebert, C.: Dealing with Nonfunctional Requirements in Large Software Systems. Mead, N. R. (ed.): Annals of Software Engineering, Vol. 3, pp. 367-395, Aug. 1997.

[Ebert1998] Ebert, C.: Experiences with Colored Predicate Transition Nets for Specifying and Prototyping Embedded Systems. IEEE Trans. on Systems, Man, and Cybernetics – Part B: Cybernetics, Vol. 28, No. 5, pp. 641-652, Oct.1998.

[Ebert2001] Ebert, C.: Improving Validation Activities in a Global Software Development. Proc. Int. Conf. on Software Engineering 2001. IEEE Comp. Soc. Press, Los Alamitos, USA, 2001.

[Ebert2003a] Ebert, C., Smouts, M.: Tricks and Traps of Initiating a Product Line Concept in Existing Products. Proc. Int. Conference on Software Engineering (ICSE 2003), IEEE Comp. Soc. Press, pp. 520-527, Los Alamitos, USA, 2003.

[Ebert2003b] Ebert, C., DeMan, J., Schelenz, F.: e-R&D: Effectively Managing and Using R&D Knowledge. In: Aurum, A. et al. (eds.): Managing Software Engineering Knowledge. pp. 339-359, Springer-Verlag, Berlin, 2003.

[Ebert2004] Ebert, C., Ruffin, M.: Produkte entwickeln mit Open Source Software – Risiken und Erfahrungen. HMD – Praxis der Wirtschaftsinformatik, Nr. 238, S. 27-40, Aug. 2004.

[Ebert2005] Ebert, C., Wieringa, R.: Requirements Engineering – Solutions and Trends. In: Aurum, A.,Wohlin, C. (eds.): Engineering and Managing Software Requirements. Springer-Verlag, New York, USA, 2005.

[Ebert2006] Ebert, C.: Understanding the Product Life Cycle: Four Key Requirements Engineering Techniques. IEEE Software, Vol. 23, No. 3, pp. 19-25, May 2006.

[Ebert2007a] Ebert, C., Dumke, R.: Software Measurement. Springer-Verlag, Heidelberg, New York, 2007.

[Ebert2007b] Ebert, C.: The Impacts of Software Product Management. The Journal of Systems and Software, Volume 80, Issue 6, pp. 850-861, June 2007.

[Ebert2007c] Ebert, C.: Software Quality Management. In: Encyclopedia of Library and Infomation Science. pp. 188-210, eds.: A. Kent, Marcel Dekker, New York, 1999, 2002, 2007. Also available as an online version of Encyclopedia of Library and Information Science: *http://www.dekker.com/sdek/issues~db=enc~content=t713172967*. Zitiert am 01.01.2012.

[Ebert2008] Ebert, C.: Software Requirements Engineering and Management. In: Encyclopedia of Software Engineering, ed.: Phillip A. Laplante. Taylor & Francis Group, 2008. Online: www.informaworld.com.

[Ebert2011] Ebert, C., Rudorfer, A.: Schlüsselstelle Kundenwunsch. Systematisches Requirements Engineering Teil 2. QZ, Vol. 56, No. 6, S. 20-23, 2011.

[Ebert2012a] Ebert, C.: Global Software and IT. Wiley, USA, 2012.

[Ebert2012b] Ebert, C.: Templates und Vorlagen zu Requirements Engineering. Vector, 2012, *http://consulting.vector.com/RE-templates*. Zitiert am 01.01.2012.

[Eclipse2012] Eclipse Open Source Community, *http://www.eclipse.org*. Zitiert am 01.01.2012.

[Ferdinandi1998] Ferdinandi, Patricia L.: Facilitating Communication. IEEE Software, Vol. 14, No. 5, pp. 92-96, Sept. 1998.

[Fischer2003] Fischer, R., Ury, W., Patton, B.: Das Harvard-Konzept. Campus-Verlag, 23. Auflage, 2003.

[Forsberg1997] Forsberg, K., Mooz, H.: System Engineering Overview. In: Software Requirements Engineering, eds.: M. Dorfman, R. Thayer. IEEE Comp. Soc. Press, Los Alamitos, USA, 1997.

[Fowler2003] Fowler, M.: UML Distilled: A Brief Guide to the Standard Object Modeling Language. 3rd ed., Addison-Wesley, Boston, USA, 2003.

[Gea2012] Carrillo de Gea, J. M., C. Ebert et al.: Requirements Engineering Tools: Capabilities, Survey and Assessment. Information and Software Technology, 2012.

[Glass1998] Glass, R.: Software Runaways. Lessons learned from Massive Software Project Failures. Prentice Hall PTR, NJ, USA, 1998.

[Gorchels2011] Gorchels, L.: The Product Manager's Handbook. McGraw-Hill, New York, USA, 2011.

[Hamel2007] Hamel, G., Breen, B.: The Future of Management. Harvard Business School Press, Boston, USA, 2007.

[Highsmith2002] Highsmith, J.: Agile Software Development Ecosystems. Addison-Wesley, Boston, 2002.

[Hitt1995] Hitt, L., Brynjolfsson, E.: Productivity, Business Profitability, and Consumer Surplus: Three Different Measures of Information Technology Value. MIS Quarterly, Vol. 20, pp. 121-142, 1995.

[Hooks2001] Hooks, Ivy F., Farry, K. A.: Customer-Centered Products: Creating Successful Products Through Smart Requirements Management. Amacom, New York, 2001.

[Huffman2003] Huffman Hayes, J.: Do You Like Pina Coladas? How Improved Communication Can Improve Software Quality. IEEE Software, Vol. 20, No. 1, pp. 90-92, Jan. 2003.

[Humphrey1987] Humphrey, W. S.: A Method for Assessing the Software Engineering Capability of Contractors. Carnegie Mellon University, Technical Report, CMU/SEI-87-TR-23, Sep. 1987.

[IAG2008] IAG Business Analysis Benchmark 2008 (103 Unternehmen, durchschnittlich 3 Mio US$ Projektumfang), 2008.

[IEEE1990] IEEE Standard 610.12-1990. IEEE Standard Glossary of Software Engineering Terminology. IEEE, New York, NY, USA, 1990.

[IEEE1998a] IEEE Standard 1233-1998: Guide for Developing of System Requirements Specifications. IEEE, New York, NY, USA, 1998.

[IEEE1998b] IEEE Standard 830-1998: Recommended Practice for Software Requirements Specifications. IEEE, New York, NY, USA, 1998.

[IEEE1998c] IEEE Standard 1362-1998: Guide for Information Technology – System Definition. IEEE, New York, NY, USA, 1998.

[IFPUG2002] IFPUG, IT Measurement – Practical Advice from the Experts. Addison-Wesley, Indianapolis, 2002.

[IREB2012] International Requirements Engineering Board, *http://certified-re.de.* Zitiert am 01.01.2012.

[ISO1995] ISO/IEC 12207:1995. Information technology – Software life-cycle processes, ISO, *http://www.iso.org*, 1995.

[ISO1997a] ISO 1074:1997. Standard for Developing Software Life Cycle Processes. ISO, *http://www.iso.org*, 1997.

[ISO1997b] ISO 12207:1997. Standard for Software Life Cycle Processes. ISO, *http:// www.iso.org*, 1997.

[ISO2001] ISO/IEC 9126:2001. Software Engineering – Product Quality. ISO, *http://www.iso.org*, 2001. Deutsch: DIN 66272.

[ISO2002] ISO/IEC 15288:2002. System Life Cycle Processes. ISO, *http:// www.iso.org*, 2002.

[ISO2003] ISO/IEC 15504:2003 Information Technology – Process Assessment – Part 2: Performing an assessment. ISO, *http://www.iso.org*, 2003.

[ISO2004] ISO/IEC 15504-1:2004. Information Technology – Process Assessment – Part 1: Concepts and vocabulary. ISO, *http://www.iso.org*, 2004.

[ISO2005a] ISO 19501:2005. Information Technology – Open Distributed Processing – Unified Modeling Language. ISO, *http:// www.iso.org*, 2005.

[ISO2005b] ISO/IEC 20000-1:2005. Information Technology – Service Management – Part 1: Specification. ISO, *http://www.iso.org*, 2005.

[ISO2006a] ISO/IEC 15504-5:2006 Information technology – Process Assessment – Part 5: An exemplar Process Assessment Model. ISO, *http://www.iso.org*, 2006.

[ISO2006b] ISO 9241-110:2006. Ergonomics of human-system interaction – Part 110: Dialogue principles. ISO, *http://www.iso.org*, 2006.

[ISO2007] ISO/IEC 25030: Software Engineering – Software Product Quality Requirements and Evaluation (Square) – Quality Requirements, ISO, *http://www.iso.org*, 2007.

[ISO2008] ISO 9001:2008. ISO Standard for quality management systems – requirements. ISO, *http:// www.iso.org*, 2008.

[ISO2009] ISO/IEC TR 24766: Information Technology – Systems and software engineering – Guide for re-quirements engineering tool capabilities, ISO, *http://www.iso.org*, 2009.

[ITIL2012] The official ITIL Website. *http://www.itil-officialsite.com/home*, Zitiert am 01.01.2012.

[Kay1996] Kay, A. C.: The Early History of Smalltalk. In: Bergin, T. J. et al. (eds.): History of Programming Languages II. Addison-Wesley, Boston, USA, 1996, pp. 69-96.

[Kuusela2000] Kuusela, J., Savolainen, J.: Requirements Engineering for Product Families. Proc. Int. Conf. On Software Engineering 2000, pp. 61-69. IEEE Comp. Soc. Press, Los Alamitos, USA, 2000.

[Lawrence2001] Lawrence, B., Wiegers, K, Ebert, C.: The Top Risks of Requirements Engineering. IEEE Software, Vol. 18, No. 6, pp. 62-63, Nov. 2001.

[Leffingwell1997] Leffingwell, D.: Calculating your return on investment from more effective requirements management, *http://www.ibm.com/developerworks/rational/library/347.html*. Zitiert am 01.01.2012.

[Maiden2005] Maiden, N., Robertson, S., Ebert, C.: Special Issue on Requirements Engineering. IEEE Software, Vol. 22, No.1, Jan. 2005.

[McGrath2004] McGrath, M. E.: Next Generation Product Development: How to Increase Productivity, Cut Costs, and Reduce Cycle Times. McGraw-Hill, New York, 2004.

[Miller1956] Miller, G. A.: The magical number seven, plus or minus two: Some limits on our capacity for processing information. The Psychological Review, Vol. 63, No. 2, pp. 81-97, 1956.

[Miller2002] Miller, A., Ebert, C.: Software Engineering as a Business. Guest Editor Introduction for Special Issue. IEEE Software, Vol. 19, No. 6, pp.18-20, Nov. 2002.

[OMG2012] OMG: Requirements Interchange Format (ReqIF), *http://www.omg.org/cgi-bin/doc?mantis/2010-3-7*. Zitiert am 01.01.2012.

[Opensource2012] *http://www.opensource.org*, *http://www.opensource.org/licenses/*. Zitiert am 01.01.2012.

[Parnas1976] Parnas, D. L.: On the Design and Development of Program Families. IEEE Transactions on Software Engineering, Vol. SE-2, No.1, pp. 1-9, Mrc. 1976.

[PMI2008] Project Management Institute (PMI): A Guide to the Project Management Body of Knowledge (PMBOK). 4th ed., American National Standard ANSI/PMI 99-001-2008, 2008.

[Pohl2008] Pohl, K.: Requirements Engineering – Grundlagen, Prinzipien, Techniken. 2. Aufl., dpunkt.verlag, Heidelberg, 2008.

[Porter1998] Porter, M. E.: Competitive Strategy. Free Press, New York, USA, 1998.

[Putnam2003] Putnam, L. H., Myers, W.: Five Core Metrics – The Intelligence Behind Successful Software Management. Dorset House Publishing, New York, 2003.

[Reifer2002] Reifer, D. J.: Making the Software Business Case. Addison-Wesley Longman, Reading, USA, 2002.

[Robertson2012] Robertson, S., Robertson, J.: VOLERE RE templates, *http://www.volere.co.uk*. Zitiert am 01.01.2012.

[Rubey1968] Rubey, R. J., Hartwick, R. D.: Quantitative Measurement of Program Quality. Proc. 23rd Nat. Conf. ACM, pp. 671-677, 1968.

[Rumbaugh1991] Rumbaugh, J. et al.: Object-oriented Modeling and Design. Prentice Hall, Englewood Cliffs, USA, 1991.

[Rupp2006] Rupp, C.: Requirements Engineering und -Management. Hanser Verlag, München, 2006.

[Schick2010] Schick, E.: Der Ich-Faktor. Hanser Verlag, München, 2010.

[Schröder2004] Schröder, G. F.: IT-Verträge von A-Z. Interest, 2004.

[Simon1998] Simon, H., Homburg, C.: Kundenzufriedenheit. Konzepte – Methoden – Erfahrungen. Gabler Verlag, Wiesbaden, 1998.

[Sindre2005] Sindre, G., Opdahl, A. L.: Eliciting security requirements with misuse cases. Requirements Engineering, No. 10, pp. 34-44, 2005.

[Sommerville1998] Sommerville, I., Kotonya, G.: Requirements Engineering: Processes and Techniques. John Wiley & Son Ltd, September 1998.

[Spradley1979] Spradley, J.: The Ethnographic Interview. Harcourt Brace Jovanovich, 1979.

[Standish2003] Standish Group: What are your Requirements? The Standish Group International, West Yarmouth, USA, 2003.

[Standish2009] Standish Group: Solutions for Enterprise Project and Portfolio Management. The Standish Group International, West Yarmouth, USA, 2009.

[Standish2011] Standish Group: Chaos Manifesto 2011. The Standish Group International, West Yarmouth, USA, 2011, *http://www.standishgroup.com*. Zitiert am 01.01.2012.

[Stevens1998] Stevens, R. et al.: Systems Engineering: Coping with Complexity. Pearson Education, London, UK, 1998.

[SWEBOK2012] Guide to the Software Engineering Body of Knowledge (SWEBOK). Prospective Standard ISO TR 19759. (2012) See also at *http://www.swebok.org*. Zitiert am 01.01.2012.

[Symons2001] Symons, C.: Come Back Function Point Analysis (Modernized) – All is forgiven. Proceedings of FESMA-DASMA 2001, Heidelberg, 2001.

[Tan2011] Tan, S.: How to increase your IT project success rate. Gartner Research: ID Number G00209668, 2011.

[VanLamsweerde2004] Van Lamsweerde, A.: Elaborating security requirements by constructing of intentional anti-models. Proc. Intl. Conf. Software Engineering (ICSE'04), pp. 148-157, IEEE Comp. Soc. Press, 2004.

[VDI2001] VDI-Richtlinie: VDI 2519 Blatt 1. Vorgehensweise bei der Erstellung von Lasten-/Pflichtenheften. Dez. 2001, *http://www.vdi.de/vdi/vrp/ richtliniendetails_t3/?&no_cache=1&tx_vdirili_pi2[showUID]=90166&L=0*. Siehe auch VDI/VDE 3694 (Vorgehensweise bei der Erstellung von Lastenheften in der Automatisierungstechnik) für deren Struktur *http://www.vdi.de/vdi/vrp/richtliniendetails_t3/ ?&no_cache =1&tx_vdirili_pi2[showUID]=92651&L=0*. Zitiert am 01.01.2012.

[Vigenschow2011] Vigenschow, U., Schneider, B., Meyrose, I.: Soft Skills für Softwareentwickler. 2. Aufl., dpunkt.verlag, Heidelberg, 2011.

[VModell2010] V-Modell XT. Bundesregierung Deutschland, *http://www.cio.bund.de/cln_093/DE/IT-Methoden/V-Modell_XT/ v-modell_xt_node.html.* Zitiert am 01.01.2012.

[Wallin2002] Wallin, C. et al.: Integrating Business and Software Development Models. IEEE Software, Vol. 19, No. 6, pp. 28-33, Nov. 2002.

[Watzlawick1983] Watzlawick, P.: Anleitung zum Unglücklichsein. Piper, München, 1983.

[Weilkiens2008] Weilkiens, T.: Systems Engineering mit SysML/UML. 2. Aufl., dpunkt.verlag, Heidelberg, 2008.

[Weinberg1974] Weinberg G., Schulman, E.: Goals and Performance in Computer Programming. Human Factors, Vol. 16, No. 1, pp. 70-77, 1974.

[Wiegers1999] Wiegers, K. E.: Software Requirements. Microsoft Press, Seattle, Washington, USA, September 1999.

[Zahrnt2008] Zahrnt, C.: Vertragsrecht für IT-Fachleute. Hüthig, 2008.

Index